NCERT
प्रश्न-उत्तर

विज्ञान

NCERT Exemplar के प्रश्नों के साथ

कक्षा
10

प्रीति अग्रवाल

arihant
अरिहन्त प्रकाशन (स्कूल डिवीज़न सीरीज़)

arihant

अरिहन्त प्रकाशन (स्कूल डिवीज़न सीरीज़)

रजि. कार्यालय

'रामछाया' 4577/15, अग्रवाल रोड, दरिया गंज, नई दिल्ली- 110002
फोन: 011-47630600, 43518550

मुख्य कार्यालय

कालिन्दी, टी०पी० नगर, मेरठ (यूपी)— 250002
फोन: 0121-7156203, 7156204

शाखा कार्यालय

आगरा, अहमदाबाद, बरेली, बंगलुरु, चेन्नई, दिल्ली, गुवाहाटी, हैदराबाद, जयपुर, झाँसी, कोलकाता, लखनऊ, नागपुर तथा पुणे

ISBN 978-93-27197-29-7

मूल्य ₹ 300.00

PO No : TXT-XX-XXXXXXX-X-XX

PUBLISHED BY ARIHANT PUBLICATIONS (INDIA) LTD.

'अरिहन्त' की पुस्तकों के बारे में अधिक जानकारी के लिए हमारी वेबसाइट **www.arihantbooks.com** पर लॉग इन करें या **info@arihantbooks.com** पर सम्पर्क करें।

Follow us on...

आमुख

NCERT पुस्तकों की महत्ता एवं स्कूली विद्यार्थियों के लिए उनकी उपयोगिता को ध्यान में रखकर, मैं पुस्तक '**NCERT** विज्ञान कक्षा-10 प्रश्न-उत्तर' प्रस्तुत कर रही हूँ। विद्यार्थियों के संपूर्ण उद्देश्य को ध्यान में रखते हुए, इस पुस्तक को इस प्रकार तैयार किया है कि इसमें केवल प्रश्नों के उत्तर ही नहीं बल्कि संपूर्ण व्याख्या भी दी गई है। प्रश्नों की इन व्याख्याओं की सहायता से विद्यार्थी, विषय की विभिन्न संकल्पनाओं को ध्यानपूर्वक समझ पाएँगे एवं अपने ज्ञान में वृद्धि करने में समर्थ होंगे।

इस पुस्तक में, प्रत्येक अध्याय के सभी प्रश्नों के व्याख्यात्मक उत्तर के साथ-साथ उस अध्याय की पाठ्य-सामग्री को सरल व आसानी से समझे जाने वाले प्रारूप में दिया गया है। प्रत्येक प्रश्न का उत्तर देते समय उन सभी बातों का ध्यान रखा गया है, जो विद्यार्थियों को संशय में डाल सकती हैं। इस पुस्तक में **NCERT Exemplar** पुस्तक के चुने गए प्रश्नों को भी सम्मिलित किया गया है।

इस पुस्तक के प्रकाशन में बहुत से व्यक्तियों का सहयोग रहा है, लेकिन मैं विशेष रूप से आकांक्षा तोमर का आभार व्यक्त करना चाहूँगी, जिनके सहयोग के बिना इस पुस्तक को इस रूप में प्रस्तुत करना कठिन हो जाता। इस आशा के साथ कि यह पुस्तक विद्यार्थियों के लिए अति उपयोगी सिद्ध होगी, मैं सभी विद्यार्थियों को अपनी ओर से सफलता के लिए शुभकामनाएँ देना चाहूँगी।

प्रीति अग्रवाल

विषय-सूची

1

रासायनिक अभिक्रियाएँ एवं समीकरण

यदि हम अपने आस-पास हो रहे परिवर्तनों को देखें तो पाएँगे कि हमारे चारों ओर विविध प्रकार के भौतिक और रासायनिक परिवर्तन हो रहे हैं। जब कोई रासायनिक परिवर्तन होता है तो हम कह सकते हैं कि एक रासायनिक अभिक्रिया हुई है। रासायनिक अभिक्रिया का प्रतीकात्मक निरूपण रासायनिक समीकरण कहलाता है।

भौतिक परिवर्तन (Physical Change)

वे परिवर्तन, जो पदार्थों के केवल भौतिक गुणधर्मों जैसे रंग, गंध अवस्था, आदि को परिवर्तित कर देते हैं परंतु पदार्थों के रासायनिक संघटन व गुणधर्मों पर कोई प्रभाव नहीं डालते, **भौतिक परिवर्तन** कहलाते हैं।

इन परिवर्तनों के परिणामस्वरूप कोई नया पदार्थ नहीं बनता है। परिवर्तन की दशाओं को परिवर्तित करके, परिवर्तन को उत्क्रमित किया जा सकता है। अत: ये परिवर्तन उत्क्रमणीय होते हैं। *उदाहरण* बर्फ का जल में परिवर्तन, कपड़ों का सूखना, जल का वाष्प में परिवर्तन, मोम का पिघलना, आदि।

रासायनिक परिवर्तन (Chemical Change)

ऐसे परिवर्तन, जिनमें बनने वाले पदार्थों का रासायनिक संघटन (composition) तथा गुणधर्म (properties) प्रारंभिक पदार्थों से पूर्णतया भिन्न होता है, **रासायनिक परिवर्तन** कहलाते हैं। *उदाहरण* ईंधन का जलना।

ये परिवर्तन सामान्यतया अनुत्क्रमणीय (irreversible) होते हैं अर्थात् निर्मित पदार्थों से प्रारंभिक पदार्थ पुन: प्राप्त नहीं किए जा सकते।

रासायनिक अभिक्रिया (Chemical Reaction)

ऐसी अभिक्रिया, जिसमें बनने वाले उत्पादों का रासायनिक संघटन पूर्णतया प्रारंभिक पदार्थों अर्थात् अभिकर्मकों के रासायनिक संघटन से भिन्न होता है, **रासायनिक अभिक्रिया** कहलाती है। इसमें पुराने आबंध टूटकर नए आबंधों का निर्माण होता है।

रासायनिक समीकरण (Chemical Equation)

रासायनिक अभिक्रिया का प्रतीकात्मक निरूपण **रासायनिक समीकरण** कहलाता है। इसमें बाईं ओर **अभिकर्मकों/अभिकारक** (प्रारंभिक पदार्थ) तथा दाईं ओर उत्पादों (बनने वाले पदार्थों) के रासायनिक सूत्र लिखे जाते हैं। *उदाहरण* जल का निर्माण हाइड्रोजन तथा ऑक्सीजन की अभिक्रिया से होता है।

इसकी रासायनिक समीकरण निम्न है

$$\underset{\text{अभिकारक}}{H_2(g) + O_2(g)} \longrightarrow \underset{\text{उत्पाद}}{H_2O\,(g)}$$

उपरोक्त समीकरण को **कंकाली समीकरण** (skeleton equation) कहते हैं।

रासायनिक समीकरण को संतुलित करना (Balancing Chemical Equation)

जैसाकि विदित है कि 'रासायनिक अभिक्रिया में न तो द्रव्य का निर्माण होता है, न ही विनाश' (द्रव्यमान संरक्षण का निर्माण) अतः रासायनिक अभिक्रिया को संतुलित करना आवश्यक है।

संतुलित करने के लिए अभिकर्मक या उत्पाद के सूत्र में परिवर्तन न करते हुए उपयुक्त गुणांक (coefficient) को सूत्र से पहले लिखा जाता है, जिससे LHS तथा RHS में प्रत्येक तत्व के परमाणुओं की कुल संख्या बराबर हो जाती है।

उदाहरण $H_2 + O_2 \longrightarrow H_2O$ को संतुलित करना

***चरण* I** प्रत्येक तत्व के परमाणुओं की संख्या की तुलना

तत्व	अभिकारकों में परमाणुओं की संख्या (LHS)	उत्पादों में परमाणुओं की संख्या (RHS)
H	2	2
O	2	1

चरण **II** उपयुक्त गुणांक द्वारा LHS व RHS में प्रत्येक तत्व के परमाणुओं को बराबर करना $2H_2 + O_2 \longrightarrow 2H_2O$

चरण **III** भौतिक अवस्थाओं के संकेत लिखना; ठोस अवस्था के लिए (s), द्रव के लिए (l), जलीय विलयन के लिए (aq) तथा गैस के लिए (g) लिखते हैं।

गैस के लिए ↑ तथा अवक्षेप के लिए ↓ का भी उपयोग किया जा सकता है।

उदाहरण

(i) $2H_2\,(g) + O_2\,(g) \longrightarrow 2H_2O\,(g)$

(ii) $6CO_2\,(aq) + 6H_2O\,(l) \xrightarrow[\text{क्लोरोफिल}]{\text{सूर्य का प्रकाश}} C_6H_{12}O_6\,(aq) + 6O_2\,(aq)$

रासायनिक अभिक्रियाओं के प्रकार

(Types of Chemical Reactions)

[A] संयोजन अभिक्रिया (Combination Reaction)

संयोजन अभिक्रिया में एक से अधिक अभिकर्मक परस्पर संयुक्त होकर एकल उत्पाद (single product) निर्मित करते हैं।

उदाहरण $\underset{\text{अनबुझा चूना}}{CaO\,(s)} + H_2O\,(l) \longrightarrow \underset{\text{बुझा चूना}}{Ca(OH)_2\,(aq)}$

$$C\,(s) + O_2\,(g) \longrightarrow CO_2\,(g)$$
$$2H_2\,(g) + O_2\,(g) \longrightarrow 2H_2O\,(g)$$
$$N_2\,(g) + 3H_2\,(g) \longrightarrow 2NH_3\,(g)$$

[**नोट** *बुझे चूने के जलीय विलयन का प्रयोग दीवारों की सफेदी करने के लिए किया जाता है।* $Ca(OH)_2$ *वायु मे उपस्थित* CO_2 *से धीमी गति से क्रिया करके कैल्सियम कार्बोनेट बनाता है जिससे दीवार चमक जाती है। संगमरमर का रासायनिक सूत्र भी* $CaCO_3$ *(कैल्सियम कार्बोनेट) है।*]

[B] वियोजन या अपघटन अभिक्रिया (Decomposition Reaction)

वियोजन अभिक्रिया वह है, जिसमें एकल (single) अभिकारक टूटकर एक से अधिक उत्पाद उत्पन्न करता है। अभिकारकों को तोड़ने के लिए ऊष्मा, प्रकाश या विद्युत ऊर्जा की आवश्यकता होती है।

अत: ये अभिक्रियाएँ निम्न प्रकार की होती हैं

(i) ऊष्मीय वियोजन

इस प्रकार की अभिक्रियाओं में अभिकारक ऊष्मा के द्वारा दो या अधिक सरल अणुओं में वियोजित हो जाता है।

उदाहरण $$2FeSO_4(s) \xrightarrow{\text{ऊष्मा}} Fe_2O_3(s) + SO_2(g) + SO_3(g)$$

$$CaCO_3(s) \xrightarrow{\text{ऊष्मा}} CaO(s) + CO_2(g)$$

$$2Pb(NO_3)_2(s) \xrightarrow{\text{ऊष्मा}} 2PbO(s) + 4NO_2(g) + O_2(g)$$

(ii) विद्युत अपघटन

इस प्रकार की वियोजन अभिक्रियाओं में पदार्थों का वियोजन विद्युत के द्वारा होता है।

उदाहरण $$2H_2O(l) \xrightarrow{\text{विद्युत धारा}} 2H_2(g) + O_2(g)$$

$$2NaCl(l) \xrightarrow{\text{विद्युत धारा}} 2Na(s) + Cl_2(g)$$

(iii) प्रकाशीय वियोजन

इस वियोजन अभिक्रियाओं में अभिकारक पदार्थ प्रकाश के द्वारा सरल उत्पादों में वियोजित हो जाता है।

उदाहरण $$2AgCl(s) \xrightarrow{\text{सूर्य का प्रकाश}} 2Ag(s) + Cl_2(g)$$

$$2AgBr(s) \xrightarrow{\text{सूर्य का प्रकाश}} 2Ag(s) + Br_2(g)$$

$$2AgI(s) \xrightarrow{\text{सूर्य का प्रकाश}} 2Ag(s) + I_2(g)$$

[C] विस्थापन अभिक्रिया (Displacement Reaction)

वह अभिक्रिया, जिसमें एक अधिक सक्रिय तत्व अपेक्षाकृत कम सक्रिय तत्व को उसके यौगिक के विलयन से विस्थापित कर देता है, **विस्थापन अभिक्रिया** कहलाती है।

उदाहरण $$Fe(s) + CuSO_4(aq) \longrightarrow FeSO_4(aq) + Cu(s)$$

$$Zn(s) + CuSO_4(aq) \longrightarrow ZnSO_4(aq) + Cu(s)$$

$$Pb(s) + CuCl_2(aq) \longrightarrow PbCl_2(aq) + Cu(s)$$

$$Cu(s) + 2AgNO_3(aq) \longrightarrow Cu(NO_3)_2(aq) + 2Ag(s)$$

[D] द्विविस्थापन अभिक्रिया (Double Displacement Reaction)

द्विविस्थापन अभिक्रिया वह है, जिसमें दो यौगिकों के (जलीय विलयन) बीच आयनों का आदान-प्रदान होता है।

उदाहरण

$$Na_2SO_4\,(aq) + BaCl_2\,(aq) \longrightarrow BaSO_4\,(s) + 2NaCl\,(aq)$$

[**नोट** ***अवक्षेपण अभिक्रिया*** *जिस अभिक्रिया में अवक्षेप का निर्माण होता है, उसे* ***अवक्षेपण अभिक्रिया*** *कहते हैं। अवक्षेप अविलेय पदार्थ है। उपरोक्त अभिक्रिया में बेरियम सल्फेट का सफेद अवक्षेप बनता है अतः यह अवक्षेपण अभिक्रिया भी कहलाती है।*]

[E] अपचयोपचयन या रेडॉक्स अभिक्रिया (Redox Reaction)

इन अभिक्रियाओं में **उपचयन** (ऑक्सीकरण) तथा **अपचयन** अभिक्रियाएँ साथ-साथ होती हैं।

(i) **उपचयन** इस प्रक्रम में किसी पदार्थ में ऑक्सीजन का संयोग या हाइड्रोजन का ह्रास होता है।

(ii) **अपचयन** इस प्रक्रम में किसी पदार्थ से ऑक्सीजन का ह्रास या उसमें हाइड्रोजन का संयोग होता है।

उदाहरण

$$\underset{(\text{उपचयित})}{4Na} + O_2 \xrightarrow{\text{उपचयन}} 2Na_2O$$

$$\underset{(\text{अपचयित})}{CuO} + H_2 \xrightarrow[\text{ऊष्मा}]{\text{अपचयन}} Cu + H_2O$$

$$ZnO + C \xrightarrow[(\text{रेडॉक्स अभिक्रिया})]{\text{उपचयन-अपचयन}} Zn + CO$$

(उपचयन: C → CO; अपचयन: ZnO → Zn)

[F] ऊष्माक्षेपी अभिक्रियाएँ (Exothermic Reaction)

वे अभिक्रियाएँ, जिनमें उत्पाद के निर्माण के साथ-साथ ऊष्मा उत्पन्न होती है, **ऊष्माक्षेपी अभिक्रियाएँ** कहलाती हैं।

ऊष्माक्षेपी अभिक्रियाओं में तापमान में वृद्धि होती है।

उदाहरण

(i) प्राकृतिक गैस (CH_4) का दहन

$$CH_4 + 2O_2 \longrightarrow 2CO_2 + 2H_2O + \text{ऊर्जा}$$

(ii) श्वसन एक ऊष्माक्षेपी अभिक्रिया है

$$C_6H_{12}O_6 + 6O_2 + 6H_2O \longrightarrow 6CO_2 + 12H_2O + \text{ऊर्जा}$$

(iii) शाक सब्जियों का विघटित होकर कंपोस्ट बनना भी ऊष्माक्षेपी अभिक्रिया है।

[G] ऊष्माशोषी अभिक्रियाएँ (Endothermic Reaction)

वे अभिक्रियाएँ, जिनमें ऊष्मा का अवशोषण होता है, **ऊष्माशोषी अभिक्रियाएँ** (endothermic reaction) कहलाती हैं। ऊष्माशोषी अभिक्रियाओं के फलस्वरूप तापमान में कमी होती है।

उदाहरण

(i) अमोनियम क्लोराइड का जल में घुलना।

(ii) $CaCO_3(s) \xrightarrow{\text{ऊष्मा}} CaO(s) + CO_2(g)$

संक्षारण (Corrosion)

वह अभिक्रिया, जिसमें धातु वायु की ऑक्सीजन, नमी या अन्य रसायनों से धीमी अभिक्रिया द्वारा धीरे-धीरे नष्ट होती जाती है, **संक्षारण** कहलाती है।

उदाहरण लोहे पर जंग लगना, चाँदी के आभूषणों पर काली परत का जमना, आदि।

संक्षारण को धातुओं पर पेंट करके, मिश्रित धातु बनाकर या अन्य धातुओं की पर्त चढ़ाकर रोका जा सकता है।

विकृतगंधिता (Rancidity)

तेल व वसा युक्त खाद्य पदार्थों को अधिक लंबे समय तक रखने पर उनके स्वाद व गंध का बदल जाना **विकृतगंधिता** कहलाता है।

यदि पके हुए खाद्य पदार्थ को कम ताप पर रखा जाये या उनमें प्रति ऑक्सीकारक (anti-oxidants) मिलाए जाए या नाइट्रोजन जैसी कम सक्रिय गैस के साथ पैक किया जाए, तो विकृतगंधिता को रोका या कम किया जा सकता है।

प्रश्नावली

पृष्ठ 6

प्रश्न 1. वायु में जलाने से पहले मैग्नीशियम के रिबन को साफ क्यों किया जाता है?

उत्तर मैग्नीशियम की अभिक्रियाशीलता अधिक होने के कारण यह वायुमंडलीय ऑक्सीजन तथा नमी से अभिक्रिया करके मैग्नीशियम ऑक्साइड तथा हाइड्रॉक्साइड की एक अक्रिय पर्त बना लेता है। अतः मैग्नीशियम धातु को जलाने से पूर्व इसे रेत-पत्र (sand paper) से रगड़कर हटाना आवश्यक है।

प्रश्न 2. निम्नलिखित रासायनिक अभिक्रियाओं के लिए संतुलित समीकरण लिखिए।

(i) हाइड्रोजन + क्लोरीन ⟶ हाइड्रोजन क्लोराइड

(ii) बेरियम क्लोराइड + ऐलुमिनियम सल्फेट ⟶ बेरियम सल्फेट + ऐलुमिनियम क्लोराइड

(iii) सोडियम + जल ⟶ सोडियम हाइड्रॉक्साइड + हाइड्रोजन

उत्तर (i) $H_2 + Cl_2 \longrightarrow 2HCl$ (ii) $3BaCl_2 + Al_2(SO_4)_3 \longrightarrow 3BaSO_4 + 2AlCl_3$

(iii) $2Na + 2H_2O \longrightarrow 2NaOH + H_2$

प्रश्न 3. निम्नलिखित अभिक्रियाओं के लिए उनकी अवस्था के संकेतों के साथ संतुलित रासायनिक समीकरण लिखिए।

(i) जल में बेरियम क्लोराइड तथा सोडियम सल्फेट के विलयन अभिक्रिया करके सोडियम क्लोराइड का विलयन तथा अघुलनशील बेरियम सल्फेट का अवक्षेप बनाते हैं।

(ii) सोडियम हाइड्रॉक्साइड का विलयन (जल में) हाइड्रोक्लोरिक अम्ल के विलयन (जल में) से अभिक्रिया करके सोडियम क्लोराइड का विलयन तथा जल बनाते हैं।

उत्तर (i) $BaCl_2(aq) + Na_2SO_4(aq) \longrightarrow 2NaCl\,(aq) + BaSO_4(s)$

(ii) $NaOH\,(aq) + HCl\,(aq) \longrightarrow NaCl\,(aq) + H_2O\,(l)$

पृष्ठ 11

प्रश्न 1. किसी पदार्थ 'X' के विलयन का उपयोग सफेदी करने के लिए होता है।

(i) पदार्थ 'X' का नाम तथा इसका सूत्र लिखिए।

(ii) उपरोक्त (i) में लिखे पदार्थ 'X' की जल के साथ अभिक्रिया लिखिए।

उत्तर (i) चूना अथवा कैल्सियम ऑक्साइड, CaO

(ii) $\underset{\text{(बिना बुझा चूना)}}{\underset{[X]}{CaO\,(s)}} + \underset{\text{जल}}{H_2O\,(l)} \longrightarrow \underset{\text{(कैल्सियम हाइड्रॉक्साइड)}}{\underset{\text{बुझा चूना}}{Ca(OH)_2\,(aq)}} + \text{ऊष्मा}$

*[**नोट** बुझे चूने के विलयन का उपयोग दीवारों की सफेदी करने में किया जाता है कैल्सियम हाइड्रॉक्साइड वायु की CO_2 से अभिक्रिया करके $CaCO_3$ जिससे दीवारों पर चमक आ जाती है, बनाता है।]*

$$Ca(OH)_2(aq) + CO_2(g) \longrightarrow CaCO_3(s) + H_2O(l)$$

प्रश्न 2. क्रियाकलाप 1.7 में एक परखनली में एकत्रित गैस की मात्रा दूसरी से दोगुनी क्यों है? उस गैस का नाम बताइए।

उत्तर जल (H_2O) के संघटन का अध्ययन करने से हमें ज्ञात होता है कि जल में हाइड्रोजन व ऑक्सीजन का मोलर अनुपात 2 : 1 है। यही कारण है कि जल का विद्युत अपघटन करने पर प्राप्त H_2 व O_2 गैसों का अनुपात यही रहता है। अर्थात् हाइड्रोजन की मात्रा ऑक्सीजन से दोगुनी होती है।

पृष्ठ 15

प्रश्न 1. जब लोहे की कील को कॉपर सल्फेट के विलयन में डुबोया जाता है, तो विलयन का रंग क्यों बदल जाता है?

उत्तर लोहा, कॉपर की अपेक्षा अधिक सक्रिय धातु है। जब लोहे की कील को कॉपर सल्फेट के विलयन में डुबाया जाता है, तो लोहा कॉपर को विलयन से विस्थापित कर देता है तथा आयरन (II) सल्फेट विलयन बनता है, जिसका रंग हरा होता है। इसीलिए विलयन का रंग नीले से बदलकर हरा हो जाता है।

$$Fe\,(s) + \underset{\text{नीला}}{CuSO_4(aq)} \longrightarrow \underset{\text{हरा}}{FeSO_4(aq)} + Cu\,(s)$$

प्रश्न 2. एक द्विविस्थापन अभिक्रिया का उदाहरण दीजिए।

उत्तर $\underset{\text{सिल्वर नाइट्रेट}}{AgNO_3\,(aq)} + \underset{\text{सोडियम ब्रोमाइड}}{NaBr\,(aq)} \longrightarrow \underset{\text{सिल्वर ब्रोमाइड}}{AgBr\,(s)} + \underset{\text{सोडियम नाइट्रेट}}{NaNO_3\,(aq)}$

प्रश्न 3. निम्न अभिक्रियाओं में उपचयित तथा अपचयित पदार्थों की पहचान कीजिए।

(i) $4Na\,(s) + O_2\,(g) \longrightarrow 2Na_2O\,(s)$

(ii) $CuO\,(s) + H_2\,(g) \longrightarrow Cu\,(s) + H_2O\,(l)$

उत्तर (i) $4Na\,(s) + O_2(g) \longrightarrow 2Na_2O\,(s)$ उपचयित = Na; अपचयित = O_2

अर्द्ध-समीकरणें

$$4Na(s) \xrightarrow{\text{उपचयन}} 4Na^+ + 4e^-$$

$$O_2\,(g) + 4\,e^- \xrightarrow{\text{अपचयन}} 2O^{2-}$$

(ii) अपचयन ($CuO \rightarrow Cu$)

$$CuO\,(s) + H_2(g) \longrightarrow Cu(s) + H_2O(l)$$

उपचयन ($H_2 \rightarrow H_2O$)

उपचयित = H_2, अपचयित = CuO

अभ्यास

प्रश्न 1. **नीचे दी गयी अभिक्रिया के संबंध में कौन-सा कथन असत्य है?**

$$2PbO\,(s) + C\,(s) \longrightarrow 2Pb\,(s) + CO_2\,(g)$$

(i) सीसा अपचयित हो रहा है।

(ii) कार्बन डाइऑक्साइड उपचयित हो रहा है।

(iii) कार्बन उपचयित हो रहा है।

(iv) लेड ऑक्साइड अपचयित हो रहा है।

(a) (i) एवं (ii)   (b) (i) एवं (iii)

(c) (i), (ii) एवं (iii)   (d) ये सभी

उत्तर (*b*) (i) एवं (iii)

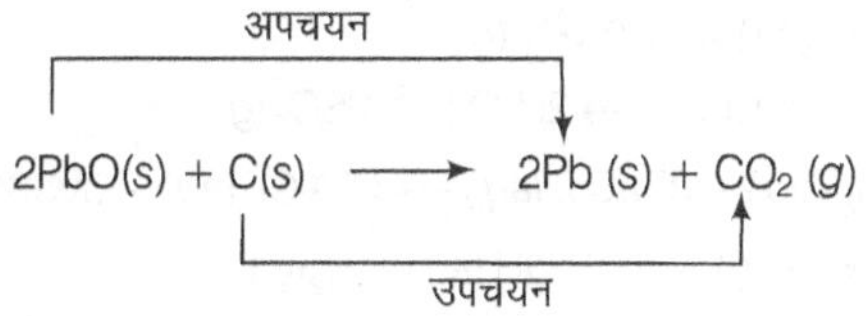

प्रश्न 2. $Fe_2O_3 + 2Al \longrightarrow Al_2O_3 + 2Fe$

ऊपर दी गयी अभिक्रिया किस प्रकार की है?

(a) संयोजन अभिक्रिया   (b) द्विविस्थापन अभिक्रिया

(c) वियोजन अभिक्रिया   (d) विस्थापन अभिक्रिया

उत्तर (*d*) *विस्थापन अभिक्रिया*

क्योंकि उपरोक्त अभिक्रिया में अधिक क्रियाशील Al, Fe_2O_3 में से कम क्रियाशील Fe को विस्थापित करता है।

प्रश्न 3. **लौह चूर्ण पर तनु हाइड्रोक्लोरिक अम्ल डालने से क्या होता है? सही उत्तर पर निशान लगाइए।**

(a) हाइड्रोजन गैस एवं आयरन क्लोराइड बनता है।

(b) क्लोरीन गैस एवं आयरन हाइड्रॉक्साइड बनता है।

(c) कोई अभिक्रिया नहीं होती है।

(d) आयरन लवण एवं जल बनता है।

उत्तर (*a*) हाइड्रोजन गैस एवं आयरन क्लोराइड बनता है।

$$Fe\,(s) + 2HCl\,(aq) \longrightarrow FeCl_2\,(aq) + H_2\,(g)$$

प्रश्न 4. **संतुलित रासायनिक समीकरण क्या है? रासायनिक समीकरण को संतुलित करना क्यों आवश्यक है?**

उत्तर संतुलित रासायनिक समीकरण वह है, जिसके दोनों ओर प्रत्येक तत्व के कुल परमाणुओं की संख्या समान होती है। लगभग सभी रासायनिक अभिक्रियाएँ द्रव्यमान संरक्षण के नियम का पालन करती हैं।

अतः रासायनिक समीकरण को संतुलित करना आवश्यक है।

[**नोट द्रव्यमान संरक्षण का नियम** *इस नियम के अनुसार रासायनिक अभिक्रिया में कुल द्रव्यमान संरक्षित रहता है, अर्थात् द्रव्यमान का न सृजन होता है और न ही विनाश।*]

प्रश्न 5. **निम्न कथनों को रासायनिक समीकरण के रूप में परिवर्तित कर उन्हें संतुलित कीजिए।**

(a) नाइट्रोजन हाइड्रोजन गैस से संयोग करके अमोनिया बनाती है।

(b) हाइड्रोजन सल्फाइड गैस का वायु में दहन होने पर जल एवं सल्फर डाइऑक्साइड बनते हैं।

(c) ऐलुमिनियम सल्फेट के साथ अभिक्रिया करके बेरियम क्लोराइड, ऐलुमिनियम क्लोराइड एवं बेरियम सल्फेट का अवक्षेप देता है।

(d) पोटैशियम धातु जल के साथ अभिक्रिया करके पोटैशियम हाइड्रॉक्साइड एवं हाइड्रोजन गैस देती है।

उत्तर (*a*) $N_2(g) + 3H_2(g) \longrightarrow 2NH_3(g)$

(*b*) $2H_2S(g) + 3O_2(g) \longrightarrow 2H_2O(l) + 2SO_2(g)$

(*c*) $Al_2(SO_4)_3(aq) + 3BaCl_2(aq) \longrightarrow 2AlCl_3(aq) + 3BaSO_4(s)$

(*d*) $2K(s) + 2H_2O(l) \longrightarrow 2KOH(aq) + H_2(g)$

प्रश्न 6. **निम्न रासायनिक समीकरणों को संतुलित कीजिए।**

(a) $HNO_3 + Ca(OH)_2 \longrightarrow Ca(NO_3)_2 + H_2O$

(b) $NaOH + H_2SO_4 \longrightarrow Na_2SO_4 + H_2O$

(c) $NaCl + AgNO_3 \longrightarrow AgCl + NaNO_3$

(d) $BaCl_2 + H_2SO_4 \longrightarrow BaSO_4 + HCl$

उत्तर (*a*) $2HNO_3 + Ca(OH)_2 \longrightarrow Ca(NO_3)_2 + 2H_2O$

(*b*) $2NaOH + H_2SO_4 \longrightarrow Na_2SO_4 + 2H_2O$

(*c*) $NaCl + AgNO_3 \longrightarrow AgCl + NaNO_3$

(*d*) $BaCl_2 + H_2SO_4 \longrightarrow BaSO_4 + 2HCl$

प्रश्न 7. **निम्न अभिक्रियाओं के लिए संतुलित रासायनिक समीकरण लिखिए।**

(a) कैल्सियम हाइड्रॉक्साइड + कार्बन डाइऑक्साइड ⟶ कैल्सियम कार्बोनेट + जल

(b) जिंक + सिल्वर नाइट्रेट ⟶ जिंक नाइट्रेट + सिल्वर

(c) ऐलुमिनियम + कॉपर क्लोराइड ⟶ ऐलुमिनियम क्लोराइड + कॉपर

(d) बेरियम क्लोराइड + पोटैशियम सल्फेट ⟶ बेरियम सल्फेट + पोटैशियम क्लोराइड

उत्तर (*a*) $Ca(OH)_2 + CO_2(g) \longrightarrow CaCO_3(s) + H_2O(l)$

(*b*) $Zn(s) + 2AgNO_3(aq) \longrightarrow Zn(NO_3)_2 + 2Ag(s)$

(*c*) $2Al(s) + 3CuCl_2(aq) \longrightarrow 2AlCl_3(aq) + 3Cu(s)$

(*d*) $BaCl_2(aq) + K_2SO_4(aq) \longrightarrow BaSO_4(s) + 2KCl(aq)$

प्रश्न 8. निम्न अभिक्रियाओं के लिए संतुलित रासायनिक समीकरण लिखिए एवं प्रत्येक अभिक्रिया का प्रकार बताइए।

(a) पोटैशियम ब्रोमाइड (aq) + बेरियम आयोडाइड $(aq) \rightarrow$ पोटैशियम आयोडाइड (aq) + बेरियम ब्रोमाइड (s)

(b) जिंक कार्बोनेट $(s) \longrightarrow$ जिंक ऑक्साइड (s) + कार्बन डाइऑक्साइड (g)

(c) हाइड्रोजन (g) + क्लोरीन $(g) \longrightarrow$ हाइड्रोजन क्लोराइड (g)

(d) मैग्नीशियम (s) + हाइड्रोक्लोरिक अम्ल $(aq) \longrightarrow$ मैग्नीशियम क्लोराइड (aq) + हाइड्रोजन (g)

उत्तर (*a*) $2KBr\,(aq) + BaI_2(aq) \longrightarrow 2KI\,(aq) + BaBr_2(s)$ द्विविस्थापन अभिक्रिया

(*b*) $ZnCO_3\,(s) \longrightarrow ZnO\,(s) + CO_2(g)$ विघटन अभिक्रिया

(*c*) $H_2(g) + Cl_2\,(g) \longrightarrow 2HCl(g)$ संयोजन अभिक्रिया

(*d*) $Mg\,(s) + 2HCl\,(aq) \longrightarrow MgCl_2\,(aq) + H_2(g)$ विस्थापन अभिक्रिया

नोट *अभिक्रियाएँ* (c) *तथा* (d) *रेडॉक्स अभिक्रियाओं के अन्तर्गत भी आती हैं।*

प्रश्न 9. ऊष्माक्षेपी एवं ऊष्माशोषी अभिक्रिया का क्या अर्थ है? उदाहरण दीजिए।

उत्तर ऊष्माक्षेपी अभिक्रिया जिन अभिक्रियाओं में ऊष्मा का उत्सर्जन होता है, उन्हें ऊष्माक्षेपी (ऊष्माउन्मोची) अभिक्रिया कहते हैं।

उदाहरण बिना बुझे चूने की जल से अभिक्रिया

$$\underset{\text{(बिना-बुझा चूना)}}{CaO\,(s)} + \underset{\text{जल}}{H_2O\,(l)} \longrightarrow \underset{\text{(बुझा हुआ चूना)}}{Ca(OH)_2\,(aq)} + \text{ऊष्मा}$$

ऊष्माशोषी अभिक्रिया जिन अभिक्रियाओं में ऊष्मा का अवशोषण होता है, उन्हें ऊष्माशोषी अभिक्रियाएँ कहते हैं।

उदाहरण चूना पत्थर का वियोजन

$$CaCO_3(s) + \text{ऊष्मा} \longrightarrow CaO(s) + CO_2(g)$$

प्रश्न 10. श्वसन को ऊष्माक्षेपी अभिक्रिया क्यों कहते हैं? वर्णन कीजिए।

उत्तर श्वसन अभिक्रिया की समीकरण

$$C_6H_{12}O_6 + 6O_2 + 6O_2O \longrightarrow CO_2 + 12H_2O + \text{ऊर्जा}$$

श्वसन क्रिया में ग्लूकोस के उपचयन के द्वारा ऊर्जा उत्पन्न होती है, अतः श्वसन को ऊष्माक्षेपी अभिक्रिया कहते हैं।

प्रश्न 11. वियोजन अभिक्रिया को संयोजन अभिक्रिया के विपरीत क्यों कहा जाता है? इन अभिक्रियाओं के लिए समीकरण लिखिए।

उत्तर वियोजन अभिक्रिया में एक अभिकर्मक विघटित होकर दो या दो से अधिक उत्पाद बनाता है, जबकि संयोजन अभिक्रिया में दो या दो से अधिक अभिकर्मक परस्पर संयोग करके एक उत्पाद निर्मित करते हैं। इस प्रकार ये दोनों अभिक्रियाएँ एक दूसरे के विपरीत हैं।

उदाहरण

$$C(s) + O_2(g) \xrightarrow{\text{संयोजन}} CO_2(g)$$

$$CaO(s) + CO_2(g) \xrightarrow{\text{संयोजन}} CaCO_3(s)$$

$$2H_2(g) + O_2(g) \xrightarrow{\text{संयोजन}} 2H_2O(g)$$

$$CaCO_3(s) \xrightarrow[\text{ऊष्मा}]{\text{वियोजन}} CaO(s) + CO_2(g)$$

$$2H_2O(g) \xrightarrow[\text{विद्युत धारा}]{\text{वियोजन}} 2H_2(g) + O_2(g)$$

प्रश्न 12. उन वियोजन अभिक्रियाओं के एक-एक समीकरण लिखिए, जिनमें ऊष्मा, प्रकाश एवं विद्युत के रूप में ऊर्जा प्रदान की जाती है।

उत्तर (i) **ऊष्मा द्वारा वियोजन**

$$2Pb(NO_3)_2(s) \xrightarrow{\text{ऊष्मा}} \underset{\text{लेड ऑक्साइड}}{2PbO(s)} + \underset{\text{नाइट्रोजन डाइऑक्साइड}}{4NO_2(g)} + \underset{\text{ऑक्सीजन}}{O_2(g)}$$

(ii) **प्रकाशीय वियोजन**

$$2AgCl(s) \xrightarrow{\text{प्रकाश}} 2Ag(s) + Cl_2(g)$$

(iii) **विद्युत द्वारा वियोजन** (विद्युत अपघटन)

$$2NaCl(l) \xrightarrow{\text{विद्युत धारा}} 2Na(s) + Cl_2(g)$$

प्रश्न 13. विस्थापन एवं द्विविस्थापन अभिक्रियाओं में क्या अंतर है? इन अभिक्रियाओं के समीकरण लिखिए।

उत्तर **विस्थापन अभिक्रिया** में एक तत्व दूसरे तत्व को उसके लवण के विलयन से विस्थापित कर देता है जबकि **द्विविस्थापन अभिक्रिया** में दो यौगिकों के मध्य आयनों का आदान-प्रदान होता है।

उदाहरण

$$Zn(s) + CuSO_4(aq) \xrightarrow{\text{विस्थापन}} ZnSO_4(aq) + Cu(s)$$

$$BaCl_2(aq) + Na_2SO_4(aq) \xrightarrow{\text{द्विविस्थापन}} 2NaCl(aq) + BaSO_4(s)$$

प्रश्न 14. सिल्वर के शोधन में, सिल्वर नाइट्रेट के विलयन से सिल्वर प्राप्त करने के लिए कॉपर धातु द्वारा विस्थापन किया जाता है। इस प्रक्रिया के लिए अभिक्रिया लिखिए।

उत्तर $Cu(s) + 2AgNO_3(aq) \longrightarrow Cu(NO_3)_2(aq) + 2Ag(s)$

प्रश्न 15. अवक्षेपण अभिक्रिया से आप क्या समझते हैं? उदाहरण देकर समझाइए।

उत्तर ऐसी अभिक्रिया, जिसमें किसी ठोस अविलेय पदार्थ अर्थात् अवक्षेप का निर्माण होता है, अवक्षेपण अभिक्रिया कहलाती है।

उदाहरण

$$Na_2SO_4(aq) + BaCl_2(aq) \longrightarrow \underset{\text{(अवक्षेप)}}{BaSO_4(s)} + 2NaCl(aq)$$

प्रश्न 16. **ऑक्सीजन के योग या ह्रास के आधार पर निम्न पदों की व्याख्या कीजिए। प्रत्येक के लिए दो उदाहरण दीजिए।**

(a) उपचयन (b) अपचयन

उत्तर (*a*) **उपचयन** वह अभिक्रिया जिसमें किसी पदार्थ में ऑक्सीजन का संयोग होता है, उपचयन या ऑक्सीकरण कहलाती है।

उदाहरण

(i) $4Na + O_2 \longrightarrow 2Na_2O$ (ii) $2CO + O_2 \longrightarrow 2CO_2$

उपरोक्त में से (i) अभिक्रिया में Na तथा (ii) अभिक्रिया में CO का उपचयन हो रहा है।

(*b*) **अपचयन** वह अभिक्रिया जिसमें किसी पदार्थ से ऑक्सीजन का ह्रास होता है, अपचयन कहलाती है।

उदाहरण

(i) $CuO + H_2 \longrightarrow Cu + H_2O$ (ii) $ZnO + C \longrightarrow Zn + CO$

उपरोक्त अभिक्रियाओं में से (i) में CuO का अपचयन Cu में तथा (ii) में ZnO का अपचयन Zn में हो रहा है।

प्रश्न 17. **एक भूरे रंग के चमकदार तत्व '*X*' को वायु की उपस्थिति में गर्म करने वह काले रंग का हो जाता है। इस तत्व '*X*' एवं उस काले रंग के यौगिक का नाम बताइए।**

उत्तर तत्व 'X' ताँबा या कॉपर है तथा काले रंग का यौगिक कॉपर ऑक्साइड है।

$$\underset{\substack{\text{कॉपर} \\ \text{(भूरा तत्व)}}}{2Cu} + \underset{\text{(वायु से)}}{O_2(g)} \longrightarrow \underset{\substack{\text{कॉपर ऑक्साइड} \\ \text{(काला)}}}{2CuO}$$

प्रश्न 18. **लोहे की वस्तुओं को हम पेंट क्यों करते हैं?**

उत्तर लोहा वायुमंडलीय ऑक्सीजन (वायु) तथा नमी से अभिक्रिया करके जलयोजित आयरन ऑक्साइड निर्मित करता है, जिसे सामान्यतया जंग कहते हैं तथा धीरे-धीरे होने वाली इस प्रक्रिया को संक्षारण कहते हैं। जंग एक भूरे रंग का भुरभुरा पदार्थ है, जो धीरे-धीरे धातु को नष्ट करता रहता है। लोहे की सतह पर पेंट लगाने से धातु की सतह का वायु से संपर्क नहीं होता अतः संक्षारण की प्रक्रिया रूक जाती है। अतः लोहे को संक्षारण से बचाने हेतु लोहे की वस्तुओं पर पेंट किया जाता है।

प्रश्न 19. **तेल तथा वसायुक्त खाद्य पदार्थों को नाइट्रोजन से प्रभावित क्यों किया जाता है?**

उत्तर तेल व वसायुक्त पदार्थ बनने के कुछ घंटों के उपरांत वायु की उपस्थिति में ऑक्सीकृत हो जाने के कारण दूषित हो जाते हैं अर्थात् उनके स्वाद व गंध में परिवर्तन हो जाता है। यह प्रक्रम विकृतगंधिता कहलाता है।

परंतु यदि इन खाद्य पदार्थों को बनाने के उपरान्त तुरंत ही नाइट्रोजन गैस (अक्रिय) युक्त पैकेटों में पैक कर दिया जाता है, तो विकृतगंधिता की प्रक्रिया नहीं होती व खाद्य पदार्थ संरक्षित रहते हैं।

प्रश्न 20. **निम्न पदों का वर्णन कीजिए तथा प्रत्येक का एक-एक उदाहरण दीजिए।**

(a) संक्षारण (b) विकृतगंधिता

उत्तर (*a*) **संक्षारण** वह प्रक्रिया, जिसमें धातु नमी तथा वायु से धीरे-धीरे अभिक्रिया के द्वारा नष्ट होती जाती है, संक्षारण कहलाती है। सामान्यतया यह एक विनाशकारी प्रक्रम है, अतः इसे रोकना आवश्यक है।

उदाहरण

(i) लोहे पर जंग लगना।

$$\underset{\text{लोहा}}{4Fe} + \underbrace{3O_2 + xH_2O}_{\text{(वायु से)}} \longrightarrow \underbrace{2Fe_2O_3 \cdot xH_2O}_{\text{जंग (भूरा)}}$$

(ii) चाँदी का काला होना

$$\underset{\text{चाँदी}}{2Ag} + \underbrace{H_2S}_{\text{(वायु से)}} \longrightarrow \underset{\text{काला}}{Ag_2S} + H_2$$

(iii) ताँबा (कॉपर) की सतह का हरा होना

$$\underset{\text{(भूरा)}}{Cu} + \underbrace{O_2 + H_2O + CO_2}_{\text{(वायु से)}} \longrightarrow \underbrace{CuCO_3 \cdot Cu(OH)_2}_{\text{बेसिक कॉपर कार्बोनेट (हरी पर्त)}}$$

(iv) ऐलुमिनियम धातु की चमक का कम होना

$$\underset{\text{ऐलुमिनियम}}{4Al} + \underset{\text{(वायु से)}}{3O_2} \longrightarrow \underset{\text{महीन पर्त}}{2Al_2O_3}$$

संक्षारण के लिए आवश्यक दशाएँ निम्न हैं

(i) वायु की उपस्थिति

(ii) जल की उपस्थिति

संक्षारण को कम करने या रोकने के उपाय निम्न हैं

(i) धातु की सतह पर पेंट अथवा ग्रीस का लेप करना।

(ii) लोहे की वस्तुओं को पिघले जिंक में डुबोना (यशद् लेपन या गैल्वेनीकरण)।

(iii) एक धातु पर दूसरी धातु की पर्त (विद्युत अपघटन द्वारा) चढ़ाना (विद्युत लेपन)।

(iv) कई धातुओं को मिलाकर मिश्रित-धातुओं का निर्माण।

(v) विद्युत अपघटन क्रिया द्वारा धातु पर उसके ऑक्साइड की पर्त निर्मित करना (ऐनोडीकरण)।

(vi) **स्वतः रक्षण** *उदाहरण* ऐलुमिनियम धातु ऑक्सीजन से अभिक्रिया करके ऐलुमिनियम ऑक्साइड बनाती है, जो एक महीने पर्त के रूप में धातु की सतह पर जम जाती है तथा भविष्य में संक्षारण से भीतरी धातु की सुरक्षा करती है।

(*b*) **विकृतगंधिता** खाद्य पदार्थों में उपस्थित तेल तथा वसा के उपचयन के कारण खाद्य पदार्थों के स्वाद तथा गंध बदल जाते हैं। यह प्रक्रिया विकृतगंधिता कहलाती है।

विकृतगंधिता के लिए आवश्यक दशाएँ भोज्य पदार्थों को तेल या वसा में पकाने के बाद अधिक समय तक, बिना उचित संरक्षण के भंडारित करना।

उदाहरण तले हुए आलू के चिप्स, पापड़ आदि कुछ घंटों/दिनों के बाद बदली हुई गंध व स्वाद उत्पन्न करते हैं।

[**नोट** *विकृतगंधिता के लिए आवश्यक समय मौसम अर्थात् तापमान पर भी निर्भर करता है।*]

विकृतगंधिता रोकने के लिए आवश्यक उपाय निम्न हैं

(i) वायुरोधी बर्तनों में खाद्य पदार्थों को रखना।

(ii) पके भोजन को कम ताप पर व ढककर रखना।

(iii) आलू के चिप्स जैसे भोज्य पदार्थों को किसी कम क्रियाशील गैस जैसे नाइट्रोजन के साथ पैकेटों में भरना।

(iv) सीधी सूर्य की रोशनी से भोज्य पदार्थों व पके भोजन को बचाना।

(v) भोज्य पदार्थों में प्रति-ऑक्सीकारक मिलाना जैसे BHA (ब्यूटिलेटेड हाइड्रॉक्सी ऐनीसॉल), BHT (ब्यूटिलेटेड हाइड्रॉक्सी टॉलूईन) आदि।

NCERT Exemplar

पुस्तक के चुने गए प्रश्न

बहुविकल्पीय प्रश्न

प्रश्न 1. **निम्न में से कौन-सा भौतिक परिवर्तन नहीं है?**

(a) जल के उबलने से जल वाष्प का निर्माण

(b) बर्फ के पिघलने से जल प्राप्त होना

(c) जल में नमक का घुलना

(d) द्रवित पैट्रोलियम गैस (LPG) का दहन

उत्तर (*d*) क्योंकि यह एक रासायनिक परिवर्तन है, जिसमें नए पदार्थ बनते हैं, जबकि भौतिक परिवर्तन में कोई नया पदार्थ नहीं बनता है।

$$\text{LPG} + O_2 \longrightarrow CO_2 + H_2O + \text{ऊष्मा} + \text{प्रकाश}$$

प्रश्न 2. **अभिक्रिया;** $4NH_3(g) + 5O_2(g) \longrightarrow 4NO(g) + 6H_2O(g)$

निम्न का उदाहरण है

(i) विस्थापन अभिक्रिया

(ii) संयोजन अभिक्रिया

(iii) रेडॉक्स (उपचयन-अपचयन) अभिक्रिया

(iv) उदासीनीकरण अभिक्रिया

(a) (i) तथा (iv)
(b) (ii) तथा (iii)
(c) (i) तथा (iii)
(d) (iii) तथा (iv)

उत्तर (*c*) (i) तथा (iii) यह अभिक्रिया विस्थापन अभिक्रिया है, क्योंकि O_2, हाइड्रोजन को NH_3 में से विस्थापित करता है।
यह रेडॉक्स अभिक्रिया भी है, क्योंकि इसमें NH_3 का उपचयन तथा O_2 का अपचयन होता है।

उपचयन

$$4NH_3(g) + 5O_2(s) \longrightarrow 4NO(g) + 6H_2O(g)$$

अपचयन

प्रश्न 3. **निम्न समीकरण के लिए कौन-से कथन सत्य हैं?**

$$3Fe(s) + 4H_2O(g) \longrightarrow Fe_3O_4(s) + 4H_2(g)$$

(i) लोहा धातु उपचयित हो रही है।
(ii) जल अपचयित हो रहा है।
(iii) जल अपचायक का कार्य कर रहा है।
(iv) जल उपचायक (ऑक्सीकारक) का कार्य कर रहा है।

(a) (i), (ii) तथा (iii) (b) (iii) तथा (iv) (c) (i), (ii) तथा (iv) (d) (ii) तथा (iv)

उत्तर (c) (i), (ii) तथा (iv)

उपचयन

$$3Fe(s) + 4H_2O(g) \longrightarrow Fe_3O_4(s) + 4H_2$$

अपचयन

इस अभिक्रिया में Fe अपचायक तथा H_2O उपचायक का कार्य करता है।

प्रश्न 4. **निम्न में से कौन-से प्रक्रम ऊष्माक्षेपी हैं?**

(i) जल की चूने से अभिक्रिया
(ii) अम्ल का तनुकरण
(iii) जल का वाष्पीकरण
(iv) कपूर के क्रिस्टलों का ऊर्ध्वपातन

(a) (i) तथा (ii)
(b) (ii) तथा (iii)
(c) (i) तथा (iv)
(d) (iii) तथा (iv)

उत्तर (a) (i) तथा (ii)

(i) $\underset{\text{चूना}}{CaO} + \underset{\text{जल}}{H_2O} \longrightarrow \underset{\text{बुझा हुआ चूना}}{Ca(OH)_2} +$ ऊष्मा

(ii) सान्द्र अम्ल + जल $\longrightarrow$ तनु अम्ल + ऊष्मा

अन्य दो अभिक्रियाएँ ऊष्माशोषी हैं, क्योंकि उनमें ऊष्मा अवशोषित होती है।

प्रश्न 5. **तीन बीकर *A*, *B* तथा *C* में से प्रत्येक में 25 मिली जल लिया गया। बीकर *A*, *B* तथा *C* में क्रमशः NaOH, निर्जल $CuSO_4$ तथा NaCl की कुछ मात्रा मिलाई गई। यह देखा गया कि बीकर *A* तथा *B* के विलयनों के तापमानों में वृद्धि हुई, जबकि बीकर *C* के विलयन का तापमान कम हो गया। निम्न में से कौन-सा/से कथन सत्य है (हैं)?**

(i) बीकर *A* तथा *B* में ऊष्माक्षेपी अभिक्रियाएँ हुईं
(ii) बीकर *A* तथा *B* में ऊष्माशोषी अभिक्रियाएँ हुईं
(iii) बीकर *C* में ऊष्माक्षेपी अभिक्रिया हुई
(iv) बीकर *C* में ऊष्माशोषी अभिक्रिया हुई

(a) केवल (i) (b) केवल (ii) (c) (i) तथा (iv) (d) (ii) तथा (iii)

उत्तर (c) (i) तथा (iv) ये दोनों कथन सत्य हैं। जल में ऊष्मा मुक्त होने के कारण *A* तथा *B* के विलयनों का तापमान बढ़ जाता है, जबकि बीकर *C* में जल से ऊष्मा का अवशोषण होने के कारण तापमान कम हो जाता है।

प्रश्न 6. **एक तनु फेरस सल्फेट विलयन को एक अम्लीकृत पोटैशियम परमैंगनेट विलयन युक्त बीकर में धीरे-धीरे मिलाया गया। विलयन का हल्का बैंगनी रंग धीरे-धीरे और हल्का हुआ व अंत में विलयन रंगहीन हो गया। निम्न में से कौन-सा कथन उपरोक्त प्रेक्षण की सर्वाधिक उपयुक्त व्याख्या है?**

(a) $KMnO_4$ एक उपचायक है, यह $FeSO_4$ को उपचयित करता है।
(b) $FeSO_4$ उपचायक का कार्य करता है तथा $KMnO_4$ को उपचयित करता है।
(c) केवल तनुकरण के कारण विलयन का रंग अदृश्य हो जाता है; कोई अभिक्रिया नहीं होती।
(d) $KMnO_4$ एक अस्थाई यौगिक है तथा यह $FeSO_4$ की उपस्थिति में विघटित होकर एक रंगहीन यौगिक में बदल जाता है।

उत्तर (*a*) $KMnO_4$ एक उपचायक (ऑक्सीकारक) है, यह $FeSO_4$ का उपचयन कर देता है तथा स्वयं रंगहीन Mn^{2+} में परिवर्तित हो जाता है।

प्रश्न 7. **निम्न में से कौन-सी द्विविस्थापन अभिक्रिया (एँ) है (हैं)?**

(i) $Pb + CuCl_2 \longrightarrow PbCl_2 + Cu$
(ii) $Na_2SO_4 + BaCl_2 \longrightarrow BaSO_4 + 2NaCl$
(iii) $C + O_2 \longrightarrow CO_2$
(iv) $CH_4 + 2O_2 \longrightarrow CO_2 + 2H_2O$

(a) (i) तथा (iv) (b) केवल (ii)
(c) (i) तथा (ii) (d) (iii) तथा (iv)

उत्तर (*b*) केवल (ii), क्योंकि इसमें Na^+ तथा Ba^{2+} आयनों के स्थान परस्पर बदल जाते हैं।

प्रश्न 8. **निम्न में से कौन-सा (से) कथन सत्य है (हैं)? सिल्वर क्लोराइड को अधिक समय तक सूर्य के प्रकाश में रखने पर इसका रंग धूसर (सलेटी या ग्रे) हो जाता है। इसका (के) कारण है (हैं)**

(i) सिल्वर क्लोराइड के वियोजन के द्वारा सिल्वर का निर्माण
(ii) सिल्वर क्लोराइड का ऊर्ध्वपातन
(iii) सिल्वर क्लोराइड के द्वारा क्लोरीन गैस का वियोजन
(iv) सिल्वर क्लोराइड का उपचयन

(a) केवल (i) (b) (i) तथा (iii)
(c) (ii) तथा (iii) (d) केवल (iv)

उत्तर (*a*) केवल (i)

$$\underset{\text{(श्वेत)}}{2AgCl(s)} \xrightarrow{\text{सूर्य का प्रकाश}} \underset{\text{(धूसर रंग)}}{2Ag(s)} + Cl_2(g)$$

इस प्रक्रम में सिल्वर का अपचयन तथा क्लोरीन का उपचयन होता है।

प्रश्न 9. **ठोस कैल्सियम ऑक्साइड जल से तीव्रता से अभिक्रिया करके कैल्सियम हाइड्रॉक्साइड निर्मित करता है तथा ऊष्मा भी उत्पन्न करता है। इस प्रक्रिया को चूने का बुझाना (slaking of lime) कहते हैं। कैल्सियम हाइड्रॉक्साइड जल में विलेय होकर विलयन, जिसे चूने का पानी कहते हैं, बनाता है। चूने के बुझने की क्रिया तथा बनने वाले विलयन के संबंध में निम्न में से कौन-सा (कौन-से) कथन सत्य है (हैं)?**

(i) यह एक ऊष्माशोषी अभिक्रिया है।
(ii) यह एक ऊष्माक्षेपी अभिक्रिया है।
(iii) बनने वाले विलयन का pH मान सात से अधिक है।
(iv) बनने वाले विलयन का pH मान सात से कम है।

(a) (i) तथा (ii) (b) (ii) तथा (iii)
(c) (i) तथा (iv) (d) (iii) तथा (iv)

उत्तर (*b*) (ii) तथा (iii)

$$\underset{\text{चूना}}{CaO} + \underset{\text{जल}}{H_2O} \longrightarrow \underset{\text{बुझा हुआ चूना}}{Ca(OH)_2} + \text{ऊष्मा}$$

इस अभिक्रिया में ऊष्मा उत्पन्न होने के कारण यह एक ऊष्माक्षेपी अभिक्रिया है। $Ca(OH)_2$ (कैल्सियम हाइड्रॉक्साइड) एक क्षारक है, अतः इसके विलयन का pH मान सात से अधिक होता है।

प्रश्न 10. **बेरियम क्लोराइड अमोनियम सल्फेट से अभिक्रिया करके बेरियम सल्फेट तथा अमोनियम क्लोराइड निर्मित करता है। यह अभिक्रिया निम्न में से किस प्रकार की है?**

(i) विस्थापन अभिक्रिया (ii) अवक्षेपण अभिक्रिया
(iii) संयोजन अभिक्रिया (iv) द्विविस्थापन अभिक्रिया

(a) केवल (i) (b) केवल (ii)
(c) केवल (iv) (d) (ii) तथा (iv)

उत्तर (*d*) (ii) तथा (iv)

$$BaCl_2(aq) + (NH_4)_2SO_4\,(aq) \longrightarrow \underset{\text{अवक्षेप}}{BaSO_4(s)} + 2NH_4Cl\,(aq)$$

Ba^{2+} तथा $(NH_4)^+$ आयनों के स्थान बदलने के कारण यह द्विविस्थापन अभिक्रिया है तथा $BaSO_4$ का अवक्षेप बनने के कारण इसे अवक्षेपण अभिक्रिया भी कहते हैं।

प्रश्न 11. **जल का विद्युत अपघटन एक वियोजन अभिक्रिया है। इस अभिक्रिया में मुक्त हाइड्रोजन तथा ऑक्सीजन गैसों का मोलर अनुपात है**

(a) 1 : 1 (b) 2 : 1 (c) 4 : 1 (d) 1 : 2

उत्तर (*b*) 2 : 1; $\underset{\text{2 मोल}}{2H_2O} \xrightarrow{\text{विद्युत धारा}} \underset{\text{2 मोल}}{2H_2} + \underset{\text{1 मोल}}{O_2}$

प्रश्न 12. निम्न प्रक्रमों में से कौन-से ऊष्माशोषी हैं?

(i) सल्फ्यूरिक अम्ल का तनुकरण (ii) शुष्क बर्फ का ऊर्ध्वपातन

(iii) जल वाष्प का संघनन (iv) जल का वाष्पन

(a) (i) तथा (iii) (b) केवल (ii)

(c) केवल (iii) (d) (ii) तथा (iv)

उत्तर (*d*) (ii) तथा (iv) ऊर्ध्वपातन तथा वाष्पन दोनों क्रियाओं में अभिकर्मक ऊष्मा का अवशोषण करते हैं।

प्रश्न 13. पोटैशियम आयोडाइड विलयन तथा लेड नाइट्रेट विलयन के बीच होने वाली द्विविस्थापन अभिक्रिया के फलस्वरूप लेड आयोडाइड का पीला अवक्षेप निर्मित होता है। यदि उपरोक्त अभिक्रिया के लिए लेड नाइट्रेट न उपलब्ध हो, तो उसके स्थान पर निम्न में से कौन-सा उपयोग किया जा सकता है?

(a) लेड सल्फेट (अविलेय) (b) लेड ऐसीटेट

(c) अमोनियम नाइट्रेट (d) पोटैशियम सल्फेट

उत्तर (*b*) लेड ऐसीटेट, क्योंकि यह लेड का ऐसा लवण है, जो जल में विलेय है।

$$(CH_3COO)_2Pb\,(aq) + 2KI\,(aq) \longrightarrow PbI_2(s) + 2CH_3COOK\,(aq)$$

प्रश्न 14. निम्न में से कौन-सी गैस को ताजा तेल के नमूने के लंबे समय तक परिरक्षण (भंडारण) के लिए उपयोग किया जा सकता है?

(a) कार्बन डाइऑक्साइड या ऑक्सीजन

(b) नाइट्रोजन या ऑक्सीजन

(c) कार्बन डाइऑक्साइड या हीलियम

(d) हीलियम या नाइट्रोजन

उत्तर (*d*) हीलियम या नाइट्रोजन,
क्योंकि ये दोनों गैसें कम क्रियाशील हैं तथा तेल को विकृतगंधिता से बचाती हैं।

प्रश्न 15. प्रयोगशाला में ऑक्सीजन गैस बनाने के लिए निम्न अभिक्रिया का उपयोग किया जाता है

$$2KClO_3\,(s) \xrightarrow[\text{उत्प्रेरक}]{\text{ऊष्मा}} 2KCl\,(s) + 3O_2\,(g)$$

इस अभिक्रिया के लिए कौन-सा (कौन-से) कथन सही हैं?

(a) यह एक वियोजन अभिक्रिया है, जो ऊष्माशोषी प्रकृति की है।

(b) यह एक संयोजन अभिक्रिया है।

(c) यह एक वियोजन अभिक्रिया है तथा इसमें ऊष्मा उत्पन्न होती है।

(d) यह एक प्रकाश रासायनिक अभिक्रिया है तथा इसकी प्रकृति ऊष्माक्षेपी है।

उत्तर (*a*) यह एक वियोजन अभिक्रिया है, जो ऊष्माशोषी प्रकृति की है।

प्रश्न 16. निम्न में से किस प्रक्रम में रासायनिक अभिक्रिया होती है?

(a) उच्च दाब पर ऑक्सीजन गैस को गैस सिलेंडर में भरना।

(b) वायु का द्रवीकरण

(c) एक खुली चायना डिश में पेट्रोल रखना

(d) उच्च ताप पर वायु की उपस्थिति में ताँबे के तार को गर्म करना।

उत्तर (*d*) $\underset{\text{ताँबा (तत्व)}}{2Cu(s)} + \underset{\text{(वायु से)}}{O_2(g)} \xrightarrow{\text{(ऊष्मा)}} \underset{\text{कॉपर ऑक्साइड (काला यौगिक)}}{2CuO(s)}$

चूँकि इस प्रक्रम में एक भिन्न संघटन वाला नया यौगिक निर्मित होता है अतः इसीलिए यह एक रासायनिक अभिक्रिया है।

प्रश्न 17. निम्न में से किस रासायनिक समीकरण में, अभिकर्मकों तथा उत्पादों को सही प्रतीकों (abbreviations) द्वारा प्रदर्शित किया गया है?

(a) $2H_2(l) + 2O_2(l) \longrightarrow 2H_2O(g)$

(b) $2H_2(g) + O_2(l) \longrightarrow 2H_2O(l)$

(c) $2H_2(g) + O_2(g) \longrightarrow 2H_2O(l)$

(d) $2H_2(g) + O_2(g) \longrightarrow 2H_2O(g)$

उत्तर (*d*) $2H_2(g) + O_2(g) \longrightarrow 2H_2O(g)$

यह अभिक्रिया उच्च ताप (1073 K) तथा विद्युत प्रवाह की उपस्थिति में ही संभव है। इन दशाओं में उत्पन्न जल (H_2O) भी गैसीय अवस्था में ही प्राप्त होता है। H_2 व O_2 सामान्य रूप से गैसें ही हैं।

प्रश्न 18. निम्न में से कौन-सी संयोजन अभिक्रियाएँ हैं?

(i) $2KClO_3 \xrightarrow{\text{ऊष्मा}} 2KCl + 3O_2$

(ii) $MgO + H_2O \longrightarrow Mg(OH)_2$

(iii) $4Al + 3O_2 \longrightarrow 2Al_2O_3$

(iv) $Zn + FeSO_4 \longrightarrow ZnSO_4 + Fe$

(a) (i) तथा (iii) (b) (iii) तथा (iv)

(c) (ii) तथा (iv) (d) (ii) तथा (iii)

उत्तर (*d*) (ii) तथा (iii); ये अभिक्रियाएँ संयोजन अभिक्रियाएँ हैं, क्योंकि इनमें दो पदार्थों के संयोग से एकल उत्पाद निर्मित होता है।

लघु उत्तरीय प्रश्न

प्रश्न 19. निम्न अभिक्रियाओं के लिए संतुलित रासायनिक समीकरणें लिखिए तथा अभिक्रिया का प्रकार भी लिखिए।

(a) नाइट्रोजन गैस की हाइड्रोजन गैस से, उत्प्रेरक की उपस्थिति में 773K पर अभिक्रिया द्वारा अमोनिया गैस बनना।

(b) सोडियम हाइड्रॉक्साइड विलयन की ऐसीटिक अम्ल से अभिक्रिया द्वारा सोडियम ऐसीटेट तथा जल का बनना।

(c) एथेनॉल को एथेनोइक अम्ल के साथ सांद्र H_2SO_4 की उपस्थिति में गर्म करने पर एथिल ऐसीटेट का बनना।

(d) एथीन की वायु की उपस्थिति में दहन क्रिया द्वारा कार्बन डाइऑक्साइड, जल, ऊष्मा तथा प्रकाश का उत्पन्न होना।

उत्तर (*a*) $N_2(g) + 3H_2(g) \xrightarrow[773K]{\text{उत्प्रेरक}} 2NH_3(g)$

यह एक संयोजन अभिक्रिया है। यह रेडॉक्स अभिक्रिया भी है।

(*b*) $NaOH\,(aq) + CH_3COOH\,(aq) \longrightarrow CH_3COONa\,(aq) + H_2O\,(l)$

यह अभिक्रिया उदासीनीकरण तथा द्विविस्थापन दोनों के अंतर्गत रखी जाती है।

(*c*) $C_2H_5OH\,(l) + CH_3COOH\,(aq) \xrightarrow[\text{सांद्र } H_2SO_4]{\text{ऊष्मा}} CH_3COOC_2H_5 + H_2O$

यह अभिक्रिया द्विविस्थापन का उदाहरण है।

[**नोट** *इस अभिक्रिया को एस्टरीकरण अभिक्रिया भी कहते हैं। इसका अधिक विवरण आप अध्याय 4 में पढ़ेंगे।*]

(*d*) $C_2H_4\,(g) + 3O_2\,(g) \longrightarrow 2CO_2(g) + 2H_2O\,(l) +$ ऊष्मा + प्रकाश

यह अभिक्रिया उपचयन अभिक्रिया के साथ-साथ ऊष्माक्षेपी भी है।

प्रश्न 20. निम्न अभिक्रियाओं के लिए संतुलित रासायनिक समीकरणें लिखिए तथा प्रत्येक अभिक्रिया का प्रकार भी लिखिए।

(a) थर्मिट अभिक्रिया में, आयरन (III) ऑक्साइड ऐलुमिनियम से अभिक्रिया करके गलित आयरन तथा ऐलुमिनियम ऑक्साइड निर्मित करता है।

(b) मैग्नीशियम रिबन को नाइट्रोजन गैस की उपस्थिति में जलाने पर मैग्नीशियम नाइट्राइड निर्मित होता है।

(c) क्लोरीन गैस को पोटैशियम आयोडाइड विलयन में से गुजारने पर पोटैशियम क्लोराइड विलयन तथा ठोस आयोडीन प्राप्त होते हैं।

(d) एथेनॉल को वायु की उपस्थिति में जलाने पर कार्बन डाइऑक्साइड, जल तथा ऊष्मा उत्पन्न होते हैं।

उत्तर (*a*) $Fe_2O_3(s) + 2Al(s) \longrightarrow 2Fe(l) + Al_2O_3(s)$
यह अभिक्रिया विस्थापन तथा उपचयन-अपचयन (रेडॉक्स) अभिक्रिया दोनों प्रकार की है।

(*b*) $3Mg(s) + N_2(g) \xrightarrow{\Delta} Mg_3N_2(s)$

यह एक संयोजन अभिक्रिया है। यह रेडॉक्स अभिक्रिया भी है।

(*c*) $Cl_2(g) + 2KI(aq) \longrightarrow 2KCl(aq) + I_2(s)$
यह विस्थापन अभिक्रिया है।

(*d*) $C_2H_5OH(l) + 3O_2(g) \longrightarrow 2CO_2(g) + 3H_2O(g) +$ ऊष्मा
यह उपचयन अभिक्रिया है।

प्रश्न 21. **निम्न अभिक्रियाओं में x तथा y क्या हैं, उनके सूत्र या नाम या प्रतीक लिखिए।**

(a) $Pb(NO_3)_2(aq) + 2KI(aq) \longrightarrow PbI_2(x) + 2KNO_3(y)$
(b) $Cu(s) + 2AgNO_3(aq) \longrightarrow Cu(NO_3)_2(aq) + x(s)$
(c) $Zn(s) + H_2SO_4(aq) \longrightarrow ZnSO_4(x) + H_2(y)$
(d) $CaCO_3(s) \xrightarrow{x} CaO(s) + CO_2(g)$

उत्तर (*a*) $Pb(NO_3)_2(aq) + 2KI(aq) \longrightarrow PbI_2(s) + 2KNO_3(aq)$
(*b*) $Cu(s) + 2AgNO_3(aq) \longrightarrow Cu(NO_3)_2(aq) + 2Ag(s)$
(*c*) $Zn(s) + H_2SO_4(aq) \longrightarrow ZnSO_4(aq) + H_2(g)$
(*d*) $CaCO_3(s) \xrightarrow{\text{ऊष्मा}} CaO(s) + CO_2(g)$

प्रश्न 22. **निम्न में से कौन-से परिवर्तन ऊष्माक्षेपी हैं तथा कौन-से ऊष्माशोषी प्रकृति के हैं?**

(a) फेरस सल्फेट का वियोजन
(b) सल्फ्यूरिक अम्ल का तनुकरण
(c) सोडियम हाइड्रॉक्साइड का जल में घुलना
(d) अमोनियम क्लोराइड का जल में घुलना

उत्तर (*a*) ऊष्माशोषी (*b*) ऊष्माक्षेपी
(*c*) ऊष्माक्षेपी (*d*) ऊष्माशोषी

प्रश्न 23. **निम्न अभिक्रियाओं में अपचायक पहचान कर लिखिए।**

(a) $4NH_3 + 5O_2 \longrightarrow 4NO + 6H_2O$ (b) $H_2O + F_2 \longrightarrow HF + HOF$
(c) $Fe_2O_3 + 3CO \longrightarrow 2Fe + 3CO_2$ (d) $2H_2 + O_2 \longrightarrow 2H_2O$

उत्तर (a) NH_3 (*b*) H_2O
(c) CO (*d*) H_2

[**नोट** *अपचायक वह पदार्थ है, जो स्वयं ऑक्सीजन या विद्युत ऋणात्मक तत्व से संयोग करके अथवा उपचयित होकर अन्य पदार्थ का अपचयन करता है।*]

(आॅक्सीकारक) उपचयन

$$H_2O + F_2 \longrightarrow HF + HOF$$

अपचयन

अतः यहाँ जल (H_2O) उपचायक तथा अपचायक दोनों का कार्य करता है।

प्रश्न 24. निम्न अभिक्रियाओं में उपचायक (ऑक्सीकारक) को पहचानिए।

(a) $Pb_3O_4 + 8HCl \longrightarrow 3PbCl_2 + Cl_2 + 4H_2O$

(b) $2Mg + O_2 \longrightarrow 2MgO$

(c) $CuSO_4 + Zn \longrightarrow Cu + ZnSO_4$

(d) $V_2O_5 + 5Ca \longrightarrow 2V + 5CaO$

(e) $3Fe + 4H_2O \longrightarrow Fe_3O_4 + 4H_2$

(f) $CuO + H_2 \longrightarrow Cu + H_2O$

उत्तर (*a*) Pb_3O_4 (*b*) O_2 (*c*) $CuSO_4$ (*d*) V_2O_5 (*e*) H_2O (*f*) CuO

[**नोट** *ऑक्सीकारक या उपचायक वह पदार्थ है, जो अन्य पदार्थ को उपचयन के लिए ऑक्सीजन प्रदान करे तथा स्वयं अपचयित हो जाये।*]

प्रश्न 25. निम्न अभिक्रियाओं के लिए संतुलित रासायनिक समीकरणें लिखिए।

(a) सोडियम कार्बोनेट, हाइड्रोक्लोरिक अम्ल से (बराबर मोलर सांद्रताओं में) अभिक्रिया करके सोडियम क्लोराइड तथा सोडियम हाइड्रोजन कार्बोनेट बनाता है।

(b) सोडियम हाइड्रोजन कार्बोनेट, हाइड्रोक्लोरिक अम्ल से अभिकृत होकर सोडियम क्लोराइड, जल तथा कार्बन डाइऑक्साइड उत्पन्न करता है।

(c) कॉपर सल्फेट पोटैशियम आयोडाइड के साथ अभिक्रिया करने पर क्यूप्रस आयोडाइड (Cu_2I_2) का अवक्षेप, आयोडीन गैस तथा पोटैशियम सल्फेट निर्मित करता है।

उत्तर (*a*) $Na_2CO_3(s) + HCl(aq) \longrightarrow NaCl(aq) + NaHCO_3(aq)$

(*b*) $NaHCO_3(s) + HCl(aq) \longrightarrow NaCl(aq) + H_2O(l) + CO_2(g)$

(*c*) $2CuSO_4(aq) + 4KI(aq) \longrightarrow Cu_2I_2(s) + I_2(g) + 2K_2SO_4(aq)$

प्रश्न 26. जब पोटैशियम क्लोराइड विलयन को सिल्वर नाइट्रेट विलयन के साथ मिलाया जाता है, तब एक अविलेय श्वेत पदार्थ बनता है। इस अभिक्रिया के लिए रासायनिक समीकरण लिखिए तथा अभिक्रिया का प्रकार भी लिखिए।

उत्तर $KCl(aq) + AgNO_3(aq) \longrightarrow \underset{\text{(श्वेत)}}{AgCl(s)} + KNO_3(aq)$

यह अभिक्रिया एक द्विविस्थापन अभिक्रिया है तथा यह अवक्षेपण अभिक्रिया भी है।

प्रश्न 27. फेरस सल्फेट वियोजित होकर एक गैस उत्पन्न करता है, जिसमें एक विशेष गंध (जलते सल्फर जैसी) होती है। इस अभिक्रिया का समीकरण लिखिए तथा अभिक्रिया का प्रकार भी लिखें।

उत्तर $2FeSO_4(s) \xrightarrow{\text{ऊष्मा}} Fe_2O_3(s) + SO_2(g) + SO_3(g)$

यह एक ऊष्मीय वियोजन अभिक्रिया है।

जलते सल्फर की गंधयुक्त गैस सल्फर डाइऑक्साइड, SO_2 *है।*

प्रश्न 28. पौधे पर लगे अंगूरों में किण्वन क्रिया नहीं होती है, जबकि पौधे से अलग होने पर उनका किण्वन किया जाना संभव है। वे कौन-सी दशाएँ हैं, जिनमें अँगूरों का किण्वन होता है? क्या यह एक भौतिक परिवर्तन है अथवा रासायनिक?

उत्तर जब अंगूर (फल) पौधों से जुड़े रहते हैं, तब उन्हें निरंतर ऑक्सीजन प्राप्त होती रहती है। अतः उनकी कोशिकाओं में वायवीय श्वसन की क्रिया होती है। मगर किण्वन एक अवायवीय श्वसन की अभिक्रिया है, जो ऑक्सीजन की अनुपस्थिति तथा विशेष प्रकार के एंजाइमों, जो यीस्ट में उपस्थित होते हैं, की उपस्थिति में संपन्न होती है। अतः अंगूरों के पौधे से अलग होने पर ही यह संभव है।

किण्वन एक रासायनिक परिवर्तन (अभिक्रिया) है।

$$C_{12}H_{22}O_{11} + H_2O \xrightarrow{\text{यीस्ट}} 4CO_2 + 4C_2H_5OH + \text{ऊष्मा}$$

प्रश्न 29. जुगनू रात में ही क्यों चमकते हैं?

उत्तर जुगनू में एक विशेष प्रकार की फॉस्फोरस युक्त प्रोटीन होती है, जो एक विशिष्ट एंजाइम की उपस्थिति में वायवीय उपचयन अभिक्रिया करती है (स्फुरदीप्ति)। इस अभिक्रिया में दृश्य प्रकाश उत्पन्न होता है, जिसके कारण जुगनू रात्रि के समय चमकते हैं।

प्रश्न 30. निम्न में से कौन-से परिवर्तन भौतिक हैं तथा कौन-से रासायनिक?

(a) पेट्रोल का वाष्पीकरण
(b) द्रवित पेट्रोलियम गैस (LPG) का जलना
(c) लोहे की छड़ को लाल तप्त होने तक गर्म करना
(d) दूध का खट्टा होना
(e) ठोस अमोनियम क्लोराइड का ऊर्ध्वपातन

उत्तर (*a*) भौतिक (*b*) रासायनिक (*c*) भौतिक
(*d*) रासायनिक (*e*) भौतिक

प्रश्न 31. कुछ धातुओं की तनु हाइड्रोक्लोरिक अम्ल से अभिक्रिया करने पर निम्न प्रेक्षण प्राप्त हुए।

(a) चाँदी (सिल्वर) धातु में कोई परितर्वन नहीं होता।
(b) जब Al, ऐलुमिनियम धातु मिलाते हैं तब मिश्रण का तापमान बढ़ जाता है।
(c) सोडियम धातु की अभिक्रिया अत्यंत ही विस्फोटक है।

(d) जब लेड (Pb) या सीसा धातु HCl में मिलाते हैं, तब एक गैस के बुलबुले प्राप्त होते हैं।

उपरोक्त प्रेक्षणों को उपयुक्त कारण देते हुए स्पष्ट कीजिए।

उत्तर (*a*) चाँदी एक उत्कृष्ट (कम सक्रिय) धातु होने के कारण तनु HCl से अभिक्रिया नहीं करती है।

(*b*) ऐलुमिनियम एक क्रियाशील धातु है। यह तनु HCl से निम्न प्रकार अभिक्रिया करती है तथा ऊष्मा भी उत्पन्न करती है, जिसके कारण ताप में वृद्धि होती है।

$$2Al(s) + 6HCl(aq) \longrightarrow 2AlCl_3(aq) + 3H_2(g)$$

(*c*) सोडियम एक अत्यधिक क्रियाशील धातु है। अतः यह तनु HCl से अति तीव्र (विस्फोटक) अभिक्रिया करती है।

$$2Na(s) + 2HCl(aq) \longrightarrow 2NaCl(aq) + H_2(g)$$

(*d*) $Pb(s) + 2HCl(aq) \longrightarrow PbCl_2(aq) + H_2(g)$

लेड (सीसा) धातु की तनु हाइड्रोक्लोरिक अम्ल से अभिक्रिया के फलस्वरूप लेड क्लोराइड बनता है तथा H_2 गैस के बुलबुले उत्पन्न होते हैं।

प्रश्न 32. एक पदार्थ *X*, जो समूह 2 के एक तत्व, का ऑक्साइड है, सीमेंट उद्योग में बहुतायत से उपयोग होता है। यह तत्व हड्डियों में भी उपस्थित होता है। जल से अभिक्रिया करके यह जो विलयन बनाता है, वह लाल लिटमस को नीला कर देता है। *X* का नाम व अभिक्रिया की समीकरण लिखिए।

उत्तर तत्व कैल्सियम है तथा पदार्थ 'X' कैल्सियम ऑक्साइड है। कैल्सियम ऑक्साइड का जलीय विलयन क्षारीय प्रकृति का होता है अतः लाल लिटमस को नीला कर देता है।

$$\underset{\text{(समूह 2 का तत्व)}}{2Ca} + O_2 \longrightarrow \underset{'X'}{2CaO}$$

$$\underset{'X'}{CaO} + H_2O \longrightarrow \underset{\substack{\text{कैल्सियम हाइड्रॉक्साइड} \\ \text{(क्षारक)}}}{Ca(OH)_2} \xrightarrow{\text{लाल लिटमस}} \text{नीला रंग}$$

प्रश्न 33. निम्न में से प्रत्येक अभिक्रिया के लिए संतुलित रासायनिक समीकरण लिखिए तथा उन्हें वर्गीकृत भी कीजिए।

(a) लेड ऐसीटेट विलयन की तनु हाइड्रोक्लोरिक अम्ल से अभिक्रिया कराने पर लेड क्लोराइड तथा ऐसीटिक अम्ल विलयन बनता है।

(b) सोडियम धातु के एक टुकड़े की शुद्ध (absolute) एथेनॉल से अभिक्रिया कराने पर सोडियम एथॉक्साइड तथा हाइड्रोजन उत्पन्न होते हैं।

(c) आयरन (III) ऑक्साइड को कार्बन मोनॉक्साइड गैस के साथ गर्म करने पर ठोस लोहा तथा कार्बन डाइऑक्साइड गैस उत्पन्न होती है।

(d) हाइड्रोजन सल्फाइड गैस ऑक्सीजन गैस से अभिक्रिया करके ठोस सल्फर तथा द्रव जल उत्पन्न करता है।

उत्तर (*a*) $(CH_3COO)_2Pb(aq) + \underset{\text{तनु}}{2HCl} \longrightarrow \underset{\text{अवक्षेप}}{PbCl_2(s)} + 2CH_3COOH(aq)$

यह एक द्विविस्थापन अभिक्रिया है।

(*b*) $2Na(s) + 2C_2H_5OH(l) \longrightarrow 2C_2H_5ONa(aq) + H_2(g)$
यह एक विस्थापन तथा रेडॉक्स अभिक्रिया है।

(*c*) $Fe_2O_3(s) + 3CO(g) \xrightarrow{\text{ऊष्मा}} 2Fe(s) + 3CO_2(g)$

यह विस्थापन तथा उपचयन-अपचयन (रेडॉक्स) अभिक्रिया है।

(*d*) $2H_2S(g) + O_2(g) \longrightarrow 2S(s) + 2H_2O(l)$
यह विस्थापन तथा रेडॉक्स अभिक्रिया है।

प्रश्न 34. सिल्वर क्लोराइड को गहरे रंग की बोतलों में क्यों रखा जाता है?

उत्तर यदि सिल्वर क्लोराइड को रंगहीन बोतलों में भरा जाता है, तो प्रकाश की उपस्थिति में यह उपरोक्त अभिक्रिया के अनुसार वियोजित हो जाता है, अतः अनुपयोगी हो जाता है। गहरा रंग प्रकाश के मार्ग को अवरोधित करता है। अतः सिल्वर क्लोराइड विलयन को गाढ़े रंग की बोतलों में रखा जाना उचित है। *यह निम्न अभिक्रिया में दर्शाया गया है*

$$2AgCl \xrightarrow{\text{सूर्य का प्रकाश}} 2Ag + Cl_2$$

प्रश्न 35. निम्न रासायनिक समीकरणों को संतुलित कीजिए तथा अभिक्रिया का प्रकार भी बताइए।

(a) $Mg(s) + Cl_2(g) \longrightarrow MgCl_2(s)$

(b) $HgO(s) \xrightarrow{\text{ऊष्मा}} Hg(l) + O_2(g)$

(c) $Na(s) + S(s) \xrightarrow{\text{ऊष्मा}} Na_2S(s)$

(d) $TiCl_4(l) + Mg(s) \longrightarrow Ti(s) + MgCl_2(s)$

(e) $CaO(s) + SiO_2(s) \longrightarrow CaSiO_3(s)$

(f) $H_2O_2(l) \xrightarrow{UV} H_2O(l) + O_2(g)$

उत्तर (*a*) $Mg(s) + Cl_2(g) \longrightarrow MgCl_2(s)$ [संयोजन]

(*b*) $2HgO(s) \xrightarrow{\text{ऊष्मा}} 2Hg(l) + O_2(g)$ [ऊष्मीय वियोजन]

(*c*) $2Na(s) + S(s) \xrightarrow{\text{ऊष्मा}} Na_2S(s)$ [संयोजन]

(*d*) $TiCl_4(l) + 2Mg(s) \longrightarrow Ti(s) + 2MgCl_2(s)$ [विस्थापन]

(*e*) $CaO(s) + SiO_2(s) \longrightarrow CaSiO_3(s)$ [संयोजन]

(*f*) $2H_2O_2(l) \xrightarrow{UV} 2H_2O(l) + O_2(g)$ [प्रकाश वियोजन]

प्रश्न 36. **एक मैग्नीशियम रिबन को ऑक्सीजन की उपस्थिति में जलाया जाता है, जिसके परिणामस्वरूप एक श्वेत यौगिक X उत्पन्न होता है तथा साथ ही प्रकाश भी उत्पन्न होता है। यदि जलते हुए मैग्नीशियम रिबन को नाइट्रोजन की उपस्थिति में जलाते हैं, तब यह जलते हुए यौगिक Y उत्पन्न करता है।**

(a) X तथा Y का रासायनिक सूत्र लिखिए।

(b) X के जल में घुलने के लिए एक सन्तुलित रासायनिक समीकरण लिखिए।

उत्तर (*a*) (i) $2Mg + O_2 \longrightarrow \underset{(X)}{2MgO}$

(ii) $3Mg + N_2 \longrightarrow \underset{(y)}{Mg_3N_2}$ $X = MgO; Y = Mg_3N_2$

(*b*) $MgO(s) + H_2O(l) \longrightarrow Mg(OH)_2(aq)$

प्रश्न 37. **जिंक तनु हाइड्रोक्लोरिक अम्ल से अभिक्रिया करके हाइड्रोजन गैस उत्पन्न करता है, जबकि कॉपर ऐसा नहीं करता। कारण दीजिए।**

उत्तर जिंक की सक्रियता कॉपर की अपेक्षा अधिक है। [क्योंकि सक्रियता श्रेणी (अध्याय 3) में कॉपर का स्थान हाइड्रोजन से नीचे है, जबकि जिंक का स्थान हाइड्रोजन से ऊपर।] अतः जिंक तनु HCl से अभिक्रिया करके H_2 गैस मुक्त करता है, जबकि कॉपर नहीं।

$$Zn(s) + \underset{\text{तनु}}{2HCl(aq)} \longrightarrow ZnCl_2(aq) + H_2(g)$$

प्रश्न 38. **एक चाँदी का बर्तन कुछ दिनों के लिए वायु में खुला रखने पर वह काला पड़ जाता है। जब बर्तन पर टूथपेस्ट रगड़ा जाता है तो वह फिर चमकने लग जाता है।**

(a) चाँदी का बर्तन काला क्यों हो जाता है? इस प्रक्रम का क्या नाम है?

(b) जो काले रंग का पदार्थ बनता है उसका नाम व सूत्र लिखिए।

उत्तर (*a*) चाँदी (सिल्वर) धातु वायुमण्डल में उपस्थित सल्फर यौगिकों, जैसे H_2S, से अभिक्रिया करने के कारण काला पदार्थ बनाती है अतः वायु में खुला रखने पर कुछ दिनों बाद चाँदी के बर्तन काले हो जाते हैं। यह प्रक्रम संक्षारण कहा जाता है।

(*b*) काला पदार्थ सिल्वर सल्फाइड तथा इसका सूत्र Ag_2S है।

दीर्घ उत्तरीय प्रश्न

प्रश्न 39. **कॉपर (II) नाइट्रेट का नीला चूर्ण गर्म करने पर काला कॉपर ऑक्साइड, ऑक्सीजन गैस तथा एक भूरे रंग की गैस 'X' उत्पन्न करता है।**

(a) भूरे रंग की गैस X कौन-सी है?

(b) अभिक्रिया की समीकरण लिखिए।

(c) अभिक्रिया का प्रकार लिखिए।

(d) गैस X के जलीय विलयन की pH परास कितनी होना संभव है?

उत्तर (*a*) कॉपर नाइट्रेट ऊष्मीय वियोजन के फलस्वरूप कॉपर ऑक्साइड, ऑक्सीजन तथा नाइट्रोजन डाइऑक्साइड बनाता है ऑक्सीजन रंगहीन होती है और NO_2 भूरे रंग की होती है। अतः गैस *X* नाइट्रोजन डाइऑक्साइड, NO_2 है।

(*b*) $2Cu(NO_3)_2(s) \xrightarrow{\text{ऊष्मा}} 2CuO(s) + O_2(g) + 4NO_2(g)$

(*c*) यह ऊष्मीय वियोजन अभिक्रिया है।

(*d*) नाइट्रोजन डाइऑक्साइड (NO_2) गैस जल में घुलकर अम्लीय विलयन बनाती है। अतः इसका pH मान 7 से कम है।

प्रश्न 40. निम्न गैसों के लिए विशिष्ट परीक्षण लिखिए।

(a) CO_2 (b) SO_2

(c) O_2 (d) H_2

उत्तर (*a*) CO_2 गैस को चूने के जल में प्रवाहित करने पर यह दूधिया हो जाता है, क्योंकि इस क्रिया में अविलय कैल्शियम कार्बोनेट निर्मित होता है।

$$\underset{\text{चूने का पानी}}{Ca(OH)_2} + \underset{\text{कार्बन डाइऑक्साइड}}{CO_2} \longrightarrow \underset{\text{कैल्सियम कार्बोनेट}}{CaCO_3} + H_2O$$

CO_2 गैस की अधिकता में दूधियापन विलुप्त (समाप्त) हो जाता है।

ऐसा कैल्सियम हाइड्रोजन कार्बोनेट, $Ca(HCO_3)_2$ बनने के कारण होता है।

$$CaCo_3 + H_2O + Co_2 \longrightarrow Ca(HCO_3)_2$$

(*b*) SO_2 गैस को अम्लीकृत पोटैशियम परमैंगनेट (बैंगनी) विलयन में प्रवाहित करने पर यह रंगहीन हो जाता है क्योंकि SO_2 प्रबल अपचायक की भाँति व्यवहार करते हुए इसका अपचयन कर देता है।

$$\underset{\substack{\text{पोटैशियम}\\\text{परमैंगनेट}\\\text{(बैंगनी)}}}{2KMnO_4} + 2H_2O + \underset{\substack{\text{सल्फर}\\\text{डाइऑक्साइड}}}{5SO_2} \longrightarrow \underset{\substack{\text{पोटैशियम}\\\text{सल्फेट}\\\text{(रंगहीन)}}}{K_2SO_4} + \underset{\substack{\text{मैंगनीज}\\\text{सल्फेट}\\\text{(रंगहीन)}}}{2MnSO_4} + 2H_2SO_4$$

अथवा

SO_2 गैस अम्लीकृत पोटैशियम डाइक्रोमेट (नारंगी) विलयन को हरा कर देता है, क्योंकि SO_2 इसे Cr^{3+} में अपचयित कर देती है।

(*c*) O_2 गैस का परीक्षण करने के लिए ऑक्सीजन गैस से भरे जार के मुँह के पास जलती हुई मोमबत्ती ले जाने पर यह और अधिक तीव्रता से जलने लगती है, क्योंकि ऑक्सीजन गैस दहन क्रिया में सहायक है।

(*d*) H_2 गैस से भरे जार के मुँह के पास जलती हुई मोमबत्ती लाने पर यह धड़ाके (पॉप) की आवाज के साथ जलती है, जो जार में H_2 गैस की उपस्थिति सिद्ध करता है।

प्रश्न 41. **क्या होता है, जब एक**

(a) जिंक धातु का टुकड़ा कॉपर सल्फेट विलयन में मिलाया जाता है।

(b) ऐलुमिनियम धातु का टुकड़ा तनु हाइड्रोक्लोरिक अम्ल में मिलाया जाता है।

(c) सिल्वर धातु का टुकड़ा कॉपर सल्फेट वियलन में मिलाया जाता है।

अभिक्रिया से संबंधित समीकरण भी लिखिए।

उत्तर (*a*) जिंक धातु कॉपर की अपेक्षा अधिक सक्रिय होने के कारण कॉपर को विलयन (नीला) से विस्थापित कर देती है, जिसके फलस्वरूप जिंक सल्फेट विलयन (रंगहीन) तथा कॉपर धातु की लाल भूरी पर्त प्राप्त होती है।

$$\underset{}{Zn(s)} + \underset{\text{नीला}}{CuSO_4(aq)} \longrightarrow \underset{\text{रंगहीन}}{ZnSO_4(aq)} + \underset{\text{लाल भूरी पर्त}}{Cu(s)}$$

(*b*) ऐलुमिनियम धातु तनु HCl से हाइड्रोजन गैस को मुक्त करती है।

$$2Al(s) + 6HCl\,(aq) \longrightarrow \underset{\text{ऐलुमिनियम क्लोराइड}}{2AlCl_3(aq)} + 3H_2(g)$$

(*c*) सिल्वर धातु की सक्रियता कॉपर की अपेक्षा कम है। अतः सिल्वर धातु कॉपर सल्फेट विलयन से कॉपर को विस्थापित नहीं करती अर्थात् कोई अभिक्रिया नहीं होती।

$Ag(s) + CuSO_4(aq) \longrightarrow$ कोई अभिक्रिया नहीं।

प्रश्न 42. **क्या होता है, जब जिंक धातु को H_2SO_4, HCl, HNO_3, NaCl तथा NaOH के तनु विलयनों में मिलाया जाता है। यदि अभिक्रिया होती है, तो संबंधित समीकरणें भी लिखिए।**

उत्तर *जिंक धातु की विलयनों के साथ अभिक्रियाएँ निम्न प्रकार से होती हैं*

NaCl विलयन के अतिरिक्त दिए गए सभी विलयनों (तनु अम्लों व क्षार) के साथ अभिक्रिया करके जिंक धातु संबंधित लवण तथा हाइड्रोजन गैस उत्पन्न करती हैं।

अभिक्रियाएँ निम्न प्रकार हैं

$$\underset{\text{जिंक}}{Zn\,(s)} + \underset{\text{(तनु) सल्फ्यूरिक अम्ल}}{H_2SO_4(aq)} \longrightarrow \underset{\text{जिंक सल्फेट}}{ZnSO_4(aq)} + \underset{\text{हाइड्रोजन}}{H_2(g)}$$

$$\underset{\text{जिंक}}{Zn\,(s)} + \underset{\text{(तनु) हाइड्रोक्लोरिक अम्ल}}{2HCl(aq)} \longrightarrow \underset{\text{जिंक क्लोराइड}}{ZnCl_2(aq)} + \underset{\text{हाइड्रोजन}}{H_2(g)}$$

$$\underset{\text{जिंक}}{4Zn(s)} + \underset{\text{नाइट्रिक अम्ल (तनु)}}{10HNO_3(aq)} \longrightarrow \underset{\text{जिंक नाइट्रेट}}{4Zn(NO_3)_2(aq)} + \underset{\text{जल}}{5H_2O(l)} + \underset{\text{नाइट्रस ऑक्साइड}}{N_2O(g)}$$

$Zn\,(s) + NaCl(aq) \longrightarrow$ अभिक्रिया नहीं होती।

(क्योंकि Zn, Na की अपेक्षा कम सक्रिय धातु है।)

$$\underset{\text{जिंक}}{Zn\,(s)} + \underset{\text{सोडियम हाइड्रॉक्साइड}}{2NaOH(aq)} \longrightarrow \underset{\text{सोडियम जिंकेट}}{Na_2ZnO_2(aq)} + \underset{\text{हाइड्रोजन}}{H_2(g)}$$

प्रश्न 43. **सोडियम सल्फाइट के जलीय विलयन में एक बूँद बेरियम क्लोराइड विलयन मिलाने पर सफेद अवक्षेप प्राप्त होता है।**

(a) अभिक्रिया के लिए रासायनिक समीकरण लिखिए।

(b) उपरोक्त अवक्षेपण अभिक्रिया के लिए अन्य क्या नाम दिया जा सकता है?

(c) अभिकारी मिश्रण में तनु हाइड्रोक्लोरिक अम्ल मिलाने पर सफेद अवक्षेप अदृश्य हो जाता है, क्यों?

उत्तर (*a*)

$$\underset{\text{सोडियम सल्फाइट}}{Na_2SO_3(aq)} + \underset{\text{बेरियम क्लोराइड}}{BaCl_2(aq)} \longrightarrow \underset{\substack{\text{बेरियम सल्फाइट} \\ \text{(सफेद अवक्षेप)}}}{BaSO_3(s)} + \underset{\text{सोडियम क्लोराइड}}{2NaCl(aq)}$$

(*b*) द्विविस्थापन अभिक्रिया

(*c*)

$$\underset{\text{श्वेत अवक्षेप}}{BaSO_3(s)} + \underset{\text{तनु}}{2HCl(aq)} \longrightarrow \underset{\text{(विलेय)}}{BaCl_2(aq)} + H_2O(l) + SO_2(g)$$

क्योंकि इस अभिक्रिया में बनने वाला यौगिक बेरियम क्लोराइड जल में विलेय है। अतः अभिक्रिया (a) में बना अवक्षेप ($BaSO_3$) अदृश्य हो जाता है।

प्रश्न 44. **आपको ताँबे तथा ऐलुमिनियम के दो पात्र दिये गए हैं। आपको तनु HCl, तनु HNO_3, $ZnCl_2$ विलयन तथा जल भी दिए गए हैं। ये विलयन उपरोक्त में से किस पात्र में रखे जाने चाहिए?**

उत्तर [I] **कॉपर की अभिक्रियाएँ**

$$Cu(s) + \underset{\text{तनु}}{HCl(aq)} \longrightarrow \text{कोई अभिक्रिया नहीं}$$

$$Cu(s) + \underset{\text{तनु}}{HNO_3(aq)} \longrightarrow \text{अभिक्रिया (उपचयन) होती है।}$$

$$\underset{\text{कम सक्रिय}}{Cu(s)} + ZnCl_2(aq) \longrightarrow \text{कोई अभिक्रिया नहीं।}$$

$$Cu(s) + H_2O \longrightarrow \text{कोई अभिक्रिया नहीं।}$$

कॉपर इन सभी विलयनों में से केवल तनु नाइट्रिक अम्ल (HNO_3) से अभिक्रिया करता है, क्योंकि HNO_3 एक उपचायक है। अतः नाइट्रिक अम्ल को कॉपर के पात्रों में रखा जाना सुरक्षित नहीं है। अन्य तीनों विलयन HCl, $ZnCl_2$ तथा जल ताम्र-पात्रों (कॉपर) में रखे जा सकते हैं।

[II] **ऐलुमिनियम की अभिक्रियाएँ**

$$2Al(s) + \underset{\text{तनु}}{6HCl(aq)} \longrightarrow 2AlCl_3(aq) + 3H_2(g)$$

$$2Al(s) + 3ZnCl_2(aq) \longrightarrow 2AlCl_3(aq) + 3Zn(s)$$

ऐलुमिनियम धातु HCl व $ZnCl_2$ से अभिक्रिया करती है अतः इनका भंडारण ऐलुमिनियम के पात्रों में किया जाना असंभव है, जबकि जल व HNO_3 ऐलुमिनियम पात्रों में रखे जा सकते हैं, क्योंकि ये ऐलुमिनियम से (ऐलुमिनियम ऑक्साइड की सुरक्षा परत के कारण) अभिक्रिया नहीं करते हैं।

2

अम्ल, क्षारक एवं लवण

हमारे दैनिक जीवन और उद्योगों में असंख्य यौगिक प्रयुक्त किये जाते हैं। रासायनिक गुणों के आधार पर इन यौगिकों को अम्ल, क्षार तथा लवण में वर्गीकृत किया जा सकता है।

अम्ल, क्षारक तथा सूचक (Acids, Bases and Indicators)

अम्ल वे पदार्थ जो स्वाद में खट्टे होते हैं तथा नीले लिटमस को लाल कर देते हैं, अम्ल कहलाते हैं। इनके अणुओं में विस्थापनीय हाइड्रोजन परमाणु उपस्थित होते हैं, जो जलीय विलयन में H^+ आयन (या H_3O^+) के रूप में पृथक् होकर अम्लीय गुण उत्पन्न करते हैं।

क्षारक वे पदार्थ जो स्वाद में कड़वे होते हैं तथा लाल लिटमस को नीला कर देते हैं, क्षारक कहलाते हैं। ये जलीय विलयन में OH^- आयन उत्पन्न करते हैं, जो क्षारीय गुण उत्पन्न करते हैं।

सूचक वे पदार्थ जो क्षारीय व अम्लीय विलयनों में भिन्न-भिन्न रंग उत्पन्न करते हैं, सूचक कहलाते हैं। *उदाहरण* लिटमस, फीनॉलफ्थैलीन, मेथिल ऑरेंज, आदि। हल्दी व प्याज का रस क्रमशः प्राकृतिक व गंधीय (olfactory) सूचक हैं।

अम्ल व क्षारकों के रासायनिक गुणधर्म
(Chemical Properties of Acids and Bases)

अम्ल व क्षारकों के रासायनिक गुणधर्म निम्न हैं

(i) **अम्ल नीले लिटमस को लाल** व फीनॉलफ्थैलीन विलयन को रंगहीन कर देते हैं। क्षारक लाल लिटमस को नीला व फीनॉलफ्थैलीन विलयन को गुलाबी कर देते हैं।

(ii) **अम्ल क्रियाशील धातुओं के साथ अभिक्रिया** करके हाइड्रोजन उत्पन्न करते हैं। केवल कुछ धातुएँ क्षारकों के साथ भी अभिक्रिया करके हाइड्रोजन गैस बनाती हैं।

$$Zn\,(s) + 2HCl(aq) \longrightarrow ZnCl_2(aq) + H_2(g)$$

$$Zn\,(s) + 2NaOH(aq) \longrightarrow \underset{\text{सोडियम जिंकेट}}{Na_2ZnO_2(aq)} + H_2(g)$$

(iii) **अम्ल धातु कार्बोनेटों तथा धातु हाइड्रोजन कार्बोनेटों के साथ अभिक्रिया** करके कार्बन डाइऑक्साइड गैस उत्पन्न करते हैं।

$$Na_2CO_3(s) + 2HCl(aq) \longrightarrow 2NaCl(aq) + H_2O(l) + CO_2(g)$$

$$NaHCO_3(s) + HCl(aq) \longrightarrow NaCl(aq) + H_2O(l) + CO_2(g)$$

(iv) **अम्ल की क्षारक से अभिक्रिया** के परिणामस्वरूप लवण तथा जल उत्पन्न होते हैं। यह अभिक्रिया **उदासीनीकरण** कहलाती है।

$$NaOH(aq) + HCl(aq) \longrightarrow NaCl(aq) + H_2O(l)$$

(v) **अम्ल की धात्विक ऑक्साइड से अभिक्रिया** के परिणामस्वरूप लवण व जल बनते हैं, क्योंकि धात्विक ऑक्साइड क्षारकीय प्रवृत्ति के होते हैं।

$$CuO(s) + 2HCl(aq) \longrightarrow CuCl_2(aq) + H_2O(l)$$

(vi) **क्षारक की अधात्विक ऑक्साइड से अभिक्रिया** के परिणामस्वरूप भी लवण व जल निर्मित होते हैं, क्योंकि अधात्विक ऑक्साइड अम्लीय होते हैं।

$$CO_2(g) + Ca(OH)_2(aq) \longrightarrow CaCO_3(s) + H_2O(l)$$

अम्लों व क्षारकों में समानता

(Similarities Between Acids and Bases)

अम्ल व क्षारकों में निम्न समानताएँ हैं

(i) अम्ल व क्षार जलीय विलयन में विद्युत का चालन करते हैं, जिसका कारण उनमें आयनों का उपस्थित होना है।

[**नोट** *जलीय विलयन में अम्ल व क्षारक आयनीकृत होकर आयन उत्पन्न करते हैं, जो विद्युत का चालन करते हैं।*]

(ii) अम्लों के अम्लीय गुण H^+ आयनों के कारण तथा क्षारकों के क्षारीय गुण OH^- आयनों के कारण होते हैं।

उदाहरण $HCl + H_2O \longrightarrow H_3O^+ + Cl^-$

$$NaOH(s) \xrightarrow{H_2O} Na^+(aq) + OH^-(aq)H^+$$

नोट *आयन स्वतंत्र रूप में नहीं रह सकते लेकिन ये जल के अणुओं से मिलकर* H_3O^+ *आयन (हाइड्रोजन आयन) बनाते हैं।*

*सभी क्षारक जल में विलेय नहीं होते। जल मे विलेय क्षारकों को **क्षार** कहते हैं।]*

(iii) **अम्ल व क्षारक** (सांद्र) **तनुकरण** के समय अत्यधिक ऊष्मा उत्पन्न करते हैं। (ऊष्माक्षेपी अभिक्रिया)।

(iv) अम्लों व क्षारकों की प्रबलता उनके आयनीकरण की मात्रा पर निर्भर करती है। प्रबलता अधिक आयनीकरण व दुर्बलता कम आयनीकरण के कारण होती है।

pH पैमाना (pH Scale)

अम्लों व क्षारकों की प्रबलता को मापने वाला पैमाना **pH पैमाना** कहलाता है। pH स्केल से शून्य (अधिक अम्लता) से चौदह (अधिक क्षारीय) तक pH को ज्ञात कर सकते हैं। हाइड्रोनियम आयन की सांद्रता जितनी अधिक होगी उसका pH उतना ही कम होगा।

उदासीन विलयन $pH = 7$; अम्लीय विलयन $pH < 7$; क्षारीय विलयन $pH > 7$;

दैनिक जीवन में pH का महत्त्व (Importance of pH in Everyday Life)

पौधे व जन्तुओं में होने वाली जैव रासायनिक क्रियाएँ; *जैसे*—पाचन, दंत क्षय आदि, निश्चित pH पर होती हैं। इसी प्रकार कृषि, जल-प्रदूषण व कीटों के डंकों से सुरक्षा में भी pH का महत्त्व है जैसे डंक मारने पर मधुमक्खी का डंक एक अम्ल छोड़ता है, जिसके कारण दर्द व जलन का अनुभव होता है, परन्तु इस पर दुर्बल क्षारक ($NaHCO_3$) का लेप लगाने पर आराम मिलता है।

महत्त्वपूर्ण लवणों के निर्माण की अभिक्रियाएँ (Reactions of Preparation of Some Important Salts)

कुछ महत्त्वपूर्ण लवणों के निर्माण की अभिक्रियाएँ निम्न हैं

(i) **कॉस्टिक सोडा या सोडियम हाइड्रॉक्साइड** ($NaOH$)

$$2NaCl(aq) + 2H_2O(l) \longrightarrow 2NaOH(aq) + \underset{\text{ऐनोड़ पर}}{Cl_2(g)} + \underset{\text{कैथोड़ पर}}{H_2(g)}$$

इस प्रक्रिया को क्लोर-क्षार प्रक्रिया कहते हैं। क्योंकि इससे निर्मित उत्पाद-क्लोरीन (क्लोर) एवं सोडियम हाइड्रॉक्साइड होते हैं।

(ii) **विरंजक चूर्ण या कैल्सियम ऑक्सीक्लोराइड** ($CaOCl_2$)

$$Ca(OH)_2 + Cl_2 \longrightarrow CaOCl_2 + H_2O$$

(iii) **बेकिंग सोडा या सोडियम हाइड्रोजन कार्बोनेट** ($NaHCO_3$)

$$NaCl + H_2O + CO_2 + NH_3 \longrightarrow NH_4Cl + NaHCO_3$$

(iv) **धोने का सोडा या सोडियम कार्बोनेट** ($Na_2CO_3 \cdot 10H_2O$)

$$2NaHCO_3 \xrightarrow{\Delta} Na_2CO_3 + H_2O + CO_2$$

$$Na_2CO_3 + 10H_2O \longrightarrow Na_2CO_3 \cdot 10H_2$$

*[**नोट** $NaHCO_3$ को उपरोक्त (iii) विधि द्वारा प्राप्त किया जाता है।]*

(v) **प्लास्टर ऑफ पेरिस या कैल्सियम सल्फेट हेमीहाइड्रेट** $(CaSO_4 \cdot \frac{1}{2}H_2O)$

$$\underset{\text{जिप्सम}}{CaSO_4 \cdot 2H_2O} \xrightarrow[120^\circ C]{\text{गर्म}} \underset{\text{प्लास्टर ऑफ पेरिस}}{CaSO_4 \cdot \frac{1}{2}H_2O} + 1\frac{1}{2}H_2O$$

*[**नोट** प्रबल अम्ल एवं प्रबल क्षारक के लवण के pH का मान 7 होता है तथा ये उदासीन होते हैं जबकि प्रबल अम्ल एवं दुर्बल क्षारक के लवण के pH का मान 7 से कम होता है और ये अम्लीय होते हैं। प्रबल क्षारक एवं दुर्बल अम्ल के लवण के pH का मान 7 से अधिक होता है और ये क्षारकीय होते हैं।]*

महत्त्वपूर्ण लवणों के उपयोग (Uses of Important Salts)

कुछ महत्त्वपूर्ण लवणों के उपयोग निम्न हैं

(i) **सोडियम हाइड्रॉक्साइड** क्लोरीन, हाइड्रोजन, हाइड्रोक्लोरिक अम्ल तथा विरंजक चूर्ण के निर्माण में।

(ii) **विरंजक चूर्ण** वस्त्र उद्योग में सूत व लिनन के विरंजन के लिए, कपड़ों के विरंजन के लिए, उपचायक के रूप में तथा जल को जीवाणुओं से मुक्त करने में।

(iii) **बेकिंग सोडा** बेकिंग पाउडर बनाने में (जो केक को हल्का तथा स्पंजी बनाता है) प्रति अम्ल के रूप में तथा सोडा-अम्ल अग्निशामक में।

(iv) **धावन सोडा या धोने का सोडा** काँच, साबुन तथा कागज उद्योग में, बोरेक्स के निर्माण में तथा जल की स्थायी कठोरता को दूर करने में।

क्रिस्टलन का जल तथा जलयोजित लवण
(Water of Crystallisation and Hydrated Salts)

लवण के एक सूत्र इकाई में उपस्थित जल के निश्चित अणुओं की संख्या को क्रिस्टलन का जल कहते हैं। ऐसे लवण जिनमें क्रिस्टलन का जल होता है, **जलयोजित लवण** कहलाते हैं।

उदाहरण वाशिंग सोडा $Na_2CO_3 \cdot 10H_2O$

जिप्सम $CaSO_4 \cdot 2H_2O$

जलयोजित कॉपर सल्फेट $CuSO_4 \cdot 5H_2O$

जलयोजित आयरन सल्फेट $FeSO_4 \cdot 7H_2O$

प्रश्नावली

पृष्ठ 20

प्रश्न 1. आपको तीन परखनलियाँ दी गई हैं। इनमें से एक में आसवित जल एवं शेष दो में से एक में अम्लीय विलयन तथा दूसरे में क्षारीय विलयन है। यदि आपको केवल लाल लिटमस पत्र दिया जाता है, तो आप प्रत्येक परखनली में रखे गए पदार्थों की पहचान कैसे करेंगे?

उत्तर सबसे पहले लाल लिटमस पत्र को बारी-बारी से तीनों विलयनों में डुबाया जाता है, जिस विलयन में यह नीला हो जाता है, वह क्षारीय है। इसे शेष दो परखनलियों से अलग रखते हैं।

अब जो नीला लिटमस पत्र बन गया है, उसे शेष दो परखनलियों में डुबाते हैं, जो विलयन इसे प्रभावित नहीं करता, वह जल है तथा जो इसे पुनः लाल कर देता है, वह अम्लीय विलयन है।

पृष्ठ 24

प्रश्न 1. पीतल एवं ताँबे के बर्तनों में दही तथा खट्टे पदार्थ क्यों नहीं रखने चाहिए?

उत्तर खट्टे पदार्थों (*जैसे*- दही, नींबू का रस, इमली का रस, अचार, आदि) में उपस्थित अम्ल ताँबे अथवा पीतल से अभिक्रिया करके स्वास्थ्य के लिए हानिकारक लवण उत्पन्न करता है। अतः इन्हें पीतल या ताँबे के बर्तनों में न रखकर, काँच अथवा चीनी मिट्टी के बर्तनों में रखना चाहिए।

प्रश्न 2. धातु के साथ अम्ल की अभिक्रिया होने पर सामान्यतः कौन-सी गैस निकलती है? एक उदाहरण के द्वारा समझाइए। इस गैस की उपस्थिति की जाँच आप कैसे करेंगे?

उत्तर सामान्यतया जब कोई धातु तनु अम्लों (HCl अथवा H_2SO_4, आदि) से अभिक्रिया करती है, तो हाइड्रोजन गैस उत्पन्न होती है। इस गैस अर्थात् हाइड्रोजन के परीक्षण हेतु एक जलती हुई मोमबत्ती परखनली के मुँह के पास लाने पर वह धड़ाके (पॉप) की आवाज के साथ जलती है।

उदाहरण

$$Mg(s) + \underset{\text{तनु}}{2HCl(aq)} \longrightarrow MgCl_2(aq) + H_2(g)$$

$$Mg(s) + \underset{\text{तनु}}{H_2SO_4(aq)} \longrightarrow MgSO_4(aq) + H_2(g)$$

प्रश्न 3. कोई धातु यौगिक A तनु हाइड्रोक्लोरिक अम्ल के साथ अभिक्रिया करता है, तो बुदबुदाहट उत्पन्न होती है। इससे उत्पन्न गैस जलती मोमबत्ती को बुझा देती है। यदि उत्पन्न यौगिकों में से एक कैल्सियम क्लोराइड है, तो इस अभिक्रिया के लिए संतुलित रासायनिक समीकरण लिखिए।

उत्तर प्रश्नानुसार, यौगिक *A* तनु HCl से अभिकृत होकर, जो गैस उत्पन्न करता है, वह जलती मोमबत्ती को बुझा देती है; अर्थात् यह गैस CO_2 है, क्योंकि यह गैस आग को बुझाने में सहायक है। अतः यौगिक *A* धातु कार्बोनेट है, क्योंकि उत्पन्न उत्पादों में से एक $CaCl_2$ भी है, तो **यौगिक** *A* अवश्य ही $CaCO_3$ है। *होने वाली अभिक्रिया निम्न प्रकार है*

$$\underset{\substack{A \\ \text{कैल्सियम कार्बोनेट}}}{CaCO_3(s)} + \underset{\substack{\text{तनु} \\ \text{हाइड्रोक्लोरिक} \\ \text{अम्ल}}}{2HCl(aq)} \longrightarrow \underset{\substack{\text{कैल्सियम} \\ \text{क्लोराइड}}}{CaCl_2(aq)} + \underset{\text{जल}}{H_2O(l)} + \underset{\substack{\text{कार्बन} \\ \text{डाइऑक्साइड}}}{CO_2(g)}$$

पृष्ठ 27

प्रश्न 1. HCl, HNO_3, आदि जलीय विलयन में अम्लीय अभिलक्षण क्यों प्रदर्शित करते हैं, जबकि ऐल्कोहॉल एवं ग्लूकोस जैसे यौगिकों के विलयनों में अम्लीयता के अभिलक्षण नहीं प्रदर्शित होते हैं?

उत्तर HCl, HNO_3, आदि जैसे अम्ल जलीय विलयन में आयनीकृत होकर हाइड्रोनियम आयन उत्पन्न करते हैं।

$$HCl + H_2O \longrightarrow \underset{\text{हाइड्रोनियम आयन}}{H_3O^+} + Cl^-$$

$$HNO_3 + H_2O \longrightarrow H_3O^+ + NO_3^-$$

H_3O^+ आयनों की उपस्थिति इन अम्लों में अम्लीय अभिलक्षणों के लिए उत्तरदायी है।

दूसरी ओर, ऐल्कोहॉल, ग्लूकोस, आदि जलीय विलयन में आयनीकृत नहीं होते हैं, इसलिए ये अम्लीय अभिलक्षण प्रदर्शित नहीं करते हैं।

प्रश्न 2. अम्ल का जलीय विलयन विद्युत का चालन क्यों करता है?

उत्तर अम्ल को जल में मिलाने पर यह आयनीकृत हो जाता है। जब इस जलीय विलयन में विद्युत धारा प्रवाहित की जाती है, तो इसमें उपस्थित आयन ही विद्युत का चालन करते हैं।

प्रश्न 3. शुष्क हाइड्रोजन क्लोराइड गैस शुष्क लिटमस पत्र के रंग को क्यों नहीं परिवर्तित करती?

उत्तर शुष्क हाइड्रोजन क्लोराइड गैस का आयनीकरण नहीं होता है। जब इसका जलीय विलयन बनाते हैं, तब ही इसमें H_3O^+ तथा Cl^- आयन उत्पन्न होते हैं। इसी अवस्था में इसमें उपस्थित H_3O^+ आयनों के कारण नम हाइड्रोजन क्लोराइड गैस या हाइड्रोक्लोरिक अम्ल शुष्क लिटमस पत्र को नीले से लाल कर देते हैं।

अर्थात् अम्लीय गुण प्रदर्शित करते हैं, जबकि शुष्क हाइड्रोजन क्लोराइड गैस आयनों की अनुपस्थिति के कारण ऐसा नहीं करती है।

प्रश्न 4. अम्ल को तनुकृत करते समय यह क्यों अनुशंसित करते हैं कि अम्ल को जल में मिलाना चाहिए, न कि जल को अम्ल में?

उत्तर अम्ल की तनुकरण अभिक्रिया अत्यंत ही ऊष्माक्षेपी क्रिया है, अर्थात् जब अम्ल में जल मिलाया जाता है, तो अभिक्रिया में बहुत अधिक ऊष्मा उत्पन्न होने के कारण मिश्रण आस्फलित होकर पात्र से बाहर आ सकता है। इससे जो व्यक्ति वहाँ उपस्थित हैं, उन्हें क्षति हो सकती है। मगर इसके विपरीत जब एक पात्र में जल लेकर उसमें दूसरे पात्र से धीरे-धीरे दीवार के सहारे से अम्ल मिलाते हैं, तो ऊष्मा धीरे-धीरे उत्पन्न होती है व अभिक्रिया अनियंत्रित नहीं होती। अतः अम्ल को जल में मिलाया जाना उचित है, इसका विपरीत नहीं।

प्रश्न 5. अम्ल के विलयन को तनुकृत करते समय हाइड्रोनियम आयन (H_3O^+) की सांद्रता कैसे प्रभावित होती है?

उत्तर जब किसी अम्ल को जल में मिलाया जाता है, तो यह H_3O^+ तथा ऋणायनों में वियोजित हो जाता है। परंतु साथ-साथ उसका आयतन भी बढ़ जाता है यद्यपि इसमें आयनों की संख्या समान होती है अतः प्रति इकाई आयतन आयनों (H_3O^+) की संख्या कम हो जाती है।

प्रश्न 6. जब सोडियम हाइड्रॉक्साइड विलयन में आधिक्य क्षारक मिलाते हैं, तो हाइड्रॉक्साइड आयन (OH^-) की सांद्रता कैसे प्रभावित होती है?

उत्तर जब सोडियम हाइड्रॉक्साइड विलयन में आधिक्य में क्षारक मिलाते हैं, तो हाइड्रॉक्साइड आयनों की सांद्रता बढ़ जाती है, क्योंकि सोडियम हाइड्रॉक्साइड भी एक क्षारक है तथा दो क्षारकों के मिलने से OH^- आयनों की सांद्रता बढ़ जाती है।

पृष्ठ 31

प्रश्न 1. आपके पास दो विलयन A एवं B हैं। विलयन A की pH का मान 6 है एवं विलयन B की pH का मान 8 है। किस विलयन में हाइड्रोजन आयन की सांद्रता अधिक है? इनमें से कौन अम्लीय है तथा कौन–सा क्षारकीय है?

उत्तर *A का pH मान 6 है, अतः यह अम्लीय है तथा इसकी हाइड्रोजन आयन सांद्रता अधिक है।*

B का pH मान 8 है, अतः यह क्षारकीय है तथा इसकी हाइड्रोजन आयन सांद्रता कम है।

प्रश्न 2. $H^+(aq)$ आयन की सांद्रता का विलयन की प्रकृति पर क्या प्रभाव पड़ता है?

उत्तर $H^+(aq)$ आयन की सांद्रता विलयन की अम्लीय प्रकृति के समानुपाती होती है। इसका अर्थ है कि H^+ आयन सांद्रता के बढ़ने के साथ-साथ विलयन की अम्लीय प्रकृति बढ़ती है और H^+ आयन सांद्रता कम होने के साथ-साथ अम्लीय प्रकृति घटती है।

प्रश्न 3. क्या क्षारकीय विलयन में $H^+(aq)$ आयन होते हैं? अगर हाँ, तो यह क्षारकीय क्यों होता है?

उत्तर हाँ, क्षारकीय विलयन में H^+ (*aq*) आयन भी होते हैं परंतु इनकी सांद्रता $OH^-(aq)$ आयनों की सांद्रता की अपेक्षा कम होती है। इसका कारण यह है कि ये विलयन क्षारक तथा जल के मिलने से बनते हैं।

$$H_2O \rightleftharpoons H^+ + OH^- \quad [\because \text{जल एक ध्रुवीय विलायक है}]$$
$$\text{क्षारक} \rightleftharpoons \text{धनायन} + OH^-$$

इसलिये ये विलयन क्षारकीय होते हैं।

प्रश्न 4. कोई किसान खेत की मृदा की किस परिस्थिति में बिना बुझा हुआ चूना (कैल्सियम ऑक्साइड), बुझा हुआ चूना (कैल्सियम हाइड्रॉक्साइड) या चॉक (कैल्सियम कार्बोनेट) का उपयोग करेगा?

उत्तर ये तीनों यौगिक, कैल्सियम ऑक्साइड, बुझा हुआ चूना तथा चॉक क्षारकीय प्रकृति के हैं। अतः इनका उपयोग अम्लीय प्रकृति की मिट्टी को कम अम्लीय करने, उदासीन अथवा कुछ क्षारकीय करने हेतु किया जाना उचित है। इसका निर्णय उन फसलों के चयन पर भी निर्भर करता है, जिन्हें वहाँ उगाया जाना है।

पृष्ठ 36

प्रश्न 1. $CaOCl_2$ यौगिक का प्रचलित नाम क्या है?

उत्तर $CaOCl_2$ का प्रचलित नाम विरंजक चूर्ण (ब्लीचिंग पाउडर) है।

प्रश्न 2. उस पदार्थ का नाम बताइए, जो क्लोरीन से क्रिया करके विरंजक चूर्ण बनाता है।

उत्तर कैल्सियम हाइड्रॉक्साइड (शुष्क बुझा हुआ चूना) $Ca(OH)_2$ ।

प्रश्न 3. कठोर जल को मृदु करने के लिए किस सोडियम यौगिक का उपयोग किया जाता है?

उत्तर वाशिंग सोडा (धावन सोडा) या सोडियम कार्बोनेट (Na_2CO_3)।

प्रश्न 4. सोडियम हाइड्रोजन कार्बोनेट के विलयन को गर्म करने पर क्या होगा? इस अभिक्रिया के लिए समीकरण लिखिए।

उत्तर बुदबुदाहट के साथ रंगहीन, गंधहीन कार्बन डाइऑक्साइड गैस उत्पन्न होगी। इस अभिक्रिया के लिए समीकरण निम्न है।

$$2NaHCO_3(s) \xrightarrow{\text{ऊष्मा}} Na_2CO_3 + H_2O + CO_2$$

प्रश्न 5. प्लास्टर ऑफ पेरिस की जल के साथ अभिक्रिया के लिए समीकरण लिखिए।

उत्तर

$$\underset{\text{प्लास्टर ऑफ पेरिस}}{CaSO_4 \cdot \frac{1}{2}H_2O} + \underset{\text{जल}}{1\frac{1}{2}H_2O} \longrightarrow \underset{\text{जिप्सम}}{CaSO_4 \cdot 2H_2O}$$

अथवा

$$(CaSO_4)_2 \cdot H_2O + 3H_2O \longrightarrow 2CaSO_4 \cdot 2H_2O$$

अभ्यास

प्रश्न 1. **कोई विलयन लाल लिटमस को नीला कर देता है, इसका pH मान संभवतः क्या होगा?**

(a) 1 (b) 4 (c) 5 (d) 10

उत्तर (*d*) 10; क्योंकि विलयन क्षारकीय है, अतः इसका pH मान 7 से अधिक होगा।

प्रश्न 2. **कोई विलयन अंडे के पिसे हुए कवच से अभिक्रिया करके एक गैस उत्पन्न करता है जो चूने के पानी को दूधिया कर देता है। इस विलयन में क्या होगा?**

(a) NaCl (b) HCl (c) LiCl (d) KCl

उत्तर (*b*) HCl; अंडे के कवच में $CaCO_3$ उपस्थित होता है।

$$CaCO_3 + 2HCl \longrightarrow CaCl_2 + H_2O + CO_2 \uparrow$$

$$\underset{\text{चूने का पानी}}{CO_2 + Ca(OH)_2} \longrightarrow \underset{\text{श्वेत (दूधिया)}}{CaCO_3 \downarrow} + H_2O$$

प्रश्न 3. **NaOH का 10 मिली विलयन, HCl के 8 मिली विलयन से पूर्णतः उदासीन हो जाता है। यदि हम NaOH के उसी विलयन का 20 मिली लें, तो उदासीन करने के लिए HCl के उसी विलयन की कितनी मात्रा की आवश्यकता होगी?**

(a) 4 मिली (b) 8 मिली (c) 12 मिली (d) 16 मिली

उत्तर (*d*) 16 मिली

क्योंकि विलयन की सांद्रता नहीं बदलती है, अतः NaOH का आयतन दोगुना होने पर HCl का आयतन भी दोगुना हो जाता है।

प्रश्न 4. **अपच का उपचार करने के लिए निम्न में से किस औषधि का उपयोग होता है?**

(a) एंटीबायोटिक (प्रतिजैविक) (b) ऐनालजेसिक (पीड़ाहारी)

(c) ऐंटैसिड (प्रतिअम्ल) (d) एंटीसेप्टिक (प्रतिरोधी)

उत्तर (*c*) एटैसिड

पेट की अम्लता को उदासीन करने वाले पदार्थ (दुर्बल क्षारक) एंटैसिड या प्रतिअम्ल कहलाते हैं।

प्रश्न 5. **निम्न अभिक्रिया के लिए पहले शब्द-समीकरण लिखिए तथा उसके बाद संतुलित समीकरण लिखिए।**

(a) तनु सल्फ्यूरिक अम्ल दानेदार जिंक के साथ अभिक्रिया करता है।

(b) तनु हाइड्रोक्लोरिक अम्ल मैग्नीशियम पट्टी के साथ अभिक्रिया करता है।

(c) तनु सल्फ्यूरिक अम्ल ऐलुमिनियम चूर्ण के साथ अभिक्रिया करता है।

(d) तनु हाइड्रोक्लोरिक अम्ल लौह की रेतन के साथ अभिक्रिया करता है।

उत्तर (*a*) जिंक + तनु सल्फ्यूरिक अम्ल ⟶ जिंक सल्फेट + हाइड्रोजन

$$Zn(s) + \underset{(\text{तनु})}{H_2SO_4(aq)} \longrightarrow ZnSO_4(aq) + H_2(g)$$

(*b*) मैग्नीशियम + तनु हाइड्रोक्लोरिक अम्ल ⟶ मैग्नीशियम क्लोराइड + हाइड्रोजन

$$Mg(s) + \underset{(\text{तनु})}{2HCl(aq)} \longrightarrow MgCl_2(aq) + H_2(g)$$

(*c*) ऐलुमिनियम + तनु सल्फ्यूरिक अम्ल ⟶ ऐलुमिनियम सल्फेट + हाइड्रोजन

$$2Al(s) + 3H_2SO_4(aq) \longrightarrow Al_2(SO_4)_3(aq) + 3H_2(g)$$

(*d*) लोहा (आयरन) + तनु हाइड्रोक्लोरिक अम्ल ⟶ आयरन (II) क्लोराइड + हाइड्रोजन

$$Fe(s) + 2HCl(aq) \longrightarrow FeCl_2 + H_2(g)$$

प्रश्न 6. ऐल्कोहॉल एवं ग्लूकोस जैसे यौगिकों में भी हाइड्रोजन परमाणु होते हैं लेकिन इनका वर्गीकरण अम्ल की तरह नहीं होता है। एक क्रियाकलाप द्वारा इसे साबित कीजिए।

उत्तर क्रियाकलाप एक 100 मिली का बीकर लेकर उसमें एक कार्क पर दो कीलें लगाकर रख देते हैं। कीलों को एक 6 V की बैटरी, बल्ब व स्विच से जोड़ देते हैं।
दिए गए चित्र की भाँति उपकरण को व्यवस्थित करते हैं। अब इस बीकर में थोड़ा तनु HCl डालकर विद्युत धारा प्रवाहित करते हैं। यही क्रिया H_2SO_4, ग्लूकोस तथा ऐल्कोहॉल विलयनों के साथ दोहराते हैं।

प्रेक्षण करने पर ज्ञात होता है कि HCl तथा H_2SO_4 वाले प्रयोग में बल्ब जलता है परंतु ऐल्कोहॉल तथा ग्लूकोस विलयन में नहीं। इसका कारण यह है कि HCl तथा H_2SO_4 का प्रयोग करने पर विलयन में आयन उपस्थित होते हैं, जबकि ऐल्कोहॉल व ग्लूकोस विलयनों में आयनों की अनुपस्थिति के कारण विद्युत का चालन नहीं होता है, अर्थात् ये यौगिक अम्लीय गुण प्रदर्शित नहीं करते हैं।

यह क्रियाकलाप निम्न चित्र में दर्शाया गया है

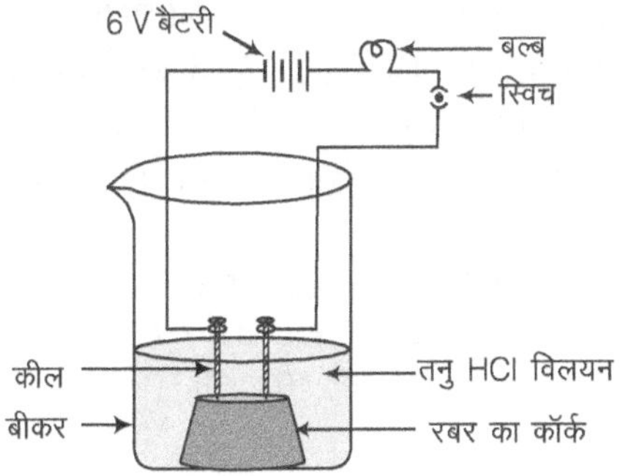

प्रश्न 7. आसवित जल विद्युत का चालक क्यों नहीं होता, जबकि वर्षा का जल होता है?

उत्तर वर्षा के जल में घुलित लवणों के कारण आयन उपस्थित होते हैं, जो उसे विद्युत का सुचालक बनाते हैं, जबकि आसवित जल में कोई आयन उपस्थित नहीं होते अत: यह विद्युत का चालक नहीं होता।

प्रश्न 8. जल की अनुपस्थिति में अम्ल का व्यवहार अम्लीय क्यों नहीं होता है?

उत्तर अम्ल के अणुओं के आयनीकरण के लिए जल की उपस्थिति आवश्यक है।

$$\underset{\text{अम्ल}}{HA} + H_2O \longrightarrow H_3O^+ + A^-$$

आयनीकरण के पश्चात् उत्पन्न H_3O^+ आयन ही अम्लीय गुण प्रदर्शित करते हैं। शुष्क अवस्था में आयनों की अनुपस्थिति होने के कारण अम्ल अम्लीय व्यवहार प्रदर्शित नहीं करते।

प्रश्न 9. पाँच विलयनों *A, B, C, D* तथा *E* की जब सार्वत्रिक सूचक से जाँच की जाती है, तो pH के मान क्रमशः 4, 1, 11, 7 एवं 9 प्राप्त होते हैं। कौन-सा विलयन

(a) उदासीन है?

(b) प्रबल क्षारीय है?

(c) प्रबल अम्लीय है?

(d) दुर्बल अम्लीय है?

(e) दुर्बल क्षारीय है?

pH के मानों को हाइड्रोजन आयन की सांद्रता के आरोही क्रम में व्यवस्थित कीजिए।

उत्तर

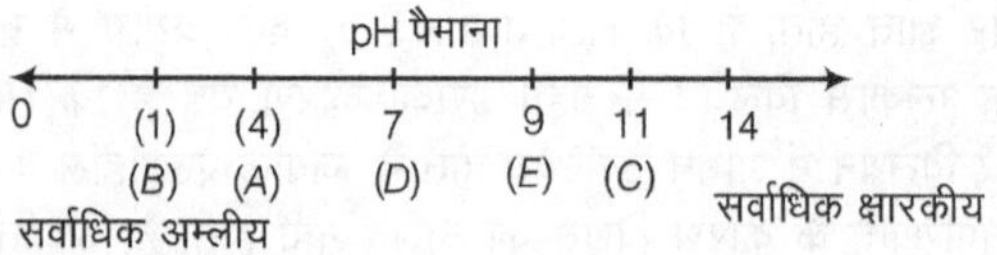

अम्लीय विलयनों का pH मान 7 से कम होता है, जबकि क्षारकीय विलयनों का 7 से अधिक। उदासीन विलयन का pH मान 7 होता है।

अत: (a) *D* उदासीन है (pH = 7)। (b) *C* प्रबल क्षारीय है (pH = 11)।

(c) *B* प्रबल अम्लीय है (pH = 1)। (d) *A* दुर्बल अम्लीय है (pH = 4)।

(e) *E* दुर्बल क्षारीय है (pH = 9)।

किसी विलयन का pH मान जितना कम होता है, उसमें H^+ आयनों की सांद्रता उतनी ही अधिक होती है।

अत: H^+ आयनों की सांद्रता का आरोही क्रम इस प्रकार है

विलयन	$C < E < D < A < B$
pH मान	(11) (9) (7) (4) (1)

प्रश्न 10. **परखनली A एवं B में समान लम्बाई की मैग्नीशियम की पट्टी लीजिए। परखनली A में हाइड्रोक्लोरिक अम्ल (HCl) तथा परखनली B में ऐसीटिक अम्ल (CH_3COOH) डालिए। दोनों अम्लों की मात्रा तथा सांद्रता समान है। किस परखनली में अधिक तेजी से बुदबुदाहट होगी तथा क्यों?**

उत्तर हाइड्रोक्लोरिक अम्ल (HCl), ऐसीटिक अम्ल (CH_3COOH) की अपेक्षा अधिक प्रबल अम्ल है। अतः HCl द्वारा उत्पन्न $H^+(aq)$ आयनों की संख्या ऐसीटिक अम्ल की अपेक्षा अधिक होगी अतः HCl की अभिक्रिया मैग्नीशियम के साथ अधिक तीव्रता से होगी व तेजी से बुदबुदाहट के साथ H_2 गैस उत्पन्न होगी।

$$Mg + 2HCl \longrightarrow MgCl_2 + \underset{\text{(तीव्र)}}{H_2 \uparrow}$$

$$Mg + 2CH_3COOH \longrightarrow (CH_3COO)_2Mg + \underset{\text{(मन्द)}}{H_2 \uparrow}$$

प्रश्न 11. **ताजे दूध के pH का मान 6 होता है। दही बन जाने पर इसके pH के मान में क्या परिवर्तन होगा? अपना उत्तर समझाइए।**

उत्तर जब दूध से दही का निर्माण होता है, तो दूध में उपस्थित शर्करा लैक्टोस लैक्टिक अम्ल में परिवर्तित हो जाती है। अतः दूध ($pH = 6$) का pH मान दही ($pH < 6$) बनने पर अपेक्षाकृत कम हो जायेगा।

प्रश्न 12. **एक ग्वाला ताजे दूध में थोड़ा बेकिंग सोडा मिलाता है।**

(a) वह ताजे दूध के pH मान को 6 से बदल कर थोड़ा क्षारीय क्यों बना देता है?

(b) इस दूध को दही बनने में अधिक समय क्यों लगता है?

उत्तर (*a*) जब दूध खट्टा होता है तो उसमें अम्ल उत्पन्न होता है। बेकिंग सोडा (क्षारीय) मिलाने से यह उत्पन्न होने वाले अम्ल को उदासीन कर देता है तथा दूध खट्टा होने से बच जाता है। अतः pH को बढ़ाना लाभदायक है।

(*b*) दूध से दही बनते समय दूध की लैक्टोस शर्करा लैक्टिक अम्ल में बदल जाती है। परंतु बेकिंग सोडे की उपस्थिति मे दूध अपेक्षाकृत क्षारीय होता है, जिससे उत्पन्न होने वाला अम्ल उदासीन हो जाता है। अतः इससे दही बनने में अधिक समय लगता है।

प्रश्न 13. **प्लास्टर ऑफ पेरिस को आर्द्रता-रोधी बर्तन में क्यों रखा जाना चाहिए? इसकी व्याख्या कीजिए।**

उत्तर जल के संपर्क में आने पर प्लास्टर ऑफ पेरिस जल के साथ संयुक्त होकर एक कठोर पदार्थ जिप्सम बनाता है, जिसमें प्लास्टर ऑफ पेरिस वाले गुण नहीं होते।

$$\underset{\text{प्लास्टर ऑफ पेरिस}}{CaSO_4 \cdot \frac{1}{2}H_2O} + \underset{\text{जल}}{1\frac{1}{2}H_2O} \longrightarrow \underset{\text{जिप्सम}}{CaSO_4 \cdot 2H_2O}$$

अतः प्लास्टर ऑफ पेरिस को आर्द्रतारोधी बर्तन में रखना अधिक सुरक्षित है।

प्रश्न 14. उदासीनीकरण अभिक्रिया क्या है? दो उदाहरण दीजिए।

उत्तर किसी अम्ल की किसी क्षारक से अभिक्रिया के फलस्वरूप लवण तथा जल के निर्माण की क्रिया को उदासीनीकरण अभिक्रिया कहते हैं।

उदाहरण

$$\underset{\text{सोडियम हाइड्रॉक्साइड (क्षार)}}{NaOH} + \underset{\text{हाइड्रोक्लोरिक अम्ल (अम्ल)}}{HCl} \longrightarrow \underset{\text{सोडियम क्लोराइड (लवण)}}{NaCl} + \underset{\text{जल}}{H_2O}$$

$$\underset{\text{कैल्सियम हाइड्रॉक्साइड (क्षारक)}}{Ca(OH)_2} + \underset{\text{हाइड्रोक्लोरिक अम्ल (अम्ल)}}{2HCl} \longrightarrow \underset{\text{कैल्सियम क्लोराइड (लवण)}}{CaCl_2} + \underset{\text{जल}}{2H_2O}$$

प्रश्न 15. धोने के सोडा एवं बेकिंग सोडा के दो-दो प्रमुख उपयोग बताइए।

उत्तर *धोने के सोडे के दो प्रमुख उपयोग निम्नलिखित है*

(i) इसका उपयोग जल की स्थायी कठोरता को दूर करने के लिए किया जाता है।

(ii) सोडियम कार्बोनेट का उपयोग काँच, साबुन आदि उद्योगों में किया जाता है।

बेकिंग सोडे के दो प्रमुख उपयोग निम्नलिखित है।

(i) सोडियम बाइकार्बोनेट का उपयोग अग्निशामक यंत्रों में किया जाता है।

(ii) इसका उपयोग पेट की अम्लता की अधिकता को उदासीन करने के लिए किया जाता है।

NCERT Exemplar

पुस्तक के चुने गए प्रश्न

बहुविकल्पीय प्रश्न

प्रश्न 1. क्या होता है, जब एक अम्लीय विलयन को एक परखनली में लिए गए क्षारीय विलयन में मिलाया जाता है?

(i) विलयन का तापमान बढ़ जाता है। (ii) विलयन का तापमान कम हो जाता है।

(iii) विलयन का तापमान समान रहता है। (iv) लवण का निर्माण होता है।

(a) केवल (i) (b) (i) तथा (iii) (c) (ii) तथा (iii) (d) (i) तथा (iv)

उत्तर (*d*) (i) तथा (iv)

क्योंकि अम्ल व क्षार की उदासीनीकरण क्रिया के द्वारा लवण व जल बनते हैं तथा अत्यधिक मात्रा में ऊष्मा भी उत्पन्न होती है।

प्रश्न 2. एक जलीय विलयन लाल लिटमस को नीला कर देता है। निम्न में से किस विलयन को उपरोक्त विलयन में मिलाने से यह परिवर्तन उलट जायेगा?

(a) बेकिंग पाउडर (b) चूना

(c) अमोनियम हाइड्रॉक्साइड विलयन (d) हाइड्रोक्लोरिक अम्ल

उत्तर (*d*) हाइड्रोक्लोरिक अम्ल

क्योंकि पहले लिगा गया विलयन क्षारीय है अर्थात् लाल लिटमस को नीला कर देता है। इसमें HCl मिलाने से विलयन पहले उदासीन होगा, फिर अम्लीय, तब यह नीले लिटमस को लाल कर देगा।

प्रश्न 3. एक नम दिन हाइड्रोजन क्लोराइड गैस को बनाते समय, गैस को सामान्यतया कैल्सियम क्लोराइड युक्त एक नली से गुजारा जाता है। कैल्सियम क्लोराइड का कार्य है

(a) उत्पन्न गैस का अवशोषण

(b) गैस को नम करना

(c) गैस से नमी अवशोषित करना

(d) उत्पन्न गैस से Cl^- आयनों को अवशोषित करना।

उत्तर (*c*) गैस से नमी अवशोषित करना।

क्योंकि कैल्सियम क्लोराइड एक निर्जलीकारक है अर्थात् जल को अवशोषित कर लेता है।

प्रश्न 4. **निम्न में से किस लवण में क्रिस्टलन का जल नहीं होता?**

(a) नीला थोथा (b) बेकिंग सोडा

(c) वाशिंग सोडा (d) जिप्सम

उत्तर (*b*) बेकिंग सोडा

बेकिंग सोडा रासायनिक रूप से $NaHCO_3$ है।

प्रश्न 5. **सोडियम कार्बोनेट एक क्षारीय लवण है, क्योंकि यह निम्न का लवण है**

(a) प्रबल अम्ल तथा प्रबल क्षार (b) दुर्बल अम्ल तथा दुर्बल क्षार

(c) प्रबल अम्ल तथा दुर्बल क्षार (d) दुर्बल अम्ल तथा प्रबल क्षार

उत्तर (*d*) दुर्बल अम्ल तथा प्रबल क्षार

Na_2CO_3 एक प्रबल क्षार (NaOH) तथा दुर्बल अम्ल (H_2CO_3) से मिलकर बना है इसलिए यह क्षारीय लवण है।

प्रश्न 6. **दाँतों के इनेमल में उपस्थित कैल्सियम फॉस्फेट की प्रकृति है**

(a) क्षारीय (b) अम्लीय (c) उदासीन (d) उभयधर्मी

उत्तर (*a*) क्षारीय

क्योंकि कैल्सियम फॉस्फेट प्रबल क्षार [$Ca(OH)_2$] तथा दुर्बल अम्ल (H_3PO_4) का लवण है।

प्रश्न 7. **मिट्टी के एक नमूने को जल के साथ मिला कर रख दिया गया। कुछ समय बाद मिट्टी तली में बैठ गई और उसके ऊपर से विलयन की कुछ बूँदे लेकर pH पेपर पर रखने पर वह पीला-नारंगी हो गया। निम्न में से किस को मिलाने पर pH पेपर का रंग हरा नीला हो जाएगा ?**

(a) नींबू का रस (b) सिरका

(c) साधारण नमक (d) एक प्रतिअम्ल (एंटैसिड)

उत्तर (*d*) एक प्रतिअम्ल (एंटैसिड)

क्योंकि प्रतिअम्ल की प्रकृति क्षारकीय होती है।

प्रश्न 8. **निम्न में से कौन अम्लीय प्रबलता के आरोही क्रम को सही प्रदर्शित करता है?**

(a) जल < ऐसीटिक अम्ल < हाइड्रोक्लोरिक अम्ल

(b) जल < हाइड्रोक्लोरिक अम्ल < ऐसीटिक अम्ल

(c) ऐसीटिक अम्ल < जल < हाइड्रोक्लोरिक अम्ल

(d) हाइड्रोक्लोरिक अम्ल < जल < ऐसीटिक अम्ल

उत्तर (*a*) जल < ऐसीटिक अम्ल < हाइड्रोक्लोरिक अम्ल

प्रश्न 9. **यदि सांद्र अम्ल की कुछ बूँदे दुर्घटनावश एक छात्र के हाथ पर गिर जाए, तो क्या किया जाना चाहिए?**

(a) खारे जल से हाथ धोना चाहिए

(b) अधिक जल से तुरंत हाथ धोकर उस पर सोडियम हाइड्रोजन कार्बोनेट का पेस्ट लगाना चाहिए
(c) अधिक जल से हाथ धोने के उपरांत हाथ पर सोडियम हाइड्रॉक्साइड का विलयन लगाना चाहिए
(d) अम्ल को प्रबल क्षार से उदासीन करना चाहिए

उत्तर *(b)* अधिक जल से तुरंत हाथ धोकर उस पर सोडियम हाइड्रोजन कार्बोनेट का पेस्ट लगाना, क्योंकि सोडियम हाइड्रोजन कार्बोनेट एक मंद प्रबलता का क्षारक है।

प्रश्न 10. जब सोडियम हाइड्रोजन कार्बोनेट को ऐसीटिक अम्ल में मिलाया जाता है, तो एक गैस उत्पन्न होती है। इस गैस के संबंध में निम्न में से कौन-से कथन सत्य हैं?

(i) यह चूने के पानी को दूधिया कर देती है।
(ii) यह एक जलते हुए लकड़ी के टुकड़े को बुझा देती है।
(iii) यह सोडियम हाइड्रॉक्साइड विलयन में घुल जाती है।
(iv) इसकी गंध तीव्र होती है।

(a) (i) तथा (ii) (b) (i), (ii) तथा (iii)
(c) (ii), (iii) तथा (iv) (d) (i) तथा (iv)

उत्तर *(b)* (i), (ii) तथा (iii)

उत्पन्न गैस CO_2 है जो रंगहीन गंधहीन गैस है तथा उपरोक्त लक्षण प्रदर्शित करती है।

प्रश्न 11. साधारण नमक को रसोईघर में उपयोग करने के अतिरिक्त निम्न को बनाने हेतु कच्चे पदार्थ के रूप में भी उपयोग किया जाता है

(i) वाशिंग सोडा (ii) ब्लीचिंग पाउडर
(iii) बेकिंग सोडा (iv) बुझा हुआ चूना

(a) (i), (ii) और (ii) (b) (i), (ii) तथा (iv)
(c) (i), (ii) तथा (iii) (d) (i), (iii) तथा (iv)

उत्तर *(c)* (i), (ii) तथा (iii)

साधारण नमक सोडियम हाइड्रॉसाइड, बेकिंग सोडा, वाशिंग सोडा, विरंजक चूर्ण के लिए कच्चा पदार्थ है।

*[**नोट** जलीय सोडियम क्लोराइड के विद्युत अपघटन से क्लोरीन का निर्माण होता है इस गैस का प्रयोग विरंजक चूर्ण के उत्पादन में किया जाता है।]*

प्रश्न 12. बेकिंग पाउडर का एक अवयव सोडियम हाइड्रोजन कार्बोनेट है तथा दूसरा

(a) हाइड्रोक्लोरिक अम्ल (b) टार्टरिक अम्ल
(c) ऐसीटिक अम्ल (d) सल्फ्यूरिक अम्ल

उत्तर *(b)* टार्टरिक अम्ल

प्रश्न 13. **दंत-क्षय को रोकने के लिए हमें प्रतिदिन अपने दाँतों को ब्रुश द्वारा साफ करना चाहिए। सामान्यतया प्रयोग किए जाने वाले टूथपेस्ट होते हैं**

(a) अम्लीय (b) उदासीन (c) क्षारकीय (d) संक्षारक

उत्तर (*c*) क्षारकीय

प्रश्न 14. **अम्ल या क्षार के जलीय विलयन के संबंध में निम्न में से कौन-से कथन सत्य हैं?**

(i) pH जितना अधिक है, अम्ल उतना ही प्रबल है।

(ii) pH जितना अधिक है, अम्ल उतना ही दुर्बल है।

(iii) pH जितना कम है, क्षारक उतना ही प्रबल है।

(iv) pH जितना कम है, क्षारक अम्ल उतना ही दुर्बल है।

(a) (i) तथा (iii) (b) (ii) तथा (iii) (c) (i) तथा (iv) (d) (ii) तथा (iv)

उत्तर (*d*) (ii) तथा (iv)

प्रश्न 15. **पाचन क्रिया के दौरान उत्पन्न आमाशयिक रसों (gastric juices) का pH मान होता है**

(a) 7 से कम (b) 7 से अधिक (c) 7 (d) शून्य

उत्तर (*a*) 7 से कम, क्योंकि इनमें HCl (प्रबल अम्ल) उपस्थित होता है।

प्रश्न 16. **जब किसी अम्ल को जल में मिलाया जाता है, तो निम्न में से कौन-सी परिघटना होती है?**

(i) आयनीकरण (ii) उदासीनीकरण

(iii) तनुकरण (iv) लवण का निर्माण

(a) (i) और (ii) (b) (i) तथा (iii)

(c) (ii) तथा (iii) (d) (ii) तथा (iv)

उत्तर (*b*) (i) तथा (iii)

प्रश्न 17. **निम्न में से किसका उपयोग दृष्टिहीन छात्रों के लिए एक अम्ल-क्षार सूचक के रूप में किया जा सकता है?**

(a) लिटमस (b) हल्दी

(c) वेनिला जूस (d) *पिटूनिया* की पत्तियाँ

उत्तर (*c*) वेनिला जूस, क्योंकि इसकी गंध अम्लीय तथा क्षारीय माध्यमों में अलग-अलग होती है।

प्रश्न 18. **निम्न में से कौन-सा पदार्थ तनु अम्ल से अभिक्रिया करके कार्बन डाइऑक्साइड उत्पन्न नहीं करता है?**

(a) संगमरमर (b) चूना पत्थर (c) बेकिंग सोडा (d) चूना

उत्तर (*d*) चूना (CaO); केवल धातु कार्बोनेट एवं बाइकार्बोनेट अम्ल के साथ अभिक्रिया करके कार्बन डाइआक्साइड गैस उत्पन्न करते हैं।

प्रश्न 19. **निम्न में से कौन-से पदार्थ की प्रकृति अम्लीय है?**

(a) नींबू का रस (b) मानव का रक्त (c) चूने का पानी (d) प्रति-अम्ल (एंटैसिड)

उत्तर (*c*) नींबू का रस (सिट्रिक अम्ल युक्त होता है।)

प्रश्न 20. **एक विद्युत अपघट्य की विद्युत चालकता सिद्ध करने के लिए निम्न उपकरण व्यवस्थित किया गया**

निम्न में से कौन-सा (कौन-से) कथन सत्य है (हैं)?

(i) बल्ब नहीं जलेगा, क्योंकि विद्युत अपघट्य अम्लीय नहीं है।

(ii) बल्ब जलेगा क्योंकि NaOH एक प्रबल क्षारक है तथा चालन के लिए आयन प्रदान करता है।

(iii) बल्ब नहीं जलेगा, क्योंकि परिपथ अपूर्ण है।

(iv) बल्ब नहीं जलेगा, क्योंकि यह विद्युत अपघट्य-विलयन के प्रकार पर निर्भर करता है।

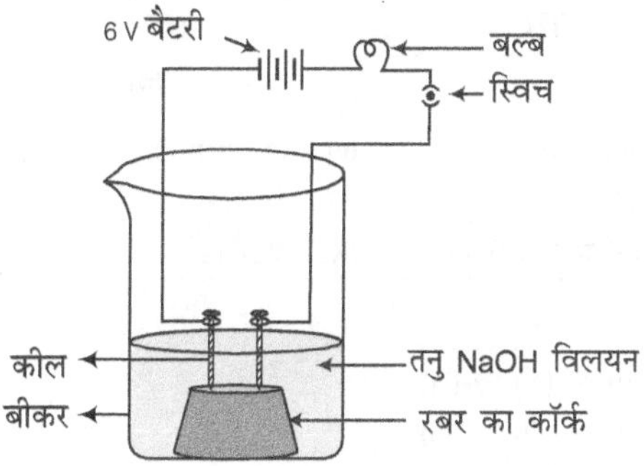

(a) (i) तथा (iii) (b) (ii) तथा (iv) (c) केवल (ii) (d) केवल (iv)

उत्तर (*c*) केवल (ii)

प्रश्न 21. **निम्न में से किसका उपयोग सोने को घोलने के लिए किया जाता है?**

(a) हाइड्रोक्लोरिक अम्ल (b) सल्फ्यूरिक अम्ल

(c) नाइट्रिक अम्ल (d) *ऐक्वारेजिया*

उत्तर (*d*) *ऐक्वारेजिया* (सांद्र HCl व HNO_3 का 3 : 1 में ताजा मिश्रण)

प्रश्न 22. **निम्न में से कौन-सा खनिज अम्ल नहीं है?**

(a) हाइड्रोक्लोरिक अम्ल (b) सिट्रिक अम्ल

(c) सल्फ्यूरिक अम्ल (d) नाइट्रिक अम्ल

उत्तर (*c*) सिट्रिक अम्ल (यह एक कार्बनिक अम्ल है।)

प्रश्न 23. **निम्न में से कौन-सा एक क्षारक नहीं है?**

(a) NaOH (b) KOH (c) NH_4OH (d) C_2H_5OH

उत्तर (*d*) C_2H_5OH; यह एक ऐल्कोहॉल (अम्लीय) है, क्षारक नहीं।

प्रश्न 24. निम्न में से कौन-सा कथन सत्य नहीं है?

(a) सभी धातु कार्बोनेट अम्ल से अभिकृत होकर लवण, जल तथा कार्बन डाइऑक्साइड उत्पन्न करते हैं।

(b) सभी धातु ऑक्साइड जल से अभिकृत होकर लवण तथा अम्ल उत्पन्न करते हैं।

(c) कुछ धातुएँ अम्लों से अभिकृत होकर लवण तथा हाइड्रोजन उत्पन्न करते हैं।

(d) कुछ अधात्विक ऑक्साइड जल से अभिकृत होकर एक अम्ल बनाते हैं।

उत्तर (*b*) सभी धातु ऑक्साइड जल से अभिकृत होकर लवण तथा अम्ल उत्पन्न करते हैं।

यह कथन सत्य नहीं है।

प्रश्न 25. स्तंभ I में दिए गए रासायनिक पदार्थों का सही मिलान स्तम्भ II में दिए गए उनके सही उपयोग से कीजिए।

स्तंभ I	स्तंभ II
(A) विरंजक चूर्ण	(i) काँच का निर्माण
(B) बेकिंग सोडा	(ii) H_2 तथा Cl_2 का निर्माण
(C) वाशिंग सोडा	(iii) विरंजन
(D) सोडियम क्लोराइड	(iv) एंटैसिड

कूट

(a) A-(ii), B-(i), C-(iv), D-(iii)

(b) A-(iii), B-(ii), C-(iv), D-(i)

(c) A-(iii), B-(iv), C-(i), D-(ii)

(d) A-(ii), B-(iv), C-(i), D-(iii)

उत्तर (*c*) A-(iii), B-(iv), C-(i), D-(ii)

स्तंभ I	स्तंभ II
(A) विरंजक चूर्ण	(i) विरंजन
(B) बेकिंग सोडा	(ii) एंटैसिड
(C) वाशिंग सोडा	(iii) काँच का निर्माण
(D) सोडियम क्लोराइड	(iv) H_2 तथा Cl_2 का निर्माण

प्रश्न 26. समान सांद्रता के हाइड्रोक्लोरिक अम्ल तथा सोडियम हाइड्रॉक्साइड विलयनों के समान विलयनों को मिलाया जाता है और परिणामी विलयन को pH पेपर द्वारा जाँचा जाता है। कौन-सा रंग उत्पन्न होगा? (रंग सूची के लिए NCERT पाठ्यपुस्तक के पृष्ठ संख्या 28 चित्र 2.7 को देखें)।

(a) लाल (b) पीला (c) पीला-हरा (d) नीला

उत्तर (*c*) पीला-हरा (परिणामी विलयन उदासीन होगा। इसका pH मान लगभग 7 होगा।)

प्रश्न 27. निम्न में से कौन-सा/से सत्य है (हैं)? जब $HCl(g)$ को जल में प्रवाहित किया जाता है?

(i) यह विलयन में आयनीकृत नहीं होता, क्योंकि यह सहसंयोजक यौगिक है।
(ii) यह विलयन में आयनीकृत होता है।
(iii) यह विलयन में हाइड्रोजन एवं हाइड्रॉक्सिल आयन प्रदान करता है।
(iv) यह विलयन में हाइड्रोनियम आयन उत्पन्न करता है, जो हाइड्रोजन आयन तथा जल के अणु के संयोग से उत्पन्न होते हैं।

(a) केवल (i) (b) केवल (iii)
(c) (ii) तथा (iv) (d) (iii) तथा (iv)

उत्तर (*c*) (ii) तथा (iv)

$$HCl(g) \xrightarrow{\text{जल}} H^+ + Cl^-$$
$$H^+ \xrightarrow{H_2O} \underset{\text{हाइड्रोनियम आयन}}{H_3O^+}$$

प्रश्न 28. निम्न में से कौन-सा कथन अम्लों के लिए सत्य है?

(a) कड़वे तथा लाल लिटमस को नीला करते हैं।
(b) खट्टे तथा लाल लिटमस को नीला करते हैं।
(c) खट्टे तथा नीले लिटमस को लाल करते हैं।
(d) कड़वे तथा नीले लिटमस को लाल करते हैं।

उत्तर (*c*) खट्टे तथा नीले लिटमस को लाल करते हैं।

प्रश्न 29. निम्न में से कौन HCl के तनु जलीय विलयन में उपस्थित रहते हैं?

(a) $H_3O^+ + Cl^-$ (b) $H_3O^+ + OH^-$
(c) $Cl^- + OH$ (d) अवियोजित HCl

उत्तर (*a*) $H_3O^+ + Cl^-$

$$HCl + H_2O \longrightarrow H_3O^+ + Cl^-$$

प्रश्न 30. क्लोर-एल्कली प्रक्रम में होने वाली अभिक्रिया का सही निरूपण क्या है?

(a) $2NaCl\,(l) + 2H_2O\,(l) \longrightarrow 2NaOH(l) + Cl_2(g) + H_2(g)$
(b) $2NaCl(aq) + 2H_2O(aq) \longrightarrow 2NaOH(aq) + Cl_2(g) + H_2(g)$
(c) $2NaCl(aq) + 2H_2O(l) \longrightarrow 2NaOH(aq) + Cl_2(aq) + H_2(aq)$
(d) $2NaCl(aq) + 2H_2O(l) \longrightarrow 2NaOH(aq) + Cl_2(g) + H_2(g)$

उत्तर (*d*) $2NaCl(aq) + 2H_2O(l) \longrightarrow 2NaOH(aq) + Cl_2(g) + H_2(g)$

NaCl (*aq*) अर्थात् सोडियम क्लोराइड का जलीय विलयन प्रयोग किया जाता है तथा NaOH का जलीय विलयन तथा Cl_2 व H_2 गैसें उत्पन्न होती हैं।

लघु उत्तरीय प्रश्न

प्रश्न 31. स्तंभ A में दिए गए अम्लों का स्तंभ B में दिए गए उनके सही स्रोत से मिलान कीजिए।

स्तंभ A	स्तंभ B
(a) लैक्टिक अम्ल	(i) टमाटर
(b) ऐसीटिक अम्ल	(ii) नींबू
(c) सिट्रिक अम्ल	(iii) सिरका
(d) ऑक्सेलिक अम्ल	(iv) दही

उत्तर

स्तंभ A	स्तंभ B
(a) लैक्टिक अम्ल	(iv) दही
(b) ऐसीटिक अम्ल	(iii) सिरका
(c) सिट्रिक अम्ल	(ii) नींबू
(d) ऑक्सेलिक अम्ल	(i) टमाटर

प्रश्न 32. स्तंभ A में दिए गए प्रमुख रसायनों का स्तंभ B में दिए गए उनके सही सूत्र से मिलान कीजिए।

स्तंभ A	स्तंभ B
(a) प्लास्टर ऑफ पेरिस	(i) $Ca(OH)_2$
(b) जिप्सम	(ii) $CaSO_4 \cdot \frac{1}{2}H_2O$
(c) विरंजक चूर्ण	(iii) $CaSO_4 \cdot 2H_2O$
(d) बुझा हुआ चूना	(iv) $CaOCl_2$

उत्तर

स्तंभ A	स्तंभ B
(a) प्लास्टर ऑफ पेरिस	(ii) $CaSO_4 \cdot \frac{1}{2}H_2O$
(b) जिप्सम	(iii) $CaSO_4 \cdot 2H_2O$
(c) विरंजक चूर्ण	(iv) $CaOCl_2$
(d) बुझा हुआ चूना	(i) $Ca(OH)_2$

प्रश्न 33. चींटी के डंक में उपस्थित अम्ल का नाम तथा रासायनिक सूत्र लिखिए। चींटी के काटने से हुए कष्ट से मुक्ति पाने का सामान्य उपाय लिखिए।

उत्तर चींटी के डंक में फॉर्मिक अम्ल (HCOOH) उपस्थित होता है। यदि बेकिंग सोड़े को चींटी के काटे हुए स्थान पर नम अवस्था में त्वचा पर लगायें, तो कष्ट से मुक्ति मिलती है।

प्रश्न 34. निम्न पदार्थों की लिटमस पत्र पर क्या क्रिया होगी?
शुष्क HCl गैस, आर्द्र NH_3 गैस, नींबू का रस, कार्बोनेटेड मृदु पेय, दही, साबुन का विलयन।

उत्तर

क्र. स.	पदार्थ का नाम	लिटमस पत्र पर अभिक्रिया
(i)	शुष्क HCl गैस	कोई परिवर्तन नहीं
(ii)	आर्द्र NH_3 गैस	लाल लिटमस नीला हो जाता है।
(iii)	नींबू का रस	नीले लिटमस को लाल कर देता है।
(iv)	कार्बोनेटेड मृदु पेय	नीले लिटमस को लाल कर देता है।
(v)	दही	नीले लिटमस को लाल कर देता है।
(vi)	साबुन का विलयन	लाल लिटमस नीला हो जाता है।

प्रश्न 35. क्या होता है, जब अंडे के कवच में नाइट्रिक अम्ल मिलाया जाता है?

उत्तर अंडे का कवच कैल्सियम कार्बोनेट ($CaCO_3$) से बना होता है। जब यह HNO_3 में मिलाया जाता है, तो CO_2 गैस मुक्त होती है।

$$CaCO_3(s) + 2HNO_3(aq) \longrightarrow Ca(NO_3)_2\,(aq) + H_2O\,(l) + CO_2(g)$$

प्रश्न 36. एक छात्रा ने (i) एक अम्ल तथा (ii) एक क्षार के विलयन दो भिन्न बीकरों में निर्मित किए। वह छात्रा बीकरों का लेबल लगाना भूल गई तथा प्रयोगशाला में लिटमस पत्र उपलब्ध नहीं था। क्योंकि दोनों विलयन रंगहीन हैं, दोनों के बीच अन्तर किस प्रकार करना सम्भव है?

उत्तर लिटमस की अनुपस्थिति में अन्य सूचक जैसे फीनॉल्फ्थैलीन का उपयोग किया जा सकता है। यह (i) अम्ल में रंगहीन रहता है, जबकि (ii) क्षार में गुलाबी हो जाता है।

अथवा

प्राकृतिक सूचक जैसे हल्दी को भी प्रयोग किया जा सकता है। हल्दी (i) अम्ल में पीला तथा (ii) क्षार में लाल रंग देती है।

प्रश्न 37. लवण A जिसका उपयोग बेकरी उद्योग में किया जाता है, गर्म करने पर दूसरे लवण B में परिवर्तित हो जाता है। (B का उपयोग जल की कठोरता दूर करने में किया जाता है) और गैस C उत्पन्न होती है। जब गैस C को चूने के पानी में प्रवाहित किया जाता है, तब यह दूधिया हो जाता है। A, B तथा C को पहचानिए।

उत्तर A = बेकिंग सोडा ($NaHCO_3$) या बेकिंग पाउडर ($NaHCO_3$ + खाद्य अम्ल)
B = वाशिंग सोडा (Na_2CO_3)
C = कार्बन डाइऑक्साइड (CO_2)

$$\underset{A}{2NaHCO_3} \xrightarrow{\text{ऊष्मा}} \underset{B}{Na_2CO_3} + H_2O + \underset{C}{CO_2}$$

$$\underset{C}{CO_2(g)} + \underset{\text{चूने का पानी}}{Ca(OH)_2(aq)} \longrightarrow \underset{\substack{\text{श्वेत रंग} \\ \text{(अविलेय)}}}{CaCO_3(s)} + H_2O(l)$$

प्रश्न 38. आप बेकिंग पाउडर तथा वाशिंग सोडा में ऊष्मा द्वारा किस प्रकार विभेद करेंगे?

उत्तर *ऊष्मा द्वारा बेकिंग पाउडर तथा वाशिंग सोडा में अंतर निम्न हैं*

बेकिंग सोडा (बेकिंग पाउडर में स्थित)	**वाशिंग सोडा**
$NaHCO_3$ को गर्म करने पर CO_2 गैस उत्पन्न होती है जो चूने के पानी को दूधिया कर देती है। $2NaHCO_3 \xrightarrow{\text{ऊष्मा}} Na_2CO_3 + H_2O + CO_2$	वाशिंग सोडा के क्रिस्टलों $Na_2CO_3 \cdot 10H_2O$ को गर्म करने पर इससे 10 क्रिस्टलन के जल के अणु अलग हो जाते हैं तथा निर्जल सोडियम कार्बोनेट बनता है। $Na_2CO_3 \cdot 10H_2O \xrightarrow{\text{ऊष्मा}} \underset{\text{(निर्जल)}}{Na_2CO_3} + 10\,H_2O$

प्रश्न 39. सोडियम हाइड्रॉक्साइड के निर्माण की औद्योगिक विधियों में से एक में गैस *X* सह उत्पाद के रूप में प्राप्त होती है। गैस *X* चूने के पानी से अभिक्रिया करके यौगिक *Y* बनाती है, जिसे विरंजक के रूप में रसायनिक उद्योग में उपयोग किया जाता है। *X* तथा *Y* को पहचानिए तथा होने वाली अभिक्रियाओं की समीकरणें लिखिए।

उत्तर क्लोरीन गैस चूने के पानी से अभिक्रिया करके यौगिक ब्लीचिंग पाउडर (विरंजक चूर्ण) बनाती है। अतः *X* Cl_2 है तथा *Y* $CaOCl_2$ है।

$$2NaCl(aq) + 2H_2O(l) \xrightarrow{\text{विद्युत धारा}} 2NaOH(aq) + H_2(g) + \underset{(X)}{Cl_2(g)}$$

$$\underset{(x)}{Cl_2} + \underset{\text{चूने का पानी}}{Ca(OH)_2} \longrightarrow \underset{\substack{\text{विरंजक चूर्ण}\\(Y)}}{CaOCl_2} + \underset{\text{जल}}{H_2O}$$

प्रश्न 40. निम्न सारणी में रिक्त स्थानों की पूर्ति कीजिए।

क्र. सं.	**लवण का नाम**	**सूत्र**	**उत्पन्न लवण**	
			क्षारक से	**अम्ल से**
(i)	अमोनियम क्लोराइड	NH_4Cl	NH_4OH	—
(ii)	कॉपर सल्फेट	—	—	H_2SO_4
(iii)	सोडियम क्लोराइड	NaCl	NaOH	—
(iv)	मैग्नीशियम नाइट्रेट	$Mg(NO_3)_2$	—	HNO_3
(v)	पोटैशियम सल्फेट	K_2SO_4	—	—
(vi)	कैल्सियम नाइट्रेट	$Ca(NO_3)_2$	$Ca(OH)_2$	—

उत्तर

(i) अम्ल : HCl $[NH_4OH + HCl \longrightarrow NH_4Cl + H_2O]$

(ii) सूत्र : $CuSO_4$

क्षारक : $Cu(OH)_2$ $[Cu(OH)_2 + H_2SO_4 \longrightarrow CuSO_4 + 2H_2O]$

(iii) अम्ल : HCl $[NaOH + HCl \longrightarrow NaCl + H_2O]$

(iv) क्षारक : $Mg(OH)_2$ $[Mg(OH)_2 + 2HNO_3 \longrightarrow Mg(NO_3)_2 + 2H_2O]$

(v) क्षारक : KOH

अम्ल : H_2SO_4 $[2KOH + H_2SO_4 \longrightarrow K_2SO_4 + 2H_2O]$

(vi) अम्ल : HNO_3 $[Ca(OH)_2 + 2HNO_3 \longrightarrow Ca(NO_3)_2 + 2H_2O]$

प्रश्न 41. प्रबल तथा दुर्बल अम्ल क्या हैं? निम्न में से प्रबल अम्ल तथा दुर्बल अम्ल पहचानिए। हाइड्रोक्लोरिक अम्ल, सिट्रिक अम्ल, ऐसीटिक अम्ल, नाइट्रिक अम्ल, फॉर्मिक अम्ल एवं सल्फ्यूरिक अम्ल।

उत्तर **प्रबल अम्ल** वे अम्ल जो जलीय विलयन में पूर्णतया आयनीकृत होकर अधिक मात्रा में H_3O^+ आयनों को उत्पन्न करते हैं, उन्हें प्रबल अम्ल कहते हैं; *जैसे* - HCl, H_2SO_4 आदि।

दुर्बल अम्ल वे अम्ल जो जलीय विलयन में केवल आंशिक रूप से आयनीकृत होकर कम मात्रा में H_3O^+ आयनों को उत्पन्न करते हैं, दुर्बल अम्ल कहलाते हैं; *जैसे* - CH_3COOH, HCOOH आदि।

प्रबल अम्ल	दुर्बल अम्ल
हाइड्रोक्लोरिक अम्ल	सिट्रिक अम्ल
नाइट्रिक अम्ल	ऐसीटिक अम्ल
सल्फ्यूरिक अम्ल	फॉर्मिक अम्ल

प्रश्न 42. जब जिंक धातु को प्रबल अम्ल के तनु विलयन से अभिकृत किया जाता है, तब एक गैस उत्पन्न होती है, जिसका उपयोग तेलों के हाइड्रोजनीकरण में किया जाता है। उत्पन्न गैस का नाम लिखिए। अभिक्रिया की समीकरण लिखिए तथा उत्पन्न गैस का एक परीक्षण लिखिए।

उत्तर Zn + तनु 2HCl $\longrightarrow ZnCl_2 + H_2 \uparrow$

उत्पन्न गैस हाइड्रोजन है।

हाइड्रोजन गैस के लिए परीक्षण

परखनली के मुँह के पास जलती हुई माचिस की तीली लाने पर यह धड़ाके (पॉप) की आवाज के साथ जलने लगती है। अतः सिद्ध होता है कि उत्पन्न होने वाली गैस हाइड्रोजन है।

दीर्घ उत्तरीय प्रश्न

प्रश्न 43. निम्न रेखाचित्र में हाइड्रोजन गैस के बनाने की विधि को दर्शाया गया है। क्या होगा, यदि निम्न प्रयोग में निम्न परिवर्तन कर दिए जाएँ?

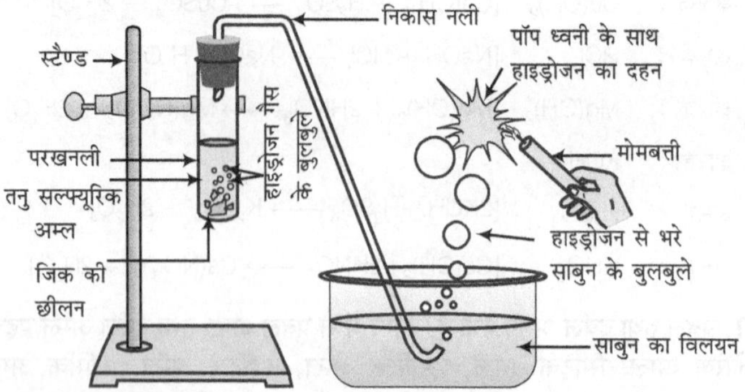

(a) दानेदार जिंक के स्थान पर जिंक डस्ट का प्रयोग किया जाता है।
(b) तनु H_2SO_4 के स्थान पर तनु हाइड्रोक्लोरिक अम्ल का प्रयोग किया जाता है।
(c) जिंक के स्थान पर ताँबे की छीलन का प्रयोग किया जाए।
(d) सोडियम हाइड्रॉक्साइड को तनु सल्फ्यूरिक अम्ल के स्थान पर परखनली में लेकर गर्म किया जाता है।

उत्तर (*a*) अभिक्रिया तीव्र हो जाएगी, क्योंकि जिंक डस्ट अभिक्रिया हेतु अधिक पृष्ठ क्षेत्रफल प्रदान करती है।

(*b*) अभिक्रिया की गति व H_2 गैस के प्राप्ति में कोई अधिक परिवर्तन नहीं होता।

(*c*) अभिक्रिया नहीं होती, क्योंकि Cu तनु अम्लों से H_2 को विस्थापित नहीं करता।

(*d*) अभिक्रिया में H_2SO_4 के स्थान पर यदि सोडियम हाइड्रॉक्साइड का प्रयोग किया जाता है, तो भी अभिक्रिया में H_2 गैस उत्पन्न होती है।

$$Zn(s) + 2NaOH(aq) \longrightarrow \underset{\text{सोडियम जिंकेट}}{Na_2ZnO_2(aq)} + H_2(g)$$

प्रश्न 44. केक बनाने के लिए, बेकिंग पाउडर का प्रयोग किया जाता है। यदि आपकी माताजी केक बनाने हेतु बेकिंग पाउडर के स्थान पर बेकिंग सोडा का उपयोग करती हैं, तब

(a) यह केक के स्वाद को किस प्रकार प्रभावित करेगा तथा क्यों?
(b) बेकिंग सोडा को बेकिंग पाउडर में किस प्रकार बदला जा सकता है?
(c) बेकिंग सोडा में मिलाए गए टार्टरिक अम्ल का क्या कार्य है?

उत्तर (*a*) बेकिंग सोडा ($NaHCO_3$) गर्म होने पर वाशिंग सोडा (Na_2CO_3) उत्पन्न करता है, जिसका स्वाद कड़वा होता है। कम मात्रा में होने पर भी केक में हल्का कड़वापन उत्पन्न हो जाएगा।

(*b*) यदि बेकिंग सोड़े में थोड़ा टार्टरिक (या सिट्रिक) अम्ल मिला दिया जाये, तब यह बेकिंग पाउडर बन जाता है।

(*c*) बेकिंग सोड़े को गर्म करने पर जो Na_2CO_3 (क्षारीय) उत्पन्न होता है, उसे टार्टरिक अम्ल उदासीन कर देता है तथा केक में कड़वापन उत्पन्न नहीं होता है।

प्रश्न 45. एक धातु कार्बोनेट *X* एक अम्ल से अभिक्रिया करके एक गैस उत्पन्न करता है जिसे एक विलयन *Y* में से प्रवाहित करने पर पुनः कार्बोनेट प्राप्त होता है। दूसरी ओर, एक गैस *G* जो ब्राइन (NaCl विलयन) के विद्युत अपघटन के द्वारा ऐनोड पर प्राप्त होती है, शुष्क *Y* पर प्रवाहित करने पर यौगिक *Z* उत्पन्न करती है जो पेय जल को कीटाणुरहित करने में उपयोग किया जाता है। *X, Y, G* तथा *Z* को पहचानिए।

उत्तर

$$\underset{\text{ब्राइन}}{NaCl(aq)} \xrightleftharpoons{\text{विद्युत धारा}} NaOH + \underset{G}{Cl_2} + H_2$$

$$\underset{G}{Cl_2} + \underset{Y}{Ca(OH)_2} \longrightarrow \underset{Z}{CaOCl_2} + H_2O$$

$$\underset{X}{CaCO_3} + \underset{\text{तनु}}{2HCl} \longrightarrow CaCl_2 + H_2O + CO_2 \uparrow$$

$$CO_2 + \underset{Y}{Ca(OH)_2} \longrightarrow \underset{X}{CaCO_3} \downarrow + H_2O$$

उपरोक्त अभिक्रियाओं के आधार पर यह स्पष्ट है कि यौगिक X, Y, G तथा Z निम्न हैं

X = कैल्सियम कार्बोनेट ($CaCO_3$)

Y = कैल्सियम हाइड्रॉक्साइड ($Ca(OH)_2$)

Z = विरजंक चूर्ण ($CaOCl_2$)

G = क्लोरीन (Cl_2)

प्रश्न 46. एक सामान्य क्षारक *B* का शुष्क टुकड़ा खुली वायु में रखने पर नमी अवशोषित कर लेता है। यह यौगिक क्लोर-एल्कली प्रक्रम का एक सह उत्पाद भी है। *B* को पहचानिए। जब *B* को किसी अम्लीय ऑक्साइड से अभिकृत कराया जाता है, तब किस प्रकार की अभिक्रिया होती है? एक ऐसे विलयन के लिए संतुलित रसायनिक समीकरण लिखिए।

उत्तर क्षारक *B* सोडियम हाइड्रॉक्साइड NaOH है। जब *B* को अम्लीय ऑक्साइड CO_2 से अभिकृत कराया जाता है, उदासीनीकरण अभिक्रिया होती है।

$$2NaOH + CO_2 \longrightarrow Na_2CO_3 + H_2O$$

प्रश्न 47. **आवर्त सारणी के समूह 2 के एक तत्व का सल्फेट लवण श्वेत नम पदार्थ है, जिसे गूंथ कर विभिन्न आकृतियों में ढाला जा सकता है। जब इस यौगिक को वायु में कुछ समय के लिए खुला रखा जाता है, तो यह एक ठोस पदार्थ बन जाता है तथा उसका साँचों में ढलने का गुण समाप्त हो जाता है। सल्फेट लवण को पहचानिए तथा यह ऐसा व्यवहार क्यों प्रदर्शित करता है? अभिक्रिया की समीकरण भी लिखिए।**

उत्तर दिया गया सल्फेट लवण 'प्लास्टर ऑफ पेरिस' $CaSO_4 \cdot \frac{1}{2}H_2O$ है, जिसका रासायनिक नाम कैल्सियम सल्फेट हेमीहाइड्रेट है।

वायु में खुला रखने पर यह वायु से नमी अवशोषित करके जिप्सम (ठोस व कठोर) में बदल जाता है, जिसमें साँचों में ढलने का गुण नहीं होता है।

$$\underset{\text{प्लास्टर ऑफ पेरिस}}{CaSO_4 \cdot \frac{1}{2}H_2O} + \underset{\text{नमी (या जल)}}{1\frac{1}{2}H_2O} \longrightarrow \underset{\text{जिप्सम}}{CaSO_4 \cdot 2H_2O}$$

प्रश्न 48. **निम्न अभिक्रियाओं के आधार पर यौगिक *X* को पहचानिए। *A, B* तथा *C* के नाम तथा रासायनिक सूत्र भी लिखिए।**

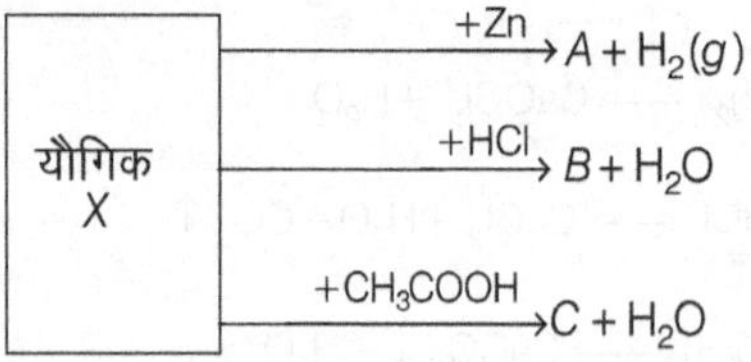

उत्तर X = सोडियम हाइड्रॉक्साइड (NaOH)

A = सोडियम जिंकेट (Na_2ZnO_2)

B = सोडियम क्लोराइड (NaCl)

C = सोडियम ऐसीटेट (CH_3COONa)

$$2NaOH(aq) + Zn(s) \longrightarrow Na_2ZnO_2(aq) + H_2(g)$$

$$NaOH(aq) + HCl(aq) \longrightarrow NaCl(aq) + H_2O(l)$$

$$NaOH(aq) + CH_3COOH(aq) \longrightarrow CH_3COONa(aq) + H_2O(l)$$

3

धातु एवं अधातु

अभी तक ज्ञात तत्वों को उनके गुणधर्मों के आधार पर धातु तथा अधातु में वर्गीकृत किया गया है। अपने दैनिक जीवन में असंख्य उद्देश्यों के लिए हम धातुओं का उपयोग बड़े पैमाने पर करते हैं जैसे रेलगाड़ी, बस, कार, साइकिल, पंखे, मशीनें और दूसरी वस्तुएँ। ये सभी धातु अथवा मिश्रित धातुओं (धातु-धातु या धातु-अधातु का समांगी मिश्रण) से बनी होती हैं।

धातु (Metals)

वे तत्व, जिनमें धात्विक चमक (metallic lustre), तन्यता (तार खींचे जाने का गुण), आघातवर्ध्यता (चादरें बनाने का गुण), विद्युत व ऊष्मीय चालकता तथा ध्वानिकता (sonorosity) आदि भौतिक गुण होते हैं, **धातुएँ** कहलाती हैं।
उदाहरण Na, Mg, Fe, Au, Ag, Pt, आदि।

अधातु (Non-metals)

वे तत्व, जिनकी सतह चमकहीन (dull) होती है, जो भंगुर, अध्वानिक तथा विद्युत व ऊष्मा के कुचालक होते हैं, **अधातुएँ** कहलाती हैं।
उदाहरण C, S, P, N, H, आदि।

धातु व अधातु के सामान्य गुणों से अपवाद

(Exceptions from General Properties of Metal and Non-metal)

(i) पारा एकमात्र द्रव धातु है तथा ब्रोमीन एकमात्र द्रव अधातु है।
(ii) आयोडीन एक चमकीली अधातु है।
(iii) लीथियम, सोडियम व पोटैशियम मृदु धातुएँ हैं, जिन्हें चाकू द्वारा काटा जा सकता है।
(iv) गैलियम तथा सीजियम कम गलनांक वाली धातु हैं।
(v) कार्बन (ग्रेफाइट) विद्युत की सुचालक अधातु है तथा हीरा सर्वाधिक कठोर अधातु है।

धातुओं के रासायनिक गुणधर्म

(Chemical Properties of Metals)

(i) ऑक्सीजन के साथ क्रिया

धातु + ऑक्सीजन ⟶ धातु ऑक्साइड (क्षारीय)

धातु ऑक्साइड + जल ⟶ क्षारक

$$2M + O_2 \longrightarrow 2MO$$

$$MO + H_2O \longrightarrow M(OH)_2$$

उदाहरण $4Na + O_2 \longrightarrow 2Na_2O$

$$Na_2O + H_2O \longrightarrow 2NaOH$$

उभयधर्मी ऑक्साइड कुछ धातुएँ (*जैसे*— Zn, Al, आदि) अम्लीय व क्षारीय दोनों प्रकार के गुणों से युक्त ऑक्साइड निर्मित करती हैं, उन्हें **उभयधर्मी ऑक्साइड** (amphoteric oxides) कहते हैं।

उदाहरण $4Al + 3O_2 \longrightarrow 2Al_2O_3$

$$\underset{\text{क्षारीय गुण}}{Al_2O_3} + 6HCl \longrightarrow 2AlCl_3 + 3H_2O$$

$$\underset{\text{अम्लीय गुण}}{Al_2O_3} + 2NaOH \longrightarrow 2NaAlO_2 + H_2O$$

[नोट अधातु + ऑक्सीजन ⟶ अधातु ऑक्साइड (अम्लीय)

अधातु आक्साइड + जल ⟶ अम्ल

उदाहरण $S + O_2 \longrightarrow SO_2$

$SO_2 + H_2O \longrightarrow H_2SO_3$ *(अम्ल)*

कुछ अधातुएँ उदासीन ऑक्साइड

जैसे— CO, H_2O *(आदि) भी निर्मित करती है]*

(ii) जल से क्रिया

सक्रिय धातु + जल ⟶ धातु ऑक्साइड या हाइड्रॉक्साइड + H_2

उदाहरण $2K + 2H_2O \longrightarrow 2KOH + H_2 +$ ऊष्मा

$$3Fe + \underset{\text{जलवाष्प}}{4H_2O} \longrightarrow Fe_3O_4 + 4H_2$$

[नोट लैड, कॅपर, सिल्वर तथा गोल्ड जैसी धातुएँ जल के साथ क्रिया नहीं करती हैं।]

(iii) तनु अम्लों से क्रिया

धातु + तनु अम्ल $\longrightarrow$ लवण + हाइड्रोजन गैस

उदाहरण $Mg + H_2SO_4 \longrightarrow MgSO_4 + H_2$

[नोट कॉपर तनु HCl के साथ क्रिया नहीं करता। धातुएँ नाइट्रिक अम्ल से क्रिया करके H_2 गैस उत्सर्जित नहीं करती क्योंकि प्रबल ऑक्सीकारक होने के कारण HNO_2 उत्पन्न H_2 को H_2O में ऑक्सीकृत कर देता है।

ऐक्वारेजिया = 3 भाग सांद्र HCl + 1 भाग सांद्र HNO_3]

(iv) विस्थापन अभिक्रिया

सक्रिय धातु A+ कम सक्रिय धातु B के लवण का विलयन

$\longrightarrow$ A के लवण का विलयन + धातु B

$Mg(s) + CuSO_4(aq) \longrightarrow MgSO_4(aq) + Cu(s)$

धातुओं की सक्रियता श्रेणी

(The Reactivity Series of Metals)

वह सूची, जिसमें धातुओं को क्रियाशीलता के अवरोही (decreasing) क्रम में व्यवस्थित किया गया है, **सक्रियता श्रेणी** कहलाती है।

K > Na > Ca > Mg > Al > Zn > Fe > Pb >
अधिक अभिक्रियाशील

H > Cu > Hg > Ag> Au
कम अभिक्रियाशील

जो धातुएँ इस श्रेणी में ऊपर की ओर या बायीं ओर स्थित होती हैं, वे अपने से नीचे वाली (या दायीं ओर वाली) धातुओं से अधिक सक्रिय होती हैं।, जो धातुएँ हाइड्रोजन के ऊपर की ओर (या पहले) स्थित होती हैं वे हाइड्रोजन की अपेक्षा अधिक सक्रिय होती हैं तथा तनु अम्लों से हाइड्रोजन मुक्त करती हैं।

आयनिक या वैद्युतसंयोजक बंध

(Ionic or Electrovalent Bond)

वे रासायनिक बंध, जो दो परमाणुओं के बीच इलेक्ट्रॉनों के स्थानांतरण के द्वारा बनते हैं, **आयनिक बंध** कहलाते हैं। ऐसे यौगिक **आयनिक यौगिक** कहलाते हैं। ये बंध धातु व अधातु के बीच बनते हैं

उदाहरण NaCl का बनना

$$\underset{2,8,1}{Na} \longrightarrow \underset{2,8}{Na^+} + e^-; \quad \underset{2,8,7}{Cl} + e^- \longrightarrow \underset{2,8,8}{Cl^-}$$

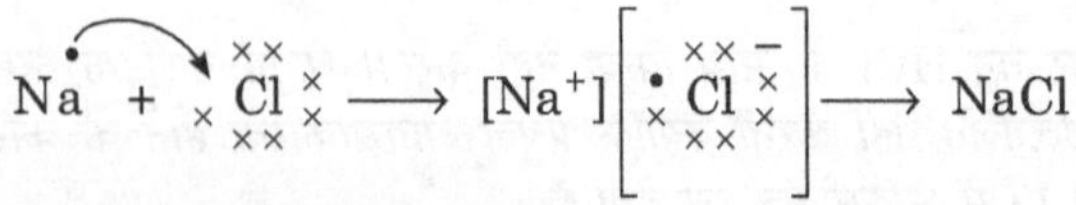

आयनिक यौगिकों के गुणधर्म (Properties of Ionic Compounds)

आयनिक यौगिकों के गुणधर्म निम्न हैं

(i) ये क्रिस्टलीय ठोस होते हैं।

(ii) आयनिक यौगिकों के गलनांक व क्वथनांक उच्च होते हैं।

(iii) ये ध्रुवीय विलायकों; *जैसे*— जल में विलेय तथा कार्बनिक विलायकों; *जैसे*— बेन्जीन में अविलेय होते हैं।

(iv) ये केवल जलीय विलयन या गलित अवस्था में विद्युत के सुचालक होते हैं। परंतु ठोस अवस्था में नहीं।

धातुकर्म *अर्थात्* धातुओं का निष्कर्षण

(Metallurgy, *i.e.*, Extraction of Metals)

खनिज भूपर्पटी में प्राकृतिक रूप से पाये जाने वाले तत्वों या यौगिकों को **खनिज** कहते हैं।

अयस्क ऐसे खनिज, जिनसे धातु का निष्कर्षण प्रक्रम सरल व लाभप्रद हो, **अयस्क** कहलाते हैं।

➔ *सभी अयस्क खनिज होते हैं, किंतु सभी खनिज अयस्क नहीं होते।*

➔ *मुख्य खनिज धातुओं के ऑक्साइड, कार्बोनेट, सल्फाइड, आदि होते हैं।*

कुछ प्रमुख अयस्क

धातु	अयस्क	रासायनिक सूत्र
लोहा	हेमेटाइट	Fe_2O_3
ऐलुमिनियम	बॉक्साइट	$Al_2O_3 \cdot 2H_2O$
ताँबा (कॉपर)	कॉपर पायराइट	$CuFeS_2$
सिल्वर	हॉर्न सिल्वर	AgCl
पारा (मर्करी)	सिनेबार	HgS
जिंक	जिंक ब्लैंड	ZnS
सीसा (लैड)	गैलेना	PbS
सोडियम	रॉक साल्ट	NaCl

धातुकर्म के मुख्य चरण (Major Steps of Metallurgy)

धातुकर्म के मुख्य चरण निम्न इस प्रकार से हैं

1. **अयस्क का समृद्धिकरण** धातु अयस्क से मिट्टी, रेत, आदि अशुद्धियों (गैंग) को अलग करना **अयस्क का समृद्धिकरण** कहलाता है। यह फेन प्लवन, चुंबकीय पृथक्करण, रासायनिक पृथक्करण, आदि विधियों द्वारा किया जाता है।
2. **धातु ऑक्साइड की प्राप्ति** धातु सल्फाइड या कार्बोनेट अयस्क को क्रमशः वायु की उपस्थिति (भर्जन/roasting) अथवा वायु की अनुपस्थिति में (निस्तापन/calcination) गर्म करके धातु ऑक्साइड में बदला जाता है, क्योंकि ऑक्साइड से धातु की प्राप्ति अपेक्षाकृत सरल है।

   उदाहरण

$$2ZnS + 3O_2 \xrightarrow[\text{भर्जन}]{\text{तापन}} 2ZnO + 2SO_2$$

$$ZnCO_3 \xrightarrow[\text{निस्तापन}]{\text{तापन}} ZnO + CO_2$$

3. **धातु ऑक्साइड का अपचयन**
   (a) ऊष्मा द्वारा (सबसे कम सक्रिय धातुओं के लिए);
   जैसे— Cu, Hg, आदि।
   (b) कार्बन द्वारा (मध्यम रूप से सक्रिय धातुओं के लिए);
   जैसे— Zn, Fe, आदि।
   (c) विद्युत अपघटन द्वारा (अति सक्रिय धातुओं के लिए);
   जैसे— Na, Al, Mg, आदि।
   (d) किसी सक्रिय धातु द्वारा भी अपचयन किया जा सकता है;
   जैसे— ऐलुमिनियम द्वारा अपचयन (थर्मिट प्रक्रम/Thermite process)।
4. **अशुद्ध धातु का परिष्करण** धातु को शुद्धतम अवस्था में प्राप्त करना धातु का **परिष्करण** कहलाता है। यह आसवन, उपचयन या विद्युत अपघटनी परिष्करण (मुख्य विधि) द्वारा किया जाता है।

मिश्रित धातु (Alloys)

दो या अधिक धातुओं अथवा धातु व अधातु के समांगी मिश्रण को **मिश्रित धातु** कहते हैं। मिश्रित धातुओं का निर्माण कुछ विशिष्ट गुण; *जैसे*— प्रबलता, उच्च तनन सामर्थ्य, संक्षारणरोधी प्रकृति, आदि उत्पन्न करने के लिए किया जाता है।

कुछ मुख्य मिश्रित धातुएँ व उनका संघटन

क्र.सं.	मिश्रित धातु	संघटन	उपयोग
(i)	पीतल	ताँबा (Cu), जिंक (Zn)	बर्तन, गुलदस्ते, नल की टोंटी।
(ii)	कांसा	ताँबा (Cu), टिन (Sn)	सिक्के, पदक, मूर्तियाँ, जहाज।
(iii)	स्टेनलेस स्टील	लोहा (Fe), निकैल (Ni) तथा क्रोमियम (Cr)	बर्तन, चिकित्सकीय उपकरण, ब्लेड, आदि।
(iv)	अमलगम	पारा (Hg) तथा अन्य कोई धातु	
(v)	सोल्डर	सीसा (Pb) तथा टिन (Sn)	विद्युत तारों की वेल्डिंग।

प्रश्नावली

पृष्ठ 45

प्रश्न 1. ऐसी धातु का उदाहरण दीजिए, जो

(i) **कमरे के ताप पर द्रव होती है।**

(ii) **चाकू से आसानी से काटी जा सकती है।**

(iii) **ऊष्मा की सबसे अच्छी चालक होती है।**

(iv) **ऊष्मा की कुचालक होती है**

उत्तर (i) पारा (Hg) (ii) सोडियम (Na)

(iii) चाँदी (Ag) (iv) लैड (Pb)

प्रश्न 2. आघातवर्ध्य तथा तन्य का अर्थ बताइए

उत्तर **आघातवर्ध्य** धातुओं का वह गुण, जिसके कारण उन्हें हथोड़े से पीटकर चादरों में बदला जा सकता है, आघातवर्ध्यता कहलाता है तथा ऐसी धातुएँ आघातवर्ध्य कहलाती हैं। सोना व चाँदी सर्वाधिक आघातवर्ध्य धातुएँ हैं।

तन्य धातुओं का वह गुण, जिसके कारण उनके तार खीचें जा सकते हैं, तन्यता कहलाता है तथा ऐसी धातुएँ तन्य धातुएँ कहलाती हैं। सोना सर्वाधिक तन्य धातु है।

पृष्ठ 51

प्रश्न 1. सोडियम को किरोसिन तेल में डुबोकर क्यों रखा जाता है?

उत्तर सोडियम एक अत्यधिक क्रियाशील धातु है। वायु में उपस्थित नमी व ऑक्सीजन से यह तीव्र व विस्फोटक रूप से अभिक्रिया करती है। इसे अभिक्रिया से बचाने हेतु किरोसिन तेल में डुबाकर रखा जाता है।

प्रश्न 2. इन अभिक्रियाओं के लिए समीकरण लिखिए

(i) **भाप के साथ आयरन।**

(ii) **जल के साथ कैल्सियम व पोटैशियम।**

उत्तर (i) $\underset{\text{आयरन}}{3Fe(s)} + \underset{\text{जलवाष्प या भाप}}{4H_2O(g)} \longrightarrow \underset{\text{आयरन (II, III) ऑक्साइड}}{Fe_3O_4(s)} + \underset{\text{हाइड्रोजन}}{4H_2(g)}$

(ii) (a) $\underset{\text{कैल्सियम}}{Ca(s)} + \underset{\text{ठंडा जल}}{2H_2O(l)} \longrightarrow \underset{\text{कैल्सियम हाइड्रॉक्साइड}}{Ca(OH)_2(aq)} + \underset{\text{हाइड्रोजन}}{H_2(g)}$

(b) $\underset{\text{पोटैशियम}}{2K(s)} + \underset{\text{ठंडा जल}}{2H_2O(l)} \xrightarrow[\text{अभिक्रिया}]{\text{तीव्र}} \underset{\text{पोटैशियम हाइड्रॉक्साइड}}{2KOH(aq)} + \underset{\text{हाइड्रोजन}}{H_2(g)}$

प्रश्न 3. *A*, *B*, *C* एवं *D* चार धातुओं के नमूनों को लेकर एक-एक करके निम्न विलयन में डाला गया। इससे प्राप्त परिणाम को निम्न प्रकार से सारणीबद्ध किया गया है

धातु	आयरन (II) सल्फेट	कॉपर (II) सल्फेट	जिंक सल्फेट	सिल्वर नाइट्रेट
A	कोई अभिक्रिया नहीं	विस्थापन		
B	विस्थापन		कोई अभिक्रिया नहीं	
C	कोई अभिक्रिया नहीं	कोई अभिक्रिया नहीं	कोई अभिक्रिया नहीं	विस्थापन
D	कोई अभिक्रिया नहीं	कोई अभिक्रिया नहीं	कोई अभिक्रिया नहीं	कोई अभिक्रिया नहीं

इस सारणी का उपयोग करके धातु *A*, *B*, *C* एवं *D* के संबंध में निम्न प्रश्नों के उत्तर दीजिए।

(i) **सबसे अधिक अभिक्रियाशील धातु कौन-सी है?**

(ii) **धातु *B* को कॉपर (II) सल्फेट के विलयन में डाला जाए, तो क्या होगा?**

(iii) **धातु *A*, *B*, *C* तथा *D* को अभिक्रियाशीलता के घटते हुए क्रम में व्यवस्थित कीजिए।**

उत्तर (i) *B* सर्वाधिक अभिक्रियाशील धातु है, क्योंकि यह आयरन को भी उसके लवण के विलयन से विस्थापित कर देती है।

(ii) धातु *B* कॉपर को कॉपर (II) सल्फेट विलयन से विस्थापित कर देगी।

$$B(s) + CuSO_4(aq) \longrightarrow BSO_4(aq) + Cu(s)$$

(iii) $B > A > C > D$

प्रश्न 4. जब अभिक्रियाशील धातु को तनु हाइड्रोक्लोरिक अम्ल में डाला जाता है, तो कौन-सी गैस निकलती है? आयरन के साथ तनु H_2SO_4 की रासायनिक अभिक्रिया लिखिए।

उत्तर जब कोई अभिक्रियाशील धातु तनु हाइड्रोक्लोरिक अम्ल में डाला जाता है, तो हाइड्रोजन गैस उत्पन्न होती है।

उदाहरण $2Na\,(s) + \underset{\text{तनु}}{2HCl\,(aq)} \longrightarrow NaCl\,(aq) + H_2(g)$

आयरन धातु की तनु H_2SO_4 के साथ अभिक्रिया

$$Fe\,(s) + H_2SO_4\,(aq) \longrightarrow FeSO_4\,(aq) + H_2(g)$$

प्रश्न 5. जिंक को आयरन (II) सल्फेट के विलयन में डालने से क्या होता है? इसकी रासायनिक अभिक्रिया लिखिए।

उत्तर जब जिंक धातु को आयरन (II) सल्फेट के विलयन से अभिकृत कराया जाता है, तब विलयन का हरा रंग अदृश्य हो जाता है तथा लोहे के ठोस कण दृश्य होते हैं।

$$Zn(s) + \underset{\text{हरा}}{FeSO_4\,(aq)} \longrightarrow \underset{\text{रंगहीन}}{ZnSO_4\,(aq)} + Fe\,(s)$$

पृष्ठ 54

प्रश्न 1. **(i) सोडियम, ऑक्सीजन एवं मैग्नीशियम के लिए इलेक्ट्रॉन-बिंदु संरचना लिखिए।**

(ii) इलेक्ट्रॉन के स्थानांतरण के द्वारा Na_2O एवं MgO का निर्माण दर्शाइए।

(iii) इन यौगिकों में कौन-से आयन उपस्थित हैं?

उत्तर (i) (a) **सोडियम** परमाणु क्रमांक = 11

इलेक्ट्रॉनिक विन्यास = $\underset{2}{K},\ \underset{8}{L},\ \underset{1}{M}$

इलेक्ट्रॉन-बिंदु संरचना = $\dot{Na}$

(b) **ऑक्सीजन** परमाणु क्रमांक = 8

इलेक्ट्रॉनिक विन्यास = $\underset{2}{K},\ \underset{6}{L},\ M$

इलेक्ट्रॉन-बिंदु संरचना = $:\ddot{O}:$

(c) **मैग्नीशियम** परमाणु क्रमांक = 12

इलेक्ट्रॉनिक विन्यास = $\underset{2}{K},\ \underset{8}{L},\ \underset{2}{M}$

इलेक्ट्रॉन-बिंदु संरचना = $\ddot{Mg}$

(ii) **Na_2O का निर्माण**

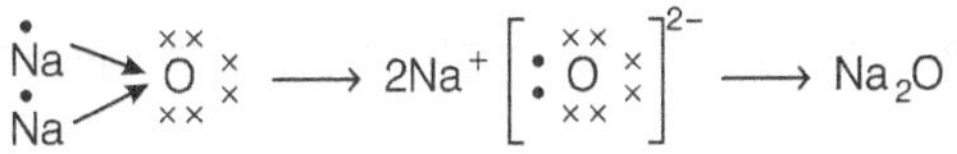

सोडियम + ऑक्सीजन ⟶ सोडियम आयन + ऑक्साइड आयन ⟶ सोडियम ऑक्साइड

MgO का निर्माण

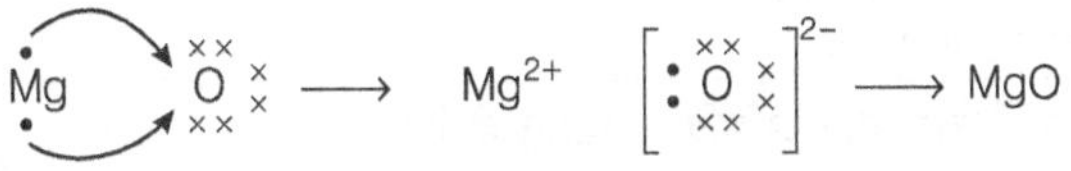

मैग्नीशियम + ऑक्सीजन   मैग्नीशियम आयन + ऑक्साइड आयन ⟶ मैग्नीशियम ऑक्साइड

(iii) **Na_2O** में Na^+ तथा O^{2-} (सोडियम तथा ऑक्साइड) आयन उपस्थित हैं।

MgO में Mg^{2+} तथा O^{2-} (मैग्नीशियम तथा ऑक्साइड) आयन उपस्थित हैं।

प्रश्न 2. आयनिक यौगिकों का गलनांक उच्च क्यों होता है?

उत्तर आयनिक यौगिकों का गलनांक उच्च होता है, क्योंकि विपरीत आवेश युक्त आयनों के मध्य उपस्थित प्रबल अंतर आयनिक आकर्षण बल को तोड़ने के लिए बहुत अधिक ऊर्जा की आवश्यकता होती है।

पृष्ठ 59

प्रश्न 1. निम्न पदों की परिभाषा दीजिए

(i) **खनिज**   (ii) **अयस्क**   (iii) **गैंग**

उत्तर (i) **खनिज** वे तत्व अथवा यौगिक; जिनके रूप में धातुएँ भूपर्पटी में उपस्थित होती हैं, खनिज कहलाते हैं।

(ii) **अयस्क** वे खनिज, जिनसे धातु का निष्कर्षण लाभप्रद ढंग से किया जा सके, अयस्क कहलाते हैं। *उदाहरण* बॉक्साइट ऐलुमिनियम का अयस्क है।

(iii) **गैंग** अयस्क में उपस्थित रेत, मिट्टी अथवा अन्य अशुद्धियों को गैंग कहते हैं।

प्रश्न 2. दो धातुओं के नाम बताइए, जो प्रकृति में मुक्त अवस्था में पाई जाती हैं।

उत्तर सोना तथा प्लेटिनम।

प्रश्न 3. धातु को उसके ऑक्साइड से प्राप्त करने के लिए किस रासायनिक प्रक्रम का उपयोग किया जाता है?

उत्तर अपचयन नामक प्रक्रम का उपयोग धातु ऑक्साइड से धातु प्राप्त करने हेतु किया जाता है।

पृष्ठ 61

प्रश्न 1. जिंक, मैग्नीशियम एवं कॉपर के धात्विक ऑक्साइडों को निम्न धातुओं के साथ गर्म किया गया

धातु	जिंक	मैग्नीशियम	कॉपर
जिंक ऑक्साइड			
मैग्नीशियम ऑक्साइड			
कॉपर ऑक्साइड			

किस स्थिति में विस्थापन अभिक्रिया घटित होगी?

उत्तर

धातु	जिंक	मैग्नीशियम	कॉपर
जिंक ऑक्साइड	–	विस्थापन	विस्थापन नहीं
मैग्नीशियम ऑक्साइड	विस्थापन नहीं	–	विस्थापन नहीं
कॉपर ऑक्साइड	विस्थापन	विस्थापन	–

क्योंकि अभिक्रियाशीलता का घटता क्रम इस प्रकार है

$$Mg > Zn > Cu$$

प्रश्न 2. कौन-सी धातु आसानी से संक्षारित नहीं होती है?

उत्तर बहुत ही कम क्रियाशील धातुएँ *जैसे*– सोना, प्लेटिनम आदि आसानी से संक्षारित नहीं होती हैं। चाँदी भी ऐसी एक धातु है। परंतु यह केवल सल्फर यौगिकों की उपस्थिति में ही धीरे-धीरे संक्षारित होती है।

प्रश्न 3. मिश्र-धातु क्या होती हैं?

उत्तर दो या दो से अधिक धातुओं (या धातु व अधातु) के समांगी मिश्रण को मिश्र-धातु कहते हैं। *उदाहरण* पीतल।

अभ्यास

प्रश्न 1. निम्न में कौन-सा युग्म विस्थापन अभिक्रिया प्रदर्शित करता है?

(a) NaCl विलयन एवं कॉपर धातु (b) $MgCl_2$ विलयन एवं ऐलुमिनियम धातु

(c) $FeSO_4$ विलयन एवं सिल्वर धातु (d) $AgNO_3$ विलयन एवं कॉपर धातु

उत्तर (*d*) $AgNO_3$ विलयन एवं कॉपर धातु, क्योंकि कॉपर सिल्वर से अधिक क्रियाशील है।

प्रश्न 2. लोहे के फ्राइंग पैन (frying pan) को जंग से बचाने के लिए निम्न में से कौन-सी विधि उपयुक्त है?

(a) ग्रीज़ लगाकर (b) पेंट लगाकर

(c) जिंक की परत चढ़ाकर (d) इन सभी के द्वारा

उत्तर (*d*) इन सभी के द्वारा। ये सभी संक्षारण को रोकने की विधियाँ हैं।

प्रश्न 3. कोई धातु ऑक्सीजन के साथ अभिक्रिया कर उच्च गलनांक वाला यौगिक निर्मित करती है। यह यौगिक जल में विलेय है। यह तत्व क्या हो सकता है?

(a) कैल्सियम (b) कार्बन (c) सिलिकॉन (d) लोहा

उत्तर (*a*) कैल्सियम

$$2Ca + O_2 \longrightarrow \underset{\text{उच्च गलनांक युक्त}}{2CaO} \xrightarrow{+H_2O} \underset{\text{कैल्सियम हाइड्रॉक्साइड}}{2Ca(OH)_2}$$

प्रश्न 4. खाद्य पदार्थ के डिब्बों पर जिंक की बजाय टिन का लेप होता है, क्योंकि

(a) टिन की अपेक्षा जिंक महँगा है।
(b) टिन की अपेक्षा जिंक का गलनांक अधिक है।
(c) टिन की अपेक्षा जिंक अधिक अभिक्रियाशील है।
(d) टिन की अपेक्षा जिंक कम अभिक्रियाशील है।

उत्तर (*c*) टिन की अपेक्षा जिंक अधिक अभिक्रियाशील है।
जिंक अधिक अभिक्रियाशील होने के कारण खाद्य पदार्थ से अभिक्रिया करके कुछ हानिकारक पदार्थ बना सकता है।

प्रश्न 5. आपको एक हथौड़ा, बैटरी, बल्ब, तार एवं स्विच दिया गया है

(a) इनका उपयोग करके धातुओं एवं अधातुओं के नमूनों के बीच आप विभेद कैसे कर सकते हैं?
(b) धातुओं एवं अधातुओं में विभेदन के लिए इन परीक्षणों की उपयोगिताओं का आकलन कीजिए।

उत्तर (*a*) (i) दिए गए धातुओं एवं अधातुओं के नमूने लेकर उन्हें हथौड़े से पीटिये और प्रेक्षण कीजिए कि क्या परिवर्तन होते हैं। यदि दिया गया पदार्थ टूटकर बिखर जाता है, तो यह अधातु (भंगुर) है। यदि यह थोड़ा-थोड़ा फैल जाता है, तो यह धातु (आघातवर्ध्यता) है।

(ii) यदि हथौड़े से पीटते समय एक विशेष प्रकार की ध्वानि उत्पन्न होती है, तब यह धातु है [ध्वानिक (sonorous)] अन्यथा अधातु।

(iii) अब इन नमूनों का परीक्षण विद्युत चालकता के गुण के लिए किया जाता है। इसके लिए एक बैटरी, बल्ब, स्विच व तारों की सहायता से एक विद्युत परिपथ तैयार करते हैं (*जैसा कि चित्र में दिखाया गया है।*)

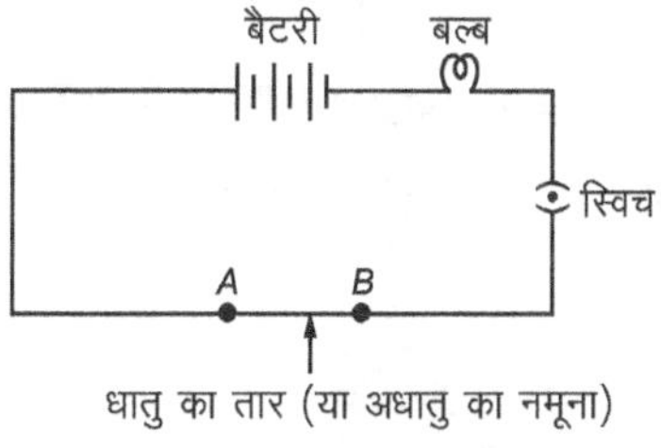

दिए गए नमूनों को बारी-बारी से क्लिप *A* तथा क्लिप *B* के बीच रखकर प्रेक्षण करते हैं। यदि बल्ब जलता है, तो दिया गया नमूना धातु (विद्युत का सुचालक) है अन्यथा अधातु (विद्युत का कुचालक)।

(*b*) उपरोक्त परीक्षणों से स्पष्ट है कि धातुएँ आघातवर्ध्य, ध्वानिक तथा विद्युत की सुचालक होती हैं। इसके विपरीत अधातुएँ भंगुर, अध्वानिक तथा विद्युत की कुचालक होती हैं।

प्रश्न 6. उभयधर्मी ऑक्साइड क्या होते हैं? दो उभयधर्मी ऑक्साइडों के उदाहरण दीजिए।

उत्तर कुछ धात्विक ऑक्साइड जैसे जिंक ऑक्साइड, ऐलुमिनियम ऑक्साइड, आदि, अम्लों तथा क्षारों दोनों की भाँति व्यवहार करते हैं, इन्हें उभयधर्मी ऑक्साइड कहते हैं।

उदाहरण $$Al_2O_3 + 6HCl \longrightarrow 2AlCl_3 + 3H_2O$$

$$Al_2O_3 + 2NaOH \longrightarrow 2NaAlO_2 + H_2O$$

प्रश्न 7. दो धातुओं के नाम बताइए, जो तनु अम्ल से हाइड्रोजन को विस्थापित कर देगी तथा दो धातुएँ जो ऐसा नहीं कर सकती हैं।

उत्तर Mg तथा Al धातुएँ तनु अम्लों से हाइड्रोजन को विस्थापित करती हैं, क्योंकि ये दोनों सक्रियता श्रेणी में हाइड्रोजन के ऊपर की ओर स्थित हैं, जबकि Cu तथा Ag ऐसा नहीं करती, क्योंकि ये सक्रियता श्रेणी में हाइड्रोजन के नीचे की ओर स्थित हैं।

प्रश्न 8. किसी धातु *M* के विद्युत अपघटनी परिष्करण में आप ऐनोड, कैथोड एवं विद्युत अपघट्य किसे बनाएँगे?

उत्तर विद्युत अपघटनी परिष्करण में जिस धातु (*M*) को परिष्कृत करना है, उसकी एक मोटी पट्टी को ऐनोड तथा, उसी धातु (*M*) की शुद्ध पतली पट्टी को कैथोड बनाते हैं। धातु *M* के किसी लवण के जलीय विलयन को विद्युत अपघट्य बनाते हैं।

प्रश्न 9. प्रत्यूष ने सल्फर चूर्ण को स्पैचुला में लेकर उसे गर्म किया। चित्र के अनुसार एक परखनली को उल्टा करके उसने उत्सर्जित गैस को एकत्र किया।

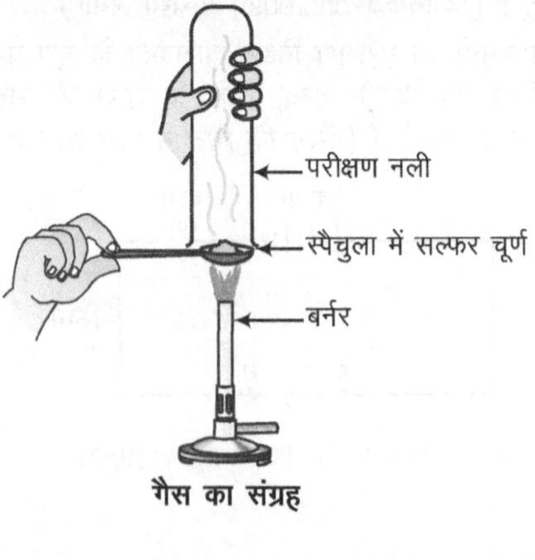

गैस का संग्रह

(a) गैस की क्रिया क्या होगी

(i) सूखे लिटमस पत्र पर?

(ii) आर्द्र लिटमस पत्र पर?

(b) उपरोक्त अभिक्रियाओं के लिए संतुलित रासायनिक अभिक्रिया लिखिए।

उत्तर (*a*) परखनली में एकत्रित गैस सल्फर डाइऑक्साइड है।

(i) सूखे लिटमस पत्र पर SO_2 गैस का कोई प्रभाव नहीं होता है।

(ii) आर्द्र नीले लिटमस पत्र को SO_2 गैस पहले लाल, फिर विरंजित कर देगी।

(*b*) **समीकरण**

(i) $\underset{\text{सल्फर चूर्ण}}{S(s)} + \underset{\text{वायु से}}{O_2(g)} \longrightarrow \underset{\text{सल्फर डाइऑक्साइड}}{SO_2(g)}$

(ii) $SO_2(g) + H_2O(l) \rightleftharpoons \underset{\text{सल्फ्यूरस अम्ल}}{H_2SO_3} \rightleftharpoons \underset{\text{नीले लिटमस को लाल कर देती है}}{2H^+(aq) + SO_3^{2-}(aq)}$

(iii) विरंजन की क्रिया SO_2 के अपचायक गुण के कारण होती है।

विरंजन की अभिक्रियाएँ निम्न हैं

$$SO_2 + H_2O \longrightarrow H_2SO_3$$

$$H_2SO_3 + H_2O \longrightarrow H_2SO_4 + 2[H]$$

$$\text{रंगयुक्त पदार्थ} + [H] \longrightarrow \text{विरंजित (अपचयित) पदार्थ}$$

विरंजन की क्रिया अस्थाई होती है तथा वायु की उपस्थिति में दोबारा रंग प्राप्त हो जाता है।

$$\text{विरंजित पदार्थ} + O_2 \longrightarrow \text{दोबारा रंग प्राप्त हो जाता है।}$$

प्रश्न 10. लोहे को जंग से बचाने के लिए दो तरीके बताइए।

उत्तर *लोहे को जंग से बचाने की दो विधियाँ निम्न हैं*

(i) **पेंट करना** लोहे पर बनी पेंट की पर्त उसको वायु के संपर्क में आने से रोकती है।

(ii) **गैल्वनीकरण/यशद् लेपन** लोहे की वस्तुओं को पिघले जिंक में डुबाने पर उस पर जिंक की पर्त बन जाती है। यह पर्त लोहे की जंग से सुरक्षा करती है। जिंक अधिक अभिक्रियाशील होने के कारण लोहे की अपेक्षा पहले संक्षारित होगा।

प्रश्न 11. ऑक्सीजन के साथ संयुक्त होकर अधातुएँ कैसा ऑक्साइड बनाती हैं?

उत्तर *अधातुएँ दो प्रकार के ऑक्साइड बनाती हैं*

(i) अम्लीय ऑक्साइड

उदाहरण CO_2, SO_2, P_2O_5, आदि।

(ii) उदासीन ऑक्साइड

उदाहरण H_2O, N_2O, CO, आदि।

प्रश्न 12. *कारण बताइए*

(a) प्लेटिनम, सोना एवं चाँदी का उपयोग आभूषण बनाने के लिए किया जाता है।

(b) सोडियम, पोटैशियम एवं लीथियम को तेल के अंदर संग्रहित किया जाता है।

(c) ऐलुमिनियम अत्यन्त अभिक्रियाशील धातु है, फिर भी इसका उपयोग खाना बनाने वाले बर्तन बनाने के लिए किया जाता है।

(d) निष्कर्षण प्रकम में कार्बोनेट एवं सल्फाइड अयस्क को ऑक्साइड में परिवर्तित किया जाता है।

उत्तर (*a*) सोना, चाँदी तथा प्लेटिनम धातुएँ अत्यंत तन्य, आघातवर्ध्य तथा चमकदार हैं। इनकी ऑक्सीजन से बंधुता अत्यंत ही कम (न के बराबर) है। इस कारण से ये वायु की ऑक्सीजन व नमी से अभिक्रिया नहीं करती हैं। इन गुणों के कारण ये धातुएँ आभूषणों के निर्माण के लिए उपयोगी हैं।

(*b*) सोडियम, पोटैशियम तथा लीथियम धातुएँ अत्यंत क्रियाशील हैं। वायु की ऑक्सीजन व नमी से ये तीव्र व विस्फोटक क्रिया दिखाती हैं। इस अभिक्रिया को रोकने के लिए इन्हें तेल के अंदर संग्रहित किया जाता है।

[**नोट** *लीथियम को तेल के अंदर संग्रहित नहीं किया जाता, क्योंकि यह हल्का होने के कारण तेल की सतह पर आकर वायु से क्रिया करके जलने लगता है।*]

(*c*) ऐलुमिनियम धातु का उपयोग खाना पकाने के बर्तनों के निर्माण में किया जाता है, *क्योंकि*

(i) यह ऊष्मा की सुचालक है।

(ii) इसका गलनांक उच्च है।

(iii) अभिक्रियाशील होने पर भी यह संक्षारणरोधी है। इस पर बनी ऐलुमिनियम ऑक्साइड की महीन पर्त इसके और अधिक संक्षारण को रोकती है।

(iv) यह एक हल्की धातु है।

(*d*) निष्कर्षण प्रक्रम में कार्बोनेट एवं सल्फाइड अयस्क को आर्क्साइड में परिवर्तित किया जाता है। क्योंकि इससे अशुद्धियाँ वाष्पित हो जाती है। जिससे धातु के यौगिक के अपचयन में सरलता होती है।

प्रश्न 13. आपने ताँबे के मलिन बर्तन को नींबू या इमली के रस से साफ करते अवश्य देखा होगा। यह खट्टे पदार्थ बर्तन को साफ करने में क्यों प्रभावी हैं?

उत्तर वायु में उपस्थित CO_2, O_2 व नमी से अभिक्रिया के कारण ताँबे की सतह पर एक हरे रंग की पर्त बन जाती है तथा ताँबा अपनी चमक खो देता है।

$$2Cu + \underbrace{H_2O + CO_2 + O_2}_{\text{वायु से}} \longrightarrow \underset{\substack{\text{क्षारीय कॉपर कार्बोनेट} \\ \text{(हरा रंग)}}}{CuCO_3 \cdot Cu(OH)_2}$$

यह पर्त जल में अविलेय होती है। अतः स्वच्छ जल से धोने पर यह अलग नहीं हो पाती। नींबू या इमली के रस में उपस्थित अम्ल क्षारीय कॉपर कार्बोनेट की पर्त से अभिक्रिया करके घुलनशील लवण बना देते हैं, जिन्हें जल से धोकर अलग कर दिया जाता है। इससे ताँबे की सतह पुनः चमकीली हो जाती है।

प्रश्न 14. रासायनिक गुणधर्मों के आधार पर धातुओं तथा अधातुओं में विभेद कीजिए।

उत्तर *रासायनिक गुणधर्मों के आधार पर धातुओं तथा अधातुओं में अंतर निम्न हैं*

क्र.सं.	धातु	अधातु
(i)	धातुएँ विद्युत धनात्मक होती हैं, अर्थात् ये इलेक्ट्रॉन त्यागकर धनायन बनाती हैं। $M \longrightarrow M^+ + e^-$	अधातुएँ विद्युत ऋणात्मक होती हैं, अर्थात् ये इलेक्ट्रॉन प्राप्त करके ऋणायन बनाती हैं। $M + e^- \longrightarrow M^-$
(ii)	धातुएँ ऑक्सीजन से अभिक्रिया करके क्षारीय ऑक्साइड बनाती हैं। *उदाहरण* MgO	अधातुएँ ऑक्सीजन से अभिक्रिया करके अम्लीय या उदासीन ऑक्साइड बनाती हैं। **अम्लीय ऑक्साइड** *उदाहरण* CO_2 **उदासीन ऑक्साइड** *उदाहरण* H_2O
(iii)	धातुएँ (सक्रिय) तनु अम्लों से हाइड्रोजन गैस को विस्थापित करती हैं। $M + \underset{\text{तनु}}{2HCl} \longrightarrow MCl_2 + H_2 \uparrow$	अधातुएँ तनु अम्लों से हाइड्रोजन को विस्थापित नहीं करतीं हैं।
(iv)	धातुएँ क्लोरीन से अभिक्रिया करके आयनिक क्लोराइड निर्मित करती हैं। $2Na + Cl_2 \longrightarrow 2NaCl$	अधातुएँ क्लोरीन से अभिकृत होकर सहसंयोजक क्लोराइड निर्मित करती हैं। *उदाहरण* $H_2 + Cl_2 \longrightarrow 2HCl$
(v)	धातुएँ हाइड्रोजन से संयोग करके आयनिक हाइड्राइड बनाती हैं। *उदाहरण* $2Na + H_2 \longrightarrow 2NaH$	अधातुएँ हाइड्रोजन से संयोग करके सहसंयोजक हाइड्राइड बनाती हैं। *उदाहरण* $S + H_2 \longrightarrow H_2S$

प्रश्न 15. एक व्यक्ति प्रत्येक घर में सुनार बन कर जाता है। उसने पुराने एवं मलिन सोने के आभूषणों में पहले जैसी चमक पैदा करने का ढोंग रचाया। कोई संदेह किए बिना ही एक महिला अपने सोने के कंगन उसे देती है जिसे वह एक विशेष विलयन में डाल देता है। कंगन नए की तरह चमकने लगते हैं लेकिन उनका वजन अत्यंत कम हो जाता है। वह महिला बहुत दुखी होती है तथा तर्क-वितर्क के पश्चात् उस व्यक्ति को झुकना पड़ता है। एक जासूस की तरह क्या आप उस विलयन की प्रकृति के बारे में बता सकते हैं?

उत्तर वह व्यक्ति 'एक्वारेजिया' का प्रयोग करता है जो 3 भाग सांद्र HCl तथा 1 भाग सांद्र HNO_3 का मिश्रण है। यह सोने को भी घोलने की क्षमता रखता है। इसी में डुबोने के कारण सोने के कंगनों का वजन कम हो जाता है।

प्रश्न 16. गर्म जल का टैंक बनाने में ताँबे का उपयोग होता है, परंतु इस्पात (लोहे की मिश्र-धातु) का नहीं। इसका कारण बताइए।

उत्तर *इसके कारण निम्न हैं*

(i) कॉपर लोहे की अपेक्षा ऊष्मा का अच्छा सुचालक है।

(ii) कॉपर उबलते/गर्म जल से अभिक्रिया नहीं करता, परंतु स्टील में उपस्थित लोहा जल वाष्प से अभिक्रिया करता है।

(iii) कॉपर का गलनांक इस्पात (स्टील) की अपेक्षा अधिक है।

NCERT Exemplar

पुस्तक के चुने गए प्रश्न

बहुविकल्पीय प्रश्न

प्रश्न 1. निम्न में से कौन-सा गुण सामान्यतया धातुओं द्वारा प्रदर्शित नहीं होता?

(a) विद्युत चालकता (b) ध्वानिकता (c) चमकहीनता (d) तन्यता

उत्तर *(c)* चमकहीनता; सामान्यतया धातुएँ चमकीली सतह वाली होती है।

प्रश्न 2. धातुओं को पतले तारों में खीचने की क्षमता को कहते हैं

(a) तन्यता (b) आघातवर्ध्यता (c) ध्वानिकता (d) सुचालकता

उत्तर *(a)* तन्यता

प्रश्न 3. ऐलुमिनियम धातु का उपयोग खाना पकाने के बर्तनों के निर्माण में किया जाता है। निम्न में से कौन-से गुण ऐलुमिनियम के इस कार्य के लिए उपयोगी हैं?

(i) ऊष्मीय सुचालकता (ii) विद्युत सुचालकता

(iii) तन्यता (iv) उच्च गलनांक

(a) (i) तथा (ii) (b) (i) तथा (iii)

(c) (ii) तथा (iii) (d) (i) तथा (iv)

उत्तर *(d)* (i) तथा (iv)

ऊष्मीय सुचालकता, उच्च गलनांक, आघातर्ध्यता व कम घनत्व वे गुण हैं, जिनके कारण ऐलुमिनियम का उपयोग बर्तनों के निर्माण में किया जाता है।

प्रश्न 4. निम्न में से कौन-सी धातु शीतल व गर्म दोनों दशाओं में जल से अभिक्रिया नहीं करती?

(a) Na (b) Ca (c) Mg (d) Fe

उत्तर *(d)* Fe (यह केवल जलवाष्प से अभिक्रिया करती है, गर्म या शीतल जल से नहीं।)

प्रश्न 5. आयरन का निम्न में से कौन-सा ऑक्साइड आयरन की जलवाष्प से देर तक अभिक्रिया के परिणामस्वरूप प्राप्त होता है?

(a) FeO (b) Fe_2O_3

(c) Fe_3O_4 (d) Fe_2O_3 तथा Fe_3O_4

उत्तर *(c)* Fe_3O_4; Fe_3O_4 आयरन (II, III) ऑक्साइड दो ऑक्साइडों FeO तथा Fe_2O_3 का मिश्रण है।

प्रश्न 6. क्या होता है, जब कैल्सियम की जल से अभिक्रिया कराई जाती है?

(i) यह जल से अभिक्रिया नहीं करता।
(ii) यह जल से विस्फोटक अभिक्रिया करता है।
(iii) यह जल से कम विस्फोटक अभिक्रिया करता है।
(iv) हाइड्रोजन गैस के बुलबुले बनते हैं तथा कैल्सियम की सतह पर जमा हो जाते हैं।

(a) (i) तथा (iv) (b) (ii) तथा (iii) (c) (i) तथा (ii) (d) (iii) तथा (iv)

उत्तर (*d*) (iii) तथा (iv)

कैल्सियम जल से कम विस्फोटक अभिक्रिया करता है

$$Ca\,(s) + 2H_2O\,(l) \longrightarrow Ca(OH)_2\,(aq) + H_2\,(g)$$

उत्पन्न H_2 गैस के बुलबुले कैल्सियम की सतह पर जमा हो जाते हैं, जिसके कारण यह जल की सतह पर तैरता है।

प्रश्न 7. सामान्यतया धातुएँ अम्लों से अभिक्रिया करके लवण तथा हाइड्रोजन गैस उत्पन्न करती हैं। निम्न में से कौन-सा अम्ल धातुओं (Mn तथा Mg के अतिरिक्त) से अभिक्रिया करके हाइड्रोजन गैस उत्पन्न नहीं करता?

(a) H_2SO_4 (b) HCl (c) HNO_3 (d) ये सभी

उत्तर (*c*) HNO_3, क्योंकि यह एक प्रबल ऑक्सीकारक (उपचायक) है तथा उत्पन्न H_2 को जल में ऑक्सीकृत कर देता है।

प्रश्न 8. *ऐक्वा-रेजिया* का संघटन है

(a) तनु HCl : सांद्र HNO_3
3 : 1

(b) सांद्र HCl : तनु HNO_3
3 : 1

(c) सांद्र HCl : सांद्र HNO_3
3 : 1

(d) तनु HCl : तनु HNO_3
3 : 1

उत्तर (*c*) *ऐक्वा-रेजिया*; यह सांद्र HCl (3 भाग) तथा सांद्र HNO_3(1 भाग) का मिश्रण है।

प्रश्न 9. निम्न में से कौन-सा आयनिक यौगिक नहीं है?

(i) KCl (ii) HCl (iii) CCl_4 (iv) NaCl

(a) (i) तथा (ii) (b) (ii) तथा (iii) (c) (iii) तथा (iv) (d) (i) तथा (iii)

उत्तर (*b*) (ii) तथा (iii); HCl तथा CCl_4 सहसंयोजक यौगिक हैं, आयनिक नहीं।

प्रश्न 10. निम्न में से कौन-सा गुण सामान्यतया आयनिक यौगिकों द्वारा प्रदर्शित नहीं किया जाता है?

(a) जल में विलेयता (b) ठोस अवस्था में विद्युत चालकता
(c) उच्च क्वथनांक तथा गलनांक (d) गलित अवस्था में विद्युत चालकता

उत्तर (*b*) ठोस अवस्था में विद्युत चालकता।

आयनिक यौगिक केवल जलीय विलयन या गलित अवस्था में ही विद्युत का चालन करते हैं, ठोस अवस्था में नहीं, क्योंकि ठोस अवस्था में मुक्त आयन अनुपस्थित होते हैं।

प्रश्न 11. निम्न में से कौन-सी धातुएँ प्रकृति में मुक्त अवस्था में पाई जाती हैं?

(i) Cu (ii) Au (ii) Zn (iv) Ag

(a) (i) तथा (ii) (b) (ii) तथा (iii) (c) (ii) तथा (iv) (d) (iii) तथा (iv)

उत्तर (*c*) (ii) तथा (iv); क्योंकि सोना (Au) तथा चाँदी (Ag) उत्कृष्ट (अक्रिय) धातुएँ हैं।

प्रश्न 12. धातुओं के परिष्करण की विभिन्न विधियाँ हैं। निम्न में से कौन सी-धातुएँ विद्युत अपघटनी विधि द्वारा परिष्कृत की जाती हैं?

(i) Au (ii) Cu (iii) Na (iv) K

(a) (i) तथा (ii) (b) (i) तथा (iii) (c) (ii) तथा (iii) (d) (ii) तथा (iv)

उत्तर (*a*) (i) तथा (ii) (Au तथा Cu)

प्रश्न 13. चाँदी की वस्तुएँ वायु में अधिक लंबे समय तक खुला रखने पर काली पड़ जाती हैं, क्योंकि निम्न यौगिक बनता है

(a) Ag_3N (b) Ag_3O (c) Ag_2S (d) Ag_2S तथा Ag_3N

उत्तर (*c*) Ag_2S; $\underset{\text{सिल्वर ग्रे}}{2Ag(s)} + \underset{\text{हाइड्रोजन सल्फाइड}}{H_2S(g)} \longrightarrow \underset{\substack{\text{सिल्वर सल्फाइड} \\ \text{(काली परत)}}}{Ag_2S(s)} + H_2(g)$

प्रश्न 14. गैल्वनीकरण लोहे को संक्षारण से बचाता है, जिसमें लोहे पर निम्न धातु की एक महीन परत बनाई जाती है

(a) गैलियम (b) ऐलुमिनियम (c) जिंक (d) सिल्वर

उत्तर (*c*) जिंक

प्रश्न 15. स्टेनलैस स्टील हमारे जीवन के लिए एक बहुत उपयोगी पदार्थ है। स्टेनलैस स्टील बनाने के लिए लोहे में मिलाई जाती है

(a) Ni तथा Cr (b) Cu तथा Cr (c) Ni तथा Cu (d) Cu तथा Au

उत्तर (*a*) Ni तथा Cr

प्रश्न 16. यदि कॉपर को वायु में खुला रखते हैं, तो इसकी भूरी चमकीली सतह धीरे-धीरे अपनी चमक खो देती है तथा इस पर एक हरे रंग की परत जमा हो जाती है, यह निम्न के बनने के कारण होता है

(a) $CuSO_4$ (b) $CuCO_3$ (c) $Cu(NO_3)_2$ (d) CuO

उत्तर (*b*) $CuCO_3$; बेसिक कॉपर कार्बोनेट (हरा) की पर्त बनती है। इसका सूत्र $[CuCO_3 \cdot Cu(OH)_2]$ है।

प्रश्न 17. सामान्यतया धातुएँ ठोस होती हैं। कौन-सी (एकमात्र) धातु कमरे के ताप पर द्रव अवस्था में पाई जाती हैं?

(a) Na (b) Fe (c) Cr (d) Hg

उत्तर (*d*) Hg (पारा या मर्करी)

प्रश्न 18. **निम्न में से कौन-सी धातुएँ गलित अवस्था में उनके क्लोराइडों के विद्युत अपघटन द्वारा प्राप्त की जा सकती हैं?**

(i) Na (ii) Ca (iii) Fe (iv) Cu

(a) (i) तथा (iv) (b) (iii) तथा (iv) (c) (i) तथा (iii) (d) (i) तथा (ii)

उत्तर (*d*) (i) तथा (ii) (Na तथा Ca, क्योंकि ये अत्यधिक अभिक्रियाशील धातुएँ हैं।)

प्रश्न 19. **सामान्यतया अधातुएँ चमकदार नहीं होती हैं। अपवाद स्वरूप निम्न में से कौन-सी अधातु चमकदार होती है?**

(a) सल्फर (b) ऑक्सीजन (c) नाइट्रोजन (d) आयोडीन

उत्तर (*d*) आयोडीन

प्रश्न 20. **निम्न चार में से कौन-सी एक धातु का विस्थापन उसके लवण विलयन से अन्य तीन धातुओं द्वारा होना संभव है?**

(a) Mg (b) Ag (c) Zn (d) Cu

उत्तर (*b*) Ag, क्योंकि Ag अन्य तीन (Mg, Zn तथा Cu) की अपेक्षा सबसे कम सक्रिय धातु है।

प्रश्न 21. **सांद्र HCl, सांद्र HNO_3 तथा सांद्र HCl व सांद्र HNO_3 के 3 : 1 में मिश्रण को तीन अलग-अलग परखनलियों *A*, *B* तथा *C* में लिया गया। प्रत्येक परखनली में धातु का एक छोटा टुकड़ा डाला गया। परखनली *A* तथा *B* में कोई परिवर्तन नहीं हुआ, परंतु परखनली *C* में धातु घुल गई। ली गई धातु हो सकती है**

(a) Al (b) Au (c) Cu (d) Pt

उत्तर (*b*) और (d) Au (सोना) और Pt (प्लेटिनम) क्योंकि सोना और प्लेटिनम ऐक्वारेजिया में धुल जाते हैं।

प्रश्न 22. **एक मिश्र-धातु है**

(a) तत्व (b) यौगिक (c) समांगी मिश्रण (d) विषमागी मिश्रण

उत्तर (*c*) समांगी मिश्रण; क्योंकि मिश्र-धातु धातुओं (अथवा धातु व अधातु) का समांगी मिश्रण होता है।

प्रश्न 23. **एक विद्युत अपघटनी सेल निम्न से बनती है**

(i) धनावेशित कैथोड (ii) ऋणावेशित ऐनोड

(iii) धनावेशित ऐनोड (iv) ऋणावेशित कैथोड

(a) (i) तथा (ii) (b) (iii) तथा (iv) (c) (i) तथा (iii) (d) (ii) तथा (iv)

उत्तर (*b*) (iii) तथा (iv); विद्युत अपघटनी सेल में धनावेशित ऐनोड तथा ऋणावेशित कैथोड प्रयोग किया जाता है।

प्रश्न 24. **जिंक के विद्युत अपघटनी परिष्करण में जिंक जमा होता है**

(a) कैथोड पर

(b) ऐनोड पर

(c) (a) व (b) दोनों पर

(d) विलयन में ही रहता है अर्थात् जमा नहीं होता

उत्तर (*a*) कैथोड पर अभिक्रिया

$$Zn^{2+}(aq) + \underset{\text{(कैथोड से)}}{2e^-} \longrightarrow Zn(s)$$

प्रश्न 25. **तत्व *A* मृदु है और इसे चाकू से काटा जा सकता है। यह वायु से तीव्र अभिक्रिया करता है तथा वायु में खुला नहीं रखा जा सकता। यह जल से विस्फोटक अभिक्रिया करता है। इस तत्व को पहचानिए।**

(a) Mg (b) Na (c) P (d) Ca

उत्तर (*b*) Na (सोडियम)

प्रश्न 26. **एक धातु का दूसरी धातु या अधातु के साथ बना समांगी मिश्रण मिश्र-धातु कहलाता है। निम्न में से किस मिश्र-धातु में एक अवयव अधातु भी है?**

(a) पीतल (b) काँसा (c) अमलगम (d) स्टील

उत्तर (*d*) स्टील; क्योंकि स्टील लोहा (धातु) तथा कार्बन (अधातु) से बनी मिश्र-धातु है।

प्रश्न 27. **निम्न में से कौन-सा कथन मैग्नीशियम धातु के लिए सत्य नहीं है?**

(a) यह ऑक्सीजन में एक चमकदार श्वेत ज्वाला के साथ जलती है।

(b) यह शीतल जल से अभिक्रिया करके मैग्नीशियम ऑक्साइड व हाइड्रोजन गैस उत्पन्न करती है।

(c) यह गर्म जल से अभिक्रिया करके मैग्नीशियम हाइड्रॉक्साइड तथा हाइड्रोजन गैस उत्पन्न करती है।

(d) यह जलवाष्प से अभिक्रिया करके मैग्नीशियम हाइड्रॉक्साइड तथा हाइड्रोजन गैस उत्पन्न करती है।

उत्तर (*b*) Mg जलवाष्प व गर्म जल दोनों से अभिक्रिया करता है, मगर शीतल जल से नहीं। यह O_2 से अभिक्रिया करके मैग्नीशियम ऑक्साइड उत्पन्न करता है।

प्रश्न 28. **निम्न में से किस मिश्र-धातु का एक अवयव पारा (मरकरी) है?**

(a) स्टेनलेस स्टील (b) एलनिको (c) सोल्डर (d) जिंक अमलगम

उत्तर (*d*) जिंक अमलगम

प्रश्न 29. ***X* तथा *Y* के बीच अभिक्रिया के परिणामस्वरूप यौगिक *Z* प्राप्त होता है। *X* इलेक्ट्रॉन प्रदान करता है तथा *Y* इलेक्ट्रॉन प्राप्त करता है। निम्न में से कौन-से गुणधर्म *Z* द्वारा प्रदर्शित नहीं किए जाते?**

(a) उच्च गलनांक (b) कम गलनांक

(c) गलित अवस्था में विद्युत चालन (d) ठोस रूप में प्राप्ति

उत्तर *(b)* *कम गलनांक*

उपरोक्त गुण आयनिक यौगिकों का नहीं है। *Z* एक आयनिक यौगिक है, जिसका गलनांक उच्च होता है, यह गलित अवस्था में विद्युत का सुचालक व क्रिस्टलीय ठोस है।

प्रश्न 30. **तीन तत्वों X, Y तथा Z के इलेक्ट्रॉनिक विन्यास हैं–$X = 2, 8; Y = 2, 8, 7$ तथा $Z = 2, 8, 2$ निम्न में से कौन-सा सत्य है?**

(a) *X* धातु है (b) *Y* धातु है

(c) *Z* अधातु है (d) *Y* अधातु व *Z* धातु है

उत्तर *(d)* *Y* अधातु व *Z* धातु है, क्योंकि *Y* की बाह्यतम कक्ष में 7 (4 से अधिक) इलेक्ट्रॉन हैं व *Z* की अंतिम कक्ष में 2 (4 से कम) इलेक्ट्रॉन हैं।

प्रश्न 31. **यद्यपि धातुएँ क्षारीय ऑक्साइड बनाती हैं, निम्न में से कौन-सी धातु उभयधर्मी ऑक्साइड बनाती है?**

(a) Na (b) Ca (c) Al (d) Cu

उत्तर *(c)* Al; Al_2O_3 उभयधर्मी ऑक्साइड है, क्योंकि यह अम्ल तथा क्षार दोनों से अभिक्रिया करता है।

प्रश्न 32. **सामान्यतया अधातुएँ विद्युत की कुचालक होती हैं। इनमें से कौन-सी विद्युत की सुचालक अधातु है?**

(a) हीरा (b) ग्रेफाइट (c) सल्फर (d) फुलेरीन

उत्तर *(b)* ग्रेफाइट

प्रश्न 33. **विद्युत तारों पर एक विद्युतरोधी पदार्थ की पर्त होती है। जिस पदार्थ का सामान्यतया उपयोग होता है, वह है**

(a) सल्फर (b) ग्रेफाइट (c) पी. वी. सी. (d) ये सभी

उत्तर *(c)* पी. वी. सी.

प्रश्न 34. **निम्न में से कौन-सी अधातु द्रव है?**

(a) कार्बन (b) ब्रोमीन (c) फॉस्फोरस (d) सल्फर

उत्तर *(b)* ब्रोमीन

प्रश्न 35. **निम्न में से कौन-सी रासायनिक अभिक्रिया होना संभव है?**

(a) $MgSO_4 + Fe$ (b) $ZnSO_4 + Fe$

(c) $MgSO_4 + Pb$ (d) $CuSO_4 + Fe$

उत्तर *(d)* $CuSO_4 + Fe$, क्योंकि Fe कॉपर से अधिक सक्रिय है।

$$Fe(s) + CuSO_4(aq) \longrightarrow FeSO_4(aq) + Cu(s)$$

विकल्प (a) तथा (b) में Fe क्रमशः Mg तथा Zn से कम सक्रिय है, जबकि विकल्प (c) में Pb, Mg की अपेक्षा कम सक्रिय है। अतः (a), (b) तथा (c) अभिक्रियाएँ नहीं होंगी।

प्रश्न 36. निम्न में से कौन–सा चित्र सही प्रकार से विद्युत अपघटनी परिष्करण की व्याख्या करता है?

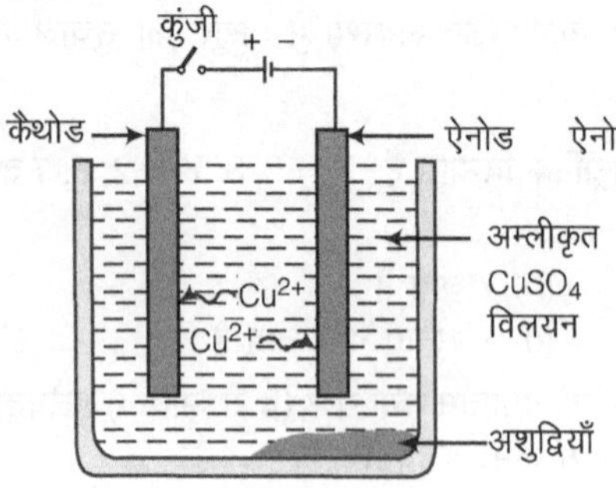

(a)

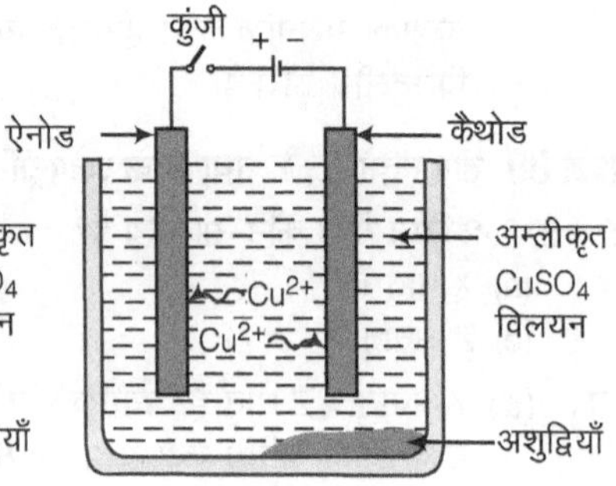

(b)

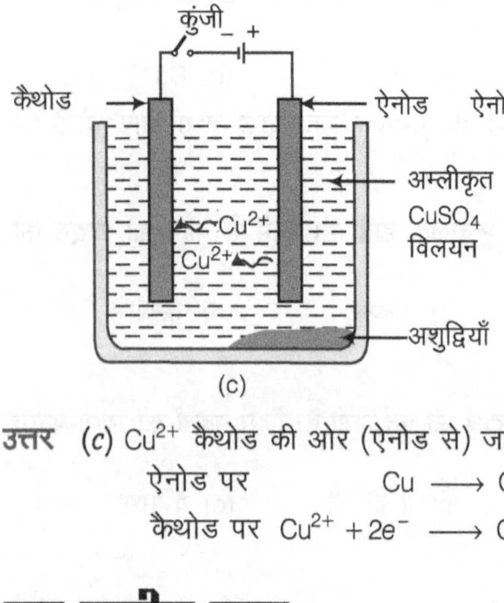

(c)

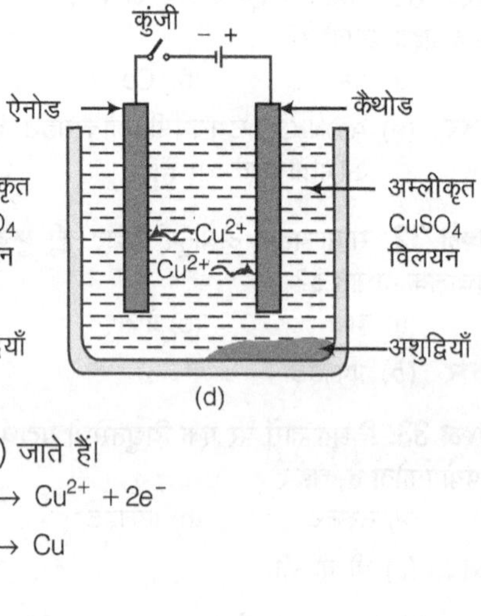

(d)

उत्तर (*c*) Cu^{2+} कैथोड की ओर (ऐनोड से) जाते हैं।

ऐनोड पर $Cu \longrightarrow Cu^{2+} + 2e^-$

कैथोड पर $Cu^{2+} + 2e^- \longrightarrow Cu$

लघु उत्तरीय प्रश्न

प्रश्न 37. इकबाल ने एक चमकदार द्विसंयोजक तत्व M की अभिक्रिया सोडियम हाइड्रॉक्साइड से कराई। उसने प्रेक्षण किया कि अभिकारी मिश्रण में गैस के बुलबुले उत्पन्न हुए। उसने यही समान प्रेक्षण, तत्व M की हाइड्रोक्लोरिक अम्ल से अभिक्रिया कराने पर भी प्राप्त किए। सुझाव दीजिए कि वह किस प्रकार से उत्पन्न हुई गैस को पहचान सकता है। दोनों अभिक्रियाओं के लिए रासायनिक समीकरण लिखिए।

उत्तर यह धातु M जिंक है। इसका कारण है कि जिंक अम्ल व क्षार दोनों से अभिक्रिया करके हाइड्रोजन गैस मुक्त करता है।

$$Zn(s) + 2NaOH(aq) \longrightarrow Na_2ZnO_2(aq) + H_2(g)$$

$$Zn(s) + 2HCl(aq) \longrightarrow ZnCl_2(aq) + H_2(g)$$

परीक्षण उत्पन्न गैस (H_2) को पहचानने के लिए एक जलती हुई मोमबत्ती इस गैस से युक्त परखनली के मुँह के पास लाओ। यदि यह धड़ाके की आवाज (pop sound) के साथ जलती है, तो यह हाइड्रोजन गैस है।

प्रश्न 38. धातुओं के निष्कर्षण प्रक्रम में शुद्ध धातु प्राप्त करने के लिए विद्युत अपघटनी परिष्करण विधि का उपयोग किया जाता है।

(a) चाँदी (सिल्वर) धातु के परिष्करण में ऐनोड तथा कैथोड किस पदार्थ से बनाए जाते हैं?

(b) एक उपयुक्त विद्युत अपघट्य (electrolyte) का नाम भी लिखिए।

(c) इस विद्युत अपघटनी सेल में, विद्युत धारा प्रवाहित करने पर शुद्ध चाँदी किस इलेक्ट्रोड पर प्राप्त होती है?

उत्तर (*a*) **ऐनोड** अशुद्ध चाँदी की एक मोटी पट्टी।

कैथोड शुद्ध चाँदी की एक पतली पट्टी।

(*b*) सिल्वर धातु का कोई लवण विद्युत अपघट्य के रूप में उपयोग किया जाता है। *उदाहरण* सिल्वर अर्जेन्टोसायनाइड $Na[Ag(CN)_2]$, सिल्वर नाइट्रेट ($AgNO_3$), आदि।

(*c*) सिल्वर धातु **कैथोड** पर शुद्ध अवस्था में प्राप्त होती है।

प्रश्न 39. धातु सल्फाइडों या कार्बोनेटों को उनके ऑक्साइडों में परिवर्तित क्यों किया जाता है (धातु निष्कर्षण प्रक्रम में)?

उत्तर धातु सल्फाइडों अथवा कार्बोनेटों से धातु प्राप्त करना अपेक्षाकृत कठिन है, जबकि धातु ऑक्साइडों से (अपचयन द्वारा) धातु सरलतापूर्वक प्राप्त की जाती है। अतः कार्बोनेटों या सल्फाइडों को उनके ऑक्साइडों में परिवर्तित करना आवश्यक है।

प्रश्न 40. सामान्यतया, धातु को खनिज अम्लों से अभिकृत कराने पर हाइड्रोजन गैस उत्पन्न होती है, जबकि अधिकांश धातुओं (Mg या Mn के अतिरिक्त) को HNO_3 से अभिकृत कराने पर हाइड्रोजन गैस उत्पन्न नहीं होती है, क्यों?

उत्तर HNO_3 सामान्यतया एक ऑक्सीकारक (या उपचायक) का कार्य करता है अतः यह धातुओं (Mn या Mg के अतिरिक्त) से अभिक्रिया पर उत्पन्न H_2 गैस को अपचयित करके जल (H_2O) में परिवर्तित कर देता है।

प्रश्न 41. यौगिक X तथा ऐलुमिनियम का उपयोग रेलवे लाइनों को जोड़ने के लिए किया जाता है।

(a) यौगिक X को पहचानिए।

(b) इस अभिक्रिया का क्या नाम है?

(c) उपरोक्त अभिक्रिया को लिखिए।

उत्तर (*a*) X = आयरन (III) ऑक्साइड, Fe_2O_3.

(*b*) यह अभिक्रिया थर्मिट अभिक्रिया कहलाती है।

(*c*) $Fe_2O_3\,(s) + 2Al\,(s) \xrightarrow{\text{ऊष्मा}} 2Fe\,(l) + Al_2O_3\,(l) + \text{ऊष्मा}$

इस अभिक्रिया में इतनी अधिक ऊष्मा उत्पन्न होती है कि आयरन गलित अवस्था में प्राप्त होता है जो रेलवे लाइनों को जोड़ने के काम आता है।

प्रश्न 42. जब एक धातु X शीतल जल से अभिक्रिया करती है, तब एक क्षारीय यौगिक Y (सूत्र XOH) (अणुभार = 40) तथा गैस Z (तीव्रता से आग पकड़ती है) उत्पन्न होते हैं। X, Y तथा Z को पहचानिए तथा संबंधित अभिक्रियाओं की समीकरण भी लिखिए।

उत्तर Y का सूत्र = XOH; अणुभार = 40

माना कि धातु X का परमाणु भार a है।

प्रश्नानुसार, $a + 16 + 1 = 40$

$$a = 40 - 17 = 23$$

अतः धातु X (परमाणु भार = 23) सोडियम (Na) है।

सोडियम की जल से अभिक्रिया निम्न है

$$\underset{X}{2Na\,(s)} + \underset{\text{शीतल}}{2H_2O\,(l)} \longrightarrow \underset{Y}{2NaOH\,(aq)} + \underset{Z}{H_2\,(g)}$$

अतः $X = Na; Y = NaOH; Z = H_2$.

प्रश्न 43. एक अधातु X दो भिन्न रूपों Y तथा Z में पाई जाती है। Y सर्वाधिक कठोर (प्राकृतिक) पदार्थ है, जबकि Z विद्युत का सुचालक है। X, Y तथा Z को पहचानिए।

उत्तर X = कार्बन (अधातु) है।

Y = हीरा (diamond) सर्वाधिक कठोर पदार्थ है।

Z = ग्रेफाइट (graphite) विद्युत का सुचालक है।

हीरा (Y) तथा ग्रेफाइट (Z) दोनों कार्बन (अधातु X) के अपररूप (allotropes) हैं।

प्रश्न 44. जब ऐलुमिनियम चूर्ण को MnO_2 के साथ गर्म किया जाता है, तब निम्न अभिक्रिया होती है।

$$3MnO_2\,(s) + 4Al\,(s) \longrightarrow 3Mn(l) + 2Al_2O_3\,(l) + \text{ऊष्मा}$$

(a) क्या ऐलुमिनियम धातु का अपचयन हो रहा है?

(b) क्या MNO_2 का उपचयन हो रहा है?

उत्तर (*a*) नहीं, ऐलुमिनियम धातु का अपचयन नहीं हो रहा है, बल्कि इसका उपचयन (oxidation) हो रहा है।

अर्द्ध अभिक्रिया $4Al\,(s) + 6O^{2-} \xrightarrow{\text{उपचयन}} 2Al_2O_3\,(l)$

(*b*) नहीं, MnO_2 का उपचयन नहीं, बल्कि अपचयन (reduction) हो रहा है, क्योंकि इससे ऑक्सीजन का ह्रास हो रहा है।

अर्द्ध अभिक्रिया $3MnO_2\,(s) \xrightarrow{\text{अपचयन}} 3Mn\,(l) + 6O^{2-}$

प्रश्न 45. मिश्र-धातु सोल्डर के क्या अवयव हैं? सोल्डर के कौन-से गुण इसे विद्युत तारों की वैल्डिंग के लिए उपयुक्त बनाते हैं?

उत्तर सोल्डर लैड (Pb) तथा टिन (Sn) की एक मिश्र-धातु है। सोल्डर का कम गलनांक इसे विद्युत तारों की वैल्डिंग के लिए उपयुक्त बनाता है।

प्रश्न 46. धातु *A*, जिसका उपयोग थर्मिट अभिक्रिया में किया जाता है, ऑक्सीजन के साथ गर्म करने पर एक ऑक्साइड *B* उत्पन्न करती है, जो उभयधर्मी प्रकृति का है। *A* तथा *B* को पहचानिए। ऑक्साइड *B* की HCl तथा NaOH से अभिक्रियाएँ लिखिए।

उत्तर धातु *A* ऐलुमिनियम है तथा ऑक्साइड *B* ऐलुमिनियम ऑक्साइड (Al_2O_3) है।

$$\underset{A}{4Al\,(s)} + 3O_2\,(g) \longrightarrow \underset{B}{2Al_2O_3\,(s)}$$

$$\underset{B}{Al_2O_3\,(s)} + 6HCl\,(aq) \longrightarrow 2AlCl_3\,(aq) + 3H_2O\,(l)$$

$$\underset{B}{Al_2O_3(s)} + 2NaOH\,(aq) \longrightarrow \underset{\text{सोडियम ऐलुमिनेट}}{2NaAlO_2(aq)} + H_2O\,(l)$$

प्रश्न 47. एक धातु, जो कमरे के ताप पर द्रव है, को उसके सल्फाइड से वायु की उपस्थिति में गर्म करके प्राप्त किया जाता है। धातु तथा उसके अयस्क को पहचानिए तथा संबंधित अभिक्रियाओं के लिए समीकरण भी लिखिए।

उत्तर धातु, जो कमरे के ताप पर द्रव है, पारा या मर्करी (Hg) है तथा इसका अयस्क सिनेबार (HgS) है।

अभिक्रियाएँ $$2HgS + 3O_2 \xrightarrow{\text{ऊष्मा}} 2HgO + 2SO_2$$

$$2HgO \xrightarrow{\text{ऊष्मा}} 2Hg + O_2$$

प्रश्न 48. उन स्थायी द्विअंगी (binary) यौगिकों के सूत्र लिखिए, जिन्हें निम्न तत्व-युग्मों की अभिक्रिया द्वारा प्राप्त किया जाता है।

(a) Mg तथा N_2 (b) Li तथा O_2 (c) Al तथा Cl_2 (d) K तथा O_2

उत्तर (*a*) Mg_3N_2 (*b*) Li_2O (*c*) $AlCl_3$ (*d*) K_2O

प्रश्न 49. क्या होता है, जब

(a) $ZnCO_3$ को वायु की अनुपस्थिति में गर्म किया जाता है।

(b) Cu_2O तथा Cu_2S के मिश्रण को गर्म किया जाता है।

उत्तर (*a*) $ZnCO_3$ को वायु की अनुपस्थिति में गर्म करने पर जिंक ऑक्साइड प्राप्त होता है। इस अभिक्रिया को निस्तापन (calcination) कहते हैं।

$$ZnCO_3\,(s) \xrightarrow{\text{ऊष्मा}} ZnO\,(s) + CO_2\,(g)$$

(*b*) Cu_2O तथा Cu_2S के मिश्रण को गर्म करने पर कॉपर धातु (Cu) प्राप्त होती है।

$$2Cu_2O\,(s) + Cu_2S\,(s) \xrightarrow{\text{ऊष्मा}} 6Cu\,(s) + SO_2\,(g)$$

प्रश्न 50. **एक अधातु A हमारे भोजन का एक आवश्यक अवयव है तथा इसके दो ऑक्साइड B तथा C बनते हैं। ऑक्साइड B विषैला है, जबकि C के द्वारा ग्लोबल वार्मिंग (विश्व ऊष्मायन) होती है।**

(a) *A*, *B* तथा *C* को पहचानिए।

(b) आवर्त सारणी के किस समूह में तत्व *A* स्थित है?

उत्तर (*a*)अधातु *A* कार्बन है।

ऑक्साइड *B* कार्बन मोनॉक्साइड (CO) है, जिसकी प्रकृति विषैली है।

ऑक्साइड *C* कार्बन डाइऑक्साइड (CO_2) है, जो ग्लोबल वार्मिंग उत्पन्न करती है।

(*b*) तत्व *A*, अर्थात् कार्बन आवर्त सारणी के समूह 14 में स्थित है।!

प्रश्न 51. **ऐसी धातुओं के दो उदाहरण दीजिए, जो ऊष्मा की सुचालक हैं तथा दो ऐसी धातुएँ जो ऊष्मा की कुचालक हैं।**

उत्तर ऊष्मा की सुचालक धातुएँ – सिल्वर तथा कॉपर।

ऊष्मा की कुचालक धातुएँ – लैड तथा मर्करी (पारा)।

प्रश्न 52. **एक धातु तथा एक अधातु का उदाहरण दीजिए, जो कमरे के ताप पर द्रव हैं। ऐसी भी दो धातुओं के उदाहरण दीजिए, जिनके गलनांक 310 K (37°C) से कम हैं।**

उत्तर **द्रव धातु** पारा (मर्करी)।

द्रव अधातु ब्रोमीन।

कम गलनांक वाली धातुएँ सीजियम, Cs (28.5°C) तथा फ्रैन्शियम, Fr (27°C)/

प्रश्न 53. **एक तत्व A जल से अभिक्रिया करके एक यौगिक B बनाता है, जिसे सफेदी के लिए उपयोग किया जाता है। यौगिक B को गर्म करने पर यौगिक C बनता है जो जल से अभिक्रिया करके पुनः B बनाता है। A, B तथा C को पहचानिए तथा अभिक्रियाओं के समीकरण भी लिखिए।**

उत्तर *A* : कैल्सियम (Ca)

B : कैल्सियम हाइड्रॉक्साइड $Ca(OH)_2$

$$\underset{(A)}{Ca(s)} + H_2O\,(l) \longrightarrow \underset{(B)}{Ca(OH)_2\,(aq)} + H_2\,(g)$$

$Ca(OH)_2$ का उपयोग मकानों की दीवारों पर सफेदी करने के लिए किया जाता है, *जिसकी अभिक्रिया निम्न हैं*

$$\underset{\text{चूने का पानी}}{Ca\,(OH)_2\,(aq)} + \underset{\text{(वायु से)}}{CO_2\,(g)} \longrightarrow \underset{\text{(सफेद)}}{CaCO_3(s)} + \underset{\text{(वाष्पन के बाद)}}{H_2O\,(g)}$$

यौगिक B को गर्म करने पर यौगिक C बनता है।

$$Ca(OH)_2 \xrightarrow{\text{ऊष्मा}} \underset{(C)}{CaO} + H_2O$$

यौगिक C जल से अभिक्रिया करके पुनः 'B' निर्मित करता है।

$$\underset{(C)}{CaO} + H_2O \longrightarrow \underset{(B)}{Ca(OH)_2}$$

प्रश्न 54. एक क्षार धातु A जल से अभिकृत होकर यौगिक B (अणुभार = 40) प्रदान करती है। यौगिक B ऐलुमिनियम ऑक्साइड से अभिकृत होकर एक घुलनशील यौगिक C बनाता है। A, B तथा C को पहचानिए तथा अभिक्रियाओं के समीकरण भी लिखिए।

उत्तर क्योंकि यौगिक B का अणुभार = 40 है तथा यह A (क्षार धातु Na) का हाइड्रॉक्साइड है अतः

B = NaOH (सोडियम हाइड्रॉक्साइड) [अणुभार = 23 + 16 + 1 = 40].

A = Na (सोडियम)

यौगिक B NaOH ऐलुमिनियम ऑक्साइड से निम्न अभिक्रिया करता है।

$$\underset{(B)}{2NaOH} + Al_2O_3 \longrightarrow \underset{\substack{(\text{विलेय})\\(C)}}{2NaAlO_2\,(aq)} + H_2O$$

A से B के निर्माण की अभिक्रिया

$$\underset{(A)}{2Na\,(s)} + \underset{\text{जल}}{2H_2O(l)} \longrightarrow \underset{(B)}{2NaOH} + H_2\,(g)$$

प्रश्न 55. जिंक धातु के अयस्क से जिंक धातु के निष्कर्षण की निम्न अभिक्रियाएँ लिखिए।

(a) जिंक के अयस्क का भर्जन (roasting)

(b) जिंक के अयस्क का निस्तापन (calcination)

उत्तर (*a*) जिंक के मुख्य अयस्क हैं जिंक ब्लैंडे (zinc blende) ZnS तथा कैलेमाइन (calamine) $ZnCO_3$.

भर्जन की अभिक्रिया भर्जन क्रिया केवल सल्फाइड अयस्कों के लिए उपयोगी है।

$$\underset{\text{जिंक ब्लैंडे (अयस्क)}}{2ZnS} + 3O_2 \xrightarrow[\text{भर्जन}]{} \underset{\text{जिंक ऑक्साइड}}{2ZnO} + 2SO_2\,(g)$$

(*b*) **निस्तापन की अभिक्रिया** निस्तापन क्रिया केवल कार्बोनेट अयस्कों के लिए उपयोगी है।

$$\underset{\text{कैलेमाइन}}{ZnCO_3} \xrightarrow[\text{निस्तापन}]{\text{ऊष्मा}} \underset{\text{जिंक ऑक्साइड}}{ZnO} + CO_2\,(g)$$

प्रश्न 56. **एक धातु M अम्लों से अभिक्रिया करके हाइड्रोजन गैस मुक्त नहीं करती है, परंतु ऑक्सीजन के साथ अभिक्रिया करके काले रंग का यौगिक उत्पन्न करती है। M को पहचानिए तथा इसके यौगिक का भी नाम लिखिए। M की ऑक्सीजन के साथ होने वाली अभिक्रिया भी लिखिए।**

उत्तर धातु *M* ताँबा (कॉपर Cu) है। यह हाइड्रोजन से कम सक्रिय होने के कारण अम्लों से H_2 गैस को मुक्त नहीं करती। परंतु कॉपर ऑक्सीजन से अभिक्रिया करके काले रंग का कॉपर ऑक्साइड उत्पन्न करती है। *अभिक्रिया निम्न प्रकार होती है*

$$\underset{M}{2Cu} + \underset{\text{वायु से}}{O_2} \longrightarrow \underset{\text{काला यौगिक}}{2CuO}$$

प्रश्न 57. **एक तत्व, A_2O_3 सूत्र वाला एक अम्लीय प्रकृति का ऑक्साइड निर्मित करता है। पहचानिये कि तत्व A धातु है अथवा अधातु।**

उत्तर तत्व *A* अधातु है, क्योंकि यह अम्लीय प्रकृति का ऑक्साइड निर्मित करता है।

प्रश्न 58. **एक लोहे के पात्र में $CuSO_4$ विलयन को रखा जाता है। कुछ दिनों के बाद लोहे के पात्र में बहुत से छिद्र हो जाते हैं। इस अभिक्रिया का कारण धातु की सक्रियता के आधार पर समझाइए। अभिक्रिया की समीकरण भी लिखिए।**

उत्तर लोहा (Fe), ताँबे (Cu) की अपेक्षा अधिक सक्रिय है। अत: यह ताँबे को उसके यौगिक $CuSO_4$ के जलीय विलयन से विस्थापित कर देता है।

$$\underset{\text{लोहा}}{Fe\,(s)} + \underset{\text{नीला}}{CuSO_4\,(aq)} \longrightarrow \underset{\text{हरा}}{FeSO_4\,(aq)} + Cu\,(s)$$

दीर्घ उत्तरीय प्रश्न

प्रश्न 59. **एक अधातु A जो वायु का मुख्य अवयव है, हाइड्रोजन के साथ गर्म करने पर (1 : 3 अनुपात में) गैस B उत्पन्न करती है। यह अभिक्रिया उत्प्रेरक Fe की उपस्थिति में होती है। ऑक्सीजन के साथ गर्म करने पर यह एक ऑक्साइड C निर्मित करता है। यदि इस ऑक्साइड को वायु की उपस्थिति में जल में प्रवाहित किया जाता है, तब यह अम्ल D उत्पन्न करता है, जो एक प्रबल उपचायक (oxidising agent) है।**

(a) *A, B, C* तथा *D* को पहचानिए।

(b) आवर्त सारणी के किस समूह में यह अधातु (*A*) स्थित है?

उत्तर (i) तत्व *A* नाइट्रोजन (N) है। यह वायु का मुख्य (78%) अवयव है।

(ii) यह (N_2) H_2 से Fe उत्प्रेरक की उपस्थिति में अभिक्रिया (हॉबर प्रक्रम) करके अमोनिया गैस (*B*) निर्मित करता है।

(iii) तत्व *A* वायु (O_2) में गर्म करने पर ऑक्साइड NO_2 (*C*) बनाता है।

(iv) NO_2 (*C*) को वायु की उपस्थिति में जल में प्रवाहित करने पर अम्ल HNO_3 (*D*) उत्पन्न होता है, जो प्रबल उपचायक है।

सभी अभिक्रियाएँ इस प्रकार हैं

(i) $\underset{A}{N_2 (g)} + 3H_2 (g) \xrightarrow{Fe/Mo} \underset{B \text{ अमोनिया}}{2NH_3 (g)}$

(ii) $\underset{A}{N_2} + \underset{\text{वायु से}}{2O_2} \longrightarrow \underset{\text{नाइट्रोजन डाइऑक्साइड } C}{2NO_2 (g)}$

(iii) $\underset{C}{2NO_2 (g)} + H_2O + [O] \longrightarrow \underset{\text{नाइट्रिक अम्ल } D}{2HNO_3}$

(a) $A = N; B = NH_3; C = NO_2; D = HNO_3$

(b) तत्व A अर्थात् नाइट्रोजन आवर्त सारणी के समूह 15 में स्थित है। N का विन्यास = 2, 5; समूह संख्या = 10 + संयोजी इलेक्ट्रॉन संख्या = 10 + 5 = 15

प्रश्न 60. अत्यंत कम तथा मध्यम सक्रियता वाली धातुओं के उनके सल्फाइड अयस्कों से निष्कर्षण में प्रयोग होने वाले चरणों का विवरण दीजिए।

उत्तर (i) **अत्यंत कम सक्रियता** वाली धातुओं को उनके सल्फाइड अयस्कों से केवल ऊष्मा द्वारा ही निष्कर्षित किया जाता है। *उदाहरण* पारे (मर्करी Hg) का निष्कर्षण उसके अयस्क सिनेबार से दो चरणों में किया जाता है

[A] **भर्जन** $2HgS + 3O_2 \xrightarrow[\text{भर्जन}]{\text{ऊष्मा}} 2HgO + 2SO_2$

इस क्रिया में अयस्क को उच्च ताप पर वायु की उपस्थिति में गर्म किया जाता है, जिसके द्वारा मर्करी (II) ऑक्साइड उत्पन्न होता है।

[B] **ऊष्मा द्वारा अपचयन** $2HgO \xrightarrow{\text{ऊष्मा}} 2Hg + O_2$

प्राप्त ऑक्साइड को वायु की अनुपस्थिति में गर्म करने पर धातु (Hg) प्राप्त होती है, जिसे बाद में परिष्कृत किया जा सकता है।

(ii) **मध्यम सक्रियता वाली धातुओं** को निम्न चरणों में उनके सल्फाइड अयस्कों से निष्कर्षित किया जा सकता है।

उदाहरण जिंक

[A] **भर्जन** $\underset{\text{जिंक ब्लैंडे}}{2ZnS} + 3O_2 \xrightarrow[\text{भर्जन}]{\text{ऊष्मा}} \underset{\text{जिंक ऑक्साइड}}{2ZnO} + 2SO_2$

[B] **कार्बन द्वारा अपचयन** (प्रगलन)

$$\underset{\text{जिंक ऑक्साइड}}{ZnO} + \underset{\text{कोक}}{C} \longrightarrow \underset{\text{धातु}}{Zn} + CO$$

प्राप्त धातु को किसी भी उपयुक्त विधि (जैसे विद्युत अपघटनी परिष्करण) द्वारा परिष्कृत किया जाता है।

प्रश्न 61. निम्न की व्याख्या कीजिए।

(a) HNO_3 में डुबाने पर Al की क्रियाशीलता कम हो जाती है।

(b) कार्बन, सोडियम या मैग्नीशियम धातु के ऑक्साइडों को अपचयित नहीं कर पाता।

(c) NaCl ठोस अवस्था में विद्युत का कुचालक है, जबकि जलीय विलयन अथवा गलित अवस्था में यह विद्युत का चालन करता है।

(d) लोहे की वस्तुओं का गैल्वनीकरण किया जाता है।

(e) Na, K, Ca तथा Mg जैसी धातुएँ प्रकृति में मुक्त अवस्था में कभी नहीं पाई जाती।

उत्तर (*a*) HNO_3 एक ऐसा अम्ल है, जिसमें उपचायक का गुण होता है। ऐलुमिनियम धातु को इसमें डुबाने पर इसके द्वारा धातु की सतह पर Al_2O_3 की एक महीन मजबूत पर्त जमा हो जाती है, जो अक्रिय होती है, जिससे ऐलुमिनियम धातु का संक्षारण रूक जाता है। इसे निष्क्रियता (passivity) के नाम से जाना जाता है।

(*b*) Na तथा Mg की ऑक्सीजन के प्रति बंधुता, कार्बन की ऑक्सीजन के प्रति बंधुता (affinity) की अपेक्षा कहीं अधिक होती है। अतः Na तथा Mg के ऑक्साइड कार्बन के द्वारा अपचयित नहीं होते हैं।

(*c*) जलीय विलयन या गलित अवस्था में NaCl, आयन उत्पन्न करता है, जो विद्युत का चालन करते हैं। परंतु ठोस NaCl में आयन मुक्त अवस्था में नहीं होते अतः यह विद्युत का चालन नहीं करता।

(*d*) संक्षारण को रोकने के लिए लोहे की वस्तुओं का गैल्वनीकरण किया जाता है। इसके लिए लोहे की वस्तु को पिघले हुए जिंक में डुबाया जाता है, जिसके फलस्वरूप इस पर जिंक की एक महीन पर्त चढ़ जाती है। यदि वस्तु पर कोई खरोंच पड़ती है, तो लोहे की अपेक्षा जिंक का संक्षारण पहले होता है, क्योंकि जिंक लोहे से अधिक सक्रिय धातु है।

(*e*) Na, K, Ca तथा Mg धातुएँ सक्रियता श्रेणी में ऊपर की ओर स्थित हैं, अर्थात् इनकी क्रियाशीलता बहुत अधिक है। इसलिए ये धातुएँ प्रकृति में मुक्त अवस्था में नहीं पाई जाती, वरन् अपने यौगिकों के रूप में पाई जाती हैं।

प्रश्न 62. (i) **कॉपर धातु के उसके अयस्क से निष्कर्षण में उपयोगी मुख्य चरण निम्न हैं। उनकी अभिक्रियाएँ लिखिए।**

(a) कॉपर (I) सल्फाइड का भर्जन

(b) कॉपर (I) सल्फाइड का कॉपर (I) सल्फाइड द्वारा अपचयन

(c) विद्युत अपघटनी परिष्करण

(ii) **कॉपर के विद्युत अपघटनी परिष्करण के लिए एक स्वच्छ तथा नामांकित चित्र बनाइए।**

उत्तर (i) (a) **कॉपर (I) सल्फाइड का भर्जन** (roasting)

$$2Cu_2S + 3O_2 \xrightarrow{\text{ऊष्मा}} 2Cu_2O + 2SO_2$$

(b) **कॉपर (I) ऑक्साइड का कॉपर (I) सल्फाइड द्वारा अपचयन**

$$2Cu_2O + Cu_2S \xrightarrow{\text{ऊष्मा}} 6Cu + SO_2$$

(c) **विद्युत अपघटनी परिष्करण**

अभिक्रियाएँ कैथोड पर, $Cu^{2+} + 2e^- \longrightarrow Cu$

ऐनोड पर, $Cu \longrightarrow Cu^{2+} + 2e^-$

(ii) *कॉपर के विद्युत अपघटनी परिष्करण का चित्र निम्न है*

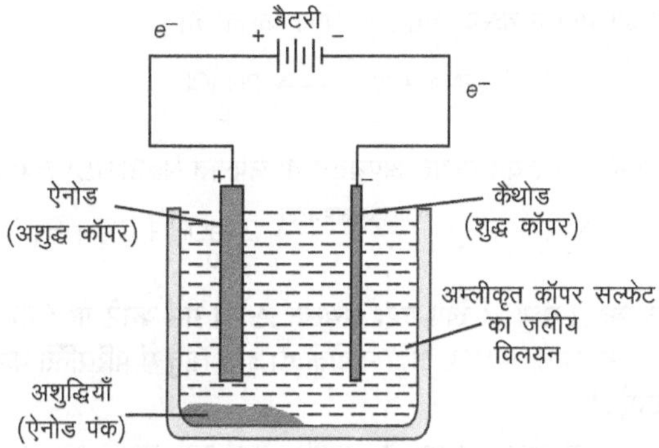

प्रश्न 63. X, Y **तथा** Z **तीन धातुओं में से** X **शीतल जल से,** Y **गर्म जल से तथा** Z **केवल जलवाष्प से अभिक्रिया करती है।** X, Y **तथा** Z **को पहचानिए तथा उन्हें बढ़ती हुई सक्रियता के क्रम में व्यवस्थित कीजिए। प्रत्येक अभिक्रिया की समीकरण भी दीजिए।**

उत्तर धातु X सोडियम, Y मैग्नीशियम तथा Z लोहा (आयरन) है। बढ़ती हुई सक्रियता का क्रम= $Z < Y < X$

अभिक्रियाएँ $\underset{X}{2Na(s)} + \underset{\text{शीतल}}{2H_2O(l)} \longrightarrow 2NaOH(aq) + H_2(g)$

$$\underset{Y}{Mg(s)} + \underset{\text{गर्म}}{2H_2O(l)} \longrightarrow Mg(OH)_2(aq) + H_2(g)$$

$$\underset{Z}{3Fe(s)} + \underset{\text{जलवाष्प}}{4H_2O(g)} \longrightarrow Fe_3O_4(aq) + 4H_2(g)$$

प्रश्न 64. एक तत्व A वायु में सुनहरी ज्वाला के साथ जलता है। यह एक अन्य तत्व B से अभिक्रिया करके उत्पाद C उत्पन्न करता है (B परमाणु क्रमांक 17 है)। उत्पाद C का जलीय विलयन विद्युत अपघटन के पश्चात् एक उत्पाद D तथा हाइड्रोजन गैस उत्पन्न करता है। A, B, C तथा D को पहचानिए। सभी अभिक्रियाओं के समीकरण भी लिखिए।

उत्तर तत्व $A = \text{Na}$ (सोडियम); तत्व $B = \text{Cl}$ (क्लोरीन)

उत्पाद $C = \text{NaCl}$ (सोडियम क्लोराइड)

उत्पाद 'D' = NaOH (सोडियम हाइड्रॉक्साइड)

सोडियम वायु में सुनहरी ज्वाला से जलता है।

यह Cl से अभिक्रिया करके NaCl उत्पन्न करता है।

$$\underset{A}{2\text{Na}} + \underset{B}{\text{Cl}_2} \longrightarrow \underset{C}{2\text{NaCl}}$$

NaCl का जलीय विलयन विद्युत अपघटन के उपरांत NaOH (D) तथा H_2 गैस उत्पन्न करता है। $\underset{C}{2\text{NaCl}} + 2\text{H}_2\text{O} \xrightarrow{\text{विद्युत अपघटन}} \underset{D}{2\text{NaOH}} + \text{Cl}_2 + \text{H}_2$

प्रश्न 65. दो अयस्क A तथा B लिए गए। अयस्क A को गर्म करने पर CO_2 उत्पन्न होती है तथा अयस्क B को गर्म करने पर SO_2 उत्पन्न होती है। इन्हें धातु में परिवर्तित करने के लिए आप कौन-से कदम उठाएँगे?

उत्तर (i) अयस्क A कार्बोनेट अयस्क है, क्योंकि यह गर्म करने पर CO_2 गैस उत्पन्न करता है। इसे (a) निस्तापन तथा (b) अपचयन (कार्बन द्वारा) करके धातु में बदला जाता है।

(a) $\underset{A}{M\text{CO}_3} \xrightarrow[\text{निस्तापन}]{\text{ऊष्मा}} M\text{O} + \text{CO}_2$ (b) $M\text{O} + \text{C} \xrightarrow{\text{अपचयन}} \underset{\text{धातु}}{M} + \text{CO}$

(ii) अयस्क 'B' सल्फाइड अयस्क है। यह गर्म करने पर SO_2 गैस उत्पन्न करता है। इसे (a) भर्जन तथा (b) अपचयन द्वारा धातु में बदला जा सकता है।

(a) $2\underset{B}{M\text{S}} + 3\text{O}_2 \xrightarrow[\text{भर्जन}]{\text{ऊष्मा}} 2M\text{O} + 2\text{SO}_2;$

(b) $M\text{O} + \text{C} \xrightarrow{\text{अपचयन}} \underset{\text{धातु}}{M} + \text{CO}$

4

कार्बन एवं उसके यौगिक

कार्बन एक अधातु है। भूपर्पटी तथा वायुमंडल में अत्यंत अल्प मात्रा में कार्बन उपस्थित है। भूपर्पटी में खनिजों जैसे कार्बोनेट, हाइड्रोजन कार्बोनेट, कोयला एवं पेट्रोलियम के रूप में केवल 0.02% कार्बन उपस्थित है तथा वायुमंडल में 0.03% कार्बन डाइऑक्साइड उपस्थित है।

प्रकृति में इतनी अल्प मात्रा में कार्बन उपस्थित होने के बावजूद कार्बन का अत्यधिक महत्त्व है। सभी पौधे और प्राणी कार्बन के यौगिकों से बने हैं।

सहसंयोजी आबंध (Covalent Bonding)

वह रासायनिक बंध, जो दो परमाणुओं के बीच इलेक्ट्रॉनों की परस्पर साझेदारी (sharing) के द्वारा बनता है, **सहसंयोजी बंध** कहलाता है। यह बंध दो अधातुओं अथवा एक ही अधातु के भिन्न-भिन्न परमाणुओं के बीच बनता है।

सहसंयोजी आबंध के प्रकार (Types of Covalent Bonding)

सहसंयोजी आबंध निम्नलिखित तीन प्रकार के होते हैं

(i) एकल सहसंयोजी आबंध

(ii) द्विसहसंयोजी आबंध

(iii) त्रिसहसंयोजी आबंध

(i) **एकल सहसंयोजी आबंध** इसमें दोनों परमाणुओं के बीच एक-एक इलेक्ट्रॉन की साझेदारी होती है।

<u>*उदाहरण*</u>

H_2 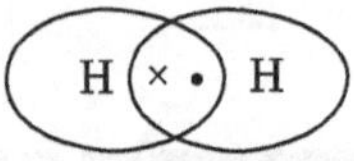

H—H

Cl_2 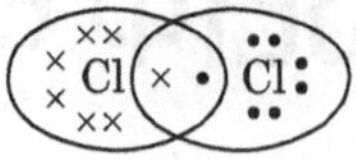

Cl—Cl

CH_4 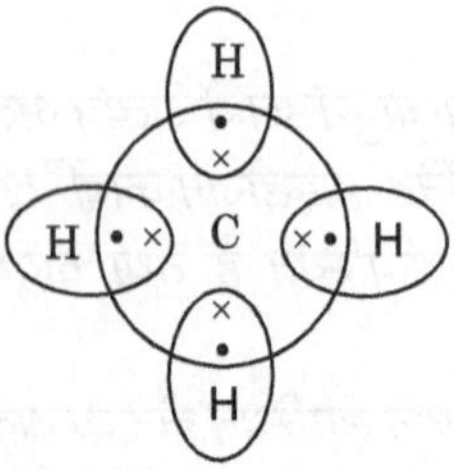

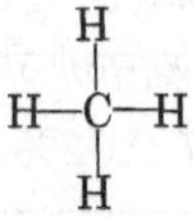

NH_3 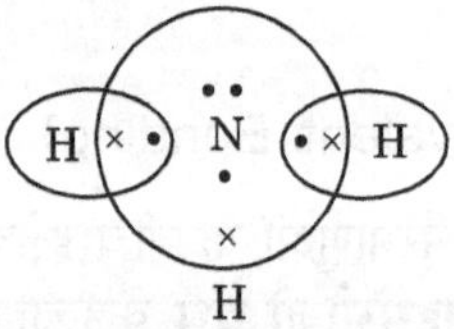

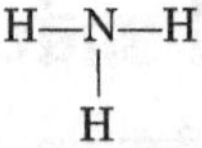

(ii) **द्विसहसंयोजी आबंध** इसमें दो परमाणुओं के बीच दो-दो इलेक्ट्रॉनों की साझेदारी होती है।

<u>*उदाहरण*</u>

O_2 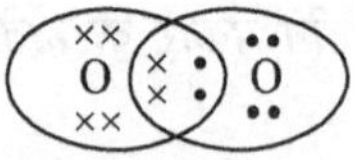

O=O

C_2H_4 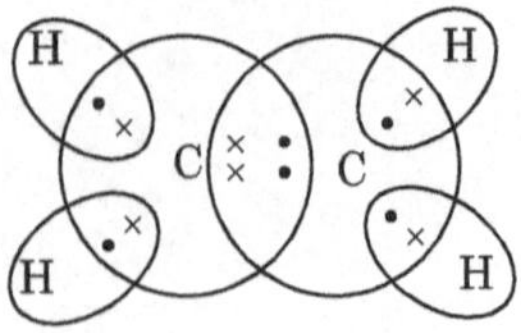

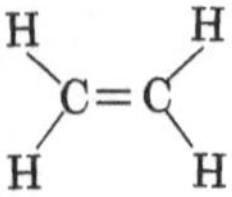

(iii) **त्रिसहसंयोजी आबंध** इसमें दो परमाणुओं के बीच तीन-तीन इलेक्ट्रॉनों की साझेदारी होती है।

उदाहरण

N_2

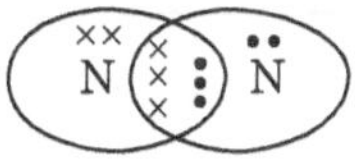

N≡N

C_2H_2

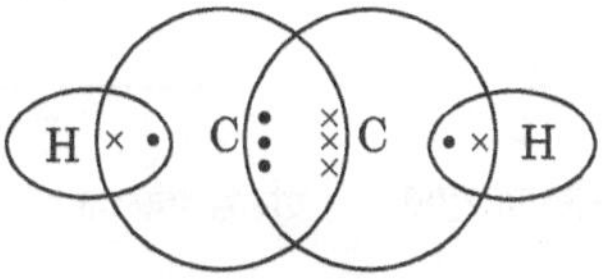

H–C≡C–H

कार्बन की सर्वतोमुखी प्रकृति (Versatile Nature of Carbon)

कार्बन एक ऐसा तत्व है, जो बहुत बड़ी संख्या में यौगिक बनाता है।

इसके कारण निम्न हैं

(i) **शृंखलन** (catenation) लंबी शृंखलाएँ, विभिन्न शाखाओं वाली शृंखला अथवा वलय बनाने की प्रकृति।

(ii) **सहसंयोजक आबंध बनाने की प्रवृत्ति** एकल, द्वि व त्रिबंध बनाने का गुण।

(iii) **कार्बन की चर्तुसंयोजकता** कार्बन की बाह्यतम कक्षा में चार इलेक्ट्रॉन हैं, अत: इसकी संयोजकता चार है।

हाइड्रोकार्बन (Hydrocarbon)

हाइड्रोजन तथा कार्बन से बने यौगिक **हाइड्रोकार्बन** कहलाते हैं।

***वर्गीकरण* I**

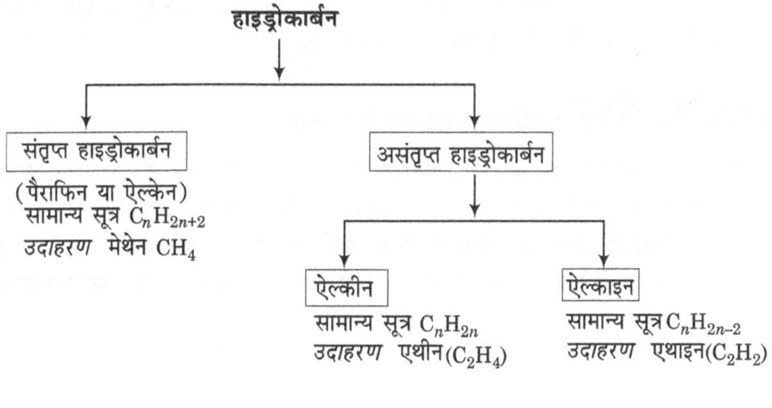

वर्गीकरण II

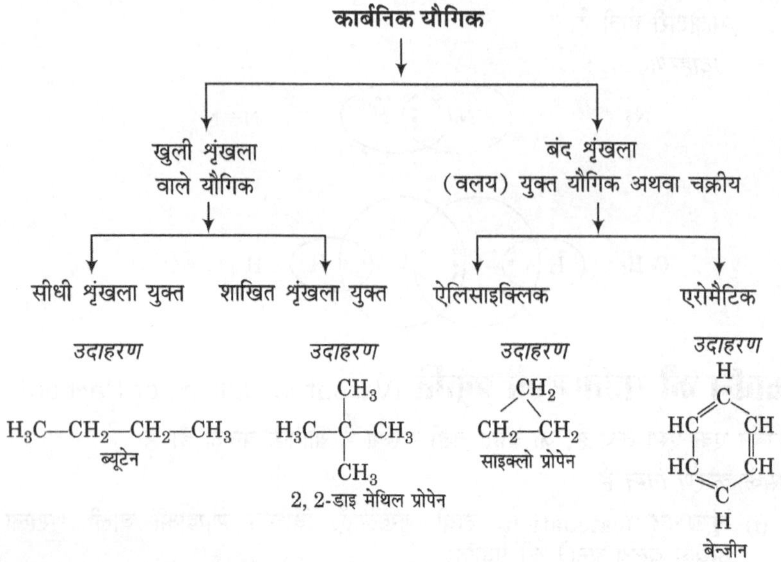

कार्बनिक यौगिक के भाग

(Parts of an Organic Compound)

(i) **ऐल्किल समूह** सामान्य सूत्र C_nH_{2n+1}

उदाहरण CH_3— (मेथिल)

(ii) **प्रकार्यात्मक समूह** यह यौगिक के रासायनिक गुणधर्मों का निर्धारण करता है। *उदाहरण* हाइड्रॉक्सिल/ऐल्कोहॉलिक —OH, कीटोन C=O, ऐल्डिहाइड —CHO, कार्बोक्सिलिक अम्ल —COOH, हैलोजन परमाणु —Cl, —Br आदि प्रकार्यात्मक समूह (functional group) हैं।

सजातीय श्रेणी (Homologous Series)

कार्बनिक यौगिकों की वह श्रेणी जिसमें एक ही प्रकार्यात्मक समूह उपस्थित होता है तथा दो क्रमागत सदस्यों के बीच — CH_2 समूह (अणुभार = 14 u) का अंतर होता है, **सजातीय श्रेणी** कहलाती है। एक श्रेणी के सदस्यों को समान विधि द्वारा बनाया जा सकता है तथा उनके भौतिक व रासायनिक गुणधर्मों में क्रमबद्ध परिवर्तन या समानता होती है।

उदाहरण

(i) **ऐल्केन श्रेणी** सामान्य सूत्र C_nH_{2n+2}

CH_4 मेथेन, C_2H_6 एथेन, C_3H_8 प्रोपेन, C_4H_{10} ब्यूटेन....।

(ii) **ऐल्कोहॉल श्रेणी** सामान्य सूत्र $C_nH_{2n+1} \cdot OH$

CH_3OH मेथेनॉल, C_2H_5OH एथेनॉल, C_3H_7OH प्रोपेनॉल....।

कार्बनिक यौगिकों का नामकरण

(Nomenclature of Organic Compounds)

नियम

(i) सबसे लंबी अनवरत (continuous) कार्बन शृंखला ज्ञात करना तथा उसे प्रमुख नाम बनाना। *उदाहरण* तीन कार्बन परमाणु वाले यौगिक का नाम प्रोपेन होगा।

(ii) प्रकार्यात्मक समूह का नाम पूर्वलग्न (prefix) या अनुलग्न (suffix) के रूप में लिखना।

उदाहरण

हैलोजन के लिए पूर्वलग्न क्लोरो, ब्रोमो आदि, ऐल्कोहॉल के लिए अनुलग्न 'ऑल', कीटोन के लिए 'ओन', ऐल्डिहाइड के लिए 'अल' तथा कार्बोक्सिलिक अम्ल के लिए अनुलग्न 'ओइक अम्ल' प्रयोग होता है।

(iii) असंतृप्त कार्बन शृंखला में कार्बन शृंखला के नाम में दिये गये अंतिम ऐन (ane) को हटाकर ईन (ene) या आईन (yne) कर देगें (क्रमशः द्विआबंध और त्रिआबंध वाली कार्बन शृंखला के लिए)।

कार्बनिक यौगिकों के रासायनिक गुणधर्म

(Chemical Properties of Carbon Compounds)

(i) **दहन**

$$\text{कार्बनिक यौगिक} + O_2 \longrightarrow CO_2 + H_2O + \text{ऊष्मा} + \text{प्रकाश}$$

$$CH_4 + 2O_2 \longrightarrow CO_2 + 2H_2O + \text{ऊष्मा} + \text{प्रकाश}$$

संतृप्त हाइड्रोकार्बन से सामान्यतः स्वच्छ ज्वाला तथा अंसतृप्त कार्बन यौगिकों से काले धुएँ वाली पीली ज्वाला निकलती है।

अपूर्ण दहन से कज्जल अर्थात् कार्बन उत्पन्न होता है।

(ii) **ऑक्सीकरण**

कार्बनिक यौगिक + ऑक्सीकारक ⟶ उत्पाद

$$CH_3CH_2OH + 2[O] \xrightarrow{\text{क्षारीय } KMnO_4} CH_3COOH$$

क्षारीय पोटैशियम पर मैंग्नेट अथवा अम्लीकृत पोटैशियम डाइक्रोमेट ऑक्सीकारक हैं क्योंकि ये आरंभिक पदार्थों में ऑक्सीजन जोड़ते हैं।

(iii) **संकलन या योग** केवल असंतृप्त यौगिक यह अभिक्रिया दर्शाते हैं।

असंतृप्त यौगिक + H_2 या अन्य अणु ⟶ संतृप्त यौगिक (संकलित उत्पाद)

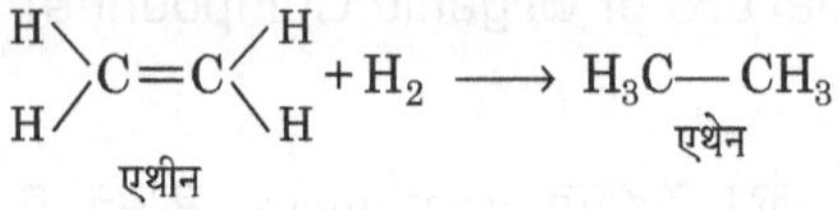

असंतृप्त यौगिक में H_2 का जुड़ना हाइड्रोजनीकरण कहलाता है। यह निकैल, प्लेटिनम या पैलेडियम की उपस्थिति में होती है।

(iv) **प्रतिस्थापन** केवल संतृप्त यौगिक यह क्रिया दर्शाते हैं।

$$CH_4 + Cl_2 \xrightarrow{\text{सूर्य का प्रकाश}} CH_3Cl + HCl$$

कुछ महत्त्वपूर्ण कार्बन यौगिक एथेनॉल तथा एथेनोइक अम्ल

(Some Important Carbon Compounds Ethanol and Ethanoic Acid)

1. एथेनॉल

सूत्र C_2H_5OH;

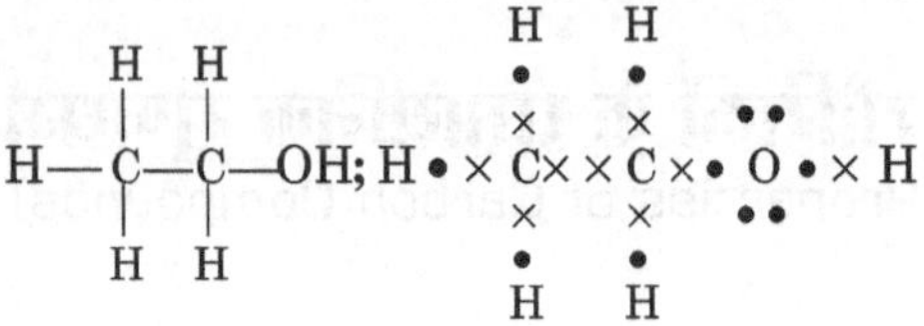

अभिक्रियाएँ

(i) $2Na + 2C_2H_5OH \longrightarrow 2C_2H_5ONa + H_2$ (सोडियम एथॉक्साइड)

(ii) $C_2H_5OH \xrightarrow{\text{सांद्र } H_2SO_4} CH_2{=}CH_2 + H_2O$ (एथीन)

यहाँ H_2SO_4 निर्जलीकारक है।

[**नोट**– *विकृत ऐल्कोहॉल– औद्योगिक उपयोग के लिए तैयार एथेनॉल का दुरूपयोग रोकने के लिए इसमें मेथेनॉल जैसा जहरीला पदार्थ मिलाते है इसे विकृत ऐल्कोहॉल कहते है।*]

2. **एथेनोइक अम्ल** (ऐसीटिक अम्ल)

सूत्र CH_3COOH;

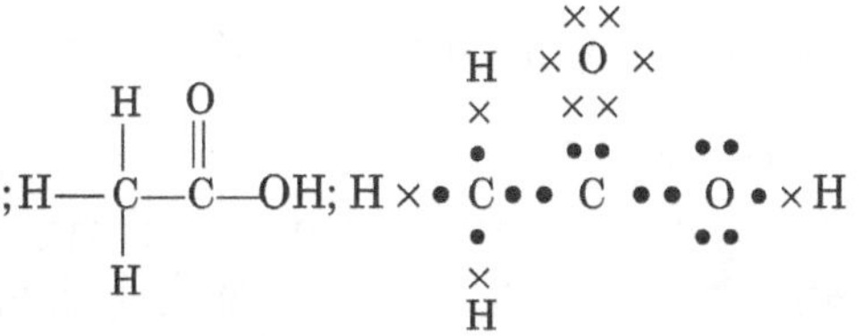

अभिक्रियाएँ

(i) $$CH_3COOH + C_2H_5OH \xrightarrow[\text{एस्टरीकरण}]{\text{सांद्र } H_2SO_4} CH_3COOC_2H_5 + H_2O$$

$$CH_3COOC_2H_5 \xrightarrow[\text{साबुनीकरण}]{NaOH} C_2H_5OH + CH_3COOH$$

(ii) $$NaOH + CH_3COOH \xrightarrow{\text{उदासीनीकरण}} CH_3COONa + H_2O$$

(iii) $$CH_3COOH + NaHCO_3 \longrightarrow CH_3COONa + H_2O + CO_2$$

(iv) $$2CH_3COOH + Na_2CO_3 \longrightarrow 2CH_3COONa + H_2O + CO_2$$

[**नोट** *(i) ऐसीटिक अम्ल का 3-4% विलयन सिरका (vinegar) कहा जाता है।*

(ii) शुद्ध ऐसीटिक अम्ल को ग्लैशियल ऐसीटिक अम्ल कहते हैं।]

ईंधन तथा ज्वाला (Fuel and Flame)

वे पदार्थ जो जलने पर प्रकाश व ऊष्मा उत्पन्न करते हैं, **ईंधन** कहलाते हैं *जैसे*, कार्बन, हाइड्रोकार्बन आदि।

अग्नि का गर्म भाग **ज्वाला** कहलाता है। ज्वाला के तीन भाग होते हैं। आंतरिक भाग, मध्यम भाग तथा बाह्य भाग आंतरिक भाग अधजले ईंधन के कणों की उपस्थिति के कारण काला होता है। बाह्य भाग ज्वाला का सर्वाधिक गर्म भाग है।

साबुन व अपमार्जक (Soaps and Detergents)

साबुन उच्च वसा अम्लों के सोडियम या पोटैशियम लवण हैं, जबकि अपमार्जक बेन्जीन सल्फोनिक अम्लों के सोडियम या पोटैशियम लवण हैं।

उदाहरण

$C_{15}H_{31}COONa$ (सोडियम पॉमिटेट-साबुन)

$C_{12}H_{25}—C_6H_4—SO_3Na$ (सोडियम p-डोडेसिल बेन्जीन सल्फोनेट अपमार्जक)

साबुन की सफाई क्रियाविधि

साबुन के अणु दो सिरों वाले होते हैं एक सिरे को जलरागी तथा दूसरे सिरे को जलविरागी कहते हैं। जब साबुन को जल में घोलते हैं तो साबुन के अणु जल में मिसेल के रूप में इस प्रकार व्यवस्थित हो जाते हैं। कि जलरागी सिरा जल के अंदर तथा जलविरागी सिरा जल के बाहर होता है।

मैला कपड़ा साबुन के पानी में डुबाने पर मैल के कण जलविरागी सिरे से तथा जल के अणु जलरागी सिरे से जुड़ जाते हैं। कपड़े को रगड़ने से मैल के कण छोटे टुकड़ों में टूट-टूट कर ऐसे अनेक मिसेल बनाते हैं, जो जल द्वारा धुलकर कपड़े को स्वच्छ करते हैं।

साबुन कठोर जल के साथ सफाई कार्य नहीं करते, क्योंकि ये उनमें उपस्थित कैल्सियम तथा मैग्नीशियम लवणों के साथ जुड़कर अविलेय यौगिक बनाते हैं।

प्रश्नावली

पृष्ठ 68

प्रश्न 1. CO_2 **सूत्र वाले कार्बन डाइऑक्साइड की इलेक्ट्रॉन बिंदु संरचना क्या होगी?**

उत्तर

K, L

C की परमाणु संख्या = 6; इलेक्ट्रॉनिक विन्यास = 2, 4

O की परमाणु संख्या = 8; इलेक्ट्रॉनिक विन्यास = 2, 6

इलेक्ट्रॉन बिन्दु संरचना

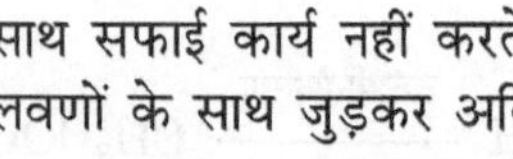

[O = C = O]

प्रश्न 2. सल्फर के आठ परमाणुओं से बने सल्फर के अणु की इलेक्ट्रॉन बिंदु संरचना क्या होगी? (संकेत : सल्फर के आठ परमाणु एक अँगूठी के रूप में आपस में जुड़े होते हैं।)

उत्तर सल्फर (S) की परमाणु संख्या = 16

K, L, M

इलेक्ट्रॉनिक विन्यास $_{16}S$ = 2, 8 6

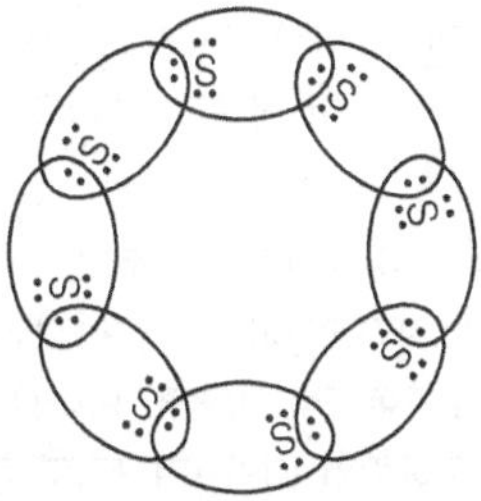

S_8 की इलेक्ट्रॉन बिंदु संरचना

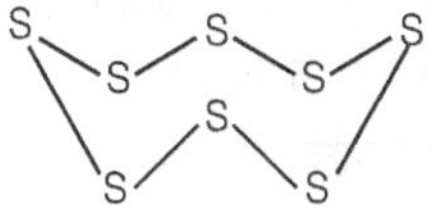

S_8 अणु (crown shaped)

पृष्ठ 76

प्रश्न 1. पेन्टेन के लिए आप कितने संरचनात्मक समावयवों का चित्रण कर सकते हैं?

उत्तर C_5H_{12} (पेन्टेन) *के तीन संरचनात्मक समावयवी सम्भव हैं*

(i) 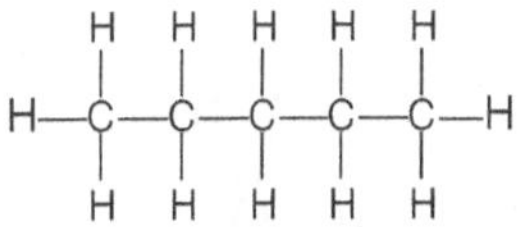

n-पेन्टेन या पेन्टेन

(ii) 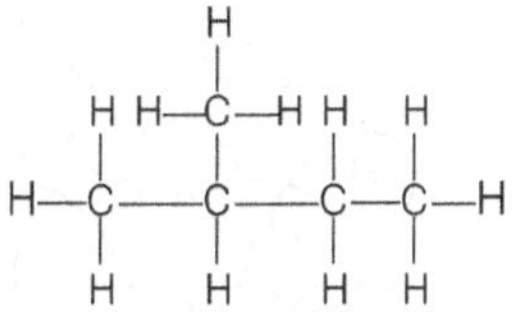

आइसो पेन्टेन या 2-मेथिल ब्यूटेन

(iii) 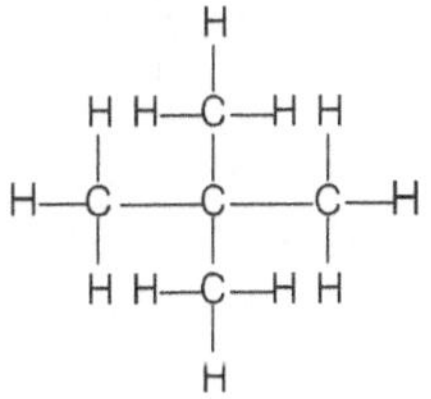

निओ-पेन्टेन या 2, 2-डाइमेथिल प्रोपेन

[**नोट** ***समावयवता*** *(Isomerism) वह परिघटना, जिसमें एक अणुसूत्र वाले एक से अधिक यौगिक पाए जाते हैं, जिनके गुणधर्म सामान्यतया भिन्न-भिन्न होते हैं, समावयवता कहलाती है। इन यौगिकों को समावयवी (isomers) कहते हैं। जब यौगिकों के संरचना सूत्र भिन्न तथा अणुसूत्र समान होते हैं, तब इन्हें संरचनात्मक समावयवी (structural isomers) कहते हैं।*]

प्रश्न 2. कार्बन के दो गुणधर्म कौन-कौन से हैं, जिनके कारण हमारे चारों ओर कार्बन यौगिकों की विशाल संख्या दिखाई देती है?

उत्तर कार्बन एक विशाल संख्या में यौगिक बनाता है। *इसके दो मुख्य कारण निम्न हैं*

(i) **शृंखलन** (Catenation) कार्बन परमाणुओं के परस्पर जुड़कर लंबी शृंखलाएँ बनाने के गुण को शृंखलन कहते हैं। ये सीधी शृंखला, शाखित शृंखला अथवा वलय के रूप में जुड़ने की क्षमता रखते हैं।

(ii) **चतु:संयोजकता** (Tetravalency) कार्बन की चतु:संयोजकता के कारण यह अन्य कार्बन परमाणुओं से या अन्य तत्वों के परमाणुओं से सहसंयोजक आबंधों द्वारा जुड़ता है। क्योंकि सहसंयोजक आबंध एक-एक (एकल आबंध), दो-दो (द्विबंध) या तीन-तीन (त्रिबंध) इलेक्ट्रॉनों की साझेदारी द्वारा बन सकते हैं, अतः यौगिकों की संख्या बहुत अधिक बढ़ जाती है।

प्रश्न 3. साइक्लोपेन्टेन का सूत्र तथा इलेक्ट्रॉन बिंदु संरचना क्या होंगे?

उत्तर साइक्लोएल्केन का सामान्य सूत्र $= C_nH_{2n}$

साइक्लोपेन्टेन (C = 5) का सूत्र $= C_5H_{10}$

साइक्लोपेन्टेन की इलेक्ट्रॉन बिंदु संरचना तथा संरचना सूत्र

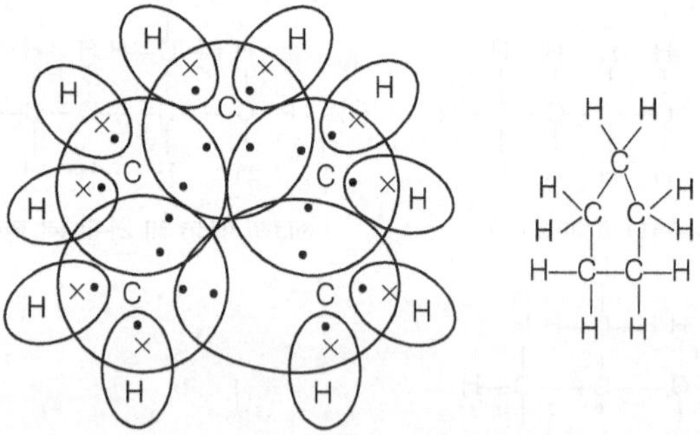

प्रश्न 4. निम्न यौगिकों की संरचनाएँ चित्रित कीजिए

(i) एथेनोइक अम्ल (ii) ब्रोमोपेन्टेन

(iii) ब्यूटेनॉन (iv) हेक्सेनल (या हेक्सेनल)

क्या ब्रोमोपेन्टेन के संरचनात्मक समावयवी संभव हैं?

उत्तर

(i) **एथेनोइक अम्ल** CH_3COOH

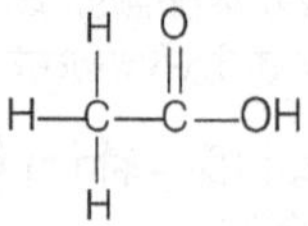

(ii) **ब्रोमोपेन्टेन** $CH_3CH_2CH_2CH_2CH_2Br$

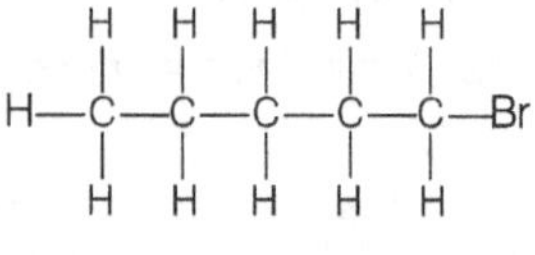

(iii) **ब्यूटेनॉन** $CH_3CH_2COCH_3$ 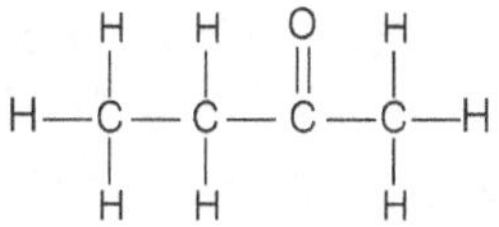

(iv) **हेक्सेनेल** $CH_3CH_2CH_2CH_2CH_2CHO$ 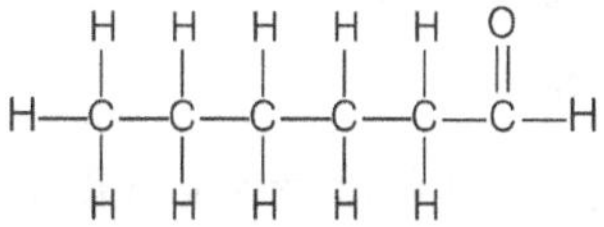

ब्रोमोपेन्टेन $C_5H_{11}Br$ के निम्न संरचनात्मक समावयवी सम्भव हैं

(i) $CH_3CH_2CH_2CH_2CH_2Br$

1-ब्रोमोपेन्टेन

(ii) $CH_3CH_2CH_2\underset{|}{\underset{Br}{C}}HCH_3$

2-ब्रोमोपेन्टेन

(iii) $CH_3CH_2\underset{|}{\underset{Br}{C}}HCH_2CH_3$

3-ब्रोमोपेन्टेन

प्रश्न 5. निम्न यौगिकों का नामकरण कैसे करेंगे?

(i) $CH_3—CH_2—Br$

(ii) 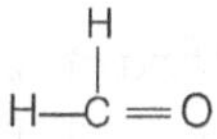

(iii) 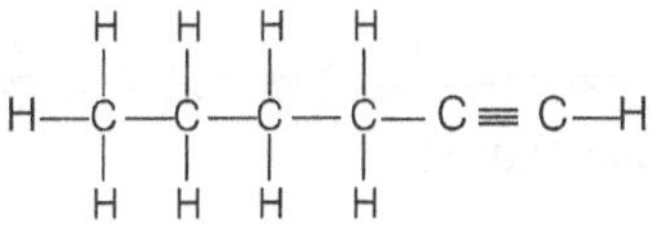

उत्तर (i) $CH_3—CH_2—Br$

ब्रोमोएथेन

(ii) 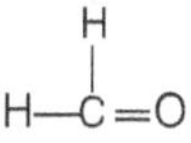

मेथेनल

(iii) 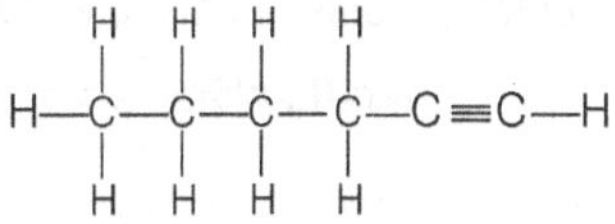

हेक्स-1-आइन या 1-हेक्साइन

[**नोट** (i) *कार्बन संख्या के आधार पर आई यु पी ए सी नाम में पूर्वलग्न* (prefix) *इस प्रकार हैं* : C_1 = *मेथ* (meth), C_2 = *एथ* (eth), C_3 = *प्रोप* (prop), C_4 = *ब्यूट* (but), C_5 = *पेन्ट* (pent), C_6 = *हेक्स* (hex), C_7 = *हेप्ट* (hept), C_8 = *ऑक्ट* (oct), C_9 = *नोन* (non), C_{10} = *डेक* (dec)।

(ii) *एकल बंध के लिए अनुलग्न* (suffix) *ऐन* (ane), *द्विबंध के लिए ईन* (ene) *तथा त्रिबंध वाले यौगिकों में आइन* (yne) *का प्रयोग होता है।*

(iii) *प्रकार्यात्मक समूह मुख्य श्रृंखला के किस कार्बन परमाणु से जुड़ा है यह भी अंकित करेंगें।]*

पृष्ठ 79

प्रश्न 1. एथेनॉल से एथेनोइक अम्ल में परिवर्तन को ऑक्सीकरण अभिक्रिया क्यों कहते हैं?

उत्तर ऑक्सीकरण वह अभिक्रिया है, जिसमें किसी पदार्थ में ऑक्सीजन का संयोग अथवा हाइड्रोजन का ह्रास होता है।

$$\underset{\text{एथेनॉल}}{CH_3CH_2OH} + 2[O] \xrightarrow{\text{ऑक्सीकारक}} \underset{\text{एथेनोइक अम्ल}}{CH_3COOH} + H_2O$$

एथेनॉल से एथेनोइक अम्ल के निर्माण की क्रिया में भी ऑक्सीजन का संयोग तथा हाइड्रोजन का ह्रास होता है (देखें उपरोक्त समीकरण)। अतः इस अभिक्रिया को ऑक्सीकरण कहा जाना उचित है।

प्रश्न 2. ऑक्सीजन तथा एथाइन के मिश्रण का दहन वेल्डिंग के लिए किया जाता है। क्या आप बता सकते हैं कि एथाइन तथा वायु के मिश्रण का उपयोग क्यों नहीं किया जाता?

उत्तर एथाइन का वायु की उपस्थिति में अपूर्ण दहन होता है तथा काफी मात्रा में धुआँ उत्पन्न होता है। साथ ही उत्पन्न ऊष्मा की कम मात्रा उच्च तापमान (वेल्डिंग के लिए आवश्यक) उत्पन्न करने में असमर्थ रहती है।

वेल्डिंग के लिए आवश्यक उच्च ताप (अधिक ऊष्मा) उत्पन्न करने के उद्देश्य से एथाइन का पूर्ण दहन शुद्ध ऑक्सीजन की उपस्थिति में किया जाता है।

$$\underset{\text{एथाइन}}{2HC \equiv CH} + 5O_2 \longrightarrow 4CO_2 + 2H_2O + \text{ऊष्मा} + \text{प्रकाश}$$

पृष्ठ 83

प्रश्न 1. प्रयोग द्वारा आप ऐल्कोहॉल तथा कार्बोक्सिलिक अम्ल में कैसे अंतर कर सकते हैं?

उत्तर *निम्न प्रयोगों द्वारा हम ऐल्कोहॉल तथा कार्बोक्सिलिक अम्ल में अंतर कर सकते है*

क्र.सं.	ऐल्कोहॉल	कार्बोक्सिलिक अम्ल
(i)	**लिटमस परीक्षण** ऐल्कोहॉल लिटमस पत्र के रंग को परिवर्तित नहीं करता।	**लिटमस परीक्षण** कार्बोक्सिलिक अम्ल लिटमस पत्र के रंग को नीले से लाल कर देता है।
(ii)	**सोडियम बाइकार्बोनेट परीक्षण** ऐल्कोहॉल में थोड़ा $NaHCO_3(s)$ मिलाने पर कोई गैस उत्पन्न नहीं होती।	**सोडियम बाइकार्बोनेट परीक्षण** $NaHCO_3(s)$ को कार्बोक्सिलिक अम्ल में मिलाने पर बुदबुदाहट के साथ CO_2 गैस उत्पन्न होती है।

प्रश्न 2. ऑक्सीकारक क्या है?

उत्तर वे पदार्थ, जो अन्य पदार्थों को ऑक्सीकरण हेतु ऑक्सीजन उपलब्ध कराते हैं अथवा उनसे हाइड्रोजन को विलग करने में सहायक होते हैं, ऑक्सीकारक कहलाते हैं।

उदाहरण क्षारीय पोटैशियम परमैंगनेट ($KMnO_4$) विलयन।

$$\underset{\text{एथेनॉल}}{CH_3CH_2OH} \xrightarrow[+\,2\,[O]]{\text{क्षारीय } KMnO_4} \underset{\text{एथेनोइक अम्ल}}{CH_3COOH} + H_2O$$

पृष्ठ 85

प्रश्न 1. क्या आप डिटर्जेंट का उपयोग करके यह बता सकते हैं कि कोई जल कठोर है अथवा नहीं?

उत्तर नहीं, क्योंकि डिटर्जेंट कठोर तथा मृदु दोनों प्रकार के जल के साथ पर्याप्त मात्रा में झाग उत्पन्न करता है। डिटर्जेंट के स्थान पर साबुन द्वारा ऐसा पता लगाना संभव है।

प्रश्न 2. लोग विभिन्न प्रकार से कपड़े धोते हैं। सामान्यतः साबुन लगाने के बाद लोग कपड़े को पत्थर पर पटकते हैं, डंडे से पीटते हैं, ब्रुश से रगड़ते हैं या वाशिंग मशीन में कपड़े रगड़े जाते हैं। कपड़ा साफ करने के लिए उसे रगड़ने की आवश्यकता क्यों होती है?

उत्तर धुलाई के समय साबुन अथवा अपमार्जक का विलयन बनाया जाता है, जिससे उसमें मिसेल का निर्माण होता है। इसके द्वारा इमल्सन (emulsion) भी बनता है। प्रश्न में कही गई सभी विधियों का उददेश्य कपड़े की सतह से तेलीय धूल के कणों को अलग करना तथा उन्हें धोना है। इसके लिए कपड़े को तथाकथित किसी भी विधि द्वारा रगड़ा जाता है।

अभ्यास

प्रश्न 1. एथेन का आण्विक सूत्र C_2H_6 है, इसमें

(a) 6 सहसंयोजक आबंध हैं (b) 7 सहसंयोजक आबंध हैं

(c) 8 सहसंयोजक आबंध हैं (d) 9 सहसंयोजक आबंध हैं

उत्तर *(b)* 7 सहसंयोजक आबंध हैं।

C_2H_6 की संरचना : 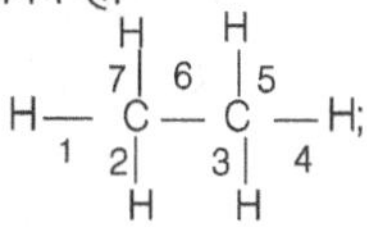 ; कुल 7 एकल सहसंयोजक आबंध।

प्रश्न 2. ब्यूटेनॉन चर्तु-कार्बन यौगिक है, जिसका प्रकार्यात्मक समूह है

(a) कार्बोक्सिलिक अम्ल (b) ऐल्डिहाइड

(c) कीटोन (d) ऐल्कोहॉल

उत्तर *(c)* कीटोन ($>C=O$)

ब्यूटेनॉन का सूत्र $H_3C-CH_2-\overset{\overset{\displaystyle O}{||}}{C}-CH_3$

प्रश्न 3. खाना बनाते समय यदि बर्तन की तली बाहर से काली हो रही है, तो इसका मतलब है कि

(a) भोजन पूरी तरह नहीं पका है (b) ईंधन पूरी तरह से नहीं जल रहा है

(c) ईंधन आर्द्र है (d) ईंधन पूरी तरह से जल रहा है

उत्तर (*b*) ईंधन पूरी तरह से नहीं जल रहा है।

ईंधन के अधजले या बिना जले कण धुएँ के रूप में बर्तन की तली पर जमकर इसे काला कर देते हैं।

प्रश्न 4. CH_3Cl में आबंध निर्माण का उपयोग करके सहसंयोजक आबंध की प्रकृति समझाइए।

उत्तर परमाणु संख्या C = 6; H = 1, Cl = 17

इलेक्ट्रॉनिक विन्यास $_{6}C = \begin{matrix} K, & L, & M \\ 2, & 4 & \end{matrix}$

$_{1}H = 1,$

$_{17}Cl = 2, \quad 8, \quad 7$

कार्बन परमाणु की बाह्यतम कक्षा में 4 इलेक्ट्रॉन हैं। इसे अपना अष्टक पूर्ण करने के लिए अभी 4 इलेक्ट्रॉनों की आवश्यकता है। इसी प्रकार H को 1 तथा Cl को भी 1 इलेक्ट्रॉन की आवश्यकता है। ये सभी परस्पर 1-1 इलेक्ट्रॉन की साझेदारी (एकल आबंध) करके अपना अष्टक (H में duplet) पूर्ण करते हैं।

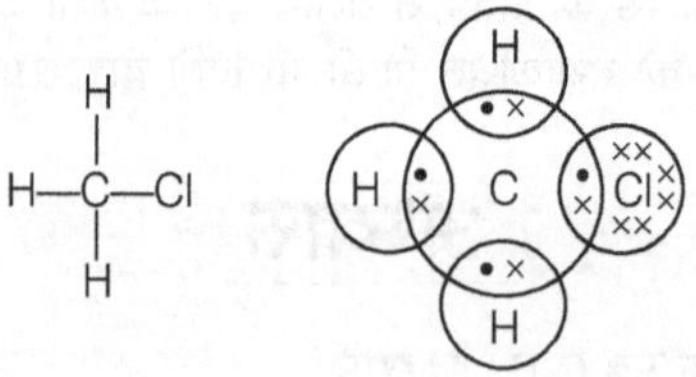

प्रश्न 5. इलेक्ट्रॉन बिंदु संरचना बनाइए

(a) एथेनोइक अम्ल (b) H_2S (c) प्रोपेनॉन (d) F_2

उत्तर (*a*) **एथेनॉइक अम्ल** CH_3COOH या $H_3C—C(=O)—OH$

इलेक्ट्रॉन बिंदु संरचना

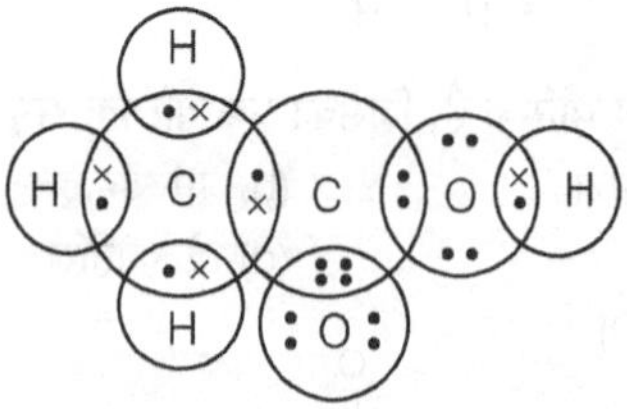

(*b*) **हाइड्रोजन सल्फाइड** H_2S अथवा H—S—H

इलेक्ट्रॉन बिंदु संरचना

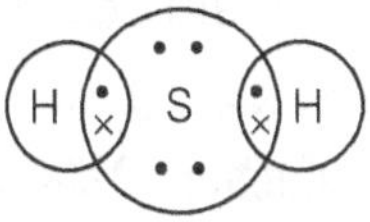

(*c*) **प्रोपेनॉन CH_3COCH_3** अथवा $CH_3-\overset{\overset{\large O}{\|}}{C}-CH_3$

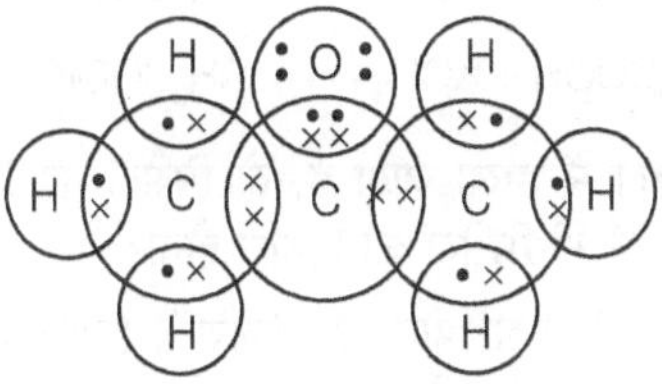

(*d*) **फ्लओरीन अणु F_2** अथवा F—F

प्रश्न 6. समजातीय श्रेणी क्या है? उदाहरण के साथ समझाइए।

उत्तर **समजातीय श्रेणी** कार्बनिक यौगिकों की वह श्रेणी, जिनमें समान प्रकार्यात्मक समूह उपस्थित होता है, जिनके बनाने की विधियाँ लगभग समान होती हैं, जिनके गुणों में समानता या क्रमिक परिवर्तन होता है तथा जिनके दो सदस्यों के बीच CH_2—समूह तथा 14u अणुभार का अंतर होता है, समजातीय श्रेणी कहलाती है।

उदाहरण **ऐल्कीन श्रेणी** सामान्य सूत्र C_nH_{2n}

एथीन C_2H_4, प्रोपीन C_3H_6, ब्यूटीन C_4H_8, पेन्टीन C_5H_{10} ...

प्रश्न 7. भौतिक एवं रासायनिक गुणधर्मों के आधार पर एथेनॉल एवं एथेनोइक अम्ल में आप कैसे अंतर करेंगे?

उत्तर *भौतिक गुणधर्मों के आधार पर एथेनॉल व एथेनोइक अम्ल में अंतर निम्न हैं*

(i) **गंध** एथेनॉल की एक विशेष गंध (ऐल्कोहॉल) होती है, जबकि एथेनोइक अम्ल की एक तीक्ष्ण (सिरके जैसी) गंध होती है।

(ii) **गलनांक** एथेनॉल का गलनांक कम (156 K) तथा एथेनोइक अम्ल का गलनांक अपेक्षाकृत अधिक (290 K) होता है।

(iii) **क्वथनांक** एथेनॉल का क्वथनांक 351 K तथा एथेनोइक अम्ल का क्वथनांक 391 K होता है।

रासायनिक गुणधर्मों के आधार पर एथेनॉल तथा एथेनोइक अम्ल में निम्न अंतर हैं

(i) **सोडियम बाइकार्बोनेट की अभिक्रिया** एथेनॉल सोडियम बाइकार्बोनेट के साथ कोई अभिक्रिया नहीं करता, जबकि एथेनोइक अम्ल सोडियम बाइकार्बोनेट से अभिक्रिया करके बुदबुदाहट के साथ CO_2 गैस उत्पन्न करता है।

$$CH_3COOH + NaHCO_3 \longrightarrow CH_3COONa + CO_2 + H_2O$$

(ii) **कॉस्टिक क्षारकों के साथ अभिक्रिया** एथेनॉल कॉस्टिक क्षारकों से अभिक्रिया नहीं करता, जबकि एथेनोइक अम्ल कॉस्टिक क्षारकों से अभिक्रिया करके इनके संगत लवण और जल बनाता है।

$$CH_3COOH + NaOH \longrightarrow CH_3COONa + H_2O$$

$$CH_3COOH + KOH \longrightarrow CH_3COOK + H_2O$$

प्रश्न 8. जब साबुन को जल में डाला जाता है, तो मिसेल का निर्माण होता है, क्यों? क्या एथेनॉल जैसे दूसरे विलायकों में भी मिसेल का निर्माण होगा?

उत्तर साबुन का अणु दो सिरे वाला होता है–जलरागी (आयनिक भाग) तथा जलविरागी (हाइड्रोकार्बन भाग)। जब साबुन जल की सतह पर होता है, तब इसके अणु अपने को इस प्रकार व्यवस्थित कर लेते हैं कि इसका आयनिक भाग जल के अंदर होता है और हाइड्रोकार्बन भाग जल के बाहर होता है।

जब साबुन को जल में घोला जाता है तथा उसमें मैला कपड़ा भी रगड़ा जाता है, तब तैलीय धूल के कण हाइड्रोकार्बन भाग से तथा जल के अणु आयनिक भाग से जुड़ जाते हैं। अब ये सभी साबुन के अणुओं के आयनिक (ऋणात्मक) भाग बाहर की ओर तथा हाइड्रोकार्बन भाग भीतर की ओर व्यवस्थित होकर मिसेल बनाते हैं। इसका कारण यह है कि साबुन के आयनिक भागों में परस्पर आयन-आयन प्रतिकर्षण होता है। ये कोलॉइड के रूप में रहते हैं तथा अवक्षेपित नहीं होते। वहीं, एथेनॉल अथवा दूसरे ऐसे विलायकों में साबुन के दोनों सिरे पूर्णतया घुल जाते हैं। ऐसा इसलिए होता है, क्योंकि एथेनॉल ध्रुवीय सहसंयोजी यौगिक है।

अतः एथेनॉल जैसे दूसरे विलायकों में मिसेल का निर्माण नहीं होगा।

प्रश्न 9. कार्बन एवं उसके यौगिकों का उपयोग अधिकतर अनुप्रयोगों में ईंधन के रूप में क्यों किया जाता है?

उत्तर कार्बन वायु (ऑक्सीजन) में जलकर कार्बन डाइऑक्साइड तथा बड़ी मात्रा में ऊष्मा व प्रकाशीय ऊर्जा उत्पन्न करता है। एक बार दहन प्रक्रिया शुरू होने के पश्चात् कार्बनिक यौगिकों को बार-बार अतिरिक्त ऊर्जा (जलाने हेतु) प्रदान नहीं करनी पड़ती। अतः इनका उपयोग ईंधन के रूप में किया जाता है।

$$C + O_2 \xrightarrow{\text{दहन}} CO_2 + \text{ऊष्मा} + \text{प्रकाश}$$

प्रश्न 10. कठोर जल को साबुन से उपचारित करने पर झाग के निर्माण को समझाइए।

उत्तर कठोर जल में कैल्सियम तथा मैग्नीशियम लवण उपस्थित होते हैं। साबुन को जब कठोर जल में घोला जाता है, तब ये अविलेय लवण (स्कम) बनाते हैं और झाग उत्पन्न नहीं करते।

$$\underset{\text{कठोर जल में}}{CaCl_2} + \underset{\text{साबुन}}{2RCOONa} \longrightarrow \underset{\text{अविलेय स्कम}}{(RCOO)_2Ca} + 2NaCl$$

$$\underset{\text{कठोर जल में}}{MgCl_2} + 2RCOONa \longrightarrow \underset{\text{अविलेय स्कम}}{(RCOO)_2 Mg} + 2NaCl$$

प्रश्न 11. यदि आप लिटमस पत्र (लाल एवं नीला) से साबुन की जाँच करें, तो आपका प्रेक्षण क्या होगा?

उत्तर साबुन की प्रकृति क्षारीय है, क्योंकि यह दुर्बल वसा अम्लों तथा प्रबल कॉस्टिक क्षारकों से मिलकर बनता है। इसीलिए साबुन का विलयन लाल लिटमस पत्र को नीला कर देगा। नीले लिटमस पत्र पर साबुन के विलयन का कोई प्रभाव नहीं होगा।

प्रश्न 12. हाइड्रोजनीकरण क्या है? इसका औद्योगिक अनुप्रयोग क्या है?

उत्तर **हाइड्रोजनीकरण** असंतृप्त हाइड्रोकार्बनों (ऐल्कीन/ऐल्काइन) के साथ हाइड्रोजन की योग अभिक्रिया को हाइड्रोजनीकरण (hydrogenation) कहते हैं। यह अभिक्रिया निकैल (Ni), पैलेडियम (Pd) आदि उत्प्रेरकों की उपस्थिति में होती है।

औद्योगिक अनुप्रयोग जब वनस्पति तेलों में निकैल (Ni) उत्प्रेरक की उपस्थिति में हाइड्रोजन गैस को उच्च ताप पर प्रवाहित किया जाता है, तब वनस्पति घी बनता है। यह प्रक्रिया तेलों का कठोरीकरण कहलाती है।

$$\text{वनस्पति तेल} + H_2 \xrightarrow{\text{Ni, ऊष्मा}} \text{वनस्पति घी (वसा)}$$

$$>C=C< + H_2 \xrightarrow{\text{Ni, ऊष्मा}} -\overset{|}{\underset{H}{\underset{|}{C}}}-\overset{|}{\underset{H}{\underset{|}{C}}}-$$

प्रश्न 13. दिए गए हाइड्रोकार्बन $C_2H_6, C_3H_8, C_3H_6, C_2H_2$ एवं CH_4 में से किसमें संकलन (योग) अभिक्रिया होती है?

उत्तर असंतृप्त हाइड्रोकार्बनों में संकलन अभिक्रिया होती है।

ऐल्कीनों का सामान्य सूत्र $= C_nH_{2n}$; ऐल्काइनों का सामान्य सूत्र $= C_nH_{2n-2}$

अतः C_3H_6 तथा C_2H_2 में संकलन अभिक्रिया होगी। C_3H_6 प्रोपीन, एक ऐल्कीन है। इसकी संरचना $H_3C-CH=CH_2$ है। C_2H_2 एथाइन, एक ऐल्काइन है। इसकी संरचना $HC\equiv CH$ है। C_2H_6, C_3H_8 और CH_4 एल्केन हैं। इनमें संकलन अभिक्रिया नहीं होगी। ये प्रतिस्थापन अभिक्रिया देते हैं।

प्रश्न 14. संतृप्त एवं असंतृप्त कार्बनिक यौगिकों के बीच रासायनिक अंतर समझने के लिए परीक्षण बताइए।

उत्तर संतृप्त एवं असंतृप्त कार्बनिक यौगिकों के बीच रासायनिक अंतर ब्रोमीन जल परीक्षण द्वारा किया जाता है।

संतृप्त कार्बनिक यौगिक + Br_2 जल ⟶ कोई परिवर्तन नहीं होगा
(भूरा रंग)

असंतृप्त कार्बनिक यौगिक + Br_2 जल ⟶ रंगहीन हो जाता है
(भूरा रंग)

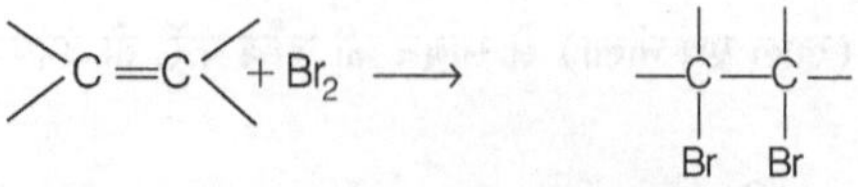

(रंगहीन डाइब्रोमो संकलित उत्पाद)

प्रश्न 15. साबुन की सफाई प्रक्रिया की क्रियाविधि समझाइए।

उत्तर साबुन की सफाई क्रियाविधि (Cleaning Mechanism of Soap) साबुन के अणु लंबी श्रृंखला वाले कार्बोक्सिलिक अम्लों के सोडियम एवं पोटैशियम लवण होते हैं। साबुन का अणु दो सिरों वाला होता है, *जिसे निम्न प्रकार प्रदर्शित किया जा सकता है*

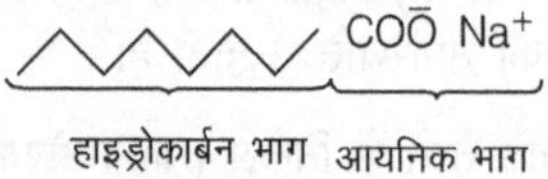

हाइड्रोकार्बन भाग तेल (मैल) में घुलता हैं, जबकि आयनिक भाग जल में घुलता है। जल में साबुन घोलकर कपड़ा धोने पर साबुन के अणु मिसेली संरचना तैयार करते हैं।

जहाँ साबुन के अणु का एक सिरा तैलीय कण (मैल) की ओर तथा आयनिक सिरा बाहर की ओर होता है। इससे पानी में इमल्शन बनता है। इस प्रकार साबुन का मिसेल मैल को पानी में घोलने में मदद करता है और हमारे कपड़े साफ हो जाते हैं।

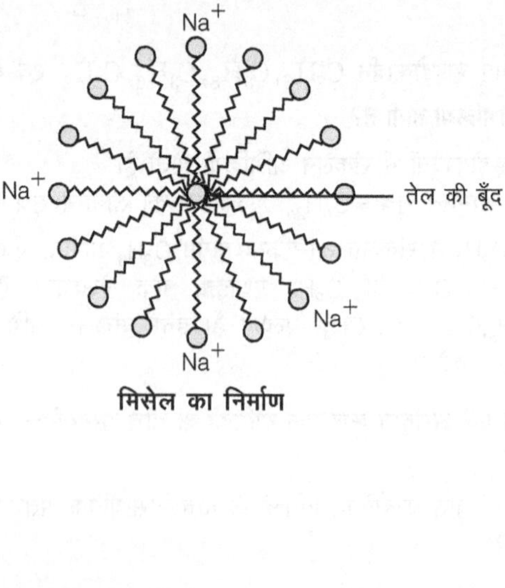

मिसेल का निर्माण

NCERT Exemplar

पुस्तक के चुने गए प्रश्न

बहुविकल्पीय प्रश्न

प्रश्न 1. कार्बन वायुमंडल में निम्न के रूप में पाया जाता है

(a) केवल कार्बन मोनोक्साइड

(b) कम मात्रा में कार्बन मोनोक्साइड तथा कार्बन डाइऑक्साइड

(c) केवल कार्बन डाइऑक्साइड

(d) कोयला

उत्तर (*b*) कम मात्रा में कार्बन मोनोक्साइड तथा कार्बन डाइऑक्साइड (0.03%)

प्रश्न 2. निम्न में से कौन-से कथन कार्बनिक यौगिकों के लिए सामान्यतया सही होते हैं?

(i) ये विद्युत के सुचालक होते हैं।

(ii) ये विद्युत के कुचालक होते हैं।

(iii) इनके अणुओं के बीच प्रबल आकर्षण बल होता है।

(iv) इनके अणुओं के बीच प्रबल आकर्षण बल नहीं होता है।

(a) (i) तथा (iii) (b) (ii) तथा (iii)

(c) (i) तथा (iv) (d) (ii) तथा (iv)

उत्तर (*d*) (ii) तथा (iv); कार्बनिक यौगिको में परमाणु सहसंयोजक बंध द्वारा बंधे होते हैं, अतः इनमें मुक्त आयन अनुपस्थित होते हैं, जिस कारण ये विद्युत के कुचालक होते हैं।

प्रश्न 3. अमोनिया के एक अणु में होते हैं

(a) केवल एकल बंध (b) केवल द्विबंध

(c) केवल त्रिबंध (d) दो द्विबंध तथा एक एकल बंध

उत्तर (*a*) केवल एकल बन्ध, 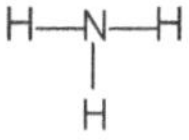

प्रश्न 4. बुकमिन्स्टर फुलेरीन (Buckminster fullerene) **निम्न का अपररूप है**

(a) फॉस्फोरस (b) सल्फर (c) कार्बन (d) टिन

उत्तर (*c*) कार्बन (यह कार्बन का क्रिस्टलीय अपररूप है।)

प्रश्न 5. निम्न में से कौन-से, ब्यूटेन के संरचनात्मक समावयवी हैं?

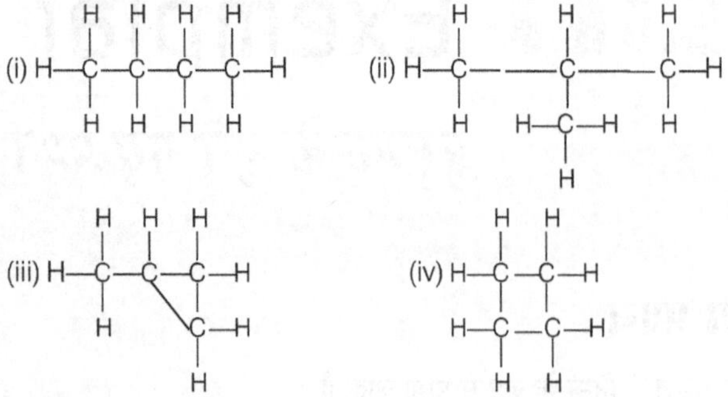

(a) (i) तथा (iii) (b) (ii) तथा (iv)

(c) (i) तथा (ii) (d) (iii) तथा (iv)

उत्तर (*c*) (i) तथा (ii) क्योंकि संरचनात्मक समावयवियों का अणुसूत्र समान होता है।

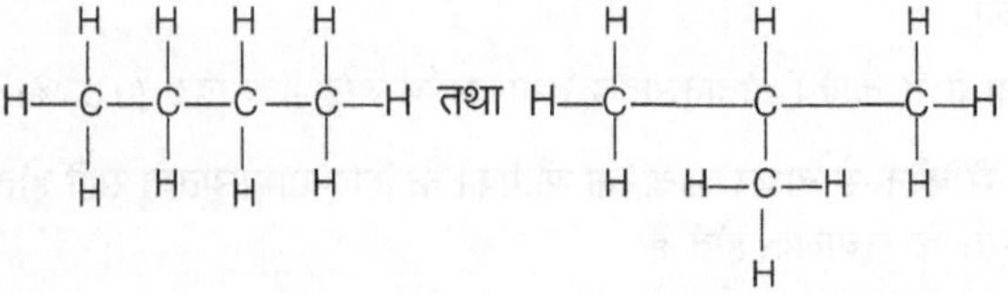

ब्यूटेन (C_4H_{10}) 2-मेथिल प्रोपेन (C_4H_{10})

प्रश्न 6. $CH_3—CH_2—OH \xrightarrow{\text{क्षारीय } KMnO_4 + \text{ ऊष्मा}} CH_3—COOH$

उपरोक्त अभिक्रिया में, क्षारीय $KMnO_4$ कार्य करता है

(a) अपचायक (reducing agent) का (b) उपचायक (oxidising agent) का

(c) उत्प्रेरक (catalyst) का (d) निर्जलीकारक (dehydrating agent) का

उत्तर (*b*) उपचायक का (ऑक्सीजन के योग तथा हाइड्रोजन के ह्रास को उपचयन कहते है)।

प्रश्न 7. तेलों को पैलेडियम या निकैल आदि उत्प्रेरक की उपस्थिति में हाइड्रोजन से अभिक्रिया कराने पर वसा प्राप्त होती हैं। यह अभिक्रिया निम्न का उदाहरण है

(a) संकलन अभिक्रिया (addition reaction)

(b) प्रतिस्थापन अभिक्रिया (substitution reaction)

(c) विस्थापन अभिक्रिया (displacement reaction)

(d) उपचयन/ऑक्सीकरण अभिक्रिया (oxidation reaction)

उत्तर (*a*) संकलन अभिक्रिया

$$\text{तेल (असंतृप्त)} + H_2 \xrightarrow{\text{Ni, ऊष्मा}} \text{वसा (संतृप्त)}$$

प्रश्न 8. निम्न में से किस यौगिक में, —OH प्रकार्यात्मक समूह उपस्थित है?

(a) ब्यूटेनॉन (b) ब्यूटेनॉल (c) ब्यूटेनोइक अम्ल (d) ब्यूटेनल

उत्तर (*b*) ब्यूटेनॉल

जिन यौगिकों के नाम के अंत में ऑल (ol) आता है, वे ऐल्कोहॉल (—OH युक्त) होते हैं।

प्रश्न 9. साबुन का अणु निम्न से युक्त होता है

(a) जलरागी सिर (hydrophilic head) तथा जलविरागी पूँछ (hydrophobic tail)

(b) जलविरागी सिर तथा जलरागी पूँछ

(c) जलविरागी सिर तथा जलविरागी पूँछ

(d) जलरागी सिर तथा जलरागी पूँछ

उत्तर (*a*) जलरागी सिर तथा जलविरागी पूँछ

साबुन का अणु

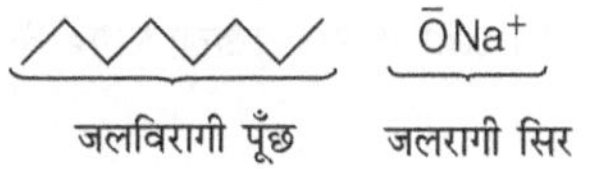

प्रश्न 10. निम्न में से कौन-सी नाइट्रोजन की सही इलेक्ट्रॉन बिंदु संरचना है?

(a)  (b)  (c)  (d) 

उत्तर (*d*) 

प्रश्न 11. एथाइन का संरचना सूत्र है

(a) H— C ≡ C —H (b) H_3— C ≡ C —H

(c) 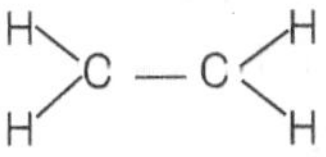 (d) 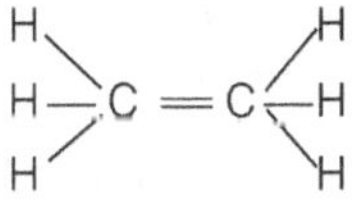

उत्तर (*a*) H—C ≡ C—H

क्योंकि 'एथ' का अर्थ है दो कार्बन परमाणु तथा 'आइन' का अर्थ है त्रिबंध।

प्रश्न 12. निम्न में से असंतृप्त यौगिकों को पहचानिए

(i) प्रोपेन (ii) प्रोपीन (iii) प्रोपाइन (iv) क्लोरोप्रोपेन

(a) (i) तथा (ii) (b) (ii) तथा (iv)

(c) (iii) तथा (iv) (d) (ii) तथा (iii)

उत्तर (*d*) (ii) तथा (iii) [द्विबंध (ईन) तथा त्रिबंध (आईन) युक्त यौगिक असंतृप्त यौगिक कहलाते हैं।]

प्रोपीन $H_3C—CH=CH_2$ तथा प्रोपाइन $H_3C—C≡C—H$

प्रश्न 13. **क्लोरीन कमरे के ताप पर संतृप्त हाइड्रोकार्बन के साथ निम्न दशा में अभिक्रिया करता है**

(a) सूर्य के प्रकाश की अनुपस्थिति
(b) सूर्य के प्रकाश की उपस्थिति
(c) जल की उपस्थिति
(d) हाइड्रोक्लोरिक अम्ल की उपस्थिति

उत्तर (*b*) सूर्य के प्रकाश की उपस्थिति

प्रश्न 14. **साबुन के मिसेलों में**

(a) साबुन का आयनिक सिरा समूह (cluster) की सतह पर तथा कार्बन शृंखला इसके भीतर की ओर होती है।
(b) साबुन का आयनिक सिरा समूह के भीतरी ओर तथा कार्बन शृंखला इसके बाहर की ओर होती है।
(c) दोनों आयनिक भाग तथा कार्बन शृंखला समूह के भीतरी ओर होते हैं।
(d) दोनों आयनिक भाग तथा कार्बन शृंखला समूह के बाहर की ओर होते हैं।

उत्तर (*a*)

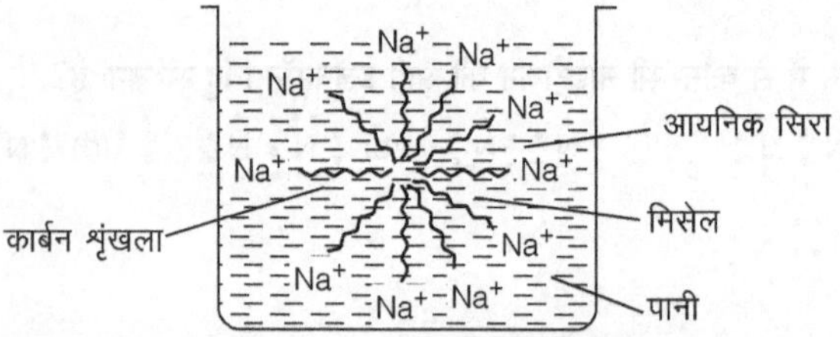

प्रश्न 15. **पेन्टेन का आणविक सूत्र C_5H_{12} है। इसमें होते हैं**

(a) 5 सहसंयोजी बंध
(b) 12 सहसंयोजी बंध
(c) 16 सहसंयोजी बंध
(d) 17 सहसंयोजी बंध

उत्तर (*c*) 16 सहसंयोजी बंध, पेन्टेन का संरचना सूत्र निम्न है

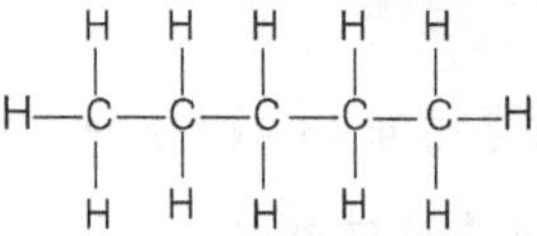

4C—C बंध + 12C—H बंध = 16 एकल सहसंयोजी बंध।

प्रश्न 16. बेन्जीन का संरचनात्मक सूत्र है

(a) 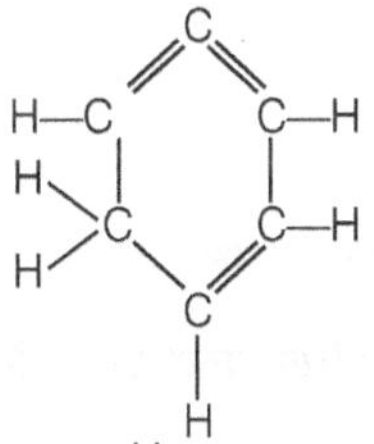

(b) 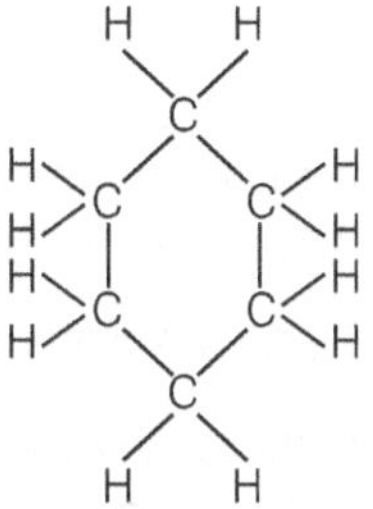

(c) 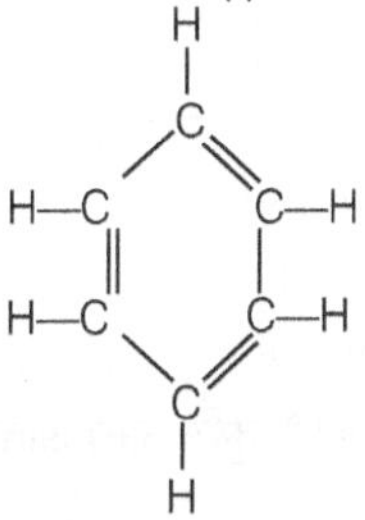

(d) 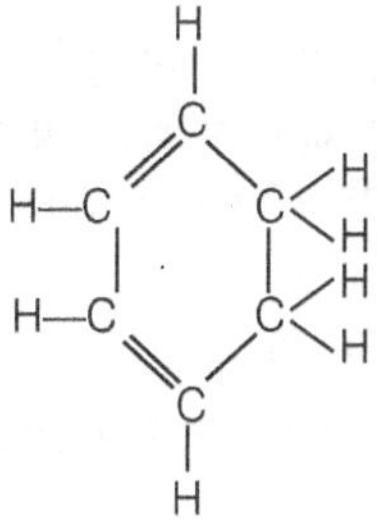

उत्तर (*c*) क्योंकि इसमें तीन एकल बंध तथा तीन द्विबंध एकांतर क्रम में हैं।
बेन्जीन का आणविक सूत्र C_6H_6 है।

प्रश्न 17. एथेनॉल सोडियम के साथ अभिक्रिया करके दो उत्पाद बनाता है। ये हैं

(a) सोडियम एथेनोएट तथा हाइड्रोजन (b) सोडियम एथेनोएट तथा ऑक्सीजन
(c) सोडियम एथॉक्साइड तथा हाइड्रोजन (d) सोडियम एथॉक्साइड तथा ऑक्सीजन

उत्तर (*c*) सोडियम एथॉक्साइड तथा हाइड्रोजन

$$2C_2H_5OH + 2Na \longrightarrow 2C_2H_5ONa + H_2 \uparrow$$

प्रश्न 18. ब्यूटेनोइक अम्ल का सही संरचनात्मक सूत्र है

(a) 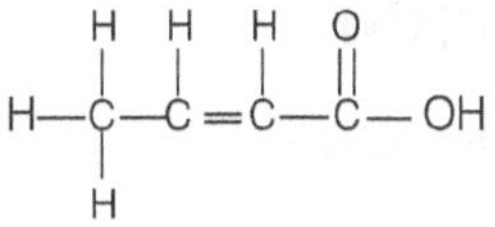

(b) 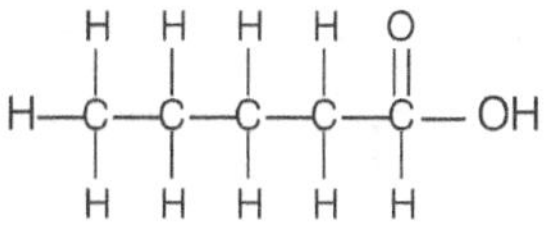

(c) 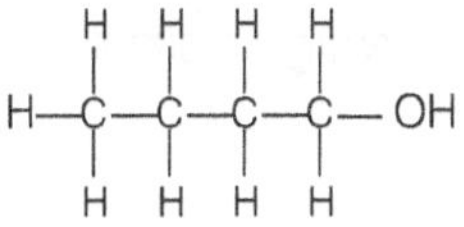

(d) 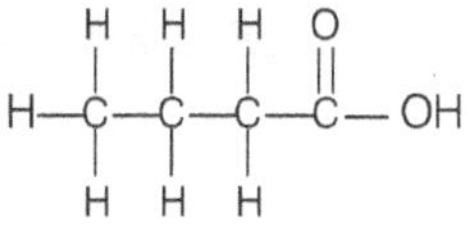

उत्तर (*d*) 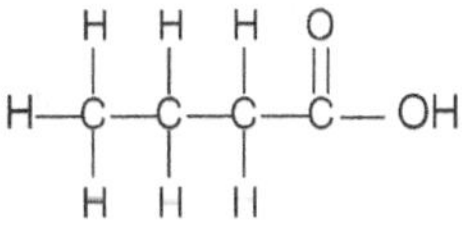 [अणुसूत्र C_3H_7COOH]

प्रश्न 19. सिरका निम्न का विलयन है

(a) ऐल्कोहॉल में 50%-60% ऐसीटिक अम्ल

(b) ऐल्कोहॉल में 5%-8% ऐसीटिक अम्ल

(c) जल में 5%-8% ऐसीटिक अम्ल

(d) जल में 50%-60% ऐसीटिक अम्ल

उत्तर (*c*) जल में 5%-8% ऐसीटिक अम्ल विलयन सिरका कहलाता है।

प्रश्न 20. खनिज अम्ल कार्बोक्सिलिक अम्लों की अपेक्षा अधिक प्रबल अम्ल होते हैं क्योंकि

(i) खनिज अम्ल पूर्णतया आयनीकृत होते हैं।

(ii) कार्बोक्सिलिक अम्ल पूर्णतया आयनीकृत होते हैं।

(iii) खनिज अम्ल आंशिक रूप से आयनीकृत होते हैं।

(iv) कार्बोक्सिलिक अम्ल आंशिक रूप से आयनीकृत होते हैं।

(a) (i) तथा (iv) (b) (ii) तथा (iii)

(c) (i) तथा (ii) (d) (iii) तथा (iv)

उत्तर (*a*) (i) तथा (iv); प्रबल अम्ल पूर्णतया आयनीकृत होते हैं, जबकि दुर्बल अम्ल आंशिक रूप से।

प्रश्न 21. कार्बन अपने चार संयोजी इलेक्ट्रॉनों की चार एकसंयोजक परमाणुओं (जैसे–हाइड्रोजन) के साथ साझेदारी करके चार सहसंयोजी बंध बनाता है। चार बंध बनने के पश्चात्, कार्बन निम्न का विन्यास प्राप्त कर लेता है।

(a) हीलियम (b) निऑन (c) आर्गन (d) क्रिप्टॉन

उत्तर (*b*) निऑन; $_{10}Ne = \begin{matrix} K, & L \\ 2, & 8 \end{matrix}$

$_{6}C = 2,\ 4$

चार बंध बनने के पश्चात् C =2, 8

प्रश्न 22. जल के अणु की सही इलेक्ट्रॉन बिंदु संरचना है

(a) $H\bullet\ddot{\underset{\bullet\bullet}{O}}\bullet O$ (b) $H:\ddot{\underset{\bullet\bullet}{O}}\bullet H$

(c) $H:\ddot{\underset{\bullet\bullet}{O}}:H$ (d) $H\bullet\bullet O\bullet\bullet H$

उत्तर (*c*) $H:\ddot{\underset{\bullet\bullet}{O}}:H$ (क्योंकि केवल इस संरचना में O परमाणु का अष्टक पूर्ण है।)

प्रश्न 23. निम्न में से कौन-सा सीधी शृंखला वाला हाइड्रोकार्बन नहीं है?

(a) 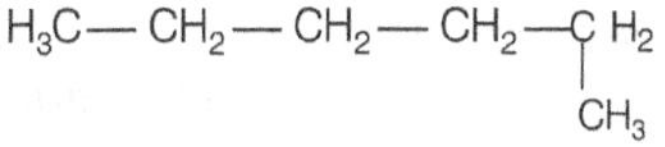

(b) $H_3C—CH_2—CH_2—CH_2—CH_2—CH_3$

(c) 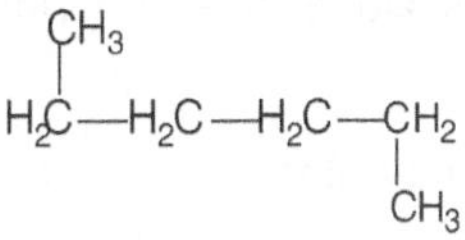

(d) 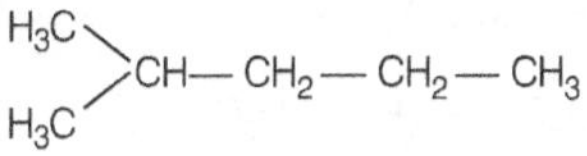

उत्तर (*d*) 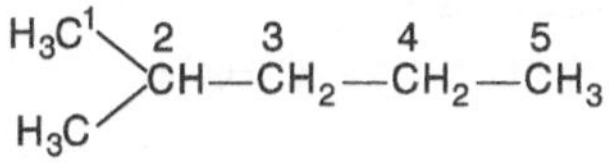 एक शाखित शृंखला वाला हाइड्रोकार्बन है।

प्रश्न 24. निम्न में से कौन-से असंतृप्त हाइड्रोकार्बन हैं?

(i) $H_3C—CH_2—CH_2—CH_3$

(ii) $H_3C—C\equiv C—CH_3$

(iii) 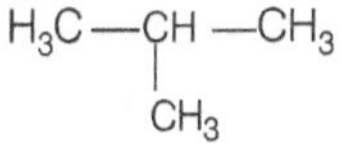

(iv) 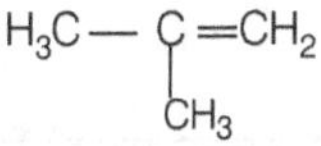

(a) (i) तथा (iii) (b) (ii) तथा (iii)

(c) (ii) तथा (iv) (d) (iii) तथा (iv)

उत्तर (*c*) (ii) तथा (iv); असंतृप्त हाइड्रोकार्बन का अर्थ है, द्विबंध या त्रिबंध युक्त हाइड्रोकार्बन।

प्रश्न 25. निम्न में से कौन-सा समान समजातीय श्रेणी में नहीं है?

(a) CH_4 (b) C_2H_6 (c) C_3H_8 (d) C_4H_8

उत्तर (*d*) C_4H_8

C_4H_8 ऐल्कीन है, जबकि अन्य तीन ऐल्केन।

प्रश्न 26. $CH_3—CH_2—CHO$ यौगिक का नाम है

(a) प्रोपेनल (b) प्रोपेनॉन (c) एथेनॉल (d) एथेनल

उत्तर (*a*) प्रोपेनल, क्योंकि कुल कार्बन परमाणुओं की संख्या तीन है तथा प्रकार्यात्मक समूह ऐल्डिहाइड है।

प्रश्न 27. $CH_3—CH_2—O—CH_2—CH_2Cl$ **में उपस्थित विषम परमाणु हैं**

(i) ऑक्सीजन (ii) कार्बन (iii) हाइड्रोजन (iv) क्लोरीन

(a) (i) और (ii) (b) (ii) तथा (iii) (c) (iii) तथा (iv) (d) (i) तथा (iv)

उत्तर *(d)* (i) तथा (iv)

कार्बन तथा हाइड्रोजन के अतिरिक्त उपस्थित अन्य सभी परमाणु विषम परमाणु (hetero atoms) कहलाते हैं।

प्रश्न 28. निम्न में से कौन-सी साबुनीकरण अभिक्रिया को दर्शाती है?

(a) $CH_3COONa + NaOH \xrightarrow{CaO} CH_4 + Na_2CO_3$

(b) $CH_3COOH + C_2H_5OH \xrightarrow{H_2SO_4} CH_3COOC_2H_5 + H_2O$

(c) $2CH_3COOH + 2Na \longrightarrow 2CH_3COONa + H_2$

(d) $CH_3COOC_2H_5 + NaOH \longrightarrow CH_3COONa + C_2H_5OH$

उत्तर *(d)* $\underset{\text{एस्टर}}{CH_3COOC_2H_5} + NaOH \xrightarrow{\text{साबुनीकरण}} CH_3COONa + C_2H_5OH$

प्रश्न 29. एल्काइन समजातीय श्रेणी का पहला सदस्य है

(a) एथाइन (b) एथीन (c) प्रोपाइन (d) मेथेन

उत्तर *(a)* एथाइन; $H—C \equiv C—H$

लघु उत्तरीय प्रश्न

प्रश्न 30. एथाइन की इलेक्ट्रॉन बिन्दु संरचना बनाइए तथा इसका संरचना सूत्र भी लिखिए।

उत्तर एथाइन की इलेक्ट्रॉन बिन्दु संरचना

$$H \bullet \times C \overset{\times\times}{\underset{\times\times}{\times\times}} C \times \bullet H$$

संरचनात्मक सूत्र $H—C \equiv C—H$

प्रश्न 31. निम्न यौगिकों के नाम लिखिए।

(a) 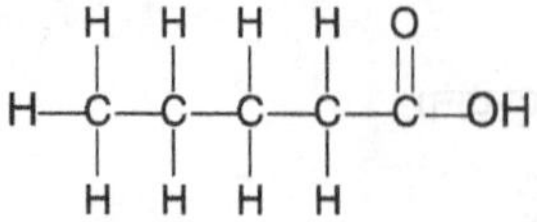

(b) 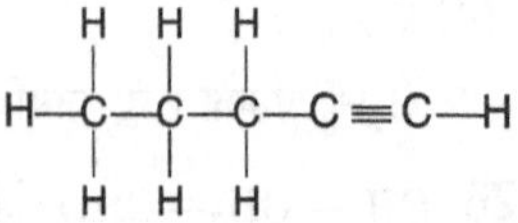

(c) 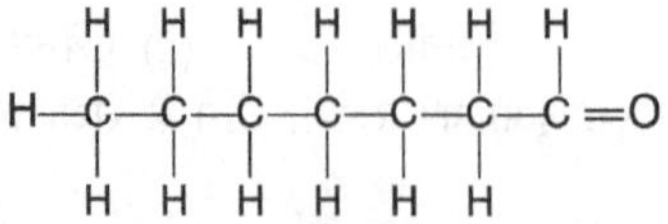

(d) 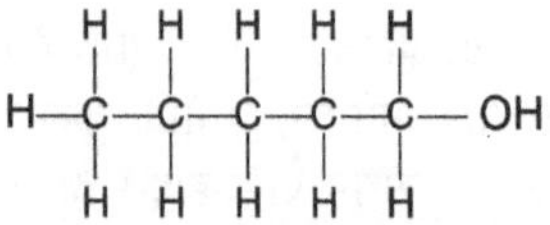

उत्तर (*a*) 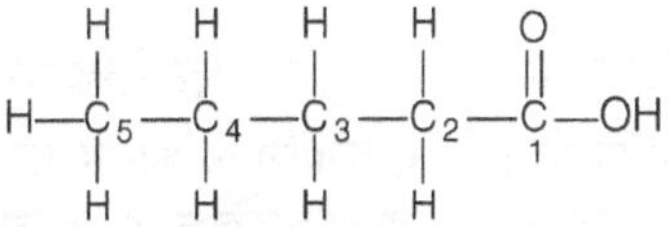

पेन्टेनोइक अम्ल

(*b*) 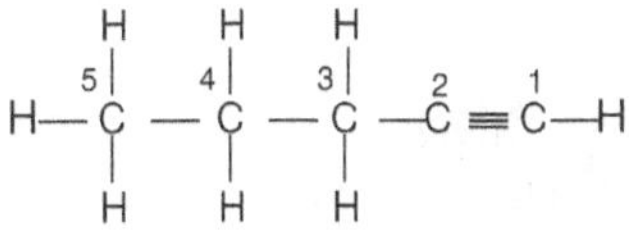

पेन्टाइन-1

(*c*) 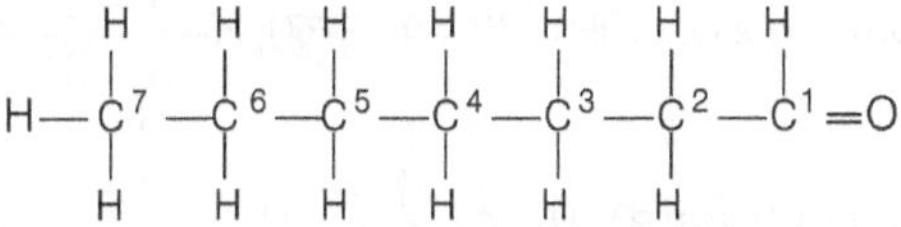

हेप्टेनल

(*d*) 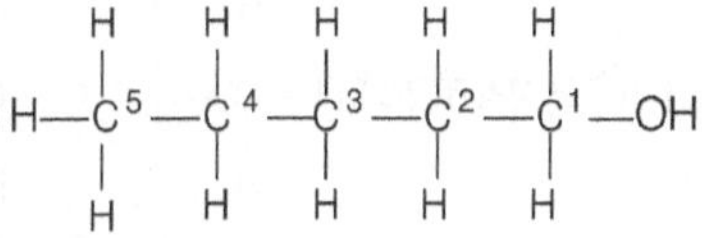

पेन्टेनॉल

प्रश्न 32. निम्न यौगिकों में उपस्थित प्रकार्यात्मक समूह को पहचानिए तथा उसका नाम लिखिए।

(a) 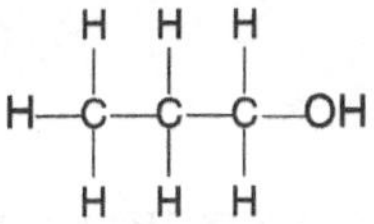

(b) 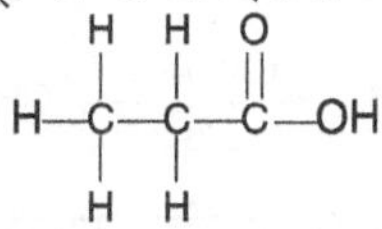

(c) 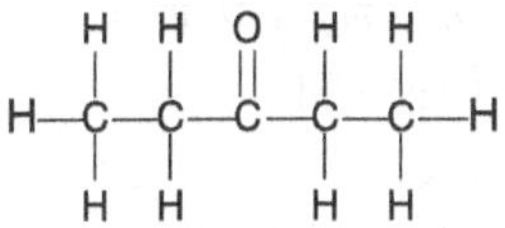

(d) 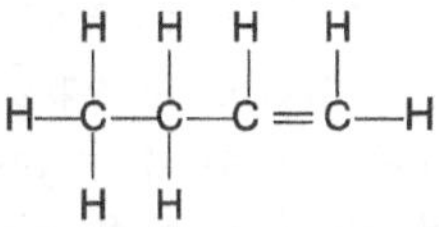

उत्तर (*a*) ऐल्कोहॉल (—OH) (*b*) कार्बोक्सिलिक अम्ल (—COOH)

(*c*) कीटोन 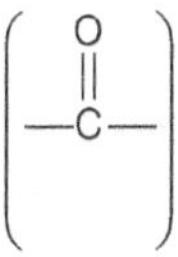 (*d*) द्विबंध C=C

प्रश्न 33. एक यौगिक X, एक कार्बोक्सिलिक अम्ल $C_2H_4O_2$ तथा एक ऐल्कोहॉल की, सांद्र H_2SO_4 की उपस्थिति में अभिक्रिया द्वारा निर्मित होता है। ऐल्कोहॉल के क्षारीय $KMnO_4$ द्वारा ऑक्सीकरण तथा तत्पश्चात् अम्लीकरण के उपरांत वही कार्बोक्सिलिक अम्ल बनता है, जो उपरोक्त अभिक्रिया में प्रयोग किया गया था।

(a) कार्बोक्सिलिक अम्ल

(b) ऐल्कोहॉल तथा

(c) यौगिक X, के नाम तथा संरचना सूत्र लिखिए।
अभिक्रियाओं के समीकरण भी लिखिए।

उत्तर (*a*) कार्बोक्सिलिक अम्ल $= CH_3COOH$ (ऐसीटिक अम्ल), 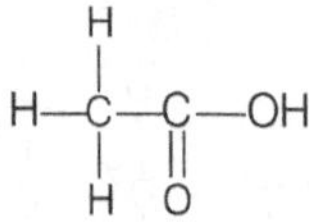

(*b*) ऐल्कोहॉल $= C_2H_5OH$ (एथेनॉल), 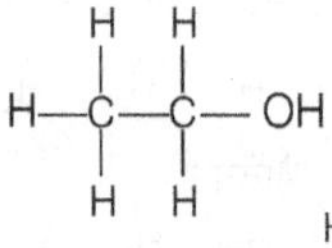

(*c*) यौगिक $X = CH_3COOC_2H_5$ (एथिल एथेनोएट) 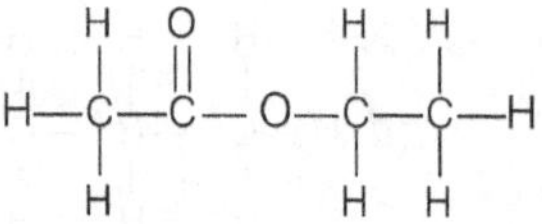

अभिक्रियाएँ

(i) $CH_3COOH + C_2H_5OH \xrightleftharpoons{\text{सांद्र } H_2SO_4} \underset{(X)}{CH_3COOC_2H_5} + H_2O$

(ii) $C_2H_5OH \xrightarrow[2[O]]{\text{क्षारीय } KMnO_4} CH_3COOH$

प्रश्न 34. **डिटर्जेंट (अपमार्जक) साबुनों की अपेक्षा उत्तम सफाईकारक क्यों हैं? समझाइए।**

उत्तर *निम्न कारणों से डिटर्जेंट साबुन की अपेक्षा उत्तम सफाईकारक हैं*

(i) ये कठोर जल से भी सफाई कार्य करने में सक्षम हैं।

(ii) ये अम्लीय माध्यम में भी सफाई कार्य करते हैं।

(iii) इनकी सफाई करने की शक्ति साबुन की अपेक्षा अधिक है।

साबुन कठोर जल अथवा अम्लीय माध्यम में उपयुक्त नहीं होते हैं तथा इनकी शक्ति भी डिटर्जेंट की अपेक्षा कम होती है।

प्रश्न 35. **निम्न यौगिकों में उपस्थित प्रकार्यात्मक समूह पहचानिए।**

(a) $CH_3COCH_2CH_2CH_2CH_3$ (b) $CH_3CH_2CH_2COOH$

(c) $CH_3CH_2CH_2CH_2CHO$ (d) CH_3CH_2OH

उत्तर (*a*) कीटोन ($>C=O$) (*b*) कार्बोक्सिलिक अम्ल $\left(-\overset{\overset{\displaystyle O}{\|}}{C}-OH\right)$

(*c*) ऐल्डिहाइड $\left(-\underset{\underset{\displaystyle H}{|}}{C}=O\right)$ (*d*) ऐल्कोहॉल ($-OH$)

प्रश्न 36. **एथेनॉल से एथीन को किस प्रकार बनाया जा सकता है? इसमें प्रयुक्त समीकरण भी लिखिए।**

उत्तर एथीन को एथेनॉल की निर्जलीकरण (dehydration) अभिक्रिया द्वारा बनाया जाता है, जो सांद्र सल्फ्यूरिक अम्ल की उपस्थिति में 160°C पर होती है।

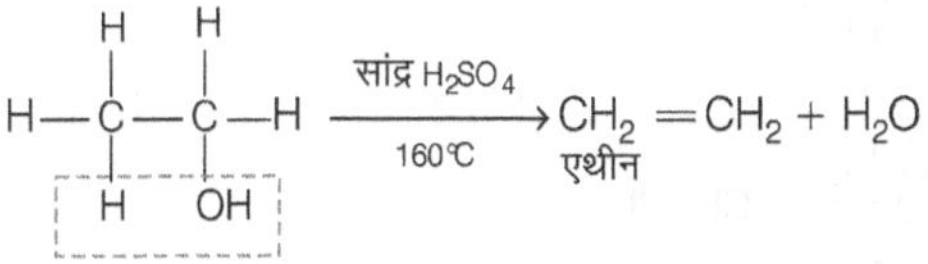

प्रश्न 37. **मेथेनॉल को बहुत कम मात्रा में भी ग्रहण करना** (intake) **हानिकारक (जानलेवा) हो सकता है। समझाइए।**

उत्तर मेथेनॉल (CH_3OH) एक विषैला यौगिक है। यह लीवर (यकृत) में ऑक्सीकृत होकर मेथेनल (HCHO) बनाता है जो तीव्रता से कोशिकांगों से अभिक्रिया करने लगता है जिससे प्रोटोप्लाज्म स्कंदित (coagulate) हो जाता है। मेथेनॉल तंत्रिका तंत्र पर भी प्रभाव डालता है तथा अंधापन उत्पन्न करता है।

प्रश्न 38. **जब एथेनॉल सोडियम से अभिक्रिया करता है, तब एक गैस उत्पन्न होती है। गैस का नाम लिखिए तथा इस अभिक्रिया की रासायनिक समीकरण लिखिए।**

उत्तर उत्पन्न गैस हाइड्रोजन है।

$$\underset{\text{एथेनॉल}}{2C_2H_5OH} + \underset{\text{सोडियम}}{2Na} \longrightarrow \underset{\text{सोडियम एथॉक्साइड}}{2C_2H_5O^-Na^+} + \underset{\text{हाइड्रोजन}}{H_2\uparrow}$$

प्रश्न 39. **जब एथेनॉल को 443 K पर सांद्र H_2SO_4 की अधिक मात्रा के साथ गर्म किया जाता है, तो एथीन बनती है। इस अभिक्रिया में सल्फ्यूरिक अम्ल का क्या कार्य है? इस अभिक्रिया के लिए संतुलित समीकरण लिखिए।**

उत्तर सल्फ्यूरिक अम्ल उपरोक्त अभिक्रिया में निर्जलीकारक (dehydrating agent) का कार्य करता है। इसके लिए संतुलित रासायनिक समीकरण निम्न है

$$\underset{\text{एथेनॉल}}{C_2H_5OH} \xrightarrow{\text{सांद्र } H_2SO_4;\ 443\,K} \underset{\text{एथीन}}{CH_2=CH_2} + \underset{\text{जल}}{H_2O}$$

प्रश्न 40. आवर्त सारणी का एक तत्व कार्बन (समूह संख्या 14) अनेक तत्वों के साथ मिलकर बहुत से यौगिक बनाता है। प्रत्येक यौगिक का एक उदाहरण दीजिए, जब यह (C) निम्न के साथ अभिक्रिया करता है

(a) क्लोरीन (आवर्त सारणी के समूह 17 में स्थित)

(b) ऑक्सीजन (आवर्त सारणी के समूह 16 में स्थित)

उत्तर (*a*) कार्बन टेट्राक्लोराइड (CCl_4) (*b*) कार्बन डाइऑक्साइड (CO_2)

प्रश्न 41. इलेक्ट्रॉन बिंदु संरचना में, संयोजी इलेक्ट्रॉनों को डॉट या क्रॉस द्वारा निरूपित किया जाता है।

(a) क्लोरीन की परमाणु संख्या 17 है। इसका इलेक्ट्रॉनिक विन्यास लिखिए।

(b) क्लोरीन अणु की इलेक्ट्रॉन बिंदु संरचना बनाइए।

उत्तर (*a*) $_{17}Cl = \begin{matrix} K, & L, & M \\ 2, & 8, & 7 \end{matrix}$

(*b*) 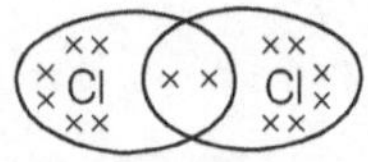

Cl—Cl

प्रश्न 42. एक ही तत्व के विभिन्न परमाणुओं का शृंखलन का गुण कैटीनेशन कहलाता है। कार्बन व सिलिकॉन दोनों तत्वों द्वारा यह प्रदर्शित होता है। इन दोनों तत्वों के शृंखलन गुण की परस्पर तुलना कारण सहित कीजिए।

उत्तर कार्बन यौगिकों में जिस सीमा तक शृंखलन का गुण पाया जाता है वह किसी और तत्व में नहीं मिलता। सिलिकॉन हाइड्रोजन के साथ यौगिक बनाते हैं जिसमें सात या आठ परमाणुओं तक की शृंखला हो सकती है, लेकिन ये यौगिक अति अभिक्रियाशील होते हैं। C—C बंध अत्यंत प्रबल होते हैं अतः यह स्थायी होता है फलस्वरूप अनेक कार्बन परमाणुओं के साथ आपस में जुड़े हुए अनेक यौगिक प्राप्त होते हैं। कार्बन की चतुः सहसंयोजकता होती है, अन्य तत्वों के साथ कार्बन द्वारा बनाए गए आबंध अत्यंत प्रबल होते हैं इसका कारण कार्बन का छोटा आकार है। जबकि बड़ा परमाणु हाने के कारण सिलिकॉन द्वारा बनाए गए आबंध कार्बन आबंध की तुलना में दुर्बल होते हैं।

प्रश्न 43. असंतृप्त हाइड्रोकार्बनों में C—C के बीच बहुबंध पाए जाते हैं। ये संकलन अभिक्रिया भी दिखाते हैं। एथेन तथा एथीन में विभेद करने वाला एक परीक्षण लिखिए।

उत्तर ब्रोमीन जल परीक्षण एथेन (संतृप्त) ब्रोमीन जल के रंग को परिवर्तित नहीं करता परन्तु एथीन (असंतृप्त) ब्रोमीन जल (भूरा) को रंगहीन कर देता है।

$$\underset{\text{एथीन}}{CH_2{=}CH_2} + \underset{\text{भूरा}}{Br_2} \longrightarrow \underset{\text{1, 2-डाइब्रोमोऐथेन (रंगहीन)}}{CH_2Br{-}CH_2Br}$$

प्रश्न 44. स्तंभ 'B' में दिए गए नामों को स्तंभ 'A' में दी गई अभिक्रियाओं से ठीक प्रकार से मिलान कीजिए।

स्तंभ 'A'	स्तंभ 'B'
(a) $CH_3OH + CH_3COOH \xrightarrow{H^+} CH_3COOCH_3 + H_2O$	(i) संकलन अभिक्रिया
(b) $CH_2{=}CH_2 + H_2 \xrightarrow{Ni} CH_3{-}CH_3$	(ii) प्रतिस्थापन अभिक्रिया
(c) $CH_4 + Cl_2 \xrightarrow{\text{सूर्य का प्रकाश}} CH_3Cl + HCl$	(iii) उदासीनीकरण अभिक्रिया
(d) $CH_3COOH + NaOH \longrightarrow CH_3COONa + H_2O$	(iv) एस्टरीकरण अभिक्रिया

उत्तर *दी गई अभिक्रियाओं का ठीक मिलान निम्न है*

स्तंभ 'A'	स्तंभ 'B'
(*a*) $CH_3OH + CH_3COOH \xrightarrow{H^+} CH_3COOCH_3 + H_2O$	(iv) एस्टरीकरण अभिक्रिया
(*b*) $CH_2{=}CH_2 + H_2 \xrightarrow{Ni} CH_3{-}CH_3$	(i) संकलन अभिक्रिया
(*c*) $CH_4 + Cl_2 \xrightarrow{\text{सूर्य का प्रकाश}} CH_3Cl + HCl$	(ii) प्रतिस्थापन अभिक्रिया
(*d*) $CH_3COOH + NaOH \longrightarrow CH_3COONa + H_2O$	(iii) उदासीनीकरण अभिक्रिया

प्रश्न 45. हेक्सेन के सभी समावयवियों के लिए संरचना सूत्र लिखिए।

उत्तर हेक्सेन का आणविक सूत्र (molecular formula) C_6H_{14} है। अतः हेक्सेन के कुल पाँच संरचनात्मक समावयवी (isomers) संभव हैं

(*a*) $\overset{1}{C}H_3{-}\overset{2}{C}H_2{-}\overset{3}{C}H_2{-}\overset{4}{C}H_2{-}\overset{5}{C}H_2{-}\overset{6}{C}H_3$

हेक्सेन (*n*-हेक्सेन)

(*b*) 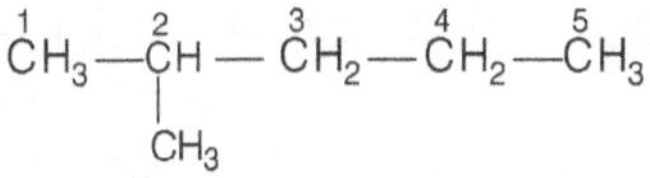

2-मेथिल पेन्टेन (आइसो हेक्सेन)

(*c*) 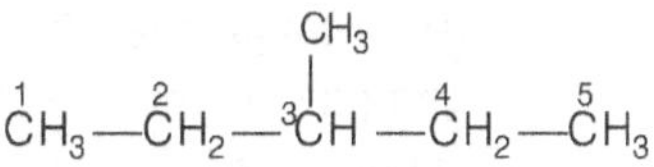

3-मेथिल पेन्टेन

(*d*) 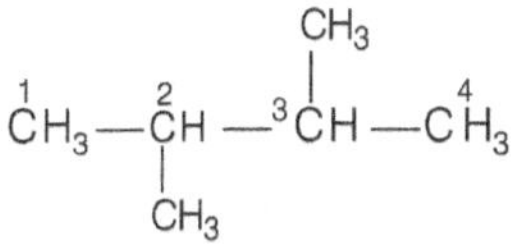

2, 3-डाइमेथिल ब्यूटेन

(*e*) 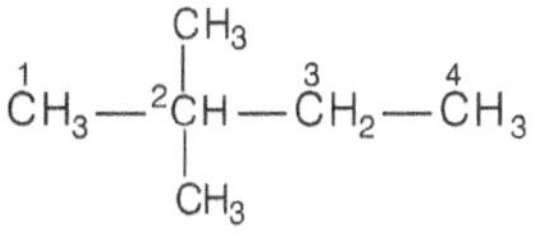

2, 2-डाइमेथिल ब्यूटेन (*निओ*-हेक्सेन)

प्रश्न 46. दी गई रासायनिक अभिक्रियाओं में तीर के चिह्न के ऊपर लिखे हुए अभिकर्मकों या धातु का क्या कार्य है?

(a) 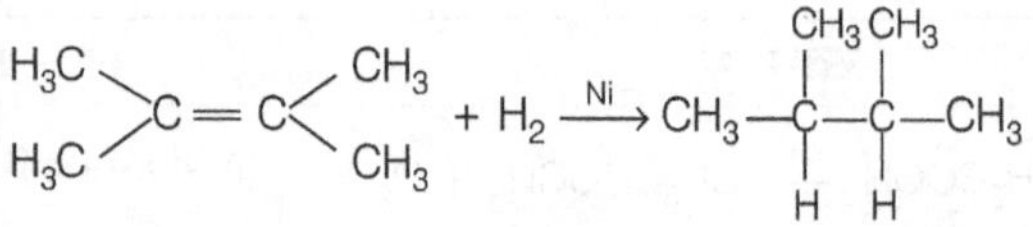

(b) $CH_3COOH + CH_3CH_2OH \xrightarrow{\text{सांद्र } H_2SO_4} CH_3COOC_2H_5 + H_2O$

(c) $CH_3CH_2OH \xrightarrow[\text{ऊष्मा}]{\text{क्षारीय } KMnO_4} CH_3COOH$

उत्तर (*a*) निकैल (Ni) उत्प्रेरक (catalyst) का कार्य करता है।

(*b*) सांद्र H_2SO_4 निर्जलीकरण तथा उत्प्रेरक का कार्य करता है।

(*c*) क्षारीय $KMnO_4$ एक ऑक्सीकारक (oxidising agent) का कार्य करता है।

दीर्घ उत्तरीय प्रश्न

प्रश्न 47. जब एथेनोइक अम्ल सोडियम हाइड्रोजन कार्बोनेट से अभिक्रिया करता है, तो एक लवण *X* तथा एक गैस उत्पन्न होती है

(i) लवण *X* तथा उत्पन्न गैस का नाम लिखिए।

(ii) उत्पन्न गैस का जो नाम आपने लिखा है, उसकी उत्पत्ति को सिद्ध करने के लिए एक क्रियाकलाप (तथा संबंधित चित्र) दीजिए।

(iii) संबंधित अभिक्रिया का समीकरण भी लिखिए।

उत्तर (i) लवण X = सोडियम एथेनोएट CH_3COONa

उत्पन्न गैस = कार्बन डाइऑक्साइड CO_2

(ii) **क्रियाकलाप** (Activity) दिखाये गये चित्र के अनुसार उपकरण को व्यवस्थित करते हैं। अब परखनली में थोड़ा ठोस सोडियम हाइड्रोजन कार्बोनेट लेकर उसमें कुछ एथेनोइक अम्ल मिलाते हैं। प्रेक्षण करने पर ज्ञात होता है कि परखनली में बुदबुदाहट के साथ एक गैस उत्पन्न होती है। जब गैस को निकास नली की सहायता से चूने के जल (lime water) में प्रवाहित किया जाता है, तो यह दूधिया हो जाता है, जो गैस की अधिकता में रंगहीन हो जाता है। इससे सिद्ध होता है अभिक्रिया में उत्पन्न गैस कार्बन डाइऑक्साइड (CO_2) है।

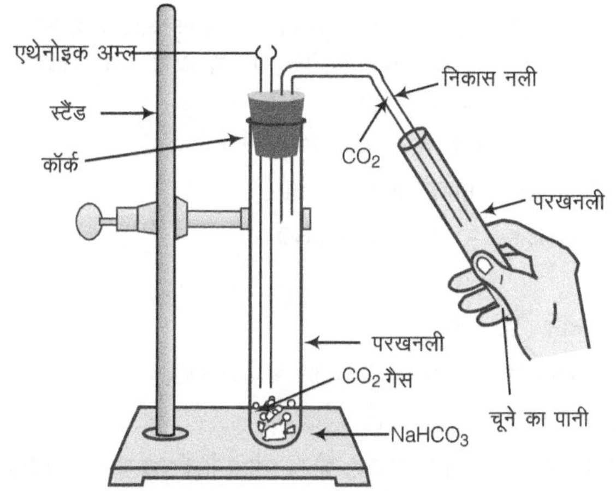

(iii) $CH_3COOH + NaHCO_3 \longrightarrow CH_3COONa + H_2O + CO_2 \uparrow$

एथेनोइक अम्ल; सोडियम बाइकार्बोनेट; सोडियम एथेनोएट 'X'; जल; कार्बन डाइऑक्साइड

प्रश्न 48. (a) **हाइड्रोकार्बन क्या होते हैं? उदाहरण भी दीजिए।**

(b) **संतृप्त तथा असंतृप्त हाइड्रोकार्बनों के बीच संरचनात्मक अंतर लिखिए। प्रत्येक के दो उदाहरण भी दीजिए।**

(c) **प्रकार्यात्मक समूह (functional group) किसे कहते हैं? चार भिन्न प्रकार्यात्मक समूहों के उदाहरण लिखिए।**

उत्तर (*a*) **हाइड्रोकार्बन** कार्बन तथा हाइड्रोजन से मिलकर बने यौगिकों को हाइड्रोकार्बन कहते हैं।

उदाहरण मेथेन (CH_4), एथेन (C_2H_6), आदि।

(*b*) **संतृप्त** (saturated) **हाइड्रोकार्बन** में सभी बन्ध एकल (single) बंध होते हैं, जबकि **असंतृप्त** (unsaturated) **हाइड्रोकार्बनों** में एकल सहसंयोजी बंधों के साथ-साथ द्वि (double) बंध या त्रि (triple) बंध भी उपस्थित होते हैं।

उदाहरण संतृप्त हाइड्रोकार्बन मेथेन (CH_4), एथेन (C_2H_6), आदि।

संरचना सूत्र

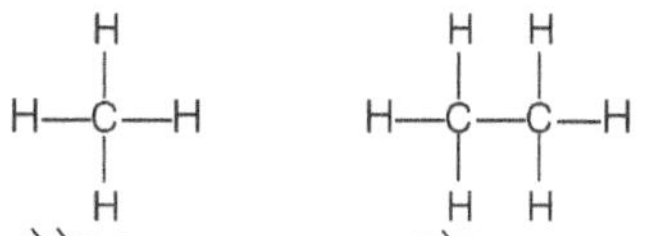

मेथेन (CH_4) एथेन (C_2H_6)

असंतृप्त हाइड्रोकार्बन एथीन (C_2H_4), एथाइन (C_2H_2), आदि।

संरचना सूत्र

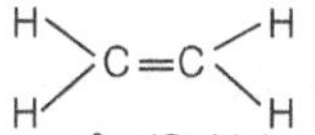

एथीन (C_2H_4)

H—C≡C—H

एथाइन (C_2H_2)

(*c*) **प्रकार्यात्मक समूह** (Functional group) परमाणु अथवा परमाणुओं का ऐसा समूह, जो किसी कार्बनिक यौगिक के गुणधर्मों का निर्धारण करता है, प्रकार्यात्मक समूह कहलाता है।

प्रकार्यात्मक समूहों के चार उदाहरण निम्न हैं

(i) ऐल्कोहॉल या हाइड्रॉक्सिल — OH

(ii) ऐल्डिहाइड 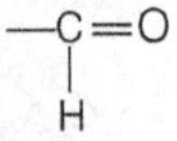 या — CHO

(iii) कीटोन 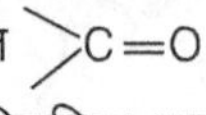

(iv) कार्बोक्सिलिक अम्ल 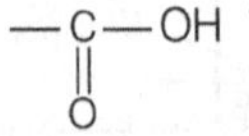 या —COOH

प्रश्न 49. उस अभिक्रिया का नाम लिखिए, जो वनस्पति तेलों को वसा में परिवर्तित करने हेतु उपयोगी है। इस अभिक्रिया को विस्तार से समझाइए।

उत्तर वनस्पति तेलों को वसा में परिवर्तित करने **हाइड्रोजनीकरण** (hydrogenation) अभिक्रिया का उपयोग किया जाता है।

हाइड्रोजनीकरण (Hydrogenation) वनस्पति तेल असंतृप्त कार्बनिक यौगिक होते हैं। जब इनमें निकैल (Ni) उत्प्रेरक की उपस्थिति में उच्च ताप पर हाइड्रोजन गैस प्रवाहित की जाती है, तब द्विबंध/त्रिबंध टूटते हैं तथा संतृप्त कार्बनिक यौगिक (वनस्पति घी या वसा) बनते हैं। यह अभिक्रिया संकलन अभिक्रिया (addition reaction) का उदाहरण है।

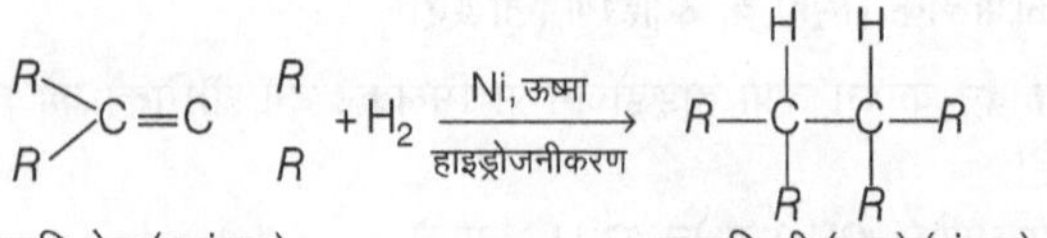

वनस्पति तेल (असंतृप्त) वनस्पति घी (वसा) (संतृप्त)

प्रश्न 50. **(a) कार्बन टेट्राक्लोराइड का सूत्र तथा इलेक्ट्रॉन बिंदु संरचना लिखिए।**
(b) साबुनीकरण (saponification) क्या है? अभिक्रिया की समीकरण भी लिखिए।

उत्तर (*a*) कार्बन टेट्राक्लोराइड (CCl_4)

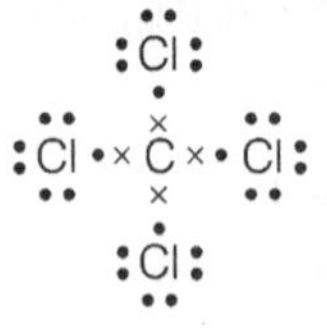

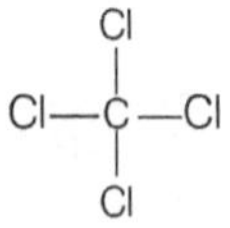

इलेक्ट्रॉन बिंदु संरचना

(*b*) **साबुनीकरण** एस्टरों के क्षारीय जल-अपघटन (alkaline hydrolysis) की अभिक्रिया के फलस्वरूप कार्बोक्सिलिक अम्लों के लवण तथा ऐल्कोहॉल उत्पन्न होते हैं। इस अभिक्रिया को साबुनीकरण कहते हैं।

उदाहरण

$$CH_3COOC_2H_5 + NaOH \longrightarrow CH_3COONa + C_2H_5OH$$

एथिल एथेनोएट (एस्टर) सोडियम हाइड्रॉक्साइड (क्षार) सोडियम एथेनोएट (कार्बोक्सिलिक अम्ल का सोडियम लवण) एथेनॉल (ऐल्कोहॉल)

प्रश्न 51. एस्टर सुगंधयुक्त पदार्थ हैं तथा इनका उपयोग इत्र (perfumes) बनाने में किया जाता है। एक क्रियाकलाप व संबंधित अभिक्रिया लिखकर तथा नामांकित चित्र की सहायता से एस्टर के निर्माण की क्रिया को समझाइए।

उत्तर क्रियाकलाप

(i) एक परखनली में 1 मिली एथेनॉल तथा 1 मिली ग्लेशियल ऐसीटिक अम्ल लेकर उसमें कुछ बूँदें सांद्र सल्फ्यूरिक अम्ल मिलाइए।

(ii) एक जल-ऊष्मक (water bath) में इसे (चित्रानुसार) लगभग 15 मिनट तक 60°C तक गर्म कीजिये।

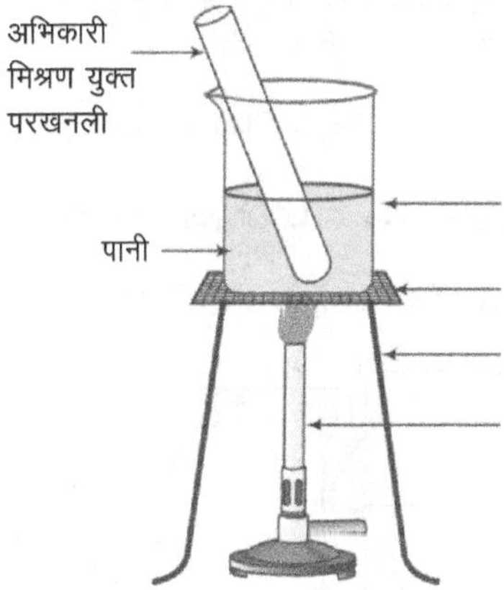

[**नोट** *परखनली को सीधी ज्वाला पर गर्म नहीं करना चाहिए, क्योंकि एथेनॉल की वाष्प आग पकड़ सकती है।*]

(iii) एक बीकर में 20–50 मिली जल लेकर उसमें परखनली के मिश्रण को डालिए तथा मिश्रण की गंध को सूँघिए।

(iv) मिश्रण में से एक फलों जैसी सुगंध प्राप्त होती है।

अभिक्रिया

$$CH_3COOH + CH_3CH_2OH \xrightarrow{\text{सान्द्र } H_2SO_4} CH_3COOC_2H_5 + H_2O$$

एथेनोइक अम्ल ऐल्कोहॉल एथिल एथेनोएट (एस्टर) जल

प्रश्न 52. एक यौगिक C (आणविक सूत्र $C_2H_4O_2$) सोडियम धातु से अभिक्रिया करके एक यौगिक R बनाता है तथा एक गैस उत्पन्न करता है, जो पॉप ध्वनि के साथ जलती है। यौगिक C की ऐल्कोहॉल A के साथ क्रिया कराने पर (सांद्र अम्ल की उपस्थिति में) एक सुगंधित यौगिक A (आणविक सूत्र $C_3H_6O_2$) उत्पन्न होता है। C में NaOH मिलाने पर R तथा जल बनते हैं। S की NaOH से अभिक्रिया होने पर R तथा A उत्पन्न होते हैं। C, R, A तथा S को पहचानिए तथा अभिक्रियाओं के लिए समीकरण भी लिखिए।

उत्तर C = एथेनोइक अम्ल; R = सोडियम एथेनोएट

गैस = H_2 हाइड्रोजन; A = मेथेनॉल; S = मेथिल ऐसीटेट (एस्टर)

अभिक्रियाएँ

(i) $\underset{\text{एथेनोइक अम्ल } [C_2H_4O_2]\ [C]}{CH_3COOH} + \underset{\text{सोडियम धातु}}{2Na} \xrightarrow{H^+} \underset{\text{सोडियम एथेनोएट } [R]}{2CH_3COONa} + \underset{\text{हाइड्रोजन (पॉप ध्वनि के साथ जलती है)}}{H_2}$

(ii) $\underset{[C]}{CH_3COOH} + \underset{\text{मेथेनॉल } [A]}{CH_3OH} \xrightarrow{H^+} \underset{\text{मेथिल ऐसीटेट } [S]}{CH_3COOCH_3} + \underset{\text{जल}}{H_2O}$

(iii) $\underset{[C]}{CH_3COOH} + NaOH \longrightarrow \underset{[R]}{CH_3COONa} + H_2O$

(iv) $\underset{[S]}{CH_3COOCH_3} + NaOH \longrightarrow \underset{[R]}{CH_3COONa} + \underset{[A]}{CH_3OH}$

प्रश्न 53. संलग्न चित्र को देखकर निम्न प्रश्नों के उत्तर दीजिए।

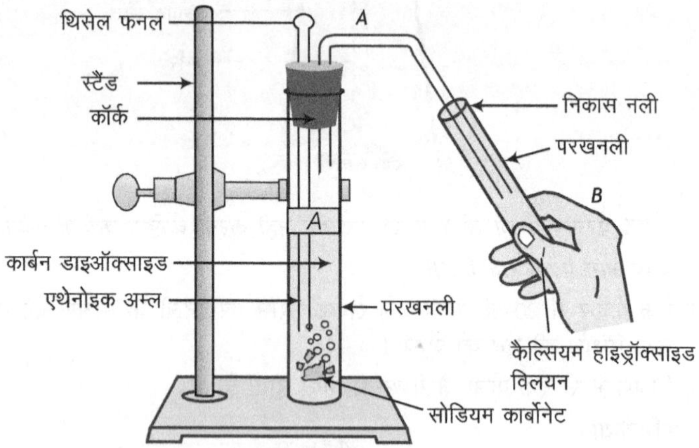

(a) परखनली B में लिए गए कैल्सियम हाइड्रॉक्साइड विलयन में आप क्या परिवर्तन पाएँगे?

(b) परखनली A तथा B में होने वाली अभिक्रियाएँ लिखिए।

(c) यदि एथेनॉल को एथेनोइक अम्ल के स्थान पर प्रयोग किया जाये, तो क्या होगा?

(d) प्रयोगशाली में चूने के पानी (lime water) को किस प्रकार निर्मित किया जा सकता है?

उत्तर (*a*) कैल्सियम हाइड्रॉक्साइड विलयन CO_2 गैस से अभिक्रिया करके दूधिया हो जाएगा।

(*b*) **परखनली *A* में होने वाली अभिक्रिया**

$$\underset{\text{एथेनोइक अम्ल}}{2CH_3COOH(aq)} + \underset{\text{सोडियम कार्बोनेट}}{Na_2CO_3(s)} \longrightarrow$$

$$\underset{\text{सोडियम ऐसीटेट}}{2CH_3COONa(aq)} + \underset{\text{जल}}{H_2O(l)} + \underset{\text{कार्बन डाइऑक्साइड}}{CO_2(g)}$$

परखनली *B* में होने वाली अभिक्रिया

$$\underset{\text{कार्बन डाइ-ऑक्साइड}}{CO_2(g)} + \underset{\text{कैल्सियम हाइड्रॉक्साइड (चूने का पानी)}}{Ca(OH)_2(aq)} \longrightarrow \underset{\text{कैल्सियम कार्बोनेट (दूधिया)}}{CaCO_3(s)} + \underset{\text{जल}}{H_2O(l)}$$

(*c*) अभिक्रिया नहीं होगी। $C_2H_5OH + Na_2CO_3 \longrightarrow$ कोई अभिक्रिया नहीं।

(*d*) चूने (CaO) की जल (H_2O) से अभिक्रिया के द्वारा कैल्सियम हाइड्रॉक्साइड बनाया जा सकता है। प्राप्त मिश्रण को निथार कर अथवा छानकर चूने का पानी प्राप्त किया जा सकता है।

$$CaO(s) + H_2O(l) \longrightarrow Ca(OH)_2(aq) + \text{ऊष्मा}$$

प्रश्न 54. आप निम्न परिवर्तन किस प्रकार लाने में सक्षम होंगे?

(a) एथेनॉल से एथीन

(b) प्रोपेनॉल से प्रोपेनोइक अम्ल

अभिक्रियाएँ लिखिए।

उत्तर (*a*) $$\underset{\text{एथेनॉल}}{CH_3CH_2OH} \xrightarrow[160°\text{–}170°C]{\text{सांद्र } H_2SO_4} \underset{\text{एथीन}}{CH_2=CH_2} + H_2O$$

यह अभिक्रिया निर्जलीकरण (dehydration) अभिक्रिया कहलाती है।

(*b*) $$\underset{\text{प्रोपेनॉल}}{CH_3CH_2CH_2OH} \xrightarrow[\text{ऊष्मा}]{\text{क्षारीय } KMnO_4} \underset{\text{प्रोपेनोइक अम्ल}}{CH_3CH_2COOH}$$

यह अभिक्रिया ऑक्सीकरण (oxidation) अभिक्रिया कहलाती है।

प्रश्न 55. **आणविक सूत्र C_3H_6O वाले यौगिकों के संभावित समावयवी लिखिए तथा उनकी इलेक्ट्रॉन बिंदु संरचना भी लिखिए।**

उत्तर (i) CH_3CH_2CHO
प्रोपेनल

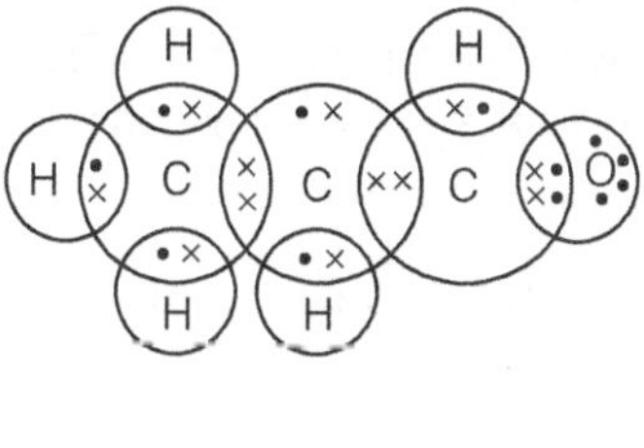

(ii) $CH_3-\underset{\underset{O}{\|}}{C}-CH_3$

प्रोपेन-2-ओन

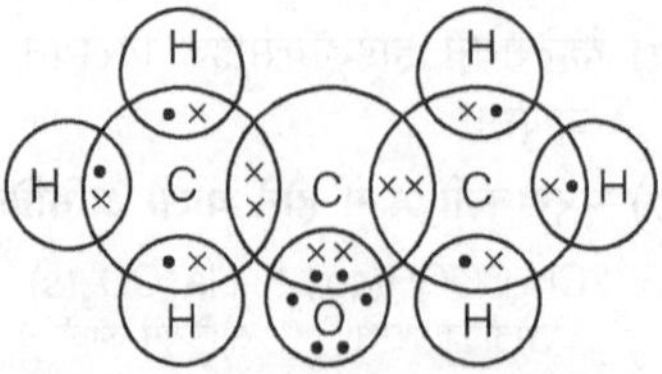

उपरोक्त दोनों यौगिक C_3H_6O के क्रियात्मक समावयवी (functional isomers) हैं।

प्रश्न 56. निम्न अभिक्रियाओं को उदाहरण सहित समझाइए।

(a) हाइड्रोजनीकरण अभिक्रिया
(b) ऑक्सीकरण अभिक्रिया
(c) प्रतिस्थापन अभिक्रिया
(d) साबुनीकरण अभिक्रिया
(e) दहन अभिक्रिया

उत्तर (*a*) **हाइड्रोजनीकरण अभिक्रिया** (Hydrogenation reaction) असंतृप्त हाइड्रोकार्बन पर हाइड्रोजन अणु के संकलन की क्रिया हाइड्रोजनीकरण कहलाती है।

उदाहरण

$$\underset{\text{एथीन}}{CH_2=CH_2} + H_2 \xrightarrow{\text{Ni, ऊष्मा}} \underset{\text{एथेन}}{CH_3-CH_3}$$

(*b*) **ऑक्सीकरण अभिक्रिया** (Oxidation reaction) कार्बनिक यौगिकों की किसी ऑक्सीकारक की उपस्थिति में नवजात (nascent) ऑक्सीजन से संयोग की क्रिया को ऑक्सीकरण कहते हैं।

उदाहरण

$$\underset{\text{एथेनॉल}}{CH_3CH_2OH} \xrightarrow[\text{[O]}]{\text{क्षारीय } KMnO_4} \underset{\text{एथेनल}}{CH_3CHO} \xrightarrow[\text{[O]}]{\text{क्षारीय } KMnO_4} \underset{\text{एथेनोइक अम्ल}}{CH_3COOH}$$

(*c*) **प्रतिस्थापन अभिक्रिया** (Substitution reaction) संतृप्त हाइड्रोकार्बनों (या कार्बनिक यौगिकों) में जब कोई परमाणु (H या अन्य) किसी अन्य परमाणु या समूह द्वारा प्रतिस्थापित हो जाता है, तो यह अभिक्रिया प्रतिस्थापन अभिक्रिया कहलाती है।

उदाहरण

$$CH_4 + Cl_2 \xrightarrow{\text{सूर्य का प्रकाश}} CH_3Cl + HCl$$

(*d*) **साबुनीकरण अभिक्रिया** (Saponification reaction) जब एस्टर क्षारीय जल-अपघटन की क्रिया द्वारा कार्बोक्सिलिक अम्लों के लवण तथा ऐल्कोहॉल उत्पन्न करते हैं, तो इसे साबुनीकरण अभिक्रिया कहते हैं।

उदाहरण

$$CH_3COOCH_3 + NaOH \longrightarrow CH_3COONa + CH_3OH$$

[**नोट** *यह अभिक्रिया साबुन के निर्माण में भी उपयोगी है अतः साबुनीकरण कहलाती है। साबुन वास्तव में उच्च वसा अम्लों के लवण होते हैं।*]

(*e*) **दहन अभिक्रिया** (Combustion reaction) कार्बनिक यौगिकों के वायु की उपस्थिति में जलने की अभिक्रिया दहन कहलाती है। इसमें कार्बन डाइऑक्साइड जल तथा काफी मात्रा में ऊष्मा व प्रकाश उत्पन्न होते हैं।

उदाहरण

$$C_2H_5OH + 3O_2 \longrightarrow 2CO_2 + 3H_2O + \text{ऊष्मा} + \text{प्रकाश}$$

प्रश्न 57. एक कार्बनिक यौगिक A सांद्र H_2SO_4 की उपस्थिति में गर्म करने पर यौगिक B बनाता है, जो एक मोल H_2 के साथ क्रिया करके (Ni उत्प्रेरक की उपस्थिति में) यौगिक C बनाता है। यौगिक C का एक मोल दहन के उपरांत 2 मोल CO_2 तथा 3 मोल जल (H_2O) उत्पन्न करता है। A, B तथा C को पहचानिए तथा संबंधित अभिक्रियाओं के लिए रासायनिक समीकरण लिखिए।

उत्तर (i) ∵ यौगिक C का 1 मोल $\xrightarrow{\text{दहन}} 2CO_2 + 3H_2O$

अतः यौगिक C का आणविक सूत्र C_2H_6 (एथेन) है।

(ii) ∵ यौगिक B + 1 मोल $H_2 \longrightarrow$ यौगिक C (C_2H_6)

अतः यौगिक $B C_2H_4$ (एथीन) होना चाहिए।

(iii) ∵ यौगिक A + सांद्र $H_2SO_4 \longrightarrow$ यौगिक B

अतः यौगिक A एक ऐल्कोहॉल है, जो 2 कार्बन परमाणु वाला होना चाहिए अर्थात् A एथेनॉल (C_2H_5OH) है।

अभिक्रियाएँ

(i) $\underset{\substack{\text{एथेनॉल} \\ [A]}}{C_2H_5OH} \xrightarrow{\text{सांद्र } H_2SO_4} \underset{\substack{\text{एथीन} \\ [B]}}{CH_2{=}CH_2} + H_2O$

(ii) $\underset{\substack{\text{एथीन} \\ [B]}}{CH_2{=}CH_2} \xrightarrow[\text{Ni, ऊष्मा}]{+H_2} \underset{\text{एथेन } [C]}{CH_3{-}CH_3}$

(iii) $\underset{\text{एथेन } [C]}{2C_2H_6} + 7O_2 \xrightarrow{\text{दहन}} 4CO_2 + 6H_2O + \text{ऊष्मा} + \text{प्रकाश}$

5

तत्वों का आवर्ती वर्गीकरण

आज तक कुल ज्ञात 118 तत्वों में से 92 प्राकृतिक तत्व हैं तथा शेष कृत्रिम या मानव निर्मित। परंतु प्रत्येक तत्व का अलग से अध्ययन करना अत्यंत कठिन है। अतः अध्ययन को सरल बनाने की दृष्टि से इन्हें वर्गीकृत करना आवश्यक है।

तत्वों के वर्गीकरण के प्रारंभिक प्रयास
(Earlier Attempts to Classify the Elements)

तत्वों के वर्गीकरण के लिए किये गये विभिन्न प्रारंभिक प्रयास निम्न प्रकार हैं

[A] डॉबेराइनर के त्रिक (Dobereiner's Triads)

जर्मन रसायनज्ञ **वुल्फगांग डॉबेराइनर** (1817) के अनुसार 'जब समान गुणधर्मों वाले तीन-तीन तत्वों को बढ़ते हुए परमाणु द्रव्यमान के क्रम में रखा जाता है, तब बीच वाले तत्व का परमाणु द्रव्यमान, अन्य दो तत्वों के परमाणु द्रव्यमान का लगभग औसत होता है।' उदाहरण

I त्रिक—Li (परमाणु द्रव्यमान = 6.9); Na (परमाणु द्रव्यमान = 23) तथा K (परमाणु द्रव्यमान = 39.0)

$$\text{Na का परमाणु द्रव्यमान} = \frac{\text{Li का परमाणु द्रव्यमान} + \text{K का परमाणु द्रव्यमान}}{2}$$

$$= \frac{6.9 + 39.0}{2} = \frac{45.9}{2} \simeq 23.0$$

डॉबेराइनर उस समय तक ज्ञात तत्वों में केवल तीन त्रिक ही ज्ञात कर सके थे अत: यह नियम उस समय तक ज्ञात सभी तत्वों पर लागू न हो सका इसलिए अमांय कर दिया गया।

[B] न्यूलैंड्स का अष्टक सिद्धांत (Newlands' Law of Octaves)

जॉन न्यूलैंड्स (1866) के अनुसार *"जब तत्वों को उनके परमाणु द्रव्यमान के आरोही क्रम में व्यवस्थित किया जाता है, तब प्रत्येक आठवें तत्व के गुणधर्म पहले तत्व के गुणधर्मों के समान पाए जाते हैं।"*

न्यूलैंड्स का अष्टक (संगीत के सुरों से तुलना)

सा	रे	गा	मा	पा	धा	नि
H F Cl	Li Na K	Be Mg Ca	B Al	C Si	N P	O S

यह नियम केवल कैल्सियम तत्व तक के तत्वों के लिए सही है इससे आगे के तत्वों में आठवें तत्व के गुण प्रथम तत्व के समान नहीं पाये जाते।

मेन्डेलीफ की आवर्त सारणी (Mendeleev 's Periodic Table)

रूसी रसायनज्ञ **डमित्रि इवानोविच मेन्डेलीफ** (1872) ने एक आवर्त सारणी का निर्माण किया, जो परमाणु द्रव्यमान पर ही आधारित थी तथा पिछले दोनों प्रयासों से उनका प्रयास अधिक सार्थक रहा।

मेन्डेलीफ की आवर्त सारणी

समूह	I	II	III	IV	V	VI	VII	VIII		
ऑक्साइड	R_2O	RO	R_2O_3	RO_2	R_2O_5	RO_3	R_2O_7	RO_4		
हाइड्राइड	RH	RH_2	RH_3	RH_4	RH_3	RH_2	RH			
आवर्त	A B	A B	A B	A B	A B	A B	A B	**संक्रमण श्रेणी**		
1	H 1.008									
2	Li 6.939	Be 9.012	B 10.81	C 12.011	N 14.007	O 15.999	F 18.998			
3↓	Na 22.99	Mg 24.31	Al 29.98	Si 28.09	P 30.974	S 32.06	Ci 35.453			
4 **प्रथम श्रेणी**	K 39.102	Ca 40.08	Sc 44.96	Ti 47.90	V 50.94	Cr 50.20	Mn 54.94	Fe 55.85	Co 58.93	Ni 58.71
द्वितीय श्रेणी	Cu 63.54	Zn 65.37	Ga 69.72	Ge 72.59	As 74.92	Se 78.396	Br 79.909			
5 **प्रथम श्रेणी**	Rb 85.47	Sr 87.62	Y 88.91	Zr 91.22	Nb 92.91	Mo 95.94	Tc 99	Ru 101.07	Rh 102.91	Pd 106.4
द्वितीय श्रेणी	Ag 107.87	Cd 112.40	In 114.82	Sn 118.69	Sb 121.75	Te 127.60	I 126.90			
6 **प्रथम श्रेणी**	Cs 132.90	Ba 137.34	La 138.91	Hf 178.49	Ta 180.95	W 183.85		Os 190.2	Ir 192.2	Pt 195.09
द्वितीय श्रेणी	Au 196.97	Hg 200.59	Tl 204.37	Pb 207.19	Bi 208.98					

मेन्डेलीफ का आवर्त नियम (Mendeleev's Periodic Law)

इस नियम के अनुसार *"तत्वों के भौतिक तथा रासायनिक गुणधर्म उनके परमाणु द्रव्यमानों के आवर्ती फलन होते हैं।"*

मेन्डेलीफ की आवर्त सारणी की मुख्य विशेषताएँ (Achievement's of Mendeleev's Periodic Table)

इस आवर्त सारणी में 6 आवर्त (क्षैतिज पंक्तियाँ) तथा 8 समूह (ऊर्ध्वाधर स्तंभ) हैं। उस समय तक मात्र 63 तत्व ज्ञात थे, जिनको मेन्डेलीफ ने परमाणु द्रव्यमान तथा रासायनिक गुणधर्मों में ऑक्साइड तथा हाइड्राइडों को आधार बनाकर वर्गीकृत किया। कुछ ऐसे तत्व *उदाहरण* Sc, Ge, Ga, आदि जो उस समय ज्ञात नहीं थे, उनके लिए मेन्डेलीफ ने कुछ रिक्त स्थान छोड़ दिये। उन तत्वों की खोज के उपरांत उन्हें वहीं पर रख दिया गया।

मेन्डेलीफ की आवर्त सारणी के दोष (Limitations of Mendeleev's Periodic Table)

(i) **हाइड्रोजन की स्थिति** क्योंकि हाइड्रोजन के गुणधर्म क्षार धातुओं तथा हैलोजन दोनों से मिलते जुलते हैं, अतः हाइड्रोजन को आवर्त सारणी में नियत स्थान नहीं मिल पाया है।

(ii) **समस्थानिकों की स्थिति** यह आवर्त सारणी परमाणु द्रव्यमान पर आधारित थी, अतः एक ही तत्व के समस्थानिकों (isotopes) को भिन्न-भिन्न स्थान मिलना आवश्यक है, मगर ऐसा संभव नहीं था।

(iii) **कुछ तत्वों का गलत क्रम** परमाणु द्रव्यमान के अनुसार, कुछ तत्व गलत क्रम में थे; *जैसे*– Te (परमाणु भार =127.60) को, I (परमाणु भार = 126.90) से पहले तथा Cr (परमाणु भार = 50.20) को V (परमाणु भार = 50.94) से पहले रखा गया है।

आधुनिक आवर्त सारणी (Modern Periodic Table)

हेनरी मोज्ले (1913) ने एक नई आवर्त सारणी बनाई, जो परमाणु क्रमांक (atomic number) पर आधारित थी। इस आवर्ती वर्गीकरण में मेन्डेलीफ की आवर्त सारणी के बहुत से दोष स्वयं ही दूर हो गए।

आधुनिक आवर्त नियम (Modern Periodic Law)

इस नियम के अनुसार, *'तत्वों के गुणधर्म उनकी परमाणु संख्या के आवर्ती फलन (periodic functions) होते हैं।'*

आधुनिक आवर्त सारणी की विशेषताएँ

आधुनिक आवर्त सारणी में 18 ऊर्ध्व स्तंभ (समूह या groups) तथा 7 क्षैतिज पंक्तियाँ (आवर्त या periods) होते हैं।

आधुनिक आवर्त सारणी (Modern Periodic Table)

Key to chart: अवस्था — द्रव L, गैस G, ठोस S, Not found in nature X

G 8 (परमाणु संख्या) O (प्रतीक) Oxygen (नाम) 15.9994 (द्रव्यमान)

समूह संख्या

आवर्त ↓ / समूह →	1 IA	2 IIA	3 IIIB	4 IVB	5 VB	6 VIB	7 VIIB	8 VIII	9 VIII	10 VIII	11 IB	12 IIB	13 IIIA	14 IVA	15 VA	16 VIA	17 VIIA	18 0(शून्य)
1	1 S **H** Hydrogen 1.008																	2 G **He** Helium 4.003
2	3 S **Li** Lithium 6.941	4 S **Be** Beryllium 9.0121											5 S **B** Boron 10.811	6 S **C** Carbon 12.011	7 G **N** Nitrogen 14.007	8 G **O** Oxygen 15.999	9 G **F** Fluorine 18.998	10 G **Ne** Neon 20.180
3	11 S **Na** Sodium 22.990	12 S **Mg** Magnesium 24.305											13 S **Al** Aluminium 26.962	14 S **Si** Silicon 28.086	15 S **P** Phosphorus 30.914	16 S **S** Sulphur 32.066	17 S **Cl** Chlorine 35.453	18 S **Ar** Argon 39.948
4	19 S **K** Potassium 39.098	20 S **Ca** Calcium 40.079	21 S **Sc** Scandium 44.956	22 S **Ti** Titanium 47.867	23 S **V** Vanadium 50.942	24 S **Cr** Chromium 51.996	25 S **Mn** Manganese 54.938	26 S **Fe** Iron 55.845	27 S **Co** Cobalt 58.933	28 S **Ni** Nickel 58.693	29 S **Cu** Copper 63.546	30 S **Zn** Zinc 65.39	31 S **Ga** Gallium 69.723	32 S **Ge** Germanium 72.61	33 S **As** Arsenic 7.822	34 S **Se** Selenium 78.96	35 L **Br** Bromine 79.904	36 G **Kr** Krypton 83.30
5	37 S **Rb** Rubidium 85.468	38 S **Sr** Strontium 87.62	39 S **Y** Yttrium 88.906	40 S **Zr** Zirconium 91.224	41 S **Nb** Niobium 92.906	42 S **Mo** Molybdenum 95.94	43 S **Tc** Technetium (98)	44 S **Ru** Ruthenium 101.07	45 S **Rh** Rhodium 102.906	46 S **Pd** Palladium 106.42	47 S **Ag** Silver 107.868	48 S **Cd** Cadmium 112.411	49 S **In** Indium 114.818	50 S **Sn** Tin 118.710	51 S **Sb** Antimony 121.80	52 S **Te** Tellurium 177.60	53 S **I** Iodine 125.904	54 G **Xe** Xenon 131.29
6	55 S **Cs** Ceasium 132.505	56 S **Ba** Barium 137.327	57 S **La*** Lanthanum 138.906	72 S **Hf** Hafnium 178.49	73 S **Ta** Tantalum 180.948	74 S **W** Tungsten 183.84	75 S **Re** Rhenium 186.207	76 S **Os** Osmium 190.23	77 S **Ir** Iridium 192.217	78 S **Pt** Platinum 195.078	79 S **Au** Gold 198.967	80 S **Hg** Mercury 200.59	81 S **Tl** Thallium 204.383	82 S **Pb** Lead 207.2	83 S **Bi** Bismuth 208.980	84 S **Po** Polonium (209)	85 S **At** Astatine (210)	86 G **Rn** Radon (222)
7	87 S **Fr** Francium (223)	88 S **Ra** Radium (226)	89 S **Ac**** Actinium (227)	104 X **Rf** Rutherfordium (261)	105 X **Db** Dubnium (262)	106 X **Sg** Seaborgium (263)	107 X **Bh** Bohrium (262)	108 X **Hs** Hassium (265)	109 X **Mt** Meitnerium (266)	110 X **Ds** Darmstadtium (269)	111 X **Rg** Rontgenium (272)	112 X **Uub** Ununbium (277)	113 **Uut** Unutrium	114 X **Uuq** Ununquadium	115 **Uup** Ununpentium	116 X **Uuh** Ununhexium	117 **Uus** Ununseptium	118 **Uuo** Ununoctium

f-Block Elements

Lanthanoides	58 S **Ce** Cerium 140.116	59 S **Pr** Praseodymium 140.908	60 S **Nd** Neodymium 144.908	61 X **Pm** Promethium (145)	62 S **Sm** Samarium 150.36	63 S **Eu** Europium 151.064	64 S **Gd** Gadolinium 157.25	65 S **Tb** Terbium 158.925	66 S **Dy** Dysprosium 162.50	67 S **Ho** Holmium 164.930	68 S **Er** Erbium 167.26	69 S **Tm** Thulium 168.934	70 S **Yb** Yterbium 173.04	71 S **Lu** Lutetium 174.957
Actinoides	90 S **Th** Thorium 232.038	91 S **Pa** Protactinium 231.036	92 S **U** Uranium 238.029	93 S **Np** Neptunium (237)	94 S **Pu** Plutonium (244)	95 X **Am** Amercium (243)	96 X **Cm** Curium (247)	97 X **Bk** Barkelium (247)	98 X **Cf** Californium (251)	99 X **Es** Einsteinicum (269)	100 X **Fn** Fermium (257)	101 X **Md** Mendelevium (258)	102 X **No** Nobelium (259)	103 X **Lr** Lawrencium (262)

धातु (light shading) | उपधातु (dark shading) | अधातु (grey shading)

आवर्त सारणी में तत्व की स्थिति ज्ञात करना

(Finding the Position of Element in the Periodic Table)

किसी तत्व की आवर्त सारणी में स्थिति ज्ञात करने के लिए उसकी समूह संख्या तथा आवर्त संख्या का निम्न प्रकार पता लगाया जा सकता है, यदि उसका इलेक्ट्रॉनिक विन्यास ज्ञात है।

(i) **समूह संख्या** = बाह्यतम कक्ष में उपस्थित इलेक्ट्रॉनों की संख्या (केवल I व II समूह के लिए)

अथवा

(I व II समूह के अतिरिक्त) 10 + बाह्यतम कक्ष में उपस्थित इलेक्ट्रॉनों की संख्या

(ii) **आवर्त संख्या** = कक्षकों की कुल संख्या

भिन्न-भिन्न आवर्तों में स्थित तत्वों की संख्या निम्न है

I आवर्त = 2 तत्व	V आवर्त = 18 तत्व
II आवर्त = 8 तत्व	VI आवर्त = 32 तत्व
III आवर्त = 8 तत्व	VII आवर्त = अपूर्ण
IV आवर्त = 18 तत्व	

कुछ समूहों के तत्वों को कुछ विशेष नामों से जाना जाता हैं, जो इस प्रकार हैं

I समूह = क्षार धातुएँ (alkali metals)

II समूह = क्षारीय मृदा धातुएँ (alkaline earth metals)

XVI समूह = चालकोजन्स (chalcogens)

XVII समूह = हैलोजन (halogens)

XVIII समूह = अक्रिय या उत्कृष्ट गैसें (rare/inert/noble gases)

तत्वों के गुणधर्मों में आवर्तिता

(Periodicity in Properties of Elements)

आवर्त सारणी में तत्वों के गुणधर्मों में किसी वर्ग या आवर्त में समानता या क्रमिक परिवर्तन होता है। तत्वों के ऐसे गुणधर्म **आवर्ती गुणधर्म** कहलाते हैं तथा यह प्रक्रम **आवर्तिता** कहलाता है।

तत्वों का आवर्ती गुण निम्न सारणी में दिया गया है

क्र.सं.	तत्वों का आवर्ती गुण	समूह (ऊपर से नीचे)	आवर्त (बाएँ से दाएँ)
(i)	संयोजकता	समान रहती है।	H के सापेक्ष 1 से 4 बढ़ती है, फिर 4 से शून्य तक घटती है
(ii)	संयोजी इलेक्ट्रॉन	संख्या समान रहती है।	1 से 8 तक बढ़ती है (I आवर्त के अतिरिक्त)
(iii)	परमाणु आकार	बढ़ता है।	घटता है।
(iv)	धात्विक गुण (इलेक्ट्रॉन त्यागने की प्रवृत्ति)	बढ़ता है।	घटता है।
(v)	अधात्विक गुण (इलेक्ट्रॉन ग्रहण करने की प्रवृत्ति)	घटता है।	बढ़ता है।

किसी भी तत्व की संयोजकता उसके परमाणु के सबसे बाहरी कोश में उपस्थित संयोजकता इलेक्ट्रॉनों की संख्या से निर्धारित होती है। समूह में सभी तत्वों की संयोजकता समान होती है क्योंकि सभी का इलेक्ट्रॉनिक विन्यास समान होता है।

एक स्वतंत्र परमाणु के केंद्र से उसके सबसे बाहरी कोश की दूरी ही परमाणु आकार को दर्शाती है। समूह में नीचे जाने पर परमाणु का आकार बढ़ता है क्योंकि नया कोश जुड़ जाता है। जिससे नाभिक और बाहरी कोश के बीच दूरी बढ़ जाती है। नाभिक का आवेश बढ़ जाने के बाद भी परमाणु का साइज बढ़ जाता है। आवर्त में 'बाईं से दाईं' ओर जाने पर परमाणु त्रिज्या घटती है नभिक में आवेश के बढ़ने से यह इलेक्ट्रॉनों को नाभिक की ओर खींचता है जिससे परमाणु का आकार घटता है।

आयनों का आकार (Size of Ions)

इलेक्ट्रॉनों की संख्या, प्रोटॉनों की संख्या से, कम होने पर धनायन बनता है तथा अधिक होने पर ऋणायन बनता है। अत: धनायन का आकार उदासीन परमाणु की अपेक्षा कम होता है, जबकि ऋणायन का आकार उदासीन परमाणु की अपेक्षा अधिक होता है।

प्रश्नावली

पृष्ठ 91

प्रश्न 1. **क्या डॉबेराइनर के त्रिक, न्यूलैंड्स के अष्टक के स्तंभ में भी पाए जाते हैं? तुलना करके पता कीजिए।**

उत्तर हाँ, डॉबेराइनर के दो त्रिक न्यूलैंड्स के अष्टक के स्तंभ में भी स्थित हैं।

(i) लीथियम (Li), सोडियम (Na) तथा पोटैशियम (K)।

(ii) बेरेलियम (Be), मैग्नीशियम (Mg) तथा कैल्सियम (Ca)।

प्रश्न 2. **डॉबेराइनर के वर्गीकरण की क्या सीमाएँ हैं**

उत्तर डॉबेराइनर उस समय तक ज्ञात सभी तत्वों के त्रिक नहीं बना सके केवल तीन ही त्रिक बनाना संभव हो सका था। इसीलिए त्रिक में वर्गीकृत करने की यह पद्धति सफल नहीं रही।

प्रश्न 3. **न्यूलैंड्स के अष्टक सिद्धांत की क्या सीमाएँ हैं?**

उत्तर *न्यूलैंड्स के अष्टक सिद्धांत की सीमाएँ निम्न हैं*

(i) अष्टक का सिद्धांत केवल कैल्सियम (Ca) तक ही लागू होता था। उसके बाद प्रत्येक आठवें तत्व के गुणधर्म पहले तत्व के समान नहीं पाए गए।

(ii) न्यूलैंड्स ने एक ही स्तंभ में कहीं-कहीं दो तत्वों को भी रख दिया था; *जैसे* Co तथा Ni, Ce तथा La।

(iii) उनके अनुसार प्रकृति में केवल 56 तत्व ही विद्यमान थे; जबकि यह बाद में सही सिद्ध नहीं हुआ।

(iv) न्यूलैंड्स का अष्टक सिद्धांत केवल हल्के तत्वों के लिए ही लागू हो पाया।

पृष्ठ 94

प्रश्न 1. **मेन्डेलीफ की आवर्त सारणी का उपयोग करके निम्नलिखित तत्वों के ऑक्साइड के सूत्र का अनुमान कीजिए**–K, C, Al, Si, Ba

उत्तर *मेन्डेलीफ की आवर्त सारणी के आधार पर*

क्र.सं.	तत्व	समूह संख्या	ऑक्साइड का सामान्य सूत्र	ऑक्साइड का वास्तविक सूत्र
(i)	K	I	R_2O	K_2O
(ii)	C	IV	RO_2	CO_2
(iii)	Al	III	R_2O_3	Al_2O_3
(iv)	Si	IV	RO_2	SiO_2
(v)	Ba	II	RO	BaO

प्रश्न 2. **गैलियम के अतिरिक्त, अब तक कौन-कौन से तत्वों का पता चला है जिसके लिए मेन्डेलीफ ने अपनी आवर्त सारणी में खाली स्थान छोड़ दिया था? दो उदाहरण दीजिए।**

उत्तर स्कैंडियम (Sc) तथा जर्मेनियम (Ge)।

प्रश्न 3. **मेन्डेलीफ ने अपनी आवर्त सारणी तैयार करने के लिए कौन-सा मापदंड अपनाया?**

उत्तर मेन्डेलीफ ने तत्वों के हाइड्राइडों तथा ऑक्साइडों के सूत्रों को तत्वों के वर्गीकरण के लिए मूलभूत गुणधर्म माना। साथ ही तत्वों के बढ़ते हुए परमाणु द्रव्यमानों को भी उनके गुणधर्मों के साथ वर्गीकरण का आधार बनाया।

प्रश्न 4. **आपके अनुसार उत्कृष्ट गैसों को अलग समूह में क्यों रखा गया?**

उत्तर उत्कृष्ट गैसों में परमाणुओं का अंतिम कोश पूर्ण होता है, जिसके कारण वे पूर्णतया अक्रिय होती है। अतः इन्हें आवर्त सारणी में अलग समूह में रखा गया है।

पृष्ठ 100

प्रश्न 1. **आधुनिक आवर्त सारणी द्वारा किस प्रकार से मेन्डेलीफ की आवर्त सारणी की विविध विसंगतियों को दूर किया गया?**

उत्तर आधुनिक आवर्त सारणी परमाणु क्रमांक पर आधारित है, जो परमाणु द्रव्यमान की अपेक्षा अधिक उपयुक्त आधार है।

इसी कारण मेन्डेलीफ की आवर्त सारणी के निम्न तीनों दोष इससे स्वयं ही दूर हो गये

(i) **हाइड्रोजन की स्थिति** हाइड्रोजन के विशिष्ट गुणों के कारण इसे आवर्त सारणी में सबसे अलग बाएँ ऊपरी कोने पर रखा गया है।

(ii) **समस्थानिकों की स्थिति** एक ही तत्व के समस्थानिकों की परमाणु संख्या समान होती है। अतः इन्हें एक ही स्थान पर रखा जाना उचित है।

(iii) **तत्वों के परमाणु भारों का गलत क्रम** आधुनिक आवर्त सारणी में, जब तत्वों को बढ़ती परमाणु संख्या के आधार पर रखा गया, तब इस दोष का अर्थ ही समाप्त हो गया।।

प्रश्न 2. **मैग्नीशियम की तरह रासायनिक अभिक्रियाशीलता दिखाने वाले दो तत्वों के नाम लिखिए। आपके चयन का क्या आधार है?**

उत्तर मैग्नीशियम (Mg) आधुनिक आवर्त सारणी के समूह 2 में स्थित है। क्योंकि एक ही समूह के तत्वों के रासायनिक गुणधर्म समान होते हैं (समान विन्यास के कारण) अतः मैग्नीशियम की तरह रासायनिक अभिक्रियाशीलता वाले तत्व कैल्सियम तथा बेरेलियम हैं। इनके विन्यास *इस प्रकार हैं*

तत्व		K	L	M	N
$_{12}Mg$	=	2,	8,	2	
$_{20}Ca$	=	2,	8,	8,	2
$_{4}Be$	=	2,	2		

स्पष्ट है कि इन तीनों तत्वों में संयोजी इलेक्ट्रॉनों की संख्या 2 है अर्थात् संयोजकता 2 है। अतः ये समान गुणधर्म दिखाते हैं।

प्रश्न 3. **निम्न के नाम बताइए।**

(a) तीन तत्व जिनके सबसे बाहरी कोश में एक इलेक्ट्रॉन उपस्थित हो।

(b) दो तत्व जिनके सबसे बाहरी कोश में दो इलेक्ट्रॉन उपस्थित हो।

(c) तीन तत्व जिनका बाहरी कोश पूर्ण हो।

उत्तर (*a*) लीथियम (Li), सोडियम (Na) तथा पोटैशियम (K)

तत्व	*K,*	*L,*	*M,*	*N*
$_3Li$ =	2,	1		
$_{11}Na$ =	2,	8,	1	
$_{19}K$ =	2,	8,	8,	1

(*b*) मैग्नीशियम (Mg), कैल्सियम (Ca)

तत्व	*K,*	*L,*	*M,*	*N*
$_{12}Mg$ =	2,	8,	2	
$_{20}Ca$ =	2,	8,	8,	2

(*c*) हीलियम (He), निऑन (Ne), आर्गन (Ar)

तत्व	*K,*	*L,*	*M,*
$_2He$ =	2		
$_{10}Ne$ =	2,	8	
$_{18}Ar$ =	2,	8,	8

प्रश्न 4. (a) **लीथियम, सोडियम, पोटैशियम ये सभी धातुएँ जल से अभिक्रिया करके हाइड्रोजन गैस मुक्त करती हैं। क्या इन तत्वों के परमाणुओं में कोई समानता है?**

(b) **हीलियम एक अक्रिय गैस है, जबकि निऑन की अभिक्रियाशीलता अत्यंत कम है। क्या इनके परमाणुओं में कोई समानता है?**

उत्तर (*a*) लीथियम, सोडियम तथा पोटैशियम तीनों तत्व आवर्त सारणी के समूह 1 में स्थित हैं। इनके परमाणुओं के बाह्यतम कक्ष में 1 इलेक्ट्रॉन है अतः इसकी संयोजकता भी 1 ही है

तत्व	*K,*	*L,*	*M,*	*N*
$_3Li$ =	2,	1		
$_{11}Na$ =	2,	8,	1	
$_{19}K$ =	2,	8,	8,	1

(*b*) हीलियम तथा निऑन का बाह्यतम कक्ष पूर्ण है, इसीलिए इनकी अभिक्रियाशीलता अत्यंत कम है।

तत्व	*K,*	*L*
$_2He$ =	2	

प्रश्न 5. **आधुनिक आवर्त सारणी में पहले दस तत्वों में कौन-सी धातुएँ है?**

उत्तर लीथियम (Li परमाणु क्रमांक = 3) तथा बेरेलियम (Be परमाणु क्रमांक = 4) धातुएँ हैं।

प्रश्न 6. **आवर्त सारणी में इनके स्थान के आधार पर इनमें से किस तत्व में सबसे अधिक धात्विक अभिलक्षण की विशेषता है?** Ga, Ge, As, Se, Be

उत्तर *दिए गए तत्वों की आवर्त सारणी में स्थिति निम्न है*

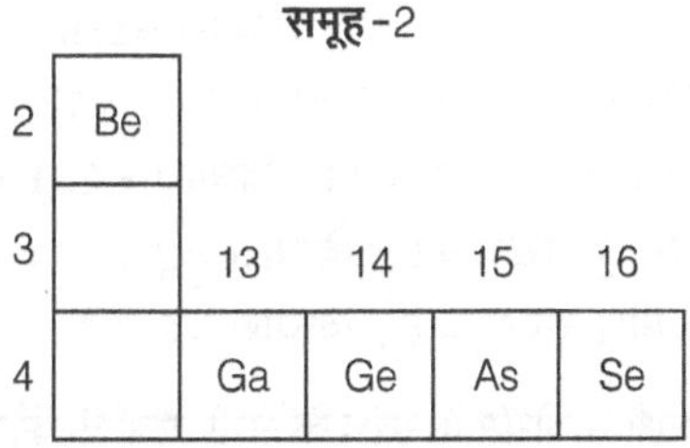

धात्विक गुण घटता है ⟶

बेरेलियम इन सभी से सर्वाधिक धात्विक गुण से युक्त है, क्योंकि यह आवर्त सारणी के सबसे बाईं ओर स्थित है। आवर्त सारणी में तत्वों का धात्विक गुण बाईं से दाईं ओर जाने पर घटता है।

अभ्यास

प्रश्न 1. **आवर्त सारणी में बाईं से दाईं ओर जाने पर प्रवृत्तियों के बारे में कौन-सा कथन असत्य है?**

(a) तत्वों की धाात्विक प्रकृति घटती है।

(b) संयोजक इलेक्ट्रॉनों की संख्या बढ़ जाती है।

(c) परमाणु आसानी से इलेक्ट्रॉन का त्याग करते हैं।

(d) इनके ऑक्साइड अधिक अम्लीय हो जाते हैं।

उत्तर (*c*) परमाणु आसानी से इलेक्ट्रॉन का त्याग करते हैं। यह कथन असत्य है, क्योंकि बाईं से दाईं ओर जाने पर धात्विक गुण कम होता है तथा अधात्विक (e^- ग्रहण करने का) गुण बढ़ता है।

प्रश्न 2. **तत्व X, XCl_2 सूत्र वाला एक क्लोराइड बनाता है जो एक ठोस है तथा जिसका गलनांक अधिक है। आवर्त सारणी में यह तत्व संभवतः किस समूह के अंतर्गत होगा?**

(a) Na (b) Mg (c) Al (d) Si

उत्तर (*b*) Mg

Cl की संयोजकता 1 तथा Mg की 2 है अतः ये $MgCl_2$ सूत्र वाला क्लोराइड बनाते हैं।

प्रश्न 3. किस तत्व में

(a) दो कोश हैं तथा दोनों इलेक्ट्रॉनों से पूरित हैं?

(b) इलेक्ट्रॉनिक विन्यास 2, 8, 2 है?

(c) कुल तीन कोश हैं तथा संयोजकता कोश में चार इलेक्ट्रॉन हैं?

(d) कुल दो कोश हैं तथा संयोजकता कोश में तीन इलेक्ट्रॉन हैं?

(e) दूसरे कोश में पहले कोश से दोगुने इलेक्ट्रॉन हैं?

उत्तर (*a*) Ne, निऑन (परमाणु संख्या = 10); विन्यास = 2, 8

(*b*) Mg, मैग्नीशियम (परमाणु क्रमांक = 2 + 8 + 2 = 12)

(*c*) Si, सिलिकन (परमाणु संख्या = 14); विन्यास = 2, 8, 4

(*d*) B, बोरॉन (परमाणु संख्या = 5); विन्यास = 2,3

(*e*) C, कार्बन (परमाणु संख्या = 6); विन्यास = 2, 4

प्रश्न 4. **(a) आवर्त सारणी में बोरॉन के स्तंभ के सभी तत्वों के कौन-से गुणधर्म समान हैं?**

(b) आवर्त सारणी में फ्लुओरीन के स्तंभ के सभी तत्वों के कौन-से गुणधर्म समान हैं?

उत्तर (*a*) बोरॉन का परमाणु क्रमांक = 5; इलेक्ट्रॉनिक विन्यास = 2, 3 बोरॉन (10 + 3) 13वें समूह में स्थित है। इस स्तंभ के सभी तत्वों में 3 संयोजी इलेक्ट्रॉन होते हैं तथा उनकी संयोजकता भी 3 होती हैं। यह एक उपधातु है व अन्य सभी तत्व धातुएँ हैं।

(*b*) फ्लुओरीन (परमाणु क्रमांक = 9); इलेक्ट्रॉनिक विन्यास = 2, 7 ये सभी अर्थात् 17वें समूह के तत्व अधातुएँ हैं। इन्हें हैलोजन कहा जाता है, क्योंकि ये समूह 1, 2 व 3 के तत्वों के साथ मिलकर लवण बनाते हैं।

उदाहरण NaCl

इन सभी तत्वों (F, Cl, Br, I) की संयोजकता 1 है तथा इनमें संयोजी इलेक्ट्रॉनों की संख्या 7 हैं। ये सभी हैलोजन ऑक्सीजन के साथ अम्लीय प्रकृति के ऑक्साइड निर्मित करते हैं।

प्रश्न 5. **एक परमाणु का इलेक्ट्रॉनिक विन्यास 2, 8, 7 है।**

(a) इस तत्व की परमाणु संख्या क्या है?

(b) निम्न में से किस तत्व के साथ इसकी रासायनिक समानता होगी?
(परमाणु संख्या कोष्ठक में दी गई है) N (7) F (9) P (15) Ar (18)

उत्तर (*a*) तत्व का परमाणु क्रमांक = 2 + 8 + 7 = 17

(*b*)

$_{7}N = 2, 5$

$_{9}F = 2, 7$

$_{15}P = 2, 8, 5$

$_{18}Ar = 2, 8, 8$

प्रश्न में दिए गए तत्व का विन्यास = 2, 8, 7; उपरोक्त तत्व के साथ, F (2, 7) रासायनिक रूप से समान होगा, क्योंकि दोनों ही तत्वों में संयोजी इलेक्ट्रॉनों की संख्या 7 है।

प्रश्न 6. आवर्त सारणी में तीन तत्व *A*, *B* तथा *C* की स्थिति निम्न प्रकार है

समूह 16	समूह 17
—	—
—	*A*
—	—
B	*C*

अब बताइए कि

(a) *A* धातु है या अधातु।

(b) *A* की अपेक्षा *C* अधिक अभिक्रियाशील है या कम।

(c) *C* का आकार *B* से बड़ा होगा या छोटा।

(d) तत्व *A*, किस प्रकार के आयन, धनायन या ऋणायन बनाएगा?

उत्तर (*a*) *A* अधातु है, क्योंकि यह समूह 17 का तत्व है तथा इसकी संयोजकता – 1 है (विन्यास = 2, 8, 7)

(*b*) *A* की अपेक्षा *C* कम अभिक्रियाशील है, क्योंकि अधातुओं में अभिक्रियाशीलता समूह में ऊपर से नीचे की ओर जाने पर घटती है।

(*c*) *C* का आकार *B* से छोटा है, क्योंकि एक ही आवर्त में बाएँ से दाएँ जाने पर परमाणु का आकार घटता है।

(*d*) तत्व *A* अधातु है अतः यह एकसंयोजक (A^-) ऋणायन बनाएगा।

प्रश्न 7. नाइट्रोजन (परमाणु संख्या 7) तथा फॉस्फोरस (परमाणु संख्या 15) आवर्त सारणी के समूह 15 के तत्व हैं। इन दोनों तत्वों का इलेक्ट्रॉनिक विन्यास लिखिए। इनमें से कौन-सा तत्व अधिक विद्युतऋणात्मक होगा और क्यों?

उत्तर इलेक्ट्रॉनिक विन्यास

तत्व	*K*,	*L*,	*M*
$_7N$ =	2,	5	
$_{15}P$ =	2,	8,	5

नाइट्रोजन, फॉस्फोरस की अपेक्षा अधिक विद्युतऋणात्मक होगा, क्योंकि अधातु के समूह में इलेक्ट्रॉन प्राप्त करने की प्रवृत्ति ऊपर से नीचे की ओर घटती है।

प्रश्न 8. तत्वों के इलेक्ट्रॉनिक विन्यास का आधुनिक आवर्त सारणी में तत्व की स्थिति से क्या संबंध है?

उत्तर तत्वों के इलेक्ट्रॉनिक विन्यास के आधार पर आवर्त सारणी में उनकी स्थिति का पता लगाया जा सकता है।

तत्व की समूह संख्या = बाह्यतम कक्ष में इलेक्ट्रॉनों की संख्या

अथवा = 10 + बाह्यतम कक्ष में इलेक्ट्रॉनों की संख्या

तत्व की आवर्त संख्या = कक्षकों की संख्या

उदाहरण यदि किसी तत्व का इलेक्ट्रॉनिक विन्यास 2, 8,1 है, तो इसकी आवर्त सारणी में स्थिति निम्न होगी समूह संख्या = 1; आवर्त संख्या = 3

प्रश्न 9. आधुनिक आवर्त सारणी में कैल्सियम (परमाणु संख्या = 20) के चारों और 12, 19, 21 तथा 38 परमाणु संख्या वाले तत्व स्थित है। इनमें से किन तत्वों के भौतिक एवं रासायनिक गुणधर्म कैल्सियम के समान हैं?

उत्तर

	तत्व का प. क्र.	**इलेक्ट्रॉनिक विन्यास**				
		K	*L*	*M*	*N*	*O*
कैल्सियम	20	2	8	8	**2**	
	12	2	8	**2**		
	19	2	8	8	1	
	21	2	8	8	3	
	38	2	8	18	8	**2**

इलेक्ट्रॉनिक विन्यास से स्पष्ट है कि परमाणु क्रमांक 12 तथा 38 वाले तत्व के बाह्यतम कक्ष में 2 इलेक्ट्रॉन स्थित हैं जो कैल्सियम के विन्यास से समानता रखते हैं। अतः परमाणु क्रमांक 12 (Mg) तथा 38 (Sr) के भौतिक तथा रासायनिक गुणधर्म कैल्सियम (परमाणु क्रमांक = 20) के समान होंगे।

प्रश्न 10. मेन्डेलीफ की आवर्त सारणी एवं आधुनिक आवर्त सारणी में तत्वों की व्यवस्था की तुलना कीजिए।

उत्तर *मेन्डेलीफ की आवर्त सारणी एवं आधुनिक आवर्त सारणी में निम्न अंतर हैं*

क्र.सं.	**मेन्डेलीफ की आवर्त सारणी**	**आधुनिक आवर्त सारणी**
(i)	तत्वों को बढ़ते हुए परमाणु द्रव्यमानों के क्रम में व्यवस्थित किया गया है।	तत्वों को बढ़ते हुए परमाणु क्रमांकों के क्रम में व्यवस्थित किया गया है।
(ii)	इसमें 8 समूह तथा 6 आवर्त हैं।	इसमें 18 समूह तथा 7 आवर्त हैं।
(iii)	इसमें 7 समूहों को A तथा B उपसमूहों में बाँटा गया है।	इसमें समूहों को उपसमूहों में नहीं बाँटा गया है।

NCERT Exemplar

पुस्तक के चुने गए प्रश्न

बहुविकल्पीय प्रश्न

प्रश्न 1. किस तत्व तक, अष्टक का नियम लागू होता है?

(a) ऑक्सीजन (b) कैल्सियम

(c) कोबाल्ट (d) पोटैशियम

उत्तर (*b*) कैल्सियम

प्रश्न 2. मेन्डेलीफ के आवर्त नियम के अनुसार, तत्वों को आवर्त सारणी में निम्न के अनुसार व्यवस्थित किया गया है?

(a) बढ़ते परमाणु क्रमांक (b) घटते परमाणु क्रमांक

(c) बढ़ते परमाणु द्रव्यमान (d) घटते परमाणु द्रव्यमान

उत्तर (*c*) बढ़ते परमाणु द्रव्यमान

प्रश्न 3. मेन्डेलीफ की आवर्त सारणी में, बाद में खोजे जाने वाले तत्वों के लिए रिक्त स्थान छोड़े गए थे। निम्न में से कौन-से तत्व को आवर्त सारणी में बाद में रखा गया?

(a) जर्मेनियम (b) क्लोरीन (c) ऑक्सीजन (d) सिलिकॉन

उत्तर (*a*) जर्मेनियम

प्रश्न 4. निम्न में से कौन-से कथन आधुनिक आवर्त सारणी के विषय में सही नहीं है?

(i) आधुनिक आवर्त सारणी में तत्वों को उनके घटते हुए परमाणु क्रमांक के आधार पर व्यवस्थित किया गया है।

(ii) आधुनिक आवर्त सारणी में तत्वों को उनके बढ़ते हुए परमाणु द्रव्यमानों के आधार पर व्यवस्थित किया गया है।

(iii) आवर्त सारणी में समस्थानिकों को साथ-साथ वाले समूहों में रखा गया है।

(iv) आधुनिक आवर्त सारणी में तत्वों को उनके बढ़ते हुए परमाणु क्रमांकों के आधार पर व्यवस्थित किया गया है।

(a) केवल (i) (b) (i), (ii) तथा (iii)

(c) (i), (ii) तथा (iv) (d) केवल (iv)

उत्तर (*b*) (i), (ii) तथा (iii); तीनों ही सही नहीं है, अर्थात् केवल (iv) कथन ही सत्य है।

प्रश्न 5. **आधुनिक आवर्त सारणी के संबंध में कौन-सा कथन सही है?**

(a) इसमें 18 क्षैतिज पंक्तियाँ होती हैं, जिन्हें आवर्त कहते हैं।
(b) इसमें 7 ऊर्ध्वाधर स्तंभ होते हैं, जिन्हें आवर्त कहते हैं।
(c) इसमें 18 ऊर्ध्वाधर स्तंभ होते हैं, जिन्हें समूह कहते हैं।
(d) इसमें 7 क्षैतिज पंक्तियाँ होती हैं, जिन्हें समूह कहते हैं।

उत्तर (c) इसमें 18 ऊर्ध्वाधर स्तंभ होते हैं, जिन्हें समूह कहते हैं। केवल यह कथन ही सही हैं।

प्रश्न 6. **A, B, C, D तथा E तत्व, जिनके परमाणु क्रमांक क्रमशः 2, 3, 7, 10 तथा 30 हैं, में से कौन-से एक ही आवर्त में पाए जाते है?**

(a) A, B, C (b) B, C, D (c) A, D, E (d) B, D, E

उत्तर (b) B, C, D

$${}_3B = 2, 1; \; {}_7C = 2, 5; \; {}_{10}D = 2, 8$$

B, C तथा D तीनों तत्वों में 2-2 कक्षक उपस्थित हैं। अतः ये तीनों ही आवर्त संख्या 2 में स्थित हैं।

प्रश्न 7. **पाँच तत्वों A, B, C, D तथा E के परमाणु क्रमांक 9, 11, 17, 12 तथा 13 हैं इनमें से कौन-सा तत्व-युग्म एक ही समूह में पाया जाता है?**

(a) A तथा B (b) B तथा D
(c) A तथा C (d) D तथा E

उत्तर (c) A तथा C; क्योंकि इनके संयोजी इलेक्ट्रॉनों की संख्या समान है।

[इलेक्ट्रॉनिक विन्यास = ${}_9A = 2,7; {}_{11}B = 2,8,1; \; {}_{17}C = 2,8,7; \; {}_{12}D = 2,8,2; {}_{13}E = 2,8,3;$]

प्रश्न 8. **आधुनिक आवर्त सारणी में आप इलेक्ट्रॉनिक विन्यास 2, 8 वाले तत्व को कहाँ पाएँगे?**

(a) समूह 8 (b) समूह 2 (c) समूह 18 (d) समूह 10

उत्तर (c) समूह 18; समूह संख्या 18 में अक्रिय गैसों को रखा गया है, जिनका बाह्यतम कक्ष पूर्ण होता है। यहाँ समूह संख्या = 10 + संयोजी इलेक्ट्रॉनों की संख्या

$$= 10 + 8 = 18$$

प्रश्न 9. **सभी कार्बनिक यौगिकों का आवश्यक तत्व निम्न में स्थित है**

(a) समूह 1 (b) समूह 14
(c) समूह 15 (d) समूह 16

उत्तर (b) समूह 14; यह तत्व कार्बन है ${}_6C = 2, 4$ समूह की संख्या = 10 + 4 = 14

प्रश्न 10. **निम्न में से कौन-सा कक्ष आवर्त 2 के तत्वों के लिए बाह्यतम कक्ष है?**

(a) *K* कक्ष (b) *L* कक्ष (c) *M* कक्ष (d) *N* कक्ष

उत्तर (*b*) *L* कक्ष; क्योंकि आवर्त 2 के तत्वों में दो कक्ष *K* तथा *L* होते हैं।

प्रश्न 11. **निम्न में से कौन-से तत्व में संयोजी इलेक्ट्रॉनों की संख्या अधिकतम है?**

(a) Na (b) Al (c) Si (d) P

उत्तर (*d*) P; ${}_{11}Na = 2, 8, 1$; ${}_{13}Al = 2, 8, 3$

${}_{14}Si = 2,8,4$; ${}_{15}P = 2,8,5$

प्रश्न 12. **निम्न में से कौन O, F तथा N की बढ़ती हुई परमाणु त्रिज्याओं का सही क्रम हैं?**

(a) O, F, N (b) N, F, O (c) O, N, F (d) F, O, N

उत्तर (*d*) F, O, N क्योंकि परमाणु क्रमांक (F = 9 ; O = 8 ; N = 7) घटने के साथ-साथ परमाणु त्रिज्याएँ बढ़ती हैं।

प्रश्न 13. **निम्न में से किस तत्व की परमाणु त्रिज्या सर्वाधिक है?**

(a) Na (b) Mg (c) K (d) Ca

उत्तर (*c*) K; आवर्त सारणी में इन तत्वों की स्थिति इस प्रकार है

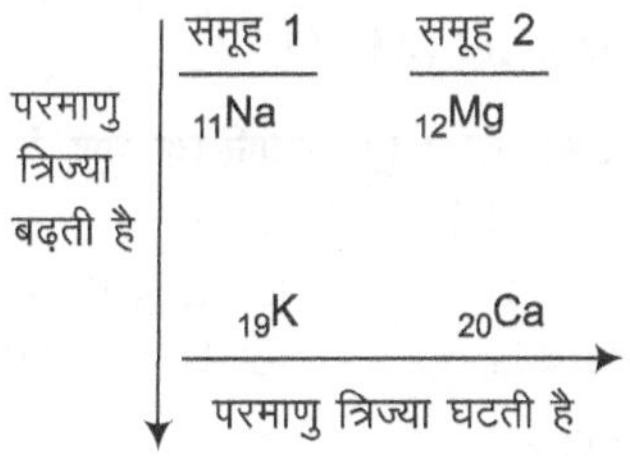

प्रश्न 14. **निम्न में से कौन-सा तत्व सरलता से इलेक्ट्रॉन त्यागता है?**

(a) Mg (b) Na (c) K (d) Ca

उत्तर (*c*) K; इलेक्ट्रॉनिक विन्यास

${}_{12}Mg = 2, 8, 2$; ${}_{11}Na = 2, 8, 1$

${}_{19}K = 2, 8, 8, 1$; ${}_{20}Ca = 2, 8, 8, 2$

क्योंकि K की बाह्यतम कक्ष नाभिक से अधिकतम दूर है।

प्रश्न 15. **निम्न में से कौन-सा तत्व सरलता से इलेक्ट्रॉन नहीं त्यागता?**

(a) Na (b) F (c) Mg (d) Al

उत्तर (*b*) F, क्योंकि यह एक अधातु है।

प्रश्न 16. निम्न में से कौन-से किसी तत्व के समस्थानिकों के लक्षण हैं?

(i) एक तत्व के समस्थानिकों के परमाणु द्रव्यमान समान होते हैं।
(ii) एक तत्व के समस्थानिकों के परमाणु क्रमांक समान होते हैं।
(iii) एक तत्व के समस्थानिकों के भौतिक गुणधर्म समान होते हैं।
(iv) एक तत्व के समस्थानिकों के रासायनिक गुणधर्म समान होते हैं।

(a) (i),(iii) तथा (iv) (b) (ii), (iii) तथा (iv)
(c) (ii) तथा (iii) (d) (ii) तथा (iv)

उत्तर (*d*) (ii) तथा (iv)

प्रश्न 17. निम्न तत्वों को उनके घटते हुए धात्विक गुणों के क्रम में व्यवस्थित कीजिए

Na, Si, Cl, Mg, Al

(a) Cl > Si > Al > Mg > Na
(b) Na > Mg > Al > Si > Cl
(c) Na > Al > Mg > Cl > Si
(d) Al > Na > Si > Ca > Mg

उत्तर (*b*) **Na > Mg > Al > Si > Cl**; ये सभी तत्व आवर्त 3 के तत्व हैं। बाईं से दाईं ओर जाने पर एक आवर्त के तत्वों का धात्विक गुण घटता है।

$_{11}Na, _{12}Mg, _{13}Al, _{14}Si, _{17}Cl$

प्रश्न 18. निम्न तत्वों को उनके बढ़ते हुए अधात्विक गुण के क्रम में व्यवस्थित कीजिए

Li, O, C, Be, F

(a) F < O < C < Be < Li (b) Li < Be < C < O < F
(c) F < C < O < Be < Li (d) F < O < Be < C < Li

उत्तर (*b*) Li < Be < C < O < F
ये सभी आवर्त 2 के तत्व हैं। बाईं से दाईं ओर जाने पर एक आवर्त के तत्वों का अधात्विक गुण बढ़ता है।

$_{3}Li, _{4}Be, _{6}C, _{8}O, _{9}F$

प्रश्न 19. एका-ऐलुमिनियम किस प्रकार का ऑक्साइड बनाएगा?

(a) EO_3 (b) E_3O_2 (c) E_2O_3 (d) EO

उत्तर (*c*) E_2O_3, क्योंकि यह समूह 3 का तत्व है, इसलिए

$$\overset{3+}{E} \times \overset{2-}{O} = E_2O_3$$

प्रश्न 20. तीन तत्व B, Si तथा Ge हैं

(a) धातुएँ (b) अधातुएँ
(c) उपधातुएँ (d) क्रमशः धातु, अधातु तथा उपधातु

उत्तर (*c*) उपधातुएँ; ये तीनों B, Si तथा Ge उपधातुएँ (metalloids) हैं।

प्रश्न 21. निम्न में से कौन-से तत्व अम्लीय ऑक्साइड बनाएँगे?

(a) परमाणु क्रमांक 7 वाला तत्व
(b) परमाणु क्रमांक 3 वाला तत्व
(c) परमाणु क्रमांक 12 वाला तत्व
(d) परमाणु क्रमांक 19 वाला तत्व

उत्तर (*a*) परमाणु क्रमांक 7 वाला तत्व, क्योंकि केवल यही (2, 5) अधातु है, जबकि अन्य (2, 1; 2; 8, 2 ; 2, 8, 8, 1) धातुएँ हैं।

प्रश्न 22. एक तत्व, जिसका परमाणु क्रमांक 14 है, कठोर पदार्थ है तथा यह अम्लीय ऑक्साइड तथा सहसंयोजक हैलाइड बनाता है। यह तत्व निम्न में से किस श्रेणी के अंतर्गत आता है?

(a) धातु
(b) उपधातु
(c) अधातु
(d) बाएँ हाथ का तत्व

उत्तर (*c*) अधातु (2, 8, 4)

प्रश्न 23. निम्न में से कौन एक परमाणु की परमाणु त्रिज्या (r) का सही निरुपण है?

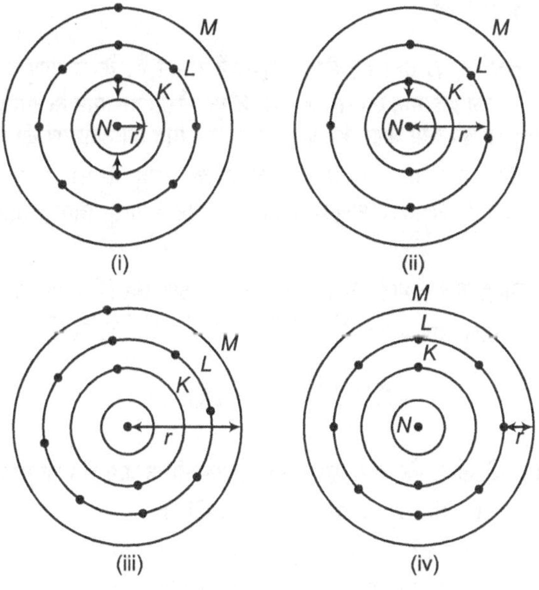

(a) (i) तथा (ii)
(b) (ii) तथा (iii)
(c) (iii) तथा (iv)
(d) (i) तथा (iv)

उत्तर (*b*) (ii) तथा (iii)

प्रश्न 24. **आवर्त सारणी के किसी समूह में ऊपर से नीचे जाने पर निम्न में से क्या नहीं परिवर्तित होता है?**

(a) परमाणु त्रिज्या (b) धात्विक गुण
(c) संयोजकता (d) तत्व में कक्ष संख्या

उत्तर (*c*) **संयोजकता** एक समूह के तत्वों की संयोजकता समान होती है।

प्रश्न 25. **आवर्त सारणी के एक आवर्त में बाएँ से दाएँ जाने पर, परमाणु का आकार**

(a) बढ़ता है (b) घटता है
(c) नहीं बदलता है (d) पहले घटता है बाद में बढ़ता है

उत्तर (*b*) घटता है

प्रश्न 26. **निम्न में से किस तत्व-समूह को बढ़ते हुए धात्विक गुण के क्रम में लिखा गया है?**

(a) Be, Mg, Ca (b) Na, Li, K (c) Mg, Al, Si (d) C, O, N

उत्तर (*a*) Be, Mg, Ca

लघु उत्तरीय प्रश्न

प्रश्न 27. **तीन तत्व A, B तथा C, जिनके गुणधर्म समान हैं, के परमाणु द्रव्यमान क्रमशः X, Y तथा Z हैं। Y का द्रव्यमान लगभग X तथा Z के औसत द्रव्यमान के बराबर है। तत्वों की इस प्रकार की व्यवस्था को क्या कहते हैं? ऐसे एक तत्व-समूह का उदाहरण दीजिए।**

उत्तर तत्वों की ऐसी व्यवस्था, जिसमें तीन तत्वों के समूह में मध्यम तत्व का परमाणु द्रव्यमान, शेष दो तत्वों के औसत परमाणु द्रव्यमान के बराबर होता है, त्रिक (triads) कहलाते हैं।

उदाहरण

Ca (परमाणु भार = 40), Sr (परमाणु भार = 88), Ba (परमाणु भार = 137)

$$\text{Sr का परमाणु भार} = \frac{\text{Ca का परमाणु भार} + \text{Ba का परमाणु भार}}{2}$$

$$= \frac{40 + 137}{2} = \frac{177}{2} = 88.5$$

प्रश्न 28. **कुछ तत्वों को उनके बढ़ते हुए परमाणु द्रव्यमानों के क्रम में रखा गया है**

F, Na, Mg, Al, Si, P, S, Cl, K

(a) ऐसे दो तत्व-समूह (sets) चुनिए, जिनके गुणधर्म समान हों।
(b) उपरोक्त क्रम वर्गीकरण के किस नियम को दर्शाता है?

उत्तर (*a*) पहला तत्त्व समूह = F, Cl (F = 2, 7 ; Cl = 2 , 8, 7)
दूसरा तत्त्व समूह = Na, K (Na = 2, 8, 1 ; K = 2, 8, 8, 1)

(*b*) यह व्यवस्था न्यूलैंड्स के अष्टक नियम को दर्शाती है।

प्रश्न 29. क्या निम्न तत्वों के समूहों को डॉबेराइनर के त्रिक के रूप में वर्गीकृत किया जा सकता है?

(a) Na, Si, Cl (b) Be, Mg, Ca

परमाणु द्रव्यमान Be = 9, Na = 23, Mg = 24, Si = 28, Cl = 35, Ca = 40 कारण सहित समझाइए।

उत्तर (*a*) यद्यपि मध्यम तत्व Si का परमाणु द्रव्यमान (28) अन्य दो के औसत $\left(\frac{23+35}{2}\right)$ के लगभग बराबर है, तब भी Na, Si, Cl को डॉबेराइनर त्रिक नहीं कहा जा सकता, क्योंकि इन तत्वों के गणधर्म भिन्न हैं।

(*b*) Mg का परमाणु द्रव्यमान $= \frac{\text{परमाणु द्रव्यमान Be} + \text{परमाणु द्रव्यमान Ca}}{2}$

$$= \frac{9+40}{2} = \frac{49}{2} = 24.5$$

Be, Mg, Ca को डॉबेराइनर त्रिक कहा जाता है, क्योंकि Mg का परमाणु द्रव्यमान अन्य दो के परमाणु द्रव्यमानों के औसत के लगभग बराबर होता है। साथ ही इन तत्वों के गुणधर्म भी समान है।

प्रश्न 30. मेन्डेलीफ की आवर्त सारणी में, तत्वों को उनके बढ़ते हुए परमाणु द्रव्यमानों के क्रम में व्यवस्थित किया जाता है। परन्तु कोबाल्ट (परमाणु द्रव्यमान = 58.93 u) को निकैल (परमाणु द्रव्यमान = 58.71 u) से पहले रखा गया है। इसका कारण लिखिए।

उत्तर इसका कारण है कि एक समूह में केवल उन तत्वों को रखा जाता है, जिनके गुणधर्मों में समानता होती है।

प्रश्न 31. "हाइड्रोजन का आवर्त सारणी में एक विशेष स्थान है।" इस कथन का क्या औचित्य है?

उत्तर हाइड्रोजन एक ऐसा तत्व है, जो गुणधर्मों में क्षार धातुओं (alkali metals) तथा हैलोजन दोनों से समानता रखता है। क्षार धातुओं की भाँति यह H^+ (धनायन) बनाता है, जबकि हैलोजनों की भाँति यह H^- (ऋणायन) बनाता है। H का विन्यास = 1 (*K*-कक्ष) है। अत: यह अपनी कक्ष पूर्ण करने हेतु एक इलेक्ट्रॉन त्याग भी सकता है (क्षार धातुओं से समानता) तथा एक इलेक्ट्रॉन ग्रहण भी कर सकता है (हैलोजनों से समानता) इसीलिए हाइड्रोजन को आवर्त सारणी में सबसे बाईं ओर क्षार धातुओं के ऊपर एक विशेष स्थान दिया गया है।

प्रश्न 32. एका-सिलिकॉन तथा एका-ऐलुमिनियम के क्लोराइडों के सूत्र लिखिए (ये दोनों तत्व मेन्डेलीफ द्वारा पूर्वानुमानित थे)।

उत्तर एका-सिलिकॉन को जर्मेनियम (Ge) तथा एका-ऐलुमिनियम को गैलियम (Ga) के नाम से जाना जाता है।

इनके क्लोराइड इस प्रकार हैं : $Ge^{4} \times Cl^{1} = GeCl_4$ तथा $Ga^{3} \times Cl^{1} = GaCl_3$

(जहाँ Ge की संयोजकता 4, Cl की 1 तथा गैलियम की 3 है।)

प्रश्न 33. तीन तत्वों A, B तथा C के बाह्यतम कक्ष में क्रमशः 3, 4 तथा 2 इलेक्ट्रॉन उपस्थित हैं। आधुनिक आवर्त सारणी में ये तत्व किस समूह (group) में स्थित हैं? इनकी संयोजकताएँ भी लिखिए।

उत्तर

तत्व	समूह संख्या	संयोजकता
A	समूह 13	3
B	समूह 14	4
C	समूह 2	2

प्रश्न 34. यदि एक तत्व X को समूह 14 में रखा गया है, तब इसके क्लोराइड का सूत्र तथा बंध की प्रकृति भी लिखिए।

उत्तर समूह 14 के तत्वों की संयोजकता = 4

क्लोरीन की संयोजकता = 1

अतः तत्व X के क्लोराइड का सूत्र = XCl_4

इसके बंध की प्रकृति सहसंयोजक है, क्योंकि यह परमाणुओं के मध्य इलेक्ट्रॉनों की साझेदारी द्वारा बनता है।

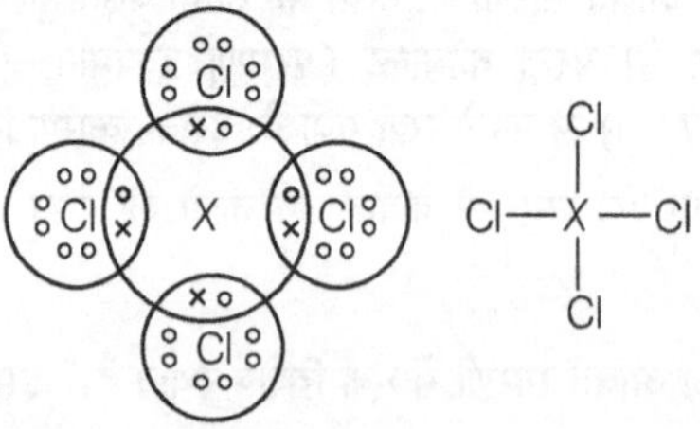

प्रश्न 35. दो स्पीशीज़ X तथा Y की परमाणु त्रिज्याओं की तुलना कीजिए। अपने उत्तर के लिए कारण भी दीजिए।

(a) X= 12 प्रोटॉन तथा 12 इलेक्ट्रॉन

(b) Y= 12 प्रोटॉन तथा 10 इलेक्ट्रॉन

उत्तर X में प्रोटॉनों व इलेक्ट्रॉनों की संख्या समान (12) है अतः यह उदासीन परमाणु है, जबकि Y में इलेक्ट्रॉनों की संख्या प्रोटॉनों की संख्या की अपेक्षा कम है। अतः Y, X का कैटायन (धनायन है) Y को X^{2+} भी लिखा जा सकता है। इसीलिए Y की त्रिज्या X की अपेक्षा कम होगी।

कारण $X = 2, 8, 2$

$Y = 2, 8$

क्योंकि Y (या X^{2+}) में एक कक्ष कम हो जाती है, इसलिए त्रिज्या भी कम हो जाती है।

प्रश्न 36. **निम्न तत्वों को उनकी परमाणु त्रिज्याओं के बढ़ते हुए क्रम में लिखिए।**

(a) Li, Be, F, N (b) Cl, At, Br, I

उत्तर *परमाणु त्रिज्याओं के बढ़ते हुए क्रम इस प्रकार हैं*

(*a*) F < N < Be < Li [आवर्त में दाएँ से बाएँ परमाणु त्रिज्या बढ़ती है।]

(*b*) Cl < Br < I< At [समूह में ऊपर से नीचे परमाणु त्रिज्या बढ़ती है।]

प्रश्न 37. **जिन तत्वों के इलेक्ट्रॉनिक विन्यास निम्नलिखित हैं, उनमें से धातुओं को पहचान कर उनके नाम लिखिए।**

(a) 2, 8, 2 (b) 2, 8, 1 (c) 2, 8, 7 (d) 2, 1

उत्तर (*a*) 2, 8, 2 मैग्नीशियम Mg; परमाणु क्रमांक = 12

(*b*) 2, 8, 1 सोडियम Na; परमाणु क्रमांक = 11

(*d*) 2, 1 लीथियम Li; परमाणु क्रमांक = 3

उपरोक्त तीनों धातुएँ हैं।

प्रश्न 38. **जब तत्व A (परमाणु क्रमांक $=19$), तत्व B (परमाणु क्रमांक $=17$) के साथ संयोग करता है, तो बनने वाले उत्पाद का सूत्र लिखिए। इसकी इलेक्ट्रान बिंदु संरचना भी बनाइए। इसमें बनने वाले बंध की प्रकृति भी लिखिए।**

उत्तर

$$\underset{(2,8,8,1)}{A} \longrightarrow \underset{(2,8,8)}{A^+} + e^-$$

$$\underset{(2,8,7)}{B} + e^- \longrightarrow \underset{(2,8,8)}{B^-}$$

$$A^+ + B^- \longrightarrow AB$$

यह बंध आयनिक बंध है, जो इलेक्ट्रॉनों के स्थानांतरण द्वारा बनता है।

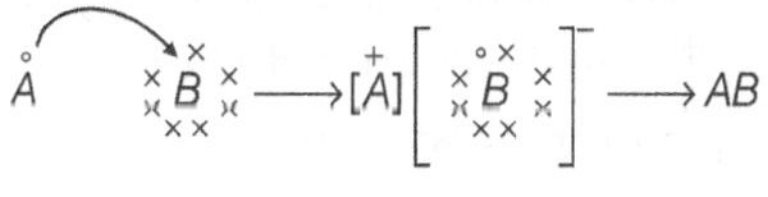

प्रश्न 39. **निम्न तत्वों को उनके धात्विक गुण के बढ़ते क्रम में व्यवस्थित कीजिए।**

Mg, Ca, K, Ge, Ga

उत्तर Ge < Ga < Mg < Ca < K (धात्विक गुण का बढ़ता क्रम)

प्रश्न 40. **निम्न गुणधर्मों वाले तत्वों को पहचानिए और उनको उनकी अभिक्रियाशीलता के बढ़ते हुए क्रम में व्यवस्थित कीजिए।**

(a) एक तत्व जो मुलायम तथा अधिक अभिक्रियाशील है।

(b) एक धातु जो चूना पत्थर का एक महत्त्वपूर्ण अवयव है।

(c) एक धातु जो कमरे के ताप पर द्रव अवस्था में पाई जाती है।

उत्तर (*a*) Na (सोडियम) (*b*) Ca (कैल्सियम) (c) Hg (मर्करी/पारा)

बढ़ती अभिक्रियाशीलता का क्रम: Hg < Ca < Na

प्रश्न 41. **कुछ तत्वों के गुणधर्म निम्नलिखित हैं। आवर्त सारणी में आप इन तत्वों को कहाँ पाएँगे?**

(a) एक नर्म धातु, जिसे केरोसीन में रखा जाता है।

(b) एक तत्व, जिसकी संयोजकता 1 से अधिक है तथा इसे जल में रखा जाता है।

(c) एक तत्व, जो चतु : संयोजक है तथा कार्बनिक रसायन का आधार है।

(d) एक तत्व, जो अक्रिय गैस है (परमाणु क्रमांक = 2)

(e) एक तत्व, जिसकी महीन ऑक्साइड पर्त अन्य तत्वों को 'ऐनोडीकरण' प्रक्रम द्वारा संक्षारण रोधी बनाने में उपयोगी है।

उत्तर (*a*) सोडियम (Na); समूह 1 तथा आवर्त 3 में तथा पोटैशियम (K); समूह 1 तथा आवर्त 4 में।

(*b*) फॉस्फोरस (P); समूह 15 तथा आवर्त 3 में।

(*c*) कार्बन (C); समूह 14 तथा आवर्त 2 में।

(*d*) हीलियम (He); समूह 18 तथा आवर्त 1 में।

(*e*) ऐलुमिनियम (Al); समूह 13 तथा आवर्त 3 में।

दीर्घ उत्तरीय प्रश्न

प्रश्न 42. **एक तत्व, जो आवर्त सारणी के समूह 2 तथा आवर्त 3 में स्थित है, ऑक्सीजन की उपस्थिति में जलकर क्षारीय ऑक्साइड बनाता है।**

(a) तत्व को पहचानिए।

(b) इलेक्ट्रॉनिक विन्यास लिखिए।

(c) जब यह तत्व वायु में जलता है, तो इसकी संतुलित रासायनिक समीकरण लिखिए।

(d) जब यह ऑक्साइड जल में घुलता है, तो इसके लिए संतुलित समीकरण लिखिए।

(e) इस ऑक्साइड के निर्माण के लिए इलेक्ट्रॉन बिंदु संरचना बनाइए।

उत्तर (*a*) मैग्नीशियम (Mg; परमाणु क्रमांक = 12)

(*b*) $_{12}Mg = 2, 8, 2$

(*c*) $\underset{\text{मैग्नीशियम}}{2Mg(s)} + \underset{\text{वायु से}}{O_2(g)} \longrightarrow \underset{\text{मैग्नीशियम ऑक्साइड}}{2MgO(s)}$

(*d*) $\underset{\text{मैग्नीशियम}}{MgO(s)} + \underset{\text{जल}}{H_2O(l)} \longrightarrow \underset{\text{मैग्नीशियम हाइड्रॉक्साइड}}{Mg(OH)_2(s)}$

(*e*)

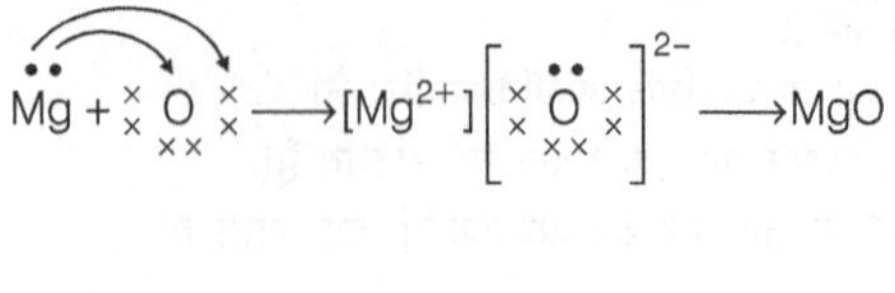

प्रश्न 43. एक तत्व X (परमाणु क्रमांक 17) दूसरे तत्व Y (परमाणु क्रमांक 20) से अभिक्रिया करके एक द्विसंयोजक हैलाइड बनाता है।

(a) तत्व X तथा Y आवर्त सारणी में कहाँ स्थित हैं?

(b) X तथा Y को धातु (*s*), अधातु (*s*) तथा उपधातु (*s*) में वर्गीकृत कीजिए।

(c) तत्व Y के ऑक्साइड की प्रकृति क्या होगी? बने हुए यौगिक में बंध का प्रकार पहचानिए।

(d) द्विसंयोजक हैलाइड की इलेक्ट्रॉन बिंदु संरचना बनाइए।

उत्तर (*a*) तत्व X (17) = 2, 8, 7 आवर्त संख्या 3; समूह संख्या = 17
तत्व Y (20) = 2, 8, 8, 2 आवर्त संख्या 4; समूह संख्या = 2

(*b*) X अधातु तथा Y धातु है।

(*c*) Y के ऑक्साइड की प्रकृति क्षारीय है, क्योंकि यह धात्विक ऑक्साइड है इसमें आयनिक बंध बनता है।

(*d*) Cl की संयोजकता = 1 (विन्यास = 2, 8, 7)

X की संयोजकता = 2 (विन्यास = 2, 8, 2)

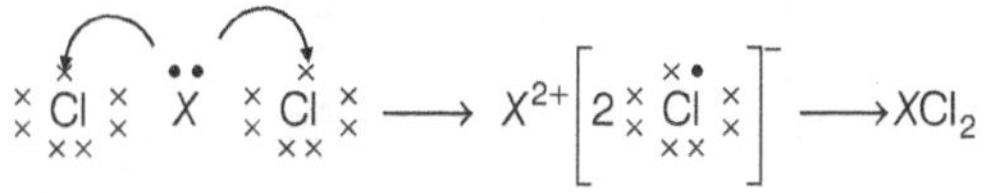

प्रश्न 44. *कुछ तत्वों के परमाणु क्रमांक निम्न प्रकार हैं*

10, 20, 7, 14

(a) तत्वों को पहचानिए।

(b) आवर्त सारणी के इन तत्वों की समूह संख्या लिखिए।

(c) आवर्त सारणी के इन तत्वों की आवर्त संख्या लिखिए।

(d) इन तत्वों के इलेक्ट्रॉनिक विन्यास क्या होंगे?

(e) इन तत्वों की संयोजकता को निर्धारित कीजिए।

उत्तर (*a*)

परमाणु क्रमांक	तत्व
10	Ne (निऑन)
20	Ca (कैल्सियम)
7	N (नाइट्रोजन)
14	Si (सिलिकॉन)

(*b*)

$_{10}Ne$ = 2, 8 (समूह संख्या = 18)

$_{20}Ca$ = 2, 8, 8, 2 (समूह संख्या = 2)

$_{7}N$ = 2, 5 (समूह संख्या = 15)

$_{14}Si$ = 2, 8, 4 (समूह संख्या = 14)

(*c*)

तत्व	आवर्त संख्या
Ne	2
Ca	4
N	2
Si	3

(*d*)

तत्व	इलेक्ट्रॉनिक विन्यास
$_{10}Ne$	2, 8
$_{20}Ca$	2, 8, 8, 2
$_{7}N$	2, 5
$_{14}Si$	2, 8, 4

(*e*)

तत्व	संयोजकता
Ne	शून्य
Ca	दो
N	तीन
Si	चार

प्रश्न 45. निम्न क्रासवर्ड पजल (Crossword puzzle) को पूर्ण कीजिए।

	1	7				4					
		2	8				9		5		
						3				6	

क्षैतिज (Across)

1. परमाणु क्रमांक 12 वाला तत्व
2. समूह 14 का एक तत्व (धातु) जिसका उपयोग कैन बनाने में किया जाता है।
3. एक चमकदार अधातु, जिसकी बाह्यतम कक्ष में 7 इलेक्ट्रॉन होते हैं।

ऊर्ध्वाधर (Down)

4. अधिक क्रियाशील तथा नर्म धातु, जो ज्वाला में पीला रंग उत्पन्न करती है तथा केरोसीन में रखी जाती है।

5. दूसरे आवर्त का प्रथम तत्व।
6. आधुनिक आवर्त सारणी में समूह 18 का दूसरा सदस्य है तथा इसका उपयोग फ्लोरिसेंट बल्ब के निर्माण में किया जाता है।
7. हैलोजन परिवार का अंतिम सदस्य जो एक रेडियोऐक्टिव तत्व है।
8. धातु, जो स्टील का मुख्य अवयव है और नम वायु में इस पर जंग लग जाता है।
9. आधुनिक आवर्त सारणी की प्रथम उपधातु, जिसके रेशों का उपयोग बुलेट प्रूफ जैकेट के निर्माण में होता है।

उत्तर *दी गई क्रॉसवर्ड पजल का हल नीचे दिया गया है*

	^{1}M	^{7}A	G	N	E	^{4}S	I	U	M		
		S				O					
		^{2}T	^{8}I	N		D	^{9}B		^{5}L		
		A	R			^{3}I	O	D	I	^{6}N	E
		T	O			U	R		T	E	
		I	N			M	O		H	O	
		N					N		I	N	
		E							U		
									M		

प्रश्न 46. **(a) निम्न चित्र में दी गई सीढी में तत्वों को जम्बल (jumbled) किया गया है। इन तत्वों के प्रतीकों को आवर्त सारणी में इनके परमाणु क्रमांकों के बढ़ते क्रम में पुनर्व्यवस्थित कीजिए।**

(b) इन तत्वों को इनके समूहों के क्रम में भी लिखिए।

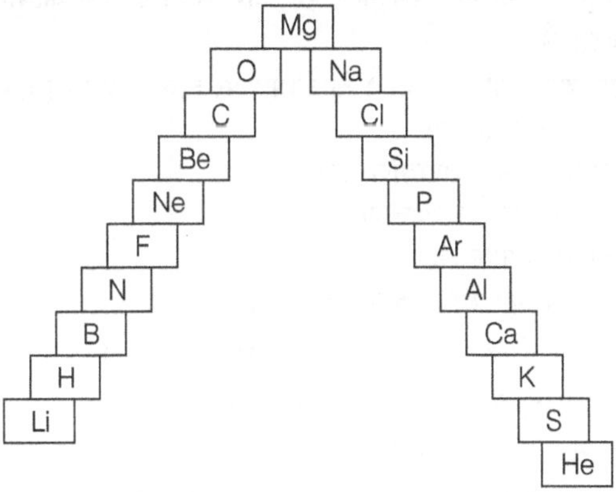

उत्तर *(a)* H < He < Li < Be < B < C < N < O < F < Ne < Na < Mg < Al < Si < P < S < Cl < Ar < K < Ca

(b) समूह 1 – H, Li, Na, K   समूह 2 – Be, Mg, Ca

समूह 13 – B, Al समूह 14 – C, Si

समूह 15 – N, P समूह 16 – O, S

समूह 17 – F,Cl समूह 18 – He, Ne, Ar

प्रश्न 47. मेन्डेलीफ ने कुछ तत्वों, जो उस समय तक ज्ञात नहीं थे, का पूर्वानुमान किया। उनमें से दो एका-सिलिकॉन तथा एका-ऐलुमिनियम हैं।

(a) उन तत्वों के नाम लिखिए जिन्होनें इन तत्वों का बाद में स्थान ले लिया ।

(b) आधुनिक आवर्त सारणी में इन तत्वों के समूह तथा आवर्त की संख्या लिखिए।

(c) इन तत्वों को धातु, अधातु या उपधातु में वर्गीकृत कीजिए।

(d) इनमें से प्रत्येक में उपस्थित संयोजी इलेक्ट्रॉनों की संख्या लिखिए।

उत्तर (*a*) जर्मेनियम (Ge) [पहले-एका-सिलिकॉन]
गैलियम (Ga) [पहले-एका-ऐलुमिनियम]

(*b*) Ge (समूह 14 तथा आवर्त 4)
Ga (समूह 13 तथा आवर्त 4)

(*c*) Ge-उपधातु; Ga- धातु

(*d*) संयोजी इलेक्ट्रॉन Ge = 4 तथा Ga = 3

प्रश्न 48. (i) **तत्वों की विद्युत धनात्मक प्रकृति समूह में ऊपर से नीचे बढ़ती है तथा आवर्त में घटती है।**

(ii) **समूह में विद्युत ऋणात्मकता नीचे जाने पर घटती है तथा आवर्त में बढ़ती है।**

(iii) **समूह में परमाणु का आकार बढ़ता है तथा आवर्त में बाएँ से दाएँ घटता है।**

(iv) **समूह में धात्विक गुण नीचे की ओर बढ़ता है तथा आवर्त में बाएँ से दाएँ घटता है।**

आवर्त सारणी में उपरोक्त क्रमों (trends) के आधार पर तत्वों, (परमाणु क्रमांक 3 से 9) के विषय में निम्न प्रश्नों के उत्तर दीजिए।

(a) सबसे अधिक विद्युत धनात्मक तत्व

(b) सबसे अधिक विद्युत ऋणात्मक तत्व

(c) एक तत्व जो उपधातु है

(d) एक तत्व जिसकी संयोजकता सर्वाधिक है।

उत्तर (*a*) लीथियम (Li; परमाणु क्रमांक = 3) (संयोजकता = 1)

(*b*) फ्लुओरीन (F; परमाणु क्रमांक = 9) (संयोजकता =1)

(*c*) बोरॉन (B; परमाणु क्रमांक = 5) (संयोजकता = 3)

(*d*) कार्बन (C; परमाणु क्रमांक = 6) (संयोजकता = 4)

प्रश्न 49. **एक तत्व X, जो कमरे के ताप पर पीला ठोस है, शृंखलन (catenation) तथा अपररूपता (allotropy) प्रदर्शित करता है। X दो ऑक्साइड भी बनाता है, जो फेरस सल्फेट क्रिस्टलों के ऊष्मीय वियोजन से बनते हैं तथा मुख्य वायु प्रदूषक भी हैं।**

(a) तत्व X को पहचानिए।

(b) X का इलेक्ट्रॉनिक विन्यास लिखिए।

(c) फेरस सल्फेट क्रिस्टलों के ऊष्मीय वियोजन के लिए संतुलित रासायनिक समीकरण लिखिए।

(d) बनने वाले ऑक्साइडों की प्रकृति (अम्लीय/क्षारीय) लिखिए।

(e) आधुनिक आवर्त सारणी में इस तत्व की स्थिति लिखिए।

उत्तर (*a*) सल्फर (S) (परमाणु क्रमांक = 16)

(*b*) $_{16}S = 2, 8, 6$

(*c*) $2FeSO_4(s) \xrightarrow{\text{ऊष्मा}} Fe_2O_3(s) + SO_2(g) + SO_3(g)$

(*d*) अम्लीय

(*e*) आवर्त = 3 तथा समूह = 16

प्रश्न 50. **एक तत्व X (5 समूह = 15) द्विपरमाण्विक अणु के रूप में पाया जाता है, तथा यह 773 K पर उत्प्रेरक की उपस्थिति में हाइड्रोजन से अभिक्रिया करके एक यौगिक, अमोनिया बनाता है, जिसकी गंध तीक्ष्ण होती है।**

(a) तत्व X को पहचानिए। इसमें कितने संयोजी इलेक्ट्रॉन उपस्थित होते हैं?

(b) X के द्विपरमाण्विक अणु की इलेक्ट्रॉन बिंदु संरचना लिखिए। यह किस प्रकार का बंध बनाता है?

(c) अमोनिया की इलेक्ट्रॉन बिंदु संरचना लिखिए और यह किस प्रकार का बंध बनाता है?

उत्तर (*a*) नाइट्रोजन (N)

(समूह 15 के तत्वों में) संयोजी इलेक्ट्रॉन = 5

(*b*) 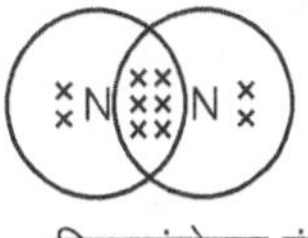

$N \equiv N$

त्रिसहसंयोजक बंध

(*c*) 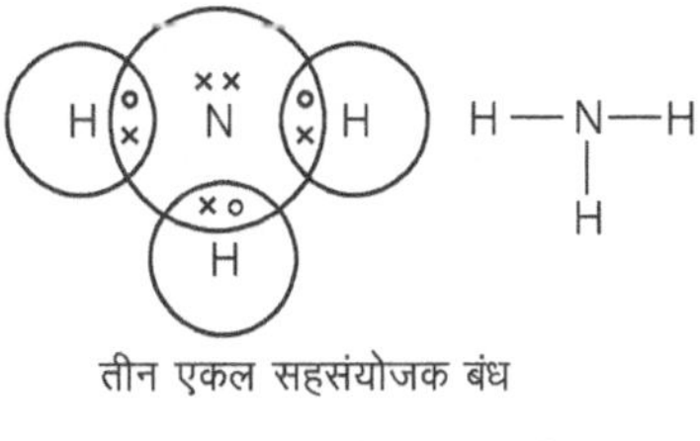

तीन एकल सहसंयोजक बंध

प्रश्न 51. **तत्वों के कौन-से समूह को मेन्डेलीफ की आवर्त सारणी में बिना उनके वास्तविक क्रम को हिलाए बिना रखा जा सकता है? कारण भी लिखिए।**

उत्तर उत्कृष्ट गैसों को मेन्डेलीफ की आवर्त सारणी में बिना तत्वों के पूर्व क्रम को हिलाए एक अलग समूह में रखा जा सकता है। इसका कारण यह है कि मेन्डेलीफ के आवर्त नियम के अनुसार ''तत्वों के गुणधर्म उनके परमाणु भारों के आवर्ती फलन होते हैं'' अर्थात् निश्चित अंतरालों के बाद गुणधर्मों में आवर्तिता होती है।

प्रश्न 52. मेन्डेलीफ द्वारा तत्वों के गुणधर्मों के लिए अपनाए गए एक प्रकृम की विवेचना कीजिए। वह 'आवर्ती नियम' तक किस प्रकार पहुँचे?

उत्तर जिस समय मेन्डेलीफ तत्वों के वर्गीकरण पर कार्य करे रहे थे, उस समय तक 63 तत्व ज्ञात थे। उन्होंने तत्वों के परमाणु द्रव्यमानों व उनके भौतिक तथा रासायनिक गुणधर्मों के बीच संबंध स्थापित किया। रासायनिक गुणधर्मों में उन्होंने तत्वों के हाइड्रोजन तथा ऑक्सीजन के साथ बनने वाले यौगिकों (हाइड्राइड तथा ऑक्साइड) का अध्ययन किया। ऐसा इसलिए किया, क्योंकि हाइड्रोजन तथा ऑक्सीजन क्रियाशील तत्व थे तथा सरलता से यौगिक बनाते थे। हाइड्राइडों व ऑक्साइडों के सूत्रों को उन्होंने अपने वर्गीकरण का एक मुख्य आधार बनाया।

मेन्डेलीफ ने 63 कार्ड लिए तथा प्रत्येक कार्ड पर एक तत्व के गुणधर्म लिखे। उन्होंने तत्वों के समान गुणधर्मों का अध्ययन किया तथा उनके कार्डों को एक साथ एक दीवार पर टाँग दिया। तब उन्होंने पाया कि जिन तत्वों के गुणधर्म समान थे। उन्हें समान समूहों में रखने पर तत्व स्वतः ही परमाणु द्रव्यमानों के बढ़ते क्रम में व्यवस्थित हो गए। इस आधार पर ही मेन्डेलीफ की आवर्त सारणी का निर्माण हुआ तथा उन्होंने वह आवर्त नियम दिया, जिसे हम मेन्डेलीफ के आवर्त नियम के रूप में जानते हैं।

6

जैव प्रक्रम

हम सजीव को उसके अंदर उपस्थित जीवन से पहचानते हैं, जबकि जीवन को उसके कुछ विचित्र, विशिष्ट तथा मौलिक लक्षणों के आधार पर पहचानते हैं।
सजीवों के कुछ महत्त्वपूर्ण लक्षण हैं, जैसे उनमें जीवन की उपस्थिति, पोषण की आवश्यकता, श्वसन क्रिया, जनन वृद्धि, आदि। इसके विपरीत निर्जीवों में ये क्रियाएँ नहीं होती हैं।

जैव प्रक्रम क्या है? (What are Life Processes?)

जीवों में होने वाले वे सभी प्रक्रम, जो सम्मिलित रूप से अनुरक्षण (रख-रखाव) का कार्य करते हैं, **जैव प्रक्रम** कहलाते हैं; *जैसे*—पोषण, श्वसन, गमन, तथा उत्सर्जन।

सभी जीवों में ये प्रक्रम मौलिक रूप से समान होते हैं, परंतु भिन्न-भिन्न प्रकार से संपन्न होते हैं। ये जीवों की संरचना तथा आवास पर निर्भर करते हैं। शरीर के अंदर विभिन्न जैव प्रक्रमों के लिए ऊर्जा की आवश्यकता होती है, जो हमें बाह्य पदार्थ (भोजन) से ऑक्सीजन की उपस्थिति में विघटन अर्थात् श्वसन से प्राप्त होती है। विभिन्न पदार्थों; भोजन तथा ऑक्सीजन को एक स्थान से दूसरे स्थान तक ले जाने के लिए परिवहन तंत्र की आवश्यकता होती है। शरीर के अंदर रासायनिक क्रियाओं के फलस्वरूप कुछ अनुपयोगी व हानिकारक उपोत्पाद भी बनते हैं इनको शरीर से बाहर निकालना **उत्सर्जन** कहलाता है।

पोषण (Nutrition)

पोषक पदार्थों को ग्रहण करके उनको शरीर की प्रत्येक कोशिका तक पहुँचाने की संपूर्ण क्रिया को **पोषण** कहते हैं। वृद्धि, विकास, प्रोटीन-संश्लेषण, आदि में हमें बाहर से भी पदार्थों की आवश्यकता होती है। यह ऊर्जा का स्रोत तथा पदार्थ भोजन है, जो हम खाते हैं।

सजीव अपना भोजन कैसे प्राप्त करते हैं?

[How do Living Things Get their Food?]

सभी सजीवों में ऊर्जा तथा भोज्य पदार्थ (भोजन) की आवश्यकता समान होती है, परंतु इसकी आपूर्ति भिन्न-भिन्न विधियों से होती है।

इसके आधार पर हम जीवों को दो भागों में वर्गीकृत कर सकते हैं

(i) **स्वपोषी जीव** कुछ जीव अकार्बनिक पदार्थों, कार्बन डाइऑक्साइड तथा जल से सरल पदार्थ प्राप्त करते हैं, ये जीव **स्वपोषी** कहलाते हैं। ये अन्य जीवधारियों के भोजन के प्राथमिक उत्पाद भी होते हैं; *जैसे सभी हरे पौधे तथा कुछ जीवाणु।*

(ii) **विषमपोषी जीव** ये जीव अपनी उत्तरजीविता के लिए प्रत्यक्ष या परोक्ष रूप से स्वपोषी पर आश्रित होते हैं, **विषमपोषी** कहलाते हैं; *जैसे*—जंतु तथा कवक।

विषमपोषी जीव जटिल पदार्थों को सरल पदार्थों में खंडित करते हैं, जो जीव की वृद्धि तथा समारक्षण के लिए आवश्यक होते हैं। इसे प्राप्त करने के लिए जीव जैव-उत्प्रेरकों का उपयोग करते हैं; इन जैव-उत्प्रेरकों को **एंजाइम** कहते हैं।

इस आधार पर पोषण दो प्रकार का होता है

(i) स्वपोषी पोषण

(ii) विषमपोषी पोषण

(i) **स्वपोषी पोषण** (Autotrophic Nutrition) स्वपोषी जीव अपना भोजन अकार्बनिक पदार्थों; *जैसे*—कार्बन डाइऑक्साइड तथा जल से प्राप्त करते हैं। अत: स्वपोषी जीव की कार्बन तथा ऊर्जा की आवश्यकताएँ **प्रकाश-संश्लेषण** द्वारा पूरी होती हैं।

प्रकाश-संश्लेषण वह क्रिया है, जिसमें पौधों के हरे भाग सौर ऊर्जा को ग्रहण कर वायु से ली गई कार्बन डाइऑक्साइड (CO_2) तथा मृदा से शोषित जल (H_2O) द्वारा कार्बोहाइड्रेट का निर्माण करते हैं और ऑक्सीजन को उपोत्पाद के रूप में बाहर निकालते हैं।

इस क्रिया को निम्नलिखित समीकरण द्वारा समझाया जा सकता है

$$6CO_2 + 6H_2O \xrightarrow[\text{सूर्य का प्रकाश}]{\text{क्लोरोफिल}} \underset{\text{ग्लूकोस}}{C_6H_{12}O_6} + 6O_2 \uparrow$$

प्रकाश-संश्लेषण में निम्नलिखित घटनाएँ होती हैं

(a) पर्णहरित द्वारा प्रकाश ऊर्जा को अवशोषित करना।

(b) प्रकाश ऊर्जा को रासायनिक ऊर्जा में रूपांतरित करना तथा जल अणुओं का हाइड्रोजन तथा ऑक्सीजन में अपघटन।

(c) कार्बन डाइऑक्साइड का कार्बोहाइड्रेट में अपचयन।

किसी पौधे की पत्ती के अनुप्रस्थ काट का सूक्ष्मदर्शी अध्ययन करें, तो हम देखते हैं कि पत्ती की सतह पर हरे रंग के बिंदु हैं, ये बिंदु ही **हरितलवक** हैं।

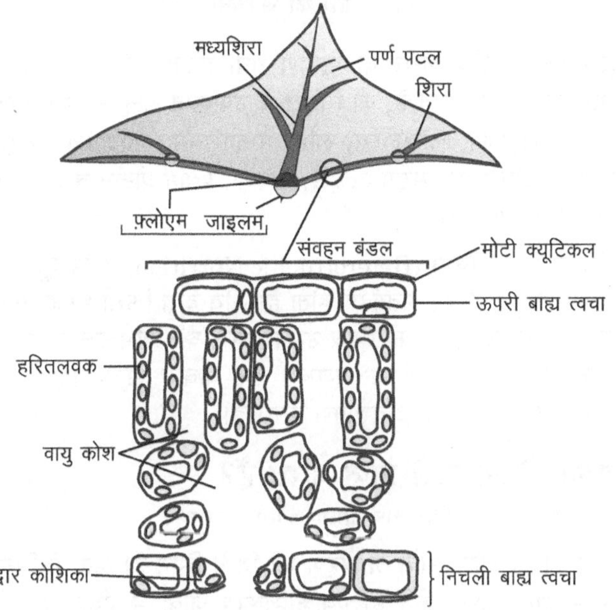

एक पत्ती की अनुप्रस्थ काट

पत्ती की सतह पर सूक्ष्म छिद्र होते हैं, जो **रंध्र** (स्टोमेटा) कहलाते हैं। प्रकाश-संश्लेषण के लिए गैसों का आदान-प्रदान इन्हीं छिद्रों से होता है, इन सूक्ष्म छिद्रों से पर्याप्त मात्रा में जल की हानि होती है। जब प्रकाश-संश्लेषण की क्रिया में CO_2 की आवश्यकता नहीं होती, तब पौधा इन छिद्रों को बंद कर लेता है। छिद्रों का खुलना या बंद होना पत्ती की निचली सतह पर पाई जाने वाली द्वार कोशिकाओं पर निर्भर करता है। द्वार कोशिकाओं में जल अंदर होता है, तो ये फूल जाती हैं, तब रंध्र फूल जाते हैं तथा जब द्वार कोशिकाएँ सिकुड़ती हैं, तो रंध्र बंद हो जाते हैं।

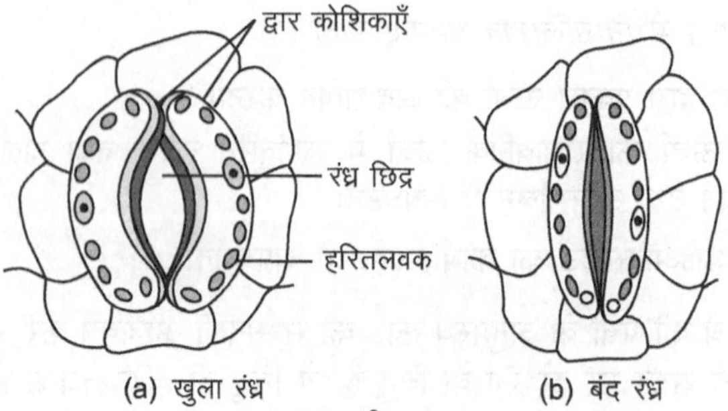

रंध्र की संरचना

प्रकाश-संश्लेषी जीव शरीर के निर्माण तथा प्रकाश-संश्लेषण के लिए अन्य कच्ची सामग्री का प्रयोग करते हैं, जो मिट्टी में उपस्थित जल के अवशोषण के साथ प्राप्त होती है। नाइट्रोजन, फॉस्फोरस, लौह, मैग्नीशियम, आदि तत्व मिट्टी में पाए जाते हैं। इनमें नाइट्रोजन एक मुख्य तत्व है, जिसका प्रयोग प्रोटीन व अन्य यौगिकों के संश्लेषण में किया जाता है।

(ii) **विषमपोषी पोषण** (Heterotrophic Nutrition) इसमें दूसरे जीवों द्वारा तैयार किए जटिल पदार्थों का अंतर्ग्रहण होता है। जीव द्वारा किसी भोजन का अंतर्ग्रहण किया जाना तथा उसके पाचन की विधि उसके शरीर की अभिकल्पना तथा कार्यशैली पर निर्भर करता है। फफूंदी, यीस्ट, मशरूम तथा कवक भोज्य पदार्थों का विघटन शरीर के बाहर कर ही उनका अवशोषण करते हैं।

जीव अपना पोषण कैसे प्राप्त करते हैं?

(How do Organisms Obtain their Nutrition?)

जीवों में भोजन और उसके अंतर्ग्रहण की विधि भिन्न है। अतः विभिन्न जीवों में पाचन तंत्र भी भिन्न-भिन्न होते हैं। एककोशिकीय जीवों में भोजन संपूर्ण सतह से लिया जाता है। लेकिन जीव की जटिलता बढ़ने के साथ-साथ विभिन्न कार्य करने वाले अंग विशिष्ट होते हैं।

एककोशिकीय जीव, *जैसे—अमीबा* में कोशिकीय सतह से अँगुली, जैसे अस्थाई प्रवर्ध की मदद से भोजन ग्रहण करता है। यह प्रवर्ध भोजन के कणों को घेरते हैं तथा संगलित होकर खाद्य रिक्तिका बनाते हैं, जिसके अंदर जटिल पदार्थों का विघटन सरल पदार्थों में होता है।

हाइड्रा में स्पर्शक भोजन ग्रहण करने में सहायक होते हैं।

अमीबा में पोषण का चित्र निम्न है।

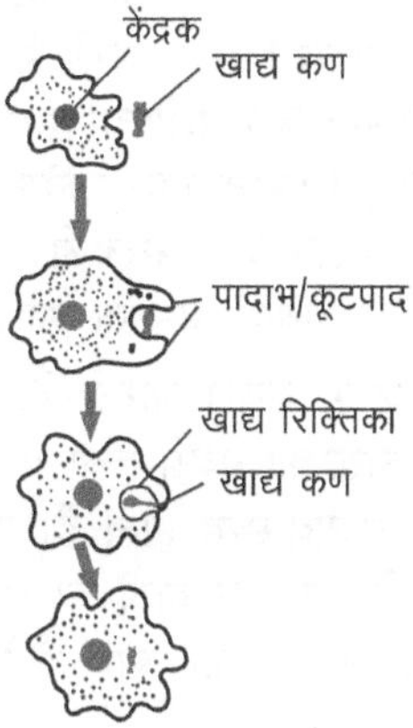

मनुष्य में पोषण (Nutrition in Human Beings)

आहारनाल मुँह से गुदा तक विस्तरित एक लंबी नली होती है, मनुष्य के पाचन तंत्र में आहारनाल व इससे संबद्ध ग्रंथियाँ होती हैं। जिसके द्वारा भोजन को चबाना, चबाए हुए भोजन को निगलना, निगले हुए भोजन को पचाना तथा अपच भोजन को बाहर त्यागना, आदि प्रक्रियाएँ पाचक तंत्र द्वारा होती हैं।

जो भोजन हम खाते हैं, उस भोजन को हम दाँतों से चबाकर छोटे-छोटे कणों में बदलते हैं। खाना खाते समय हमारे मुँह से पानी आता है, यह लार ग्रंथि से निकलने वाला रस है, जिसे **लार** कहते हैं। इससे भोजन गीला हो जाता है। यदि भोजन का अवशोषण आहारनाल द्वारा करना है, तो इसे छोटे-छोटे अणुओं में विभक्त करना होगा। यह कार्य जैव-उत्प्रेरकों या एंजाइम द्वारा होता है। लार में भी एक एंजाइम होता है, जिसे लार एमाइलेज कहते हैं। भोजन को चबाते समय पेशीय जिह्वा भोजन को लार के साथ मिला देती है।

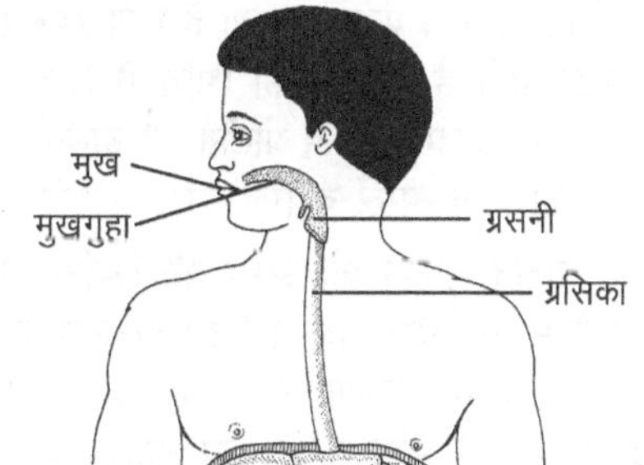

मानव पाचन तंत्र

मुँह से **आमाशय** तक भोजन **ग्रसिका** (इसोफेगस) द्वारा जाता है। आमाशय एक वृहत् अंग है, जो भोजन आने पर फैल जाता है। आमाशय की **पेशीय भित्ति** भोजन को अन्य पाचक रसों के साथ मिश्रित करने में सहायक होती है। यह पाचन कार्य आमाशय की भित्ति में उपस्थित **जठर ग्रंथियों** द्वारा होता है, जो **हाइड्रोक्लोरिक अम्ल**, **प्रोटीन पाचक एंजाइम**, **पेप्सिन** तथा **श्लेष्मा** का स्रावण करते हैं। यह श्लेष्मा आमाशय के आंतरिक आस्तर की अम्ल से रक्षा करती है। हाइड्रोक्लोरिक अम्ल के अतिस्रावण से एसिडिटी अथवा अम्लता की शिकायत भी हो जाती है।

आमाशय से भोजन **क्षुद्रांत्र** में प्रवेश करता है, यह **अवरोधिनी पेशी** द्वारा नियंत्रित होता है। क्षुद्रांत्र **आहारनाल** का सबसे लंबा भाग है। अत्यधिक कुंडलित होने के कारण यह संहत स्थान में अव्यवस्थित होती है। विभिन्न जंतुओं में क्षुद्रांत्र की लंबाई उनके भोजन के प्रकार के अनुसार होती है। घास खाने वाले शाकाहारी का सेलुलोज पचाने के लिए लंबी क्षुद्रांत्र और बाघ जैसे माँसाहारी की क्षुद्रांत्र छोटी होता है।

क्षुद्रांत्र कार्बोहाइड्रेट, प्रोटीन तथा वसा के पाचन का स्थल है। आमाशय से आने वाला भोजन अम्लीय होता है। **यकृत** व **अग्न्याशय** से स्रावित एंजाइम्स इसे क्षारीय बनाते हैं। यकृत से स्रावित **पित्तरस** इस कार्य को करता है। क्षुद्रांत्र में वसा बड़ी कोशिकाओं के रूप में होती है।

पित्त स्रावण इन्हें छोटी गोलिकाओं में तोड़ देता है, जिससे एंजाइम की क्रियाशीलता बढ़ जाती है। अग्न्याशय से स्रावित **अग्न्याशयिक रस** में प्रोटीन के पाचन के लिए ट्रिप्सिन एंजाइम होता है तथा इमल्सीकृत वसा का पाचन करने के लिए लाइपेज एंजाइम होते हैं। क्षुद्रांत्र की भित्ति में स्थित ग्रंथि से **आंत्र रस** का स्राव होता है। इसमें उपस्थित एंजाइम अंत में प्रोटीन को अमीनो अम्ल, जटिल कार्बोहाइड्रेट को ग्लूकोज तथा वसा को वसा अम्ल व ग्लिसरॉल में परिवर्तित करते हैं।

पचित भोजन को **आंत्र की भित्ति** अवशोषित कर लेती है। क्षुद्रांत्र के अंदरूनी हिस्से में **दीर्घरोम** पाए जाते हैं। दीर्घरोम में **रुधिर वाहिकाएँ** काफी संख्या में होती हैं, जो भोजन को अवशोषित करके शरीर की प्रत्येक कोशिका तक पहुँचाते हैं, जिसका उपयोग ऊर्जा प्राप्त करने, नए ऊतकों का निर्माण, पुराने ऊतकों की मरम्मत में होता है। बिना पचा भोजन **वृहदांत्र** में चला जाता है। जहाँ दीर्घरोम इस पदार्थ में से जल का अवशोषण कर लेते हैं। अन्य पदार्थ **गुदा** द्वारा शरीर के बाहर कर दिए जाते हैं।

क्या आप जानते हैं?

दंत क्षरण या दंतक्षय इनेमल तथा डेंटाइन के धीरे-धीरे कोमल होने के कारण होता है। जब जीवाणु शर्करा पर क्रिया करके अम्ल बनाते हैं, तब इनेमल मृदु हो जाता है। अनेक जीवाणु कोशिका खाद्य कणों के साथ मिलकर दाँतों पर चिपक कर दंतप्लाक बना लेते हैं, जो दाँत को ढ़क लेते हैं। इसलिए लार अम्ल को उदासीन करने के लिए दाँतों की सतह तक नहीं पहुँच पाती हैं।

श्वसन (Respiration)

श्वसन उन भौतिक-रासायनिक क्रियाओं को सम्मिलित रूप से प्रदर्शित करता है, जिसके अंतर्गत बाह्य वायुमंडल की ऑक्सीजन शरीर के अंदर कोशिकाओं तक पहुँचती है और भोजन के संपर्क में आकर उसके ऑक्सीकरण द्वारा ऊर्जा मुक्त होती है तथा उत्पन्न हुई CO_2 को शरीर से बाहर निकालती है।

ऑक्सीजन की आवश्यकता के अनुसार, श्वसन दो प्रकार का होता है

1. **वायवीय श्वसन या ऑक्सी श्वसन** जब श्वसन ऑक्सीजन की उपस्थिति में होता है, अर्थात् ग्लूकोज या अन्य भोज्य पदार्थों के ऑक्सीकरण के लिए ऑक्सीजन की आवश्यकता होती है, तो यह क्रिया **ऑक्सी श्वसन** कहलाती है।

$$C_6H_{12}O_6 + 6O_2 \longrightarrow 6CO_2 + 6H_2O + \text{ऊर्जा}$$

2. **आवायवीय श्वसन या अनॉक्सी श्वसन** जब श्वसन क्रिया ऑक्सीजन की अनुपस्थिति में होती है, तो **अनॉक्सी श्वसन** कहलाती है। इस क्रिया में ग्लूकोज, लैक्टिक अम्ल या एथिल ऐल्कोहॉल में परिवर्तित हो जाता है।

$$C_6H_{12}O_6 \longrightarrow \underset{\text{लैक्टिक अम्ल}}{2C_3H_6O_3} + \text{ऊर्जा}$$

$$C_6H_{12}O_6 \longrightarrow \underset{\text{एथिल ऐल्कोहॉल}}{2C_2H_5OH} + 2CO_2 + \text{ऊर्जा}$$

उपरोक्त अवस्थाओं मे प्रथम चरण छ:कार्बन वाले अणु ग्लूकोस का तीन कार्बन (3-C) वाले अणु पाइरूवेट (पाइरुविक अम्ल) मे विखंडन है यह प्रकम साइटोसोल या साइटोप्लाज्म में होता हैं। इसके पश्चात् ऑक्सीजन की अनुपस्थिति में यह प्रकम **ॲनाक्सी श्वसन** (अवायवीय श्वसन)कहलाता है। यीस्ट मे किण्वन इसका एक अच्छा उदाहरण है।

पाइरुवेट का विखंडन ऑक्सीजन का उपयोग करके माइटोकांड्रिया में होता है। यह प्रक्रम 3 कार्बन वाले पाइरुवेट के अणु को विखंडित करके कार्बन डाइऑक्साइड के 3 अणु देता है, इसमें दूसरा उत्पाद जल है, क्योंकि यह प्रक्रम वायु (ऑक्सीजन) की उपस्थिति में होता है अत: **वायवीय श्वसन** कहलाता है। वायवीय श्वसन में ऊर्जा का मोचन अवायवीय श्वसन की अपेक्षा बहुत अधिक होता है।

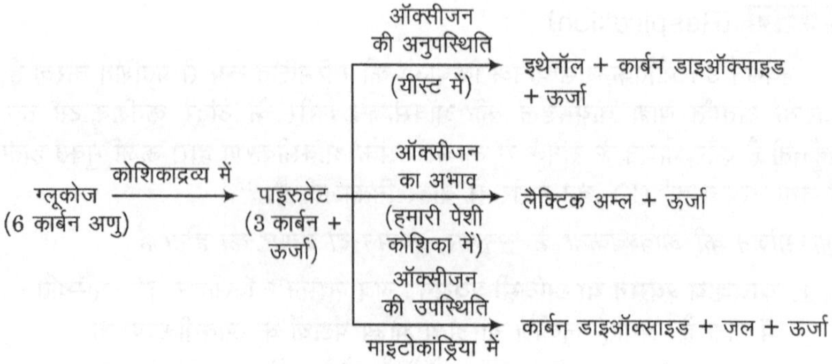

विभिन्न पथों द्वारा ग्लूकोस का विखंडन

यह भी जानिए! ATP

कोशिकीय श्वसन द्वारा मोचित ऊर्जा तत्काल ही ATP नामक अणु के संश्लेषण में प्रयोग हो जाती है। यह कोशिका की अन्य क्रियाओं, *जैसे*—पेशियों के सिकुड़ने, प्रोटीन संश्लेषण, तंत्रिका आवेग का संचरण, आदि के लिए उपयोग की जाती हैं।

$$\text{ADP} + \text{P} \xrightarrow{\text{ऊर्जा}} \text{ADP} - \text{P} = \text{ATP}$$

अधिकांश कोशिकीय प्रक्रमों के लिए ATP ऊर्जा मुद्रा है। श्वसन प्रक्रम में मोचित ऊर्जा का उपयोग ADP तथा अकार्बनिक फॉस्फेट से ATP अणु बनाने में किया जाता है।
जल का उपयोग करने के बाद जब अंतस्थ फॉस्फेट सहलग्नता खंडित होती है, तो 30.5 किलो जूल/मोल के बराबर ऊर्जा होती हैं। *जैसे*—बैटरी। विभिन्न प्रकार की उर्जा, यांत्रिक, वैद्युत एवं प्रकाश ऊर्जा के लिए उपयोग होता है, ठीक उसी प्रकार ATP (ए. टी. पी) कोशिका के अंदर क्रियाओं का परिचालन करती है।

वायवीय श्वसन पथ ऑक्सीजन पर निर्भर करता है। पौधे गैसों का आदान-प्रदान रंध्र के द्वारा करते हैं। यहाँ कार्बन डाइऑक्साइड तथा ऑक्सीजन का आदान-प्रदान विसरण द्वारा होता हैं। विसरण की दिशा पर्यावरणीय अवस्थाओं तथा पौधे की आवश्यकता पर निर्भर करती है।

रात्रि में, जब कोई प्रकाश-संश्लेषण की क्रिया नहीं हो रही है, कार्बन डाइऑक्साइड का निष्कासन ही मुख्य आदान-प्रदान की क्रिया है। दिन में, श्वसन के द्वारा निकली CO_2 प्रकाश-संश्लेषण में प्रयुक्त हो जाती है। अत: कोई CO_2 नहीं निकलती है। इस समय ऑक्सीजन का निकलना मुख्य घटना है।

स्थलीय जंतु वायुमंडलीय ऑक्सीजन लेते हैं, लेकिन जो जंतु जल में रहते हैं, उन्हें जल में विलेय ऑक्सीजन ही उपलब्ध होती है।

मनुष्य के श्वसन की क्रियाविधि को निम्न चरणों में समझ सकते हैं

(i) मनुष्य में, वायु शरीर के अंदर नासाद्वार द्वारा जाती है। नासाद्वार द्वारा जाने वाली वायु मार्ग में उपस्थित महीन बालों द्वारा निस्पंदित हो जाती है, जिससे शरीर में जाने वाली वायु, धूल तथा दूसरी अशुद्धियों से मुक्त होती है। इस मार्ग में श्लेष्मा की परत होती है, जो इस प्रक्रम में सहायक होती है। यहाँ से वायु कंठ द्वारा फुफ्फुस में प्रवाहित होती है।

(ii) फुफ्फुस के अंदर वायु मार्ग छोटी-छोटी नलिकाओं में विभाजित हो जाता है, जो अंत में गुब्बारे जैसी रचना में अंतकृत हो जाता है, जिसे **कूपिका** कहते हैं। कूपिकाओं की भित्ति में रुधिर वाहिकाओं का विस्तीर्ण जाल होता है।

(iii) जब हम साँस अंदर लेते हैं, हमारी पसलियाँ ऊपर उठती हैं और हमारा डायाफ्राम चपटा हो जाता है। इसके परिणामस्वरूप वक्षगुहिका बड़ी हो जाती है। रुधिर शरीर के बाकी भागों से कार्बन डाइऑक्साइड कूपिकाओं में छोड़ने के लिए लाता है। कूपिका रुधिर वाहिका का रुधिर कूपिका वायु से ऑक्सीजन लेकर शरीर की सभी कोशिकाओं तक पहुँचाता है।

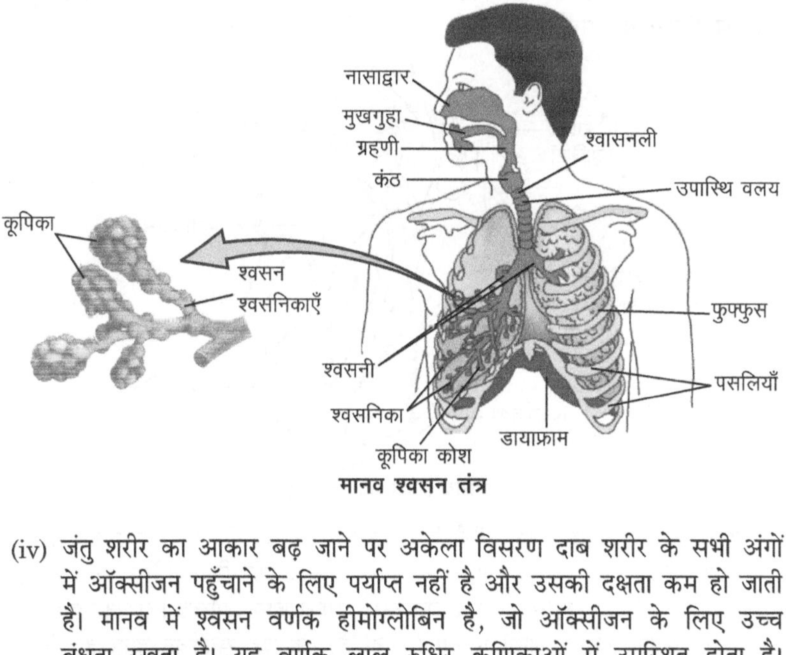

मानव श्वसन तंत्र

(iv) जंतु शरीर का आकार बढ़ जाने पर अकेला विसरण दाब शरीर के सभी अंगों में ऑक्सीजन पहुँचाने के लिए पर्याप्त नहीं है और उसकी दक्षता कम हो जाती है। मानव में श्वसन वर्णक हीमोग्लोबिन है, जो ऑक्सीजन के लिए उच्च बंधुता रखता है। यह वर्णक लाल रुधिर कणिकाओं में उपस्थित होता है। कार्बन डाइऑक्साइड जल में अधिक विलेय है और इसलिए इसका परिवहन हमारे रुधिर में विलेय अवस्था में होता है।

परिवहन (Transportation)

मानव में परिवहन (Transportation in Humun Beings)

रुधिर एक तरल संयोजी ऊतक है। रुधिर में एक तरल माध्यम होता है, जिसे **प्लाज्मा** कहते हैं, इसमें कोशिकाएँ निलंबित होती हैं। प्लाज्मा भोजन, कार्बन डाइऑक्साइड तथा नाइट्रोजनी वर्ज्य पदार्थ का परिवहन करता है।

हमें एक पंप यंत्र की आवश्यकता है, जो रुधिर को अंगों के आस-पास धकेल सके, नलियों के एक परिपथ की आवश्यकता है, जो रुधिर को सभी ऊतकों तक भेज सके तथा एक तंत्र की, जो यह सुनिश्चित करें कि इस परिपथ में यदि कभी टूट-फूट होती है, तो उसकी मरम्मत हो सके।

हमारा पंप-हृदय (Our Pump- theHeart)

हृदय एक पेशीय अंग है, जो हमारी मुट्ठी के आकार का होता है, क्योंकि रुधिर द्वारा ऑक्सीजन व कार्बन डाइऑक्साइड दोनों का परिवहन होता है। अत: हृदय कई कोष्ठों में बँटा होता है, जो ऑक्सीजन प्रचुर रुधिर को कार्बन डाइऑक्साइड युक्त रुधिर से मिलने को रोकती है।

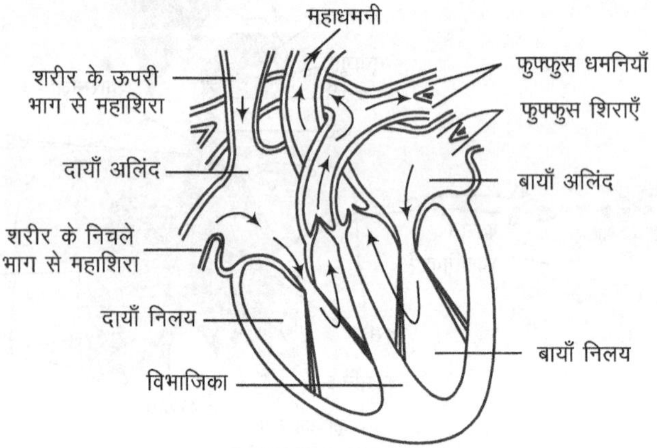

मानव हृदय का काट दृश्य

हृदय के पंपीय प्रक्रम को नीचे दिए गए विभिन्न चरणों में समझ सकते हैं

(i) ऑक्सीजन प्रचुर रुधिर फुफ्फुस से हृदय में बाईं ओर स्थित कोष्ठ-बायाँ अलिंद में आता है। इस रुधिर को एकत्रित करते समय बायाँ अलिंद शिथिल रहता है।

(ii) जब अगला कोष्ठ, बायाँ निलय फैलता है, तब यह संकुचित होता है, जिससे रुधिर इसमें स्थानांतरित होता है। अपनी बारी पर जब पेशीय बायाँ निलय संकुचित होता है, तब रुधिर शरीर में पंपित हो जाता है।

(iii) ऊपर वाला दायाँ कोष्ठ, दायाँ अलिंद जब फैलता है, तो शरीर से विऑक्सीजनित रुधिर इसमें आ जाता है। जैसे ही दायाँ अलिंद संकुचित होता है, नीचे वाला संगत कोष्ठ, दायाँ निलय फैल जाता है।

(iv) यह रुधिर को दाएँ निलय में स्थानांतरित कर देता है, जो रुधिर को ऑक्सीजनीकरण हेतु अपनी बारी पर फुफ्फुस में पंप कर देता है।

(v) अलिंद की अपेक्षा निलय की पेशीय भित्ति मोटी होती है, जब अलिंद या निलय संकुचित होते हैं, तो इनके संयोजन पर स्थित वाल्व उल्टी दिशा में रुधिर प्रवाह को रोकना सुनिश्चित करते हैं।

फुफ्फुस में ऑक्सीजन रुधिर में प्रवेश करती है
(Oxygen Enters the Blood in the Lungs)

हृदय का दायाँ व बायाँ विभाजन, ऑक्सीजनित तथा विऑक्सीजनित रुधिर को मिलने से रोकने में लाभदायक है।

पक्षी और स्तनधारियों के लिए यह बहुत लाभदायक है, क्योंकि इन्हें अपने शरीर का तापक्रम बनाए रखने के लिए निरंतर ऊर्जा की आवश्यकता होती है।

जलचर, स्थलचर या बहुत से सरीसृप जैसे जंतुओं में तीन-कोष्ठीय हृदय होता है और ये ऑक्सीजनित तथा विऑक्सीजनित रुधिर धारा को कुछ सीमा तक मिलना भी सहन करते हैं।

दूसरी ओर मछली के हृदय में केवल दो कोष्ठ होते हैं। यहाँ से रुधिर क्लोम में जाता है, जहाँ यह ऑक्सीजनित होता है और सीधा शरीर में जाता है।

अन्य कशेरुकी में प्रत्येक चक्र में यह दो बार हृदय में जाता है। इसे **दोहरा परिसंचरण** कहते हैं।

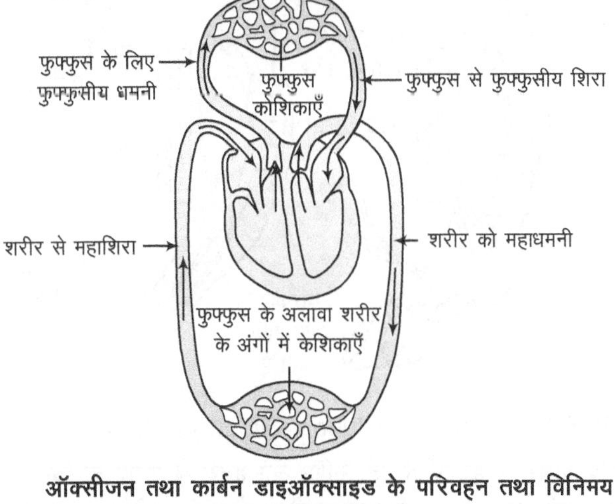

ऑक्सीजन तथा कार्बन डाइऑक्साइड के परिवहन तथा विनिमय का व्यवस्थात्मक निरूपण

यह भी जानिए!

रुधिर दाब

रुधिर वाहिकाओं की भित्ति के विरुद्ध, लगने वाले दाब को **रुधिर दाब** कहते हैं। यह दाब शिराओं की अपेक्षा धमनियों में बहुत अधिक होता है। धमनी के अंदर रुधिर का दाब निलय प्रकुंचन (संकुचन) के दौरान प्रकुंचन दाब तथा निलय अनुशिथिलन (शिथिलन) के दौरान **अनुशिथिलन दाब** कहलाता है। सामान्य प्रकुंचन दाब लगभग 120 मिमी (पारा) तथा अनुशिथिलन दाब लगभग 80 मिमी (पारा) होता है। स्फेग्मोमैनोमीटर नामक यंत्र से रुधिर दाब नापा जाता है। उच्च रुधिर दाब के कारण धमनी फट सकती है तथा आंतरिक रुधिर स्त्रावण हो सकता है।

रुधिर दाब मापने की विधि निम्न चित्रों में दर्शायी गयी है

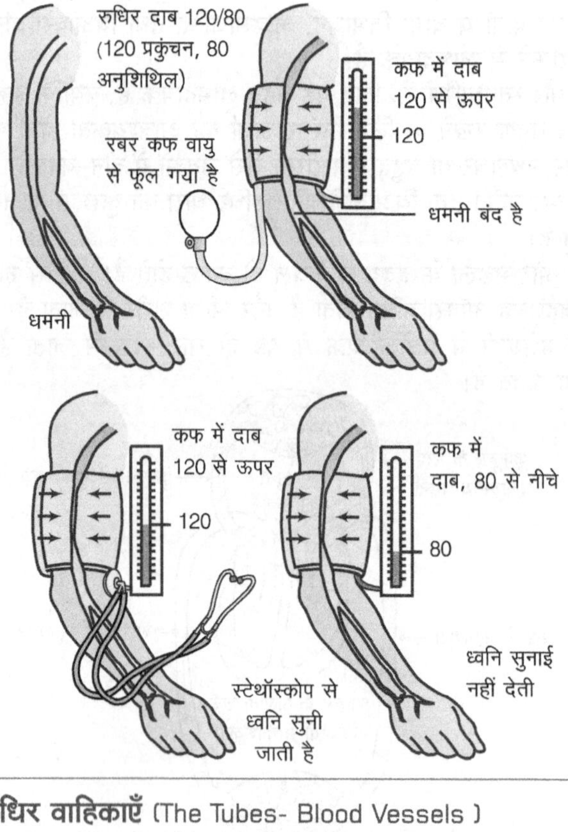

नलिकाएँ–रुधिर वाहिकाएँ (The Tubes- Blood Vessels)

धमनी वे रुधिर वाहिकाएँ हैं, जो रुधिर को हृदय से शरीर के विभिन्न अंगों तक ले जाती हैं। धमनी की भित्ति मोटी तथा लचीली होती है, क्योंकि रुधिर हृदय से उच्च

दाब से निकलता है। शिराएँ विभिन्न अंगों से रुधिर एकत्र करके वापस हृदय में लाती हैं, शिराओं में रुधिर को एक ही दिशा में प्रवाहित करने के लिए वाल्व होते हैं।

किसी अंग या ऊतक तक पहुँचकर धमनी उत्तरोतर छोटी-छोटी वाहिकाओं में विभाजित हो जाती हैं, जिससे सभी कोशिकाओं से रुधिर का संपर्क हो सके। निम्नतम स्तर पर उपस्थित केशिकाएँ, आपस में मिलकर शिराएँ बनाती हैं तथा रुधिर को अंग या ऊतक से दूर ले जाती हैं।

प्लेटलेट्स द्वारा अनुरक्षण (Maintenance by Platelets)

शरीर में नलिकाओं के तंत्र से रुधिर की हानि प्राकृतिक रूप से कम-से-कम होनी चाहिए। रुधिरस्राव को रोकने के लिए रुधिर में प्लेटलेट्स कोशिकाएँ होती हैं, जो पूरे शरीर में भ्रमण करती हैं और रुधिरस्राव के स्थान पर रुधिर का थक्का बनाकर मार्ग अवरूद्ध कर देती हैं।

लसीका (Lymph)

एक अन्य प्रकार का द्रव, जो संवहन में भी सहायता करता है, उसे **लसीका** या **ऊतक तरल** कहते हैं। कोशिकाओं की भित्ति में उपस्थित छिद्रों द्वारा कुछ प्लाज्मा, प्रोटीन तथा रुधिर कोशिकाएँ बाहर निकलकर ऊतक के अंत:कोशिकीय अवकाश में आ जाते हैं तथा ऊतक तरल या लसीका का निर्माण करते हैं।

पादपों में परिवहन (Transportation in Plants)

पौधों के लिए आवश्यक नाइट्रोजन, फॉस्फोरस तथा दूसरे खनिज लवणों के लिए मृदा निकटतम तथा प्रचुरतम स्रोत है। इसलिए इन पदार्थों का अवशोषण जड़ों द्वारा, मृदा के संपर्क में किया जाता है।

पादपों में प्राय: दो परिवहन तंत्र पाए जाते हैं। ये दो पथ स्वतंत्र संगठित चालन नलिकाओं से निर्मित हैं। एक जाइलम है, जो मृदा से प्राप्त जल और खनिज लवणों को परिवहन करता है। दूसरा फ़्लोएम, पत्तियों से जहाँ प्रकाश-संश्लेषण के उत्पाद संश्लेषित होते हैं, पौधे के अन्य भागों तक परिवहन करता है।

जल का परिवहन (Transport of Water)

पौधों के वायवीय भागों द्वारा जल के वाष्प बनकर उड़ने की क्रिया को वाष्पोत्सर्जन कहते हैं, जोकि प्रकाश की उपस्थिति में होती है और प्रकाश-संश्लेषण द्वारा नियंत्रित होती है।

अत: वाष्पोत्सर्जन, जल के अवशोषण एवं जड़ से पत्तियों तक जल तथा उसमें विलेय खनिज लवणों के उपरिमुखी गति में सहायक है। जल के परिवहन में रात्रि के समय मूल दाब तथा दिन में रंध्रों के खुले होने पर वाष्पोत्सर्जन आकर्षण, जाइलम में जल की गति के लिए मुख्य प्रेरक बल है।

वृक्ष में वाष्पोत्सर्जन के समय जल की गति

भोजन तथा दूसरे पदार्थों का स्थानांतरण
(Transport of Food and Other Substances)

प्रकाश-संश्लेषण के विलेय उत्पादों का **परिवहन स्थानांतरण** कहलाता है, यह संवहन ऊतक के फ़्लोएम नामक भाग द्वारा होता है। प्रकाश-संश्लेषण के उत्पादों के अलावा फ़्लोएम अमीनो अम्ल तथा अन्य पदार्थों का परिवहन करता है। ये पदार्थ विशेष रूप से जड़ के भंडारण अंगों, फलों, बीजों तथा वृद्धि वाले अंगों में ले जाए जाते हैं। भोजन तथा अन्य पदार्थों का स्थानांतरण संलग्न साथी कोशिका की सहायता से चालनी नलिका में उपरिमुखी तथा अधोमुखी दोनों दिशाओं में होता है।

सुक्रोज सरीखे पदार्थ फ़्लोएम ऊतक में ATP से प्राप्त ऊर्जा से ही स्थानांतरित होते हैं। यह ऊतक का परासरण दाब बढ़ा देता है, जिससे जल इसमें प्रवेश कर जाता है। यह दाब पदार्थों को फ़्लोएम से उस ऊतक तक ले जाता है, जहाँ दाब कम होता है।

उदाहरण बसंत में जड़ व तने के ऊतकों में भंडारित शर्करा का स्थानांतरण कलिकाओं में होता है, जिसे वृद्धि के लिए ऊर्जा की आवश्यकता होती है।

उत्सर्जन (Excretion)

वह जैव प्रक्रम, जिसमें इन हानिकारक उपापचयी वर्ज्य पदार्थों का निष्कासन होता है, **उत्सर्जन** कहलाता है। विभिन्न जंतु इसके लिए विविध युक्तियाँ करते हैं। बहुत से एककोशिकीय जीव इन अपशिष्टों को शरीर की सतह से जल में विसरित कर देते हैं। जटिल बहुकोशिकीय जीव इस कार्य को पूरा करने के लिए विशिष्ट अंगों का उपयोग करते हैं।

मानव में उत्सर्जन (Excretion in Human Beings)

मानव के उत्सर्जन तंत्र में एक जोड़ा वृक्क, एक मूत्रवाहिनी, एक मूत्राशय तथा एक मूत्रमार्ग होता है। वृक्क उदर के रीढ़ की हड्डी के दोनों ओर स्थित होते हैं। वृक्क में मूत्र बनने के बाद मूत्रवाहिनी में होता हुआ मूत्राशय में आ जाता है तथा यहाँ तब तक एकत्र रहता है, जब तक मूत्रमार्ग से यह निकल नहीं जाता है।

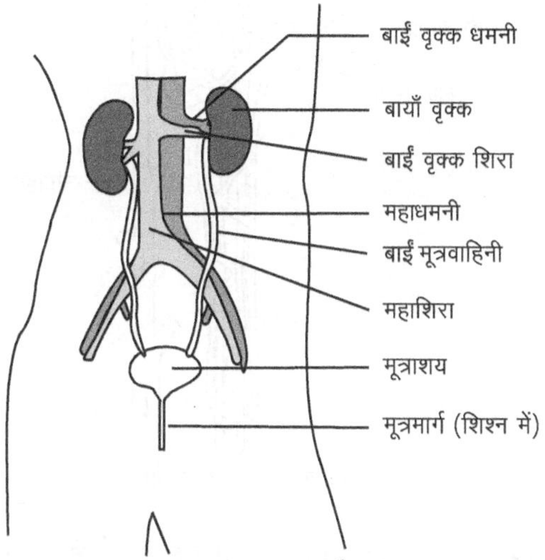

मानव उत्सर्जन तंत्र

वृक्क में प्रत्येक केशिका गुच्छ, एक नलिका के कप के आकार के सिरे के अंदर होता है। यह नलिका छने हुए मूत्र को एकत्र करती है। प्रत्येक वृक्क में ऐसे अनेक निस्यंदन एकक होते हैं, जिन्हें **वृक्काणु** (नेफ्रॉन) कहते हैं, जो आपस में निकटता से बंधित रहते हैं।

प्रारंभिक निस्यंद में कुछ पदार्थ; *जैसे*—ग्लूकोस, अमीनो अम्ल, लवण और प्रचुर मात्रा में जल रह जाता है। जैसे-जैसे मूत्र इस नलिका में प्रवाहित होता है, इन पदार्थों का चयनित पुनरावशोषण होता है। प्रत्येक वृक्क में बनने वाला मूत्र एक लंबी नलिका, मूत्रवाहिनी में प्रवेश करता है, जो वृक्क को मूत्राशय से जोड़ती है।

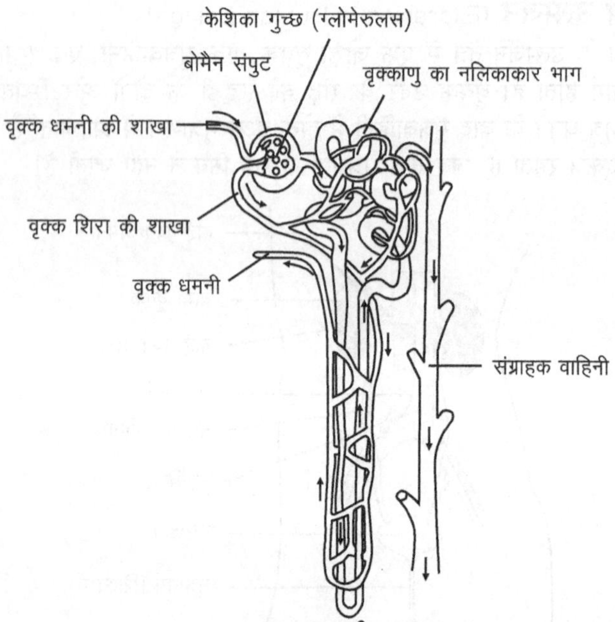

एक वृक्काणु की रचना

मूत्राशय में मूत्र तब तक भंडारितता है, जब तक कि फैले हुए मूत्राशय का दाब मूत्रमार्ग द्वारा उसे बाहर न कर दे। मूत्राशय पेशीय होता है, अतः यह तंत्रिका नियंत्रण में रहता है। एक स्वस्थ मानव में प्रतिदिन 180 लीटर आरंभिक निस्यंद वृक्क में होता है यद्यपि एक दिन में उत्सर्जित मूत्र का आयतन 1-2 लीटर है।

पादपों में उत्सर्जन (Excretion in Plants)

पादप उत्सर्जन के लिए जंतुओं से बिल्कुल भिन्न युक्तियाँ प्रयुक्त करते हैं। प्रकाश-संश्लेषण में जनित ऑक्सीजन भी अपशिष्ट उत्पाद कही जा सकती है। पादपों में बहुत से ऊतक मृत कोशिकाओं के बने होते हैं और वे अपने कुछ भाग; *जैसे*-पत्तियों का क्षय भी कर सकते हैं। बहुत से पादप अपशिष्ट उत्पाद कोशिकीय रिक्तिका में संचित रहते हैं। अन्य अपशिष्ट उत्पाद रेजिन तथा गोंद के रूप में विशेष रूप से पुराने जाइलम में संचित रहते हैं। पादप भी कुछ अपशिष्ट पदार्थों को अपने आस-पास की मृदा में उत्सर्जित करते हैं।

यह भी जानिए!

कृत्रिम वृक्क (अपोहन)

उत्तरजीविता के लिए वृक्क जैव अंग है। कई कारक; *जैसे*-संक्रमण आघात या वृक्क में सीमित रुधिर प्रवाह, वृक्क की क्रियाशीलता को कम कर देते हैं। यह शरीर में विषैले अपशिष्ट को संचित कराता है, जिससे मृत्यु भी हो सकती है।

वृक्क के अपक्रिय होने की अवस्था में कृत्रिम वृक्क का उपयोग किया जा सकता है। एक कृत्रिम वृक्क नाइट्रोजनी अपशिष्ट उत्पादों को रुधिर से अपोहन द्वारा निकालने की एक युक्ति है। कृत्रिम वृक्क अनेक अर्धपारगम्य आस्तर वाली नलिकाओं से युक्त होता है और ये नलिकाएँ अपोहन द्रव से भरी टंकी में लगी होती हैं। इस अपोहन द्रव का परासरण दाब रुधिर जैसा ही होता है परंतु इसमें नाइट्रोजनी अपशिष्ट नहीं होते। रोगी के रुधिर को इन नलिकाओं से प्रवाहित कराने पर रुधिर से अपशिष्ट उत्पाद इस अपोहन द्रव में आ जाते हैं और शुद्ध रुधिर वापस शरीर में पंपित कर दिया जाता है।

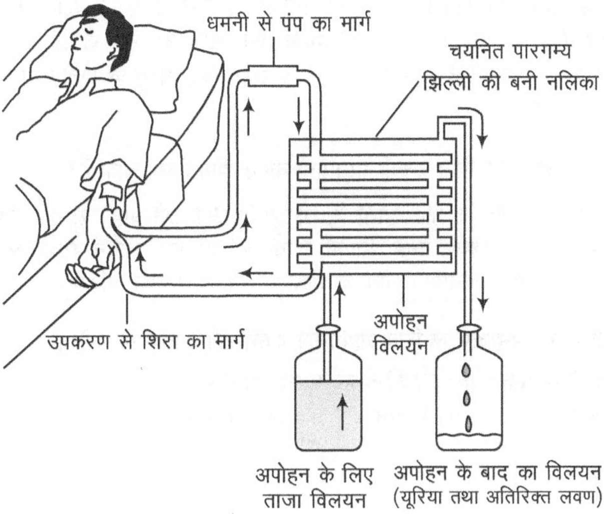

प्रश्नावली

पृष्ठ 105

प्रश्न 1. हमारे जैसे बहुकोशिकीय जीवों में ऑक्सीजन की आवश्यकता पूरी करने में विसरण क्यों अपर्याप्त है?

उत्तर बहुकोशिकीय जीवों में सभी कोशिकाएँ अपने आस-पास के पर्यावरण के सीधे संपर्क में नहीं रह सकती। अतः साधारण विसरण सभी कोशिकाओं की ऑक्सीजन की आवश्यकताओं की पूर्ति नहीं कर सकता।

प्रश्न 2. कोई वस्तु सजीव है, इसका निर्धारण करने के लिए हम किस मापदंड का उपयोग करेंगे?

उत्तर जीवों का अनुरक्षण कार्य निरंतर होना चाहिए। यह उस समय भी चलता रहता है, जब वे कोई विशेष कार्य नहीं करते हैं। वे सभी प्रक्रम, जो सम्मिलित रूप से अनुरक्षण का कार्य करते हैं, जैव प्रक्रम कहलाते हैं, अतः जैव प्रक्रम के द्वारा किसी वस्तु के सजीव या निर्जीव होने का निर्धारण करते हैं।

प्रश्न 3. किसी जीव द्वारा किन कच्ची सामग्रियों का उपयोग किया जाता है?

उत्तर यदि जीव में शारीरिक वृद्धि होती है, तो इसके लिए उसे बाहर से कच्ची सामग्री की आवश्यकता होती है यह कच्ची सामग्री स्वपोषी जीवों के लिए जल, कार्बन डाइऑक्साइड, तथा खनिज लवण है, जबकि विषमपोषी जीवों के लिए भोजन, जल तथा ऑक्सीजन है।

प्रश्न 4. जीवन के अनुरक्षण के लिए आप किन प्रक्रमों को आवश्यक मानेंगे?

उत्तर *जीवन के अनुरक्षण के लिए निम्न प्रक्रम आवश्यक हैं*

(i) पोषण (ii) श्वसन (iii) परिवहन (iv) उत्सर्जन

पृष्ठ 111

प्रश्न 1. स्वयंपोषी पोषण तथा विषमपोषी पोषण में क्या अंतर है?

उत्तर स्वयंपोषी पोषण स्वपोषी जीव की कार्बन तथा ऊर्जा की आवश्यकता प्रकाश-संश्लेषण द्वारा पूरी होती है। ये पदार्थ कार्बन डाइऑक्साइड व जल के रूप में लिए जाते हैं, जो सूर्य के प्रकाश तथा पर्णहरित की उपस्थिति में कार्बोहाइड्रेट में परिवर्तित कर दिए जाते हैं। कार्बोहाइड्रेट पौधों को ऊर्जा प्रदान करते हैं।

$$6CO_2 + 6H_2O \xrightarrow[\text{सूर्य का प्रकाश}]{\text{पर्णहरित}} \underset{\text{(ग्लूकोस)}}{C_6H_{12}O_6} + 6O_2 \uparrow$$

स्वपोषी पौधों को अपनी ऊर्जा की आवश्यकता तथा अपने शरीर निर्माण के लिए अन्य कच्ची सामग्री की आवश्यकता होती है। स्थलीय पौधे प्रकाश-संश्लेषण के लिए आवश्यक जल की पूर्ति जड़ों द्वारा मिट्टी में उपस्थित जल के अवशोषण से करते हैं। नाइट्रोजन, फॉस्फोरस, लौह, आदि अन्य पदार्थ भी मिट्टी से लिए जाते हैं।

विषमपोषी पोषण भोजन के स्वरूप एवं उपलब्धता के आधार पर पोषण की विधि अलग-अलग हो सकती है, यह जीव के भोजन ग्रहण करने के ढंग पर भी निर्भर है। कुछ जीव भोज्य पदार्थों का विघटन शरीर के बाहर कर देते हैं, तब उसका अवशोषण करते हैं; *जैसे* - फूफँदी, यीस्ट तथा मशरूम, आदि अन्य जीव संपूर्ण भोज्य पदार्थ का अंतर्ग्रहण करते हैं तथा उसका पाचन शरीर के अंदर होता है।

प्रश्न 2. प्रकाश-संश्लेषण के लिए आवश्यक कच्ची सामग्री पौधे कहाँ से प्राप्त करते हैं?

उत्तर स्थलीय पौधे प्रकाश-संश्लेषण के लिए आवश्यक कच्ची सामग्री, *जैसे*–जल की पूर्ति जड़ों द्वारा मिट्टी में उपस्थित जल के अवशोषण से करते हैं। नाइट्रोजन, फॉस्फोरस, लौह तथा मैग्नीशियम आदि अन्य पदार्थ भी मिट्टी से लिए जाते हैं। प्रकाश-संश्लेषण के लिए आवश्यक ऊर्जा प्रकाश से प्राप्त की जाती है।

प्रश्न 3. हमारे आमाशय में अम्ल की भूमिका क्या है?

उत्तर आमाशय की भित्ति में उपस्थित जठर ग्रंथि हाइड्रोक्लोरिक अम्ल, पेप्सिन एंजाइम तथा श्लेष्मा का स्राव करते हैं तथा हाइड्रोक्लोरिक अम्ल आमाशय में अर्धपचित भोजन का माध्यम अम्लीय बनाता है , जो पेप्सिन एंजाइम की क्रिया में सहायक होता है।

प्रश्न 4. पाचक एंजाइमों का क्या कार्य है?

उत्तर पाचक एन्जाइमों का कार्य भोज्य पदार्थों अर्थात् प्रोटीन, वसा कार्बोहाइड्रेट आदि का पाचन है *जैसे* – पेप्सिन तथा श्लेष्मा का स्राव भोजन को आमाशय में पचाने का कार्य करता है। हाइड्रोक्लोरिक अम्ल पेप्सिन एंजाइम की क्रिया में सहायता करता है। श्लेष्मा सामान्य परिस्थिति में आमाशय के आंतरिक स्तर की अम्ल से रक्षा करता है।

प्रश्न 5. पचे हुए भोजन को अवशोषित करने के लिए क्षुद्रांत्र को कैसे अभिकल्पित किया गया है?

उत्तर आमाशय से पचा भोजन अब क्षुद्रांत्र में प्रवेश करता है। क्षुद्रांत्र आहारनाल का सबसे लंबा व कुंडलित भाग है। घास खाने वाले शाकाहारी का सेलुलोज पकाने के लिए लंबी क्षुद्रांत्र व माँस का पाचन सेलुलोज की अपेक्षा सरल होने के कारण बाघ की क्षुद्रांत्र छोटी होती है।

क्षुद्रांत्र के आतंरिक आस्तर पर अनेक अंगुली जैसे प्रवर्ध होते हैं ये दीर्घरोम कहलाते हैं। ये अवशोषण का सतही क्षेत्रफल बढ़ा देते हैं।

पृष्ठ 116

प्रश्न 1. **श्वसन के लिए ऑक्सीजन प्राप्त करने की दिशा में एक जलीय जीव की अपेक्षा स्थलीय जीव किस प्रकार लाभप्रद हैं?**

उत्तर श्वसन के लिए ऑक्सीजन प्राप्त करने की दिशा में एक जलीय जीव की अपेक्षा स्थलीय जीव इसीलिए लाभप्रद हैं, क्योंकि जल में विलेय ऑक्सीजन की मात्रा, वायु में ऑक्सीजन की मात्रा की तुलना में बहुत कम होती है और स्थलीय जीव वायुमंडल की ऑक्सीजन का उपयोग श्वसन में करते हैं।

प्रश्न 2. **ग्लूकोस के ऑक्सीकरण से भिन्न-भिन्न जीवों में ऊर्जा प्राप्त करने के लिए विभिन्न पथ क्या हैं?**

उत्तर ग्लूकोस के ऑक्सीकरण से भिन्न-भिन्न जीवों में ऊर्जा प्राप्त करने के लिए वायवीय तथा अवायवीय श्वसन का प्रयोग किया जाता है। वायवीय श्वसन से जीव को अधिक ऊर्जा प्राप्त होती है, जबकि अवायवीय श्वसन से कम ऊर्जा प्राप्त होती है।

प्रश्न 3. **मनुष्यों में ऑक्सीजन तथा कार्बन डाइऑक्साइड का परिवहन कैसे होता है?**

उत्तर मनुष्य में वायु शरीर के अंदर नासाद्वार द्वारा जाती है। इस मार्ग में श्लेष्मा की परत होती है, जो इस प्रक्रम में सहायक होती है। यहाँ से वायु कंठ द्वारा फुफ्फुस में प्रवाहित होती है। *मानव श्वसन तंत्र का चित्र निम्न है*

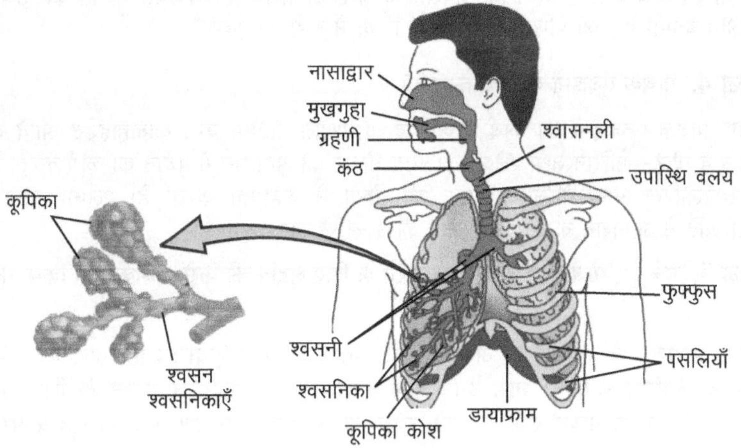

फुफ्फुस के अंदर का वायु मार्ग छोटी-छोटी नलिकाओं में विभाजित हो जाता है, जो अंत में गुब्बारे जैसी रचना में अंतकृत हो जाता है, जिसे कूपिका कहते हैं। कूपिका एक सतह उपलब्ध कराती है, जिससे गैसों का विनिमय हो सकता है। जब हम साँस अंदर लेते हैं, हमारी पसलियाँ ऊपर उठती हैं और हमारा डायाफ्राम चपटा हो जाता है, इसके परिणामस्वरूप वक्ष गुहिका बड़ी हो जाती है। रुधिर शेष शरीर से कार्बन डाइऑक्साइड कूपिकाओं में छोड़ने के

लिए लाता है, कूपिका रुधिर वाहिका का रुधिर कूपिका वायु से ऑक्सीजन लेकर शरीर की सभी कोशिकाओं तक पहुँचाता है। श्वसन चक्र के समय जब वायु अंदर और बाहर होती है, फुफ्फुस सदैव वायु का अवशिष्ट आयतन रखते हैं, जिससे ऑक्सीजन के अवशोषण तथा कार्बन डाइऑक्साइड के मोचन के लिए पर्याप्त समय मिल जाता है।

प्रश्न 4. गैसों के विनिमय के लिए मानव फुफ्फुस में अधिकतम क्षेत्रफल को कैसे अभिकल्पित किया है?

उत्तर गैसों के विनिमय के लिए मानव फुफ्फुस में अधिकतम क्षेत्रफल को निम्न प्रकार से अभिकल्पित किया है। फुफ्फुस के अदंर अनेक छोटी-छोटी नलिकाएँ होती हैं, जो अंत में गुब्बारे जैसी रचना अर्थात् कूपिका में अलंकृत होती है, यही कूपिका अधिकतम क्षेत्रफल बनाती है। कूपिकाओं की सतह को फैला दिया जाए, तो यह लगभग 80 वर्ग मीटर क्षेत्र ढक लेगी। विनिमय के लिए विस्तृत सतह उपलब्ध होने पर गैसों का विनिमय अच्छा होता है। हमारे शरीर में विसरण द्वारा ऑक्सीजन गति करती, तो हमारे फुफ्फुस से ऑक्सीजन के एक अणु को पैर के अंगुष्ठ तक पहुँचने में अनुमानतः 3 वर्ष का समय लगेगा।

पृष्ठ 122

प्रश्न 1. मानव में परिवहन (वहन) तंत्र के घटक कौन-से हैं? इन घटकों के क्या कार्य हैं?

उत्तर *मानव में परिवहन तंत्र के घटक निम्नलिखित हैं*

(i) **रुधिर** रुधिर भोजन, ऑक्सीजन तथा वर्ज्य पदार्थों का हमारे शरीर में परिवहन करता है। रुधिर में एक तरल माध्यम होता है, जिसे **प्लाज्मा** कहते हैं। प्लाज्मा, भोजन, कार्बन डाइऑक्साइड तथा नाइट्रोजनी वर्ज्य पदार्थ का विलीन रूप में परिवहन करता है।

(ii) **रुधिर वाहिकाएँ** धमनी वे रुधिर वाहिकाएँ हैं, जो रुधिर को हृदय से शरीर के विभिन्न अंगों तक ले जाती हैं। जबकि शिराएँ वे रुधिर वाहिकाएँ हैं जो रुधिर को शरीर के विभिन्न अंगों से हृदय तक लाती हैं।

(iii) **प्लेटलेट्स द्वारा अनुरक्षण** रुधिर स्राव को रोकने के लिए रुधिर में प्लेटलेट्स कोशिकाएँ होती हैं, जो रुधिर का थक्का बनाती हैं।

(iv) **लसीका** एक अन्य प्रकार का द्रव है, पचे हुए तथा क्षुद्रांत्र द्वारा अवशोषित वसा का वहन लसीका द्वारा होता है और यह अतिरिक्त तरल को बाह्य कोशिकीय अवकाश से वापस रुधिर में ले जाता है।

प्रश्न 2. स्तनधारी तथा पक्षियों में ऑक्सीजनित तथा विऑक्सीजनित रुधिर को अलग करना क्यों आवश्यक है?

उत्तर स्तनधारी तथा पक्षियों में ऑक्सीजनित तथा विऑक्सीजनित रुधिर को अलग करना इसीलिए आवश्यक है क्योंकि इन जीवों को विभिन्न जैव प्रक्रमों के लिए अधिक ऊर्जा की आवश्यकता होती है।

हृदय द्वारा अशुद्ध या विऑक्सीजनित रुधिर को ऑक्सीजन के लिए, फेफड़ों में प्रवाह करने के लिए और फेफड़ों से ऑक्सीजनित रुधिर वापस हृदय में आने को पल्मोनरी परिसंचरण कहते हैं। फेफड़ों से ऑक्सीजनित या शुद्ध रुधिर दो जोड़ी पल्मोनरी शिराओं द्वारा बाएँ अलिंद में जाता है।

अशुद्ध या विऑक्सीजनित रुधिर शिराओं द्वारा हृदय में वापस आता है। इसे सिस्टेमिक परिसंचरण कहते हैं। अतः ऑक्सीजनित व विऑक्सीजनित रुधिर को अलग किए बिना शुद्ध रुधिर प्राप्त नहीं होगा।

प्रश्न 3. उच्च संगठित पादप में परिवहन तंत्र के घटक क्या हैं?

उत्तर पादप परिवहन तंत्र पत्तियों से भंडारित ऊर्जा युक्त पदार्थ तथा जड़ों से कच्ची सामग्री का वहन करता है। ये दो पथ स्वतंत्र संगठित चालन नलिकाओं से निर्मित हैं, एक जाइलम है, जो मृदा से प्राप्त जल और खनिज लवणों को वहन करता है। दूसरा फ्लोएम, जो पत्तियों से जहाँ प्रकाश-संश्लेषण के उत्पाद संश्लेषित होते हैं, को पौधों के अन्य भागों तक परिवहन करता है।

प्रश्न 4. पादप में जल और खनिज लवण का परिवहन कैसे होता है?

उत्तर पादप में जल और खनिज लवण का परिवहन जल संवहन वाहिकाओं के द्वारा होता है। जाइलम ऊतक में जड़ों, तनों और पत्तियों की वाहिनिकाएँ तथा वाहिकाएँ आपस में जुड़कर जल संवहन वाहिकाओं का एक सतत् जाल बनाती हैं, जो पादप के सभी भागों से संबद्ध होता है। जड़ की कोशिकाएँ मिट्टी से खनिज लवण को अवशोषित करती हैं। पानी के अणुओं का वाष्पीकरण पत्ती की कोशिकाओं के द्वारा होता है, जो वाष्पोत्सर्जन कहलाता है तथा चूषक जड़ों की जाइलम कोशिकाओं द्वारा पानी को खींचते हैं।

प्रश्न 5. पादप में भोजन का स्थानांतरण कैसे होता है?

उत्तर प्रकाश-संश्लेषण के विलेय उत्पादों का वहन स्थानांतरण कहलाता है और यह संवहन ऊतक के फ्लोएम नामक भाग द्वारा होता है। फ्लोएम अमीनों अम्ल तथा अन्य पदार्थों का परिवहन भी करता है। ये पदार्थ विशेष रूप से जड़ के भंडारण अंगों, फलों, बीजों तथा वृद्धि वाले अंगों में ले जाए जाते हैं। भोजन तथा अन्य पदार्थों का स्थानांतरण संलग्न सहायक कोशिका की सहायता से चालनी नलिका में उपरिमुखी तथा अधोमुखी दोनों दिशाओं में होता है।

पृष्ठ 124

प्रश्न 1. वृक्काणु (नेफ्रॉन) की रचना तथा क्रियाविधि का वर्णन कीजिए।

उत्तर **नेफ्रॉन की रचना** वृक्क में आधारी निस्यंदन एकक, फुफ्फुस की तरह ही, बहुत पतली भित्ति वाली रुधिर केशिकाओं का गुच्छ होता है। वृक्क में प्रत्येक केशिका गुच्छ, एक नलिका के कप के आकार के सिरे के अंदर होता है। यह नलिका छने हुए मूत्र को एकत्र करती है। प्रत्येक वृक्क में ऐसे अनेक निस्यंदन एकक होते हैं, जिन्हें वृक्काणु (नेफ्रॉन) कहते हैं, जो आपस में निकटता से पैक रहते हैं।

नेफ्रॉन की क्रियाविधि प्रारंभिक निस्यंद में कुछ पदार्थ; *जैसे*-ग्लूकोस, अमीनो अम्ल, लवण और प्रचुर मात्रा में जल रह जाता है। जैसे-जैसे मूत्र इस नलिका में प्रवाहित होता है, इन पदार्थों का चयनित पुनरावशोषण हो जाता है।

जल की मात्रा का पुनरावशोषण शरीर में उपलब्ध अतिरिक्त जल की मात्रा तथा कितना विलेय वर्ज्य उत्सर्जित करना है, पर निर्भर करता है।

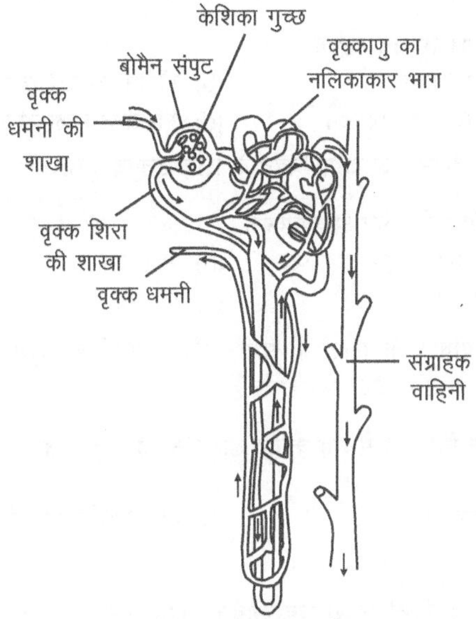

एक वृक्काणु का चित्र

प्रश्न 2. उत्सर्जी उत्पाद से छुटकारा पाने के लिए पादप किन विधियों का उपयोग करते हैं?

उत्तर पादप उत्सर्जन के लिए जंतुओं से बिल्कुल भिन्न युक्तियाँ प्रयुक्त करते हैं, वे अतिरिक्त जल से वाष्पोत्सर्जन द्वारा छुटकारा पा सकते हैं। पादपों में बहुत से ऊतक मृत कोशिकाओं के बने होते हैं और वे अपने कुछ भागों, *जैसे*- पत्तियों, का क्षय भी कर सकते हैं। बहुत से पादप अपशिष्ट उत्पाद कोशिकीय रिक्तिका में संचित रहते हैं। पौधों से गिरने वाली पत्तियों में भी अपशिष्ट उत्पाद संचित रहते हैं।

प्रश्न 3. मूत्र बनने की मात्रा का नियमन किस प्रकार होता है?

उत्तर *मूत्र बनने की मात्रा का नियमन निम्न तथ्य पर निर्भर करता है*

जल की मात्रा पुनरावशोषण शरीर में उपलब्ध अतिरिक्त जल की मात्रा तथा कितना विलेय वर्ज्य उत्सर्जित करना है, पर निर्भर करता है। प्रत्येक वृक्क में बनने वाला मूत्र एक लंबी नलिका, मूत्रवाहिनी में प्रवेश करता है, जो वृक्क को मूत्राशय से जोड़ती है। मूत्राशय में मूत्र तब तक भंडारित रहता है, जब तक कि फैले हुए मूत्राशय का दाब मूत्रमार्ग द्वारा उसे बाहर न कर दे। परिणामस्वरूप हम प्रायः मूत्र निकासी को नियंत्रित कर लेते हैं।

अभ्यास

प्रश्न 1. मनुष्य में वृक्क एक तंत्र का भाग है, जो संबंधित है

(a) पोषण से (b) श्वसन से (c) उत्सर्जन से (d) परिवहन से

उत्तर (*c*) मनुष्य में वृक्क एक तंत्र का भाग है, जो उत्सर्जन से संबंधित है।

प्रश्न 2. पादप में जाइलम उत्तरदाई है

(a) जल का परिवहन (b) भोजन का परिवहन

(c) अमीनो अम्ल का परिवहन (d) ऑक्सीजन का परिवहन

उत्तर (*a*) पादप में जाइलम जल के परिवहन के लिए उत्तरदाई है।

प्रश्न 3. स्वपोषी पोषण के लिए आवश्यक है

(a) कार्बन डाइऑक्साइड तथा जल (b) पर्णहरित

(c) सूर्य का प्रकाश (d) ये सभी

उत्तर (*d*) स्वपोषी पोषण के लिए ये सभी; *जैसे*—पर्णहरित, सूर्य का प्रकाश, कार्बन डाइऑक्साइड व जल आवश्यक हैं।

प्रश्न 4. पाइरुवेट के विखंडन से यह कार्बन डाइऑक्साइड, जल तथा ऊर्जा देता है और यह क्रिया होती है

(a) कोशिकाद्रव्य में (b) माइटोकॉण्ड्रिया में

(c) हरितलवक में (d) केंद्रक में

उत्तर (*b*) पाइरुवेट के विखंडन से यह कार्बन डाइऑक्साइड, जल तथा ऊर्जा देता है, यह क्रिया माइटोकॉंड्रिया में होती है।

प्रश्न 5. हमारे शरीर में वसा का पाचन कैसे होता है? यह प्रक्रम कहाँ होता है?

उत्तर वसा का पाचन क्षुद्रांत्र में वसा बड़ी गोलिकाओं के रूप में होती है, जिससे उस पर एंजाइम का कार्य करना मुश्किल हो जाता है। पित्त लवण उन्हें छोटी गोलिकाओं के रूप में खंडित कर देता है, जिससे एंजाइम की क्रियाशीलता बढ़ जाती है। यह साबुन पर मैल के इमल्सीकरण की तरह ही है तथा इमल्सीकरण वसा का पाचन करने के लिए लाइपेज एंजाइम होता है। क्षुद्रांत्र की भित्ति में ग्रंथि होती, जो आंत्र रस स्रावित करती है। इसमें उपस्थित एंजाइम अंत में प्रोटीन को अमीनो अम्ल तथा वसा को वसा अम्ल तथा ग्लिसरॉल में परिवर्तित कर देते हैं।

प्रश्न 6. भोजन के पाचन में लार की क्या भूमिका है?

उत्तर जो भोजन हम खाते हैं उस भोजन को एक प्रक्रम से गुजरना होता है, जिससे वह छोटे-छोटे कणों में बदल जाता है। इसे हम दाँतों से चबाकर पूरा कर लेते हैं अतः भोजन को गीला करने का कार्य लार द्वारा किया जाता है ताकि इसका मार्ग आसान हो जाए।

अतः मुँह से निकलने वाला रस, केवल जल न होकर लार ग्रंथि से निकलने वाला लार रस होता है।

भोजन को कोमल बनाने का कार्य लार ग्रंथि द्वारा किया जाता है, जिसके द्वारा भोजन को आगे पाचन के लिए तैयार किया जाता है।

प्रश्न 7. स्वपोषी पोषण के लिए आवश्यक परिस्थितियाँ कौन-सी हैं और उसके उपोत्वाद क्या हैं?

उत्तर स्वपोषी पोषण के लिए आवश्यक परिस्थितियाँ जल, कार्बन डाइऑक्साइड, पर्णहरित व सूर्य के प्रकाश की उपस्थिति है और इनके उपोत्पाद ग्लूकोस व ऑक्सीजन हैं।

$$6CO_2 + 6H_2O \xrightarrow[\text{सूर्य का प्रकाश}]{\text{पर्णहरित}} \underset{\text{(गलूकोस)}}{C_6H_{12}O_6} + 6O_2 \uparrow$$

प्रश्न 8. वायवीय तथा अवायवीय श्वसन में क्या अंतर है? कुछ जीवों के नाम लिखिए, जिनमें अवायवीय श्वसन होता है।

उत्तर *वायवीय तथा अवायवीय श्वसन मे निम्न अंतर हैं*

क्र.सं.	वायवीय श्वसन	अवायवीय श्वसन
(i)	वायवीय श्वसन पथ ऑक्सीजन पर निर्भर करता है।	अवायवीय श्वसन पथ ऑक्सीजन पर निर्भर नहीं करता है।
(ii)	वायवीय जीवों को यह सुनिश्चित करने की आवश्यकता है कि पर्याप्त मात्रा में ऑक्सीजन ग्रहण की जा रही है।	अवायवीय श्वसन, ऑक्सीजन ग्रहण करने की मात्रा पर निर्भर नहीं करता है।
(iii)	ग्लूकोस या अन्य भोज्य पदार्थों के ऑक्सीकरण के लिए ऑक्सीजन की आवश्यकता होती है, तो यह क्रिया ऑक्सीश्वसन कहलाती है। $C_6H_{12}O_6 + 6O_2 \longrightarrow 6CO_2 + 6H_2O +$ ऊर्जा (673 किलो कैलोरी)	इस क्रिया में ग्लूकोस, लैक्टिक अम्ल या एथिल ऐल्कोहॉल में परिवर्तित हो जाता है। $C_6H_{12}O_6 \longrightarrow \underset{\text{(लैक्टिक अम्ल)}}{2C_3H_6O_3} +$ ऊर्जा या $C_6H_{12}O_6 \longrightarrow \underset{\text{(एथिल ऐल्कोहॉल)}}{2C_2H_5OH} + 2CO_2 +$ ऊर्जा

निम्न श्रेणी के अनेक जीवों, *जैसे*–कुछ जीवाणु, यीस्ट तथा अन्य कवक, आदि अवायवीय जीवों में अवायवीय श्वसन के द्वारा ही ऊर्जा उत्पन्न होती है।

प्रश्न 9. गैसों के अधिकतम विनियम के लिए कूपिकाएँ किस प्रकार अधिकालीत हैं?

उत्तर एक वयस्क मानव के प्रत्येक फेफड़े में वायुकोष्ठों या वायु कूपिकाओं (Alveol) की संख्या लगभग 15 करोड़ तथा नवजात शिशु में लगभग 2 करोड़ होती है। प्रत्येक गुब्बारेनुमा खोखला वायुकोष एकस्तरीय शल्की उपकला (Epithelium) की चपटी पहली कोशिकाओं से बनता है। इसकी कम मोटाई सरलता से गैसीय विनिमय में विशेष योगदान देती है।

वायुकोष्ठाक या वायुकोषों की बाह्य सतह पर रुधिर केशिकाओं (blood capillaries) का जाल फैला रहता है। इन केशिकाओं में शरीर से ऑक्सीजनरहित रुधिर आता है, जिसमें CO_2 की मात्रा अधिक होती है। यहीं पर गैसीय विनिमय द्वारा वायुमण्डलीय वायु से O_2 एवं रक्त से CO_2 का विसरण द्वारा आदान-प्रदान होता है। तत्पश्चात् वायुकोष्ठों से CO_2 बाहर मुक्त हो जाती है तथा O_2 रुधिर केशिकाओं से रुधिर में विसरित हो जाती है।

प्रश्न 10. हमारे शरीर में हीमोग्लोबिन की कमी के क्या परिणाम हो सकते हैं?

उत्तर हमारे शरीर में हीमोग्लोबिन श्वसन वर्णक का कार्य करता है, जो ऑक्सीजन के लिए उच्च बंधुता रखता है। यह श्वसन में सहायता करता है तथा रुधिर में पाए जाने के कारण पूरे शरीर में ऑक्सीजन का संचरण इसी के माध्यम से होता है, अगर इसकी अनुपस्थिति रहेगी, तो ऑक्सीजन के परिवहन के बिना हम जीवित नहीं रह पाऐंगे।

प्रश्न 11. मनुष्य में दोहरा परिसंचरण की व्याख्या कीजिए। यह क्यों आवश्यक है?

उत्तर मनुष्य में प्रत्येक चक्र में दो बार रुधिर हृदय में जाता है, इसे दोहरा परिसंचरण कहते हैं। हृदय कई कोष्ठों में बँटा होता है। ऑक्सीजन प्रचुर रुधिर फुफ्फुस से हृदय में बाईं ओर स्थित कोष्ठ-बायाँ अलिंद में आता है। इस रुधिर को एकत्रित करते समय बायाँ अलिंद शिथिल रहता है। जब अगला कोष्ठ, बायाँ निलय, फैलता है तब यह संकुचित होता है, जिससे रुधिर इसमें स्थानांतरित होता है।

अपनी बारी में जब पेशीय बायाँ निलय संकुचित होता है, तब रुधिर शरीर में पंपित हो जाता है। ऊपर वाला दायाँ कोष्ठ, दायाँ अलिंद जब फैलता है, तो शरीर से विऑक्सीजनित रुधिर इसमें आ जाता है।

जैसे ही दायाँ अलिंद संकुचित होता है, नीचे वाला संगत कोष्ठ, दायाँ निलय फैल जाता है। यह रुधिर को दाएँ निलय में स्थानांतरित कर देता है, जो रुधिर को ऑक्सीजनीकरण हेतु अपनी बारी पर फुफ्फुस में पंप कर देता है।

ऑक्सीजन तथा कार्बन डाइऑक्साइड के परिवहन तथा विनिमय का चित्र नीचे दिया गया है

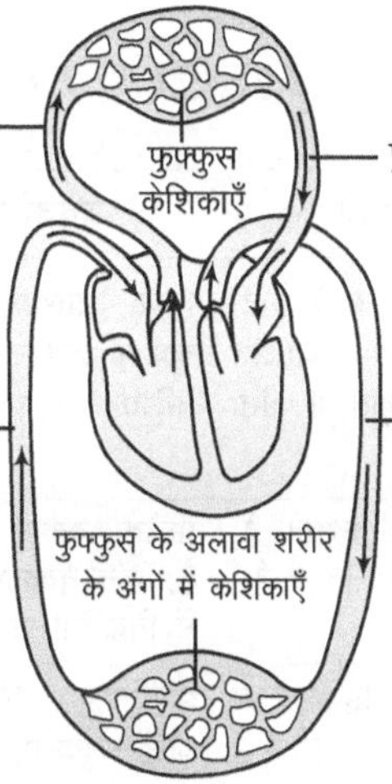

मनुष्य में दोहरे परिसंचरण की आवश्यकता

हृदय का दायाँ व बायाँ बँटवारा ऑक्सीजनित तथा विऑक्सीजनित रुधिर को मिलने से रोकने में लाभदायक होता है। इस तरह का बँटवारा शरीर को उच्च दक्षतापूर्ण ऑक्सीजन की पूर्ति कराता है। मनुष्य को उच्च ऊर्जा की आवश्यकता होती है, इसलिए दोहरा परिसंचरण बहुत लाभदायक है।

प्रश्न 12. जाइलम तथा फ़्लोएम में पदार्थों के परिवहन में क्या अंतर है?

उत्तर *जाइलम तथा फ़्लोएम में पदार्थों के परिवहन में निम्नलिखित अंतर हैं*

(i) जाइलम मृदा से प्राप्त जल और खनिज लवणों का परिवहन करता है, जबकि फ़्लोएम, पत्तियों से जहाँ प्रकाश-संश्लेषण के उत्पाद संश्लेषित होते हैं, उन्हें पौधे के अन्य भागों तक परिवहन करता है।

(ii) जाइलम द्वारा परिवहन, जिसे सामान्य भौतिक बलों द्वारा समझाया जा सकता है, इसके विपरीत फ़्लोएम द्वारा स्थानांतरण, जो ऊर्जा के उपयोग से पूरा होता है। सुक्रोज सरीखे पदार्थ फ़्लोएम ATP से प्राप्त ऊर्जा से ही स्थानांतरित होते हैं।

प्रश्न 13. **फुफ्फुस में कूपिकाओं की तथा वृक्क में वृक्काणु (नेफ्रॉन) की रचना तथा क्रियाविधि की तुलना कीजिए।**

उत्तर *फुफ्फुस में कूपिकाओं की तथा वृक्क में वृक्काणु (नेफ्रॉन) की रचना तथा क्रियाविधि की तुलना निम्न इस प्रकार हैं*

क्र.सं.	फुफ्फुस में कूपिकाएँ	वृक्क में वृक्काणु (नेफ्रॉन)
(i)	फुफ्फुस के अंदर वायु मार्ग छोटी छोटी नलिकाओं में विभाजित हो जाता है, जो अंत में गुब्बारे जैसी रचना में अंतकृत हो जाता है, जिसे कूपिका कहते हैं।	वृक्क में प्रत्येक केशिका गुच्छ, एक नलिका के कप के आकार के सिरे के अंदर होता है। यह नलिका छने हुए मूत्र को एकत्र करती है।
(ii)	कूपिका एक सतह उपलब्ध कराती है, जिससे गैसों का विनिमय हो सकता है।	प्रत्येक वृक्क में ऐसे अनेक निस्यंदन एकक होते हैं, जिन्हें वृक्काणु (नेफ्रॉन) कहते हैं, जो आपस में निकटता से पैक रहते हैं।
(iii)	कूपिकाओं की भित्ति में रुधिर वाहिकाओं का विस्तीर्ण जाल होता है।	प्रारंम्भिक निस्यंद में कुछ पदार्थ; *जैसे*–ग्लूकोस, अमीनो अम्ल, लवण और प्रचुर मात्रा में जल रह जाता है। जैसे-जैसे मूत्र इस नलिका में प्रवाहित होता है इन पदार्थों का चयनित पुनरावशोषण हो जाता है।
(iv)	रुधिर वाहिका का रुधिर कूपिका वायु से ऑक्सीजन लेकर शरीर की सभी कोशिकाओं तक पहुँचाता है।	

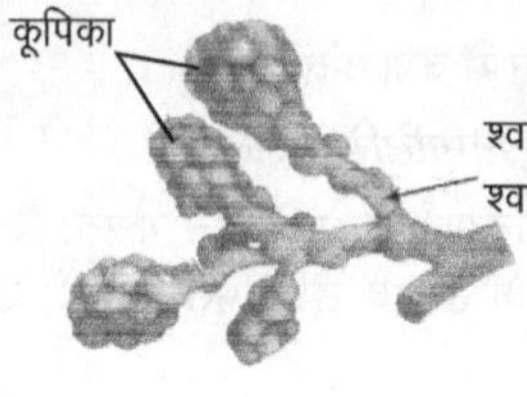

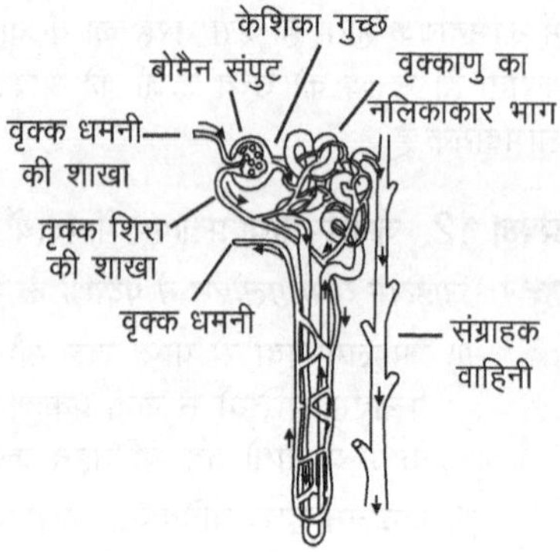

NCERT Exemplar

पुस्तक के चुने गए प्रश्न

बहुविकल्पीय प्रश्न

प्रश्न 1. निम्नलिखित में से कौन-सा कथन स्वपोषी के लिए गलत नहीं है?

(a) ये सूर्य के प्रकाश और क्लोरोफिल की उपस्थिति में, कार्बन डाइऑक्साइड और जल से कार्बोहाइड्रेट्स बनाते हैं।

(b) ये स्टार्च के रूप में कार्बोहाइड्रेट्स एकत्रित करते है।

(c) ये सूर्य के प्रकाश की उपस्थिति में, कार्बन डाइऑक्साइड और जल को कार्बोहाइड्रेट्स में परिवर्तित करते हैं।

(d) ये खाद्य शृंखला में प्रथम पोषण स्तर स्थापित करते हैं।

उत्तर (*c*) स्वपोषी; केवल सूर्य के प्रकाश की उपस्थिति में, कार्बन डाइऑक्साइड और जल को कार्बोहाइड्रेट्स में परिवर्तित करते हैं।

प्रश्न 2. जीवों के निम्नलिखित संघों में किस संघ के जीव को शरीर के बाहर ही पचाकर अवशोषित कर लिए जाते हैं

(a) मशरूम, हरे पौधें और *अमीबा*

(b) यीस्ट, मशरूम और ब्रेड की फफूँद

(c) *पैरामीशियम*, *अमीबा* और अमरबेल

(d) अमरबेल, जूँ और फीताकृमि

उत्तर (*b*) यीस्ट, मशरूम, और ब्रेड की फफूँद कवक हैं, ये पोषण के स्वपोषित प्रकार रखते हैं। ये छोटे. टुकड़ों में टूट कर अवशोषित और शरीर से बाहर निकाले जाते हैं।

प्रश्न 3. सही कथन को चुनिए।

(a) विषमपोषी अपने खाने का संश्लेषण नहीं करते हैं

(b) विषमपोषी प्रकाश-संश्लेषण के लिए सूर्य का प्रकाश प्रयोग करते हैं

(c) विषमपोषी अपने खाने को संश्लेषित करते हैं

(d) विषमपोषी कार्बन डाइऑक्साइड और जल को कार्बोहाइड्रेट में बदलने के योग्य होते हैं

उत्तर (*a*) विषमपोषी सूर्य से प्रकाश के द्वारा अपना भोजन स्वंय नहीं बनाते हैं और ये क्लोरोफिल नहीं रखते हैं।

प्रश्न 4. मानव आहारनाल में भागों का सही क्रम कौन-सा है?

(a) मुख → आमाशय → छोटी आँत → ग्रसिका → बड़ी आँत

(b) मुख → ग्रसिका → आमाशय → बड़ी आँत → छोटी आँत

(c) मुख → आमाशय → ग्रसिका → छोटी आँत → बड़ी आँत

(d) मुख → ग्रसिका → आमाशय → छोटी आँत → बड़ी आँत

उत्तर (*d*) मानव आहारनाल मुख से शुरू होती है और अंत में बड़ी आँत पर समाप्त होती है।

प्रश्न 5. यदि लार में क्षारीय एमाइलेज की कमी होती है, तब निम्नलिखित में से कौन-सी घटना मुखगुहा को प्रभावित करेगी?

(a) प्रोटीन, अमीनो अम्ल में टूट जाते हैं

(b) स्टार्च शर्करा में टूट जाते हैं

(c) वसा, वसीय अम्ल और ग्लिसरॉल में टूट जाते हैं

(d) विटामिनों का अवशोषण

उत्तर (*b*) क्षारीय एमाइलेज साधारण शर्करा से स्टार्च में टूट जाता है।

प्रश्न 6. आमाशय का अस्तर निम्नलिखित में से एक की उपस्थिति के कारण सुरक्षित बना रहता हैं। सही उत्तर चुनिए।

(a) पेप्सिन (b) म्यूकस (श्लेष्मा) (c) क्षारीय एमाइलेज (d) पित्त रस

उत्तर (*b*) आमाशय का अस्तर म्यूकस (श्लेष्मा) की उपस्थिति के कारण सुरक्षित बना रहता है।

प्रश्न 7. आहारनाल का कौन-सा भाग यकृत से पित्त रस लेता है?

(a) आमाशय (b) छोटी आँत (c) बड़ी आँत (d) ग्रसनी

उत्तर (*b*) यकृत से पित्त रस, छोटी आँत में जाता है, जो वसा को पचाता है।

प्रश्न 8. आयोड़ीन विलयन की कुछ बूँदें, चावल के पानी में मिलाने पर यह विलयन नीले-काले रंग में बदल जाता है। यह बताता है कि चावल का पानी बना होता है

(a) जटिल प्रोटीन का (b) साधारण प्रोटीन का

(c) वसा का (d) स्टार्च का

उत्तर (*d*) चावल में आयोडीन की कुछ बूँदें मिलाने पर, स्टार्च की उपस्थिति का पता चलता है, क्योंकि यह नीला-काला रंग देता है।

प्रश्न 9. आहारनाल के किस भाग में भोजन अंतिम रूप में पच जाता है?

(a) आमाशय (b) मुख गुहा (c) बड़ी आँत (d) छोटी आँत

उत्तर (*d*) भोजन में उपस्थित सभी पोषक तत्वों का पूरी तरह से पाचन छोटी आँत में होता है।

प्रश्न 10. निम्नलिखित में से अग्न्याशयी रस के कार्य चुनिए।

(a) ट्रिप्सिन प्रोटीन और लाइपेज कार्बोहाइड्रेट को पचाता है।

(b) ट्रिप्सिन तरलीकृत वसा और लाइपेज प्रोटीन को पचाता है।

(c) ट्रिप्सिन और लाइपेज वसा को पचाते हैं।

(d) ट्रिप्सिन प्रोटीन और तरलीकृत वसा को लाइपेज पचाता है।

उत्तर (*d*) अग्न्याशय अग्न्याशयी रस स्रावित करता है, जो पचित प्रोटीन के लिए ट्रिप्सिन एंजाइम रखते हैं, और तरलीकृत वसा को लाइपेज तोड़ता है।

प्रश्न 11. चूने के पानी से भरी परखनली में जब मुँह द्वारा फूँका जाता है, तब चूने का पानी किसकी उपस्थिति के कारण दूधिया हो जाता है?

(a) ऑक्सीजन (b) कार्बन डाइऑक्साइड (c) नाइट्रोजन (d) जल-वाष्प

उत्तर (*b*) चूने के पानी का दूधिया रंग में बदलना, कार्बन डाइऑक्साइड की उपस्थिति के कारण होता है। यह कैल्सियम कार्बोनेट के निर्माण के कारण होता है।

प्रश्न 12. खमीर में अनॉक्सी श्वसन का सही क्रम हैं

(a) ग्लूकोस $\xrightarrow{\text{साइटोप्लाज्म}}$ पाइरुवेट $\xrightarrow{\text{माइटोकांड्रिया}}$ इथेनॉल + कार्बन डाइऑक्साइड

(b) ग्लूकोस $\xrightarrow{\text{साइटोप्लाज्म}}$ पाइरुवेट $\xrightarrow{\text{माइटोकांड्रिया}}$ लैक्टिक अम्ल

(c) ग्लूकोस $\xrightarrow{\text{साइटोप्लाज्म}}$ पाइरुवेट $\xrightarrow{\text{माइटोकांड्रिया}}$ लैक्टिक अम्ल

(d) ग्लूकोस $\xrightarrow{\text{साइटोप्लाज्म}}$ पाइरुवेट $\xrightarrow{\text{साइटोप्लाज्म}}$ इथेनॉल + कार्बन-डाइऑक्साइड

उत्तर (*d*) खमीर में, पाइरुवेट का टूटना साइटोप्लाज्म में होता है। पाइरुवेट, इथेनॉल और कार्बन डाइऑक्साइड में परिवर्तित होता है।

प्रश्न 13. निम्नलिखित में कौन-सा ऑक्सी श्वसन के लिए उचित है?

(a) ग्लूकोस $\xrightarrow{\text{माइटोकांड्रिया}}$ पाइरुवेट $\xrightarrow{\text{साइटोप्लाज्म}}$ $CH_2 + H_2O$ + ऊर्जा

(b) ग्लूकोस $\xrightarrow{\text{साइटोप्लाज्म}}$ पाइरुवेट $\xrightarrow{\text{माइटोकांड्रिया}}$ $CO_2 + H_2O$ + ऊर्जा

(c) ग्लूकोस $\xrightarrow{\text{साइटोप्लाज्म}}$ पाइरुवेट + ऊर्जा $\xrightarrow{\text{माइटोकांड्रिया}}$ $CO_2 + H_2O$

(d) ग्लूकोस $\xrightarrow{\text{साइटोप्लाज्म}}$ पाइरुवेट + ऊर्जा $\xrightarrow{\text{माइटोकांड्रिया}}$ $CO_2 + H_2O$ + ऊर्जा

उत्तर (*b*) ऑक्सी श्वसन में, पाइरुवेट का अपघटन माइटोकॉंड्रिया में होता है।

प्रश्न 14. निम्नलिखित में से कौन-सा कथन श्वसन के लिए सही है?

(i) अंतः श्वसन के समय, पसलियाँ अंदर की ओर गति करती हैं डायाफ्राम ऊपर उठता हैं।

(ii) कूपिकाओं में, गैसों का आदान-प्रदान होता है इसके अंतर्गत, कूपिका वायु से ऑक्सीजन रुधिर में फैलती है, और रुधिर से कार्बन डाइऑक्साइड कूपिका वायु में जाती है।

(iii) हीमोग्लोबिन ऑक्सीजन की तुलना में कार्बन डाइऑक्साइड के लिए अधिक संबंध रखते हैं।

(iv) गैसों के आदान-प्रदान के लिए कूपिकाएँ सतह की जगह को बढ़ाती है।

(a) (i) और (iv)
(b) (ii) और (iii)
(c) (i) और (iii)
(d) (ii) और (iv)

उत्तर (*d*) अंतःश्वसन के समय, हमारी पसलियाँ ऊपर उठती हैं और हमारा डायाफ्राम चपटा हो जाता है और वक्ष-गुहिका बड़ी हो जाती है। कुपिकाएँ गैसों के आदान-प्रदान के लिए सतह की जगह को बढ़ाती हैं।

प्रश्न 15. अंतः श्वसन के समय, वायु के गमन का सही क्रम निम्नलिखित में से कौन-सा है?

(a) नासाद्वार → कंठ → ग्रसनी → श्वासनली → फुफ्फुस

(b) श्वासनली → ग्रसनी → कूपिका → कंठ → फुफ्फुस

(c) कंठ → नासाद्वार → ग्रसनी → फुफ्फुस

(d) नासाद्वार → ग्रसनी → कंठ → श्वासनली → कूपिकाएँ

उत्तर (*d*) मानव में, अंतःश्वसन के समय, वायु के गमन का सही क्रम नासाद्वार से ग्रसनी, ग्रसनी से कंठ, कंठ से श्वासनली और फिर कूपिकाओं में समाप्त होता है।

प्रश्न 16. श्वसन के दौरान, गैसों का विनिमय कहाँ होता है?

(a) श्वासनली और कंठ में

(b) फुफ्फुस की कूपिकाओं में

(c) कूपिकाओं और गले में

(d) गले और कंठ में

उत्तर (*b*) श्वसन के दौरान, गैसों का विनिमय फुफ्फुस की कूपिकाओं में होता है।

प्रश्न 17. हृदय के बारे में निम्नलिखित में से कौन-सा कथन सही है?

(i) बायाँ अलिंद शरीर के विभिन्न भागों से ऑक्सीजनित रुधिर शरीर प्राप्त करता है,

(ii) जबकि दायाँ अलिंद फेफड़ो में विऑक्सीजनित रुधिर प्राप्त करता है। बायाँ निलय ऑक्सीजनित रुधिर को शरीर के विभिन्न भागों में पंप कर देता है, जबकि दायाँ निलय विऑक्सीजनित रुधिर को फेफड़ों में पंप कर देता है।

(iii) बाएँ अलिंद में से ऑक्सीजनित रुधिर दाएँ निलय में चला जाता है, जो इस रुधिर को शरीर के विभिन्न भागों में भेज देता है।

(iv) दायाँ अलिंद शरीर के विभिन्न भागों से विऑक्सीजनित रुधिर प्राप्त करता है, जबकि बायाँ निलय ऑक्सीजनित रुधिर को शरीर के विभिन्न भागों में पंप कर देता हैं।

(a) (i) (b) (iii)

(c) (ii) और (iv) (d) (i) और (iii)

उत्तर (*c*) कथन (ii) और (iv) सही हैं।

प्रश्न 18. संकुचन के दौरान निम्नलिखित में से कौन-सी संरचना हृदय के भीतर रुधिर को वापस विपरीत दिशा में बहने से रोकती है?

(a) हृदय के भीतर स्थित कपाट (b) निलयों की मोटी पेशीय भित्तियाँ

(c) अलिंदों की पतली भित्तियाँ (d) ये सभी

उत्तर (*a*) हृदय के भीतर स्थित कपाट संकुचन के दौरान, हृदय के भीतर रुधिर को वापस विपरीत दिशा में बहने से रोकती हैं।

प्रश्न 19. एकल परिसंचरण, अर्थात् शरीर में होकर चक्र के दौरान रुधिर का हृदय में होकर केवल एक बार प्रवाहित होना, निम्नलिखित में से किन में पाया जाता है?

(a) *लैबियो, कैमेलिऑन*, सैलामेंडर (b) *हिप्पोकैंपस, एक्जोसीटस, एनाबास*

(c) *हायला, राना, ड्रैको* (d) व्हेल, डॉल्फिन, कछुआ

उत्तर (*b*) *हिप्पोकैंपस, एक्जोसीटस, एनाबास* मत्सय से संबंध रखती हैं और मत्सय या मछलियों में एकल परिसंचरण पाया जाता है।

प्रश्न 20. निम्नलिखित कशेरुकी समूह/समूहों में हृदय ऑक्सीजनित रुधिर को शरीर के विभिन्न भागों में पंप नहीं करता?

(a) पिसीज़ और एंफीबिया

(b) एंफीबिया और सरीसृप

(c) केवल एंफीबियन प्राणी

(d) केवल पिसीज़

उत्तर (*d*) मछलियाँ (पिसीज) द्विकोष्ठीय हृदय रखती हैं। रुधिर गिल्स (क्लोम) को पंप होता है, यहाँ ऑक्सीजनित होकर शरीर के विभिन्न भागों तक पहुँचता है।

प्रश्न 21. धमनियों का वर्णन करने के लिए सही कथन चुनिए।

(a) इनकी भित्तियाँ मोटी और प्रत्यास्थ होती हैं, इनमें रुधिर उच्च दाब के साथ बहता है, ये विभिन्न अंगों से रुधिर एकत्रित करके वापस हृदय में पहुँचाती हैं।

(b) इनकी भित्तियाँ पतली होती हैं और इनके भीतर कपाट होते हैं, इनमें रुधिर कम दाब के साथ बहता है, और ये रुधिर को हृदय से दूर शरीर के विभिन्न भागों तक ले जाती हैं।

(c) इनकी भित्तियाँ मोटी एवं प्रत्यास्थ होती हैं, इनमें रुधिर कम दाब के साथ बहता है, ये रुधिर को हृदय से ले जाकर शरीर के विभिन्न भागों में पहुँचाती हैं।
(d) इनकी भित्तियाँ मोटी एवं प्रत्यास्थ होती हैं, इनमें रुधिर उच्च दाब के साथ बहता है और ये रुधिर को हृदय से दूर शरीर के विभिन्न भागों तक ले जाती हैं।

उत्तर (*d*) धमनियों की भित्तियाँ मोटी एवं प्रत्यास्थ होती हैं, इनमें रुधिर उच्च दाब के साथ बहता है और ये रुधिर को हृदय से दूर शरीर के विभिन्न भागों तक ले जाती हैं।

प्रश्न 22. वृक्कों की निस्यंदक इकाइयों को कहते हैं
(a) मूत्रनली (b) मूत्रमार्ग (c) न्यूरॉन (d) नेफ्रॉन

उत्तर (*d*) नेफ्रॉन, वृक्कों के निस्यंदक की सबसे छोटी इकाई हैं।

प्रश्न 23. प्रकाश-संश्लेषण प्रक्रिया के दौरान उत्पन्न होने वाली ऑक्सीजन कहाँ से प्राप्त होती है?
(a) जल (b) क्लोरोफिल
(c) कार्बन डाइऑक्साइड (d) ग्लूकोस

उत्तर (*a*) दिन के समय, श्वसन के दौरान CO_2 उत्पन्न होती हैं, जो प्रकाश-संश्लेषण के लिए प्रयोग की जाती है यहाँ CO_2 मुक्त नहीं होती है, जबकि ऑक्सीजन मुक्त होने में मुख्य है।

प्रश्न 24. ऊतकों से बाहर आने वाले रुधिर में किसकी मात्रा अपेक्षाकृत अधिक हो जाती है?
(a) कार्बन डाइऑक्साइड (b) जल
(c) हीमोग्लोबिन (d) ऑक्सीजन

उत्तर (*a*) ऊतकों से बाहर आने वाले रुधिर में कार्बन डाइऑक्साइड की मात्रा अपेक्षाकृत अधिक होती है।

प्रश्न 25. निम्नलिखित में से कौन-सा कथन सही नहीं है?
(a) जीव समय के साथ वृद्धि करते हैं
(b) जीवों को अपने शरीर में होने वाली टूट-फूट की मरम्मत करते रहना चाहिए तथा उसे अपनी संरचना को बनाए रखना चाहिए
(c) कोशिकाओं में अणुओं की गति नहीं होती है
(d) ऊर्जा जैव प्रक्रियाओं के लिए आवश्यक है

उत्तर (*c*) जैव प्रक्रम की प्रक्रिया में, कोशिकाओं में अणुओं की गति जरूर होती है।

प्रश्न 26. स्वपोषी में संचित आंतरिक (कोशिकीय) ऊर्जा होती है?
(a) ग्लाइकोजन (b) प्रोटीन (c) स्टार्च (d) वसा अम्ल

उत्तर (*c*) स्वपोषी, ग्लूकोज के रुप में भोजन बनाते हैं, जो बाद में स्टार्च से ऊर्जा के रूप में बदलकर उसके शरीर में संचित रहते हैं।

प्रश्न 27. **निम्नलिखित समीकरणों में से कौन-से समीकरण को प्रकाश-संश्लेषण प्रक्रिया का समीकरण माना जाता है?**

(a) $6CO_2 + 12H_2O \longrightarrow C_6H_{12}O_6 + 6O_2 + 6H_2O$

(b) $6CO_2 + 12H_2O +$ सूर्य का प्रकाश $\longrightarrow C_6H_{12}O_6 + O_2 + 6H_2O$

(c) $6CO_2 + 12H_2O +$ क्लोरोफिल + सूर्य का प्रकाश $\longrightarrow C_6H_{12}O_6 + 6O_2 + 6H_2O$

(d) $6CO_2 + 12H_2O +$ क्लोरोफिल + सूर्य का प्रकाश $\longrightarrow C_6H_{12}O_6 + 6CO_2 + 6H_2O$

उत्तर (*c*) प्रकाश-संश्लेषण के लिए CO_2, H_2O, सूर्य का प्रकाश और क्लोरोफिल आवश्यक होता है, जिसके परिणामस्वरूप ग्लूकोज के निर्माण के साथ और O_2 और H_2O मुक्त होती है

प्रश्न 28. **उस घटना का चयन कीजिए, जो प्रकाश-संश्लेषण में नहीं होती है**

(a) क्लोरोफिल द्वारा प्रकाश ऊर्जा का अवशोषण

(b) कार्बन डाइऑक्साइड का कार्बोहाइड्रेटों में अपचयन

(c) कार्बन का कार्बन डाइऑक्साइड में उपचयन

(d) प्रकाश ऊर्जा का रासायनिक ऊर्जा में परिवर्तन

उत्तर (*c*) प्रकाश-संश्लेषण में कार्बन डाइऑक्साइड प्रयोग नहीं होती है, श्वसन में कार्बन यौगिक का उपचयन पाया जाता है।

प्रश्न 29. **पौधों में रंध्रों का खुलना तथा बंद होना निर्भर होता है**

(a) ऑक्सीजन पर

(b) तापमान पर

(c) द्वार-कोशिकाओं के अंदर उपस्थित जल पर

(d) रंध्रों में CO_2 की सांद्रता पर

उत्तर (*c*) पौधों में रंध्रों का खुलना तथा बंद होना द्वार कोशिकाओं के अंदर उपस्थित जल पर निर्भर करता है यदि जल अंदर की ओर जाता है तो रंध्र खुल जाते हैं। और यदि जल बाहर की ओर जाता हैं तो रंध्र बंद हो जाते हैं।

प्रश्न 30. **अधिकांश पौधे नाइट्रोजन को किस रूप में अवशोषित करते हैं?**

(i) प्रोटीन (ii) नाइट्रेट एवं नाइट्राइट

(iii) यूरिया (iv) वायुमंडलीय नाइट्रोजन

(a) (i) और (ii) (b) (ii) और (iii) (c) (iii) और (iv) (d) (i) और (iv)

उत्तर (*a*) नाइट्रोजन पौधों द्वारा अकार्बनिक नाइट्रेट्स या नाइट्राइट्स के रूप में ली जाती हैं। या यह कार्बनिक यौगिकों की तरह ली जाती है, जो वायुमंडलीय नाइट्रोजन से जीवाणुओं द्वारा तैयार की जाती है।

प्रश्न 31. **पाचन क्षेत्र में भोजन के साथ मिलने वाला पहला एंजाइम कौन-सा है?**

(a) पेप्सिन (b) सेलुलोज

(c) एमाइलेज (d) ट्रिप्सिन

उत्तर (*c*) पाचन क्षेत्र में भोजन के साथ मिलने वाला पहला एंजाइम एमाइलेज है, जो मुख में स्टार्च को शर्करा में तोड़ता है।

प्रश्न 32. **निम्नलिखित में से कौन-सा/से कथन सही हैं?**

(i) पाइरुवेट को यीस्ट की सहायता से इथेनॉल और कार्बन डाइऑक्साइड में बदला जा सकता हैं।

(ii) वायवीय जीवाणुओं में किण्वन होता है।

(iii) माइटोकांड्रिया में किण्वन होता है।

(iv) किण्वन अवायवीय श्वसन का ही एक रूप है।

(a) (i) और (iii)

(b) (ii) और (iv)

(c) (i) और (iv)

(d) (ii) और (iii)

उत्तर (*a*) यीस्ट में, पाइरुवेट इथेनॉल और कार्बन डाइऑक्साइड में बदला जा सकता है। किण्वन ऑक्सीजन की अनुपस्थिति में पाया जाता है।

प्रश्न 33. **ऑक्सीजन की कमी से क्रिकेट के खिलाड़ियों की पेशियों में प्रायः खिंचाव उत्पन्न होने लगता हैं। ऐसा इस कारण होता है**

(a) पाइरुवेट के इथेनॉल में बदलने के कारण

(b) पाइरुवेट के ग्लूकोज में बदलने के कारण

(c) ग्लूकोस का पाइरुवेट में न बदलने के कारण

(d) पाइरुवेट का लैक्टिक अम्ल में बदलने के कारण

उत्तर (*d*) कभी-कभी हमारी पेशियों में ऑक्सीजन की कमी होने लगती है। ऐसा पाइरुवेट का लैक्टिक अम्ल में बदलने के कारण होता है अचानक क्रियाओं के दौरान हमारी पेशियों में लैक्टिक अम्ल का निर्माण होता है, जिस कारण उनमें प्रायः खिंचाव उत्पन्न होने लगता है।

प्रश्न 34. **हमारे शरीर में मूत्र का सही मार्ग चुनिए**

(a) वृक्क → मूत्रनली → मूत्रमार्ग → मूत्राशय

(b) वृक्क → मूत्राशय → मूत्रमार्ग → मूत्रनली

(c) वृक्क → मूत्रनलियाँ → मूत्राशय → मूत्रमार्ग

(d) मूत्राशय → वृक्क → मूत्रनली → मूत्रमार्ग

उत्तर (*c*) वृक्क में मूत्र बनता है, जो मूत्रनली के जोड़े के द्वारा आगे जाता है और मूत्राशय में एकत्रित होता है और मूत्रमार्ग द्वारा बाहर निकलता है।

प्रश्न 35. **मानवों के ऊतकों में ऑक्सीजन की कमी होने के कारण पाइरुवेट अम्ल किस कोशिकांग के भीतर लैक्टिक अम्ल में बदल जाता है?**

(a) कोशिकाद्रव्य (b) क्लोरोप्लास्ट
(c) माइटोकांड्रिया (d) गॉल्जीकाय

उत्तर (*a*) पेशी कोशिकाओं के कोशिकाद्रव्य में पाइरुवेट अम्ल लैक्टिक अम्ल में बदल जाता है।

लघु उत्तरीय प्रश्न

प्रश्न 36. **'सभी पौधे दिन में ऑक्सीजन तथा रात में कार्बन डाइऑक्साइड' छोड़ते हैं, क्या आप इस कथन से सहमत हैं? कारण बताइये।**

उत्तर हाँ, कथन सत्य है। रात में प्रकाश-संश्लेषण की कोई क्रिया नहीं होती, तब कार्बन डाइऑक्साइड का निष्कासन अधिक होता है। दिन में, श्वसन के दौरान उत्पन्न कार्बन डाइऑक्साइड का प्रकाश-संश्लेषण में उपयोग हो जाता है। इसलिए कार्बन डाइऑक्साइड का कोई निष्कासन नहीं होता।

प्रश्न 37. **जल से बाहर निकालने पर मछलियाँ क्यों मर जाती हैं?**

उत्तर मछलियाँ पानी में विलेय ऑक्सीजन का श्वसन में उपयोग करती हैं। वायु में विलेय ऑक्सीजन की तुलना में इसकी मात्रा पानी में बहुत कम होती है। इसलिए जलीय जीवों में स्थलीय जीवों की तुलना में श्वसन दर अधिक होती है। मछलियों में गिल्स पाये जाते हैं, जबकि विलेय ऑक्सीजन रुधिर द्वारा ग्रहण की जाती है।

प्रश्न 38. **वसा के पायसीकरण का क्या महत्त्व है?**

उत्तर वसा आँत में बड़े कणों के रूप में पायी जाती है। वसा का यह रूप इस पर एंजाइम की क्रियाविधि में बाधा उत्पन्न करता है। पित्त रस वसा के बड़े कणों को छोटे-छोटे टुकड़ों में तोड़कर एंजाइम की क्षमता एवं क्रियाविधि को बढ़ा देते हैं। यह साबुन द्वारा धूल, मैल निकालने के समान है।

प्रश्न 39. **हृदय में चार कक्ष होने के क्या लाभ हैं?**

उत्तर पक्षी एवं स्तनधारी को शरीर के ताप नियंत्रण हेतु अधिक ऊर्जा की आवश्यकता होती है। दायें और बायें भागों में विभक्त, चार कक्षीय हृदय ऑक्सीजनयुक्त तथा बिना ऑक्सीजनयुक्त रुधिर को मिश्रित होने से रोकता है। इस प्रकार का तंत्र शरीर को अधिक ऑक्सीजन पूर्ति हेतु अनुमति देता है।

प्रश्न 40. **जीवधारियों में ऊर्जा मुद्रा का नाम बताइए। यह ऊर्जा कब और कहाँ उत्पन्न होती है?**

उत्तर जीवधारियों में ऊर्जा मुद्रा ATP (एडिनोसीन ट्राइफॉस्फेट) होती है।

यह कोशिका में श्वसन के दौरान उत्पन्न होती है।

प्रश्न 41. **अमरबेल, किलनियों और जोकों के संदर्भ में कौन-सी बात सामान्य होती है?**

उत्तर सभी में पोषण की विधि या पोषण परजीवीय होता है।

प्रश्न 42. **धमनियों की अपेक्षा शिराओं की भित्तियाँ पतली क्यों होती हैं?**

उत्तर शिराएँ विभिन्न अंगों से रुधिर एकत्रित करती हैं तथा वापस उसको हृदय में लाती हैं। इनको मोटी भित्तियों की आवश्यकता नहीं होती, क्योंकि रुधिर शिराओं में अधिक समय तक दबाव में नहीं बहता, जबकि इनमें रुधिर के वापस बहाव को रोकने के लिए वाल्व होते हैं।

प्रश्न 43. **रुधिर में पट्टिकाएँ न हो, तो क्या होगा?**

उत्तर पट्टिकाएँ युक्त रुधिर का संपूर्ण शरीर में परिसंचरण होता है। पट्टिकाएँ चोट लगने के दौरान, घायल ऊतक में रुधिर का थक्का बनने में सहायता करती है।

दीर्घ उत्तरीय प्रश्न

प्रश्न 44. **मानवों में कार्बोहाइड्रेटों, प्रोटीनों और वसाओं का पाचन किस प्रकार होता है?**

उत्तर मुख में लारीय एमाइलेज स्टार्च का शर्करा में विखंडन करता है। भोजन मुखगुहा से होता हुआ आमाशय में पहुँचता है, जहाँ इसमें पाचक रस मिल जाते हैं। आमाशय की भित्ति हाइड्रोक्लोरिक अम्ल, एक प्रोटीन पाचक एंजाइम पेप्सिन और श्लेष्म स्रावित करती है। हाइड्रोक्लोरिक अम्ल माध्यम को अम्लीय बनाकर पेप्सिन एंजाइम की क्रिया को सुगम बनाता हैं। अब भोजन छोटी आँत में पहुँचता है, जिसका माध्यम अम्लीय होता है तथा भोजन को अग्न्याशय रसों की क्रिया हेतु क्षारीय माध्यम का बनाया जाता है।

यकृत से स्रावित पित्त रस वसा पर कार्य करता है। यह रस वसा के वृहत कणों को सूक्ष्म कणों में विखंडित करके एंजाइम क्रिया की क्षमता को बढ़ा देता है। अग्न्याशय ग्रंथि अग्न्याशय रस का स्रावण करती है, जिसमें प्रोटीन पाचन के लिए ट्रिप्सिन एवं पायसीकृत वसाओं के विखंडन के लिए लाइपेज नामक एंजाइम होते हैं।

छोटी आँत की भित्ति आँत्र रस स्रावित करने वाली ग्रंथियाँ होती हैं। इस रस में उपस्थित एंजाइम अन्ततः प्रोटीन को अमीनो अम्ल, कार्बोहाइड्रेट को ग्लूकोस, शर्करा तथा वसा को वसीय अम्लों एवं ग्लिसरॉल या ग्लिसरीन में परिवर्तित कर देते हैं।

प्रश्न 45. **जीवधारियों में विखंडन के तीन पथों की व्याख्या कीजिए।**

उत्तर विभिन्न जीवों में भोजन की विखंडन विधि अलग-अलग होती है। कुछ जीव ग्लूकोस का कार्बन डाइऑक्साइड एवं जल में पूर्णतः विखंडन के लिए ऑक्सीजन का उपयोग करते हैं। कुछ अन्य पथ का उपयोग करते हैं, जहाँ ऑक्सीजन की उपस्थिति नहीं होती लेकिन सभी स्थितियों में, प्रथम पद **ग्लूकोस** (6-कार्बन अणु) का तीन कार्बन युक्त अणु पाइरुवेट में विखंडन होता हैं।

ग्लूकोज विखंडन के इन तीनों पथों को निम्नलिखित प्रकार से दर्शाया गया है

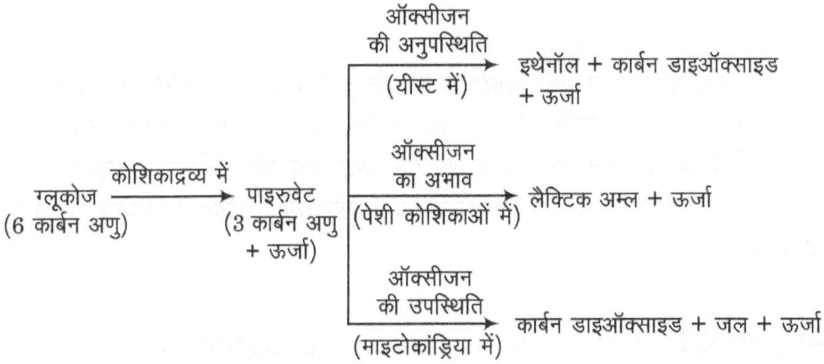

7
नियंत्रण एवं समन्वय

सजीवों के द्वारा पर्यावरण की अनुक्रिया के प्रति कुछ गतियाँ सावधानी से नियंत्रित की जाती हैं। पर्यावरण में प्रत्येक परिवर्तन की अनुक्रिया से एक समुचित गति उत्पन्न होती है। सजीवों अर्थात् जंतु एवं पादपों के द्वारा पर्यावरण की विभिन्न अनुक्रियाओं के अनुरूप कुछ विशिष्ट ऊतकों से बने तंत्रों का उपयोग कर नियंत्रण एवं समन्वय स्थापित किया जाता है।

जंतु तंत्रिका तंत्र (Animals-Nervous System)

जंतुओं में तंत्रिका तंत्र, तंत्रिका ऊतक का बना होता है और यह ऊतक तंत्रिका कोशिका या न्यूरॉन का बना होता है। जंतुओं से नियंत्रण एवं समन्वय तंत्रिका तथा पेशी ऊतक द्वारा किया जाता है। तंत्रिका कोशिकाओं के विशिष्टीकृत सिरे पर्यावरण की सभी सूचनाओं को ग्रहण करते हैं। ये ग्राही प्राय: हमारी ज्ञानेंद्रियों में स्थित होते हैं; *जैसे*—आंतरिक कर्ण, नाक, जिह्वा, आदि। रस संवेदी ग्राही स्वाद तथा घ्राण ग्राही गंध का पता लगाते हैं।

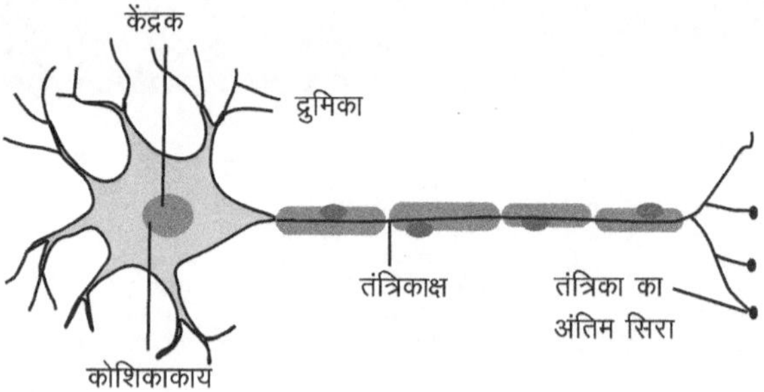

तंत्रिका कोशिका

इस प्रकार की विभिन्न सूचनाएँ एक तंत्रिका कोशिका के द्रुमाकृतिक सिरे द्वारा उपार्जित की जाती हैं और यह एक रासायनिक क्रिया द्वारा विद्युत आवेग उत्पन्न करते हैं। यह आवेग द्रुमिका से कोशिकाय तक जाता है और तब तंत्रिकाक्ष (एक्सॉन) में होता हुआ इसके अंतिम सिरे तक पहुँचता है।

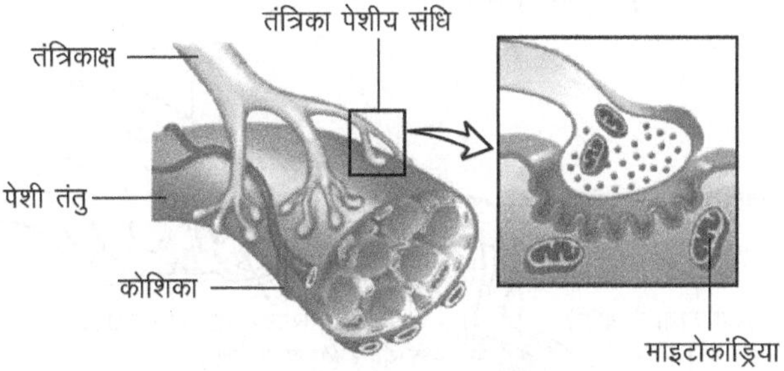

तंत्रिका पेशीय संधि

एक्सॉन के अंत में विद्युत आवेग कुछ रसायनों के विमोचन को प्रेरित करता है। ये रसायन रिक्त स्थान या अंतर्ग्रथन (सिनेप्स) को पार करते हैं और अगली तंत्रिका कोशिका की द्रुमिका में इसी तरह का विद्युत आवेग उत्पन्न कर देते हैं। यही शरीर में तंत्रिका आवेग की सामान्य योजना है।

यदि उद्दीपन के लिए तीव्र अनुक्रिया होती है, तो सूचनाओं का स्थानांतरण भी तीव्र होना चाहिए। संचरण का उत्तम माध्यम विद्युत आवेग है लेकिन विद्युत आवेग केवल उन्हीं कोशिकाओं तक पहुँचेगी, जो तंत्रिका ऊतक से जुड़ी हैं अर्थात् शरीर की प्रत्येक कोशिका तक नहीं। इसके अतिरिक्त कोशिकाएँ लगातार विद्युत आवेग उत्पन्न नहीं कर सकती हैं ओर न ही संचरित कर सकती हैं।

प्रतिवर्ती क्रिया में क्या होता है?

(What Happens in Reflex Actions?)

हमारे शरीर में सोचने वाले तंत्र के ऊतक, जटिल रूप से व्यवस्थित न्यूरॉन के घने जाल से बने हैं। यह खोपड़ी के अगले सिरे पर स्थित होते हैं एवं शरीर के सभी अंगों से संकेत प्राप्त करते हैं तथा उस पर अनुक्रिया से पहले विचार करते हैं। केंद्रीय तंत्रिका तंत्र मस्तिष्क तथा मेरुरज्जु का बना होता है। मस्तिष्क का सोचने वाला भाग तंत्रिकाओं द्वारा शरीर के सभी हिस्सों से जुड़ा होता है।

इस प्रकार यदि मस्तिष्क का यह भाग पेशियों को गति करने का आदेश देता है, तो तंत्रिकाएँ इन संकेतों को शरीर के विभिन्न भागों तक पहुँचाने का कार्य करती हैं।

जो तंत्रिकाएँ ऊष्मा का पता लगाती हैं, उन्हें उन तंत्रिकाओं से जोड़ा जाए, जो पेशियों को गति कराती हैं, तो जो प्रक्रम आगम संकेतों का पता लगाने तथा निर्गम क्रिया को करने का कार्य करता है, वह शीघ्र पूरा हो जाता है। इस प्रकार के संबंधन को **प्रतिवर्ती चाप** कहते हैं।

प्रतिवर्ती चाप का रेखाचित्र निम्न है

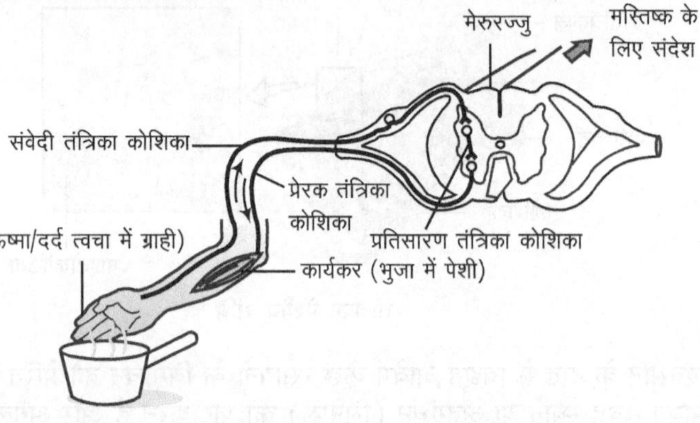

संपूर्ण शरीर की तंत्रिकाएँ मेरुरज्जु में मस्तिष्क को जाने वाले रास्ते में एक बंडल में मिलती हैं। प्रतिवर्ती चाप इसी मेरुरज्जु में बनते हैं। यद्यपि आगत सूचनाएँ मस्तिष्क तक भी जाती हैं।

कशेरुकियों तथा मनुष्य आदि में तंत्रिका तंत्र को निम्नलिखित तीन भागों में बाँटा जा सकता है

(i) केंद्रीय तंत्रिका तंत्र

सभी कशेरुकियों में केंद्रीय तंत्रिका तंत्र पृष्ठीय तथा नलिकाकार होता है।

केंद्रीय तंत्रिका तंत्र के दो प्रमुख भाग होते हैं

(a) मस्तिष्क (b) मेरुरज्जु

(ii) परिधीय तंत्रिका तंत्र

परिधीय तंत्रिका तंत्र विभिन्न प्रकार की उन तंत्रिका का सम्मिलित नाम है, इसके अंतर्गत केंद्रीय तंत्रिका तंत्र के भागों अर्थात् मस्तिष्क अथवा मेरुरज्जु से संबंधित तंत्रिकाएँ आती हैं।

इस तंत्र में दो प्रकार की तंत्रिकाएँ आती हैं

(a) **कपालीय तंत्रिकाएँ** जो तंत्रिकाएँ मस्तिष्क से निकलती हैं, उन्हें **कपालीय तंत्रिकाएँ** कहते हैं। मनुष्य में 12 जोड़ी कपालीय तंत्रिकाएँ होती हैं।

(b) **मेरु तंत्रिकाएँ** ये सभी तंत्रिकाएँ मिश्रित होती हैं। मनुष्य में 31 जोड़ी मेरु तंत्रिकाएँ होती हैं।

(iii) **स्वायत् तंत्रिका तंत्र**

स्वायत् तंत्रिका तंत्र या आंतरागीय तंत्रिका तंत्र का निर्माण केंद्रीय तंत्रिका तंत्र द्वारा निकले तंत्रिका तंतुओं द्वारा होता है, जो स्वायत् तंत्रिका तंत्र के गुच्छकों से संबंधित होते हैं।

स्वायत् तंत्रिका तंत्र के दो घटक होते हैं

(a) अनुकंपी तंत्रिका तंत्र (b) परानुकंपी तंत्रिका तंत्र

मानव मस्तिष्क (Human Brain)

मस्तिष्क शरीर का मुख्य समन्वय केंद्र है। मस्तिष्क एवं मेरुरज्जु केंद्रीय तंत्रिका तंत्र बनाते हैं। तंत्रिका तंत्र पेशियों को संचार भेजता है।

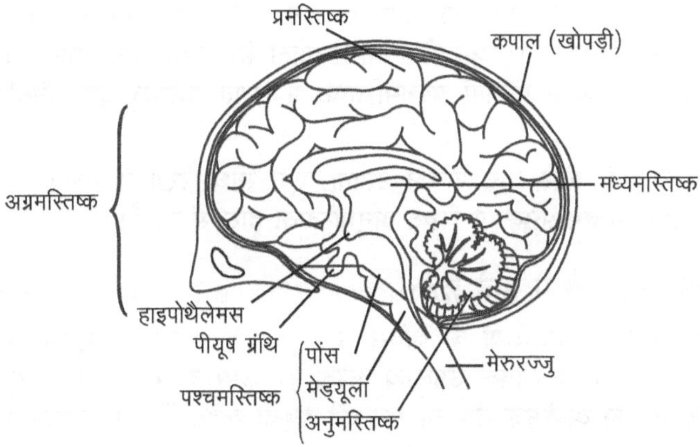

मानव मस्तिष्क

मेरुरज्जु (Spinal Cord)

मेरुरज्जु तंत्रिकाओं की बनी होती हैं, ये तंत्रिकाएँ सोचने के लिए सूचनाएँ प्रदान करती हैं। सोचने में अधिक जटिल क्रियाविधि तथा तंत्रिक संबंधन होते हैं। ये मस्तिष्क में सकेंद्रित होते हैं।

केंद्रीय तंत्रिका तंत्र तथा शरीर के अन्य भागों में संचार को **परिधीय तंत्रिका** तंत्र सुगमता प्रदान करता है, जो मस्तिष्क से निकलने वाली **कपाल तंत्रिकाओं** तथा मेरुरज्जु से निकलने वाली **मेरु तंत्रिकाओं** से बना होता है।

मस्तिष्क में तीन मुख्य भाग होते हैं

1. अग्रमस्तिष्क 2. मध्यमस्तिष्क 3. पश्चमस्तिष्क

अग्रमस्तिष्क मुख्य सोचने वाला भाग है। इसमें विभिन्न ग्राहियों से संवेदी आवेग प्राप्त करने के क्षेत्र उपस्थित होते हैं। सुनने, देखने व सूँघने के क्षेत्रों के साथ इसमें साहचर्य के क्षेत्र अलग से होते हैं। जहाँ एकत्रित सूचनाओं का अर्थ लगाया जाता है। इसके बाद अनुक्रिया तथा सूचनाएँ प्रेरक क्षेत्र तक पहुँचाने का कार्य किया जाता है। इसके अतिरिक्त अग्रमस्तिष्क में भूख से संबंधित अलग से एक भाग होता है।

सामान्य प्रतिवर्ती कार्य; *जैसे*—पुतली के आकार में परिवर्तन तथा कोई सोची क्रिया, या कुर्सी खिसकाना के मध्य एक ओर पेशी गति का सेट होता है, जिस पर हमारे सोचने का कोई नियंत्रण नहीं है। इन अनैच्छिक क्रियाओं में से कई **मध्यमस्तिष्क** व **पश्चमस्तिष्क** से नियंत्रित होती हैं। रुधिर दाब, लार का आना, वमन, आदि अनैच्छिक क्रियाएँ पश्चमस्तिष्क में स्थित मेड्यूला द्वारा नियंत्रित की जाती हैं।

कुछ क्रियाएँ; *जैसे*—एक पेंसिल उठाना, एक सीधी रेखा में चलना, साइकिल चलाना, आदि पश्चमस्तिष्क में स्थित अनुमस्तिष्क द्वारा संभव है।

ये ऊतक रक्षित कैसे होते हैं? (How are these Tissues Protected?)

मानव मस्तिष्क हड्डियों के बॉक्स में व्यवस्थित, तरलपूरित गुब्बारे में स्थित होता है, जो प्रघात अवशोषक उपलब्ध करता है। कमर के मध्य एक कठोर उभार वाली संरचना को **कशेरुक दंड** या **रीढ़ की हड्डी** कहते हैं, जो मेरुरज्जु की रक्षा करती है।

तंत्रिका ऊतक कैसे क्रिया करते हैं?
(How Does the Nervous Tissue Cause Action?)

तंत्रिका ऊतक का कार्य सूचना एकत्र करना, इन्हें शरीर के विभिन्न भागों में भेजना, सूचनाओं को संसाधित करके इनके आधार पर निर्णय लेना तथा पेशियों तक क्रिया के लिए निर्णय को भेजना होता है।

पादपों में समन्वय (Coordination in Plants)

शरीर की क्रियाओं के नियंत्रण व समन्वय के लिए जहाँ जंतुओं में तंत्रिका तंत्र होता है। वहीं पादपों में तंत्रिका तंत्र व पेशियाँ दोनों ही अनुपस्थित होती हैं। पादप दो भिन्न-भिन्न प्रकार की गति दर्शाते हैं, जिनमें से एक वृद्धि पर आश्रित है, जबकि दूसरी वृद्धि से मुक्त है।

उद्दीपन के लिए तत्काल अनुक्रिया
(Immediate Response to Stimulus)

छुई-मुई के पौधे की गति वृद्धि से संबंधित नहीं है। स्पर्श होने की सूचना पादप एक कोशिका से दूसरी कोशिका तक संचारित करने के लिए विद्युत-रसायन साधन का उपयोग करते हैं। परंतु इनमें सूचनाओं के चालन के लिए कोई विशिष्ट ऊतक नहीं होता। पादप कोशिकाएँ जल की मात्रा में परिवर्तन करके अपनी आकृति बदल लेती हैं, जिससे फूलने-सिकुड़ने में उसका आकार बदल जाता है।

छुई-मुई के पौधे

वृद्धि के कारण गति (Movement Due to Growth)

मटर के पौधे की तरह कुछ पादप, दूसरे पादप या बाड़ पर प्रतान की सहायता से ऊपर चढ़ते हैं। प्रतान का वह भाग, जो वस्तु के संपर्क में होता है, तेजी से वृद्धि नहीं करता है, जितना प्रतान का वह भाग करता है, जो वस्तु से दूर रहता है। पादप धीरे से एक निश्चित दिशा में गति करके उद्दीपन के प्रति अनुक्रिया करते हैं।

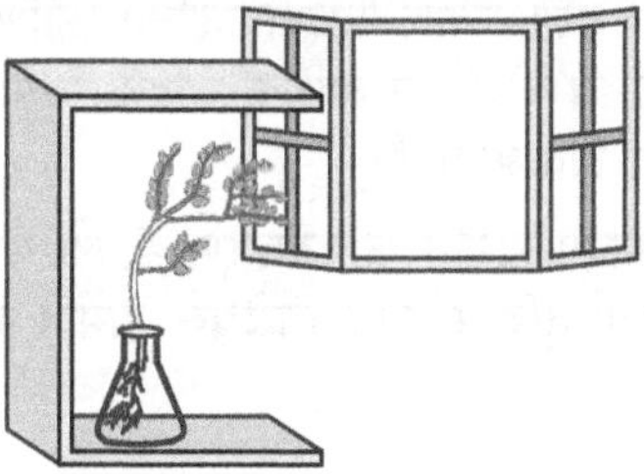

प्रकाश की दिशा में पादप की अनुक्रिया

गुरुत्वानुवर्तन दिखाता पादप

पर्यावरणीय प्रेरण, *जैसे*–प्रकाश या गुरुत्व पादप की वृद्धि वाले भाग की दिशा परिवर्तित कर देते हैं। ये गतियाँ उद्दीपन की ओर या इससे विपरीत दिशा में होती हैं। इन दो विभिन्न प्रकार की प्रकाशानुवर्तन गतियों में प्ररोह प्रकाश की तरफ मुड़कर तथा जड़ इससे दूर मुड़कर अनुक्रिया करते हैं।

यह प्ररोह तथा जड़ में क्रमश: उपरिगामी तथा अधोगामी वृद्धि, पृथ्वी या गुरुत्व के खिंचाव की अनुक्रिया नि:संदेह गुरुत्वानुवर्तन है।

पादपों में हॉर्मोन (Hormones in Plants)

सतत् संचरण के लिए रासायनिक संचरण का उपयोग किया जाता है। उद्दीप्त कोशिकाएँ यदि विद्युत आवेग जनित करने के साथ-साथ, रासायनिक यौगिक निर्मोचित करना प्रारंभ कर दें, तो यह यौगिक आस-पास की सभी कोशिकाओं में विसरित होगा। यदि सभी कोशिकाओं के पास इस यौगिक को संसूचित करने के साधन हों, तो विशेष अणुओं का उपयोग करके ये सूचनाओं को पहचानने योग्य होंगे व संचारित भी करेंगे। यह धीमा प्रक्रम तंत्रिका संबंधन के बिना भी शरीर की सभी कोशिकाओं तक पहुँचेगा एवं अपरिवर्तित तथा स्थाई बनाया जा सकता है, जटिल जीवों द्वारा नियंत्रण एवं समन्वय हेतु ये हॉर्मोन विविधता दर्शाते हैं। विविध पादप हॉर्मोन वृद्धि, विकास, पर्यावरण के प्रति अनुक्रिया के समन्वय में सहायता करते हैं।

उदाहरण ऑक्सिन नामक हॉर्मोन प्ररोह के अग्रभाग में संश्लेषित होता है तथा कोशिकाओं की लंबाई में वृद्धि में सहायक होता है।

पादप हॉर्मोन का दूसरा उदाहरण जिबरेलिन है, जो ऑक्सिन की तरह तने की वृद्धि में सहायक होता है। इसी प्रकार साइटोकाइनिन कोशिका विभाजन को प्रेरित करता है। इसीलिए ये फलों व बीजों में अधिक सांद्रता में पाया जाता हैं, क्योंकि उन क्षेत्रों में कोशिका विभाजन तीव्र होता है।

उपरोक्त वर्णित उन पादप हॉर्मोन के उदाहरण हैं, जो वृद्धि में सहायता करते हैं। पत्तियों का विलगन, मुरझाना वृद्धि संदमक/निरोधक हार्मोन जैसे एब्सिसिक अम्ल के प्रभावों में शामिल है।

जंतुओं में हॉर्मोन (Hormones in Animals)

अधिवृक्क ग्रंथि से स्रावित **एड्रिनलीन** नामक हॉर्मोन सीधा रुधिर में मिलकर शरीर के विभिन्न अंगों तक पहुँचा दिया जाता है। हृदय सहित यह लक्ष्य अंगों या विशिष्ट ऊतकों पर कार्य करता है, जिससे हृदय की धड़कन बढ़ जाती है ताकि हमारी पेशियाँ अधिक ऑक्सीजन ले सकें। पाचन तंत्र व त्वचा में रुधिर की आपूर्ति कम हो जाती है, क्योंकि इन अंगों की छोटी धमनियों के आस-पास की पेशियाँ सिकुड़ जाती हैं। यह रुधिर की दिशा हमारी कंकाल पेशियों की ओर कर देता है। डायाफ्राम तथा

पसलियों की पेशी के संकुचन से श्वसन दर बढ़ जाती है। ये सभी-अनुक्रियाएँ मिलकर जंतु शरीर से विपरीत परिस्थिति में स्थिति से निपटने के लिए तैयार करती हैं। ये जंतु हॉर्मोन अंतःस्रावी ग्रंथियों द्वारा स्रावित होते हैं, जो हमारे शरीर में नियंत्रण व समन्वय का दूसरा मार्ग है।

अवटु ग्रंथि से स्रावित **थायरॉक्सिन** हॉर्मोन कार्बोहाइड्रेट तथा वसा के उपापचय को हमारे शरीर में नियंत्रण करता है ताकि वृद्धि के लिए बेहतर संतुलन तैयार किया जा सके। थायरॉक्सिन हॉर्मोन के संश्लेषण के लिए आयोडीन आवश्यक है। यदि हमारे भोजन में आयोडीन की कमी है, तो हमें गॉयटर (घेंघा) नामक रोग हो सकता है। इस बीमारी का मुख्य लक्षण फूली हुई गर्दन है।

पीयूष ग्रंथि से स्रावित होने वाले हॉर्मोन (वृद्धि हॉर्मोन) शरीर की वृद्धि तथा विकास को नियंत्रित करता है। यदि बचपन में इसकी कमी हो जाती है, तो व्यक्ति बौना रह जाता है।

यौवनावस्था में नर में **टेस्टोस्टेरॉन** तथा मादा में **एस्ट्रोजन** का स्राव होता है।

इंसुलिन नामक हॉर्मोन का उत्पादन अग्न्याशय में होता है, जो शरीर में शर्करा स्तर को नियंत्रित करने में सहायता करता है। यदि यह उचित मात्रा में स्रावित नहीं होता है, तो रुधिर में शर्करा का स्तर बढ़ जाता है तथा संबंधित व्यक्ति मधुमेह रोग से ग्रस्त हो सकता है। जिसके उपचार में इंसूलिन के इंजेक्शन का प्रयोग होता है तथा आहार में कम शक्कर युक्त खाद्य पदार्थों की सलाह दी जाती है।

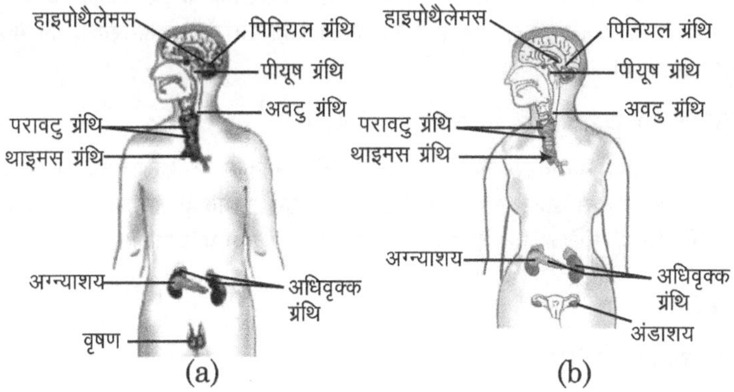

मानव की अंतःस्रावी ग्रंथियाँ (a) **नर** (b) **मादा**

स्रावित होने वाले इंसुलिन हॉर्मोन का समय और मात्रा का नियंत्रण पुनर्भरण क्रियाविधि से किया जाता है। यदि रुधिर में शर्करा का स्तर बढ़ जाता है, तो अग्न्याशय ग्रंथि द्वारा की कोशिका इसे संसूचित कर लेती हैं तथा इसकी अनुक्रिया में अधिक इंसुलिन स्रावित करती हैं। जब रुधिर में शर्करा का स्तर कम हो जाता है, तो इंसुलिन का स्रावण कम हो जाता है।

प्रश्नावली

पृष्ठ 132

प्रश्न 1. प्रतिवर्ती क्रिया तथा टहलने में क्या अंतर है?

उत्तर पर्यावरण में किसी घटना की अनुक्रिया के फलस्वरूप अचानक हुई अनैच्छिक क्रिया को प्रतिवर्ती क्रिया कहते हैं, जबकि टहलने में हम सोच-समझकर निर्णय लेकर ऐच्छिक गति करते हैं, जो मस्तिष्क के भाग, अनुमस्तिष्क द्वारा ही संभव है।

प्रश्न 2. दो तंत्रिका कोशिकाओं (न्यूरॉन) के मध्य अंतर्ग्रथन (सिनेप्स) में क्या होता है?

उत्तर दो तंत्रिका कोशिकाओं (न्यूरॉन) के बीच में एक रिक्त स्थान होता है, जिसे सिनेप्स (सिनेप्टिक दरार) कहते हैं। एक्सॉन के अंत से विद्युत आवेग कुछ रसायनों का विमोचन करते हैं। ये रसायन सिनेप्स को पार करके अगली तंत्रिका कोशिकाओं तक विद्युत आवेग पहुँचाती हैं।

प्रश्न 3. मस्तिष्क का कौन-सा भाग शरीर की स्थिति तथा संतुलन का अनुरक्षण करता है?

उत्तर पश्चमस्तिष्क में स्थित अनुमस्तिष्क ऐच्छिक क्रियाओं की परिशुद्धि तथा शरीर की स्थिति व संतुलन के लिए उत्तरदाई है।

प्रश्न 4. हम एक अगरबत्ती की गंध का पता कैसे लगाते हैं?

उत्तर मस्तिष्क का सोचने वाला भाग अग्रमस्तिष्क है। अग्रमस्तिष्क के अलग-अलग क्षेत्र सुनने, सूँघने तथा देखने के लिए उत्तरदाई होते हैं। इनकी सहायता से हम अगरबत्ती की गंध का पता लगा सकते हैं।

प्रश्न 5. प्रतिवर्ती क्रिया में मस्तिष्क की क्या भूमिका है?

उत्तर प्रतिवर्ती क्रिया पर्यावरण में किसी घटना की अनुक्रिया के फलस्वरूप अचानक हुई अनैच्छिक क्रिया है। इसमें कोई ग्राही सूचना ग्रहण कर इसे अभिवाही तंत्रिका तंतु से होते हुए मेरुरज्जु में संयोजी तंत्रिका तंतु के माध्यम से प्रवाही अंग तक पहुँचाता है।

पृष्ठ 136

प्रश्न 1. पादप हॉर्मोन क्या है?

उत्तर पादप हॉर्मोन वे कार्बनिक यौगिक हैं, जो पौधों में वृद्धि, विकास तथा पर्यावरण के प्रति अनुक्रिया के समन्वय में सहायता करते हैं। जब वृद्धि करता पादप प्रकाश को संसूचित करता है, तब ऑक्सिन नामक हॉर्मोन प्ररोह के अग्रभाग में संश्लेषित होता है तथा कोशिकाओं की लंबाई में, वृद्धि में सहायक होता है।

पादप हॉर्मोन का दूसरा उदाहरण जिबरेलिन है, जो ऑक्सिन की तरह तने की वृद्धि में सहायक होता है।

प्रश्न 2. **छुई-मुई पादप की पत्तियों की गति, प्रकाश की ओर प्ररोह की गति से किस प्रकार भिन्न है?**

उत्तर छुई-मुई के पौधों की गति वृद्धि से संबंधित नहीं होती है। यह गति पत्तियों की कोशिकाओं की स्फीति में परिवर्तन से होती है। पादप में गति करने के लिए कोशिकाएँ जल की मात्रा में परिवर्तन करके अपनी आकृति बदल लेते हैं, जबकि प्रकाश की ओर गति वृद्धि से संबंधित है।

प्रश्न 3. **एक पादप हॉर्मोन का उदाहरण दीजिए, जो वृद्धि को बढ़ाता है।**

उत्तर पादप हॉर्मोन का एक उदाहरण जिबरेलिन है, जो तने की वृद्धि में सहायक है। पादप हॉर्मोन का दूसरा उदाहरण ऑक्सिन हॉर्मोन है। यह प्ररोह के अग्रभाग पर संश्लेषित होता है तथा कोशिकाओं की लंबाई में वृद्धि में, सहायक होता है।

प्रश्न 4. **किसी सहारे के चारों ओर एक प्रतान की वृद्धि में ऑक्सिन किस प्रकार सहायक है?**

उत्तर ऑक्सिन प्ररोह के अग्रभाग में संश्लेषित होता है तथा कोशिकाओं की लंबाई में, वृद्धि में सहायक होता है। प्ररोह की प्रकाश से दूर वाली दिशा में ऑक्सिन का सांद्रण कोशिकाओं की लंबाई में वृद्धि के लिए उद्दीप्त करता है।

प्रश्न 5. **जलानुवर्तन दर्शाने के लिए एक प्रयोग की अभिकल्पना कीजिए।**

उत्तर *जलानुवर्तन दर्शाने के लिए प्रयोग निम्न चरणों में दिया गया है*

(i) एक गमले में लगा हुआ पौधा लीजिए, जिसकी जड़ें गमले से पार हों या इसकी तली तोड़ दी गई हो।

(ii) इस गमले को पृथ्वी के समानांतर इस प्रकार रखिए कि इसकी कुछ जड़ें जल में डूब जाए।

(iii) इसे कुछ समय के लिए छोड़ दीजिए।

(iv) तीन या चार दिन बाद पौधे की जड़ें जल की तरफ मुड़ी हुई दिखाई देंगी।

पृष्ठ 138

प्रश्न 1. **जंतुओ मे रासायनिक समन्वय कैसे होता है?**

उत्तर जंतुओ मे रासायनिक समन्वय शरीर की अंतःस्रावि एव ग्रंथियो द्वारा स्रावित हार्मोन द्वारा होता है। शरीर की विभिन्न अंतःस्रावि ग्रंथियाँ एक या एक से अधिक विशिष्ट हार्मोन स्रावित करती है जैसे अधिवृक्क ग्रंथि द्वारा स्रावित हार्मोन सीधा रुधिर में स्रावित होता है। यह हार्मोन शरीर के विभिन्न भागों में पहुँचकर विशिष्ट उत्तको, जैसे हृदय, या अन्य लक्ष्य अंगो पर कार्य करता है तथा परिणामस्वरुप शरीर विषम परिस्थतियों का सामना करने के लिए तैयार हो जाता है। अतः अंतःस्रावि ग्रंथियों द्वारा स्रावित हार्मोन जंतुओ मे नियंत्रण एवं समन्वय का दूसरा पथ है।

प्रश्न 2. **आयोडीन युक्त नमक के उपयोग की सलाह क्यों दी जाती है?**

उत्तर मानव शरीर अवटुग्रंथि (थायरॉयड) ग्रंथि, को थायरोक्सिन हार्मोन को बनाने में आयोडीन की आवश्यकता होती है। अर्थात् थायरोक्सिन के संश्लेषण होते आयोडीन आवश्यक हैं। यह हार्मोन मानव शरीर में प्रोटीन एवं वसा के उपापचय को नियंत्रित करता है। ताकि वृद्धि और विकास के लिए उत्तकृष्ट संतुलन उपलब्ध हो सके। अतः हमारे भोजन में आयोडीन युक्त नमक एक आवश्यक घटक होना चाहिए।

आयोडीन की कमी से मनुष्यों मे घेंघा (ग्वायटर) नामक रोग हो जाता है।

प्रश्न 3. **जब एड्रीनलीन रुधिर मे स्रावित होती है तो हमारे शरीर मे क्या अनुक्रिया होती है?**

उत्तर एड्रीनलीन हार्मोन का स्रावण, अवटुग्रंथि (थायरॉइड) ग्रंथि द्वारा सीधा रुधिर में होता है। शरीर के विभिन्न भागों में पहुँचकर यह हार्मोन विशिष्ट एवं लक्ष्य अंगो पर कार्य करता है जैसे हृदय। विषम परिस्थितियों के वक्त इस हार्मोन के प्रभाव के कारण हृदय की धड़कन बैठ जाती हैं ताकि पेशियों को अधिक ऑक्सीजन की आपूर्ति की जा सके। जबकि पाचन तंत्र तथा त्वचा में रूधिर की आपूर्ति कम हो जाती है। क्योंकि इन अंगो की छोटी धमनियों के आस-पास की पेशियाँ सिकुड़ जाती है।

परिणामस्वरुप रुधिर की दिशा कंकाल पेशियों की तरफ हो जाती है। डायाफ्राम तथा पसलियों के सतत संकुचन से श्वसन दर बढ़ जाती है ये सभी अनुक्रियाओं संयुक्त रूप से मिलकर जंतु को विपरीत परिस्थति का मुकाबला करने को तैयार कर देती है।

प्रश्न 4. **मधुमेह के कुछ रोगियों की चिकित्सा इंसूलिन का इंजेक्शन देकर क्यों की जाती है?**

उत्तर मानव शरीर की अग्नाशय ग्रंथि हार्मोन इंसूलिन का स्रावण करती है। इंसूलिन हार्मोन मानव के रुधिर मे शर्करा को नियंत्रित करने का कार्य करता हैं। यदि अग्न्याशय ग्रंथि की क्रियाविधि में अनियमितता या व्यवधान से इंसूलिन हार्मोन का स्रावण उचित मात्रा में नही होता है जो रुधिर मे शर्करा का स्तर भी प्रभावित होगा। यदि शर्करा का स्तर बढ़ जाता है तो व्यक्ति मधुमेह के रोग से ग्रस्त हो सकता है।

अतः रुधिर मे शर्करा के स्तर को नियंत्रित करने के लिए एक मधुमेह रोगी को इंसूलिन का इंजेक्शन (संश्लेषित ह्यूमेलिन) दिया जाता है।

अभ्यास

प्रश्न 1. निम्नलिखित में से कौन-सा पादप हॉर्मोन है?

(a) इंसुलिन (b) थायरॉक्सिन (c) एस्ट्रोजन (d) साइटोकाइनिन

उत्तर (*d*) साइटोकाइनिन पादप हॉर्मोन है।

प्रश्न 2. दो तंत्रिका कोशिका के मध्य खाली स्थान को कहते हैं

(a) द्रुमिका (b) सिनेप्स (c) एक्सॉन (d) आवेग

उत्तर (*b*) दो तंत्रिका कोशिका के मध्य खाली स्थान को सिनेप्स कहते हैं।

प्रश्न 3. मस्तिष्क उत्तरदायी है

(a) सोचने के लिए (b) हृदय स्पंदन के लिए
(c) शरीर का संतुलन बनाने के लिए (d) ये सभी

उत्तर (*d*) मस्तिष्क सोचने, हृदय स्पंदन तथा शरीर का संतुलन बनाने के लिए उत्तरदाई है।

प्रश्न 4. हमारे शरीर में ग्राही का क्या कार्य है? ऐसी स्थिति पर विचार कीजिए, जहाँ ग्राही उचित प्रकार से कार्य नहीं कर रहे हों। क्या समस्याएँ उत्पन्न हो सकती हैं?

उत्तर पर्यावरण से सभी सूचनाओं का पता कुछ तंत्रिका कोशिकाओं के विशिष्ट सिरों द्वारा लगाया जाता है। ये ग्राही हमारी ज्ञानेन्द्रियों में स्थित होते हैं;
जैसे—आंतरिक कर्ण, नाक, जिह्वा, आदि।
रस संवेदी ग्राही स्वाद का पता लगाते हैं, जबकि घ्राण ग्राही गंध का पता लगाते हैं। जहाँ ग्राही उचित प्रकार से कार्य नहीं करते हैं वहाँ सुनने, सूँघने तथा स्वाद संबंधी रस का पता नहीं चल पाता है।

प्रश्न 5. एक तंत्रिका कोशिका (न्यूरॉन) की संरचना बनाइए तथा इसके कार्यों का वर्णन कीजिए।

उत्तर *तंत्रिका कोशिका (न्यूरॉन) की संरचना निम्न है*

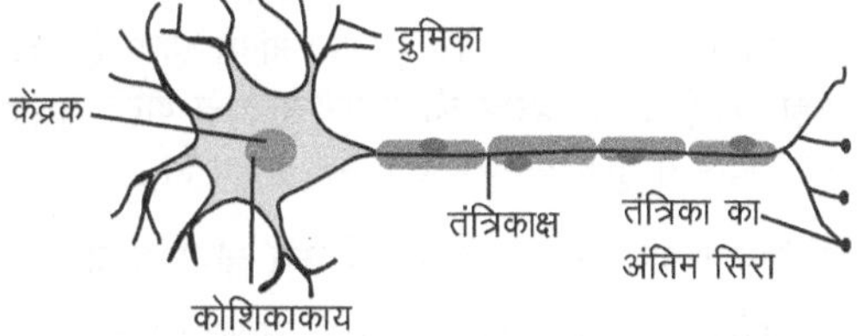

तंत्रिका कोशिका के द्रुमाकृतिक सिरे द्वारा सूचनाएँ उपार्जित की जाती हैं। यह एक रासायनिक क्रिया द्वारा विद्युत आवेग पैदा करती है। यह आवेग द्रुमिका से कोशिकाकाय तक जाता है, तब तंत्रिकाक्ष (एक्सॉन) में होता हुआ इसके अंतिम सिरे तक जाता है। एक्सॉन के अंत में विद्युत आवेग कुछ रसायनों का विमोचन कराता है। ये रसायन रिक्त स्थान या सिनेप्स को पार करके अगली तंत्रिका कोशिका की द्रुमिका में इसी तरह का विद्युत आवेग प्रारंभ करते हैं। इसी तरह का एक सिनेप्स ऐसे आवेगों को तंत्रिका कोशिका से अन्य कोशिकाओं; जैसे-पेशी कोशिकाओं या ग्रंथि तक ले जाता है।

प्रश्न 6. पादप में प्रकाशानुवर्तन किस प्रकार होता है?

उत्तर एक छोटे पौधे को जल से भरे फ्लास्क में इस प्रकार रखिए कि, उसकी जड़ें जल में भीगी रहें। एक ओर से खुले गत्ते के बॉक्स में इस फ्लास्क को इस तरह रखेंगे कि बॉक्स की खुली साइड खिड़की की ओर रहे जहाँ से प्रकाश आ रहा है।

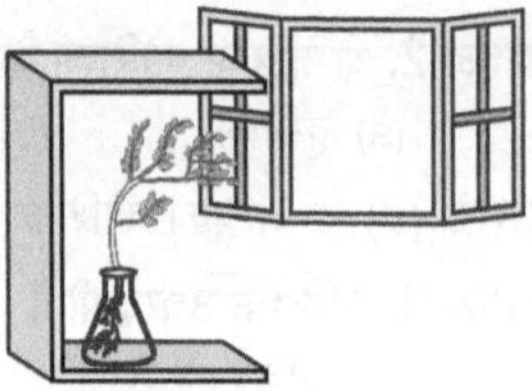

दो या तीन दिन बाद हम देखते हैं कि प्ररोह प्रकाश की ओर झुक जाता है तथा जड़ें प्रकाश से दूर चली जाती हैं। अब फ्लास्क को इस प्रकार घुमाते हैं कि प्ररोह प्रकाश से दूर तथा जड़ प्रकाश की ओर रहें।

इस प्रकार दोनों में प्रकाशानुवर्तन गतियों में प्ररोह प्रकाश की ओर मुड़कर तथा जड़ें प्रकाश से दूर मुड़कर अनुक्रिया करती हैं *जैसे कि चित्र ने दर्शाया गया है।*

प्रश्न 7. मेरुरज्जु आघात में किन संकेतों के आने में व्यवधान होगा?

उत्तर मेरुरज्जु तंत्रिकाओं की बनी होती हैं, जो सोचने के लिए मस्तिष्क को सूचनाएँ प्रदान करती हैं। सोचने में अधिक जटिल क्रियाविधि तथा तंत्रिका संबंधन होते हैं। ये मस्तिष्क में सकेंद्रित होते हैं, जो शरीर का मुख्य समन्वय केंद्र है। मस्तिष्क तथा मेरुरज्जु केंद्रीय तंत्रिका तंत्र बनाते हैं। शरीर के सभी भागों से सूचनाएँ प्राप्त करके उसका समाकलन करते हैं।

मेरुरज्जु आघात से इन सब संकेतों के मस्तिष्क तक आने से उसके समाकलन में व्यवधान पड़ जाएगा तथा केंद्रीय तंत्रिका तंत्र अव्यवस्थित हो जाएगा।

प्रश्न 8. पादप में रासायनिक समन्वय किस प्रकार होता है?

उत्तर पादपों में तंत्रिका तंत्र एवं अंतःस्रावी तंत्र का अभाव होता है लेकिन विभिन्न रासायनिक पदार्थ एक कोशिका से दूसरी कोशिका तक विसरित होते रहते हैं। इनमें विभिन्न पादप हॉर्मोन समन्वय में सहायता करते हैं। जब वृद्धि करता पादप प्रकाश को संसूचित करता है, तब ऑक्सिन नामक हॉर्मोन प्ररोह के अग्रभाग पर संश्लेषित होता है तथा कोशिकाओं की लंबाई में, वृद्धि में सहायक होता है। प्ररोह की प्रकाश से दूरी वाली साइड में ऑक्सिन का सांद्रण कोशिकाओं की लंबाई में वृद्धि के लिए उद्दीप्त करता है।

प्रश्न 9. एक जीव में नियंत्रण एवं समन्वय के तंत्र की क्या आवश्यकता है?

उत्तर पर्यावरण की अनुक्रिया के प्रति जीवों में गतियाँ सावधानी से नियंत्रित की जाती हैं। पर्यावरण में प्रत्येक परिवर्तन की अनुक्रिया से एक समुचित गति पैदा होती है। जंतुओं में यह नियंत्रण एवं समन्वय तंत्रिका तथा पेशी ऊतक द्वारा किया जाता है, आक्समिक परिस्थिति में गर्म पदार्थ को छूना या न छूना, सभी सूचनाओं को मस्तिष्क तक पहुँचाना और उसका समाकलन सजीवों में नियंत्रण एवं समन्वय द्वारा ही संभव है। समन्वय के अभाव में यदि गर्म वस्तु को छू लिया गया, तो हाथ जल जाएगा।

प्रश्न 10. अनैच्छिक क्रियाएँ तथा प्रतिवर्ती क्रियाएँ एक-दूसरे से किस प्रकार भिन्न हैं?

उत्तर अनैच्छिक क्रियाएँ; *जैसे*—हृदय स्पंदन, पसंद के खाने की चीज देखकर मुँह में पानी आ जाना, भोजन को पचाना, पुतली के आकार में परिवर्तन आदि ऐसी क्रियाएँ हैं, जिस पर हमारे सोचने का कोई नियंत्रण नहीं है, अनैच्छिक क्रियाएँ कही जाती हैं। इन अनैच्छिक क्रियाओं में से कई अग्र व पश्चमस्तिष्क से नियंत्रित होती हैं। रुधिर दाब, लार आना तथा वमन पश्चमस्तिष्क में स्थित मेड्यूला द्वारा नियंत्रित होता है।

किसी घटना की अनुक्रिया के फलस्वरूप अचानक हुई क्रिया को बहुधा प्रतिवर्ती क्रिया कहते हैं। यह क्रियाएँ मुख्यतः मेरुरज्जु द्वारा नियंत्रित होते हैं। हमारे शरीर में सोचने वाले ऊतक, शरीर के सभी हिस्सों से संकेत प्राप्त करते हैं तथा उन पर अनुक्रिया से पहले विचार करते हैं। मस्तिष्क का सोचने वाला भाग यदि पेशियों को गति करने का आदेश देता है, तो तंत्रिकाएँ इन संकेतों को शरीर के सभी हिस्सों में पहुँचाती हैं।

प्रश्न 11. जंतुओं में नियंत्रण एवं समन्वय के लिए तंत्रिका तथा हॉर्मोन क्रियाविधि की तुलना तथा व्यतिरेक कीजिए।

उत्तर **जंतुओं में नियंत्रण एवं समन्वय तंत्रिका द्वारा** जंतुओं में सभी सूचनाओं का पता कुछ तंत्रिका कोशिकाओं द्वारा लगाया जाता है। इन कोशिकाओं के विशिष्टीकृत सिरे पर्यावरण की सभी सूचनाओं को ग्रहण करते हैं, *जैसाकि निम्न चित्र में दर्शाया गया है।* ये ग्राही हमारी ज्ञानेंद्रियों पर स्थित होते हैं;
जैसे—आंतरिक कर्ण, नाक, जिह्वा आदि।

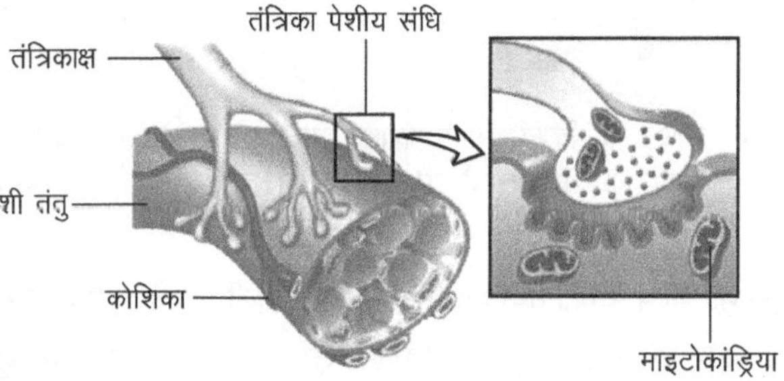

तंत्रिका द्वारा समन्वय निम्न प्रकार होता है

(i) यहाँ सूचनाएँ उपार्जित की जाती हैं।

(ii) इससे होकर सूचनाएँ विद्युत आवेग की तरह कार्य करती हैं।

(iii) इस आवेग का परिवर्तन रासायनिक संकेत में किया जाता है।

हॉर्मोन क्रियाविधि

विषम परिस्थिति होने पर जंतुओं को लड़ने व भाग जाने के लिए नियंत्रित तरीकों से अत्यधिक ऊर्जा की आवश्यकता होती है। अधिवृक्क ग्रंथि से स्रावित एड्रिनलीन हॉर्मोन सीधा रुधिर से स्रावित होता है और शरीर के विभिन्न भागों तक पहुँचा दिया जाता है। हृदय सहित यह विशिष्ट अंगों पर कार्य करता है। हृदय की धड़कन बढ़ जाती है, ताकि पेशियों की अधिक ऑक्सीजन की आपूर्ति हो सके।

जंतुओं में नियंत्रण एवं समन्वय के लिए तंत्रिका तंत्र के साथ-साथ हॉर्मोन का शरीर में स्राव परिशुद्ध भाग में होना आवश्यक है। स्रावित हॉर्मोन का समय व भाग का नियंत्रण भी पुनर्भरण क्रियाविधि द्वारा किया जाता है। *यह नीचे दिए गए चित्रों में दर्शाया गया है*

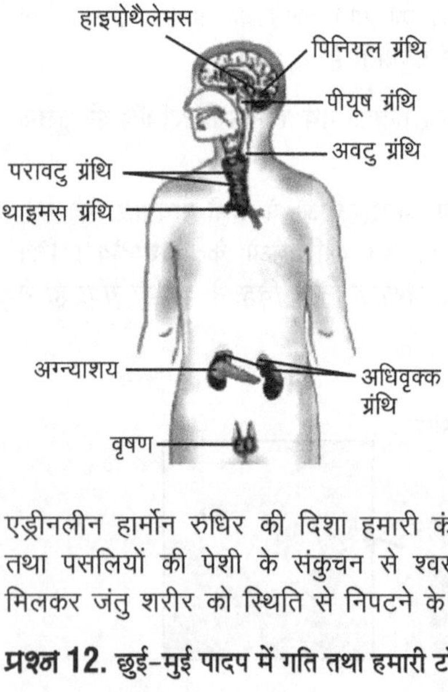

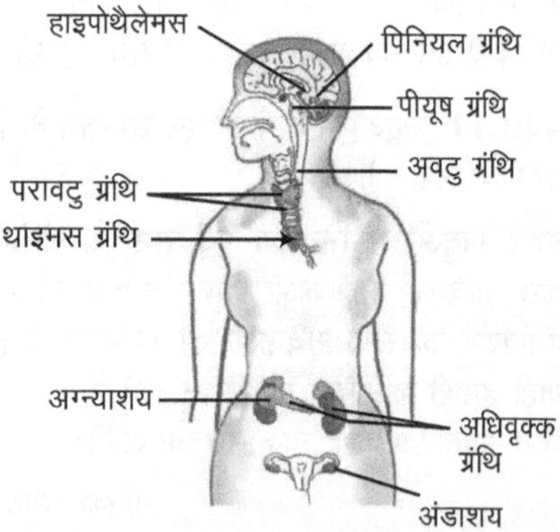

एड्रीनलीन हार्मोन रुधिर की दिशा हमारी कंकाल पेशियों की ओर कर देता है। डायाफ्राम तथा पसलियों की पेशी के संकुचन से श्वसन-दर भी बढ़ जाती है। ये सभी अनुक्रियाएँ मिलकर जंतु शरीर को स्थिति से निपटने के लिए तैयार करती हैं

प्रश्न 12. छुई-मुई पादप में गति तथा हमारी टाँग में होने वाली गति के तरीके में क्या अंतर है?

उत्तर छुई-मुई पादप की पत्तियाँ छूने पर मुड़ना प्रारम्भ कर देती हैं तथा नीचे झुक जाती हैं। पत्तियाँ स्पर्श की अनुक्रिया से बहुत तेजी से गति करती हैं। इस गति से वृद्धि का कोई संबंध नहीं है।

हमारी टाँग में होने वाली गति मानव मस्तिष्क के महत्त्वपूर्ण अंग अनुमस्तिष्क द्वारा ही संभव हैं। जो ऐच्छिक क्रियाओं की परिशुद्ध तथा शरीर की परिस्थिति तथा संतुलन के लिए उत्तरदाई है।

NCERT Exemplar

पुस्तक के चुने गए प्रश्न

बहुविकल्पीय प्रश्न

प्रश्न 1. ग्राही के संबंध में निम्नलिखित में से कौन-सा कथन सही है?

(a) स्वाद ग्राही, स्वाद को बताते हैं, जबकि घ्राण ग्राही गंध को बताते हैं

(b) दोनों स्वाद और घ्राण ग्राही गंध बताते हैं

(c) श्रवण ग्राही गंध को बताते हैं, जबकि घ्राण ग्राही स्वाद को बताते हैं

(d) घ्राण ग्राही स्वाद बताते हैं, जबकि स्वादग्राही गंध बताते हैं

उत्तर (*a*) स्वाद ग्राही, जिव्हा में उपस्थित होते हैं और घ्राण ग्राही नाक में होते हैं।

प्रश्न 2. विद्युत आवेग का तंत्रिका कोशिका में घूमने का क्रम हैं

(a) द्रुमिका → तंत्रिकाक्ष → तंत्रिका का अंतिम सिरा → कोशिकाकाय

(b) कोशिकाकाय → द्रुमिका → तंत्रिकाक्ष → तंत्रिका का अंतिम सिरा

(c) द्रुमिका → कोशिकाकाय → तंत्रिकाक्ष → तंत्रिका का अंतिम सिरा

(d) तंत्रिका का अंतिम सिरा → तंत्रिकाक्ष → कोशिकाकाय → द्रुमिका

उत्तर (*c*) तंत्रिका कोशिका में, विद्युत आवेग द्रुमिका से कोशिकाकाय तक जाता है और फिर तंत्रिकाक्ष (एक्सॉन) से होता हुआ तंत्रिका कोशिका के अंतिम सिरे तक जाता है।

प्रश्न 3. अंतर्ग्रथन (सिनेप्स) में, रासायनिक आवेग स्थानांतरित होते हैं

(a) एक तंत्रिका कोशिका की द्रुमिका सिरे से दूसरी तंत्रिका के तंत्रिका सिरे पर

(b) एक जैसी तंत्रिका कोशिका की कोशिका काय से तंत्रिकाक्ष पर

(c) एक जैसी तंत्रिका कोशिका की तंत्रिका के अंतिम सिरे से कोशिका काय पर

(d) दूसरी तंत्रिका कोशिका के द्रुमिका के सिरे से, एक तंत्रिका कोशिका के अंतिम सिरे पर

उत्तर (*d*) अंतर्ग्रथन (सिनेप्स) में, रसायनिक आवेग दूसरी तंत्रिका कोशिका के द्रुमिका के सिरे से, एक कोशिका के अंतिम सिरे तक स्थानांतरित होते हैं।

प्रश्न 4. तंत्रिका कोशिका में, विद्युत आवेग का परिवर्तन, रासायनिक आवेग में पाया जाता है

(a) कोशिकाकाय।

(b) तंत्रिका कोशिका के अंतिम सिरे।

(c) द्रुमिका के सिरे।   (d) द्रुमिका।

उत्तर (*b*) विद्युत आवेग, तंत्रिका कोशिका के अंतिम सिरे पर रासायनिक आवेग में परिवर्तित होते हैं।

प्रश्न 5. प्रतिवर्ती चाप के भाग के संबंध में निम्नलिखित में से कौन-सा क्रम सही है।

(a) ग्राही → पेशियाँ → संवेगी तंत्रिका → चालक तंत्रिका → मेरुरज्जु

(b) ग्राही → चालक तंत्रिका → मेरुरज्जु → संवेदी तंत्रिका → पेशियाँ

(c) ग्राही → मेरुरज्जु → संवेदी तंत्रिका → चालक तंत्रिका → पेशियाँ

(d) ग्राही → संवेदी तंत्रिका → मेरुरज्जु → चालक तंत्रिका → पेशियाँ

उत्तर (*d*) प्रतिवर्ती चाप में, संदेश ग्राही से, संवेदी तंत्रिका में फिर मेरूरज्जु तक जाता है। उसके बाद मेरुरज्जु से चालक तंत्रिका से होता हुआ पेशियों तक पहुँचता है।

प्रश्न 6. निम्नलिखित में से कौन-सा कथन सही है?

I. वातावरण में होने वाली किसी भी क्रिया का तुरंत या अचानक प्रतिक्रिया देना प्रतिवर्ती क्रिया कहलाता है।

II. संवेदी तंत्रिका, आवेगों को मेरुरज्जु से पेशियों तक ले जाते हैं।

III. चालक तंत्रिका, आवेगों को ग्राही से मेरुरज्जु तक ले जाते हैं।

IV. किसी प्रक्रम के द्वारा, जो आवेगों को ग्राही से पेशियों और ग्रंथियों में स्थानांतरित करता है। प्रतिवर्ती चाप कहलाता है।

(a) I और II
(b) I, और III
(c) II और IV
(d) I, II और III

उत्तर (*c*) प्रतिवर्ती, वातावरण में होने वाली किसी भी क्रिया की अचानक प्रतिक्रिया करते हैं। प्रतिवर्ती चाप, वह प्रक्रम है, जिसके द्वारा आवेगों को ग्राही से पेशियों और पेशियों में स्थानांतरित किया जाता है।

प्रश्न 7. शरीर का घूमना व संतुलन नियंत्रित होता है?

(a) सेरेब्रम द्वारा
(b) सेरेब्रेलम द्वारा
(c) मेडुला द्वारा
(d) पोंस द्वारा

उत्तर (*b*) सेरेब्रेलम शरीर की ऐच्छिक क्रियाओं; *जैसे*—शरीर की स्थिति व संतुलन को नियंत्रित करता है।

प्रश्न 8. मेरुरज्जु उत्पन्न होता है

(a) सेरेब्रम से
(b) मेडुला से
(c) पोंस से
(d) सेरेबेलम से

उत्तर (*b*) मेरुरज्जु पश्चमस्तिष्क के मेडुला से उत्पन्न होती है।

प्रश्न 9. प्ररोह की गति का प्रकाश की ओर होना कहलाता है

(a) गुरुत्वानुवर्तन
(b) जलानुवर्तन
(c) रसायनुवर्तन
(d) प्रकाशानुवर्तनी

उत्तर (*d*) पौधे प्रकाश की ओर गति प्रदर्शित करते हैं। यह प्रक्रिया प्रकाशानुवर्तनी कहलाती है।

प्रश्न 10. पौधे में एबसिसिक अम्ल का मुख्य कार्य है

(a) कोशिकाओं की लंबाई में वृद्धि करना

(b) कोशिका विभाजन करना

(c) वृद्धि को उत्प्रेरित करना

(d) तने की वृद्धि करना

उत्तर (*c*) एबसिसिक अम्ल, पौधों की वृद्धि को उत्प्रेरित करते हैं। यह पौधों की पत्तियों से मुरझाने को भी प्रभावित करता है।

प्रश्न 11. निम्नलिखित में से कौन-सा पौधों की वृद्धि से संबंधित नहीं हैं?

(a) ऑक्सिन (b) जिबरेलिन

(c) साइटोकाइनिन (d) एबसिसिक अम्ल

उत्तर (*d*) एबसिसिक अम्ल, पौधों की वृद्धि को उत्प्रेरित करता है।

प्रश्न 12. आयोड़ीन, कौन-से हॉर्मोन के संश्लेषण के लिये आवश्यक हैं?

(a) ऐडरीनेलाइन (b) थाइरॉक्सिन

(c) ऑक्सिन (d) इंसुलिन

उत्तर (*b*) आयोडीन, थाइरॉइड ग्रंथि में थाइरॉक्सिन हॉर्मोन के संश्लेषण के लिये आवश्यक हैं।

प्रश्न 13. इंसुलिन के संबंध में गलत को चुनिए।

(a) यह अग्न्याशय से उत्पन्न होता है

(b) यह शरीर के विकास और वृद्धि को नियंत्रित करता है

(c) यह रुधिर शर्करा स्तर को नियंत्रित करता है

(d) इंसुलिन के अपर्याप्त स्रावण, डायबिटीज का कारण होगा

उत्तर (*c*) इंसुलिन अग्न्याशय से स्रावित होता है, जो रुधिर शर्करा स्तर को नियंत्रित करने में सहायक है।

प्रश्न 14. गलत जोड़े को चुनिए।

(a) एड्रिनलिन – पिट्यूटरी ग्रंथि (b) टेस्टोस्टेरॉन – वृषण

(c) एस्ट्रोजन – अंडाशय (d) थायरॉक्सिन – थायरॉइड ग्रंथि

उत्तर (*a*) एड्रिनलिन, अधिवृक्क ग्रंथि द्वारा स्रावित होता है, जो हृदय गति को तेज करने में सहायक है।

प्रश्न 15. रक्षक कोशिकाओं की आकृति परिवर्तित होती है, में बदलाव के कारण

(a) कोशिकाओं के प्रोटीन संगठन (b) कोशिकाओं के तापक्रम

(c) कोशिकाओं में जल की मात्रा (d) कोशिकाओं में केंद्रक की स्थिति

उत्तर (*c*) पत्तियों के स्टोमेटा में रक्षक कोशिकाओं की आकृति, जल की मात्रा में बदलाव के कारण परिवर्तित होती है।

प्रश्न 16. मटर के पौधे में प्रतान की वृद्धि होती है

(a) प्रकाश के प्रभाव से
(b) गुरुत्व के प्रभाव से
(c) प्रतानीय कोशिकाओं में तुरंत कोशिका विभाजन होने से
(d) प्रतान कोशिकाओं में तुरंत कोशिका विभाजन के सहयोग से

उत्तर (*c*) प्रतान छूने में नाजुक होते हैं, जब प्रतान का भाग किसी वस्तु के संपर्क में आता है, तो वह तुरंत वृद्धि नहीं करता, क्योंकि प्रतान वस्तु के चारों ओर गोल आकृति में बढ़ता है।

प्रश्न 17. पराग-नली की वृद्धि बीजांड की ओर होती है

(a) जलानुवर्तन के कारण
(b) रसायनानुवर्तन के कारण
(c) गुरुत्वानुवर्तन
(d) प्रकाशानुवर्तनी के कारण

उत्तर (*b*) पराग-नली की वृद्धि, बीजांड की ओर रसायनानुवर्तन कहलाती है। एक रसायनिक पदार्थ फूलों की वर्तिका द्वारा स्रावित होता है।

प्रश्न 18. सूरजमुखी की गति, सूर्य की दिशा के अनुसार होती है।

(a) प्रकाशानुवर्तनी
(b) गुरुत्वानुवर्तन
(c) रसायनुवर्तन
(d) जलानुवर्तन

उत्तर (*a*) प्रकाशानुवर्तनी में, पौधे के प्ररोह प्रकाश की दिशा में मुड़ जाता है जबकि जड़े दूर की तरफ मुड़ती है।

प्रश्न 19. पौधों में, परिपक्व पत्तियों और फलों का गिरना किस पदार्थ के उद्दीपन के कारण होता है

(a) ऑक्सिन
(b) जिबरेलिन
(c) एबसिसिक अम्ल
(d) साइटोकाइनिन

उत्तर (*c*) एबसिसिक अम्ल, पौधों में फलों और फूलों के लगने का कारण है। यह एबसिसिन कहलाता है।

प्रश्न 20. निम्नलिखित में से कौन-सा कथन तंत्रिका आवेग के स्थानांतरण के संबंध में गलत है?

(a) तंत्रिका कोशिका द्रुमिका सिरे से, तंत्रिका के अंतिम सिरे की ओर गति करती हैं
(b) द्रुमिका सिरे पर, विद्युत आवेग आते हैं और कुछ रसायन स्रावित करते हैं, जो विद्युत आवेगों को तंत्रिका के एक सिरे से दूसरे सिरे पर उत्पन्न करते हैं
(c) एक तंत्रिका कोशिका से रसायन पदार्थ स्रावित होते हैं और दूसरे तंत्रिका कोशिका के द्रुमिका में एक जैसे विद्युत आवेग उत्पन्न करते हैं
(d) तंत्रिका कोशिका विद्युत आवेगों को न केवल दूसरे तंत्रिका में स्थानांतरित करते हैं, बल्कि पेशी ओर ग्रंथि कोशिकाओं से भी

उत्तर (*b*) विद्युत आवेग, कुछ रसायन को तंत्रिका कोशिका के अंतिम सिरे पर मुक्त करते हैं।

प्रश्न 21. **अनैच्छिक क्रियाएँ शरीर में नियंत्रित होती हैं**

(a) अग्रमस्तिष्क में मेडुला द्वारा
(b) मध्यमस्तिष्क में मेडुला द्वारा
(c) पश्चमस्तिष्क में मेडुला द्वारा
(d) मेरुरज्जु में मेडुला द्वारा

उत्तर (*c*) अनैच्छिक क्रियाएँ, पश्चमस्तिष्क के मेडुला भाग द्वारा नियंत्रित की जाती हैं।

प्रश्न 22. **निम्नलिखित में से कौन-सी अनैच्छिक क्रिया नहीं है?**

(a) वमन
(b) लार स्रावण
(c) हृदय-धड़कन
(d) चबाना

उत्तर (*d*) चबाना, ऐच्छिक क्रिया है।

प्रश्न 23. **जब एक व्यक्ति तेज जुकाम से पीड़ित हो, वह नहीं कर सकता है/सकती है।**

(a) आइस्क्रीम और सेब के स्वाद में अंतर
(b) अगरबत्ती और इत्र की गंध में अंतर
(c) हरे प्रकाश से लाल प्रकाश में अंतर
(d) ठंडी वस्तु से गर्म वस्तु में अंतर

उत्तर (*d*) तेज जुकाम के कारण, ग्राही घ्राण ग्राही कहलाते हैं, जो नाक में उपस्थित होते हैं, जो गंध को बताते हैं। इसके कारण ही कोई भी व्यक्ति अलग-अलग गंधों में अंतर नहीं कर पाता।

प्रश्न 24. **विद्युत आवेगों के प्रवाह की सही दिशा क्या है?**

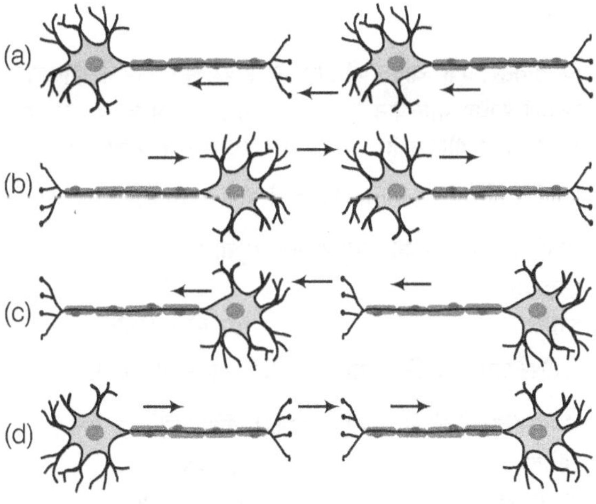

उत्तर (*b*) विद्युत आवेग, द्रुमिका से कोशिकाकाय तक जाते हैं और फिर तंत्रिकाक्ष (एक्सॉन) से होता हुआ तंत्रिका कोशिका के अंतिम सिरे तक जाता है।

प्रश्न 25. थायरॉक्सिन के संबंध में कौन-सा कथन सही नहीं है?

(a) आयरन, थायरॉक्सिन के संश्लेषण के लिए आवश्यक हैं
(b) यह शरीर में कार्बोहाइड्रेट, प्रोटीन और वसा उपाचयन को नियंत्रित करता है
(c) थायरॉइड ग्रंथि, थायरॉक्सिन के संश्लेषण के लिए आवश्यक है
(d) थायरॉक्सिन, थायरॉइड हॉर्मोन भी कहलाता है

उत्तर (*a*) आयरन, थायरॉक्सिन हॉर्मोन के संश्लेषण के लिए आवश्यक नहीं है।

प्रश्न 26. बोनापन परिणाम है

(a) थायरॉक्सिन के अधिक स्रावण का (b) वृद्धि हॉर्मोन के कम स्रावण का
(c) एड्रिनलीन का कम स्रावण (d) वृद्धि हार्मोन के अधिक स्रावण

उत्तर (*b*) वृद्धि हॉर्मोन, पिट्यूटरी ग्रंथि द्वारा स्रावित होता है, जो मानव शरीर द्वारा नियंत्रित किया जाता है। इसके कम स्रावण के कारण बौनापन होता है।

प्रश्न 27. शरीर में अचानक परिवर्तन, संबंधित स्रावण होना है

(a) वृषण से एस्ट्रोजन और अंडाशय से टेस्टोस्टेरॉन का
(b) अधिवृक्क ग्रंथि से एस्ट्रोजन और पिट्यूटरी ग्रंथि से टेस्टोस्टेरॉन का
(c) वृक्क से टेस्टोस्टेरॉन और अंडाशय से एस्ट्रोजन
(d) थॉयराइड ग्रंथि से टेस्टोस्टेरॉन और पिट्यूटरी ग्रंथि से एस्ट्रोजन

उत्तर (*c*) नर हॉर्मोन टेस्टोस्टेरॉन वृषण से ओर मादा हॉर्मोन एस्ट्रोजन, पिट्यूटरी ग्रंथि से स्रावित होते हैं, जो यौवनावस्था के समय होने वाले परिवर्तनों पर निर्भर करते हैं।

प्रश्न 28. एक डॉक्टर, एक व्यक्ति को इंसुलिन के इंजेक्शन लेने के लिए सलाह देता है, क्योंकि

(a) उसका रुधिर दाब कम है (b) उसका हृदय धीरे धड़कता है
(c) वह घेंघा से पीड़ित है (d) उसके रुधिर शर्करा स्तर में अधिक है

उत्तर (*d*) इंसुलिन हॉर्मोन का कार्य, रूधिर में शर्करा स्तर को कम करता है।

प्रश्न 29. नर में जनन क्षमता कौन-सा हॉर्मोन बढ़ाता है।

(a) एस्ट्रोजन (b) टेस्टोस्टेरॉन
(c) इंसुलिन (d) वृद्धि हॉर्मोन

उत्तर (*b*) टेस्टोस्टेरॉन, नर लिंग हॉर्मोन है, जो नर में जनन-क्षमता को बढ़ाता है।

प्रश्न 30. निम्नलिखित में से कौन-सी अंतःस्रावी ग्रंथि अयुग्मित होती है?

(a) अधिवृक्क (b) वृषण
(c) पिट्यूटरी (d) अंडाशय

उत्तर (*d*) पिट्यूटरी ग्रंथि मस्तिष्क में उपस्थित होती है, जो अयुग्मित होती है। यह तंत्रिका आवेग सिनेप्सिस कहलाता है।

प्रश्न 31. **दो तंत्रिकाओं के बीच का जोड़ कहलाता है।**

(a) कोशिका जोड़ (b) तंत्रिका पेशीय जोड़

(c) तंत्रिका जोड़ (d) सिनैप्स

उत्तर (*d*) दो समीपवर्ती तंत्रिकाओं के बीच की छोटी जगह, जो तंत्रिका आवेग द्वारा जुडती है, सिनैप्स कहलाती है।

प्रश्न 32. **मनुष्य में, जीवन प्रक्रिया नियंत्रित और व्यवस्थित होती है।**

(a) जनन और अंतः स्रावी तंत्र (b) श्वसन और तंत्रिका तंत्र

(c) अंतःस्रावी और पाचन तंत्र (d) तंत्रिका और अंतःस्रावी तंत्र

उत्तर (*d*) मनुष्य में सभी जीवन प्रक्रियाएँ, तंत्रिका और अंतःस्रावी तंत्र द्वारा नियंत्रित होती है। तंत्रिका तंत्र तेजी से कार्य करता है, जबकि अंतःस्रावी तंत्र धीरे कार्य करता है।

प्रश्न 33. **निम्नलिखित में पादप हॉर्मोन का नाम लिखिए, जो उत्तरदाई है।**

(a) कोशिकाओं के दीर्घीकरण (b) तने की वृद्धि

(c) कोशिका विभाजन की उन्नति (d) पुरानी पत्तियों के गिरना

उत्तर (*a*) ऑक्सिन (b) जिबरेलिन (c) साइटोकाइनिन (d) एबसिसिक अम्ल

प्रश्न 34. **निम्नलिखित आकृति में अंतःस्रावी ग्रंथियों को नामांकित कीजिए**

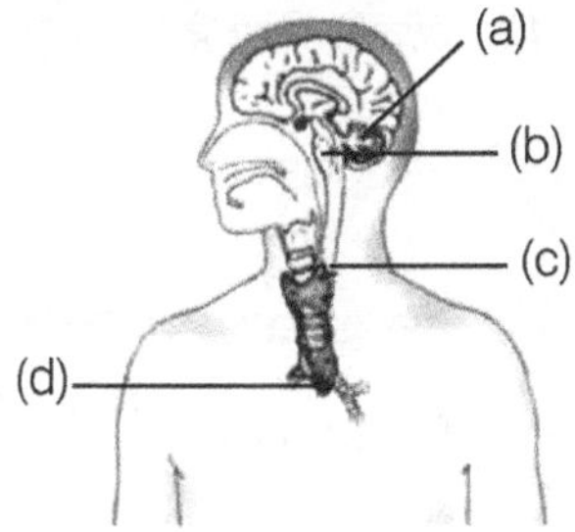

उत्तर *दी गई आकृति में अंतःस्रावी ग्रंथियों का नामांकित चित्र निम्न है*

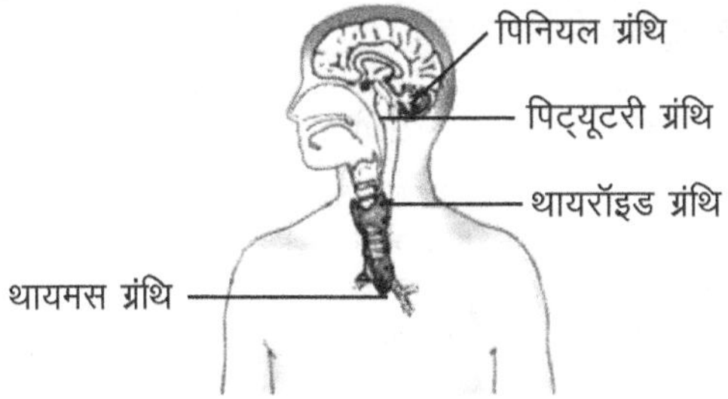

प्रश्न 35. दिए गए चित्र में (a), (b), (c) में कौन-सा बिल्कुल सही है, और क्यों?

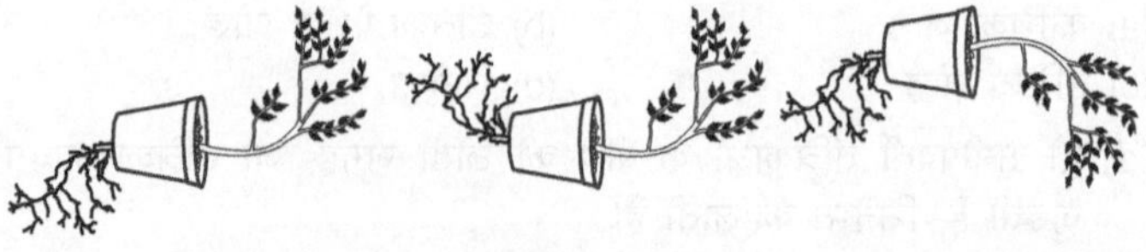

उत्तर चित्र (*a*) बिल्कुल सही है। प्ररोह या तना प्रकाश की ओर मुड़ जाता है और जड़ें प्रकाश के विपरीत दूसरी तरफ मुड़ती हैं, क्योंकि यह पौधा प्रकाशानुवर्ती प्रदर्शित करता है।

प्रश्न 36. निम्नलिखित आकृति में तंत्रिका कोशिका के भागों को नामांकित कीजिए।

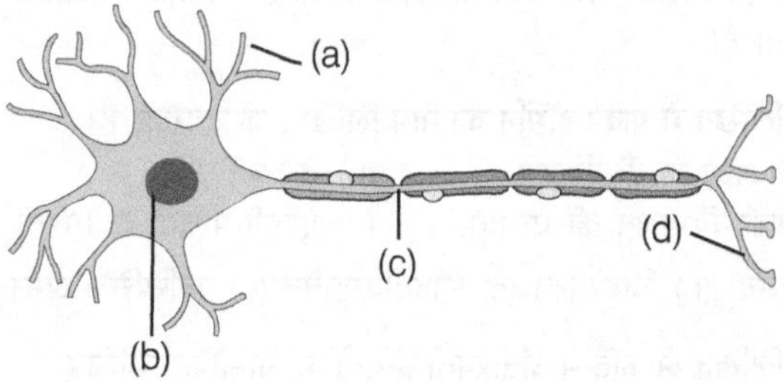

उत्तर *तंत्रिका कोशिका की नामांकित आकृति निम्न है*

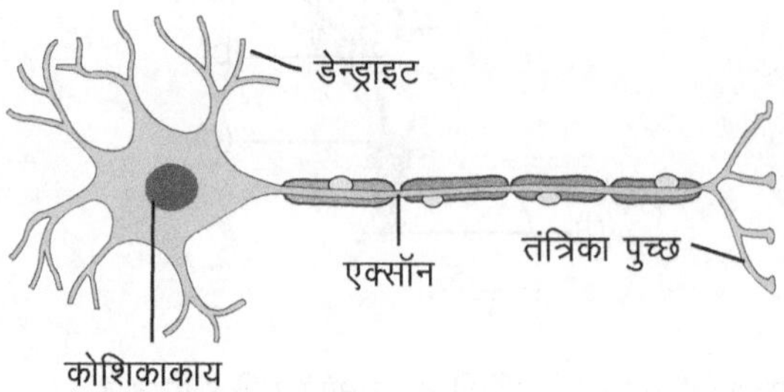

प्रश्न 37. सूची I को सूची II से मिलान करे।

सूची I	सूची II
A. घ्राण ग्राही	1. जिव्हा
B. तापीय ग्राही (ऊष्मा ग्राही)	2. आँख
C. रसग्राही	3. नाक
D. प्रकाशीयग्राही	4. त्वचा

उत्तर A-3, B-4, C-1, D-2

प्रश्न 38. निम्नलिखित के उत्तर दीजिए।

(a) यौवनावस्था में कौन-सा हॉर्मोन, मादा में होने वाले परिवर्तनों को प्रदर्शित करता है?

(b) बौनापन का परिणाम, किस हॉर्मोन की अधिकता है?

(c) कौन-से हॉर्मोन के कारण रुधिर शर्करा स्तर अधिक होता है?

(d) आयोड़ीन किस हॉर्मोन के संश्लेषण के लिए आवश्यक है?

उत्तर (*a*) मादा में, एस्ट्रोजन लिंग हॉर्मोन होता है, जो यौवनावस्था में होने वाले परिवर्तनों को बताता है।

(*b*) वृद्धि हॉर्मोन, पिट्यूटरी ग्रंथि द्वारा स्रावित होता है, जो मस्तिष्क में स्थित होता है। और शरीर की वृद्धि के लिए उत्तरदाई हैं इसके कम स्रावण के कारण बौनापन होता है।

(*c*) इंसुलिन हॉर्मोन की कमी अग्न्याशय से मुक्त होती है, जिसके कारण रुधिर शर्करा स्तर अधिक होता है।

(*d*) थायरॉक्सिन के लिए आयोड़ीन आवश्यक है, जो थायरॉइड ग्रंथि में बनता है।

दीर्घ उत्तरीय प्रश्न

प्रश्न 39. मस्तिष्क के प्रमुख भाग कौन से हैं? विभिन्न भागों के कार्यों की वर्णन कीजिए।

उत्तर *मस्तिष्क के प्रमुख भाग निम्न हैं*

(i) अग्रमस्तिष्क

(ii) मध्यमस्तिष्क

(iii) पश्चमस्तिष्क

अग्रमस्तिष्क के कार्य

(i) यह मस्तिष्क का मुख्य चिंतन अंग है

(ii) यह श्रवण, घ्राण (सूघने) एवं दृश्य में विशिष्ट होता है

मध्यमस्तिष्क के कार्य

(i) मध्यमस्तिष्क, सिर, ग्रीवा (गर्दन) एवं वक्ष की श्रवण और दृश्य उद्दीपनों के प्रति क्रियाओं की प्रत्यावर्ती गतियों का नियंत्रण करता है।

(ii) यह नेत्र पेशियों की प्रत्यावर्ती गति, प्यूपिल आकार में बदलाव तथा नेत्र लेंस की आकृति को नियंत्रित करता है।

पश्चमस्तिष्क के कार्य

(i) पोन्स श्वसन के नियमन में भाग लेते हैं।

(ii) अनुमस्तिष्क शरीर का संतुलन और स्थिति हाव-भाव को संभालने में सहायता करता है।

(iii) मेड्यूला विभिन्न अनैच्छिक क्रियाओं, *जैसे*—हृदय गति, श्वसन, रुधिर दाब, आहारनाल की क्रमिक वृत्तों में सिकुड़ने वाली गति, आदि का नियंत्रण करता है। यह निगलना, खाँसना, छींकना, वमन का भी नियंत्रण करता है।

प्रश्न 40. सिनेप्स पर संकेतों का प्रवाह एक न्यूरॉन के एक्सॉन छोर से दूसरे न्यूरॉन के डेन्ड्राइट छोर की ओर ही होता है, विपरीत दिशा में क्यों नहीं?

उत्तर सिनेप्स यथार्थ में एक मार्गीय वाल्व की भाँति कार्य करते हैं। यह खाली स्थान के एक ओर पाए जाने वाले रासायनिक पदार्थ के कारण होता है। इस कारण तंत्रिका आवेग न्यूरॉन के एक विशिष्ट समूह से एक ही दिशा में जा सकता है, जहाँ रासायनिक पदार्थ होता है इस प्रकार सिनेप्स सुनिश्चित करता है कि तंत्रिका आवेग केवल एक दिशा की ओर ही जाते हैं न कि विपरीत दिशा में।

8

जीव जनन कैसे करते हैं?

पोषण, श्वसन या उत्सर्जन एव अन्य आवश्यक जैव प्रक्रमों की तुलना में किसी भी जीव को जीवित रहने के लिए जनन की आवश्यकता नहीं है। लेकिन प्रत्येक जीव में स्वयं का अस्तित्व बनाये रखने के लिए, संतति उत्पन्न करने की क्षमता होती हैं। अतः संतति उत्पन्न करने के लिए जनन की आवश्यकता है, क्योंकि यदि जीव एकल होता, तो वह जनन द्वारा अपने सदृश जीव उत्पन्न नहीं करता और हमें उनके अस्तित्व का पता भी नहीं चलता। अर्थात् जनन करने वाले जीव संतति का सृजन करते हैं, जो लगभग उनके समान दिखते हैं।

क्या जीव पूर्णतःअपनी प्रतिकृति का सृजन करते हैं?
(Do Organisms Create Exact Copies of Themselves?)

विभिन्न जीवों की अभिकल्प, आकार एवं आकृति समान होने के कारण वे सदृश प्रतीत होते हैं। शरीर का अभिकल्प समान होने के लिए उनका ब्लूप्रिंट भी समान होना चाहिए। अत: आधारभूत स्तर पर जनन जीव के अभिकल्प का ब्लूप्रिंट तैयार करता है। कोशिका के केंद्रक में पाए जाने वाले गुणसूत्रों के DNA अणुओं में आनुवंशिक गुणों का संदेश होता है, जो जनक से संतति पीढ़ी में जाते हैं।

अत: इस संदेश के भिन्न होने की अवस्था में बनने वाली प्रोटीन भिन्न होती है, जिसके कारण शारीरिक अभिकल्प में भी विविधता होती है। अत: इस मूल घटना का तात्पर्य DNA द्वारा प्रतिकृति बनाना है। जनन कोशिका में DNA की दो प्रतिकृतियाँ बनती हैं तथा उनका एक-दूसरे से अलग होना आवश्यक है।

DNA की प्रतिकृति बनने के साथ-साथ दूसरी कोशिकीय संरचनाओं का सृजन भी होता रहता है। इसके बाद DNA की प्रतिकृतियाँ विलग हो जाती हैं। परिणामत: एक कोशिका विभाजित होकर दो कोशिकाएँ बनाती हैं।

प्रतिकृति की क्रिया द्वारा बनने वाली DNA की प्रतिकृतियाँ एकसमान तो होगी परंतु मौलिक DNA का समरूप नहीं होगी। DNA प्रतिकृति की अनेक विभिन्नताएँ इतनी उग्र नहीं होती। अतः संतति कोशिकाएँ समान होते हुए भी किसी-न-किसी रूप से एक-दूसरे से भिन्न होती हैं। जनन में होने वाली यह विभिन्नताएँ जैव विकास का आधार है।

विभिन्नता का महत्त्व (The Importance of Variation)

अपनी जनन क्षमता के उपयोग द्वारा जीव समष्टि पारितंत्र में स्थान अर्थात् निकेत ग्रहण करते हैं। शारीरिक अभिकल्प मे विविधता, जीव को विशिष्ट निकेत के योग्य बनाती है।

अतः एक जाति की समष्टि का स्थायित्व जनन द्वारा निर्धारित होता है। निकेत में अनेक परिवर्तन; *जैसे*—पृथ्वी का ताप कम या अधिक होने, जल स्तर में परिवर्तन होने या किसी उल्का पिंड के टकराने आदि अन्य परिवर्तनों के कारण जीवों की समष्टि में परिवर्तन आता है।

ऐसी अवस्था में समष्टि का समूल विनाश भी संभव है परंतु विभिन्नता के कारण समष्टि में कुछ जीवों के जीवित रहने की संभावना है। अतः विभिन्नताएँ स्पीशीज़ की उत्तरजीविता बनाए रखने में उपयोगी हैं।

प्रजनन विधियाँ (Modes of Reproduction)

प्रजनन सजीवों का प्रमुख लक्षण है। एक जीव का अपने ही प्रकार के जीव को जन्म देना, **प्रजनन** कहलाता है।

विभिन्न जीवों में जनन की विधि उनके शारीरिक अभिकल्प पर निर्भर करती हैं। पौधों या जंतुओं को अपनी जाति बनाए रखने के लिए वंश वृद्धि करना आवश्यक है, जो प्रजनन द्वारा ही संभव है। अतः प्रजनन से ही जीवन में सततता सुनिश्चित होती है। जीवधारी विभिन्न विधियों से प्रजनन करते हैं।

इन विधियों को दो वर्गों में बाँट सकते हैं

1. अलैंगिक प्रजनन (Asexual Reproduction)

अलैंगिक जनन की निम्नलिखित विधियाँ हैं

(i) विखंडन (Fission)

इस विधि से प्रायः एककोशिकीय जीव प्रजनन करते हैं। एककोशिकीय जीवों में कोशिका **विभाजन** या **विखंडन** द्वारा नए जीवों की उत्पत्ति होती है।

विखंडन की कुछ प्रमुख विधियाँ निम्न हैं

(a) कुछ जीवाणु तथा प्रोटोजोआ की कोशिकाएँ विभाजन द्वारा सामान्यत: दो बराबर भागों में विभक्त हो जाती हैं।

उदाहरण अमीबा में पहले केंद्रक का विभाजन होता है। प्रत्येक कोशिका दो कोशिकाओं में बँट जाती है। फिर नए संतति *अमीबा* की उत्पत्ति होती है।

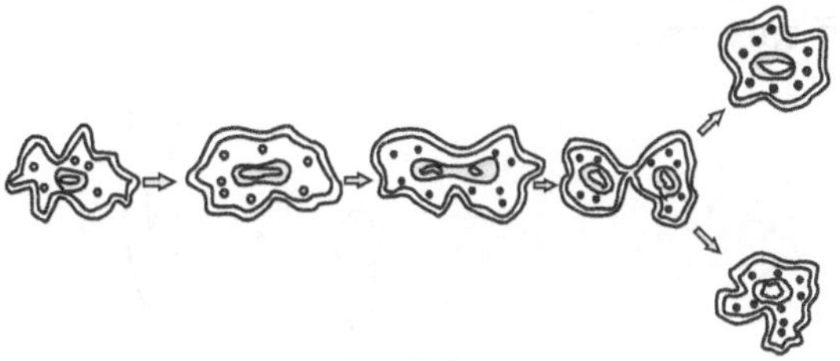

***अमीबा* में द्विखंडन**

(b) कुछ एककोशिकीय जीव; *जैसे—प्लाज्मोडियम,* आदि में जीव एक साथ अनेक संतति कोशिकाओं में विभाजित हो जाते हैं। इस प्रक्रिया को **बहुखंडन** कहते हैं।

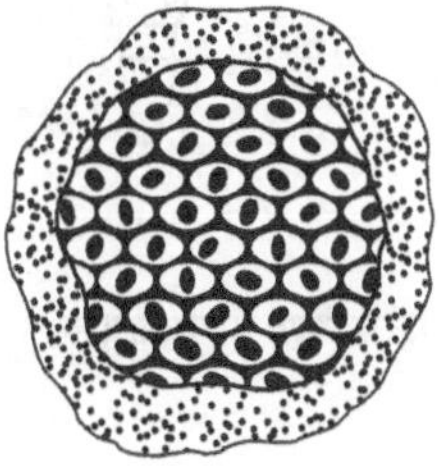

***प्लाज्मोडियम* में बहुखंडन**

(ii) **खंडन** (Fragmentation)

सरल संरचना वाले बहुकोशिकीय जीवों में जनन की सरल खंडन विधि कार्य करती है।

उदाहरण *स्पाइरोगाइरा* सामान्यत: विकसित होकर छोटे-छोटे टुकड़ों में खंडित हो जाता है। यह टुकड़े वृद्धि कर नए जीव की उत्पत्ति करते हैं, जबकि कुछ जटिल संरचना वाले बहुकोशिकीय जीवों में जनन के लिए अपेक्षाकृत अधिक जटिल विधि की आवश्यकता होती है।

(iii) **पुनरुद्भवन** (Regeneration)

प्रत्येक जीव के किसी भी भाग को काटकर सामान्यत: नए जीव की उत्पत्ति को **पुनरुद्भवन** (पुनर्जनन) कहते हैं।

उदाहरण *हाइड्रा* तथा *प्लेनेरिया*, आदि जीवों को यदि कई टुकड़ों में काट दिया जाए, तो प्रत्येक टुकड़ा विकसित होकर पूर्ण जीव का निर्माण करता है। इस प्रक्रिया को हम चित्र में समझ सकते हैं।

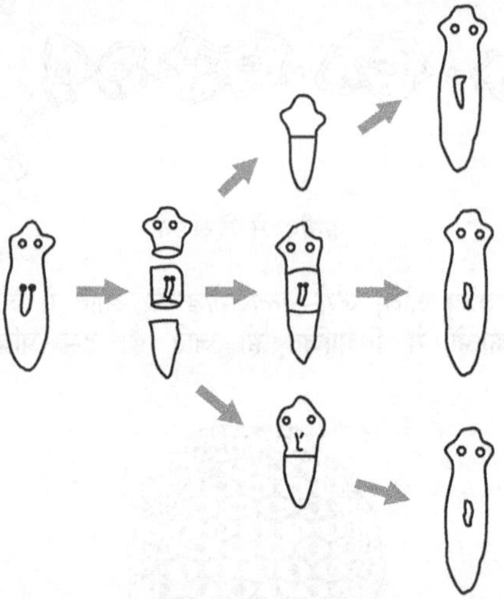

***प्लेनेरिया* में पुनरुद्भवन**

(iv) **मुकुलन** (Budding)

इस विधि में शरीर पर एक छोटा-सा उभार बाहर की ओर निकलने लगता है, जिसे **मुकुल** (बड) कहते हैं। यह मुकुल धीरे-धीरे बड़ा हो जाता है और जनक जीव से अलग हो जाता है; *जैसे—हाइड्रा* में नियमित विभाजन के कारण एक स्थान पर उभार विकसित हो जाता है। यही उभार वृद्धि करता हुआ नए जीव में बदल जाता है तथा पूर्ण विकसित होकर जनक से अलग होकर स्वतंत्र जीव बन जाता है।

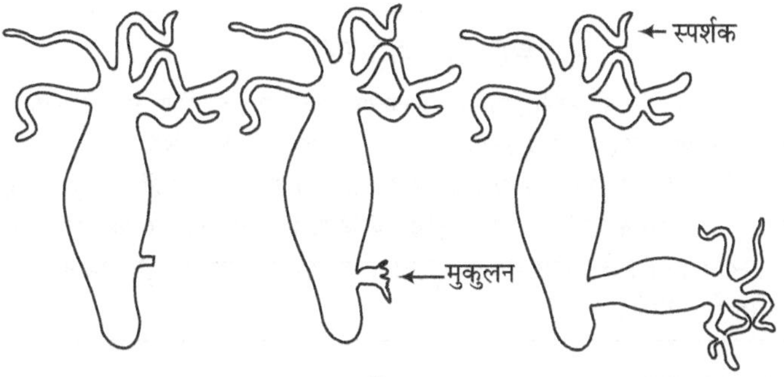

हाइड्रा में मुकुलन

(v) **कायिक प्रवर्धन** (Vegetative Propagation)

यह प्राय: पौधों में पाया जाता है। जब पौधों के वर्धी भाग; *जैसे*—जड़, तना और पत्ती से नए पौधे का जन्म होता है, तो इस विधि को **कायिक** या **वर्धी प्रजनन** कहते हैं।

कायिक प्रवर्धन द्वारा उगाए गए पौधों में बीज की आवश्यकता नहीं होती है। इस विधि से उगाए गए पौधों में, बीज द्वारा उगाए गए पौधों की अपेक्षा पुष्प एवं फल कम समय में लगने लगते हैं। कायिक प्रवर्धन का दूसरा लाभ यह भी है कि उत्पन्न सभी पौधे आनुवंशिक रूप से जनक पौधे के समान होते हैं।

उदाहरण केला, गुलाब, संतरा एवं चमेली जैसे पौधों को उगाने के लिए कायिक प्रवर्धन की आवश्यकता पड़ती है। इसी प्रकार *ब्रायोफिल्लम* की पत्तियों की कोर पर कुछ कलिकाएँ विकसित होकर मृदा में गिर जाती हैं तथा नए पौधे में विकसित हो जाती हैं।

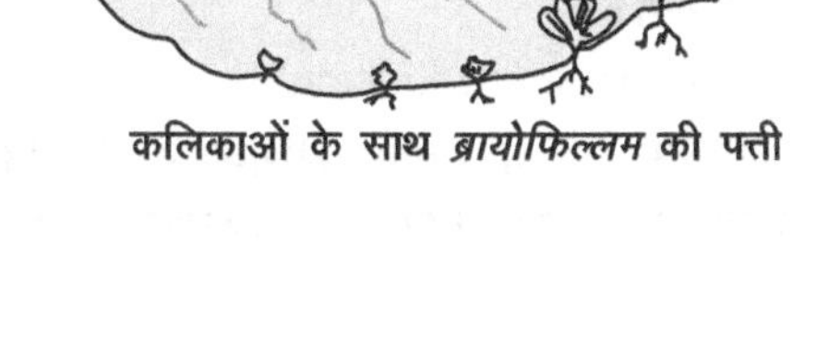

कलिकाओं के साथ *ब्रायोफिल्लम* की पत्ती

> **यह भी जानिए!**
>
> ऊतक संवर्धन इस विधि के अंतर्गत, पौधे के ऊतक या उसकी कोशिकाओं को पौधे के शीर्ष के वर्धमान भाग से पृथक् कर नए पौधे उगाए जाते हैं। इन कोशिकाओं को कृत्रिम माध्यम में रखते हैं, जिससे ये कोशिकाएँ, अनेक कोशिकाओं में विभाजित होकर कोशिकाओं का एक समूह बनाती हैं, जिसे कैलस कहते हैं। कैलस को वृद्धि एवं विभेदन के लिए हॉर्मोन युक्त एक अन्य माध्यम में स्थानांतरित करते है फिर पौधे को मिट्टी में रोप देते हैं, जिससे यह वृद्धि कर नए पौधे में रूपांतरित हो जाता है।

(vi) **बीजाणु समासंघ** (Spore Formation)

कुछ जीवों में ऊर्ध्व तंतुओं पर सूक्ष्म गुच्छ (गोल) संरचनाएँ जनन में भाग लेती हैं। ये गुच्छ बीजाणुधानी हैं, जिनमें विशेष कोशिकाएँ या बीजाणु पाए जाते हैं। यह बीजाणु प्रतिकूल परिस्थितियों (पानी तथा भोजन आदि की कमी) में भी जीवित रहते हैं। यह बीजाणु हवा के साथ नम स्थानों पर गिर जाते हैं, जो अंकुरित होकर नए पौधे को जन्म देते हैं; *जैसे—राइजोपस* ।

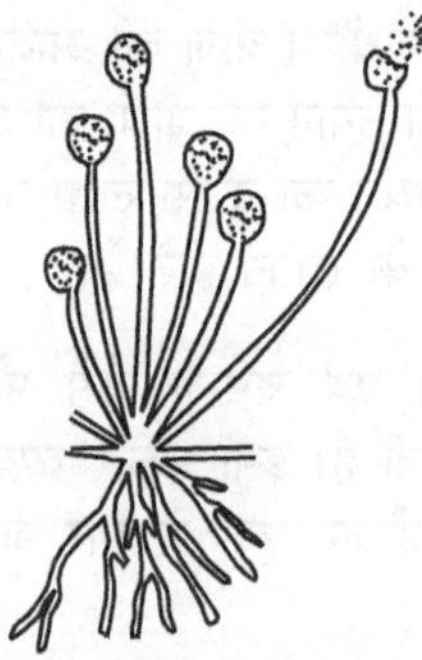

***राइजोपस* में बीजाणु निर्माण**

2. **लैंगिक जनन** (Sexual Reproduction)

इस विधि में, नवीन संतति उत्पन्न करने हेतु नर एवं मादा दोनों लिंगों अर्थात् दो व्यष्टि (एकल जीवों) की आवश्यकता होती है।

लैंगिक प्रजनन प्रणाली क्यों?
(Why the Sexual Mode of Reproduction?)

एकल (पैत्रक) कोशिका से दो संतति कोशिकाओं के बनने में DNA की प्रतिकृति बनना एवं कोशिकीय संगठन दोनों ही आवश्यक हैं। DNA प्रतिकृति की

तकनीक पूर्णत: सही नहीं है, क्योंकि इसके द्वारा उत्पन्न जीव में अनेक विभिन्नताएँ उत्पन्न हो जाती हैं, जो नई समष्टि के उत्पन्न होने का महत्त्वपूर्ण कारण है।

अत: जैसे-जैसे जीवों की जटिलता बढ़ती जाती है, वैसे-वैसे ऊतकों की विशिष्टता बढ़ती जाती है। प्रत्येक पीढ़ी में DNA की मात्रा पूर्व पीढ़ी की अपेक्षा दोगुनी होती जाएगी।

DNA की मात्रा को कम करने के लिए विशिष्ट अंगों में कुछ विशेष प्रकार की कोशिकाओं की परत होती है, जिनमें जीव की कायिक कोशिकाओं की अपेक्षा गुणसूत्र की संख्या आधी होती है तथा DNA की मात्रा भी आधी होती है। संतति में गुणसूत्रों की संख्या एवं DNA की मात्रा पुन:स्थापित हो जाती है।

पुष्पी पौधों में लैंगिक जनन
(Sexual Reproduction in Flowering Plants)

पुष्प के विभिन्न भाग बाह्यदल, दल, पुंकेसर एवं स्त्रीकेसर होते हैं। पुष्प के नर जनन अंग को **पुंकेसर** और मादा जनन अंग को **स्त्रीकेसर** कहते हैं, जिनमें जनन कोशिकाएँ होती हैं।

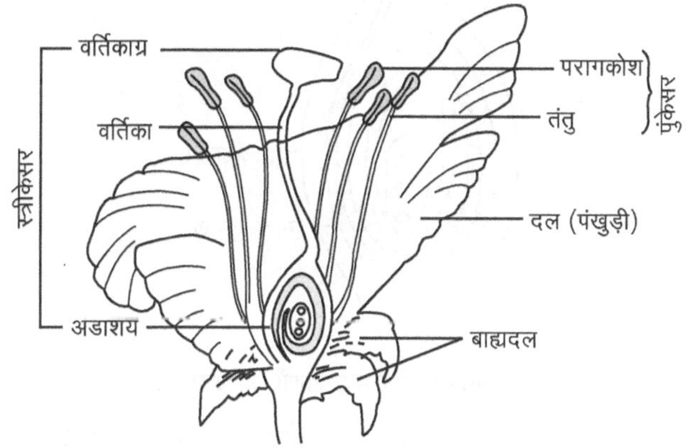

पुष्प की अनुदैर्ध्य काट

जननांगों के आधार पर पुष्प दो प्रकार के होते हैं

(i) **एकलिंगी पुष्प** जब पुष्प में पुंकेसर या स्त्रीकेसर में से कोई एक जननांग उपस्थित होता है, तो पुष्प **एकलिंगी** कहलाते हैं; *जैसे*—पपीता, तरबूज, आदि।

(ii) **उभयलिंगी पुष्प** जब पुष्प में पुंकेसर एवं स्त्रीकेसर दोनों उपस्थित होते हैं, तो पुष्प **उभयलिंगी** कहलाते हैं; *जैसे*—गुड़हल, सरसों, आदि।

पुंकेसर नर जननांग है, जो परागकण बनाते हैं। परागकण सामान्यतः पीले रंग के होते हैं। स्त्रीकेसर पुष्प का मादा जननांग है, जो पुष्प के केंद्र में व्यवस्थित होता है।

यह तीन भागों से बना होता है

(a) **अंडाशय** यह आधार पर स्थित होता है तथा उभरा हुआ फूला भाग होता है।

(b) **वर्तिका** यह मध्य में लंबा भाग होता है।

(c) **वर्तिकाग्र** शीर्ष भाग को वर्तिकाग्र कहते हैं, जो प्राय: चिपचिपा होता है।

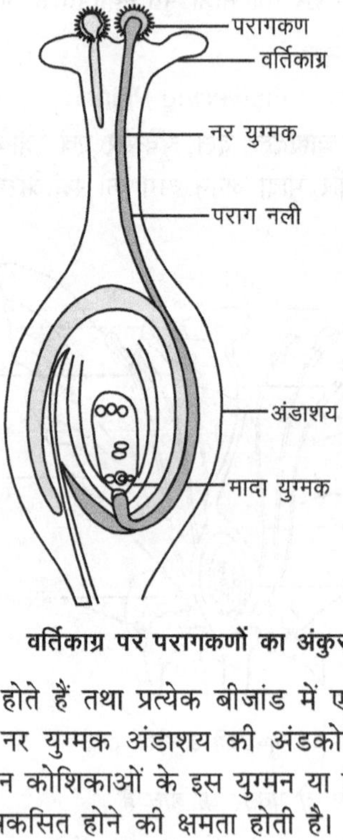

वर्तिकाग्र पर परागकणों का अंकुरण

अंडाशय में बीजांड होते हैं तथा प्रत्येक बीजांड में एक अंडकोशिका होती है। परागकण द्वारा उत्पादित नर युग्मक अंडाशय की अंडकोशिका (मादा युग्मक) से संलयित हो जाता है। जनन कोशिकाओं के इस युग्मन या निषेचन से युग्मनज बनता है, जिससे नए पौधे में विकसित होने की क्षमता होती है।

परागकणों को पुंकेसर से वर्तिकाग्र तक स्थानांतरण की आवश्यकता होती है। यह कार्य परागण विधि द्वारा होता है।

परागण (Pollination)

परागकणों के पुंकेसर से वर्तिकाग्र तक स्थानांतरण की क्रिया को **परागण** कहते हैं। परागकण का स्थानांतरण वायु, जल या प्राणी जैसे वाहक द्वारा संपन्न होता है।

परागण दो प्रकार से होता है

(i) **स्वपरागण** यदि परागकणों का यह स्थानांतरण उसी पुष्प के वर्तिकाग्र पर होता है, तो यह **स्वपरागण** कहलाता है।

(ii) **परपरागण** जब एक पुष्प के परागकण, दूसरे पुष्प पर स्थानांतरित होते हैं, तो उसे **परपरागण** कहते हैं।

बीज का निर्माण (Formation of Seed)

निषेचन के बाद पुष्प के बाह्यदल, दल तथा पुंकेसर, आदि सूखकर गिर जाते हैं। निषेचन के पश्चात् युग्मनज में अनेक विभाजन होते हैं तथा बीजांड में भ्रूण विकसित होता है। बीजांड से एक कठोर आवरण विकसित होता है, जो बीज में परिवर्तित हो जाता है। बीज भावी पौधा या भ्रूण होता है, जो उपयुक्त परिस्थितियों में नवोद्भिद् में विकसित हो जाता है। इस प्रक्रम को **अंकुरण** कहते हैं।

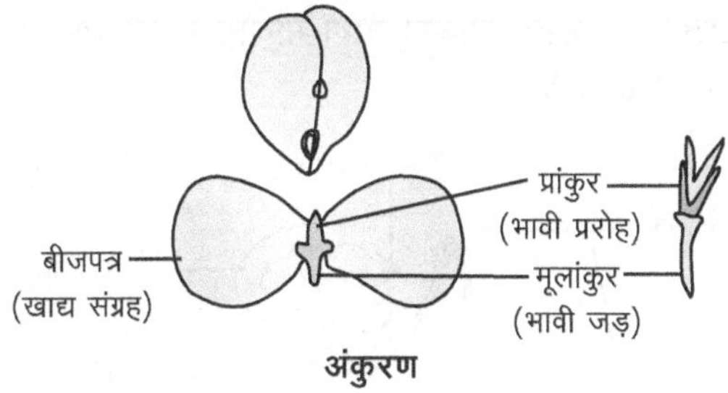

अंकुरण

मानव में लैंगिक जनन

(Sexual Reproduction in Human Beings)

मानव में लैंगिक जनन का प्रारंभ किशोरावस्था से शुरू होता है, क्योंकि किशोरावस्था के प्रारंभिक वर्षों में कुछ ऐसे परिवर्तन होते हैं, जिन्हें मात्र शारीरिक वृद्धि नहीं कहा जा सकता।

उदाहरण शरीर के कुछ नए भागों; *जैसे*—काँख एवं जाँघों के मध्य जननांगी क्षेत्र में बाल-गुच्छ निकल आते हैं, जिनका रंग गहरा होता है। पैर, हाथ व चेहरे पर भी महीन रोम आ जाते हैं कभी-कभी मुहाँसे भी निकल आते हैं।

इसी तरह शरीर की सामान्य वृद्धि दर धीमी होनी शुरू होती है, जनन-ऊतक परिपक्व होना प्रारंभ हो जाते हैं। किशोरावस्था की इस अवधि को **यौवनारंभ** कहते हैं।

मानव में दो तरह के जनन-तंत्र उपस्थित होते हैं

(i) नर जनन तंत्र (ii) मादा जनन तंत्र

(i) नर जनन तंत्र (Male Reproductive System)

मानव के नर जनन तंत्र में वृषण, शुक्राणुवाहिनी, शुक्राशय, प्रोस्ट्रेट ग्रंथि, मूत्रमार्ग तथा शिश्न होते हैं। वृषण शुक्राणु उत्पन्न करते हैं। यह उदर गुहा के बाहर वृषण कोष में स्थित होते हैं, क्योंकि शुक्राणु उत्पादन के लिए आवश्यक ताप शरीर के ताप से कम होना चाहिए। शुक्राणु उत्पादन के नियंत्रण का कार्य हार्मोन टेस्टोस्टेरॉन करता है। यह हॉर्मोन नर मानव में यौवनारंभ के लक्षणों का भी नियंत्रण करता है।

उत्पादित शुक्राणुओं का मोचन शुक्रवाहिकाओं द्वारा होता है। ये शुक्रवाहिकाएँ मूत्राशय से आने वाली नली से जुड़कर एक संयुक्त नली बनाती हैं। अत: मूत्रमार्ग शुक्राणुओं एवं मूत्र दोनों के प्रवाह के उभय मार्ग हैं। प्रोस्ट्रेट तथा शुक्राशय अपने स्राव शुक्रवाहिका में डालते हैं, जिससे शुक्राणु तरल माध्यम में आ जाते हैं, जिससे इनका स्थानांतरण सरलता से होता है।

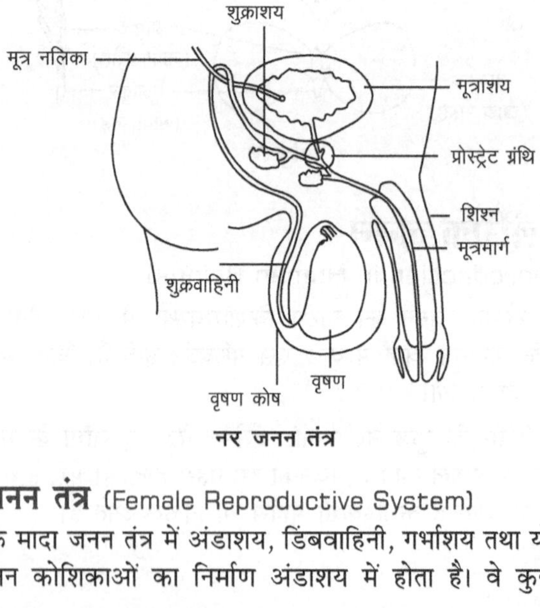

नर जनन तंत्र

(ii) मादा जनन तंत्र (Female Reproductive System)

मानव के मादा जनन तंत्र में अंडाशय, डिंबवाहिनी, गर्भाशय तथा योनि पाए जाते हैं। मादा जनन कोशिकाओं का निर्माण अंडाशय में होता है। वे कुछ हॉर्मोन भी

उत्पादित करती हैं। इसके अंतर्गत दो अंडवाहिकाएँ होती हैं, जो संयुक्त होकर एक लचीली थैलेनुमा संरचना का निर्माण करती हैं, जिसे **गर्भाशय** कहते हैं। गर्भाशय ग्रीवा द्वारा योनि में खुलता है।

मैथुन के समय शुक्राणु योनि मार्ग में स्थापित होते हैं। जहाँ से ऊपर की ओर यात्रा करके वे अंडवाहिका तक पहुँचते हैं। जहाँ अंडकोशिका से मिल जाते हैं। निषेचन के पश्चात् निषेचित अंड या युग्मनज गर्भाशय में स्थापित हो जाता है तथा विभाजित होने लगता है।

भ्रूण को माँ के रुधिर से ही पोषण मिलता है, इसके लिए एक विशेष प्रकार की संरचना होती है, जिसे **प्लैसेंटा** कहते हैं। यह एक तश्तरीनुमा संरचना है, जो गर्भाशय की भित्ति में धँसी होती है। इसमें भ्रूण की ओर के ऊतक में प्रवर्ध होते हैं। माँ के ऊतकों में रिक्त स्थान होते हैं, जो प्रवर्ध को आच्छादित कर देते हैं। माँ के शरीर में गर्भ को विकसित होने में लगभग 9 महीने का समय लगता है। गर्भाशय के पेशियों के लयबद्ध संकुचन से शिशु का जन्म होता है।

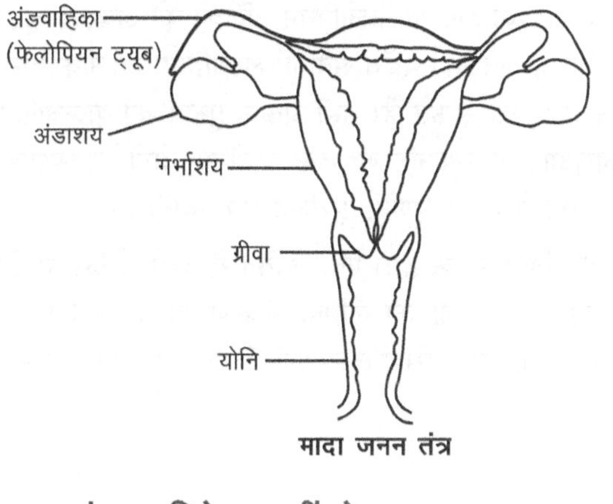

मादा जनन तंत्र

क्या होता है, जब अंड का निषेचन नहीं होता?
(What Happens, When Egg is not Fertilised?)

यदि अंडकोशिका का निषेचन नहीं होता, तो यह लगभग एक दिन तक जीवित रहती है, क्योंकि अंडाशय प्रत्येक माह एक अंड का मोचन करता है। जब अंड का निषेचन नहीं होता है, तो इसे पर्त की आवश्यकता नहीं होती है। अत: यह पर्त धीरे-धीरे टूटकर योनि मार्ग से रुधिर एवं म्यूकस के रूप में निष्कासित होती है। इस पूर्ण चक्र में लगभग एक माह का समय लगता है, इसे **ऋतुस्राव** या **रजोधर्म** कहते हैं। इसकी अवधि 2 से 8 दिनों तक होती है।

जनन स्वास्थ्य (Reproductive Health)

लैंगिक परिपक्वता एक क्रमिक प्रक्रम है तथा यह शारीरिक वृद्धि के साथ-साथ होती है। लैंगिक क्रिया द्वारा गर्भधारण की संभावना रहती है एवं यदि वह इसके लिए तैयार नहीं है, तो उसके स्वास्थ्य पर विपरीत प्रभाव पड़ते हैं। इसीलिए गर्भधारण को रोकने के अनेक तरीके खोजे गए हैं। इसमें एक तरीका **यांत्रिक अवरोध** का है, जिससे शुक्राणु अंडकोशिका तक न पहुँच सके। शिश्न को ढकने वाले कंडोम या योनि में रखने वाली अनेक युक्तियों का उपयोग किया जा सकता है।

दूसरा तरीका है अंड के मोचन को रोकना इसके लिए विभिन्न दवाइयाँ उपयोग की जाती हैं। ये दवाएँ सामान्यतः गोली के रूप में ली जाती हैं, परंतु ये हॉर्मोन संतुलन को परिवर्तित करके अंड के मोचन को रोकती हैं। अतः इन गोलियों के कुछ विपरीत प्रभाव भी हो सकते हैं। गर्भधारण रोकने के लिए अन्य युक्तियाँ; *जैसे*—लूप या कॉपर-टी को गर्भाशय में स्थापित करके भी किया जाता है।

यदि स्त्री की अंडवाहिनी या फेलोपियन नलिका को अवरुद्ध कर दिया जाए, तो अंड (डिंब) गर्भाशय तक नहीं पहुँच सकेगा। शल्यक्रिया तकनीक द्वारा इस प्रकार के अवरोध उत्पन्न किए जा सकते हैं। इसी प्रकार पुरूष को शुक्रवाहिकाओं अवरूद्ध करने से शुक्राणुओं का स्थानांतरण रूक जायेगा। दोनों अवस्थाओं निषेचन की सम्भावना नही होगी ये उपाय पूर्णतः सुरक्षित एव स्थायी हैं।

कई बार यौन क्रियाओं के द्वारा एक व्यक्ति से दूसरे व्यक्ति में रोगों का संचरण भी हो सकता है। अनेक रोगों का लैंगिक संचरण भी हो सकता है। इसमें जीवाणु जनित; *जैसे*—गोनेरिया तथा सिफलिस एवं विषाणु संक्रमण; *जैसे*—मस्सा (वार्ट) शामिल है।

प्रश्नावली

पृष्ठ 142

प्रश्न 1. डी.एन.ए. प्रतिकृति का प्रजनन में क्या महत्त्व है?

उत्तर DNA प्रतिकृति में एक DNA अणु से दो अणु बनते हैं। DNA की प्रतिकृति के साथ-साथ दूसरी कोशिकीय संरचनाओं का सृजन भी होता रहता है। इसके बाद DNA की प्रतिकृतियाँ विलग हो जाती हैं। परिणामतः एक कोशिका से दो कोशिकाएँ बनती हैं। इस प्रकार यह वृद्धि एवं प्रजनन के लिए आवश्यक है।

प्रश्न 2. जीवों में विभिन्नता स्पीशीज़ के लिए तो लाभदायक है, परंतु व्यक्ति के लिए आवश्यक नहीं हैं, क्यों?

उत्तर जीवों में विभिन्नता स्पीशीज़ के लिए तो लाभदायक हैं, परंतु व्यक्ति के लिए आवश्यक नहीं है, क्योंकि वे एकसमान दिखाई देते हैं। परंतु यदि जीव एकल होता है, तो कोई भी जनन द्वारा अपने सदृश जीव उत्पन्न नहीं करता है, तो संभवतः हमें उनके अस्तित्व का पता भी नहीं चलता। अतः किसी स्पीशीज़ में पाए जाने वाले जीवों की विशाल संख्या ही हमें उसके अस्तित्व का ज्ञान कराती हैं।

पृष्ठ 146

प्रश्न 1. द्विखंडन बहुखंडन से किस प्रकार भिन्न है?

उत्तर *द्विखंडन व बहुखंडन में भिन्नता निम्न हैं*

क्र.स.	द्विखंडन	बहुखंडन
(i)	इसमें अनेक जीवाणु तथा प्रोटोजोआ; *जैसे– अमीबा*, आदि में कोशिका विभाजन द्वारा दो बराबर भागों में बँट जाती है, जिस कारण इसे **द्विखंडन** कहते हैं।	इसमें एककोशिकीय जीव; *जैसे–प्लाज्मोडियम*, आदि में जीव एक साथ अनेक संतति कोशिकाओं में विभाजित हो जाता है, जिस कारण इसे **बहुखंडन** कहते हैं।
(ii)		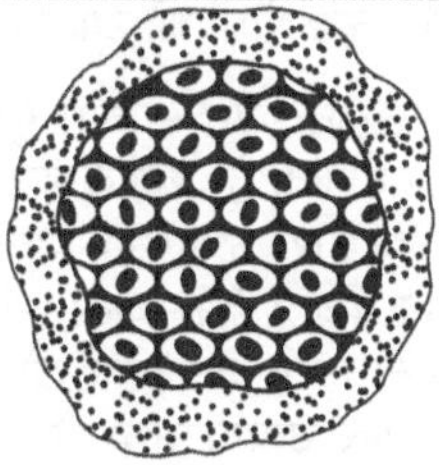

प्रश्न 2. बीजाणु द्वारा जनन से जीव किस प्रकार लाभांवित होता है?

उत्तर बीजाणु द्वारा जनन में जीव के अंदर कुछ उर्ध्व तंतुओं के समान रचनाएँ निकली होती हैं, संरचनाएँ जनन में भाग लेती हैं। ये गुच्छ संरचनाओं के रुप में पाई जाती हैं। यह गुच्छ बीजाणुधानी हैं, जिनमें बीजाणु पाए जाते हैं। यही बीजाणु वृद्धि करके नए जीव की उत्पत्ति करते हैं। *जैसे –राइजोपस*।

प्रश्न 3. क्या आप कुछ कारण सोच सकते हैं, जिससे पता चलता हो कि जटिल संरचना वाले जीव पुनरुद्भवन द्वारा नई संतति उत्पन्न नहीं कर सकते?

उत्तर जटिल संरचना वाले जीव पुनरुद्भवन द्वारा नई संतति उत्पन्न नहीं कर सकते, क्योंकि इन जीवों की कोशिकाएँ विभिन्न कार्यों हेतु विशिष्टकृत हो जाती हैं और उनमें विभाजन की क्षमता नहीं रहती पुनरुद्भवन की क्रिया केवल सरल संरचना वाले प्राणियों; *जैसे –हाइड्रा,* तथा *प्लेनेरिया* में होती है। इसके अंतर्गत सरल प्राणियों को कई टुकड़ों में काट देने पर नए संतति या पूर्ण जीव का निर्माण किया जाता है।

प्लेनेरिया में पुनरुदभवन निम्न चित्र में दर्शाया गया है

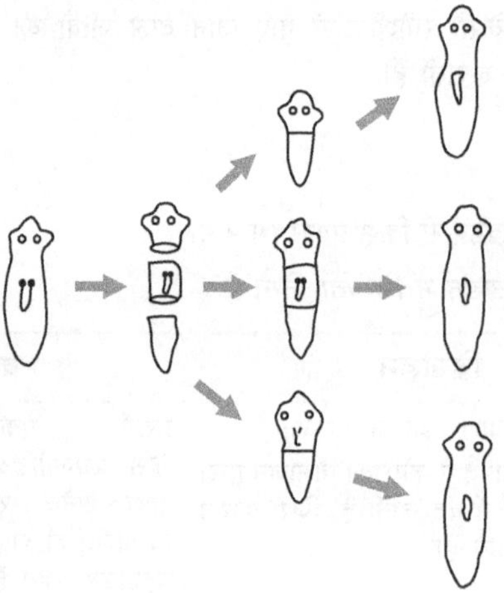

प्रश्न 4. कुछ पौधों को उगाने के लिए कायिक प्रवर्धन का उपयोग क्यों किया जाता है?

उत्तर कुछ पौधे; *जैसे* –गन्ना, गुलाब या अंगूर, आदि को उगाने के लिए कायिक प्रवर्धन का प्रयोग किया जाता है, क्योंकि इसके द्वारा उगाए गए पौधों में बीज की आवश्यकता नहीं होती है और बीज द्वारा उगाए गए पौधों की अपेक्षा पुष्प व फल कम समय में आ जाते हैं तथा यह पद्धति उन पौधों; *जैसे* –केला, संतरा एवं चमेली, आदि को उगाने के लिए उपयोगी है, जो बीज उत्पन्न करने की क्षमता खो चुके होते हैं तथा कायिक प्रवर्धन का दूसरा लाभ यह भी है कि इस प्रकार उत्पन्न सभी पौधे आनुवंशिक रूप से जनक पौधे के समान ही होते हैं।

प्रश्न 5. डी.एन.ए की प्रतिकृति बनाना जनन के लिए आवश्यक क्यों है?

उत्तर अपने आधारभूत स्तर पर जनन जीव के अभिकल्प का ब्लूप्रिंट तैयार करते हैं। कोशिका के केंद्रक में पाए जाने वाले गुणसूत्रों के DNA अणुओं में आनुवंशिक गुणों का संदेश होता है, जो जनक से संतति पीढ़ी में जाते हैं। अतः इस संदेश के भिन्न होने की अवस्था में बनने वाली प्रोटीन भिन्न होती है, जिसके कारण शारीरिक अभिकल्प में भी विविधता होती है। जनन में एक जीव से अनेक जीव बनते हैं इसलिए DNA की प्रतिकृति आवश्यक है।

पृष्ठ 154

प्रश्न 1. परागण क्रिया निषेचन से किस प्रकार भिन्न है?

उत्तर *परागण व निषेचन में अंतर निम्न हैं*

परागण	निषेचन
परागण के अंतर्गत, परागकणों का पुंकेसर से वर्तिकाग्र तक स्थानांतरण होता है, जो वायु, जल व प्राणियों द्वारा होता है।	निषेचन में नर युग्मक, मादा युग्मक से मिलता है, जिसके द्वारा युग्मनज या भ्रूण का निर्माण होता है।

प्रश्न 2. शुक्राशय एवं प्रोस्ट्रेट ग्रंथि की क्या भूमिका है?

उत्तर शुक्राशय एवं प्रोस्ट्रेट ग्रंथि अपने स्राव शुक्रवाहिका में डालते हैं, जिससे शुक्राणु एक तरल माध्यम में आ जाते हैं, जिसके कारण इनका स्थानांतरण सरलता से होता है साथ ही यह स्राव उन्हें पोषण भी प्रदान करता है।

प्रश्न 3. यौवनारंभ के समय लड़कियों में कौन-कौन से परिवर्तन दिखाई देते हैं?

उत्तर यौवनारंभ के समय लड़कियों में स्तन के आकार में वृद्धि होने लगती है तथा स्तनाग्र की त्वचा का रंग भी गहरा होने लगता है। इस समय लड़कियों में रजोधर्म होने लगता है। कुछ भागों *जैसे*—काँख एवं जाँघों के मध्य जननांगी क्षेत्र में बाल-गुच्छ निकल आते हैं तथा उनका भी रंग गहरा हो जाता है। त्वचा अक्सर तैलीय हो जाती है तथा कभी-कभी मुँहासे भी निकल आते हैं।

प्रश्न 4. माँ के शरीर में गर्भस्थ भ्रूण को पोषण किस प्रकार प्राप्त होता है?

उत्तर माँ का शरीर गर्भधारण के बाद उसके विकास के लिए विशेष रूप से अनुकूलित होता है। अतः गर्भाशय प्रत्येक माह भ्रूण को ग्रहण करने एवं उसके पोषण हेतु तैयारी करता है। इसकी आंतरिक पर्त मोटी होती जाती है तथा भ्रूण के पोषण हेतु रुधिर प्रवाह भी बढ़ जाता है। भ्रूण को माँ के रुधिर से ही पोषण मिलता है। इसके लिए एक विशेष संरचना प्लैसेंटा होती है।

प्रश्न 5. यदि कोई महिला कॉपर-टी का प्रयोग कर रही है, तो क्या यह उसकी यौन-संचारित रोगों से रक्षा करेगा?

उत्तर नहीं, यदि कोई महिला कॉपर-टी का प्रयोग कर रही है, तो यह उसकी यौन-संचारित रोगों से रक्षा नही करेगा। यह एक गर्भनिरोधक विधि है।

अभ्यास

प्रश्न 1. अलैंगिक जनन मुकुलन द्वारा होता है

(a) *अमीबा में* (b) यीस्ट में

(c) *प्लाज्मोडियम में* (d) *लेस्मानिया में*

उत्तर (*b*) यीस्ट में अलैंगिक जनन मुकुलन द्वारा होता है।

प्रश्न 2. निम्न में से कौन मानव में मादा जनन तंत्र का भाग नहीं है?

(a) अंडाशय (b) गर्भाशय

(c) शुक्रवाहिका (d) डिंबवाहिनी

उत्तर (*c*) शुक्रवाहिका, मानव में मादा जनन तंत्र का भाग नहीं है।

प्रश्न 3. परागकोश में होते हैं

(a) बाह्यदल (b) अंडाशय

(c) अंडप (d) परागकण

उत्तर (*d*) परागकोश में परागकण होते हैं।

प्रश्न 4. अलैंगिक जनन की अपेक्षा लैंगिक जनन के क्या लाभ हैं?

उत्तर अलैंगिक जनन द्वारा उसी तरह की संतति उत्पन्न होती है, जैसा जनक होता है, जो नई समष्टि उत्पन्न करने में सहायक नहीं है।

इसके विपरीत लैंगिक प्रजनन द्वारा DNA प्रतिकृति की सहायता से नई समष्टि उत्पन्न होती है, जिससे कुछ भिन्न तरह के जीव प्राप्त होते हैं।

प्रश्न 5. मानव में वृषण के क्या कार्य हैं?

उत्तर वृषण, उदर गुहा के बाहर वृषण कोष में स्थित होता है। इसका मुख्य कार्य शुक्राणुओं का उत्पादन करना है। वृषण कोष में स्थित रहने का मुख्य कारण यह है कि शुक्राणु उत्पादन के लिए आवश्यक ताप शरीर के ताप से कम होता है।

प्रश्न 6. ऋतुस्राव क्यों होता है?

उत्तर निषेचन न होने की अवस्था में अंडाशय की अंतःभित्ति मांसल व स्पंजी हो जाती है ऋतुस्राव के समय इस स्तर (परत) में चक्रीय परिवर्तन होते हैं, जिस कारण इस पर्त की आवश्यकता नहीं होती है अतः यह परत धीरे-धीरे टूटकर योनि मार्ग से रुधिर एवं म्यूकस के रूप में निष्कासित होती है। इस चक्र में लगभग एक महीने का समय लगता है। इसे ऋतुस्राव या रजोधर्म कहते हैं। इसकी अवधि लगभग 2 से 8 दिनों की होती है।

प्रश्न 7. **पुष्प की अनुदैर्ध्य काट का नामांकित चित्र बनाइए।**

उत्तर *पुष्प की अनुदैर्ध्य काट का नामांकित चित्र निम्न है*

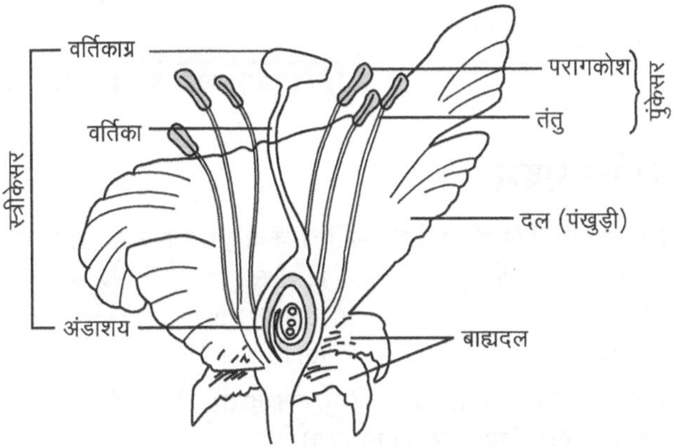

प्रश्न 8. **गर्भनिरोधक की विभिन्न विधियाँ कौन-सी हैं?**

उत्तर गर्भनिरोधक युक्तियाँ अपनाकर गर्भधारण को रोका जा सकता है। कंडोम, गर्भनिरोधी गोलियाँ, कॉपर-टी, आदि गर्भनिरोधक की विभिन्न विधियाँ हैं।

प्रश्न 9. **एककोशिकीय एवं बहुकोशिकीय जीवों की जनन पद्धति में क्या अंतर है?**

उत्तर एककोशिकीय जीवों की अपेक्षा बहुकोशिकीय जीवों को जनन के लिए अपेक्षाकृत अधिक जटिल विधि की आवश्यकता होती है, क्योंकि विशेष कार्य हेतु इनमें विशिष्ट कोशिकाएँ संगठित होकर ऊतक का निर्माण करती हैं तथा ऊतक संगठित होकर अंग बनाते हैं, शरीर में इनकी स्थिति भी निश्चित होती है।

प्रश्न 10. **जनन किसी स्पीशीज की समष्टि के स्थायित्व में किस प्रकार सहायक है?**

उत्तर अपने आधारभूत स्तर पर जनन जीव के अभिकल्प का ब्लूप्रिंट तैयार करते हैं। कोशिका के केंद्रक में पाए जाने वाले गुणसूत्रों के DNA अणुओं में आनुवंशिक गुणों का संदेश होता है, जो जनक से संतति पीढ़ी में जाते हैं।

अतः इस संदेश के भिन्न होने से इसमें बनने वाली प्रोटीन भी भिन्न होती है, जिसके कारण जीवों में शारीरिक अभिकल्प में भी विविधता होती है। यही विविधता नई स्पीशीज़ की समष्टि के स्थायित्व में सहायक है।

प्रश्न 11. **गर्भनिरोधक युक्तियाँ अपनाने के क्या कारण हो सकते हैं?**

उत्तर गर्भनिरोधक युक्तियाँ गर्भ को रोकने के लिए प्रयोग की जाती हैं, जिससे गर्भ, अंडाशय में ही नष्ट हो जाता है या उसमें नहीं रहता। गर्भ को रोकने के कारण जनसंख्या नियंत्रण, दो बच्चों के मध्य समयांतराल, उचित स्वास्थ्य, आदि हैं।

NCERT Exemplar

पुस्तक के चुने गए प्रश्न

बहुविकल्पीय प्रश्न

प्रश्न 1. नीचे दिए गए जीवों की सूची में अलैंगिक क्रिया द्वारा कौन जनन करता है ?

I. केला II. कुत्ता III. यीस्ट IV. अमीबा

(a) II और IV (b) I, III और IV

(c) I और IV (d) II, III और IV

उत्तर (*b*) केला (वर्धी जनन द्वारा), यीस्ट (मुकुलन द्वारा) और *अमीबा* (विखंडन द्वारा), सभी अलैंगिक क्रिया द्वारा जनन करते हैं।

प्रश्न 2. फूलों में, वे भाग जो नर और मादा युग्मक (जनन कोशिकाएँ) उत्पन्न करते हैं

(a) पुंकेसर और परागकोश (b) तंतु और वर्तिकाग्र

(c) परागकोश और अंडाशय (d) पुंकेसर और वर्तिका

उत्तर (*c*) पुंकेसर (नर भाग) का फूला हुआ ऊपर वाला भाग परागकोश कहलाता हैं, जिसमें नर युग्मक होते हैं। *जैसे*—परागकण। अंडाशय (मादा भाग) बीजांड (मादा युग्मक) बनाते हैं और उनको एकत्रित रखता है।

प्रश्न 3. फूलों में लैंगिक जनन की घटना का निम्नलिखित में से कौन-सा क्रम सही है?

(a) परागण, निषेचन, बीज, भ्रूण (b) बीज, भ्रूण, निषेचन, परागण

(c) परागण, निषेचन, भ्रूण, बीज (d) भ्रूण, बीज, परागण, निषेचन

उत्तर (*c*) फूलों में लैंगिक प्रजनन का सही क्रम परागण, निषेचन, भ्रूण निर्माण और आखिरी बीज बनना है।

प्रश्न 4. प्रजनन के अलैंगिक क्रिया द्वारा संतति का निर्माण बहुत समानता रखता है, क्योंकि

I. अलैंगिक प्रजनन, केवल एक जनक को मिलता है।

II. अलैंगिक प्रजनन, युग्मकों को शामिल नहीं करते हैं।

III. लैंगिक प्रजनन के बाद, अलैंगिक प्रजनन पाया जाता है।

IV. लैंगिक प्रजनन से पहले, अलैंगिक प्रजनन पाया जाता है।

(a) I और II (b) I और III (c) II और IV (d) III और IV

उत्तर (*a*) अलैंगिक प्रजनन में केवल एक जनक भाग लेता है। इसमें युग्मक के गुणन की आवश्यकता नहीं होती। यह विखंडन, मुकुलन, बीजाणु समासंघ, वर्धी प्रजनन आदि में पाया जाता है।

प्रश्न 5. जनक से संतति में लक्षणों का स्थानांतरण में पाया जाता है

(a) कोशिकाद्रव्य (b) राइबोसोम

(c) गॉल्जीकाय (d) जींस

उत्तर (*d*) जींस, सजीव जीवों के शरीर में पाई जाने वाली आनुवंशिक इकाई हैं। ये कोशिका के केंद्रक में गुणसूत्रों को DNA के रूप में जनक से आनुवंशिक लक्षणों को एकत्रित करने का कार्य करते हैं।

प्रश्न 6. प्रजनन के समय जनकों से, संतति में लक्षणों का स्थानांतरण प्रदर्शित करता है।

(a) केवल जनकों के साथ समानता

(b) केवल जनकों के साथ विभिन्नता

(c) जनकों के साथ विभिन्नता और समानता दोनों

(d) न तो समानता और न ही विभिन्नता

उत्तर (*c*) लक्षणों का स्थानांतरण जनकों से, संतति में DNA की प्रतिकृति द्वारा होता है। जनकों के साथ विभिन्नता और समानता दोनों को प्रदर्शित करता है।

प्रश्न 7. प्रजनन का वह लक्षण जो *अमीबा, स्पाइरोगाइरा* और यीस्ट में समान है

(a) इनमें अलैंगिक प्रजनन होता है

(b) ये सभी एककोशिकीय होते हैं

(c) इनमें केवल लैंगिक प्रजनन होता है

(d) ये सभी बहुकोशिकीय होते हैं

उत्तर (*a*) *अमीबा* और यीस्ट एककोशिकीय होते हैं, जबकि *स्पाइरोगाइरा* बहुकोशिकीय होता हैं। परंतु ये तीनों अलैंगिक प्रजनन करते हैं।

प्रश्न 8. *स्पाइरोगाइरा* में, अलैंगिक प्रजनन होता है

(a) तंतुओं का छोटे-छोटे टुकड़ों में टूटने से

(b) एक कोशिका का दो कोशिकाओं में विभाजन से

(c) एक कोशिका का अनेक कोशिकाओं में विभाजन से

(d) पुरानी कोशिका से वयस्क कोशिका के निर्माण से

उत्तर (*a*) *स्पाइरोगाइरा* में, शरीर परिपक्वता के समय कई छोटे-छोटे टुकड़ों में टूट जाता है। ये टुकड़े नए जीवों में परिवर्तित हो जाते हैं।

प्रश्न 9. *प्लाज्मोडियम* में प्रजनन के समय एक कोशिका से अनेक कोशिका में विभाजित होने की क्षमता कहलाती है।

(a) मुकुलन (b) अपचयित विभाजन

(c) विखंडन (d) बहुखंडन

उत्तर (*d*) मलेरिया परजीवी *प्लाज्मोडियम* में जीव एक साथ अनेक संतति कोशिकाओं में विभाजित हो जाता हैं। इस प्रक्रिया को बहुखंडन कहते हैं।

प्रश्न 10. पुष्पित पौधों में अलैंगिक अवस्था का सही क्रम है

(a) युग्मक, युग्मनज, भ्रूण, बीज (b) युग्मनज, युग्मक, भ्रूण, बीज
(c) बीज, भ्रूण, युग्मनज, युग्मक (d) युग्मक, भ्रूण, युग्मनज, बीज

उत्तर (*b*) सभी पुष्पित पौधों में, अलैंगिक अवस्था का सही क्रम युग्मनज, युग्मक, भ्रूण, बीज है।

प्रश्न 11. एक विशेष प्रजाति के जनक और संतति में गुणसूत्रों की संख्या स्थिर रहती है

(a) युग्मनज निर्माण के बाद, गुणसूत्रों की संख्या दोगुनी होने के कारण
(b) युग्मक निर्माण के समय, गुणसूत्रों की संख्या आधी होने के कारण
(c) युग्मक निर्माण के बाद, गुणसूत्रों की संख्या दोगुनी होने के कारण
(d) युग्मक निर्माण के बाद, गुणसूत्रों की संख्या आधी होने के कारण

उत्तर (*b*) बहुकोशिकीय जीवों में, जनन कोशिकाओं में युग्मक निर्माण के समय, गुणसूत्रों की संख्या आधी है, जब ये जनन कोशिका लैंगिक जनन के समय जुड़ती हैं, गुणसूत्रों की संख्या आधी हो जाती है।

प्रश्न 12. *राइजोपस* में, इसके शीर्ष पर नलीय धागे जैसी संरचना जिस पर बीजाणुधानी होती हैं, कहलाती है

(a) तंतु (b) कवक तंतु (c) मूलाभास (d) जड़ें

उत्तर (*b*) कवक तंतु, एक तंतु जैसी संरचना जो ब्रेड पर उगती है। ये प्रजनन का भाग नहीं है। महीन नली की तरह एक संरचना जिस पर बीजाणुधानी होती है, प्रजनन के लिए बीजाणु रखती है।

प्रश्न 13. वर्धी प्रजनन में, नए पौधे का निर्माण होता है

(a) तना, जड़ें और फूल से (b) तना, जड़ें और पत्तियों से
(c) तना, फूल और फल से (d) तना, पत्तियों और फूल से

उत्तर (*b*) वर्धी प्रजनन में, पौधे के वर्धी भाग सम्मिलित होते हैं। फूल पौधों में लैंगिक प्रजनन का भाग है।

प्रश्न 14. ब्रेड के टुकड़ों में ब्रेड मोल्ड को तुरंत फैलाने के लिए कौन-से घटक उत्तरदाई होते हैं?

I. बीजाणु की अधिक संख्या
II. ब्रेड में पोषक तत्व और नमी की उपस्थिति
III. कवक तंतु में शाखित नलिकाओं की उपस्थिति
IV. गोल आकृति के बीजाणुधानी का निर्माण

(a) I और III (b) II और IV (c) I और II (d) III और IV

उत्तर (*a*) ब्रेड के टुकड़ों में ब्रेड मोल्ड ब्रेड के टुकड़े पर वृद्धि करते हैं, जो महीन धागेनुमा संरचना के बने होते हैं, जिन्हें कवक तंतु कहते हैं। जब बीजाणुधानी फटती है, तो वायु में महीन बीजाणु फटते हैं। ये महीन बीजाणु अनुकूल परिस्थितियों में अधिक परिवर्तित होते हैं।

प्रश्न 15. परागनली की लंबाई निर्भर करती है,

(a) परागकण और वर्तिका की ऊपरी सतह के बीच की दूरी पर

(b) वर्तिका के ऊपरी सतह पर परागकण और बीजांड के बीच की दूरी पर

(c) परागकोश में परागकण और वर्तिका की ऊपरी सतह के बीच की दूरी पर

(d) वर्तिका के ऊपरी सतह और वर्तिकाग्र की निचली सतह के बीच की दूरी पर

उत्तर (*b*) परागकण अंडप की वर्तिका पर गिरते हैं। परागनली, वर्तिकाग्र के नीचे की ओर बढ़ती है और अंडाशय में बीजांड प्रवेश करते हैं।

प्रश्न 16. फूलों के लिए निम्नलिखित में से कौन-से कथन सही हैं?

I. फूल हमेशा द्विलिंगी होते हैं।

II. ये लैंगिक जननीय अंग होते हैं।

III. ये पौधे के सभी संघों में उत्पन्न होते हैं।

IV. निषेचन के बाद ये फल देते हैं।

(a) I और IV (b) II और III (c) I और III (d) II और IV

उत्तर (*d*) फूल, पौधों के लैंगिक जननीय अंग हैं। निषेचन के बाद फूल, फल उत्पन्न करते हैं।

प्रश्न 17. एकलिंगी फूलों के लिए निम्नलिखित कथनों में से कौन-से सही हैं?

I. ये पुंकेसर और स्त्रीकेसर दोनों को प्राप्त करते हैं।

II. ये या तो पुंकेसर को या स्त्रीकेसर को प्राप्त करते हैं।

III. ये परपरागण को प्रदर्शित करते हैं।

IV. एकलिंगी फूल केवल पुंकेसर को प्राप्त करते हैं। ये फल उत्पन्न नहीं करते हैं।

(a) I और IV (b) II, III और IV

(c) III और IV (d) I, III और IV

उत्तर (*b*) एकलिंगी फूल (पपीता एवं तरबूज) हैं। जब यह या तो पुंकेसर से मिलकर बना होता हैं। इसमें केवल एक जनन अंग उपस्थित होता है, जो परपरागण में सहायक होता है। निषेचन के लिये स्त्रीकेसर व पुंकेसर दोनों की आवश्यकता होती है। अतः इनमें से केवल एक फल उत्पन्न नहीं कर सकता है।

प्रश्न 18. पुष्पित पौधों में, लैंगिक जनन के लिए निम्नलिखित में से कौन-से कथन सही हैं।

I. इसके लिए के दो प्रकार के युग्मक प्रकार की आवश्यकता होती है।

II. निषेचन एक आवश्यक घटना हैं।

III. यह हमेशा युग्मनज के निर्माण का परिणाम होता है

IV. संतति एकपूर्वजक बनाते हैं।

(a) I और IV (b) I, II और IV (c) I और III (d) I, II और IV

उत्तर (*c*) लैंगिक जनन, जीवों में विभिन्नताओं को बनाता है। अतः एकपूर्वजक इनके द्वारा नहीं बनते हैं, क्योंकि एकपूर्वजक बिल्कुल जनक जीव की तरह होते हैं।

प्रश्न 19. लैंगिक प्रजनन के परिणामस्वरूप संतति बनते हैं, जो अधिक विभिन्नताएँ प्रदर्शित करते हैं, क्योंकि

(a) लैंगिक प्रजनन एक लंबी प्रक्रिया है
(b) आनुवंशिक पदार्थ, एक जैसी प्रजाति के दो जनकों से आते हैं
(c) आनुवंशिक पदार्थ, विभिन्न प्रजातियों के दो जनकों से आते हैं
(d) आनुवंशिक पदार्थ बहुत से जनकों से आते हैं।

उत्तर (*b*) लैंगिक प्रजनन एक जैसी प्रजाति के दो जनकों के बीच होते हैं न कि अलग-अलग प्रजातियों के बीच।

प्रश्न 20. प्रजनन का सजीव जीवों के लिए आवश्यक उद्देश्य होता है

(a) सजीव जीवों को अलग-अलग रखना
(b) आवश्यक ऊर्जा की पूर्ति करना
(c) वृद्धि का रख-रखाव करना
(d) पीढ़ी-दर-पीढ़ी प्रजातियों को आगे बढ़ाना

उत्तर (*d*) प्रजनन पृथ्वी पर पीढ़ी-दर-पीढ़ी प्रजातियों को आगे बढ़ाता है।

प्रश्न 21. यौवनावस्था के समय, मानव शरीर में विभिन्न परिवर्तन पाए जाते हैं, जो लड़कों में लैंगिक परिपक्वन से संबंधित हैं।

(a) दूध के दाँत गिरना (b) लंबाई में वृद्धि
(c) आवाज का फटना (d) भार बढ़ना

उत्तर (*c*) लड़कों में, आवाज का फटना लैंगिक परिपक्वन से संबंधित है। यह लड़कियों में नहीं पाई जाती है।

प्रश्न 22. मानव मादा में, एक परिवर्तन, जो जननीय प्रावस्था के परिणामस्वरुप उत्पन्न होता है।

(a) शरीर की वृद्धि (b) बालों के नमूने में परिवर्तन
(c) आवाज में परिवर्तन (d) मासिक धर्म या ऋतुस्राव

उत्तर (*d*) मासिक धर्म या ऋतुस्राव, जननीय प्रावस्था के परिणामस्वरुप उत्पन्न होता है। इसकी शुरुआत लगभग 10-12 वर्ष की आयु में होती है।

प्रश्न 23. मानव नर में वृषण, वृषण कोष में होते हैं, क्योंकि यह सहायता करते हैं

(a) मैथुन की प्रक्रिया में
(b) शुक्राणु के बनने में
(c) युग्मकों के आसानी से स्थानांतरण में
(d) इन सभी में

उत्तर (*b*) वृषण कोष में (उदर गुहा के बाहर) तापक्रम शरीर के भीतर के तापक्रम से 3°C कम होता है वृषण, वृषण कोष में स्थित होते हैं। क्योंकि शुक्राणु निर्माण के लिए सामान्य शरीर तापक्रम से कम तापक्रम की आवश्यकता होती है।

प्रश्न 24. यौवनारंभ में, वृषण का कार्य निम्नलिखित में से कौन-सा नहीं हैं?

I. शक्राणु कोशिकाओं का निर्माण

II. टेस्टोस्टेरॉन का स्रावण

III. प्लेसेंटा का विकास

IV. एस्ट्रोजन का स्रावण

(a) I और II (b) II और III

(c) III और IV (d) I और IV

उत्तर (*c*) प्लेसेंटा का विकास और एस्ट्रोजन का स्रावण मादा जनन तंत्र से संबंधित हैं।

प्रश्न 25. शुक्राणुओं के स्थानांतरण के लिए नर जनन तंत्र में अंगों का सही क्रम है

(a) वृषण $\rightarrow$ शुक्रवाहिनी $\rightarrow$ मूत्रमार्ग

(b) वृषण $\rightarrow$ मूत्रप्रणाली $\rightarrow$ मूत्रमार्ग

(c) वृषण $\rightarrow$ मूत्रमार्ग $\rightarrow$ मूत्रप्रणाली

(d) वृषण $\rightarrow$ शुक्रवाहिनी $\rightarrow$ मूत्रप्रणाली

उत्तर (*c*) शुक्राणु वृषण में बनते हैं, जो शुक्रवाहिनी के द्वारा बाहर आते हैं। जो दूसरी नलिका द्वारा जुड़ते हैं, जो मूत्रमार्ग कहलाती है।

प्रश्न 26. निम्नलिखित में से कौन-सा रोग लैंगिक संपर्क द्वारा स्थानांतरित नहीं होती है।

(a) सिफलिस (b) हैपेटाइटिस

(c) HIV-AIDS (d) गोनेरिया

उत्तर (*b*) हैपेटाइटिस, एक वाइरस बीमारी है, जो यकृत को प्रभावित करती है।

लघु उत्तरीय प्रश्न

प्रश्न 27. एककोशिकीय जीवों में क्या आप कोशिका विभाजन को, जनन का एक प्रकार मानेंगे? एक कारण बताइए।

उत्तर एककोशिकीय जीवों में कोशिका विभाजन या विखंडन द्वारा नए जीवों की उत्पत्ति होती है। कुछ जीवाणुओं तथा प्रोटोजोआ की कोशिकाएँ विभाजन द्वारा सामान्यतः दो बराबर भागों में विभक्त हो जाती हैं। अतः कोशिका विभाजन को जनन का एक प्रकार मानेंगे।

प्रश्न 28. ब्रेड का कवक डबलरोटी के सूखे स्लाइस की अपेक्षा नम स्लाइस पर तीव्र गति से क्यों वृद्धि करता है? कारण बताइए।

उत्तर ब्रेड के छिद्रों को प्रतिकूल परिस्थितियो; *जैसे*—नम स्थानों की, नए पौधों को उत्पन्न करने के लिए आवश्यकता होती है, जबकि डबलरोटी के सूखे स्लाइस को वृद्धि करने के लिए किसी उपयुक्त परिस्थितियों की आवश्यकता नहीं होती है।

प्रश्न 29. जिन पुष्पों में परागण नहीं होता है, तो ऐसे पुष्पों में निषेचन क्यों नहीं हो सकता?

उत्तर सबसे पहले यह आवश्यक है, कि परागण द्वारा उत्पादित नर युग्मक अंडाशय की अंडकोशिका, मादा युग्मक से संलयित हो जाता है। इसीलिए निषेचन से पहले परागण का पाया जाना अति आवश्यक है।

प्रश्न 30. निषेचन के बाद पुष्प में युग्मनज कहाँ स्थित होता है?

उत्तर युग्मनज या अनिषेचित अंडे अनेकों बार बीजांड में विभाजित होते हैं और भ्रूण का निर्माण करते हैं। बीजांड से एक कठोर आवरण विकसित होता है, जो बीज में परिवर्तित हो जाता है।

प्रश्न 31. यदि निषेचन न हो, तो गर्भाशय में क्या-क्या परिवर्तन होते हैं?

उत्तर यदि निषेचन नहीं होता, तो मूत्राशय की भीतरी पर्त, जो मोटी और ऊतकीय होती है। यह पर्त धीरे-धीरे टूटकर योनि मार्ग से रुधिर एवं म्यूकस के रूप में निष्कासित होती है। यह ऋतुस्राव या रजोधर्म कहलाता है।

प्रश्न 32. अल्पवयस्क भ्रूण के आरोपण के बाद गर्भाशय में क्या परिवर्तन होते हैं?

उत्तर अल्पवयस्क भ्रूण के आरोपण के बाद, एक डिस्क की तरह के विशेष ऊतक भ्रूण और मूत्राशय की दीवार के बीच उत्पन्न हो जाते हैं, जिसे प्लैसेंटा कहते हैं। इसके द्वारा भ्रूण को माँ के रुधिर से ही पोषण मिलता है और पोषी पदार्थों, ऑक्सीजन, आदि का आदान-प्रदान होता है।

प्रश्न 33. जनन का संबंध स्पीशीज़ की समष्टि के स्थायित्व से होता है। इस कथन का औचित्य बताइए।

उत्तर पारितंत्र में, सजीव जीवों की समष्टि एक स्थाई जगह या आवास पर पाई जाती है, जिसके कारण ये जनन करते हैं। जनन के समय DNA प्रतिकृति का सृजन शरीर की आकृति को बनाने और रख-रखाव के लिए बहुत आवश्यक है, जिसके कारण जीव एक विशेष स्थान में रहते हैं। इसीलिए जनन का संबंध स्पीशीज़ की समष्टि के स्थायित्व से होता है।

दीर्घ उत्तरीय प्रश्न

प्रश्न 35. बताइए कि मुकुलन, खंडीभवन और पुनरुद्भवन तीनों को जनन के अलैंगिक प्रकार क्यों माना जाता है? स्वच्छ आरेखों की सहायता से *प्लेनेरिया* में होने वाली पुनरुद्भवन प्रक्रिया की व्याख्या कीजिए।

उत्तर मुकुलन, खंडीभवन और पुनरुद्भवन तीनों अलैंगिक प्रजनन के प्रकार हैं। परंतु ये बहुगुणन के लिए प्रजनन कोशिकाओं को सम्मिलित नहीं करते हैं। मुकुलन में, *हाइड्रा* प्रजनन के लिए पुनरुद्भवन कोशिकाओं का प्रयोग करता है। इस विधि में शरीर पर एक छोटा-सा

उभार बाहर की ओर निकलने लगता है, जिसे मुकुल (बड) कहते हैं यह मुकुल धीरे-धीरे बड़ा होकर नए जीव की उत्पत्ति करता है।

खंडीभवन में, *स्पाइरोगाइरा* सामान्यतः विकसित होकर छोटे-छोटे टुकड़ों में खंडित हो जाता है। यह टुकड़े वृद्धि कर नए जीव की उत्पत्ति करते हैं।

पुनरुद्भवन की विधि में जीव के किसी भी भाग को काटकर सामान्यतः नए जीव की उत्पत्ति होती हैं। *जैसे–प्लैनेरिया* में जीवों को यदि कई टुकड़ों में काट दिया जाए, तो प्रत्येक टुकड़ा विकसित होकर पूर्ण जीव का निर्माण करता है।

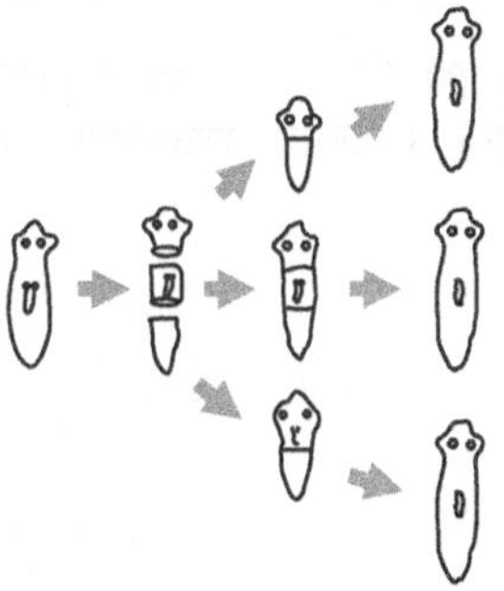

प्रश्न 36. एक युग्मक और युग्मनज के बीच अंतर बताइए। लैंगिक जनन में उनकी भूमिका की व्याख्या कीजिये।

उत्तर *युम्मक और युग्मनज में अंतर निम्न हैं*

क्र. सं.	युग्मक	युग्मनज
(i)	लैंगिक प्रजनन में जो कोशिकाएँ सम्मिलित होती हैं युग्मक कहलाती हैं *उदाहरण* शुक्राणु (नर) और अंडाणु (मादा)	लैंगिक प्रजनन के नर युग्मकों के मादा युग्मकों से मिलने के परिणाम को युग्मनज कहते हैं।
(ii)	युग्मक अनिषेचित प्रजनित कोशिकाएँ है।	युग्मनज निषेचित अंडे या निषेचित अंडाणु है।
(iii)	शुक्राणु और अंडाणु के मिलने पर निषेचित अंडाणु या युग्मनज बनते हैं।।	युग्मनज का विकास होता है, जिसके फलस्वरुप नए जीव या नवजात शिशु उत्पन्न होता है।

लैंगिक प्रजनन में युग्मक और युग्मनज की विशेषताएँ निम्न प्रकार हैं

लैंगिक प्रजनन में युग्मक महत्त्वपूर्ण भूमिका रखते हैं। शुक्राणु और अंडाणु दोनों युग्मनज का निर्माण करते हैं, जिसके फलस्वरूप युग्मनज आगे विकास करके नए जीव या नवजात शिशु का निर्माण करता है।

प्रशन 37. निषेचन कैसे होता है? निषेचन सामान्यतः माह में केवल एक बार होता है। चर्चा कीजिए।

उत्तर मानव मे शुक्राणु वृषण में बनते है जो मैथुन के द्वारा मादा की योनि मे प्रवेश करते है। यहाँ से शुक्राणु ऊपर की ओर गमन करके अंडवाहिका तक पहुच जाते हैं जहाँ अंडवाहिका से मुक्त अंड और शुक्राणु के संयुग्मन को निषेचन कहते है

निषेचन के पश्चात् निषेचित अंड या युग्मनज गर्भाशय में स्थापित हो जाता है। यहाँ केवल एक शुक्राणु अंडाणु से मिलकर युग्मनज बनाता है। यह प्रक्रिया निषेचन कहलाती है।

प्रत्येक महीने, अंडाशय केवल एक परिपक्व अंडे का निष्कासन करता है। यह प्रक्रिया ऋतुस्राव या रजोधर्म के समय होती है। (14 दिनो के आस-पास), जबकि निषेचन महीने में केवल एक बार पाया जाता है।

9

आनुवंशिकता एवं जैव विकास

जैव प्रक्रम जनन द्वारा नए जीव उत्पन्न होते हैं, जो जनक के समान होते हुए भी कुछ विभिन्नताएँ युक्त होते हैं। अलैंगिक जनन की अपेक्षा लैंगिक जनन द्वारा अधिकतम संख्या में विभिन्नताएँ पाई जाती हैं। ये विभिन्नताएँ भावी पीढ़ियों में वंशागत होती रहती हैं।

जनन के दौरान विभिन्नताओं का संचयन

(Accumulation of Variation during Reproduction)

अलैंगिक जनन के अंतर्गत मुख्यत: एकल जीव जनन करता है। जब एक जीव जनन करता है, तो पहले दो और फिर पुन: विभाजन के उपरांत चार जीव उत्पन्न होंगे, जिसमें समानताएँ अधिक होती हैं, परंतु विभिन्नताएँ कम होती हैं, जो सिर्फ DNA प्रतिकृति में उत्पन्न त्रुटियों के कारण होती हैं।

इसके विपरीत, लैंगिक जनन में विभिन्नताएँ अधिक पाई जाती हैं, जो वंशागत होती रहती हैं, जिनका अध्ययन हम आनुवंशिकी के नियमों में करेंगे।

आनुवंशिकता (Heredity)

जीवधारियों में पीढ़ी-दर-पीढ़ी विभिन्न लक्षणों के संचरण को **आनुवंशिकता** अथवा **वंशागति** कहते हैं।

वंशागत लक्षण (Inherited Traits)

वे लक्षण, जो एक पीढ़ी से दूसरी पीढ़ी में स्थानांतरित होते हैं, **वंशागत लक्षण** कहलाते हैं। जनन के समय उत्पन्न विभिन्नताएँ वंशानुगत हो सकती हैं।

लक्षणों की वंशागति के नियम–मेंडल का योगदान (Rules for the Inheritance of Traits Mendel's Contribution)

माता–पिता दोनों ही समान मात्रा में आनुवंशिक पदार्थ को संतति (शिशु) में स्थानांतरित करते हैं। अत: माता–पिता के लक्षणों का संतति में पहुँचना लक्षणों की **वंशागति** कहलाता है।

ग्रेगर जॉन मेंडल (1822-1884)

ग्रेगर जॉन मेंडल ने वंशागत नियमों के प्रतिपादन में महत्त्वपूर्ण भूमिका निभाई तथा इन्होंने मटर के पौधे पर अपने प्रयोग किए। मेंडल पहले वैज्ञानिक थे, जिन्होंने प्रत्येक पीढ़ी के एक-एक पौधे द्वारा प्रदर्शित लक्षणों का रिकॉर्ड रखा।

मेंडल के वंशागति के नियम निम्न हैं

(i) विसंयोजन का नियम
(ii) प्रभाविता एवं अप्रभाविता का नियम
(iii) स्वतंत्र–अपव्यूहन का नियम

विसंयोजन का नियम (Law of Segregation)

जब विषमयुग्मज में दो विपर्यासी (विकल्पी) उपस्थित होते हैं, तो प्रत्येक युग्मक में इनमें से एक विकल्पी होता है।

उदाहरण गोल/झुर्रीदार बीज, लंबे/बौने पौधे, सफेद/बैंगनी फूल, आदि।

विषमयुग्मज में मेंडल ने लंबापन (T) व बौनापन (t) दोनों विपर्यासी कारक लिए, किंतु इसमें केवल लंबेपन का लक्षण विकसित था, जिससे 50% में T तथा 50% t कारक थे। संयोगिक संयोजन के उपरांत F_2 पीढ़ी में एक चौथाई बौने पौधे उत्पन्न हुए। लंबों में से एक तिहाई विशुद्ध लंबे (TT) तथा शेष दो तिहाई से लंबे व बौने पौधे 3:1 के अनुपात में बनते हैं। इस तरह पीढ़ियों तक लक्षणों की वंशानुगति होती है।

इससे स्पष्ट है कि लंबापन (T) व बौनापन (t) विपर्यासी लक्षण है, किंतु पीढ़ी-दर-पीढ़ी ये अपना व्यक्तित्व बनाए रखते हैं।

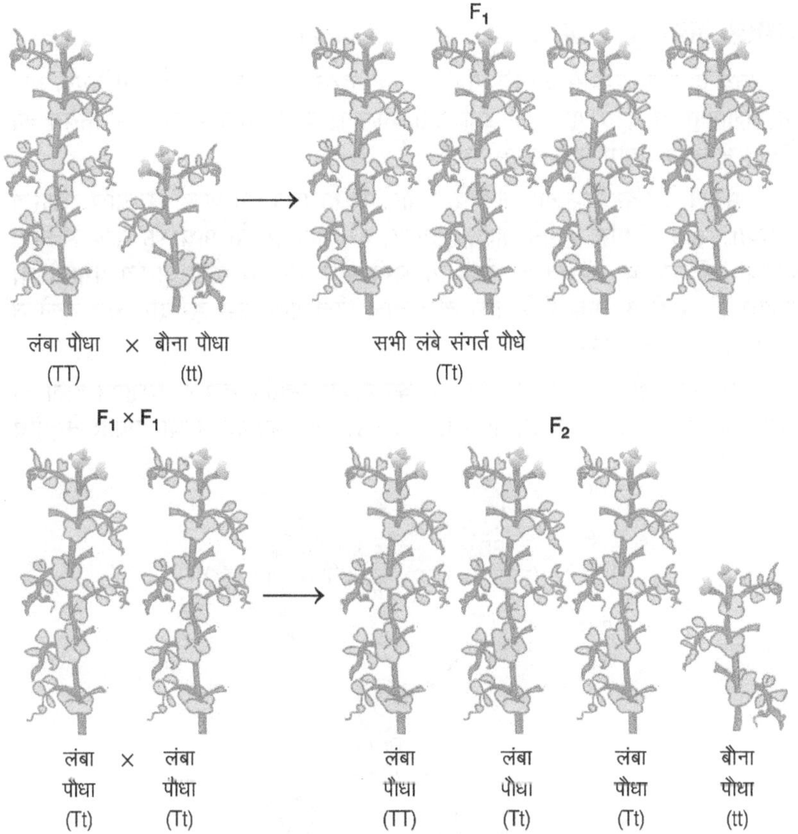

दो पीढ़ियों तक लक्षणों की वंशानुगति

प्रभाविता एवं अप्रभाविता का नियम

(Law of Dominance)

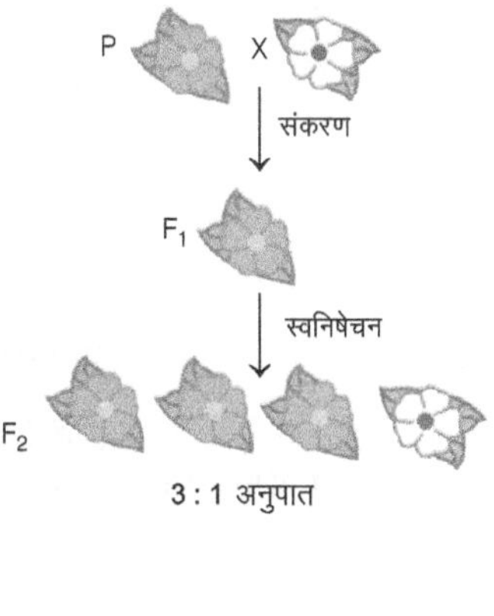

जीवों के गुणों को जोड़ों में बाँटा जा सकता हैं और प्रत्येक जोड़ी के दोनों गुण इस प्रकार संबंधित होते हैं कि अगर दोनों गुण एक साथ ही जीव में उपस्थित हों, तो उनमें से एक ही गुण जीव में दृष्टिगत होता है। यह **गुण प्रभावी गुण** कहलाता है तथा दूसरा गुण, जो स्वयं को अभिव्यक्त नहीं करता है **अप्रभावी गुण** कहलाता है।

चित्र में अप्रभावी व प्रभावी लक्षणों को समझाया गया है अत: प्राप्त युग्मक 3:1 के अनुपात में होंगे।

स्वतंत्र अपव्यूहन का नियम (Law of Independent Assortment)

जब दो जीव एक से अधिक गुणों में एक-दूसरे से भिन्न होते हैं, उनमें एक गुण की वंशागति पर दूसरे गुणों की उपस्थिति का कोई प्रभाव नहीं पड़ता। इस नियम को मेंडल ने निम्न प्रयोग द्वारा समझाया।

मेंडल ने एक विकल्पी जोड़े के स्थान पर दो विकल्पी जोड़ों के बीच संकरण कराया। इसके अंतर्गत उन्होंने गोल, झुर्रीदार, हरे/पीले रंग के पौधों के बीच संकरण कराया। संकरण के उपरांत F_1 पीढ़ी के सभी पौधे पीले व गोल अर्थात प्रभावी थे। जबकि F_2 पीढ़ी के कुछ पौधे गोल बीज वाले पीले तथा कुछ झुर्रीदार बीज वाले व हरे पौधे होंगे, जो अप्रभावी थे।

अत: गोल/झुर्रीदार, हरे व पीले रंग का लक्षण स्वतंत्र रूप से वंशागत होता है। इसमें स्वनिषेचन के उपरांत F_2 पीढ़ी में 9:3:3:1 के अनुपात में चार प्रकार के पौधे बनते हैं।

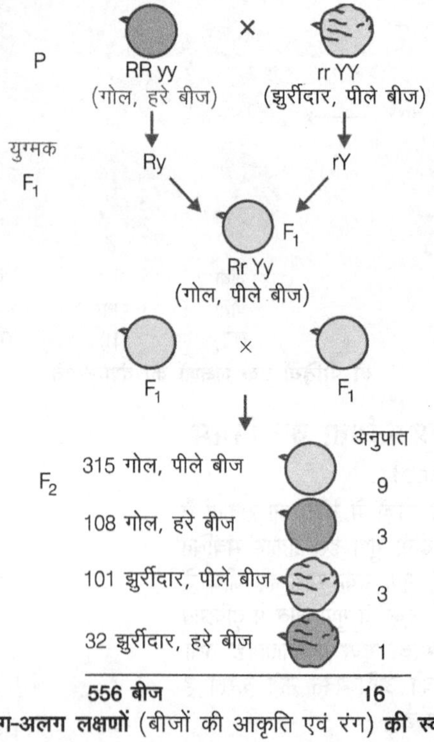

दो अलग-अलग लक्षणों (बीजों की आकृति एवं रंग) **की स्वतंत्र वंशानुगति**

ये लक्षण अपने आपको किस प्रकार व्यक्त करते हैं?
(How These Characters Express Themselve?)

DNA का वह भाग, जिसमें किसी प्रोटीन-संश्लेषण के लिए सूचना होती है, **जीन** कहलाता है। प्रोटीन विभिन्न लक्षणों की अभिव्यक्ति को नियंत्रित करती है। किसी पौधे की लंबाई पौधे में उपस्थित हॉर्मोन की मात्रा पर निर्भर करती है, जिसके कारण पौधा लंबा होता है और हॉर्मोन की मात्रा एंजाइम की मात्रा पर निर्भर करती है। इसके विपरीत यदि एंजाइम ठीक से कार्य नहीं करेगा, तो हॉर्मोन की मात्रा कम होगी, जो उसमें उपस्थित प्रोटीन पर प्रभाव डालेगी और जिसके कारण पौधा बौना रह जाएगा। अत: जीन लक्षणों को नियंत्रित करते हैं।

लिंग-निर्धारण (Sex Determination)

कुछ निम्न श्रेणी के प्राणियों के अतिरिक्त सभी प्राणियों में नर तथा मादा जननांग अलग-अलग प्राणियों में पाए जाते हैं तथा उनमें से कुछ नर व मादा प्राणियों को बाहर से देखकर पहचाना जा सकता है। वास्तव में जीवों में लिंग भी एक मेंडेलियन लक्षण की भांति वंशागत होता है, किंतु एक जीन नहीं वरन् एक जोड़ी गुणसूत्र लिंग का निर्धारण करते हैं। इसे लिंग निर्धारण का गुणसूत्री सिद्धांत कहते हैं, इसे **मैक्कलंग** ने 1902 में दिया था।

कुछ प्राणियों में लिंग-निर्धारण निषेचित अंडे (युग्मक) के ऊष्मायन ताप पर निर्भर करता है कि संतति नर है या मादा।

मनुष्य में लिंग-निर्धारण (Sex Determination in Human Being)

मैक्कलंग के अनुसार, लिंग भी एक आनुवंशिक लक्षण है और अन्य सभी कायिक लक्षणों के समान लैंगिक लक्षण भी गुणसूत्रों द्वारा वंशागत होते हैं। मानव में 46 गुणसूत्र होते हैं। इनमें से 44 गुणसूत्रों के 22 समजात जोड़े होते हैं, जिन्हें **ऑटोसोम्स** कहते हैं। शेष एक जोड़ा गुणसूत्र लिंग गुणसूत्र कहलाते हैं।

पुरुष तथा स्त्री में लिंग गुणसूत्रों का यह जोड़ा एक-दूसरे से भिन्न होता है। पुरुष में इस जोड़े (23वें जोड़े) के दोनों गुणसूत्र एक-दूसरे से भिन्न होते हैं, जिनमें से एक छोटा तथा दूसरा बड़ा होता है, इस प्रकार ये **हेटरोसोम्स** हैं। इनमें से बड़ा X तथा छोटा Y-गुणसूत्र कहलाता है। स्त्रियों में दोनों लिंग गुणसूत्र भी समजात तथा X प्रकार के होते हैं। *इस प्रकार*

(i) पुरुष में 22 जोड़े + XY = 46 गुणसूत्र

(ii) स्त्री में 22 जोड़े + XX = 46 गुणसूत्र

अर्थात् मनुष्य में लड़के अथवा लड़की का होना इन्हीं लिंग गुणसूत्रों पर निर्भर करता है।

अतः सभी बच्चे चाहे वह लड़का है या लड़की, अपनी माता से X-गुणसूत्र प्राप्त करते हैं। बच्चों का लिंग निर्धारण इस बात पर निर्भर करता है कि उन्हें अपने पिता से किस प्रकार का गुणसूत्र प्राप्त हुआ है, जिस बच्चे में अपने पिता से X-गुणसूत्र वंशानुगत हुआ है, वह लड़की एवं जिसमें पिता से Y-गुणसूत्र वंशानुगत होता है, वह लड़का होगा।

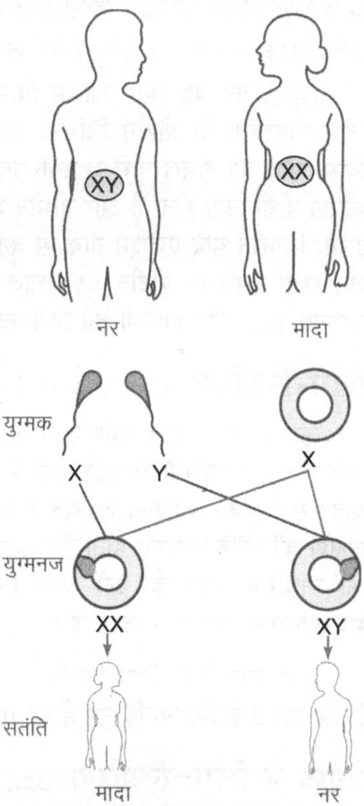

मानव में लिंग निर्धारण

विकास (Evolution)

विकास, क्रमिक परिवर्तनों का क्रम है, जो पीढ़ी-दर-पीढ़ी विभिन्नताओं के आधार पर जातियों का विकास होता रहता है।

एक दृष्टांत (An Example)

जनन प्रक्रिया में विभिन्नता की प्रवृत्ति अंतर्निहित होती है। *इस प्रवृत्ति के कुछ परिणामों को हम निम्न उदाहरण से समझ सकते हैं*

माना किसी हरी पत्ती वाली झाड़ियों के बगीचे में 12 लाल भृगों का एक समूह है। उनकी समष्टि लैंगिक प्रजनन द्वारा वृद्धि करती है तथा इनमें कुछ विभिन्नताएँ उत्पन्न हो सकती हैं।

माना कौए भृंग को खाते हैं। कौओं के भृंग को खाने के बाद ही कई भृंग बाद में शेष थे इनमें भी कुछ अन्य परिस्थितियाँ किन्हीं कारणों से उत्पन्न हो गईं।

उदाहरण प्रथम स्थिति के अंतर्गत, जनन के समय एक रंग की भिन्नता उत्पन्न हुई। इस समष्टि में सभी लाल रंग के भृंग के अतिरिक्त एक हरे रंग का भृंग भी दिखाई दिया। हरे रंग का भृंग अपना हरा रंग अपनी संतान को देता है, वंशागत के अनुसार, इससे उसकी सारी संतानें हरी उत्पन्न हुई परंतु हरी पत्तियों की झाड़ियों के कारण ये भृंग कौए का शिकार न हुए इसके विपरीत लाल रंग के सभी भृंग कौओं का शिकार बन गए, जिसके फलस्वरूप उस समष्टि में लाल भृंगों की अपेक्षा हरे भृंगों की संख्या बढ़ने के कारण, हरे रंग की समष्टि उत्पन्न हुई। यह घटना प्राकृतिक चयन

के अंतर्गत आती हैं, क्योंकि प्राकृतिक चयन प्रकृति द्वारा किया गया, जिसके फलस्वरूप लाल रंग के भृगों की संख्या का अनुपात, हरे रंग के भृंग की तुलना में कम हो गया।

इसी तरह दूसरी स्थिति में लाल भृंग के साथ कुछ नीले रंग के भृंग भी थे, वह भी हरे पत्तियों की झाड़ियों में रहते थे। परंतु इस स्थिति में एक हाथी का पैर उन झाड़ियों पर पड़ता है, जहाँ लाल रंग के भृंग थे वह हाथी के पैर के नीचे आ गए, परंतु नीले रंग के भृंग बच गए। इससे धीरे-धीरे नीले रंग की समष्टि बढ़ती गई।

अत: छोटी समष्टि होने के कारण जीन की आवृत्ति को कोई भी दुर्घटना प्रभावित कर सकती है। यह **आनुवंशिक अपवाद का सिद्धांत** है, जो बिना किसी अनुकूलन के भी विभिन्नता उत्पन्न कर सकता है।

इसी तरह तीसरी स्थिति में, हरे रंग की झाड़ियों में पादप रोग लग जाने के कारण भृंगों को कम पोषण मिला, जिससे उनके औसत भार में कमी आ गई। परंतु कुछ दिनों के पश्चात् पादप रोग ठीक हो जाने से भृंगों को उचित पोषण मिला, जिस कारण भृंगों की औसत भार में वृद्धि होने लगी।

अत: इन स्थितियों में दुर्लभ भिन्नता थी, परंतु समय के अंतराल तथा कुछ दुर्घटनाओं के कारण यह भिन्नता एक सामान्य लक्षण बन गई और इससे एक नई समष्टि उत्पन्न हुई और आगे यह पीढ़ियों में बदल गई, यही जैव-विकास का सार है।

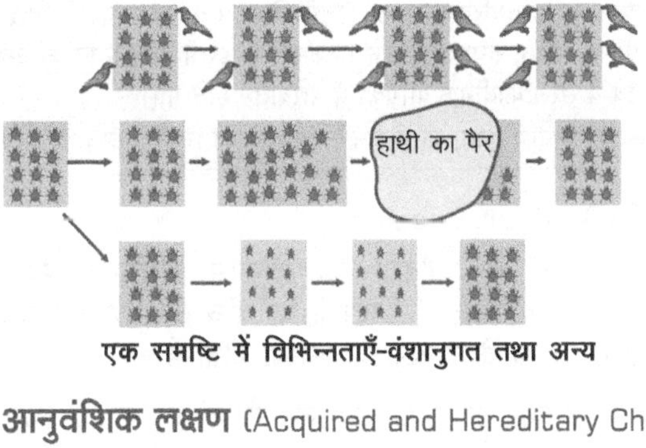

एक समष्टि में विभिन्नताएँ-वंशानुगत तथा अन्य

उपार्जित एवं आनुवंशिक लक्षण (Acquired and Hereditary Characters)

कालांतरण में जीवों की रचना तथा कार्य-प्रणाली में क्रमिक परिवर्तनों द्वारा जीवों की उत्पत्ति को ही **जैव-विकास** कहते हैं।

जीवों द्वारा अपने जीवन काल में विकसित किए गए लक्षण या अनुभव उपार्जित लक्षण कहलाते हैं। इसके विपरीत 'एक पीढ़ी से अगली पीढ़ी तक पहुँचने वाले लक्षण **आनुवंशिक लक्षण** कहलाते हैं।' परंतु अर्जित अनुभव या लक्षण जैव प्रक्रम द्वारा अगली पीढ़ी को वंशानुगत नहीं होता। इसे हम एक प्रयोग द्वारा समझ सकते हैं।

यदि हम पूँछ वाले चूहों का संवर्धन करें, तो उसकी अगली पीढ़ी की संतति (शिशु) की पूँछ होगी। परंतु यदि हम इन चूहों की पूँछ को कई पीढ़ी तक काटते रहेंगे तो क्या अगली पीढ़ी के चूहे बिना पूँछ वाले होंगे? नहीं, क्योंकि पूँछ काटने से जनन कोशिकाओं के जीन पर कोई प्रभाव नहीं पड़ता।

अत: जैव विकास का संबंध आनुवंशिकी व वशांनुगति दोनों से है। उन्नीसवीं शताब्दी में प्राकृतिक वरण द्वारा जैव विकास का सिद्धांत प्रतिपादित किया गया।

चार्ल्स रॉबर्ट डार्विन (1809-1882)

चार्ल्स रॉबर्ट डार्विन ने 'प्राकृतिक वरण द्वारा जैव विकास' के अपने सिद्धांत की परिकल्पना दी। वह एक प्रकृतिशास्त्री थे, उन्होंने एक शोध में भूमि की उर्वरता बढ़ाने में केंचुओं की भूमिका के विषय में अध्ययन किया था।

क्या आप जानते हैं?
पृथ्वी पर जीवन की उत्पत्ति

डार्विन के सिद्धांत के अनुसार, पृथ्वी पर सरल जीवों से जटिल स्वरूप वाले जीवों का विकास हुआ है। **जे. बी. एस. हेल्डेन** नामक ब्रिटिश वैज्ञानिक ने बताया कि जीवों की उत्पत्ति सर्वप्रथम उन सरल अकार्बनिक अणुओं से हुई होगी, जो पृथ्वी की उत्पत्ति के समय बने थे। उन्होंने बताया कि पृथ्वी पर उस समय का वातावरण, पृथ्वी के वर्तमान वातावरण से भिन्न था। इस वातावरण में कुछ जटिल कार्बनिक अणुओं का संश्लेषण हुआ, जो जीवन के लिए आवश्यक थे। प्राथमिक जीव रासायनिक संश्लेषण द्वारा उत्पन्न हुए इस परिकल्पना को **स्टैनले मिलर** एवं **हेरॉल्ड यूरे** ने सिद्ध किया। प्राचीन वातावरण में अमोनिया, मीथेन तथा हाइड्रोजन सल्फाइड थे। इसमें ऑक्सीजन का अभाव था। समय बीतने के साथ-साथ ये सरल कार्बनिक यौगिकों में परिवर्तित होते गए।

इनमें अमीनो अम्ल का निर्माण हुआ, जो प्रोटीन के अणुओं का निर्माण करते हैं।

जाति-उद्भव (Origin of Species)

पुरानी जातियों से नई जातियों का विकास **जाति-उद्भव** कहलाता है। जाति-उद्भव, किसी जीव जाति के सदस्यों के बीच अंतराप्रजनन तथा स्वतंत्र जीन प्रवाह को बाधित करने वाली दशाओं के कारण होता है।

इन दशाओं के आधार पर जाति-उद्भवन के दो प्रमुख भेद किए गए हैं

(i) **भिन्नदेशीय जाति-उद्भवन** विभिन्न भौतिक अवरोधों; *जैसे*—पर्वत, समुद्र आदि द्वारा पृथक् किए गए भौगोलिक क्षेत्रों में जब एक ही जाति की दो समष्टियाँ वास करती हैं, तो इनमें भौगोलिक जाति-उद्भवन होता है। विभिन्न भौगोलिक क्षेत्रों में जलवायु, वास-स्थानों, आदि वातावरणीय दशाओं का असमान होना, भिन्नदेशीय समष्टियों के सदस्यों का अपने-अपने क्षेत्र की दशाओं के अनुसार, अनुकूलित होकर भिन्न-भिन्न दिशाओं में विकसित हो जाना इस प्रकार का उद्भवन प्रदर्शित कर सकता है।

(ii) **एकदेशीय जाति-उद्भवन** किसी जीव जाति की एक ही समष्टि में बिना किसी भौगोलिक अवरोध के भी जाति-उद्भवन हो सकता है। यह प्राय: DNA में परिवर्तन गुणसूत्रों में परिवर्तन आदि के कारण संभव होता है।

उदाहरण यदि हरी मादा भृंग लाल नर से मिलती है, तो उसका व्यवहार ऐसा होगा कि जनन न हो परिणामत: भृंगों की नई स्पीशीज़ का उद्भव होता है।

विकास एवं वर्गीकरण (Evolution and Classification)

विभिन्न जीवों के मध्य समानताओं के आधार पर हम उन जीवों को एक समूह में रखते हैं और फिर इन जीवों में अभिलक्षणों के आधार पर अध्ययन करते हैं, जो जीव बाह्य आकृति या व्यवहार के आधार पर एक जैसे होते हैं। उनका अलग-अलग एक समूह बनता है। यही आधारभूत विभिन्नताएँ **वर्गीकरण** कहलाती हैं।

इसे हम निम्न प्रकार से समझ सकते हैं

(i) कोशिकाएँ सभी जीवों में पाई जाती हैं परंतु कुछ कोशिकाओं में केंद्रक पाया जाता है, जबकि कुछ में नहीं होता। जीवाणु कोशिका में केंद्रक नहीं पाया जाता है। इसके विपरीत केंद्रक युक्त कोशिका वाले जीवों के एककोशिकीय या बहुकोशिकीय होने के आधार पर फिर से वर्गीकरण किया जाता है। कुछ बहुकोशिकीय जीवों में प्रकाश-संश्लेषण होता है, जबकि कुछ में नहीं होता।

(ii) कुछ जीव ऐसे होते हैं, जिसमें अंत:कंकाल होता है, अथवा कुछ जीव ऐसे होते हैं, जिनमें बाह्य कंकाल पाया जाता है।

दो स्पीशीज़ के मध्य, जितनी अधिक समानताएँ होंगी, उनका उद्भव भी निकट अतीत में समान पूर्वजों से हुआ होगा। सैद्धांतिक रूप से इस प्रकार अतीत की कड़ियों का निर्माण करते हुए विकास की प्रारंभिक स्थिति तक पहुँचा जा सकता है, जहाँ मात्र एक ही स्पीशीज़ थी।

विकासीय संबंध खोजना (Tracing Evolutionary Relationship)

तुलनात्मक शारीरिक रचना के आधार पर जंतुओं के शरीर में दो प्रकार की संरचनाएँ मिलती हैं

(i) समजात अंग (ii) समवृत्ति अंग या समरूप अंग

समजात अंग (Homologus Organs)

शरीर की कुछ संरचनाएँ उत्पत्ति तथा मूल रचना में समान होती हैं, परंतु कार्यों के अनुसार उनकी बाह्य रचना में परिवर्तन हो जाता है। ऐसी संरचनाओं को **समजात अंग** कहते हैं तथा उनकी इस समानता को **समजातता** कहते हैं।

उदाहरण पक्षियों, सरीसृप एवं जल-स्थलचर की भाँति ही स्तनधारियों के चार पाद (पैर) होते हैं। सभी में पादों की आधारभूत संरचना एकसमान होती है, यद्यपि कार्य के अनुसार इनकी बाह्य रचना में परिवर्तन हो जाता है।

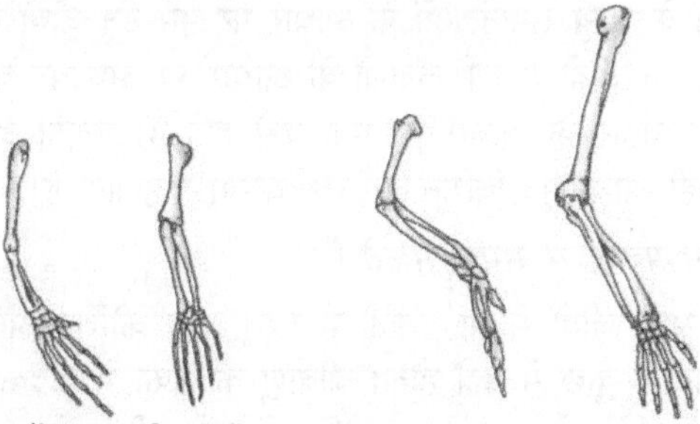

समजात अंग

समवृत्ति या समरूप अंग (Analogus Organs)

शरीर के वे अंग, जो एक जैसे कार्य करते हैं, परंतु उत्पत्ति एवं मूल रचना में भिन्न होते हैं। समवृत्ति या समरूप अंग कहलाते हैं एवं इनकी इस समरूपता को **समवृत्तिता** कहते हैं।

उदाहरण जैसाकि चित्र में दिखाया गया है, कि चमगादड़ और पक्षी के पंख दोनों उड़ने का कार्य करते हैं, परंतु उत्पत्ति व मूल रचना के आधार पर दोनों एक-दूसरे से भिन्न हैं।

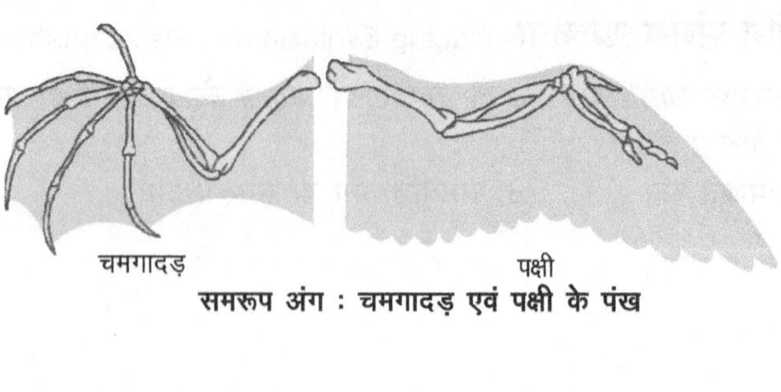

समरूप अंग : चमगादड़ एवं पक्षी के पंख

जीवाश्म (Fossils)

जीव की मृत्यु के बाद उसके शरीर का अपघटन हो जाता है तथा वह समाप्त हो जाता है, परंतु कभी-कभी जीव शरीर या उसके कुछ भाग ऐसे वातावरण में चले जाते हैं, जिसके कारण इनका अपघटन पूरी तरह से नहीं हो पाता और वह मिट्टी में दबकर अपनी छाप छोड़ देते हैं। जीव के इस प्रकार के परिरक्षित अवशेष **जीवाश्म** कहलाते हैं।

क्या आप जानते हैं?

जीवाश्म एक के बाद एक परत कैसे बनाते हैं?

चरण I समुद्र तल पर अकशेरुकी जीवों की मृत्यु एवं उनका रेत में दबना।

चरण II लंबे समय पश्चात् डाइनोसॉर की मृत्यु एवं मिट्टी में दबना।

चरण III लंबे समय पश्चात् घोड़े के समान जीवों का मिट्टी में दबना।

चरण IV मृदा अपरदन या अन्य कारण से चट्टान का फटना व जीवाश्म का प्रकट होना।

अतः विभिन्न चरणों के आधार पर जीवाश्म प्राप्त होता है

विकास के चरण (Steps of Evolution)

निश्चित रूप से जटिल अंगों का विकास क्रमिक रूप से अनेक पीढ़ियों में हुआ होगा। अलग-अलग विकासीय उत्पत्ति के आधार पर सभी जीव; *जैसे—ऑक्टोपस*, कशेरुकी तथा कीट, आदि में आँख की संरचना अलग-अलग होती है। यह विभिन्न विकासीय-उत्पत्ति का परिणाम है।

***प्लैनेरिया* चपटे कृमि की अति सरल आँख**

जैसे- प्लैनेरिया नाम के चपटे कृमि की (आँख) अति सरल होती है, जो नेत्रबिंदु है तथा प्रकाश की पहचान करती है।

विकासीय प्रक्रम का सबसे अच्छा उदाहरण जंगली गोभी है, दो हजार वर्ष पूर्व से मनुष्य जंगली गोभी को खाद्य के रूप में उगाता है, जिससे उसने कृत्रिम चयन के द्वारा विभिन्न गोभी की प्रजातियाँ उत्पन्न की हैं।

जंगली गोभी के विकासीय क्रम को हम निम्न चित्र द्वारा समझ सकते हैं

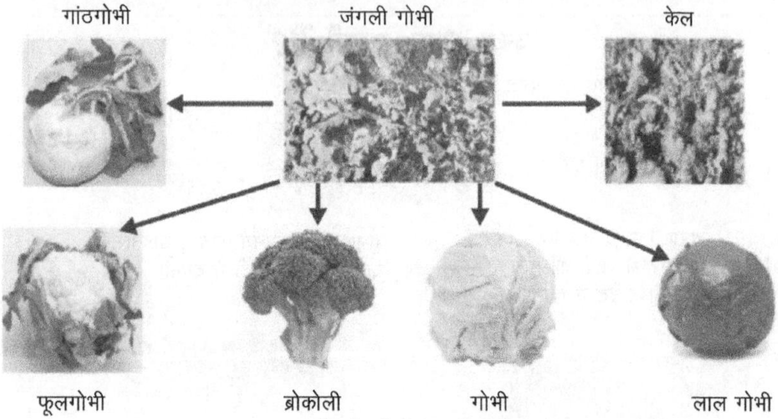

जंगली गोभी का विकास

विकासीय संबंधों का पता लगाने का एक अन्य तरीका मौलिक परिकल्पना पर आधारित है। इसके अनुसार, विभिन्न स्पीशीज़ के DNA की संरचना की तुलना से हम निर्धारित कर सकते हैं कि इन स्पीशीज़ के उद्भव के समय DNA में क्या-क्या और कितने परिवर्तन आए।

क्या आप जानते हैं?

कोशिका विभाजन के समय DNA में होने वाले परिवर्तन से नए DNA से बनने वाली प्रोटीन में भी परिवर्तन आएगा और यही उत्तरोत्तर पीढ़ियों में संचित होता जाएगा। आणविक जातिवृत दूरस्थ संबंधी जीवों के DNA में संचित विभिन्नताओं का पता करता है।

विकास को प्रगति के समान नहीं मानना चाहिए

(Evolution should not be Equated with Process)

स्पीशीज़ के वंश वृक्ष के प्रत्येक स्तर पर अनेक शाखाएँ संभव हैं। हम यह जानते हैं कि मानव का विकास चिंपैंजी से हुआ है। वरन् पहले मानव एवं चिंपैंजी दोनों ही के पूर्वज समान थे। परंतु इन दोनों का विकास अलग-अलग ढ़ंग से हुआ होगा। जिसके फलस्वरूप आधुनिक मानव का विकास हुआ है। वास्तव में जैव विकास का अर्थ 'प्रगति' नहीं है। बल्कि विविधताओं की उत्पत्ति एवं प्राकृतिक चयन द्वारा उसे स्वरूप देना ही विकास है। दूसरे शब्दों में, हम कह सकते हैं कि मानव जैव विकास के शिखर पर नहीं है, बल्कि जैव विकास श्रृंखला में उत्पन्न एक और जाति है।

मानव विकास (Human Evolution)

मानव का उद्भव अफ्रीका से हुआ है, वहीं से धीरे-धीरे पश्चिमी एशिया, फिर वहाँ से मध्य एशिया, यूरेशिया, दक्षिणी एशिया तथा पूर्व एशिया तक फैल गए। इसके पश्चात् वहाँ से उन्होंने इंडोनेशिया के द्वीपों, फिलीपींस से ऑस्ट्रेलिया तक का सफर किया। फिर बेरिंग लैड ब्रिज को पार करके अमेरिका पहुँचे। इसी सफर से हर दिशा में विभिन्न अनुकूलन के कारण आधुनिक मानव का विकास हुआ। आधुनिक मानव का वैज्ञानिक नाम *'होमो सैपियंस सैपियंस'* है। अत: मानव का विकास एक ही जाति के सदस्यों से हुआ है।

मानव का विकास

प्रश्नावली

पृष्ठ 157

प्रश्न 1. यदि एक 'लक्षण-*A*' अलैंगिक प्रजनन वाली समष्टि के 10% सदस्यों में पाया जाता है तथा 'लक्षण-*B*' उसी समष्टि में 60% जीवों में पाया जाता है, तो पहले कौन-सा लक्षण उत्पन्न हुआ होगा?

उत्तर क्योंकि समष्टि में केवल अलैंगिक प्रजनन होता है, जिस तरह 'लक्षण-*A*' किसी समष्टि के 10% सदस्यों में पाया जाता है, उसी तरह 'लक्षण-*B*' भी उसी समष्टि में उसी समय 60% जीवों में पाया गया है, अर्थात् लक्षण-*B* पहले उत्पन्न हुआ होगा।

प्रश्न 2. विभिन्नताओं के उत्पन्न होने से किसी स्पीशीज़ का अस्तित्व किस प्रकार बढ़ जाता है?

उत्तर *विभिन्नताओं के उत्पन्न होने से किसी जाति का अस्तित्व निम्न प्रकार से बढ़ जाता है जैसे*–दो हजार वर्ष से मनुष्य जंगली गोभी को खाद्य पौधे के रूप में उगाता था। परंतु कुछ समय बाद, किसान इसकी पत्तियों के बीच की दूरी कम करना चाहते थे, जिससे पत्तागोभी से एक नई स्पीशीज़ का निर्माण हुआ, जो वर्तमान समय तक चल रही है। कुछ समय बाद पुष्पों की वृद्धि रोकने से ब्रोकोली का निर्माण हुआ। इसी तरह बंध्य पुष्पों से फूलगोभी का निर्माण हुआ।

अत: निम्न विभिन्नताओं के उत्पन्न होने से किसी भी स्पीशीज़ का अस्तित्व बढ़ता रहता है।

पृष्ठ 161

प्रश्न 1. मेंडल के प्रयोगों द्वारा कैसे पता चला कि लक्षण प्रभावी या अप्रभावी होते हैं?

उत्तर *मेंडल के नियम* (प्रभाविता एवं अप्रभाविता नियम) *के अनुसार*

'जीवों के गुणों को जोड़ों में बाँटा जा सकता है और प्रत्येक जोड़े के दोनों गुण इस प्रकार संबंधित होते हैं कि अगर दोनों गुण एक साथ एक ही जीव में उपस्थित होते हैं, तो उनमें से एक गुण जो प्रभावी होता है वह दृष्टिगत होता है, जबकि दूसरा गुण जो स्वयं को अभिव्यक्त नहीं करता है अप्रभावी गुण कहलाता है। प्रभाविता व अप्रभाविता के नियम को निम्न चित्र द्वारा समझाया गया है।

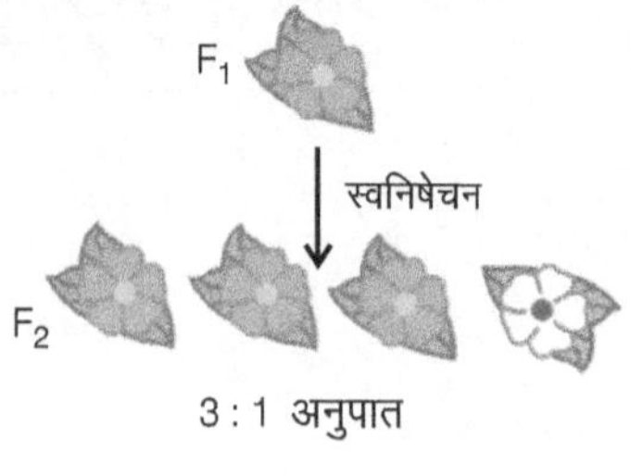

प्रश्न 2. मेंडल के प्रयोगों से कैसे पता चला कि विभिन्न लक्षण स्वतंत्र रूप से वंशानुगत होते हैं?

उत्तर विभिन्न लक्षण स्वतंत्र रूप से वंशानुगत होते हैं, इस तथ्य को मेंडल ने निम्न प्रयोग द्वारा समझाया। मेंडल के तृतीय नियम (स्वतंत्र-अपव्यूहन) के अनुसार, जब दो जीव एक से अधिक गुणों में एक-दूसरे से भिन्न होते हैं, तब उनमें एक गुण की वंशागति पर दूसरे गुणों की उपस्थिति का कोई प्रभाव नहीं पड़ता।

उदाहरण मेंडल ने एक विकल्पी जोड़े के स्थान पर दो विकल्पी जोड़ों के बीच संकरण कराया। इसके अंतर्गत उन्होंने गोल/झुर्रीदार, हरे व पीले रंग के पौधों के बीच संकरण कराया। संकरण के उपरांत F_1 पीढ़ी में सभी पौधे पीले व गोल थे जोकि प्रभावी थे, जबकि F_2 पीढ़ी के कुछ पौधे गोल बीज वाले पीले तथा कुछ झुर्रीदार हरे पौधे थे जो अप्रभावी थे।

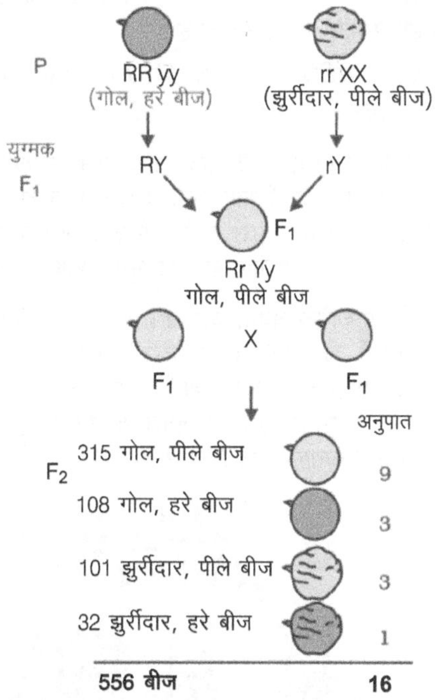

प्रश्न 3. एक A-रुधिर वर्ग वाला पुरुष एक स्त्री जिसका रुधिर वर्ग-O है, से विवाह करता है उनकी पुत्री का रुधिर वर्ग-O है। क्या यह सूचना पर्याप्त है यदि आपसे कहा जाए कि कौन-सा विकल्प लक्षण रुधिर वर्ग-A या 'O' प्रभावी लक्षण है? अपने उत्तर का स्पष्टीकरण कीजिए।

उत्तर यदि एक 'A' रुधिर वर्ग वाले पुरुष का विवाह रुधिर वर्ग-O वाली स्त्री से होता है और उनकी पुत्री का रुधिर वर्ग-O है, तो यह सूचना पर्याप्त है कि लक्षण 'रुधिर वर्ग-O प्रभावी है, क्योंकि पिता के द्वारा X-गुणसूत्र प्राप्त होने से पुत्री उत्पन्न हुई है, परंतु माता के रुधिर-वर्ग-O होने के कारण पुत्री का रुधिर वर्ग-O हुआ क्योंकि इनमें 'O' रुधिर वर्ग प्रभावी लक्षण था, जिसने रुधिर वर्ग-A को अभिव्यक्त कर रखा था।

प्रश्न 4. मानव में बच्चे का लिंग-निर्धारण कैसे होता है?

उत्तर मानव में बच्चे का लिंग-निर्धारण इस बात पर निर्भर करता है, कि उन्हें पिता से कौन-सा गुणसूत्र प्राप्त हुआ है। जिस बच्चे में अपने पिता से X-गुणसूत्र वंशानुगत हुआ है, वह लड़की एवं जिसे पिता से Y-गुणसूत्र वंशानुगत होता है वह लड़का होता है।

पृष्ठ 165

प्रश्न 1. वे कौन-से विभिन्न तरीके हैं, जिनके द्वारा एक विशेष लक्षण वाले व्यष्टि जीवों की संख्या समष्टि में बढ़ सकती है।

उत्तर *वे तरीके जिनके द्वारा विशेष लक्षण वाले व्यष्टि जीवों की संख्या समष्टि में बढ़ जाती है, वे निम्नलिखित हैं*

जैसा कि हमने देखा कि यदि हरे व लाल रंग के भृंग किसी समष्टि में पाए जाते हैं, परंतु हरे रंग की झाड़ियों में पाए जाने के कारण लाल रंग के भृंग कौओं के द्वारा खा लिए गए। जिसके फलस्वरूप उस समष्टि में लाल रंग के भृंग कम तथा हरे रंग के भृंग झाड़ियों में रहने से अधिक हो गए और हरे भृंग समष्टि में अधिक हो गए।

अर्थात् प्राकृतिक चयन, योग्यतम की उत्तरजीविता, आदि के कारण व्यष्टि जीवों की संख्या समष्टि में बढ़ जाती है। इसी तरह किसी समष्टि में लाल और नीले रंग के भृंग उपस्थित थे दुर्घटनावश उस समष्टि में हाथी के पैर के नीचे आने के कारण लाल रंग के भृंग कम रह गए और नीले रंग के भृंग की जनसंख्या अधिक हो गई, आदि। *एक समष्टि में वंशानुगत तथा अन्य विभिन्नताएँ निम्न चित्र में दर्शायी गयी हैं*

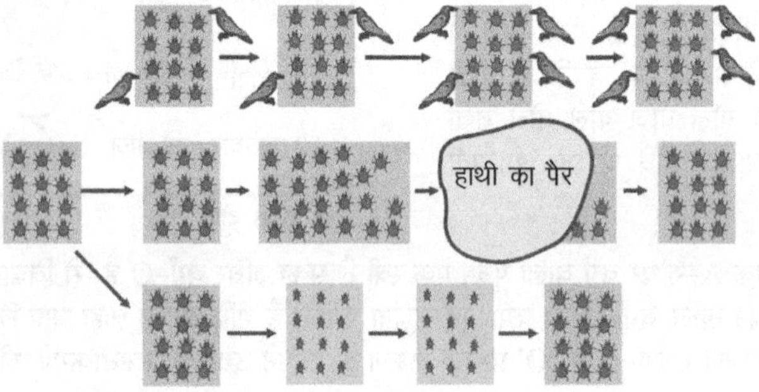

प्रश्न 2. एक एकल जीव द्वारा उपार्जित लक्षण सामान्यतः अगली पीढ़ी में वंशानुगत नहीं होते। क्यों?

उत्तर किसी जीव द्वारा उपार्जित लक्षण सामान्यतः अगली पीढ़ी में वंशानुगत नहीं होते, क्योंकि कायिक ऊतकों में होने वाले परिवर्तन, लैंगिक कोशिकाओं के DNA में नहीं जा सकते। किसी व्यक्ति के जीवन-काल में अर्जित अनुभव जनन कोशिकाओं के DNA में कोई अंतर नहीं ला सकते। इसे हम एक उदाहरण से समझ सकते हैं यदि अब पूँछ वाले चूहे की कई पीढ़ी तक पूँछ काटते रहेंगे, तो भी अगली पीढ़ी के सभी चूहे पूँछ वाले होंगे, क्योंकि इससे जनन कोशिकाओं के जीन पर कोई प्रभाव नहीं पड़ता।

प्रश्न 3. **बाघों की संख्या में कमी आनुवंशिकता के दृष्टिकोण से चिंता का विषय क्यों हैं?**

उत्तर बाघों की संख्या में कमी आनुवंशिकता के दृष्टिकोण से चिंता का विषय इसीलिए है, क्योंकि यदि बाघों की दिन-प्रति-दिन संख्या कम होती रहेगी, तो आगे की पीढ़ी का उत्पन्न होना मुश्किल ही नहीं नामुमकिन हो जायेगा और एक दिन धरती पर बाघ अनुपस्थित अर्थात विलुप्त हो जायेंगे।

पृष्ठ 166

प्रश्न 1. **वे कौन-से कारक हैं, जो नई स्पीशीज़ के उद्भव में सहायक हैं?**

उत्तर विभिन्न भौगोलिक क्षेत्रों में जलवायु, वास-स्थानों आदि वातावरणीय दशाओं का असमान होना, भिन्नदेशीय समष्टियों के सदस्यों का अपने-अपने क्षेत्र की दशाओं के अनुसार, अनुकूलित होकर भिन्न-भिन्न दिशाओं में विकसित हो जाने से नई स्पीशीज़ का उद्भव होता है।

प्रश्न 2. **क्या भौगोलिक पृथक्करण स्वपरागित स्पीशीज़ के पौधों के जाति-उद्भव का प्रमुख कारण हो सकता है? क्यों अथवा क्यों नहीं?**

उत्तर नहीं, भौगोलिक पृथक्करण स्वपरागित स्पीशीज़ के पौधों के जाति-उद्भव का प्रमुख कारण नहीं हो सकता, क्योंकि स्वपरागित पौधे उसी वातावरण में रहते हैं, जहाँ पर उनके जैसे पौधे, एक ही जलवायु में रहते हैं। उनका वास-स्थान आदि भी एक ही होता है।

प्रश्न 3. **क्या भौगोलिक पृथक्करण अलैंगिक जनन वाले जीवों के जाति उद्भव का प्रमुख कारण हो सकता है? क्यों अथवा क्यों नहीं?**

उत्तर हाँ, भौगोलिक पृथक्करण अलैंगिक जनन वाले जीवों के जाति उद्भव का प्रमुख कारक हो सकता है, क्योंकि अलैंगिक जनन वाले जीव की जलवायु, वास-स्थान, वातावरणीय दशाएँ असमान होती हैं तथा भिन्न-भिन्न देशीय समष्टियों में पाए जाने के कारण इनकी भिन्न-भिन्न जातियाँ, भिन्न-भिन्न दिशाओं में विकसित हो जाती हैं। जिसके फलस्वरूप नई स्पीशीज़ का उद्भव होता है।

पृष्ठ 171

प्रश्न 1. **उन अभिलक्षणों का एक उदाहरण दीजिए, जिनका उपयोग हम दो स्पीशीज़ के विकासीय संबंध निर्धारण के लिए करते हैं?**

उत्तर अभिलक्षण के लिए एक उदाहरण पक्षियों सरीसृप एवं जल-स्थलचर का है। सभी में पादों की आधारभूत संरचना एकसमान होती है, यद्यपि विभिन्न कशेरुकों में इनका भिन्न-भिन्न कार्य करने के लिए रूपातंरण हुआ, जबकि पाद की आधारभूत संरचना एकसमान है।

ऐसे समजात अभिलक्षण से भिन्न दिखाई देने वाली विभिन्न स्पीशीज़ के बीच विकासीय संबंध की पहचान करने में सहायता मिलती है।

प्रश्न 2. क्या एक तितली और चमगादड़ के पंखों को समजात अंग कहा जा सकता है। क्यों अथवा क्यों नहीं?

उत्तर तितली और चमगादड़ के पंखों को समजात अंग नहीं कहा जा सकता, क्योंकि इनकी उत्पत्ति व मूल रचना भिन्न होती है, परंतु ये एक जैसे कार्य करते हैं। अतः यह समवृत्ति अंग कहलाएंगे, क्योंकि इनके पंख उड़ने का कार्य करते हैं।

प्रश्न 3. जीवाश्म क्या है? वे जैव विकास प्रक्रम के विषय में क्या दर्शाते हैं?

उत्तर जीव की मृत्यु के बाद उसके शरीर का अपघटन हो जाता है तथा वह समाप्त हो जाता है परंतु कभी-कभी जीव या उसके कुछ भाग ऐसे वातावरण में चले जाते हैं, जिसके कारण इनका अपघटन पूरी तरह से नहीं हो पाता और वह मिट्टी से दबकर अपनी छाप छोड़ देते हैं। जीव के इस प्रकार के परिरक्षित अवशेष **जीवाश्म** कहलाते हैं।

यह जैव विकास प्रक्रम के विषय में जानने में सहायता करते हैं कि जीव की उत्पत्ति किस प्रकार हुई है या हमारे पूर्वज, जिनसे हमारी उत्पत्ति हुई है वह कैसे थे।

पृष्ठ 173

प्रश्न 1. क्या कारण है कि आकृति, आकार, रंग-रूप में इतने भिन्न दिखाई पड़ने वाले मानव एक ही स्पीशीज़ के सदस्य हैं?

उत्तर एक ही जाति के मानव में असमानताएँ विभिन्न जीनों की क्रियाशीलता पर आधारित है। आभासी प्रजातियों का कोई जैविक आधार न होने के कारण आकृति, आकार, रंग-रूप में इतने भिन्न दिखाई पड़ने वाले मानव एक ही जाति के सदस्य हैं।

प्रश्न 2. विकास के आधार पर क्या आप बता सकते हैं कि जीवाणु, मछली तथा चिंपैंजी में किसका शारीरिक अभिकल्प उत्तम है? अपने उत्तर की व्याख्या कीजिए?

उत्तर विकास के आधार पर जीवाणु का शारीरिक अभिकल्प उत्तम है, क्योंकि जैव विकास के अनुसार, समय के साथ-साथ शारीरिक अभिकल्प की जटिलता में वृद्धि होती है। जीवाणु एक अति प्राचीन एवं सरल जीव है, जो विषम पर्यावरण; *जैसे*–रूपण झरने, गहरे समुद्र के गर्म स्रोत तथा अंटार्कटिका की बर्फ में भी पाए जाते हैं। अतः इसका शारीरिक अभिकल्प उत्तम माना जाएगा।

अभ्यास

प्रश्न 1. मेंडल के एक प्रयोग में लंबे मटर के पौधे, जिनके बैंगनी पुष्प थे, का संकरण बौने पौधों, जिनके सफेद पुष्प थे, से कराया गया। इनकी संतति के सभी पौधों में पुष्प बैंगनी रंग के थे। परंतु उनमें से लगभग आधे बौने थे। इससे कहा जा सकता है कि लंबे जनक पौधों की आनुवंशिक रचना निम्न थी

(a) TTWW (b) TTww (c) TtWW (d) TtWw

उत्तर (*c*) TtWW

प्रश्न 2. समजात अंगों का उदाहरण है

(a) हमारा हाथ तथा कुत्ते के अग्रपाद (b) हमारे दाँत तथा हाथी के दाँत
(c) आलू एवं घास के उपरिभूस्तारी (d) ये सभी

उत्तर (*d*) ये सभी

प्रश्न 3. विकासीय दृष्टिकोण से हमारी किससे अधिक समानता है?

(a) चीन के विद्यार्थी (b) चिंपैंजी (c) मकड़ी (d) जीवाणु

उत्तर (*b*) चिंपैंजी

प्रश्न 4. एक अध्ययन से पता चला है कि हल्के रंग की आँखों वाले बच्चों के जनक (माता-पिता) की आँखे भी हल्के रंग की होती हैं। इसके आधार पर क्या हम कह सकते हैं कि आँखों के हल्के रंग का लक्षण प्रभावी है अथवा अप्रभावी? अपने उत्तर की व्याख्या कीजिए।

उत्तर मेंडल के प्रभाविता एवं अप्रभाविता नियम के अनुसार जीवों के गुणों को जोड़ों में बाँटा जा सकता है और प्रत्येक जोड़ों के दोनों गुण इस प्रकार संबंधित होते हैं कि अगर दोनों गुण एक साथ ही एक ही जीव में उपस्थित होते हैं, तब जो प्रभावी लक्षण होता है वह दृष्टिगत होता है, जबकि अप्रभावी लक्षण अभिव्यक्त नहीं होता।

इस अध्ययन में भी हल्का रंग प्रभावी है इसलिए जनक से उनकी संतानों में दृष्टिगत होता है। फलस्वरूप बच्चों की आँखों का रंग प्रभावी जीन रंग के कारण हल्का होगा।

प्रश्न 5. जैव विकास तथा वर्गीकरण का अध्ययन क्षेत्र किस प्रकार संबंधित है?

उत्तर वर्गीकरण में, विभिन्न जीवों के मध्य समानताओं के आधार पर हम उन जीवों को एक समूह में रखते हैं और फिर इन जीवों का अभिलक्षणों के आधार पर अध्ययन करते हैं, जो जीव बाह्य आकृति या व्यवहार के आधार पर एक जैसे होते हैं। उनका एक अलग समूह बनाते हैं। इस प्रकार हम जाति के ऐसे समूह का निर्माण कर सकते हैं, जिनके पूर्वज निकट अतीत में समान थे। सैद्धांतिक रूप से इस प्रकार अतीत की कड़ियों का निर्माण करते हुए हम विकास की प्रारंभिक स्थिति तक पहुँच सकते हैं, जो जैव विकास के अंतर्गत आती हैं।

प्रश्न 6. समजात तथा समरुप अंगों को उदाहरण देकर समझाइए।

उत्तर समजात अंग शरीर की कुछ संरचनाएँ; उत्पत्ति तथा मूल रचना में समान होती हैं परंतु कार्यों के अनुसार उनकी बाह्य रचना में परिवर्तन हो जाता है। ऐसी संरचनाओं को समजात अंग कहते हैं।

उदाहरण पक्षियों, सरीसृप एवं जल स्थलचर की भाँति ही स्तनधारियों के चार पाद (पैर) होते हैं। सभी में पादों की आधारभूत संरचना एकसमान होती हैं, यद्यपि कार्य के अनुसार इनकी बाह्य रचना में परिवर्तन हो जाता है। *समजात अंगों के चित्र निम्न हैं*

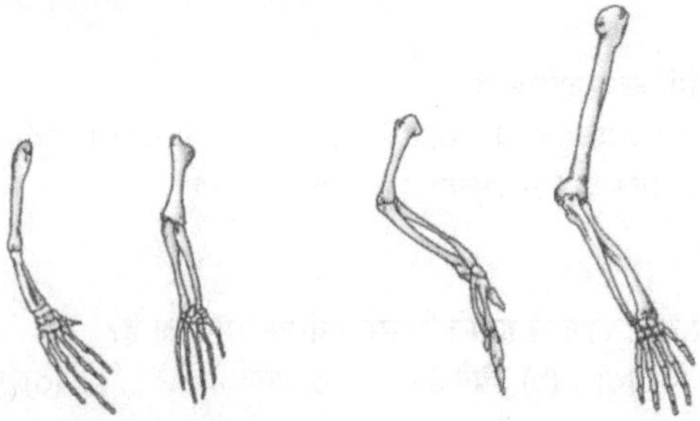

समवृत्ति या समरूप अंग शरीर के वे अंग, जो एक जैसे कार्य करते हैं, परंतु उत्पत्ति एवं मूल रचना में भिन्न होते हैं। समवृत्ति या समरूप अंग कहलाते हैं।

उदाहरण चमगादड़ और पक्षियों के पंख दोनों उड़ने का कार्य करते हैं, परंतु उत्पत्ति एवं मूल रचना के आधार पर दोनों एक-दूसरे से भिन्न हैं। *समरूप अंगों के चित्र निम्न हैं*

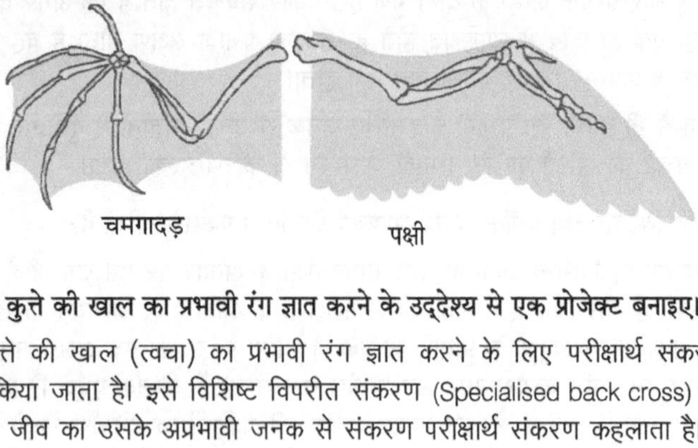

प्रश्न 7. कुत्ते की खाल का प्रभावी रंग ज्ञात करने के उद्देश्य से एक प्रोजेक्ट बनाइए।

उत्तर कुत्ते की खाल (त्वचा) का प्रभावी रंग ज्ञात करने के लिए परीक्षार्थ संकरण (Test cross) किया जाता है। इसे विशिष्ट विपरीत संकरण (Specialised back cross) भी कहते हैं। किसी जीव का उसके अप्रभावी जनक से संकरण परीक्षार्थ संकरण कहलाता है।

परीक्षार्थ संकरण द्वारा अज्ञात जीव का जीनोटाइप अर्थात् उसके विषमयुग्मजी या समयुग्मजी होने की पुष्टि की जाती है। अज्ञात जीव के समयुग्मजी होने पर F_1 पीढ़ी में सभी सदस्य

संकर विषमयुग्मजी अर्थात् प्रभावी लक्षण वाले होते हैं, जबकि अज्ञात जीव के विषमयुग्मजी होने पर आधे संतति प्रभावी लक्षण वाले एवं आधे संतति अप्रभावी लक्षण वाले होते हैं।

प्रश्न 8. विकासीय संबंध स्थापित करने में जीवाश्म का क्या महत्त्व है?

उत्तर जीवाश्म, विकासीय संबंध में हमारी सहायता इस प्रकार करते हैं, यह हमें बताते हैं कि जीव की उत्पत्ति के समय मानव या कोई भी जीव प्रारंभिक अवस्था में इस प्रकार था। परंतु विभिन्न अनुकूलन, विभिन्नताओं के फलस्वरूप, उसमें परिवर्तन आते गए। जीवाश्म के द्वारा हमें यह भी पता चलता है कि हमारे पूर्वज किस प्रकार के थे।

प्रश्न 9. किन प्रमाणों के आधार पर हम कह सकते हैं, कि जीवन की उत्पत्ति अजैविक पदार्थों से हुई है?

उत्तर डार्विन के अनुसार, पृथ्वी पर सरल जीवों से जटिल स्वरूप वाले जीवों का विकास हुआ है। जे.बी.एस हेल्डेन नामक ब्रिटिश वैज्ञानिक ने बताया कि जीवों की उत्पत्ति सर्वप्रथम उन सरल अकार्बनिक अणुओं से हुई है, जो पृथ्वी की उत्पत्ति के समय बने थे। उन्होंने बताया कि उस समय पृथ्वी का वातावरण, वर्तमान वातावरण से भिन्न था। इस वातावरण में कुछ जटिल कार्बनिक अणुओं का संश्लेषण हुआ, जो जीवन के लिए आवश्यक थे, अर्थात् प्राथमिक जीव रासायनिक संश्लेषण द्वारा उत्पन्न हुए।

इसकी पुष्टि स्टैनले एल मिलर एवं हेरॉल्ड यूरे के प्रयोगों के आधार पर की जाती है। प्राचीन वातावरण में अमोनिया, मीथेन तथा हाइड्रोजन सल्फाइड थी। समय बीतने के साथ-साथ ये सरल कार्बनिक यौगिकों में परिवर्तित होते गए। इनमें अमीनो अम्ल का निर्माण हुआ, जो प्रोटीन के अणुओं का निर्माण करते हैं।

प्रश्न 10. अलैंगिक जनन की अपेक्षा लैंगिक जनन द्वारा उत्पन्न विभिन्नताएँ अधिक स्थाई होती हैं। व्याख्या कीजिए। यह लैंगिक प्रजनन करने वाले जीवों को किस प्रकार प्रभावित करता है?

उत्तर हाँ, यह कथन सही है कि अलैंगिक जनन की अपेक्षा लैंगिक जनन द्वारा अधिकतम संख्या में विभिन्नता पाई जाती है। *इस कथन को समझने के लिए हम निम्न उदाहरण को समझेंगे*

उदाहरण अगर हम किसी गन्ने के खेत को देखें, तो हमें व्यष्टिगत पौधों में बहुत कम विभिन्नताएँ दिखाई पड़ेगी, जबकि मानव व अधिकतर जंतु, जिनमें लैंगिक जनन पाया जाता है, इनमें व्यष्टिगत स्तर पर अनेक भिन्नताएँ दिखाई देगी। इन सभी विभिन्नताओं को हम जैव विकास के अंतर्गत अध्ययन करते हैं।

प्रश्न 11. संतति में नर एवं मादा जनकों द्वारा आनुवंशिक योगदान में बराबर की भागीदारी किस प्रकार सुनिश्चित की जाती है?

उत्तर मैक्कलंग के अनुसार, लिंग एक आनुवंशिक लक्षण है और अन्य सभी कायिक लक्षणों के समान लैंगिक लक्षण भी गुणसूत्रों द्वारा वंशागत होते हैं। मानव में 46 गुणसूत्र होते हैं। इनमें से 44 गुणसूत्रों के 22 समजात जोड़े होते हैं, जिन्हें ऑटोसोम्स कहते हैं। शेष एक

जोड़ा गुणसूत्र लिंग गुणसूत्र होता है। पुरुष व स्त्री में इन गुणसूत्रों का यह जोड़ा एक-दूसरे से भिन्न होता है।

मनुष्य में लड़के या लड़की का होना इन्हीं लिंग गुणसूत्र पर निर्भर करता है। सभी बच्चे (संतति) चाहे वह लड़का हो या लड़की अपनी माँ से X-गुणसूत्र प्राप्त करते हैं। इसी तरह, जिस बच्चे को अपने पिता से, X-गुणसूत्र वंशानुगत होता है, वह लड़की एवं जिसे पिता से Y-गुणसूत्र वंशानुगत होता है वह लड़का होता है। अतः इसी प्रकार आनुवंशिकी में दोनों की बराबरी सुनिश्चित है। लैंगिक जनन में नर व मादा युग्मक से समान मात्रा में जनन पदार्थ युग्मित होकर युग्मनज बनाता है, जो अर्द्धसूत्री विभाजन के समय आधा हो जाता है। यही चक्र हमेशा चलता रहता है।

प्रश्न 12. 'केवल वे विभिन्नताएँ, जो किसी एकल जीव (व्यष्टि) के लिए उपयोगी होती हैं, समष्टि में अपना अस्तित्व बनाए रखती हैं'। क्या आप इस कथन से सहमत हैं या नहीं? क्यों एवं क्यों नहीं?

उत्तर हाँ, हम इस कथन से सहमत हैं कि किसी एकल जीव के लिए विभिन्नताएँ उपयोगी होती हैं तथा वह समष्टि में अपना अस्तित्व बनाए रखती हैं। यह उपयोगी विभिन्नताएँ पीढ़ी-दर-पीढ़ी वंशागत होती रहती हैं।

उदाहरण एक कोई भी परिवर्तन, जो एक गुण के लिए उपयोगी है। कालांतर में किसी अन्य कार्य के लिए भी उपयोगी हो सकता है; *जैसे*—पक्षियों में पर जो संभवतः ठंडे मौसम में ऊष्मारोधन के लिए विकसित हुए थे, कालांतर में उड़ने के लिए भी उपयोगी हो गए। वास्तव में कुछ उड़ने के लिए समर्थ नहीं थे। बाद में संभवतः पक्षियों ने परों को उड़ने के लिए अपनाया।

NCERT Exemplar

पुस्तक के चुने गए प्रश्न

बहुविकल्पीय प्रश्न

प्रश्न 1. आनुवंशिक पदार्थों का स्थानांतरण किसमें भाग लेता है?

(a) वर्धी प्रजनन (b) अलैंगिक प्रजनन
(c) लैंगिक प्रजनन (d) मुकुलन

उत्तर (*c*) लैंगिक प्रजनन में, दो जनकों के जींन भाग लेते हैं। यह आनुवंशिक पदार्थों के स्थानांतरण का कारण है।

प्रश्न 2. दो गुलाबी रंग के फूलों के बीच क्रॉस कराने पर परिणामस्वरूप संतति में 1 लाल, 2 गुलाबी और 1 सफेद फूल प्राप्त हुए। क्रॉस की प्रकृति होगी।

(a) द्विनिषेचन (b) स्वतः परागण
(c) क्रॉस निषेचन (d) बिना निषेचन

उत्तर (*a*) द्विनिषेचन अर्थात् यह दो जनकों के बीच निषेचन है।

प्रश्न 3. एक लंबे (TT) और छोटे (tt) मटर के पौधों के बीच संकरण कराने पर परिणामस्वरूप संतति में सभी लंबे (TT) पौधे प्राप्त हुए, क्योंकि

(a) लंबापन एक प्रभावी लक्षण है
(b) बौनापन एक प्रभावी लक्षण है
(c) लंबापन एक अप्रभावी लक्षण है
(d) मटर के पौधे की ऊँचाई, जीन T या t द्वारा नहीं बताई जाती

उत्तर (*a*) F_1 पीढ़ी में, TT और tt के बीच संकरण कराने पर सभी लंबे (TT) पौधे प्राप्त होंगे। अतः लंबापन एक प्रभावी लक्षण है।

प्रश्न 4. निम्नलिखित में से कौन-सा कथन गलत है?

(a) प्रत्येक हॉर्मोन के लिए यह एक जीन है
(b) प्रत्येक प्रोटीन के लिए यह एक जीन है
(c) प्रत्येक एंजाइम के निर्माण के लिए यह एक जीन है
(d) वसा के प्रत्येक अणु के लिए यह एक जीन है

उत्तर (*c*) एंजाइम हॉर्मोंस बनाने की प्रक्रिया नियंत्रित करते हैं। यदि एंजाइम के लिए जीन बनेंगे, तो एंजाइम कम गुणशाली होंगे और हॉर्मोंस की मात्रा कम होगी। अब जींस विशेषताओं को नियंत्रित करते हैं।

प्रश्न 5. यदि एक गोल, हरे (RRYY) मटर के बीज के पौधों को पीले, झुर्रीदार वाले (rryy) मटर के बीज के पौधों के साथ संकरण कराया जाए, तो F_1 पीढ़ी में संतति उत्पन्न होते हैं

(a) गोल और पीले
(b) गोल और हरे
(c) झुर्रीदार और हरे
(d) झुर्रीदार और पीले

उत्तर (*a*) RRYY और rryy बीजों के बीच संकरण कराने पर F_1 पीढ़ी में RrYy (गोल और पीले) बीज प्राप्त होते हैं, क्योंकि गोल और पीले प्रभावी लक्षण हैं।

प्रश्न 6. मानव नर में, केवल एक को छोड़कर सभी गुणसूत्र जोड़े में होते हैं। ये अयुग्मित जोड़ा है

I. बड़ा गुणसूत्र
II. छोटा गुणसूत्र
III. Y-गुणसूत्र
IV. X-गुणसूत्र

(a) I और II
(b) केवल III
(c) III और IV
(d) II और IV

उत्तर (*c*) मानव नर में लिंग गुणसूत्र में एक अयुग्मित जोड़ा होता है, जिसमें एक सामान्य आकार-X का होता है और दूसरा छोटा Y होता है। अतः नर में XY लिंग गुणसूत्र होता है।

प्रश्न 7. बच्चे का नर होना पहचाना जाता है

(a) युग्मनज में X-गुणसूत्र से
(b) युगमनज में Y-गुणसूत्र से
(c) जनन कोशिका के साइटोप्लाज्म, जिससे लिंग का निर्धारण होता है
(d) लिंग निर्धारण संयोग द्वारा होता है

उत्तर (*b*) बच्चों का नर होना युग्मनज में Y-गुणसूत्र द्वारा पहचाना जाता है और मादा होना, पिता के दोनों X-गुणसूत्र पर निर्भर करता है।

प्रश्न 8. एक युग्मनज, जिसमें पिता से X-गुणसूत्र वंशानुगत है, वह परिवर्तित होगा

(a) लड़के में
(b) लड़की में
(c) बच्चों का लिंग X-गुणसूत्र से पता नहीं चलता
(d) न तो लड़का और न लड़की

उत्तर (*b*) लड़की के लिए जीन, पिता के X-गुणसूत्र द्वारा आते हैं।

प्रश्न 9. निम्नलिखित में से गलत कथन को चुनिए।

(a) जनसंख्या में कुछ जींस की तीव्रता विभिन्न पीढ़ी में बदलती है, जिसका परिणाम विकास है।
(b) उपवास के कारण जीवों के भार में कमी आती है, जो आनुवंशिकी से नियंत्रित होती है।
(c) कम वजन वाले जनकों से संतति का वजन अधिक होता है।
(d) विकास के कारण जो लक्षण पीढ़ियों में नहीं आते हैं।

उत्तर (*b*) उपवास के कारण, जीवों का भार/वजन में कमी नहीं आती है। अतः कम वजन आनुवंशिकी से नियंत्रित नहीं होता है।

प्रश्न 10. नई जातियाँ बनाई जा सकती हैं, यदि

I. जनन कोशिकाओं में DNA काफी परिवर्तन लाते हैं।
II. युग्मक में गुणसूत्र की संख्या परिवर्तित होती हैं।
III. आनुवंशिक पदार्थ में कोई परिवर्तन नहीं होता।
IV. मैथुन भाग नहीं लेता है

(a) I और II
(b) I और III
(c) II, III और IV
(d) I, II और III

उत्तर (*a*) नई जातियाँ, तब बनती हैं यदि जनन कोशिकाओं में DNA परिवर्तन हो। गुणसूत्रों की संख्या में ऐसा बदलाव विभिन्नताओं को बताता है।

प्रश्न 11. एक सब्जी की टोकरी में गाजर, आलू, मूली और मटर रखें हैं। निम्नलिखित में से कौन-सी सही समजात संरचना है।

(a) गाजर और आलू
(b) गाजर और टमाटर
(c) मूली और गाजर
(d) मूली और आलू

उत्तर (*c*) मूली और गाजर समजात संरचना को प्रदर्शित करते हैं, क्योंकि इनके मूल अलग-अलग जातियों में समान होते हैं।

प्रश्न 12. सही कथनों को चुनिए।

(a) मटर के पौधे के प्रतान और *ओपंसिया* के फिलोक्लेड समजात हैं
(b) मटर के पौधे के प्रतान और *ओपंसिया* के फिलोक्लेड समरूप हैं
(c) पक्षियों के पंख और छिपकली का पैर समजात हैं
(d) पक्षियों के पंख और चमगादड़ के पंख समरुप हैं

उत्तर (*c*) पक्षियों के पंख और छिपकली के पैर एकसमान संरचना रखते हैं। अतः ये समजात अंग हैं।

प्रश्न 13. यदि जीव के जीवाश्म, पृथ्वी के बहुत अंदर पर्त में पाए जाएँ, तो यह भविष्य में बतलाते हैं, कि

(a) जीव का अंत अभी हुआ है
(b) जीव का अंत हजारों साल पहले हुआ है
(c) पृथ्वी की पर्त में जीवाश्म की स्थिति, जीव के अंत से संबंधित नहीं है
(d) अन्त या खत्म होने का समय नहीं बता सकते

उत्तर (*b*) जब पृथ्वी की खुदाई हुई, तो जीवाश्म अलग-अलग पर्तों में पाए गए। जीवाश्म, जो गहरी पर्त में पाए गए वो पुराने थे और बहुत गहरी पर्त पुरानी थी।

प्रश्न 14. विभिन्नता के संबंध में निम्नलिखित में से कौन-सा कथन सही नहीं है?

(a) जातियों में सभी विभिन्नताएँ जीवित रहने के लिए एक जैसा मौका रखती हैं

(b) आनुवंशिकी संगठन में परिवर्तन, विभिन्नताओं का परिणाम है

(c) वातावरणीय कारकों द्वारा विभिन्नताओं को अलग करना, वातावरणीय प्रक्रिया के आधार से होता है

(d) अलैंगिक प्रजनन में कम विभिन्नताएँ होती हैं

उत्तर (*a*) जातियों में सभी विभिन्नताएँ, जीवित रहने के लिए एक जैसा मौका नहीं रखती हैं। कुछ परिवर्तन तेजी से होते हैं। नई DNA प्रतिलिपि कोशिकीय कोशिकाएँ के साथ काम नहीं कर सकती। इसलिए नई उत्पन्न हुई कोशिकाएँ मर जाती हैं।

प्रश्न 15. जीवों में लक्षण अभिव्यक्त होते हैं

(a) केवल पैतृक DNA द्वारा

(b) केवल मातृक संबंधी DNA द्वारा

(c) मातृक और पैतृक दोनों DNA द्वारा

(d) न तो पैतृक और न ही मातृक संबंधी DNA द्वारा

उत्तर (*c*) जीवों के लक्षण, उसके जीन या DNA में परिवर्तन के कारण होते हैं। यह मातृक और पैतृक दोनों DNA द्वारा प्रभावित होते हैं, जो लक्षण लैंगिक प्रजनन के समय संतति में चले जाते हैं।

प्रश्न 16. सामान्य लक्षणों की अधिक संख्या रखने वाले संघ को चुनिए।

(a) एक प्रजाति के दो व्यक्ति

(b) एक वंश की दो जातियाँ

(c) एक कुल के दो वंश

(d) दो कुलों के दो वंश

उत्तर (*a*) एक जाति, एक जैसे जीवों की जनसंख्या से बनी होती है, जो एक दूसरे से संकरण कर सकती है और निषेच्य संतति उत्पन्न करती है।

प्रश्न 17. विकासीय संकल्पना के अनुसार नई जाति की उत्पत्ति या निर्माण का कारण है

(a) प्रकृति द्वारा अचानक रचना

(b) विभिन्न पीढ़ियों की ओर विभिन्नताओं का एकत्रीकरण

(c) अलैंगिक प्रजनन के समय क्लोन बनना

(d) एक आवास से दूसरे में प्रत्येक व्यक्ति की गति

उत्तर (*b*) विभिन्न पीढ़ियों की ओर विभिन्नताओं का एकत्रीकरण नई जाति को बनाता है।

प्रश्न 18. नीचे सूची दी गई है, लक्षणों को चुने, जो उपार्जित हो सकते हैं, परंतु पैतृक नहीं।

(a) आँखों का रंग
(b) त्वचा का रंग
(c) शरीर का आकार
(d) बालों की प्रकृति

उत्तर (*c*) उपार्जित लक्षण, वातावरण से मिलने वाली प्रतिक्रियाओं से उत्पन्न होते हैं शरीर का आकार उपार्जित लक्षण है, क्योंकि यह ज्यादा या कम खाने की उपलब्धता पर परिवर्तित होता है।

प्रश्न 19. लक्षणों के दो अनुवाद, जो नर और मादा युग्मकों द्वारा आते हैं, यह स्थित होते हैं

(a) एक जैसे गुणसूत्रों की प्रतिलिपि पर
(b) दो विभिन्न गुणसूत्रों पर
(c) लिंग गुणसूत्रों पर
(d) किसी भी गुणसूत्र पर

उत्तर (*c*) नर और मादा युग्मकों द्वारा लक्षण, लिंग गुणसूत्रों पर आते हैं।

प्रश्न 20. सही कथनों को चुने, जो जीन की विशेषताओं को बताते हैं

I. जीन, DNA अणुओं में आधार का विशेष क्रम है।
II. जीन प्रोटीन के लिए कोड नहीं रखते हैं
III. दी गई जातियों में प्रत्येक में, विशेष जीन विशेष गुणसूत्र पर स्थित होते हैं
IV. प्रत्येक गुणसूत्र केवल एक जीन रखते हैं

(a) I और II
(b) I और III
(c) I और IV
(d) II और IV

उत्तर (*b*) जीन गुणसूत्रों पर DNA की इकाई है, जो एक प्राटीन का संश्लेषण देखती है और जीवों के विशेष लक्षणों को नियंत्रित करती हैं।

प्रश्न 21. मटर में, एक शुद्ध लंबा पौधे (TT) का एक छोटे पौधे (tt) के साथ संकरित कराया जाता है। F_2 पीढ़ी में, शुद्ध लंबे पौधों से छोटे पौधों का अनुपात है

(a) 1:3
(b) 3:1
(c) 1:1
(d) 2:1

उत्तर (*b*) F_2 पीढ़ी में, लंबे और छोटे पौधों का अनुपात 3 : 1 होगा। यह एक संकरण अनुपात कहलाता है।

प्रश्न 22. मानव के युग्मनज में लिंग गुणसूत्रों के जोड़ों की संख्या है

(a) एक
(b) दो
(c) तीन
(d) चार

उत्तर (*a*) मानव में, लिंग गुणसूत्र जोड़ों में होते हैं। मादा में, XX लिंग गुणसूत्रों का जोड़ा होता है, परन्तु नर में, XY लिंग गुणसूत्र होता है।

प्रश्न 23. प्राकृतिक वरण द्वारा जातियों के विकास की परिकल्पना दी है

(a) मेंडल ने (b) डार्विन ने (c) मोर्गन ने (d) लैर्माक ने

उत्तर (*b*) 19 वीं शताब्दी में चार्ल्स डार्विन ने प्राकृतिक वरण की परिकल्पना दी थी।

प्रश्न 24. कुछ डाइनोसॉर पंख रखते थे, यद्यपि ये उड़ नहीं सकते। परंतु पक्षी पंख रखते हैं, जो उड़ने में इनकी सहायता करते हैं। विकास के संबंध में इसका अर्थ है कि

(a) सरीसृप, पक्षियों से विकसित हुए हैं

(b) पक्षियों और सरीसृपों के बीच कोई सम्बन्ध नहीं है

(c) दोनों जीवों में पंख समजात अंग हैं

(d) पक्षी, सरीसृपों से विकसित हुए हैं

उत्तर (*d*) कुछ डाइनोसॉर में पंखों की उपस्थिति बताती है कि, पक्षियों का सरीसृपों से बहुत नजदीक का संबंध है।

लघु उत्तरीय प्रश्न

प्रश्न 25. मानवों में नर अथवा मादा बच्चे के पैदा होने की सांख्यिकीय संभावना 50:50 होती है। उपयुक्त व्याख्या कीजिए।

उत्तर मानव में बच्चे का लिंग निर्धारण शुक्राणुओं द्वारा होता है। यह शुक्राणुओं के 50% में X-गुणसूत्र का होना तथा बाकि 50% शुक्राणुओं में Y-गुणसूत्र के होने के कारण होता है। इस प्रकार माता-पिता को नर तथा मादा बच्चे के पैदा होने में 50-50% संभावना होती है। यही कारण है कि मानव जनसंख्या में लगभग आधा भाग नर एवं आधा भाग मादा का होता है।

प्रश्न 26. मटर के पौधे के निम्नलिखित लक्षणों के विपर्यासी विशेषकों के युग्म लिखिए और बताइए कि उनमें से कौन-सा विशेषक प्रभावी है, और कौन सा अप्रभावी?

(i) पीला बीज (ii) गोल बीज

उत्तर (i) पीला बीज-हरा बीज

YYyy

पीला प्रभावी है एवं हरा अप्रभावी है।

(ii) गोल बीज-झुर्रीदार बीज

RRrr

गोल प्रभावी है एवं झुर्रीदार अप्रभावी है।

प्रश्न 27. एक महिला ने केवल लड़कियों को जन्म दिया। आनुवंशिक दृष्टि से स्थिति का विश्लेषण कीजिए और उपयुक्त व्याख्या कीजिए।

उत्तर एक बच्चे का लिंग निर्भर करता है यदि X-गुणसूत्रयुक्त शुक्राणु अंडाणु को निषेचित करता है, जिसमें X-गुणसूत्र हों, तब पैदा होने वाला बच्चा लड़की होगी। यह बच्चे में XX लिंग गुणसूत्रों के होने के कारण होता है। यदि प्रत्येक निषेचन में X-गुणसूत्र अंडाणु को निषेचित करता है, तो महिला को लड़कियाँ पैदा हो सकती हैं।

दीर्घ उत्तरीय प्रश्न

प्रश्न 28. क्या माँ का आनुवंशिक संयोजन की नवजात बच्चे के लिंग-निर्धारण में कोई महत्त्वपूर्ण भूमिका होती है।

उत्तर मानव में नवजात के लिंग का निर्धारण आनुवंशिकीय होता है। यह लैंगिक जनन में अंडाणु (XX) एवं शुक्राणु (XY) के संयुग्मन की एक आवश्यक दशा है। नर और मादा दोनों बच्चों को माता से एक X-गुणसूत्र की अनिवार्यता होती है। हालांकि लड़की या लड़का होना माता के X-गुणसूत्र के पिता के X-गुणसूत्र या Y-गुणसूत्र से संयुग्मन पर निर्भर करता है। इसलिए हम कह सकते हैं कि माँ के आनुवंशिक संयोजन की नवजात के लिंग निर्धारण में महत्त्वपूर्ण भूमिका होती है।

प्रश्न 29. मानवों से तुलना करने पर जीवाणु के शरीर की योजना सरलतम होती है। क्या इसका अर्थ यह हुआ कि जीवाणुओं की तुलना में मानव अधिक विकसित होते है? उपयुक्त व्याख्या कीजिए।

उत्तर जब एक नवीन या नई जाति का निर्माण होता है, यह आवश्यक नहीं है कि पुरानी जाति *जैसे*–जीवाणु पृथ्वी से विलुप्त हो जाएँगे। यह वातावरण पर निर्भर करता है। ऐसा भी नहीं है, यदि नई बनने वाली जाति किसी भी प्रकार से पुरानी जाति से श्रेष्ठ हो। साधारणतः यह कह सकते हैं; कि आनुवंशिक विचलन एवं प्राकृतिक वरण या चयन प्रक्रियाएँ विभिन्न शारीरिक संरचनाओं वाली समष्टि के निर्माण में संयोग करते हैं, जो पुरानी समष्टि के साथ अन्तः प्रजनन नहीं कर सकते। यह जीवों के बहुत से साधारण और पुराने रूपों का पृथ्वी पर अभी तक जीवित होने के कारण होता है; *जैसे*—जीवाणु यही कारण है अत्याधिक विषम परिस्थितियों में भी जीवित रहते है; *जैसे*—गर्म झरनों में, समुद्र की गहराई में, गोलाशम सरिताएँ एवं अंटार्कटिका की बर्फ में। इसलिए हम कह सकते हैं मानव जीवाणुओं की तुलना अधिक विकसित होते हैं, क्योंकि इनमें शारीरिक जटिलताएँ होती हैं या इनकी शारीरिक संरचना जटिल होती है।

प्रश्न 30. निम्नलिखित संकरण पर ध्यान दीजिए और F_1 में स्वपरागण दर्शाते हुए, रिक्त स्थान की पूर्ति कीजिए।

जनक	RRYY	X	rryy
	गोल पीला		झुर्रीदार हरा
F_1 संतति	RrYy	X	?

उत्तर

जनक	RRYY	X	rrYY
	(गोल पीला)		(झुर्रीदार हरा)
F_1 संतति	RrYy	X	RrYy
	(गोल पीला)		(गोल पीला)

(i) F_2 पीढ़ी में लक्षणों का संयोग है =9

गोल पीला (Ry)/ गोल हरा = 3, झुर्रीदार पीला = 3, झुर्रीदार हरा = 1
अनुपात 9:3:3:1 होता है।

(ii) वंशागति आनुवंशिक नियंत्रित लक्षणों का एक पीढ़ी से दूसरी पीढ़ी में स्थानांतरण है। *वंशागति क्रियाविधि की आधारभूत विशेषताएँ निम्नलिखित हैं*

(a) कोशिकीय DNA, कोशिका में प्रोटीन संश्लेषण का सूचना स्रोत है।

(b) प्रत्येक जनक में एक गुणसूत्रयुग्म पर प्रत्येक विशिष्टता के लिए जीन का एक युग्म (जोड़ा) होता है।

(c) निषेचन के दौरान जब एक नर युग्मक का मादा युग्मक से संयुग्मन होता है, ये जीन के संपूर्ण समूहों की एक नई कोशिका जाइगोट बनाते हैं। इस जाइगोट मे माता-पिता दोनों के लक्षण होते हैं, जो जीनों द्वारा वंशागत होते हैं।

(d) संतति में माता-पिता से प्रत्येक लक्षण के लिए दो जीन वंशागत होती हैं, लेकिन संतति में लक्षणों का प्रतीत होना दोनों वंशागत जीनों में से प्रभावी जीन के होने पर निर्भर करता है।

(iii) F_1 पीढ़ी में सभी गोल पीले बीजों का उत्पन्न होना व्याख्या करता है, कि बीजों की गोल आकृति एवं पीला रंग, हरे रंग और झुर्रीदार आकृति वाले बीजों पर प्रभावी लक्षण है।

प्रश्न 31. सभी मानव प्रजातियाँ, जैसे अफ्रीकी, एशियाई, यूरोपियन, अमेरिकी और अन्य प्रजातियाँ एक सामान्य पूर्वज से व्युत्पन्न हुई। इस विचारधारा के समर्थन में कुछ प्रमाण प्रस्तुत कीजिए।

उत्तर मानव का उद्‌भव अफ्रीका से हुआ है। वहीं से हजारों साल पहले, हमारे पूर्वज धीरे-धीरे पश्चिमी एशिया फिर वहाँ से मध्य एशिया, यूरेशिया, अमेरिका में फैल गए। इसके पश्चात् वहाँ से उन्होंने इंडोनेशिया के द्वीपों, फिलीपींस से ऑस्ट्रेलिया तक का सफर किया। फिर बेरिंग लेड ब्रिज को पार करके अमेरिका पहुँचे। इसी सफर से हर दिशा में अनुकूलन के कारण आधुनिक मानव का विकास हुआ। आधुनिक मानव का वैज्ञानिक नाम '*होमो सेपियंस सेपियंस*' है।

10

प्रकाश-परावर्तन तथा अपवर्तन

जब प्रकाश किसी वस्तु पर पड़ता है तो वस्तु उस पर पड़ने वाले प्रकाश को परावर्तित करती हैं। यह परावर्तित प्रकाश जब हमारी आँखो द्वारा ग्रहण किया जाता है तो हमें वस्तुयें दिखायी देती है। प्रकाश से संबद्ध अनेक सामान्य तथा अद्‌भुत परिघटनाएँ है जैसे-दर्पण द्वारा प्रतिबिंब का बनना, तारों का टिमटिमाना, इंद्रधनुष के सुंदर रंग, किसी माध्यम द्वारा प्रकाश को मोड़ना, आदि।

प्रकाश (Light)

प्रकाश ऊर्जा का एक रूप है, जो विद्युत चुंबकीय विकिरण (electromagnetic radiation) के रूप में वस्तुओं को दृश्यमान (visible) बनाता है। प्रकाश ऐसी ऊर्जा है, जो हमारे दृष्टि ज्ञान को जागृत करती है।

अथवा

प्रकाश एक प्रकार की ऊर्जा है जो हमारी आँखों के रेटिना पर गिरकर दृष्टि संवेदना उत्पन्न करती है और हमे वस्तुएँ दिखायी देती है।

प्रकाश किरण (Ray of Light)

एक छोटा प्रकाश स्रोत, जो किसी अपारदर्शी वस्तु की तीक्ष्ण छाया बनाता है तथा सरल रेखा में चलता है। किसी समांग माध्यम में एक बिंदु से दूसरे बिंदु तक प्रकाश जिस ऋजु रेखीय मार्ग से होकर जाता है, उसे **प्रकाश किरण** कहते हैं।

प्रकाश पुंज (Light Beam)

बहुत सी प्रकाश किरणें, जो एक-दूसरे के समानांतर (parallel) चलती हैं, मिलकर **प्रकाश पुंज** का निर्माण करती हैं। प्रकाश पुंज समानांतर के अतिरिक्त अभिसारी (convergent) तथा अपसारी (divergent) भी होते हैं।

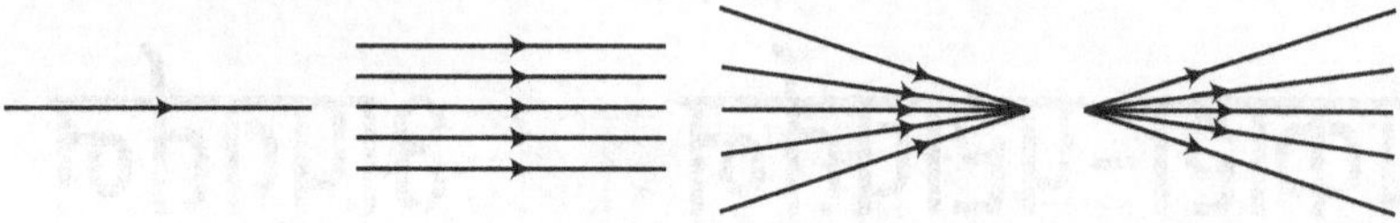

(a) **प्रकाश किरण** (b) **समानांतर प्रकाश पुंज** (c) **अभिसारी प्रकाश पुंज** (d) **अपसारी प्रकाश पुंज**

प्रकाश का परावर्तन (Reflection of Light)

जब प्रकाश किरणें एक माध्यम से चलकर दूसरे माध्यम की सतह से टकरा कर पुनः पहले माध्यम में लौट जाती हैं, तब यह परिघटना **प्रकाश का परावर्तन** कहलाती है।

परावर्तन के नियम (Laws of Reflection)

परावर्तन के निम्न दो नियम हैं

(i) आपतित किरण, परावर्तित किरण तथा आपतन बिंदु पर अभिलंब, तीनों एक ही तल में होते हैं।

(ii) आपतन कोण (angle of incidence = i), परावर्तन कोण (angle of reflection = r) के बराबर होता है।

$$\angle i = \angle r$$

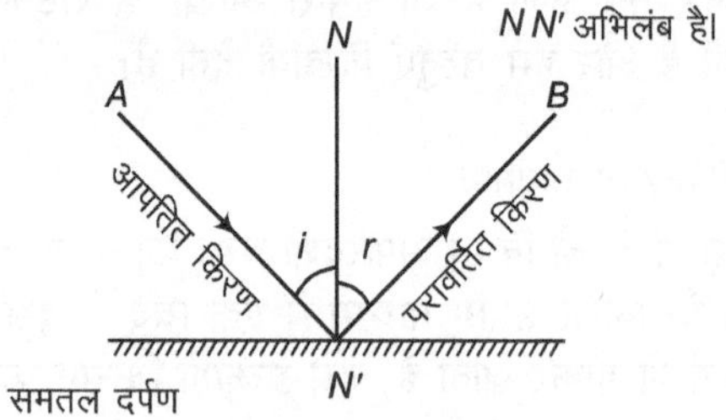

समतल दर्पण द्वारा परावर्तन

दर्पण (Mirror)

एक चमकदार सतह, जो अपने ऊपर आपतित प्रकाश के अधिकांश भाग को परावर्तित कर देती है, **दर्पण** कहलाती है।

दर्पण के प्रकार (Type of Mirrors)

(i) **समतल दर्पण** इनका परावर्तक पृष्ठ समतल होता है।

(ii) **गोलीय दर्पण** ये दर्पण काँच के खोखले गोले के कटे भाग होते हैं, इनके एक तल पर पारे की पॉलिश तथा लाल ऑक्साइड का पेंट कर दिया जाता है जिससे इनका दूसरा तल परावर्तक तल हो जाता है।

ये भी दो प्रकार के होते हैं

(a) उत्तल दर्पण (b) अवतल दर्पण

उत्तल दर्पण वे गोलीय दर्पण जिनमे परावर्तन बाहरी (उभरी) सतह से होता है, **उत्तल दर्पण** कहलाते हैं। उत्तल दर्पण मे पॉलिश खोखले (दबे) भाग पर होती है। चित्र (b)।

अवतल दर्पण वे गोलीय दर्पण जिनमें परावर्तन अंदर की ओर दबी हुई सतह से होता है, **अवतल दर्पण** कहलाते हैं। अवतल दर्पण मे पॉलिश उभरे हुए भाग पर होती है। चित्र (a)।

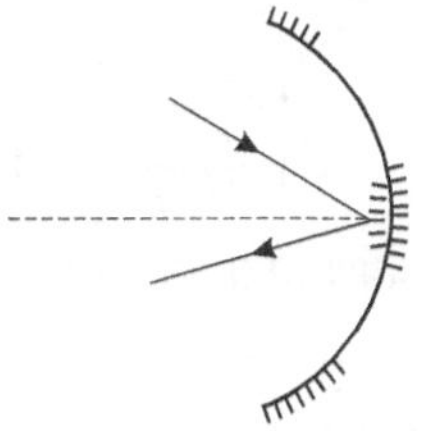

(a) अवतल दर्पण

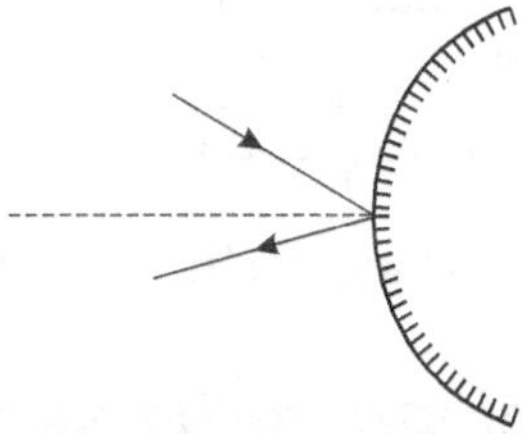

(b) उत्तल दर्पण

गोलीय दर्पणों से संबंधित कुछ परिभाषाएँ
(Some Terms Related to Spherical Mirrors)

(i) **ध्रुव** गोलीय दर्पण के परावर्तक पृष्ठ के केंद्र को दर्पण का **ध्रुव** (P) कहते हैं।

(ii) **वक्रता केंद्र** वह गोला (sphere), जिसको काट कर गोलीय दर्पण बनाया गया है, उसके केंद्र को गोलीय दर्पण का **वक्रता केंद्र** (C) कहते हैं।

(iii) **वक्रता त्रिज्या** गोलीय दर्पण, जिस गोले का भाग है, उसकी त्रिज्या को दर्पण की **वक्रता त्रिज्या** (R) कहते हैं। चित्र (a) व (b) मे CP=R वक्रता त्रिज्या है।

(iv) **मुख्य अक्ष** दर्पण के ध्रुव तथा वक्रता केंद्र से गुजरने वाली सीधी रेखा को **मुख्य अक्ष** कहते हैं।

(v) **द्वारक** गोलीय दर्पण के परावर्तक पृष्ठ की वृत्ताकार सीमारेखा के व्यास को दर्पण का **द्वारक** कहते हैं।

(vi) **मुख्य फोकस** मुख्य अक्ष के समानांतर आपतित किरणें, परावर्तन के पश्चात्, मुख्य अक्ष के जिस बिंदु पर मिलती हैं, उसे मुख्य **फोकस** (F) कहते हैं। (अवतल दर्पण के हेतु) *अथवा*

मुख्य अक्ष के समानांतर आपतित किरणें, परावर्तन के पश्चात्, मुख्य अक्ष के जिस बिंदु पर मिलती हुई प्रतीत होती हैं, उसे **मुख्य फोकस** (F) कहते हैं।

(vii) **फोकस दूरी** दर्पण के मुख्य फोकस से ध्रुव तक की दूरी को दर्पण की **फोकस दूरी** (f) कहते हैं।

(viii) **फोकस दूरी तथा वक्रता त्रिज्या के बीच संबंध** $f = \frac{R}{2}$, जहाँ, f = फोकस दूरी तथा R = वक्रता त्रिज्या है।

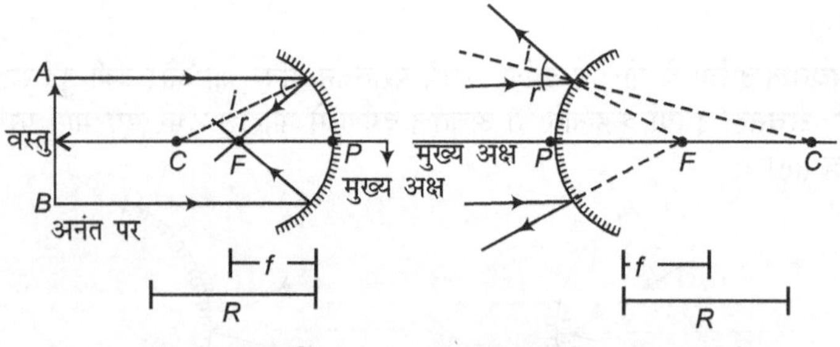

(a) **अवतल दर्पण** (b) **उत्तल दर्पण द्वारा परावर्तन**

गोलीय दर्पणों द्वारा प्रतिबिंब बनना

(Image Formation by Spherical Mirror)

(i) मुख्य अक्ष के समानांतर प्रकाश किरण, परावर्तन के पश्चात् मुख्य फोकस से गुजरती है (चित्र a : अवतल दर्पण के लिए) या मुख्य फोकस से गुजरती हुई प्रतीत होती है, *जैसा कि निम्न चित्र में दर्शाया गया है।*

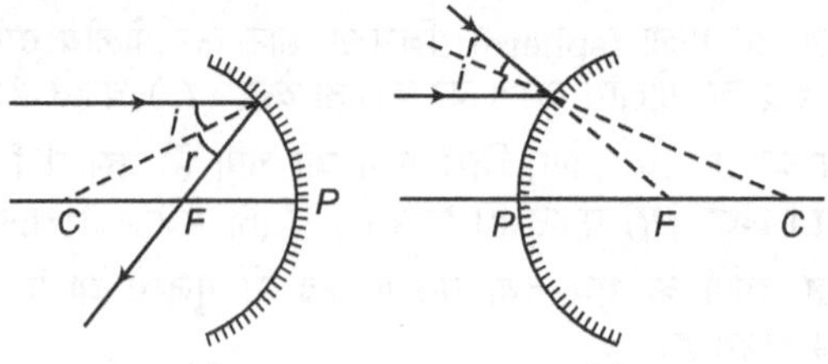

(a) (b)

(ii) अवतल दर्पण के मुख्य फोकस से गुजरने वाली किरण (चित्र a) अथवा उत्तल दर्पण के मुख्य फोकस की ओर निर्देशित किरण परावर्तन के पश्चात् मुख्य अक्ष के समानांतर हो जाती है, *जैसा कि निम्न चित्र में दर्शाया गया है।*

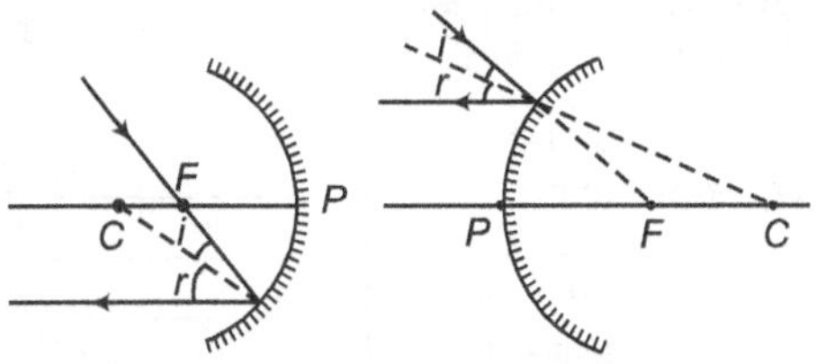

(a) (b)

(iii) अवतल दर्पण के (चित्र a) वक्रता केंद्र (*c*) से गुजरने वाली किरण अथवा उत्तल दर्पण के (चित्र b) वक्रता केंद्र की ओर निर्देशित किरण, परावर्तन के पश्चात् उसी पथ के अनुदिश लौट जाती है, *जैसा कि निम्न चित्र में दर्शाया गया है।*

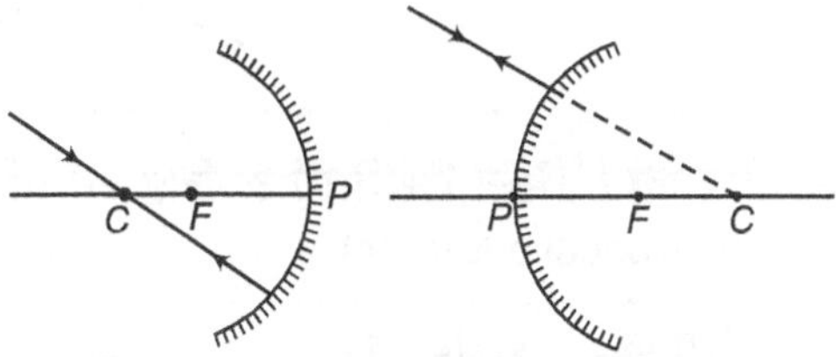

(a) (b)

(iv) अवतल दर्पण (चित्र a) अथवा उत्तल दर्पण (चित्र b) के बिंदु P (ध्रुव) की ओर मुख्य अक्ष से तिर्यक दिशा में आपतित किरण तिर्यक दिशा में ही परावर्तित होती है, *जैसा कि निम्न चित्र में दर्शाया गया है।* [लागू नियम $\angle i = \angle r$]

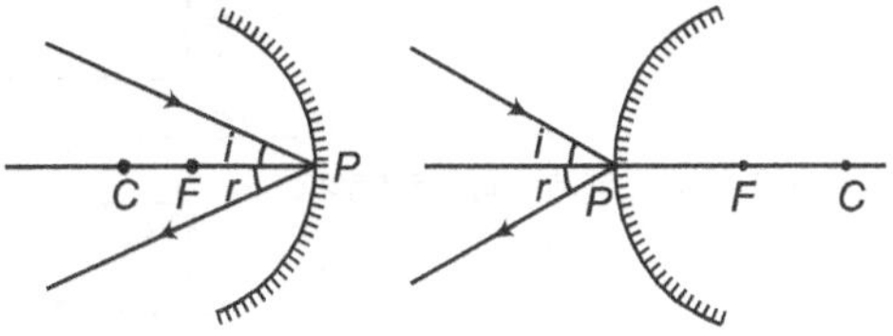

(a) (b)

उत्तल दर्पण द्वारा बिंब की विभिन्न स्थितियों हेतु प्रतिबिंब का बनना
(Image Formation by Convex Mirror)

क्र.सं.	बिंब की स्थिति	प्रतिबिंब की स्थिति	प्रतिबिंब की प्रकृति	किरण आरेख
1.	अनंत पर	फोकस *F* पर, दर्पण के पीछे	आभासी, सीधा, अत्यधिक छोटा, बिंदु के आकार का	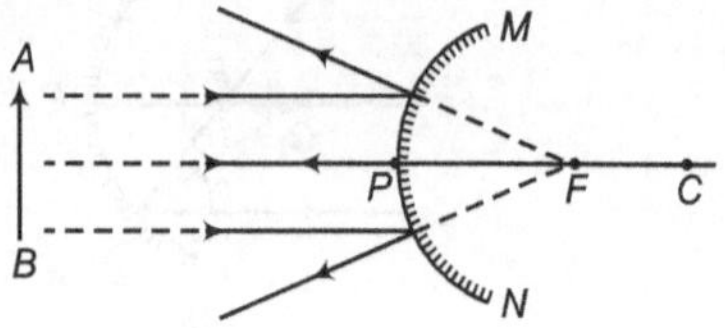
2.	अनंत तथा दर्पण के ध्रुव *P* के मध्य कहीं भी स्थित	*P* तथा *F* के मध्य, दर्पण के पीछे	आभासी, सीधा तथा छोटा	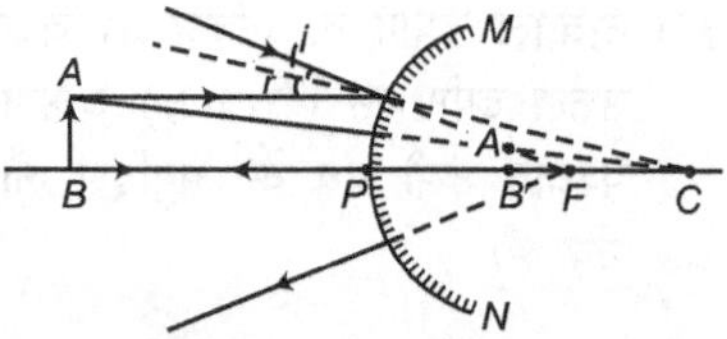

अवतल दर्पण द्वारा बिंब की विभिन्न स्थितियों के लिए बने प्रतिबिंब
(Image Formation by Concave Mirror)

क्र.सं.	बिंब की स्थिति	प्रतिबिंब की स्थिति	प्रतिबिंब की प्रकृति	किरण आरेख
1.	अनंत पर	फोकस पर	वास्तविक, उल्टा, अत्यधिक छोटा, बिंदु साइज	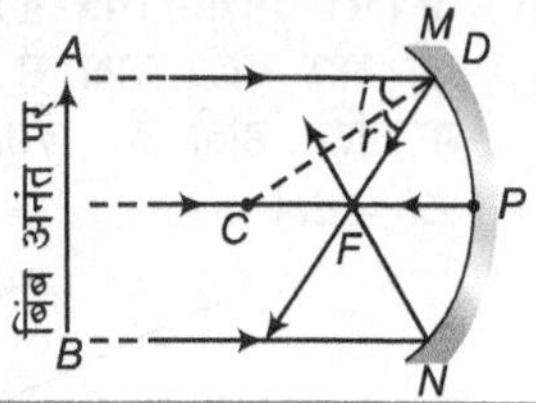
2.	*C* से परे	*F* तथा *C* के मध्य	वास्तविक, उल्टा तथा छोटा	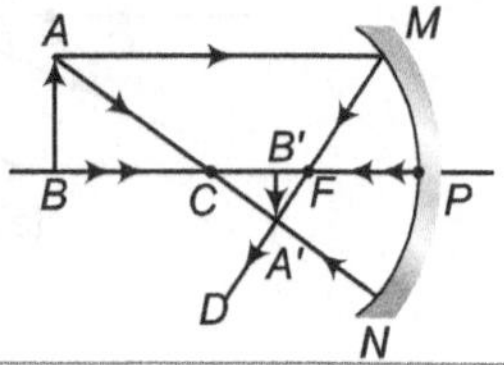

क्र.सं.	बिंब की स्थिति	प्रतिबिंब की स्थिति	प्रतिबिंब की प्रकृति	किरण आरेख
3.	C पर	C पर	वास्तविक, उल्टा तथा समान आकार	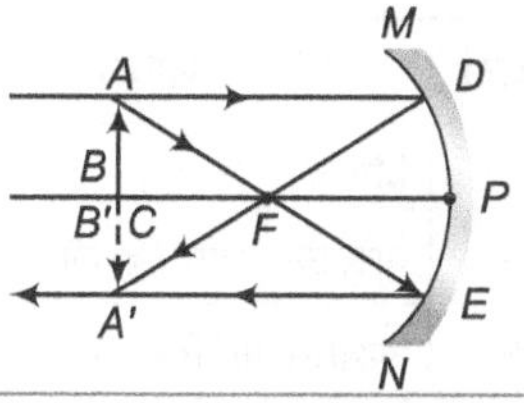
4.	C तथा F के मध्य	C से परे	वास्तविक, उल्टा तथा बड़ा (विवर्धित)	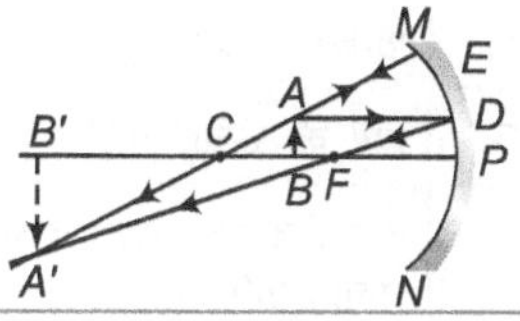
5.	F पर	अनंत पर	वास्तविक, उल्टा तथा अत्यधिव बड़ा (विवर्धित)	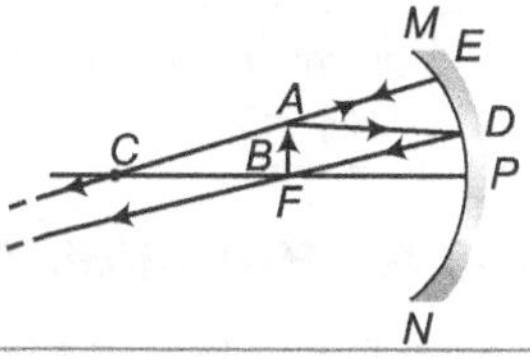
6.	P तथा F के मध्य	दर्पण के पीछे	आभासी, सीधा तथा बड़ा (विवर्धित)	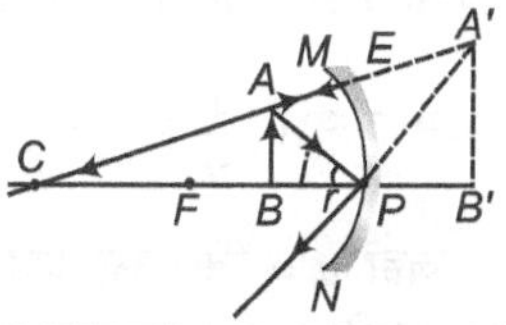

अवतल दर्पण के उपयोग (Uses of Concave Mirror)

अवतल दर्पण के उपयोग निम्न हैं

1. टॉर्च, सर्चलाइट तथा वाहनों के अग्रदीपों के रूप में
2. चेहरे का बड़ा प्रतिबिंब देखने हेतु;
3. सौर भट्टियों में सूर्य के प्रकाश को केंद्रित करने हेतु तथा
4. दंत विशेषज्ञों द्वारा दंत चिकित्सा हेतु अवतल दर्पणों का उपयोग किया जाता है।

उत्तल दर्पण के उपयोग (Uses of Convex Mirror)

उत्तल दर्पण के उपयोग निम्न हैं

1. उत्तल दर्पण, वाहनों मे पीछे की वस्तुओं या वाहनों को देखने के लिए उपयोग किया जाता है।
2. दुकानों व गोदामों आदि में निगरानी दर्पण (vigilance mirror) के रूप में उत्तल दर्पणों का उपयोग किया जाता है।

गोलीय दर्पणों द्वारा परावर्तन के लिए चिह्न परिपाटी

(Sign Convention for Reflection by Spherical Mirrors)

क्र.सं.	मापन	अवतल दर्पण हेतु	उत्तल दर्पण हेतु
1.	बिंब की दूरी (*u*)	ऋणात्मक (−)	ऋणात्मक (−)
2.	वास्तविक प्रतिबिंब की दूरी (*v*)	ऋणात्मक (−)	लागू नहीं
3.	आभासी प्रतिबिंब की दूरी (*v*)	धनात्मक (+)	धनात्मक (+)
4.	फोकस दूरी (*f*)	ऋणात्मक (−)	धनात्मक (+)
5.	बिंब की ऊँचाई (*h*)	धनात्मक (+)	धनात्मक (+)
6.	वास्तविक तथा उल्टे प्रतिबिंब की ऊँचाई (*h′*)	ऋणात्मक (−)	लागू नहीं
7.	आभासी व सीधे प्रतिबिंब की ऊँचाई (*h′*)	धनात्मक (+)	धनात्मक (+)

दर्पण सूत्र तथा आवर्धन

(Mirror Formula and Magnification)

दर्पण सूत्र $\frac{1}{u}+\frac{1}{v}=\frac{1}{f}$

[जहाँ u = बिंब की ध्रुव से दूरी, v = प्रतिबिंब की ध्रुव से दूरी, f = दर्पण की फोकस दूरी]

प्रतिबिंब आवर्धन दर्पण द्वारा बने प्रतिबिंब की लंबाई तथा वस्तु की लंबाई के अनुपात को प्रतिबिंब का रेखीय आवर्धन कहते हैं।

यदि प्रतिबिंब की लंबाई I तथा वस्तु की लंबाई O हो तो प्रतिबिंब का रेखीय आवर्धन $m=\frac{I}{O}$

या

$$\boxed{m=\frac{I}{O}=\frac{v}{u}}$$

प्रतिबिंब के आवर्धन का धनात्मक चिह्न प्रतिबिंब के सीधे व आभासी होने तथा ऋणात्मक चिह्न प्रतिबिंब के उल्टे व वास्तविक होने को प्रदर्शित करता है।

प्रकाश का अपवर्तन (Refraction of Light)

वह परिघटना, जिसमें प्रकाश किरणें एक माध्यम से दूसरे माध्यम में जाने पर अपने मार्ग (सीधी रेखा) को बदल देती हैं, **प्रकाश का अपवर्तन** कहलाता है।

अपवर्तन का कारण (Cause of Refraction)

क्योंकि विभिन्न माध्यमों में प्रकाश की चाल भिन्न-भिन्न होती है, इसलिए उसका मार्ग भी भिन्न होता है। जब प्रकाश, सघन माध्यम से विरल में जाता है, तो यह अभिलंब से दूर हो जाता है। जब यह प्रकाश विरल (rarer) से सघन (optically denser) में जाता है, तब यह अभिलंब (normal) की ओर झुक जाता है, *जैसाकि चित्र मे दर्शाया गया है*

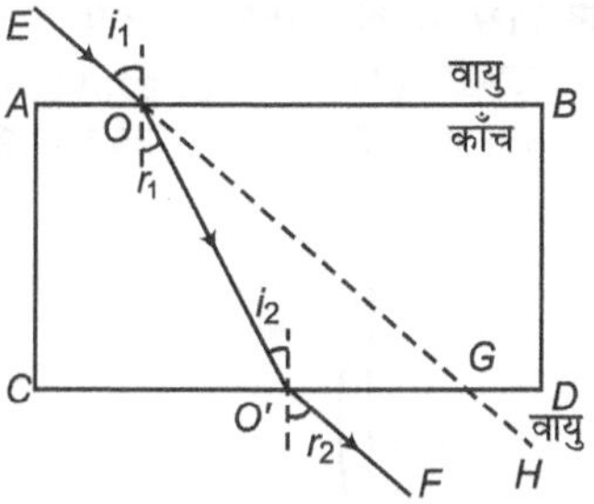

अपवर्तन के नियम (Laws of Refraction)

अपवर्तन के निम्न दो नियम हैं

(i) आपतित किरण, अपवर्तित किरण तथा अभिलंब, तीनों एक ही तल में होते हैं।

(ii) प्रकाश के किसी निश्चित रंग तथा निश्चित माध्यमों के युग्म के लिए आपतन कोण की ज्या (sine) तथा अपवर्तन कोण की ज्या (sine) का अनुपात स्थिर होता है। (स्नैल का नियम)

$$\frac{\sin i}{\sin r} = \text{स्थिरांक } (n)$$ (दूसरे माध्यम का पहले के सापेक्ष अपवर्तनांक)

अपवर्तनांक (Refractive Index; n)

किसी पारदर्शी माध्यम का **अपवर्तनांक** प्रकाश की निर्वात् या वायु में चाल तथा प्रकाश की माध्यम में चाल का अनुपात होता है।

$$n_m = \frac{c}{v} = \frac{\text{वायु या निर्वात मे प्रकाश की चाल}}{\text{माध्यम मे प्रकाश की चाल}},$$

यदि पहला माध्यम वायु न होकर अन्य कोई है, तब दूसरे माध्यम का अपवर्तनांक (पहले के सापेक्ष)

$$n_{21} = \frac{\text{माध्यम 1 में प्रकाश की चाल}}{\text{माध्यम 2 में प्रकाश की चाल}}$$

$$n_{21} = \frac{v_1}{v_2}$$

गोलीय लेंस (Spherical Lens)

लेंस दो पृष्ठों से घिरा हुआ कोई पारदर्शी माध्यम है, जिसका एक या दोनों पृष्ठ गोलीय होते हैं।

ये दो प्रकार के होते हैं

(i) **अभिसारी या उत्तल लेंस** ये लेंस कम-से-कम एक सतह से अवश्य उभरे होते हैं, दूसरा पृष्ठ उभरा (द्वि-उत्तल/bi-convex), धँसा (अवतल-उत्तल concace-convex) अथवा समतल (समतल-उत्तल/plano-convex) हो सकता है।

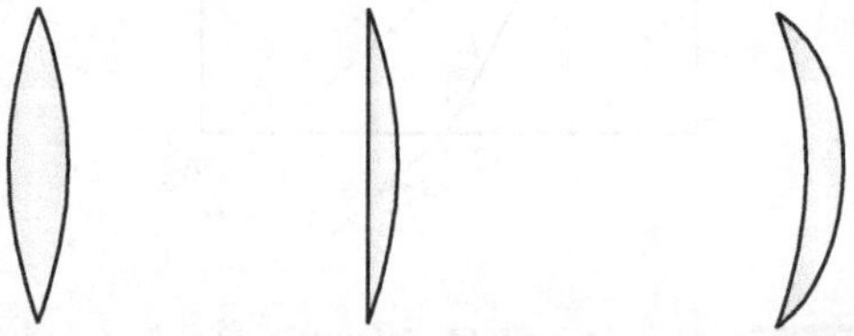

(a) **द्विउत्तल लेंस** (b) **समतल-उत्तल लेंस** (c) **अवतल-उत्तल लेंस**

(ii) **अपसारी या अवतल लेंस** द्विअवतल लेंस दोनों सतहों से अंदर की ओर वक्रित दो पृष्ठों (किनारों से मोटा) से घिरा होता है। अन्य प्रकार हैं उत्तल-अवतल व समतल-अवतल लेंस।

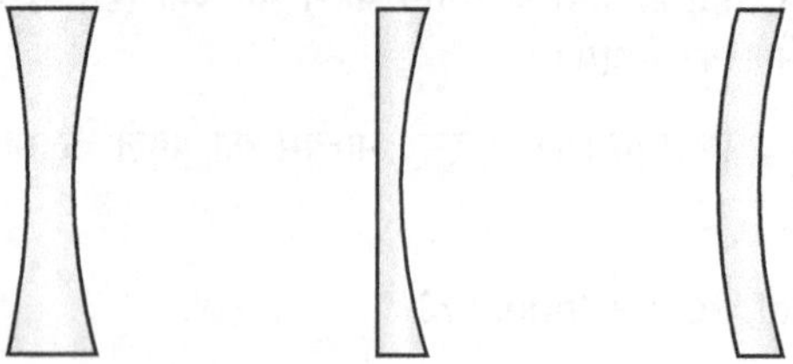

(a) **द्विअवतल लेंस** (b) **समतल-अवतल लेंस** (c) **उत्तल-अवतल लेंस**

लेंसों द्वारा प्रतिबिंब बनना (Image Formation by Lenses)

(i) बिंब से, मुख्य अक्ष के समानांतर आने वाली कोई प्रकाश किरण, अपवर्तन के पश्चात् लेंस के दूसरी ओर मुख्य फोकस से (उत्तल लेंस; चित्र (a)) गुजरती है या लेंस के उसी ओर मुख्य फोकस से अपसारित होती प्रतीत होती है। (अवतल लेंस चित्र (b))

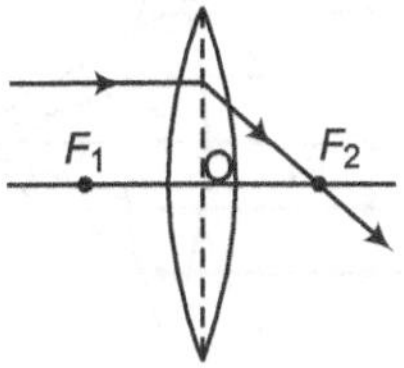

(a)

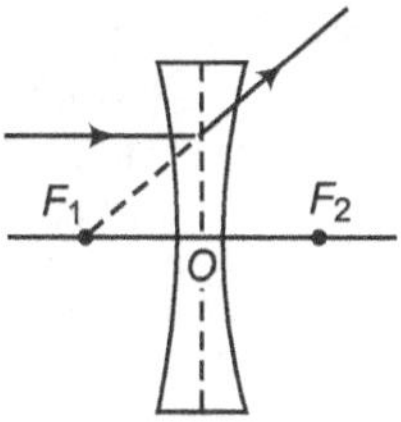

(b)

(ii) मुख्य फोकस से गुजरने वाली प्रकाश किरण, उत्तल लेंस से अपवर्तन के पश्चात् मुख्य अक्ष के समानांतर निर्गत होती है। (चित्र (a)) अवतल लेंस के मुख्य फोकस पर मिलती प्रतीत होती प्रकाश किरण अपवर्तन के पश्चात् मुख्य अक्ष के समानांतर हो जाती है। (चित्र (b))

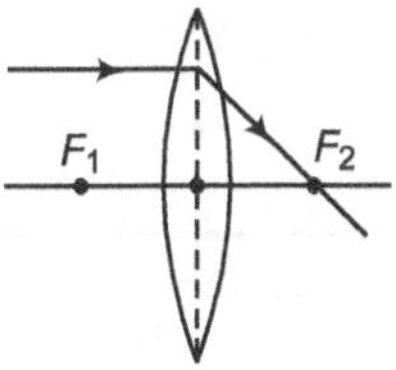

(a)

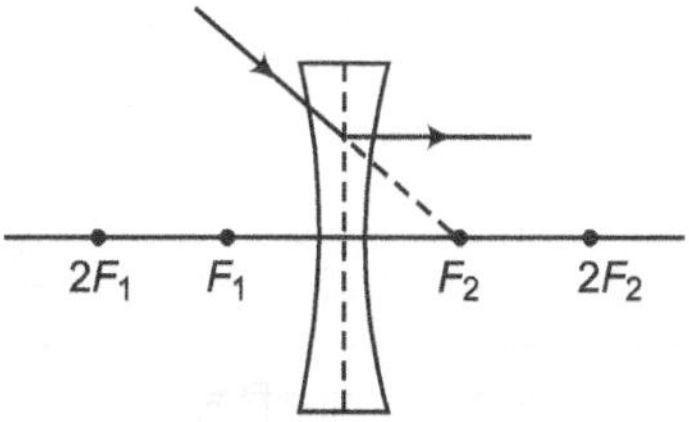

(b)

(iii) लेंस के प्रकाशिक केंद्र (O) से गुजरने वाली किरण अपवर्तन के पश्चात् बिना अपना पथ बदले, उसी पथ पर बिना विचलित हुए सीधी निकल जाती है (चित्र (a) तथा (b))

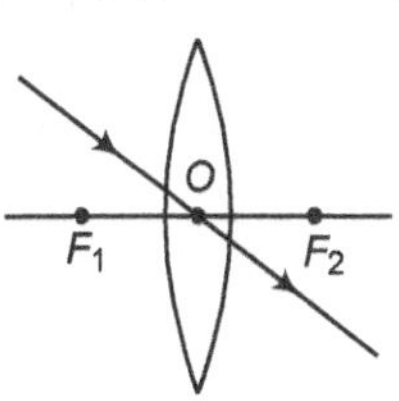

(a)

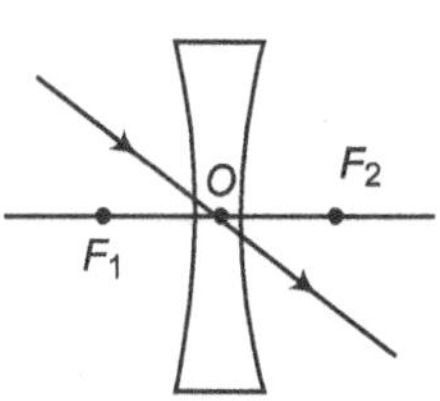

(b)

उत्तल लेंस द्वारा प्रतिबिंब का बनना (Image Formation by Convex Lens)

क्र.सं.	बिंब की स्थिति	प्रतिबिंब की स्थिति	प्रतिबिंब की प्रकृति	किरण आरेख
1.	अनंत पर	फोकस F पर	वास्तविक, उल्टा तथा अत्यधिक छोटा, बिंदु आकार	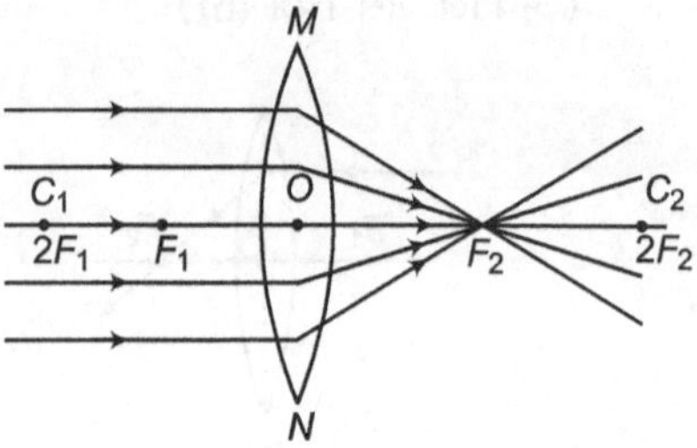
2.	$2F$ से परे	F तथा $2F$ के मध्य	वास्तविक, उल्टा तथा आकार में छोटा	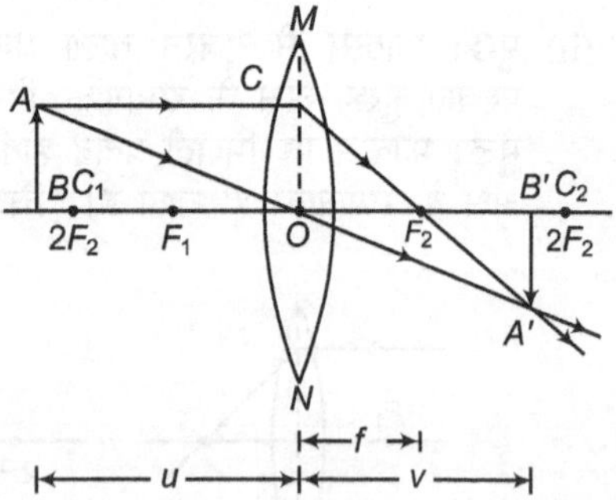
3.	$2F$ पर	$2F$ पर	वास्तविक, उल्टा, बिंब के समान आकार	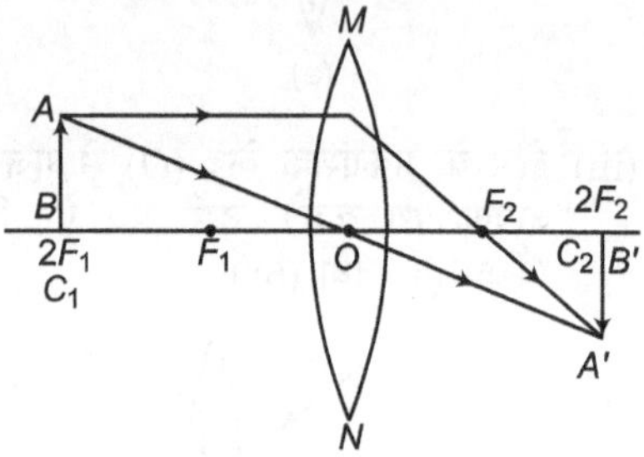

क्र.सं.	बिंब की स्थिति	प्रतिबिंब की स्थिति	प्रतिबिंब की प्रकृति	किरण आरेख
4.	F तथा $2F$ के मध्य	$2F$ से परे	वास्तविक, उल्टा तथा बड़ा (आवर्धित)	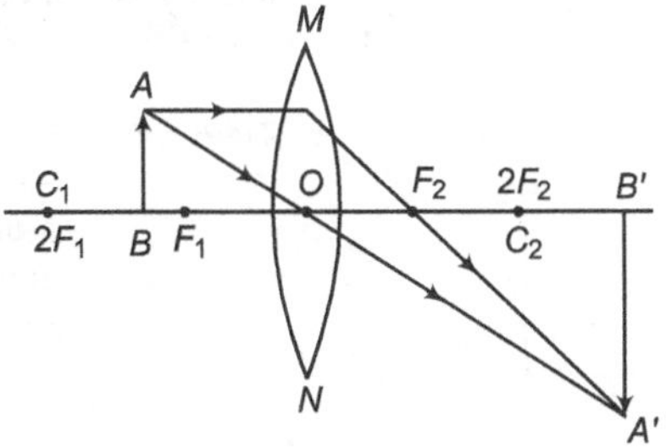
5.	F पर	अनंत पर	वास्तविक, उल्टा तथा अत्यधिक बड़ा	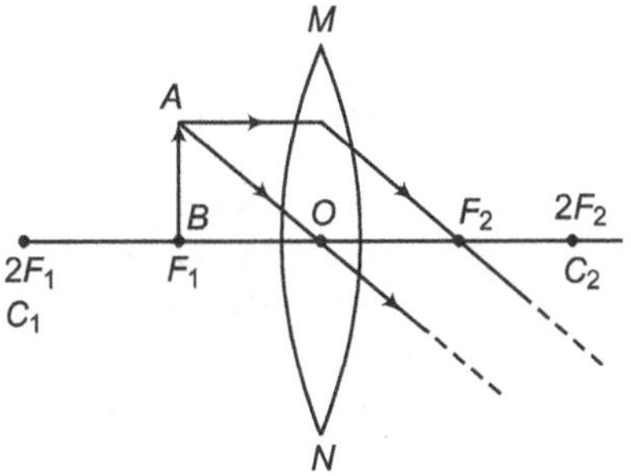
6.	फोकस F तथा प्रकाशिक केंद्र O के मध्य	लेंस के उसी ओर जिस ओर बिंब स्थित है	आभासी, सीधा तथा बड़ा (विवर्धित)	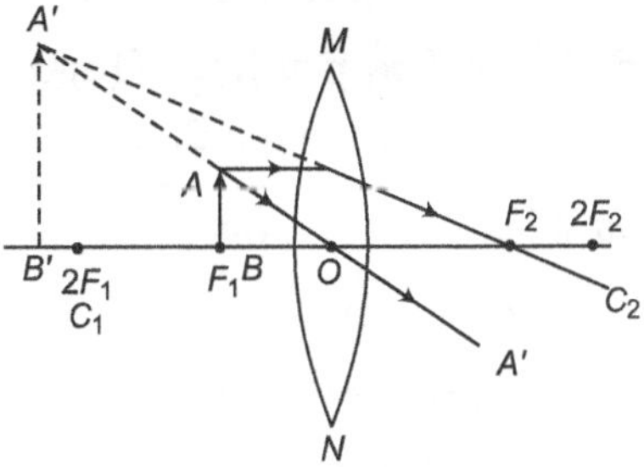

अवतल लेंस द्वारा प्रतिबिंब का बनना
(Image Formation by Concave Lens)

क्र.सं.	बिंब की स्थिति	प्रतिबिंब की स्थिति	प्रतिबिंब की प्रकृति	किरण आरेख
1.	अनंत पर	फोकस F पर	आभासी, सीधा, अत्यधिक छोटा, बिंदु आकार	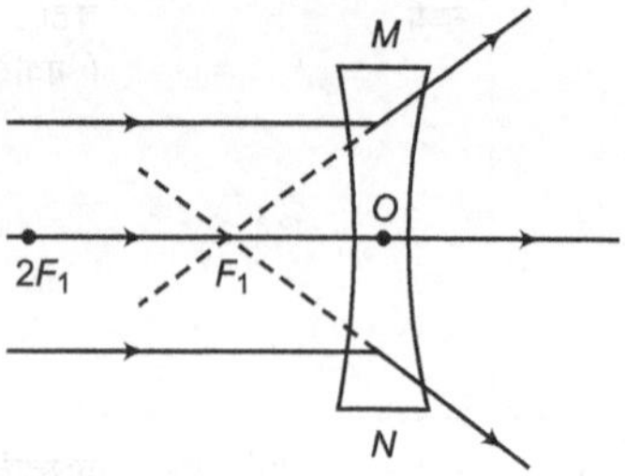
2.	अनंत तथा लेंस प्रकाशिक केंद्र O के मध्य किसी स्थान पर स्थित	फोकस F तथा प्रकाशिक केंद्र O के मध्य	आभासी, सीधा व छोटा	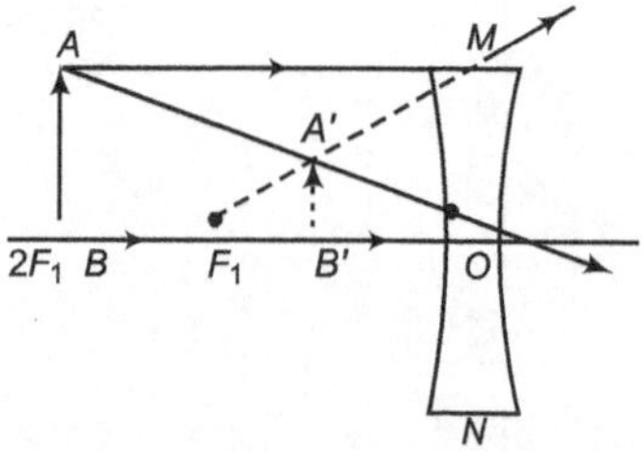

गोलीय लेंसों के लिए चिह्न परिपाटी
(Sign Convention for Spherical Lenses)

क्र.सं.	माप	उत्तल लेंस हेतु	अवतल लेंस हेतु
1.	बिंब की दूरी (u)	ऋणात्मक (–)	ऋणात्मक (–)
2.	वास्तविक प्रतिबिंब की दूरी (v)	धनात्मक (+)	लागू नहीं
3.	आभासी प्रतिबिंब की दूरी	ऋणात्मक (–)	ऋणात्मक (–)
4.	फोकस दूरी (f)	धनात्मक (+)	ऋणात्मक (–)
5.	बिंब की ऊँचाई (h) या 0	धनात्मक (+)	धनात्मक (+)
6.	वास्तविक प्रतिबिंब की ऊँचाई (h') या I	ऋणात्मक (–)	लागू नहीं
7.	आभासी (सीधा) प्रतिबिंब की ऊँचाई या I	धनात्मक (+)	धनात्मक (+)

लेंस सूत्र तथा आवर्धन (Lens Formula and Magnification)

यदि u = बिंब की दूरी; v = प्रतिबिंब की दूरी तथा f = फोकस दूरी है, तब लेंस सूत्र है

$$\frac{1}{v} - \frac{1}{u} = \frac{1}{f}$$

आवर्धन $$m = \frac{I}{O} = \frac{v}{u}$$

[जहाँ v तथा u क्रमशः प्रतिबिंब तथा बिंब की दूरी हैं। I तथा O क्रमशः प्रतिबिंब तथा बिंब की लंबाई हैं।]

लेंस की क्षमता (Power of the Lens)

किसी **लेंस की क्षमता** (P), फोकस दूरी के प्रतिलोम या व्युत्क्रम के बराबर होती है, जबकि फोकस दूरी मीटर मे नापी गयी हो।

$P = \frac{1}{f}$; [जहाँ P लेंस की क्षमता (D) तथा f लेंस की फोकस दूरी (मी) है।]

P (क्षमता) का मात्रक **डाइऑप्टर** (Diopter/D) है, यदि f मी में व्यक्त की गई है।

उत्तल लेंस की क्षमता धनात्मक तथा अवतल लेंस की क्षमता ऋणात्मक होती है।

प्रश्नावली

पृष्ठ 185

प्रश्न 1. अवतल दर्पण के मुख्य फोकस की परिभाषा लिखिए।

उत्तर मुख्य अक्ष पर वह बिंदु, जहाँ मुख्य अक्ष के समानांतर आपतित प्रकाश किरणें परावर्तन के पश्चात् मिलती हैं, अवतल दर्पण का **मुख्य फोकस** (F) कहलाता है।

प्रश्न 2. एक गोलीय दर्पण की त्रिज्या 20 सेमी है। इसकी फोकस दूरी क्या होगी?

उत्तर फोकस दूरी $(f) = \frac{1}{2} \times$ वक्रता त्रिज्या $(R) = \frac{1}{2} \times 20 = 10$ सेमी

प्रश्न 3. उस दर्पण का नाम बताइए, जो बिंब का सीधा तथा आवर्धित प्रतिबिंब बना सके।

उत्तर अवतल दर्पण

प्रश्न 4. हम वाहनों में उत्तल दर्पण को पश्च-दृश्य दर्पण के रूप में वरीयता क्यों देते हैं?

उत्तर *निम्न कारणों से हम वाहनों में उत्तल दर्पण को पश्च-दृश्य दर्पण के रूप में वरीयता देते हैं*

(i) उत्तल दर्पण हमेशा सीधा प्रतिबिंब (यद्यपि छोटा) बनाते हैं;

(ii) इनका दृष्टि क्षेत्र बहुत अधिक होता है (बाहर की ओर वक्रित होने के कारण)। अतः उत्तल दर्पणों को पश्च-दृश्य दर्पण के रूप में वरीयता दी जाती है, जिससे वाहन चालक सुरक्षित रूप से वाहन चला सकें।

पृष्ठ 188

प्रश्न 1. उस उत्तल दर्पण की फोकस दूरी ज्ञात कीजिए, जिसकी वक्रता त्रिज्या 32 सेमी है।

उत्तर $f = \frac{1}{2} \times R = \frac{1}{2} \times 32$ सेमी $= 16$ सेमी

प्रश्न 2. कोई अवतल दर्पण आमने-सामने 10 सेमी दूरी पर रखे किसी बिंब का तीन गुना आवर्धित (बड़ा) वास्तविक प्रतिबिंब बनाता है। प्रतिबिंब दर्पण से कितनी दूरी पर है?

उत्तर क्योंकि प्रतिबिंब वास्तविक है, अतः आवर्धन (m) ऋणात्मक होना चाहिए।

दिया है, $m = -3, u = -10$ सेमी, $v = ?$

$$m = -\frac{v}{u}, \; -3 = \frac{-v}{(-10 \text{ सेमी})}; \; v = -30 \text{ सेमी}$$

अर्थात् प्रतिबिंब दर्पण के सामने की ओर, दर्पण से 30 सेमी की दूरी पर बनेगा।

[**नोट** *ऋणात्मक चिह्न दर्शाता है कि प्रतिबिंब, बिंब की दिशा में ही बन रहा है।*]

पृष्ठ 194

प्रश्न 1. वायु में गमन करती प्रकाश की एक किरण जल में तिरछी प्रवेश करती है। क्या प्रकाश किरण अभिलंब की ओर झुकेगी अथवा अभिलंब से दूर हटेगी? बताइए क्यों?

उत्तर जल (अपवर्तनांक = 1.33), वायु (अपवर्तनांक = 1.0003) की अपेक्षा प्रकाशिक सघन माध्यम है। इसलिए जब कोई प्रकाश किरण वायु से जल में तिरछी प्रवेश करती है, तब यह अभिलंब की ओर झुक जाती है।

प्रश्न 2. प्रकाश वायु से 1.50 अपवर्तनांक की काँच की प्लेट में प्रवेश करता है। काँच में प्रकाश की चाल कितनी है? निर्वात् में प्रकाश की चाल 3×10^8 मी/से है।

उत्तर दिया है, अपवर्तनांक $n_g = 1.50$

$$c = 3 \times 10^8 \text{ मी/से},$$

$$\therefore \quad n_g = \frac{c}{v}$$

काँच में प्रकाश की चाल, $v = \frac{c}{n_g} = \frac{3 \times 10^8 \text{ मी/से}}{1.5} = 2.0 \times 10^8$ मी/से

प्रश्न 3. निम्न सारणी से अधिकतम प्रकाशिक घनत्व के माध्यम को ज्ञात कीजिए। न्यूनतम प्रकाशिक घनत्व के माध्यम को भी ज्ञात कीजिए।

कुछ द्रव्यात्मक माध्यमों के निरपेक्ष अपवर्तनांक

द्रव्यात्मक माध्यम	अपवर्तनांक	द्रव्यात्मक माध्यम	अपवर्तनांक
वायु	1.0003	क्राउन काँच	1.52
बर्फ	1.31	कनाडा बालसम	1.53
जल	1.33	खनिज नमक	1.54
ऐल्कोहॉल	1.36	कार्बन डाइसल्फाइड	1.63
कैरोसिन	1.44	सघन फ्लिंट काँच	1.65
संगलित क्वार्ट्ज	1.46	रूबी (माणिक्य)	1.71
तारपीन का तेल	1.47	नीलम	1.77
बेन्जीन	1.50	हीरा	2.42

उत्तर जिस द्रव्यात्मक माध्यम का अपवर्तनांक सबसे अधिक होता है, वह सबसे अधिक प्रकाशिक सघन होता है। अतः हीरा ($n = 2.42$) सबसे अधिक प्रकाशिक सघन है।

जिस द्रव्यात्मक माध्यम का अपवर्तनांक सबसे कम होता है, वह सबसे अधिक प्रकाशिक विरल होता है। अतः वायु ($n = 1.0003$) न्यूनतम प्रकाशिक घनत्व रखता है। दूसरे शब्दों में वायु सबसे अधिक प्रकाशिक विरल है।

प्रश्न 4. आपको कैरोसिन, तारपीन का तेल तथा जल दिए गए हैं। इनमें से किसमें प्रकाश सबसे अधिक तीव्र गति से चलता है? प्रश्न 3 में दी गई सारणी में दिए गए आँकड़ों का उपयोग कीजिए।

उत्तर दिया है,

$$n_{\text{कैरोसिन}} = 1.44 : n_{\text{तारपीन का तेल}} = 1.47; \quad n_{\text{जल}} = 1.33$$

जो माध्यम सबसे अधिक प्रकाशीय विरल है, अर्थात् जिसका अपवर्तनांक सबसे कम है, उस माध्यम में प्रकाश की गति सबसे तीव्र होगी। उपरोक्त तीनों माध्यमों में से जल का अपवर्तनांक सबसे कम है, अतः इनमें से जल ही ऐसा माध्यम है, जिसमें प्रकाश की गति सबसे तीव्र होगी।

प्रश्न 5. हीरे का अपवर्तनांक 2.42 है। इस कथन का क्या अभिप्राय है?

उत्तर हीरे का अपवर्तनांक (c/v) 2.42 है। इसका अभिप्राय है कि वायु में प्रकाश की चाल तथा हीरे में प्रकाश की चाल का अनुपात 2.42 है।

पृष्ठ 203

प्रश्न 1. किसी लेंस की 1 डाइऑप्टर क्षमता को परिभाषित कीजिए।

उत्तर 1 डाइऑप्टर उस लेंस की क्षमता है, जिसकी फोकस दूरी 1 मी होती है।

प्रश्न 2. कोई उत्तल लेंस किसी सुईं का वास्तविक तथा उल्टा प्रतिबिंब उस लेंस से 50 सेमी दूर बनाता है। यह सुईं, उत्तल लेंस के सामने कहाँ रखी है, यदि इसका प्रतिबिंब उसी साइज का बन रहा है जिस साइज की सुईं है। लेंस की क्षमता भी ज्ञात कीजिए।

उत्तर (i) दिया है, $v = +50$ सेमी [वास्तविक प्रतिबिंब के लिए v धनात्मक है]

क्योंकि वास्तविक प्रतिबिंब का आकार (I), बिंब (O) के समान है, अतः

$$m = \frac{I}{O} = \frac{v}{u} = -1$$

बिंब की दूरी, $u = -v = -50$ सेमी

अतः सुईं (बिंब) लेंस के सामने उससे 50 सेमी की दूरी पर स्थित है।

(ii) लेंस सूत्र

$$\frac{1}{f} = \frac{1}{v} - \frac{1}{u}$$

$$= \frac{1}{+50} - \frac{1}{-50} = +\frac{2}{50} = +\frac{1}{25}$$

$$\frac{1}{f} = \frac{1}{25} \text{ अथवा } f = 25 \text{ सेमी} = 0.25 \text{ मी}$$

लेंस की क्षमता $P = \frac{1}{f} = \frac{1}{+0.25} = +4$ डाइऑप्टर

प्रश्न 3. 2 मी फोकस दूरी वाले किसी अवतल लेंस की क्षमता ज्ञात कीजिए।

उत्तर अवतल लेंस की फोकस दूरी (f) ऋणात्मक होती है।

अतः $f = -2$ मी

लेंस की क्षमता $P = \frac{1}{f} = \frac{1}{-2\text{मी}} = -0.5$ डाइऑप्टर

अभ्यास

प्रश्न 1. निम्न में से कौन-सा पदार्थ लेंस बनाने के लिए प्रयुक्त नहीं किया जा सकता है?

(a) जल (b) काँच (c) प्लास्टिक (d) मिट्टी

उत्तर (*d*) **मिट्टी** क्योंकि यह अपारदर्शी (opaque) होता है, अतः प्रकाश इसमें से होकर नहीं गुजरता।

प्रश्न 2. किसी बिंब का अवतल दर्पण द्वारा बना प्रतिबिंब आभासी, सीधा तथा बिंब से बड़ा पाया गया। वस्तु की स्थिति कहाँ होनी चाहिए?

(a) मुख्य फोकस तथा वक्रता केंद्र के बीच
(b) वक्रता केंद्र पर
(c) वक्रता केंद्र से परे
(d) दर्पण के ध्रुव तथा मुख्य फोकस के बीच

उत्तर (*d*) दर्पण के ध्रुव तथा मुख्य फोकस के बीच

प्रश्न 3. किसी बिंब का वास्तविक तथा समान साइज का प्रतिबिंब प्राप्त करने के लिए बिंब को उत्तल लेंस के सामने कहाँ रखें?

(a) लेंस के मुख्य फोकस पर
(b) फोकस दूरी की दोगुनी दूरी पर
(c) अनंत पर
(d) लेंस के प्रकाशिक केंद्र तथा मुख्य फोकस के बीच

उत्तर (*b*) फोकस दूरी की दोगुनी दूरी पर

प्रश्न 4. किसी गोलीय दर्पण तथा किसी पतले गोलीय लेंस दोनों की फोकस दूरियाँ – 15 सेमी हैं। दर्पण तथा लेंस संभवतः हैं

(a) दोनों अवतल (b) दोनों उत्तल
(c) दर्पण अवतल तथा लेंस उत्तल (d) दर्पण उत्तल तथा लेंस अवतल

उत्तर (*a*) दोनों अवतल; क्योंकि अवतल दर्पण व अवतल लेंस दोनों के लिए फोकस दूरी ऋणात्मक होती है।

प्रश्न 5. किसी दर्पण से आप चाहे कितनी ही दूरी पर खड़े हों, आपका प्रतिबिंब सदैव सीधा प्रतीत होता है, संभवतः दर्पण है

(a) केवल समतल (b) केवल अवतल
(c) केवल उत्तल (d) या तो समतल अथवा उत्तल

उत्तर (*d*) या तो समतल अथवा उत्तल; क्योंकि समतल तथा उत्तल दर्पण द्वारा प्रतिबिंब सदैव सीधा बनता है।

प्रश्न 6. **किसी शब्दकोष (dictionary) में पाए गए छोटे अक्षरों को पढ़ते समय आप निम्न में से कौन-सा लेंस पसंद करेंगे?**

(a) 50 सेमी फोकस दूरी का एक उत्तल लेंस
(b) 50 सेमी फोकस दूरी का एक अवतल लेंस
(c) 5 सेमी फोकस दूरी का एक उत्तल लेंस
(d) 5 सेमी फोकस दूरी का एक अवतल लेंस

उत्तर (*c*) 5 सेमी फोकस दूरी का एक उत्तल लेंस (convex lens), क्योंकि उत्तल लेंस का उपयोग आवर्धन (magnifying) लेंस के रूप में किया जाता है। कम फोकस दूरी वाला लेंस पढ़ने में उपयोगी है।

प्रश्न 7. **15 सेमी फोकस दूरी के एक अवतल दर्पण का उपयोग करके हम किसी बिंब का सीधा प्रतिबिंब बनाना चाहते हैं। बिंब का दर्पण से दूरी का परिसर (range) क्या होना चाहिए? प्रतिबिंब की प्रकृति कैसी है? प्रतिबिंब बिंब से बड़ा है अथवा छोटा? इस स्थिति में प्रतिबिंब बनने का एक किरण आरेख बनाइए।**

उत्तर बिंब को दर्पण से 15 सेमी से कम दूरी पर रखना चाहिए। प्रतिबिंब आभासी तथा सीधा बनता है तथा बिंब से बड़ा बनेगा। *प्रतिबिंब का किरण आरेख निम्न है*

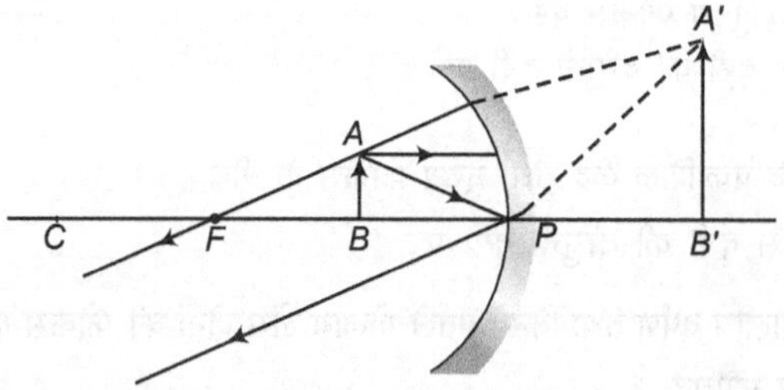

प्रश्न 8. **निम्न स्थितियों में प्रयुक्त दर्पण का प्रकार बताइए**

(a) किसी कार का अग्र-दीप (हैड लाइट)
(b) किसी वाहन का पार्श्व/पश्च-दृश्य दर्पण
(c) सौर भट्टी

अपने उत्तर की कारण सहित पुष्टि कीजिए।

उत्तर (*a*) अवतल दर्पण; क्योंकि ये प्रकाश का शक्तिशाली किरण पुंज प्रदान करते हैं।
(*b*) उत्तल दर्पण; क्योंकि ये सीधा अपितु छोटा प्रतिबिंब बनाते हैं तथा इनका दृष्टि क्षेत्र भी अधिक होता है।
(*c*) अवतल दर्पण ; क्योंकि ये सूर्य के प्रकाश को कक्ष क्षेत्र में केंद्रित कर सकते हैं।

प्रश्न 9. **किसी उत्तल लेंस का आधा भाग काले कागज से ढक दिया गया है। क्या यह लेंस किसी बिंब का पूरा प्रतिबिंब बना पाएगा? अपने उत्तर की प्रयोग द्वारा जाँच कीजिए। अपने प्रेक्षणों की व्याख्या कीजिए।**

उत्तर जिस उत्तल लेंस के आधे भाग को काले कागज से ढक दिया जाता है, वह लेंस भी किसी बिंब का पूरा प्रतिबिंब बनाता है, यद्यपि प्रतिबिंब की तीव्रता व स्पष्टता अपेक्षाकृत कम होगी।

प्रतिबिंब का किरण आरेख निम्न है

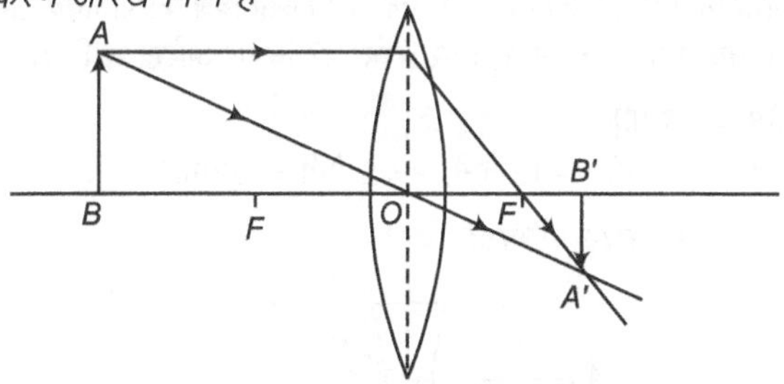

प्रश्न 10. **5 सेमी लंबा कोई बिंब 10 सेमी फोकस दूरी के किसी अभिसारी लेंस से 25 सेमी दूरी पर रखा जाता है। प्रकाश किरण आरेख खींच कर बनने वाले प्रतिबिंब की स्थिति, साइज तथा प्रकृति ज्ञात कीजिए।**

उत्तर [किरण आरेख खींचने के लिए हम एक स्केल 1 : 5 करते हैं, जिसके अनुसार 5 सेमी (प्रश्न में) दूरी को 1 सेमी खींचेंगे।] *प्रतिबिंब का किरण आरेख निम्न है*

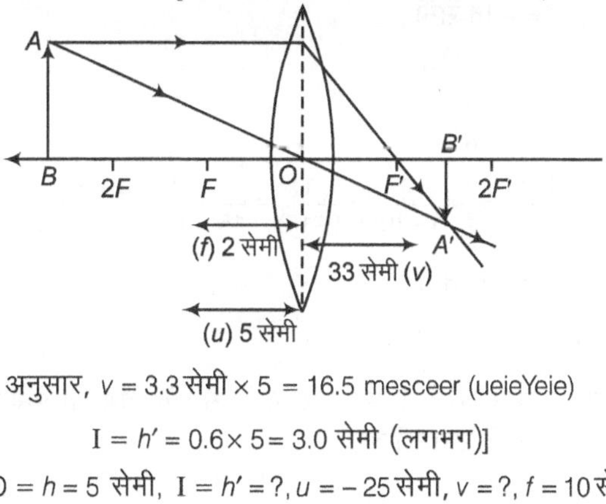

[स्केल के अनुसार, $v = 3.3$ सेमी $\times 5 = 16.5$ mesceer (ueieYeie)

$$\mathrm{I} = h' = 0.6 \times 5 = 3.0 \text{ सेमी (लगभग)}]$$

दिया है, $\mathrm{O} = h = 5$ सेमी, $\mathrm{I} = h' = ?$, $u = -25$ सेमी, $v = ?$, $f = 10$ सेमी

लेंस सूत्र, $$\frac{1}{f} = \frac{1}{v} - \frac{1}{u}$$

$$\frac{1}{v} = \frac{1}{f} + \frac{1}{u} = \frac{1}{10} + \frac{1}{-25} = \frac{3}{50}$$

प्रतिबिंब की दूरी, $v = \frac{50}{3} = 16.66$ सेमी

(यह मान किरण आरेख द्वारा प्राप्त मान के लगभग बराबर है)

प्रतिबिंब की ऊँचाई

$$h' = \frac{v}{u} \times h = \frac{50 \times 5}{3 \times (-25)} = -3.33 \text{ सेमी}$$

प्रतिबिंब आकार में छोटा, उल्टा तथा वास्तविक है।

प्रश्न 11. 15 सेमी फोकस दूरी का कोई अवतल लेंस किसी बिंब का प्रतिबिंब लेंस से 10 सेमी दूरी पर बनाता है। बिंब लेंस से कितनी दूरी पर स्थित है? किरण आरेख खींचिए।

उत्तर [**स्केल** 1 सेमी = 5 सेमी]

[दिया है, $f = -3$ सेमी $= -15$ सेमी, $v = 2$ सेमी $= 10$ सेमी]

प्रतिबिंब का किरण आरेख निम्न है

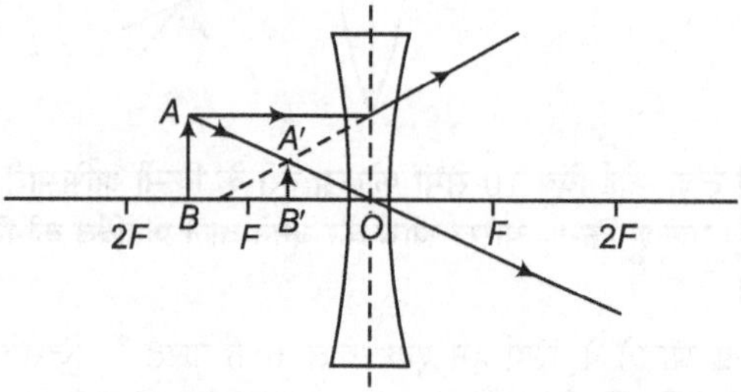

दिया है $f = -15$ सेमी

$v = -10$ सेमी

लेंस सूत्र, $\frac{1}{f} = \frac{1}{v} - \frac{1}{u}$

$$\frac{1}{u} = \frac{1}{v} - \frac{1}{f} = \frac{1}{(-10)} - \frac{1}{(-15)} = \frac{1}{15} - \frac{1}{10} = \frac{2-3}{30} = \frac{-1}{30}$$

$u = -30$ सेमी

लेंस से बिंब की दूरी $u = -30$ सेमी।

प्रश्न 12. 15 सेमी फोकस दूरी के किसी उत्तल दर्पण से कोई बिंब 10 सेमी दूरी पर रखा है। प्रतिबिंब की स्थिति तथा प्रकृति ज्ञात कीजिए।

उत्तर दिया है, $u = -10$ सेमी, $f = 15$ सेमी

दर्पण सूत्र, $\frac{1}{v} + \frac{1}{u} = \frac{1}{f}$

$$\frac{1}{v}=\frac{1}{f}-\frac{1}{u}=\frac{1}{15}-\frac{1}{(-10)}$$

$$=\frac{2+3}{30}=\frac{5}{30}$$

प्रतिबिंब की दर्पण से दूरी $v=\frac{30}{5}=6$ सेमी

अर्थात् प्रतिबिंब दर्पण से 6 सेमी की दूरी पर, दर्पण के पीछे बनता है। प्रतिबिंब आभासी तथा सीधा है।

प्रश्न 13. **एक समतल दर्पण द्वारा उत्पन्न आवर्धन + 1 है। इसका क्या अर्थ है?**

उत्तर आवर्धन = + 1; का अर्थ है कि प्रतिबिंब का आकार बिंब के आकार के समान है। क्योंकि m धनात्मक है, अर्थात् बिंब के समान ही प्रतिबिंब सीधा है।

प्रश्न 14. **5.0 सेमी लंबाई का कोई बिंब 30 सेमी वक्रता त्रिज्या के किसी उत्तल दर्पण के सामने 20 सेमी दूरी पर रखा गया है। प्रतिबिंब की स्थिति, प्रकृति तथा साइज ज्ञात कीजिए।**

उत्तर दिया है , $O=h=5$ सेमी, $u=-20$ सेमी,

$$R=30 \text{ सेमी}$$

$$f=\frac{R}{2}=\frac{30}{2}=15 \text{ सेमी}$$

दर्पण सूत्र, $\frac{1}{f}=\frac{1}{u}+\frac{1}{v}$

$$\frac{1}{v}=\frac{1}{f}-\frac{1}{u}=\frac{1}{15}-\frac{1}{-20}=\frac{7}{60}$$

$$v=\frac{60}{7}=8.57 \text{ अथवा } 8.6 \text{ सेमी}$$

आवर्धन सूत्र, $m=\frac{h'}{h}=-\frac{v}{u}$

या $m=\frac{I}{O}=-\frac{-v}{u}$

$$h'=-\frac{v\times h}{u}$$

$$=\frac{-60}{7}\times\frac{1}{(-20)}\times\frac{5}{1}=2.14 \text{ सेमी}$$

प्रतिबिंब छोटा (2.14 सेमी) सीधा, आभासी तथा दर्पण से 8.6 सेमी की दूरी पर दर्पण के पीछे की ओर बनता है।

प्रश्न 15. 7.0 सेमी साइज का कोई बिंब 18 सेमी फोकस दूरी के किसी अवतल दर्पण के सामने 27 सेमी दूरी पर रखा गया है। दर्पण से कितनी दूरी पर किसी परदे को रखें कि उस पर वस्तु का स्पष्ट फोकसित प्रतिबिंब प्राप्त किया जा सके? प्रतिबिंब का साइज तथा प्रकृति ज्ञात कीजिए।

उत्तर दिया है, $0 = h = 7.0$ सेमी

$f = -18$ सेमी, $v = ?$

$u = -27$ सेमी, $h' = ?$

दर्पण सूत्र $\frac{1}{f} = \frac{1}{u} + \frac{1}{v}$

$$\frac{1}{v} = \frac{1}{f} - \frac{1}{u} = \frac{1}{(-18)} - \frac{1}{(-27)} = \frac{-3+2}{54} = \frac{-1}{54}$$

$v = -54$ सेमी

आवर्धन सूत्र $m = \frac{h'}{h} = \frac{-v}{u}$ या $m = \frac{I}{O} = \frac{-v}{u}$

$$h = \frac{-v}{u} \times h$$

$$= -\frac{(-54) \times 7}{-27}$$

$h = -14$ सेमी

परदे को दर्पण के सामने 54 सेमी की दूरी पर रखें। इससे जो प्रतिबिंब प्राप्त होगा वह आकार में दोगुना बड़ा, वास्तविक तथा उल्टा (ऋणात्मक चिह्न) है।

प्रश्न 16. उस लेंस की फोकस दूरी ज्ञात कीजिए जिसकी क्षमता – 2.0 डाइऑप्टर है। यह किस प्रकार का लेंस है?

उत्तर दिया है, $P = -2.0$ डाइऑप्टर

लेंस की क्षमता सूत्र : $P = \frac{1}{f(\text{मी})}$

लेंस की फोकस दूरी $f = \frac{1}{P} = \frac{1}{-2.0} = -0.5$ मी

क्योंकि f ऋणात्मक है, अतः यह लेंस अवतल है।

प्रश्न 17. कोई डॉक्टर + 1.5 डाइऑप्टर क्षमता का संशोधक लेंस निर्धारित करता है। लेंस की फोकस दूरी ज्ञात कीजिए। क्या निर्धारित लेंस अभिसारी है अथवा अपसारी?

उत्तर दिया है, $P = +1.5$ डाइऑपटर

फोकस दूरी $f = \frac{1}{P} = \frac{1}{1.5} = 0.66$ मी

क्योंकि क्षमता धनात्मक (+) है, अतः यह लेंस उत्तल (convex) या अभिसारी (converging) है।

NCERT Exemplar

पुस्तक के चुने गए प्रश्न

बहुविकल्पीय प्रश्न

प्रश्न 1. निम्न में से कौन एक समानांतर प्रकाश पुंज बनाने में सक्षम है, जबकि इस पर एक बिंदु प्रकाश स्रोत से प्रकाश आपतित हो?

(a) अवतल दर्पण तथा उत्तल लेंस दोनों

(b) उत्तल दर्पण तथा अवतल लेंस दोनों

(c) दो समतल दर्पण जो एक-दूसरे 90° के कोण पर रखे हैं

(d) अवतल दर्पण तथा अवतल लेंस दोनों

उत्तर (*a*) अवतल दर्पण तथा उत्तल लेंस दोनों; के मुख्य फोकस से आने वाली आपतित किरण परावर्तन या अपवर्तन के पश्चात् मुख्य अक्ष के समानांतर हो जाती है।

प्रश्न 2. एक 10 मिमी लंबी ऑलपिन को एक अवतल दर्पण के सामने ऊर्ध्वाधर अवस्था में रखा गया है। इस ऑलपिन का एक 5 मिमी लंबा प्रतिबिंब दर्पण के सामने, दर्पण से 30 सेमी की दूरी पर बनता है। इस दर्पण की फोकस दूरी है

(a) – 30 सेमी (b) – 20 सेमी

(c) – 40 सेमी (d) – 60 सेमी

उत्तर (*b*) – 20 सेमी

$0 = h' = 5.0$ सेमी, $h = 10$ मिमी, $v = -30$ सेमी,

$v = -300$ मिमी

$u = ?, f = ?$

आवर्धन $m = \frac{h'}{h} \Rightarrow m = \frac{I}{O}$

$$\frac{h'}{h} = -\frac{v}{u}$$

$$\frac{-5}{10} = \frac{-300}{u}$$

$u = -(300 \times 2)$

$u = -600$ मिमी

$u = -60$ सेमी

दर्पण सूत्र $\frac{1}{f} = \frac{1}{v} + \frac{1}{u};$

$$\frac{1}{f} = \frac{1}{(-30)} + \frac{1}{(-60)} = \frac{-3}{60} = \frac{-1}{20}$$

फोकस दूरी $f = -20$ सेमी

प्रश्न 3. निम्न में से किस दशा में, एक अवतल दर्पण वास्तविक बिंब से बड़ा (आवर्धित, प्रतिबिंब बनाने में सक्षम है?

(a) जब बिंब को इसकी वक्रता त्रिज्या के बराबर दूरी पर रखा जाता है
(b) जब बिंब को इसकी फोकस दूरी से कम दूरी पर रखा जाता है
(c) जब बिंब को फोकस तथा वक्रता केंद्र के बीच रखा जाता है
(d) जब बिंब को इसकी वक्रता त्रिज्या से अधिक दूरी पर रखा जाता है

उत्तर (*c*) जब बिंब को फोकस तथा वक्रता केंद्र के बीच रखा जाता है।
उपरोक्त स्थिति में अवतल दर्पण बिंब से बड़ा, वास्तविक तथा उल्टा प्रतिबिंब बनाता है।

प्रश्न 4. एक प्रकाश किरण माध्यम A से माध्यम B में जाती है। माध्यम B का माध्यम A के सापेक्ष अपवर्तनांक होगा

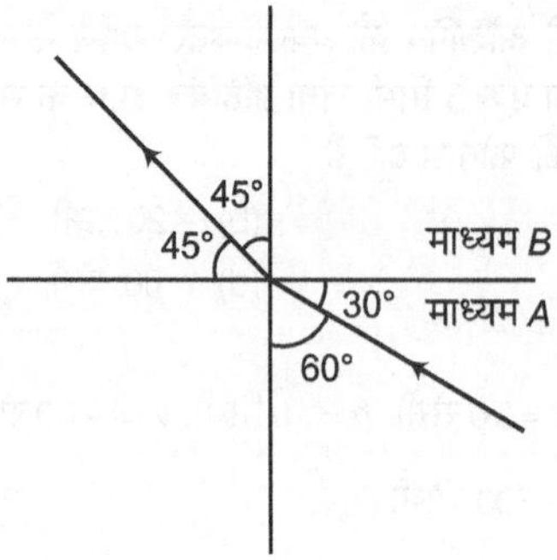

(a) $\frac{\sqrt{3}}{\sqrt{2}}$ (b) $\frac{2}{3}$

(c) $\frac{1}{\sqrt{2}}$ (d) $\sqrt{2}$

उत्तर (*a*) $\frac{\sqrt{3}}{\sqrt{2}}$ (स्नैल का नियम) अपवर्तनांक $_{BA}(n_{BA}) = \frac{\sin i}{\sin r} = \frac{\sin 60^\circ}{\sin 45^\circ} = \frac{\sqrt{3}}{2} \times \frac{\sqrt{2}}{1} = \frac{\sqrt{3}}{\sqrt{2}}$

$$\left[\begin{array}{l} \because \sin 60^\circ = \frac{\sqrt{3}}{2} \\ \sin 45^\circ = \frac{1}{\sqrt{2}} \end{array}\right]$$

प्रश्न 5. एक प्रकाश किरण माध्यम A से माध्यम B में चित्रानुसार जाती है। माध्यम B का माध्यम A के सापेक्ष अपवर्तनांक है

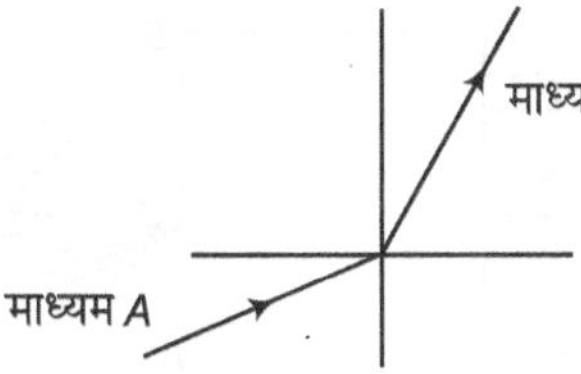

(a) 1 से अधिक (b) 1 से कम
(c) 1 के बराबर (d) शून्य

उत्तर (*a*) 1 से अधिक;
जब प्रकाश किरण माध्यम A से माध्यम B में जाती है तो यह (चित्रानुसार) अभिलंब की ओर झुक जाती है। अर्थात् B अधिक प्रकाशिक सघन है (A की अपेक्षा) तथा माध्यम B में प्रकाश की चाल v_B, माध्यम A में प्रकाश की चाल v_A की अपेक्षा कम है। $n_{BA} = \frac{v_A}{v_B}$; क्योंकि $v_B < v_1$.

अतः $n_{BA} > 1$

प्रश्न 6. एक बक्से में छिद्रों A तथा B से प्रकाश पुंज आपतित है तथा छिद्रों C तथा D से (क्रमशः) निर्गत हैं। बक्से में निम्न में से क्या उपस्थित होने की संभावना है?

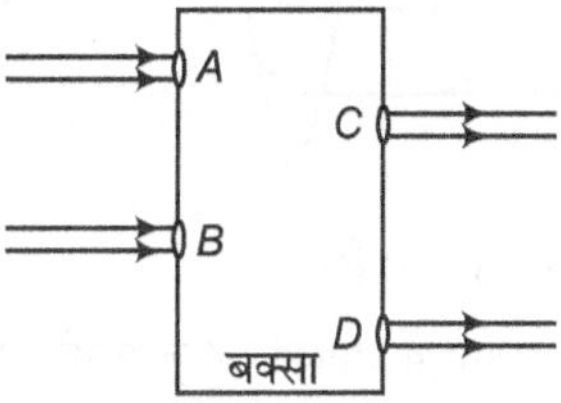

(a) एक आयताकार काँच का गुटका
(b) एक उत्तल लेंस
(c) एक अवतल लेंस
(d) एक प्रिज़्म

उत्तर (*a*) एक आयताकार काँच का गुटका क्योंकि निर्गत् किरणें तथा आपतित किरणें एक-दूसरे के समानांतर हैं। यह आयताकार काँच के गुटके के दोनों आमने-सामने वाली सतहों द्वारा दो बार अपवर्तन के कारण संभव हैं। पहली सतह से अपवर्तन (वायु से काँच में जाते समय) द्वारा प्रकाश किरण जितना अभिलंब की ओर झुकती है, उतना ही दूसरी बार (काँच से वायु में जाने पर) अभिलंब से दूर हो जाती है।

प्रश्न 7. चित्र में दर्शाए गए बक्से की सतह A के छिद्रों पर आपतित प्रकाश पुंज बक्से के दूसरी ओर की सतह B से निर्गत् होता है। बक्से के भीतर निम्न में से क्या उपस्थित होने की संभावना है?

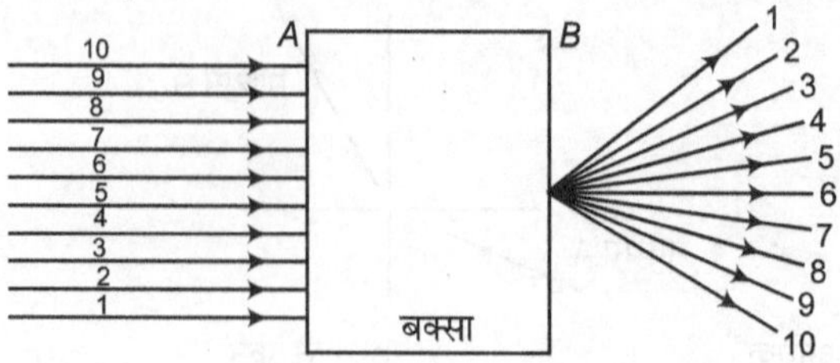

(a) अवतल लेंस (b) आयताकार काँच का गुटका
(c) प्रिज़्म (d) उत्तल लेंस

उत्तर (*d*) उत्तल लेंस क्योंकि उत्तल (convex) लेंस अभिसारी लेंस कहलाते हैं। ये मुख्य अक्ष के समानांतर आपतित प्रकाश पुंज की किरणों को अपवर्तन के पश्चात् मुख्य फोकस F पर मिलाते हैं।

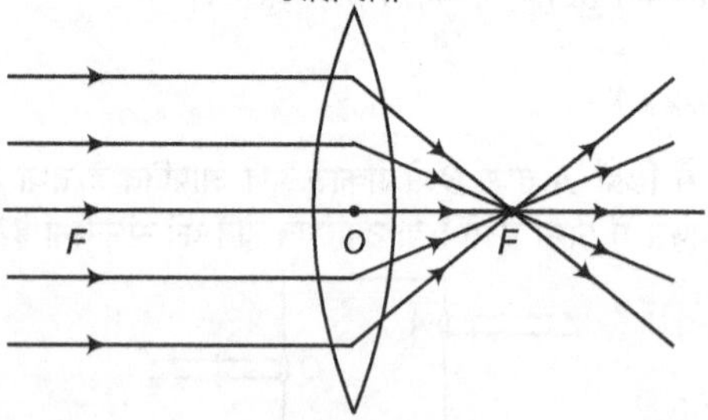

प्रश्न 8. निम्न में से कौन-सा कथन सत्य है?

(a) एक उत्तल लेंस की क्षमता 4 डाइऑप्टर तथा फोकस दूरी 0.25 मी है
(b) एक उत्तल लेंस की क्षमता – 4 डाइऑप्टर तथा फोकस दूरी 0.25 मी है
(c) एक अवतल लेंस की क्षमता 4 डाइऑप्टर तथा फोकस दूरी 0.25 मी है
(d) एक अवतल लेंस की क्षमता – 4 डाइऑप्टर तथा फोकस दूरी 0.25 मी है

उत्तर (*a*) एक उत्तल लेंस की क्षमता 4 डाइऑप्टर तथा फोकस दूरी 0.25 मी है लेंस क्षमता का सूत्र, $P = \frac{1}{f}$ के अनुसार, $f = \frac{1}{P}$ यदि $P = 4$ डाइऑप्टर तो

$f = \frac{1}{4} = 0.25$ मी

कथन (b) संभव नहीं है, क्योंकि उत्तल लेंस के लिए f धनात्मक है तो P भी धनात्मक ही होगा।

कथन (c) तथा (d) संभव नहीं हैं, क्योंकि अवतल लेंस के लिए f तथा P दोनों ऋणात्मक होते हैं।

प्रश्न 9. एक वाहन में लगे पश्च-दृश्य दर्पण द्वारा उत्पन्न आवर्धन होता है

(a) एक से कम
(b) एक से अधिक
(c) एक के बराबर
(d) एक से कम या अधिक हो सकता है। यह बिंब की स्थिति पर निर्भर करता है

उत्तर (*a*) एक से कम; उत्तल दर्पण का उपयोग वाहनों में पश्च-दृश्य दर्पण के रूप में होता है। इसके द्वारा बना प्रतिबिंब आकार में छोटा, आभासी तथा सीधा होता है, इसलिए आवर्धन ($m = h'/h$) से कम होता है। या $m = \frac{I}{O}$

प्रश्न 10. सूर्य की किरणें एक अवतल दर्पण के सामने 15 सेमी की दूरी पर अभिसारित होती हैं। बिंब को कहाँ रखें कि प्रतिबिंब का आकार बिंब के आकार के समान ही हो?

(a) दर्पण के सामने 15 सेमी दूर
(b) दर्पण के सामने 30 सेमी दूर
(c) दर्पण के सामने 15 सेमी तथा 30 सेमी के मध्य
(d) दर्पण के सामने 30 सेमी से अधिक दूर

उत्तर (*b*) दर्पण के सामने 30 सेमी दूर; अवतल दर्पण, उस पर गिरने वाले समानांतर प्रकाश पुंज को जिस बिंदु पर फोकस करता है, वह दर्पण का मुख्य फोकस (F) है। अतः फोकस दूरी $f = 15$ सेमी अवतल दर्पण के $2f$ की दूरी अथवा वक्रता केंद्र (C) पर बिंब को रखने से (अर्थात् $2 \times 15 = 30$ सेमी) समान आकार का प्रतिबिंब प्राप्त होगा।

प्रश्न 11. एक दूरी पर स्थित ऊँचे भवन का पूर्ण प्रतिबिंब देखा जा सकता है, यदि निम्न का उपयोग किया जाये

(a) एक अवतल दर्पण
(b) एक उत्तल दर्पण
(c) एक समतल दर्पण
(d) अवतल दर्पण तथा समतल दर्पण दोनों

उत्तर (*b*) एक उत्तल दर्पण; क्योंकि यह आभासी, सीधा व छोटा प्रतिबिंब बनाता है, अतः यह ऊँचे भवन का पूर्ण प्रतिबिंब बनाने में सक्षम है।

प्रश्न 12. टॉर्चों, सर्चलाइटों तथा वाहनों की हैडलाइटों में, बल्ब को रखा जाता है

(a) परावर्तक के फोकस व ध्रुव के बीच
(b) परावर्तक के फोकस के बहुत पास
(c) परावर्तक के वक्रता केंद्र तथा फोकस के बीच
(d) परावर्तक के वक्रता केंद्र पर

उत्तर (*b*) परावर्तक के फोकस के बहुत पास; प्रश्न में कहे गये उपकरणों में अवतल दर्पण परावर्तक का कार्य करता है, अतः दर्पण के फोकस के बहुत पास बल्ब (प्रकाश स्रोत) को रखने से किरणें परावर्तन के पश्चात् समानांतर प्रकाश पुंज उत्पन्न करती हैं।

प्रश्न 13. **परावर्तन के नियम निम्न पर लागू होते हैं**

(a) केवल समतल दर्पण (b) केवल अवतल दर्पण
(c) केवल उत्तल दर्पण (d) सभी आकारों के दर्पण

उत्तर (*b*) सभी आकारों के दर्पण

प्रश्न 14. **चार छात्रों A, B, C तथा D ने वायु से आती हुई और एक आयताकार काँच के गुटके से होकर गुजरने वाली प्रकाश किरण के पथ को चित्र द्वारा दर्शाया। निम्न में से कौन-सा चित्र पूर्णतया सही है?**

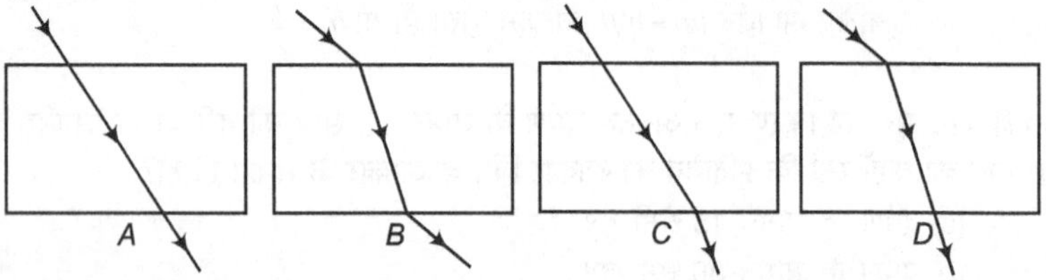

(a) *A* (b) *B* (c) *C* (d) *D*

उत्तर (*b*) *B*; क्योंकि चित्र *B* में ही आपतित तथा निर्गत दोनों किरणें एक-दूसरे के समानांतर हैं।

प्रश्न 15. **आपको नीचे चार माध्यम दिए गए हैं। इनमें से किस माध्यम में, समान कोण पर तिरछी आपतित प्रकाश किरण सबसे अधिक झुकेगी?**

(a) कैरोसीन (b) जल (c) सरसों का तेल (d) ग्लिसरीन

उत्तर (*d*) ग्लिसरीन; क्योंकि यह अन्य तीन की अपेक्षा अधिक प्रकाशिक सघन है तथा इसका प्रकाश अपवर्तनांक भी सबसे अधिक है, इसलिए इसमें प्रकाश किरण अधिक झुकेगी।

प्रश्न 16. **निम्न में से कौन-सा किरण आरेख, (चित्रानुसार) अवतल दर्पण पर आपतित किरण के लिए सर्वाधिक उपयुक्त (correct) है?**

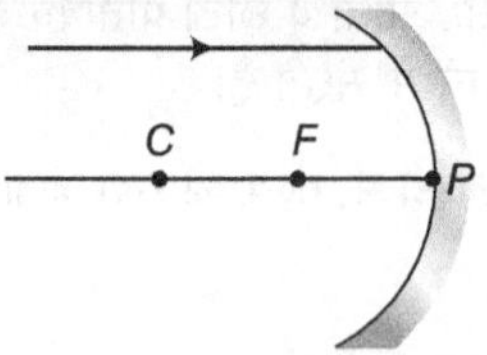

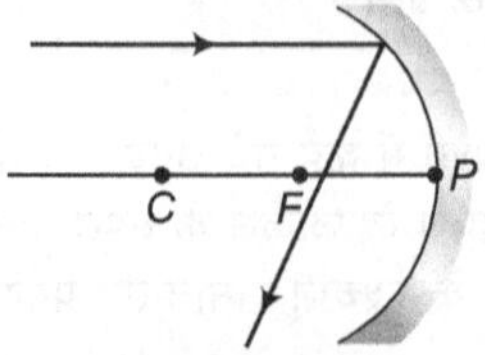

(A)

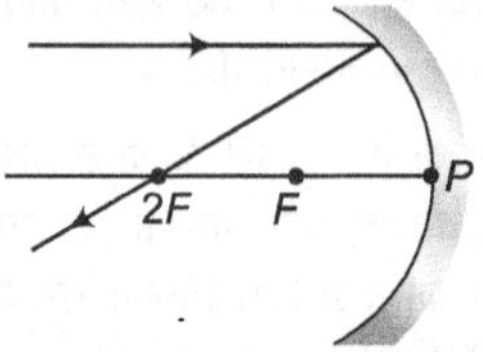

(B)

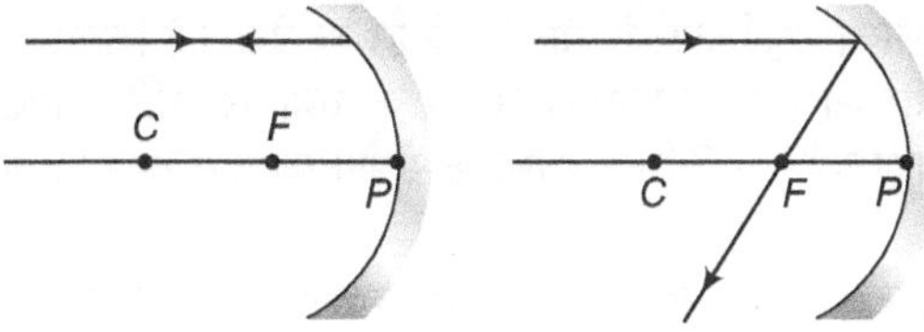

(C) (D)

(a) A (b) B (c) C (d) D

उत्तर (*d*) क्योंकि मुख्य अक्ष के समानांतर आपतित किरण अवतल दर्पण से परावर्तन के उपरांत उसके मुख्य फोकस से होकर जाती है।

प्रश्न 17. **निम्न में से कौन–सा किरण आरेख, चित्र में दर्शाए लेंस पर आपतित प्रकाश किरण के लिए सर्वाधिक उपयुक्त (correct) है?**

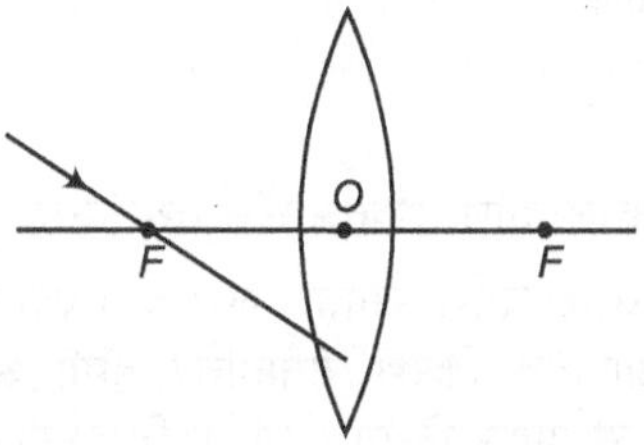

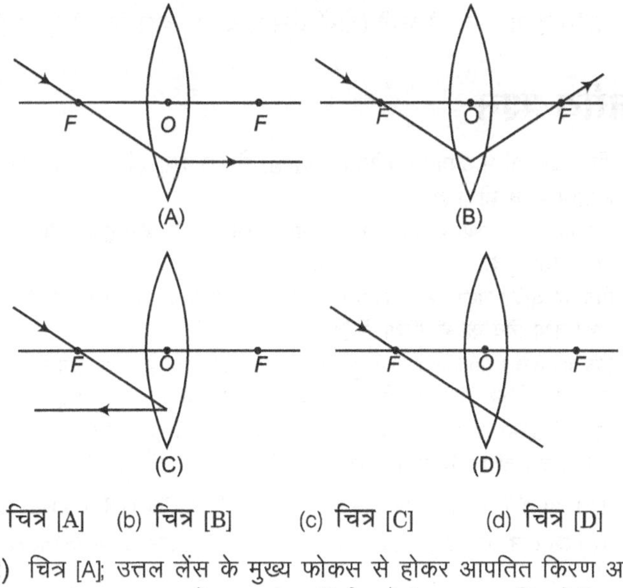

(a) चित्र [A] (b) चित्र [B] (c) चित्र [C] (d) चित्र [D]

उत्तर (*a*) चित्र [A]; उत्तल लेंस के मुख्य फोकस से होकर आपतित किरण अपवर्तन के उपरांत मुख्य अक्ष के समानांतर निर्गत होगी या बाहर निकलेगी।

प्रश्न 18. एक बालिका जादुई दर्पण के सामने बैठी है। वह देखती है कि उसका सिर वास्तविक आकार से बड़ा, शरीर का मध्य भाग समान आकार का तथा पैर (टाँगें) वास्तविक आकार से छोटी हो गई हैं। जादुई दर्पण में विभिन्न दर्पणों के संयोग का क्रम ऊपर से नीचे की ओर इस प्रकार है

(a) समतल, उत्तल तथा अवतल (b) उत्तल, अवतल तथा समतल
(c) अवतल, समतल तथा उत्तल (d) उत्तल, समतल तथा अवतल

उत्तर (*c*) अवतल, समतल तथा उत्तल; अवतल दर्पण (फोकस दूरी अधिक) सिर का आकार बड़ा, समतल दर्पण मध्य भाग का समान आकार तथा उत्तल दर्पण टाँगों को छोटा दर्शाते हैं।

प्रश्न 19. निम्न में से कौन अनंत दूरी पर रखे एक बिंब का बहुत छोटा बिंदु आकार का प्रतिबिंब बनाएगा?

(a) केवल अवतल दर्पण
(b) केवल उत्तल दर्पण
(c) केवल उत्तल लेंस
(d) अवतल दर्पण, उत्तल दर्पण, अवतल लेंस तथा उत्तल लेंस

उत्तर (*d*) अवतल दर्पण, उत्तल दर्पण, अवतल लेंस तथा उत्तल लेंस अनंत दूरी पर रखे हुए बिंब से आपतित किरणें समानांतर होंगी और परावर्तन/अपवर्तन के उपरांत फोकस से होकर निर्गत होंगी या निकलेगी अथवा फोकस से गुजरती प्रतीत होंगी। अतः ये सभी (दोनों लेंस व दोनों प्रकार के दर्पण) उपयुक्त हैं।

लघु उत्तरीय प्रश्न

प्रश्न 20. निम्न दशाओं में उपयुक्त युक्ति (device) लेंस अथवा दर्पण को पहचानिए, जिससे प्राप्त प्रतिबिंब आभासी व सीधा हो।

(a) बिंब को युक्ति तथा इसके फोकस के बीच रखा गया है, बना हुआ प्रतिबिंब आकार में बड़ा तथा युक्ति के पीछे की ओर है।

(b) बिंब को युक्ति तथा इसके फोकस के बीच रखा गया है, बना हुआ प्रतिबिंब आकार में बड़ा तथा बिंब की ही दिशा में है।

(c) बिंब को अनंत (infinity) तथा युक्ति के मध्य रखा गया है, बना हुआ प्रतिबिंब अत्यंत छोटा व फोकस तथा प्रकाशिक केंद्र के बीच बिंब की ही दिशा में है।

(d) बिंब को अनंत तथा युक्ति के मध्य रखा गया है, बना हुआ प्रतिबिंब आकार में बहुत छोटा, ध्रुव तथा फोकस की बीच तथा युक्ति के पीछे की ओर है।

उत्तर (*a*) अवतल दर्पण (concave mirror) (*b*) उत्तल लेंस (convex lens)
(*c*) अवतल लेंस (concave lens) (*d*) उत्तल दर्पण (convex mirror)

प्रश्न 21. **एक आयताकार काँच के गुटके (जो किसी अन्य माध्यम में डूबा है), पर आपतित प्रकाश किरण स्वंय से ही समानांतर होकर क्यों निर्गत होती है? चित्र की सहायता से समझाइए।**

उत्तर आयताकार काँच के गुटके (slab) से निर्गत प्रकाश किरण आपतित किरण के समानांतर होती है क्योंकि गुटके के आमने-सामने वाली समांतर सतहों (*AB* तथा *CD*) द्वारा अपवर्तन एक-दूसरे से विपरीत दिशा किंतु बराबर कोण पर होता है, इसलिए आपतित किरण के ही समानांतर निर्गत किरण होती है।

चित्र में

EO = आपतित किरण, $O'H$ = निर्गत किरण,

OO' = अपवर्तित किरण, $EO \parallel O'H$

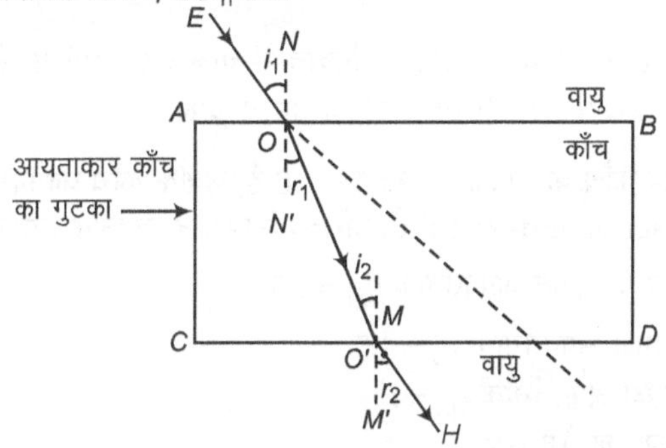

प्रश्न 22. **जल से भरे एक काँच के पात्र में एक पेंसिल को डुबोने पर यह वायु तथा जल की अतंर्सतह (interface) पर मुड़ी हुई प्रतीत होती है। यदि जल के स्थान पर कोई अन्य द्रव; जैसे–कैरोसीन, टर्पेन्टाइन आदि लिया जाए तो भी क्या पेंसिल उतनी ही मुड़ी हुई प्रतीत होगी? अपने उत्तर का कारण भी लिखिए।**

उत्तर जल में आंशिक रूप से डूबी हुई पेंसिल जल की सतह पर मुड़ी हुई प्रतीत होती है। इसका कारण है कि पेंसिल के पानी में डूबे भाग से दृष्टा तक पहुँचने वाला प्रकाश, पेंसिल के पानी से बाहर के भाग की तुलना में भिन्न दिशा से आता हुआ प्रतीत होता है (अपवर्तन के कारण)। यदि जल के स्थान पर कोई अन्य द्रव लिया जाए, तो पेंसिल के मुड़ने का परिमाण भिन्न होगा क्योंकि प्रत्येक द्रव का अपवर्तनांक भिन्न है, जो प्रकाश किरण के विचलन के परिमाण को निर्धारित करता है।

प्रश्न 23. **किसी माध्यम का अपवर्तनांक प्रकाश के वेग से किस प्रकार संबंधित है? एक माध्यम का दूसरे के सापेक्ष अपवर्तनांक ज्ञात करने के सूत्र का निर्धारण कीजिए, जिसमें दोनों माध्यमों में प्रकाश की चाल का उपयोग किया जाता है।**

उत्तर प्रकाश का वेग (चाल) $\propto \dfrac{1}{\text{अपवर्तनांक}}$

अर्थात् जिस माध्यम का अपवर्तनांक अधिक है, वह प्रकाशिक सघन है तथा उसमें प्रकाश की चाल कम होती है। इसका विपरीत भी उतना ही सत्य है।

यदि प्रकाश माध्यम 1 से माध्यम 2 में जाता है, तो माध्यम 2 का माध्यम 1 के सापेक्ष अपवर्तनांक निम्न प्रकार से उनमें प्रकाश की चालों से संबंधित है।

$$n_{21} = \frac{v_1}{v_2}$$

[n_{21} = माध्यम 2 का माध्यम 1 के सापेक्ष अपवर्तनांक]

v_1 = माध्यम 1 में प्रकाश की चाल

v_2 = माध्यम 2 में प्रकाश की चाल

यदि माध्यम 1 निर्वात् या वायु है, तब माध्यम m का निरपेक्ष अपवर्तनांक,

$$n_m = \frac{c}{v}$$

जहाँ, c = प्रकाश की वायु या निर्वात् में चाल = 3×10^8 मी/से

v = प्रकाश की दिये गए माध्यम में चाल

प्रश्न 24. हीरे का काँच के सापेक्ष अपवर्तनांक 1.6 है, जबकि काँच का निरपेक्ष अपवर्तनांक (absolute refractive index) 1.5 है। हीरे का निरपेक्ष अपवर्तनांक ज्ञात कीजिए।

उत्तर हीरे का काँच के सापेक्ष अपवर्तनांक $n_{dg} = 1.6$

काँच का निरेपक्ष अपवर्तनांक $n_g = 1.5$

हीरे का निरपेक्ष अपवर्तनांक $n_d = ?$

काँच में प्रकाश का वेग $= v_g$

हीरे में प्रकाश का वेग $= v_d$

वायु में प्रकाश का वेग $c = 3 \times 10^8$ मी/से

$$n_{dg} = \frac{v_g}{v_d} = 1.6 \quad \text{...(i)}$$

$$n_g = 1.5 = \frac{c}{v_g} \quad \text{...(ii)}$$

$$v_g = \frac{c}{1.5} \text{ मी/से} \quad \text{...(iii)}$$

समी (iii) से v_g का मान समी (i) में रखने पर

$$v_d = \frac{v_g}{1.6} = \frac{c \times 1}{1.5 \times 1.6} \quad \text{...(iv)}$$

$$n_d = \frac{c}{v_d} \quad \text{...(v)}$$

समी (iv) तथा (v) से

$$n_d = \frac{c \times 1.5 \times 1.6}{c} = 2.40$$

हीरे का निरपेक्ष अपवर्तनांक $n_d = 2.40$

प्रश्न 25. एक उत्तल लेंस, जिसकी फोकस दूरी 20 सेमी है, एक आवर्धित (बड़ा) आभासी तथा वास्तविक दोनों प्रकार के प्रतिबिंब निर्मित करता है। क्या यह कथन सत्य है? यदि हाँ, तब इन प्रतिबिंबों को प्राप्त करने हेतु बिंबों को कहाँ रखा जाना उचित है?

उत्तर उत्तल लेंस (i) आवर्धित (बड़ा) आभासी तथा (ii) आवर्धित (बड़ा) वास्तविक दोनों प्रकार के प्रतिबिंब बना सकता है। यह कथन सत्य है।

(i) आवर्धित (बड़ा) आभासी प्रतिबिंब प्राप्त करने के लिए बिंब को फोकस F_1 तथा प्रकाशिक केंद्र O के बीच रखना होगा अर्थात् लेंस से 20 सेमी से कम दूरी पर रखना उपयुक्त है।

(ii) आवर्धित (बड़ा) वास्तविक प्रतिबिंब प्राप्त करने हेतु F_1 तथा $2F_1$ के बीच बिंब रखना उपयुक्त है। अर्थात् लेंस से 20 सेमी से अधिक व 40 सेमी से कम दूरी पर बिंब रखना उपयुक्त है।

प्रश्न 26. सुधा ने अपनी विज्ञान प्रयोगशाला की खिड़की (window pane) का एक स्पष्ट प्रतिबिंब लेंस से 15 सेमी की दूरी पर देखा। अब वह लेंस की स्थिति को बिना परिवर्तित किए खिड़की से बाहर स्थित एक दृश्य भवन (visible building) का प्रतिबिंब प्राप्त करना चाहती है। वह परदे (screen) को किस दिशा में घुमाए जिससे उसे भवन का स्पष्ट प्रतिबिंब प्राप्त हो? इस लेंस की लगभग फोकस दूरी कितनी है?

उत्तर सुधा को परदे (screen) को (उत्तल) लेंस की ओर घुमाना चाहिए, जिससे वह उस पर भवन का स्पष्ट प्रतिबिंब प्राप्त कर सके, क्योंकि खिड़की लेंस के वक्रता केंद्र ($2F$) से परे स्थित थी, जिसका प्रतिबिंब लेंस के दूसरी ओर F तथा $2F$ के बीच प्राप्त हुआ।

अब सुधा को भवन, जो खिड़की से बाहर (अर्थात् अनंत पर) स्थित है, का प्रतिबिंब प्राप्त करना है। तब लेंस के फोकस पर ही प्रतिबिंब बनना संभव है। अतः परदे को लेंस की ओर उसकी फोकस दूरी के समान दूरी पर रखना उपयुक्त है।
दिए गए लेंस की लगभग फोकस दूरी 15 सेमी है।

प्रश्न 27. लेंस की क्षमता (power) तथा फोकस दूरी (focal length) परस्पर किस प्रकार सम्बन्धित हैं? आपके पास क्रमशः फोकस दूरी 20 सेमी तथा 40 सेमी के दो लेंस उपलब्ध हैं। आप अधिक अभिसारित प्रकाश (convergent light) प्राप्त करने हेतु उपरोक्त में से कौन-सा लेंस उपयोग करेंगे?

उत्तर लेंस की क्षमता उसकी फोकस दूरी की व्युत्क्रमानुपाती होती है।

$$\text{क्षमता } (P) = \frac{1}{\text{फोकस दूरी } (f)}$$

जबकि P डाइऑप्टर तथा फोकस दूरी मीटर में है।

क्योंकि किसी लेंस के प्रकाश को अभिसारित या अपसारित (converging or diverging) करने का परिमाण उसकी क्षमता द्वारा निर्धारित होता है। अतः कम फोकस दूरी (20 सेमी) वाला लेंस प्रकाश को अधिक अभिसारित करेगा।

प्रश्न 28. दो समतल दर्पणों की कैसी व्यवस्था द्वारा, आपतित तथा परावर्तित किरण सदा एक-दूसरे के समानांतर होंगी, चाहे आपतन कोण का मान कितना भी क्यों न हो? उपरोक्त परिघटना को एक चित्र द्वारा दर्शाइए।

उत्तर जब दो समतल दर्पण एक-दूसरे से समकोण (right angle = 90°) बनाते हुए रखे जाते हैं, तब आपतित किरण व परावर्तित किरण सदा एक-दूसरे के समानांतर होती हैं। यह आपतन कोण पर निर्भर नहीं करता। *उपरोक्त परिघटना का चित्र निम्न है*

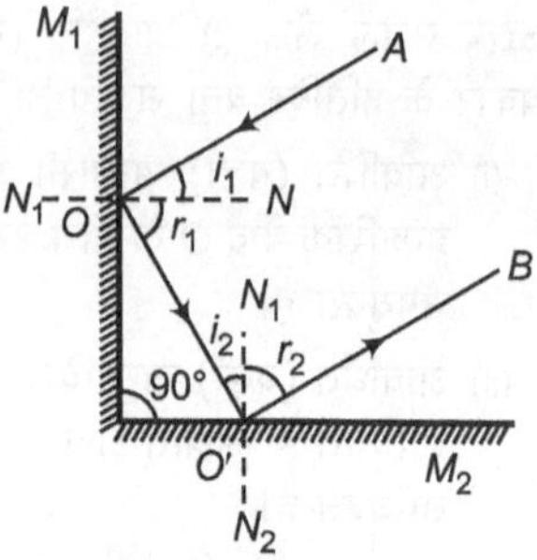

$$\angle i_1 = \angle r_1$$

$$\angle i_2 = \angle r_2$$

परंतु $\angle i_1 + \angle r_1 = \angle i_2 + \angle r_2 = 90°$

$\therefore$ $AO \parallel O'B$

प्रश्न 29. निम्न के लिए किरण आरेख बनाइए जब प्रकाश किरण तिरछी आपतित होती है

(i) वायु से जल में

(ii) जल से वायु में

उत्तर (i) वायु प्रकाशिक विरल माध्यम है; जबकि जल (वायु की अपेक्षा) प्रकाशिक सघन है। अतः वायु से जल में जाने पर प्रकाश का वेग कम हो जाता है तथा प्रकाश किरण अभिलंब की ओर झुक जाती है, *जैसाकि निम्न चित्र में दर्शाया गया है।* [$\angle i > \angle r$]

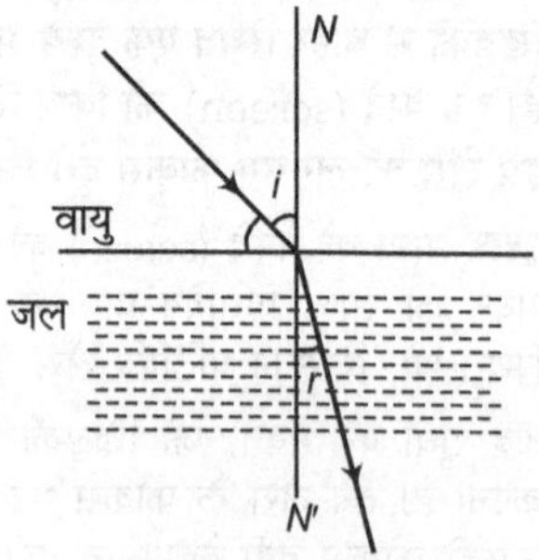

(ii) जल से वायु में जाने पर प्रकाश किरण अभिलंब से दूर हो जाती है, क्योंकि वायु में प्रकाश जल की अपेक्षा धीमी गति से चलता है, *जैसकि निम्न चित्र में दर्शाया गया है।*

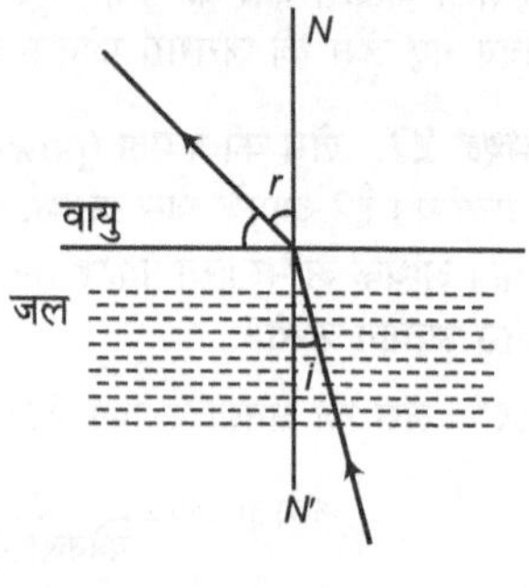

दीर्घ उत्तरीय प्रश्न

प्रश्न 30. एक लेंस द्वारा प्राप्त मोमबत्ती लेंस की ज्वाला का प्रतिबिंब लेंस के दूसरी ओर रखे परदे पर बनता है। यदि प्रतिबिंब का आकार ज्वाला (बिंब) के आकार से तीन गुना है तथा यह लेंस से 80 सेमी की दूरी पर बनता है, तो मोमबत्ती को लेंस से कितनी दूरी पर रखा गया है? प्राप्त प्रतिबिंब की प्रकृति तथा लेंस की भी प्रकृति ज्ञात कीजिए।

उत्तर दिया है, प्रतिबिंब की लेंस से दूरी $v = +80$ सेमी

आवर्धन $m = -3$

बिंब की लेंस से दूरी $u = ?$

ज्ञात है, आवर्धन $m = \frac{v}{u}$; $u = \frac{v}{m}$

$$u = \frac{80}{-3} \text{ सेमी या } u = -26.66 \text{ सेमी}$$

लेंस सूत्र से, $\frac{1}{v} - \frac{1}{u} = \frac{1}{f}$

$$\frac{1}{f} = \frac{1}{80} - \frac{(-3)}{80} = \frac{4}{80} = \frac{1}{20}$$

लेंस की फोकस दूरी $f = 20$ सेमी

क्योंकि फोकस दूरी धनात्मक है, अतः लेंस उत्तल है। प्रतिबिंब वास्तविक है, क्योंकि केवल वास्तविक प्रतिबिंब ही परदे पर प्राप्त किया जा सकता है। मोमबत्ती की लेंस से दूरी (u) लगभग 26.66 सेमी है।

प्रश्न 31. एक दर्पण, जिसकी फोकस दूरी 20 सेमी है, के सामने रखे एक बिंब का प्रतिबिंब उसके वास्तविक आकार का $\frac{1}{3}$ गुना है। बिंब की दर्पण से दूरी ज्ञात कीजिए। प्रतिबिंब तथा दर्पण की प्रकृति भी लिखिए।

उत्तर दोनों प्रकार के दर्पणों (I) उत्तल (II) अवतल के लिए,

स्थिति I उत्तल दर्पण के लिए,

ज्ञात है, आवर्धन $m = \frac{1}{3}$

फोकस दूरी $f = 20$ सेमी

क्योंकि आवर्धन $m = \frac{-v}{u}$

$$\frac{1}{3} = \frac{-v}{u}$$

अथवा $v = -\frac{u}{3}$ ...(i)

दर्पण सूत्र $\frac{1}{v} - \frac{1}{u} = \frac{1}{f}$

$$\frac{-3}{u} + \frac{1}{u} = \frac{1}{20}$$

$$\frac{-2}{u} = \frac{1}{20}$$

$$u = -2 \times 20$$

$$= -40 \text{ सेमी}$$

बिंब की दर्पण से दूरी 40 सेमी है।

यह दर्पण उत्तल दर्पण है, जो आभासी, सीधा व आकार में छोटा प्रतिबिंब बनाता है।

स्थिति II अवतल दर्पण के लिए,

$$f = -20 \text{ सेमी}$$

$$m = -\frac{1}{3}$$

$$m = \frac{-v}{u}$$

$$-\frac{1}{3} = -\frac{v}{u}$$

$$v = \frac{u}{3}$$

दर्पण सूत्र, $\frac{1}{v} + \frac{1}{u} = \frac{1}{f}$

$$\frac{3}{u} + \frac{1}{u} = \frac{1}{-20}, \frac{4}{u} = \frac{1}{-20}$$

$$u = 4 \times -20 = -80 \text{ सेमी}$$

अवतल दर्पण से बिंब को 80 सेमी की दूरी पर रखा जाता है। प्रतिबिंब वास्तविक तथा उल्टा बनता है।

प्रश्न 32. एक छात्र ने एक मोमबत्ती की ज्वाला के प्रतिबिंब को एक सफेद परदे पर उत्तल लेंस की सहायता से फोकस किया। उसने मोमबत्ती, परदे तथा लेंस की स्थितियों को निम्न प्रकार से नोट किया

मोमबत्ती की स्थिति = 12.0 सेमी उत्तल लेंस की स्थिति = 50.0 सेमी तथा परदे की स्थिति = 88.0 सेमी

(i) उत्तल लेंस की फोकस दूरी कितनी है?

(ii) यदि वह मोमबत्ती को लेंस की ओर 31.0 सेमी की स्थिति तक खिसकाने लगे तब प्रतिबिंब कहाँ बनेगा?

(iii) यदि वह मोमबत्ती को लेंस की ओर खिसकाता है, तो प्रतिबिंब की प्रकृति क्या होगी?

(iv) उपरोक्त प्रकार से बनने वाले प्रतिबिंब के निर्माण को समझाते हुए एक किरण आरेख बनाइए।

उत्तर बिंब की दूरी (u) = उत्तल लेंस की स्थिति – मोमबत्ती की स्थिति

$= 50 - 12 = 38$ सेमी

चिह्न परिपाटी के अनुसार $u = -38$ सेमी

इसी प्रकार, प्रतिबिंब की दूरी = परदे की स्थिति – उत्तल लेंस की स्थिति

$= 88 - 50 = 38$ सेमी

चिह्न परिपाटी के अनुसार $v = +38$ सेमी

(i) लेंस सूत्र, $\frac{1}{v} - \frac{1}{u} = \frac{1}{f}$

$$\frac{1}{f} = \frac{1}{38} - \frac{1}{-38} = \frac{1}{38} + \frac{1}{38} = \frac{2}{38} = \frac{1}{19}$$

फोकस दूरी $f = 19$ सेमी

(ii) मोमबत्ती को लेंस की ओर 31.0 सेमी की स्थिति तक खिसकाने पर, बिंब की दूरी = लेंस की स्थिति – मोमबत्ती की विस्थापित दूरी = $50 - 31 = 19$ सेमी

$u = -19$ सेमी

परंतु उत्तल लेंस की फोकस दूरी (f) भी 19 सेमी ही है। क्योंकि मोमबत्ती लेंस के फोकस पर ही स्थित है, अतः प्रतिबिंब अनंत पर बनेगा।

(iii) जब छात्र मोमबत्ती को लेंस की ओर खिसकाता है, अर्थात् बिंब फोकस (F) तथा प्रकाशिक केंद्र (O) के बीच स्थित है, तब प्रतिबिंब आकार में बड़ा, आभासी तथा सीधा बनेगा।

(iv) *प्रश्न के अनुसार बनने वाले प्रतिबिंब का किरण आरेख निम्न है*

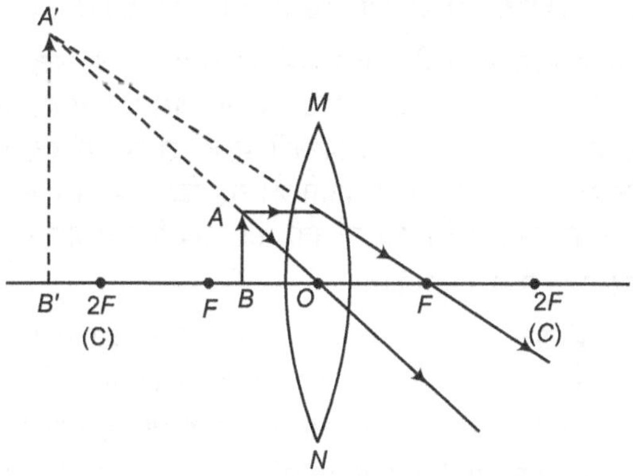

11

मानव नेत्र तथा रंगबिरंगा संसार

नेत्र मनुष्य को प्रकृति की सबसे बहुमूल्य देन है इनके द्वारा फोटो कैमरे की भाँति वस्तुओं के वास्तविक प्रतिबिंब रेटिना पर बनते हैं आँख से किसी भी वस्तु को स्पष्ट देखने के लिए न्यूनतम दूरी 25 सेमी होती है जबकि अधिकतम दूरी अनंत् होती है।

मानव नेत्र (The Human Eye)

मानव शरीर में नेत्र एक महत्त्वपूर्ण अंग है। नेत्र प्रकाश का उपयोग करके हमें, हमारे चारों ओर की वस्तुओं (पास व दूर की वस्तुओं) को देखने में समर्थ बनाता है।

मानव नेत्र हमें इस अद्भुत तथा रंग-बिरंगें संसार को देखने योग्य बनाता है।

मानव नेत्र की संरचना (Structure of Human Eye)

मानव नेत्र **गोलाकार** होता है तथा इसकी संरचना में एक **उत्तल लेंस** होता है। इसका लेंस-निकाय एक प्रकाश-सुग्राही परदे पर प्रतिबिंब बनाता है, जिसे **रेटिना का दृष्टिपटल** कहते हैं। प्रकाश एक पतली झिल्ली से होकर नेत्र में प्रवेश करता है। इस झिल्ली को **कॉर्निया** या **स्वच्छ मंडल** कहते हैं। यह झिल्ली नेत्र गोलक के अग्र पृष्ठ पर एक पारदर्शी उभार बनाती है। नेत्र गोलक की आकृति लगभग गोलाकार होती है तथा इसका व्यास 2.3 सेमी होता है।

कॉर्निया के पीछे एक संरचना होती है, जिसे **परितारिका** कहते हैं। परितारिका पुतली के आकार को नियंत्रित करती है। यह पुतली में प्रवेश करने वाले प्रकाश को नियंत्रित करती है। किसी वस्तु से चलने वाली प्रकाश किरणें कॉर्निया से गुजरने के बाद नेत्र लेंस पर अपवर्तित होती है तथा अपवर्तित होकर रेटिना पर वस्तु का उल्टा व वास्तविक प्रतिबिंब बनाती हैं। रेटिना एक कोमल व सुलभ झिल्ली है, जो बहुत सारी प्रकाश-सुग्राही तंत्रिकाओं की बनी होती है। रेटिना पर बने प्रतिबिंब का रंग एवं आकार, आदि का मस्तिष्क को ज्ञान इन तंत्रिकाओं द्वारा ही होता है।

रेटिना की तंत्रिकाओं के सिरे प्रतिबिंब के प्रकाश से प्रभावित होकर मस्तिष्क को संदेश भेजते हैं, जिससे हम वस्तु को देखते हैं।

आँख से किसी भी वस्तु को स्पष्ट देखने के लिए न्यूनतम दूरी 25 सेमी होती है। जबकि अधिकतम दूरी अनंत होती है। इस प्रकार सामान्य नेत्र 25 सेमी से अनंत दूरी तक रखी वस्तुओं को स्पष्ट देख सकता है।

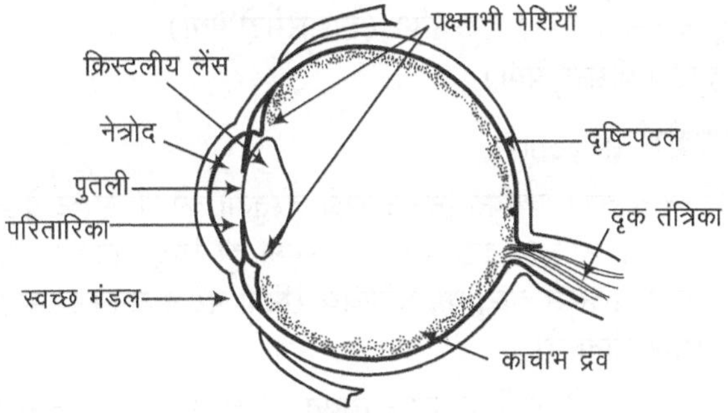

मानव नेत्र

समंजन क्षमता (Power of Accommodation)

अभिनेत्र लेंस रेशेदार जालीवत का बना होता है, इसमें कुछ सीमाओं तक परिवर्तन किया जा सकता है। वक्रता में परिवर्तन होने के कारण लेंस की फोकस दूरी भी परिवर्तित हो जाती है। जब अभिनेत्र लेंस की पक्ष्माभी पेशियाँ शिथिल होती हैं, तो अभिनेत्र लेंस पतला हो जाता है। इसकी फोकस दूरी बढ़ जाती है और हम दूर रखी वस्तुओं को स्पष्ट देख सकते हैं। जब पेशियाँ सिकुड़ जाती हैं, तो अभिनेत्र लेंस मोटा हो जाता है और फोकस दूरी घट जाती है और हम निकट की वस्तुओं को स्पष्ट देख सकते हैं।

अत: अभिनेत्र लेंस की वह क्षमता, जिससे वह अपनी फोकस दूरी को समायोजित करता है, **समंजन क्षमता** कहलाती है।

मोतियाबिंद (Cataract)

जब मानव नेत्र का क्रिस्टलीय लेंस दूधिया या धुंधला हो जाता है, तो यह स्थिति **मोतियाबिंद** कहलाती है। इससे नेत्र दृष्टि में कभी भी अंधापन आ जाता है। शल्य चिकित्सा के पश्चात् दृष्टि वापस आना संभव हो जाता है।

क्या आप जानते हैं?

दो नेत्र होने से हमारा दृष्टि क्षेत्र विस्तृत हो जाता है। मानव के एक नेत्र का क्षैतिज दृष्टि क्षेत्र 150° होता है, जबकि दो नेत्र द्वारा यह लगभग 180° हो जाता है।

इसी तरह शिकार करने वाले जंतुओं के दो नेत्र उनके सिर पर विपरीत दिशाओं में स्थित होते हैं, जिससे कि उन्हें अधिकतम विस्तृत दृष्टि क्षेत्र प्राप्त हो।

दृष्टिदोष व उनका संशोधन

(Defects of Vision and their Correction)

प्राय: नेत्र अपवर्तन दोष के कारण अपनी समंजन क्षमता खो देते हैं। ऐसी स्थिति में व्यक्ति की दृष्टि धुंधली हो जाती है।

दृष्टि के तीन सामान्य अपवर्तन दोष होते हैं।

निकट-दृष्टि (मायोपिया) दूर-दृष्टि (हाइपरमेट्रोपिया)

जरा-दूरदृष्टि (प्रीसब्यूपिया)

निकट-दृष्टिदोष (Myopia)

निकट-दृष्टिदोष वाला व्यक्ति निकट रखी वस्तुओं को तो स्पष्ट देख सकता है, परंतु दूर रखी वस्तुओं को नहीं देख पाता है। इसका दूर बिंदु अनंत पर न होकर नेत्र के पास आ जाता है। जिससे वस्तु का प्रतिबिंब रेटिना पर न बनकर उससे पहले बन जाता है जो अस्पष्ट होता है।

इस दोष को दूर करने के लिए हम उपयुक्त क्षमता का अवतल लेंस प्रयोग करते हैं, जिससे वस्तु का प्रतिबिंब पुनः रेटिना पर बनने लगता है तथा दूर वाली वस्तुएँ स्पष्ट दिखाई देने लगती हैं।

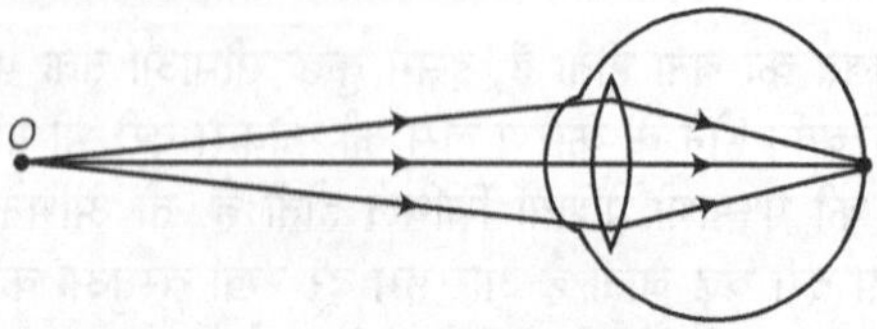

(a) निकट-दृष्टिदोष युक्त नेत्र का दूर बिंदु

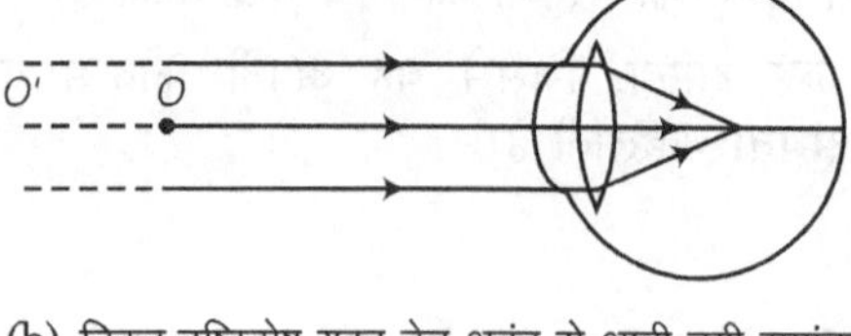

(b) निकट-दृष्टिदोष युक्त नेत्र अनंत से आती हुयी समांतर किरणें

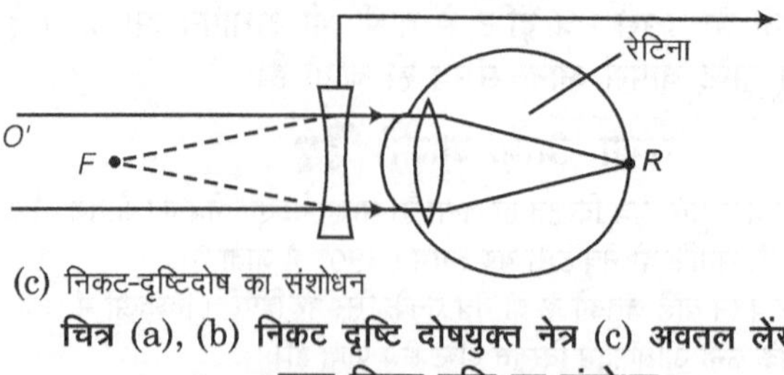

(c) निकट-दृष्टिदोष का संशोधन

चित्र (a), (b) निकट दृष्टि दोषयुक्त नेत्र (c) अवतल लेंस के उपयोग द्वारा निकट दृष्टि का संशोधन

दीर्घ दृष्टिदोष (Hypermetropia)

दीर्घ दृष्टिदोष वाला व्यक्ति दूर की वस्तुओं को तो स्पष्ट देख सकता है, परंतु निकट रखी वस्तुओं को नहीं देख पाता है। ऐसे व्यक्ति का निकट बिंदु सामान्य से दूर चला जाता है तथा पास रखी वस्तुएँ दिखाई नहीं पड़ती हैं। इसमें वस्तु का प्रतिबिंब रेटिना के पीछे बनता है।

इस दोष को उपयुक्त क्षमता के उत्तल लेंस का उपयोग करके दूर किया जाता है।

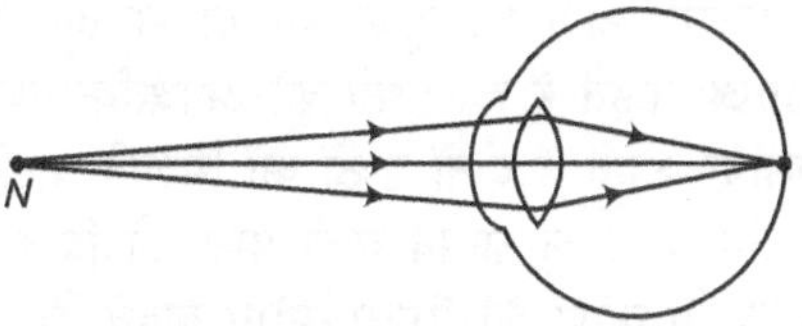

(a) दीर्घ दृष्टिदोष युक्त नेत्र का निकट बिंदु

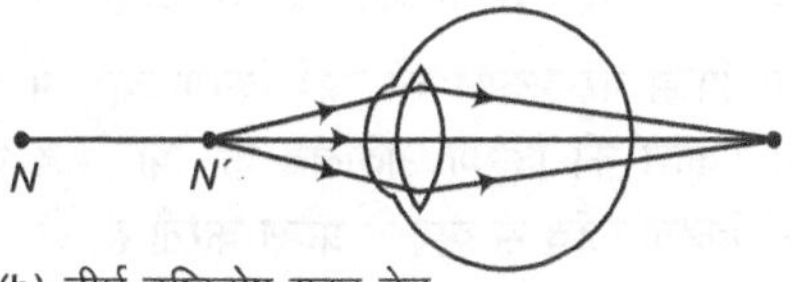

(b) दीर्घ दृष्टिदोष युक्त नेत्र

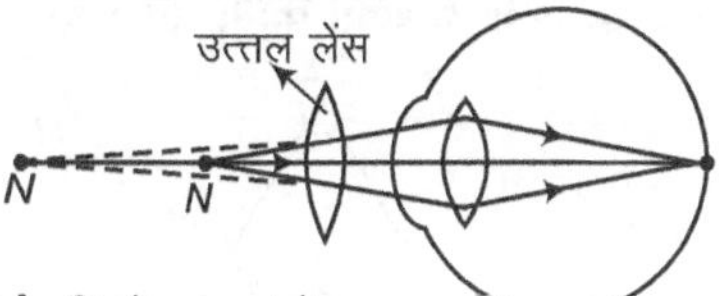

(c) दीर्घ दृष्टिदोष का संशोधन

चित्र (a), (b) **दीर्घ दृष्टिदोष युक्त नेत्र तथा** (c) **दीर्घ दृष्टिदोष का संशोधन**

जरा-दूरदृष्टिता (Presbyopia)

बढ़ती आयु में व्यक्ति की समंजन क्षमता कम हो जाती है। काफी व्यक्तियों का निकट बिंदु दूर हट जाता है। इस दोष को **जरा-दूरदृष्टिता** कहते हैं। यह पक्ष्माभी पेशियों के दुर्बल होने या क्रिस्टलीय लेंस के लचीलेपन में कमी होने के कारण होती है।

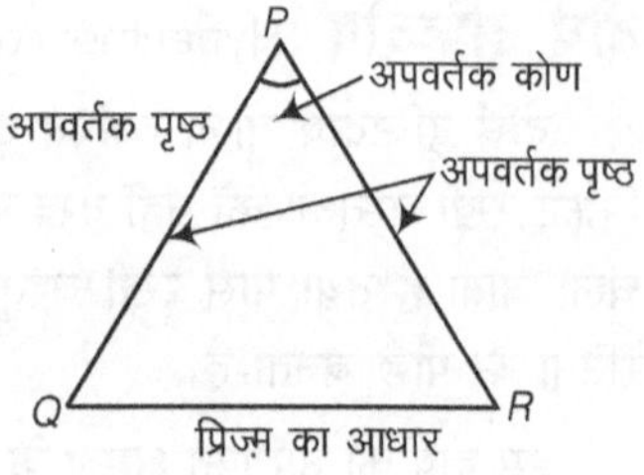

कभी-कभी व्यक्ति के नेत्र में निकट दृष्टि व दीर्घ दृष्टि दोनों प्रकार के दोष होते हैं। इस प्रकार के व्यक्ति प्राय: द्विफोकसी लेंस का उपयोग करते हैं। सामान्य प्रकार के द्विफोकसी लेंसों में ऊपरी भाग अवतल लेंस तथा निचला भाग उत्तल लेंस का होता है। जिससे हम दूर व पास की वस्तुओं को स्पष्ट देख पाते हैं।

प्रिज्म (Prism) किसी कोण पर झुके हुए दो समत्ल पृष्ठों के बीच स्थित पारदर्शी माध्यम को **प्रिज्म** कहते है इन पृष्ठो को अपवर्तक पृष्ठ तथा इनके बीच के कोण को **आवर्तक कोण** कहते है दोनों पृष्ठों को मिलाने वाली कोण को अपवर्तक कोण कहते हैं। अपवर्तक कोर के सामने वाले पृष्ठ को प्रिज़्म का आधार कहते हैं अपवर्तक पृष्ठों के बीच के कोण को **प्रिज्म कोण** कहते हैं।

प्रिज़्म से प्रकाश का अपवर्तन (Refraction of Light through a Prism)

काँच के त्रिभुजाकार प्रिज़्म पर प्रकाश की कोई किरण वायु से काँच में प्रवेश करती है। अपवर्तन के पश्चात् यह प्रकाश की किरण अभिलंब की ओर मुड़ जाती है। प्रिज़्म के दूसरे फलक से जब प्रकाश की किरण काँच से वायु में प्रवेश करती है। तो अभिलंब से दूर हट जाती है। इसे प्रकाश का एक माध्यम से दूसरे माध्यम में **अपवर्तन** कहते हैं। निर्गत किरण आपतित किरण से एक कोण बनाती है, जिसे **विचलन कोण** कहते हैं।

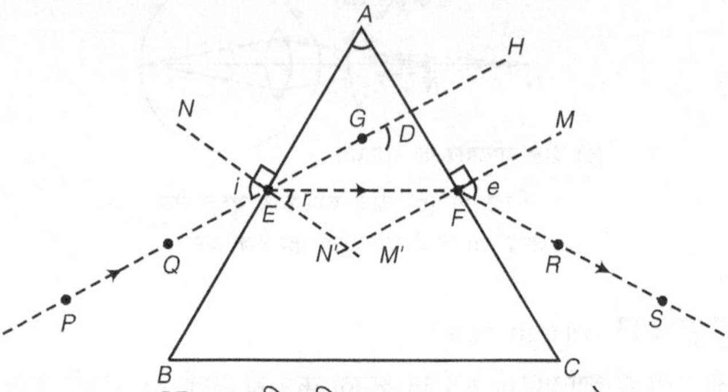

PE - आपतित किरण	∠*i* - आपतन कोण
EF - अपवर्तित किरण	∠*r* - अपवर्तन कोण
FS - निर्गत किरण	∠*e* - निर्गत कोण
∠*A* - प्रिज़्म किरण	∠*D* - विचलन कोण

काँच के त्रिभुज प्रिज़्म से प्रकाश का अपवर्तन

काँच के प्रिज़्म द्वारा श्वेत प्रकाश का विक्षेपण
(Dispersion of White Light by Glass Prism)

जब किसी प्रिज़्म पर श्वेत प्रकाश की किरण आपतित होती है, तो अपवर्तन के पश्चात् वह विभिन्न रंगों की अनेक किरणों में विभाजित हो जाती है। इस घटना को प्रकाश का **वर्ण विक्षेपण** कहते हैं।

वर्ण विक्षेपण का कारण किसी पदार्थिक माध्यम में भिन्न-भिन्न रंगों के प्रकाश की चाल का भिन्न-भिन्न होना है, क्योंकि काँच का अपवर्तनांक बैंगनी रंग के प्रकाश के लिए सबसे अधिक तथा लाल रंग के प्रकाश के लिए सबसे कम होता है।

सूर्य का प्रकाश सात रंगों से मिलकर बना होता है। बैंगनी, जामुनी, नीला, हरा, पीला, नारंगी तथा लाल रंग। इस क्रम को **VIBGYOR** कहते हैं।

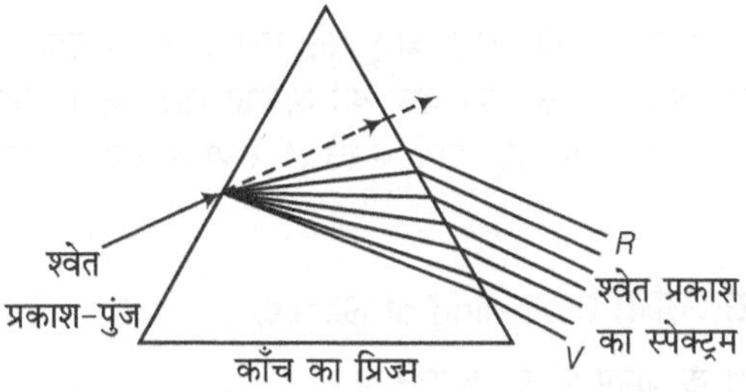

काँच के प्रिज़्म द्वारा श्वेत प्रकाश का विक्षेपण

> **क्या आप जानते हैं?**
>
> **आइजक न्यूटन** ने सर्वप्रथम सूर्य का स्पेक्ट्रम प्राप्त करने के लिए काँच के प्रिज़्म का उपयोग किया।

इंद्रधनुष (Rainbow)

वर्षा के पश्चात् आकाश में जल के सूक्ष्म कण छोटे प्रिज़्म की तरह कार्य करते हैं। सूर्य के आपतित प्रकाश को ये बूँदें (प्रिज़्म) अपवर्तित तथा विक्षेपित करती हैं। इसे **आंतरिक परावर्तन** कहते हैं।

जल बूँदें प्रकाश को पुनः अपवर्तित करती हैं। जिसके कारण हमें इंद्रधनुष दिखाई देता है। इंद्रधनुष सदैव सूर्य के विपरीत दिशा में बनता है।

आकाश में इंद्रधनुष

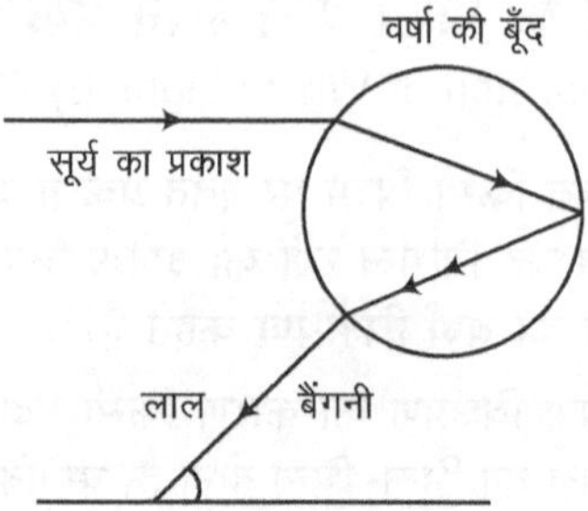

इंद्रधनुष का बनना

वायुमंडलीय अपवर्तन (Atmospheric Refraction)

गर्म वायु अपने ऊपर की ठंडी वायु की तुलना में अधिक गर्म तथा हल्की होती है तथा इसका अपवर्तनांक ठंडी वायु की अपेक्षा थोड़ा कम होता है। इस प्रकार ये सघन तथा विरल माध्यमों का कार्य करते हैं तथा प्रकाश किरण अपवर्तित हो जाती है।

तारों का टिमटिमाना (Twinkling of Stars)

तारों के प्रकाश के वायुमंडलीय अपवर्तन के कारण तारें टिमटिमाते दिखाई देते हैं। पृथ्वी के वायुमंडल में प्रवेश के पश्चात् पृथ्वी पर हम तक पहुँचने तक तारे का प्रकाश अपवर्तित होता रहता है। वायुमंडल तारे के प्रकाश को अभिलंब की ओर झुका देता है। जिससे तारें से आने वाला प्रकाश पथ थोड़ा परिवर्तित हो जाता है। इससे इस प्रकाश की मात्रा कम या ज्यादा होती रहती है तथा हमें तारें टिमटिमाते प्रतीत होते हैं।

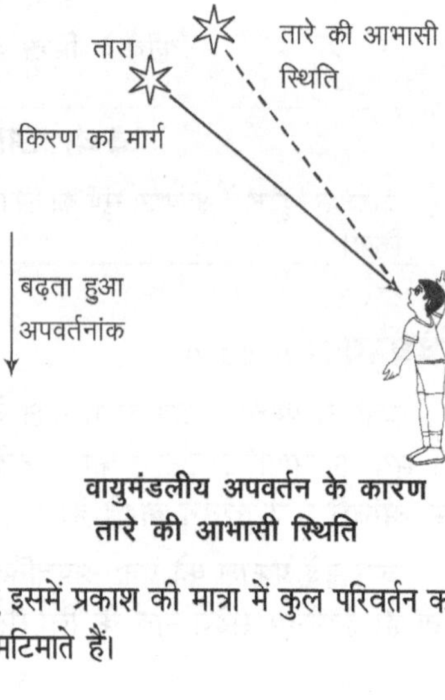

वायुमंडलीय अपवर्तन के कारण तारे की आभासी स्थिति

तारों की तरह ग्रह भी वायुमंडल में होते हैं परंतु ये तारों की अपेक्षा पृथ्वी के बहुत पास हैं। इसलिए ये नहीं टिमटिमाते, ग्रह बिंदु साइज के अनेक प्रकाश स्रोतों का एक विस्तृत स्रोत है, इसलिए इसमें प्रकाश की मात्रा में कुल परिवर्तन का औसत मान शून्य होता है। इसी कारण ग्रह नहीं टिमटिमाते हैं।

अग्रिम सूर्योदय तथा विलंबित सूर्यास्त
(Advance Sunrise and Delayed Sunset)

वायुमंडलीय अपवर्तन के कारण सूर्य हमें वास्तविक सूर्योदय से लगभग 2 मिनट पूर्व तथा सूर्यास्त से 2 मिनट पश्चात् तक दिखाई देता है। सूर्य द्वारा वास्तव में क्षितिज को पार करना **वास्तविक सूर्योदय** कहलाता है।

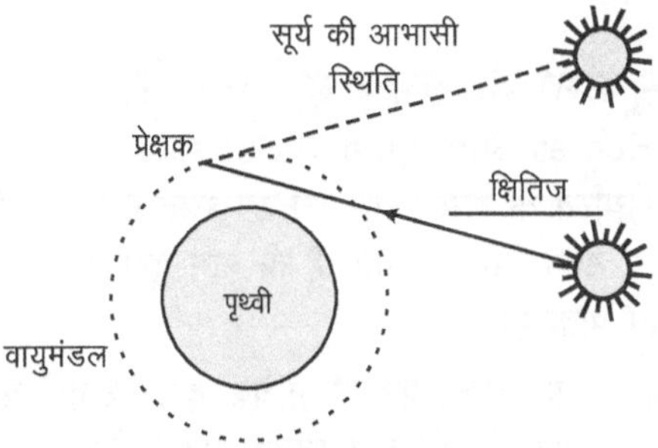

वायुमंडलीय अपवर्तन का सूर्योदय तथा सूर्यास्त पर प्रभाव

प्रकाश का प्रकीर्णन एवं टिंडल प्रभाव
(Scattering of Light and Tyndall Effect)

पृथ्वी का वायुमंडल सूक्ष्म कणों का एक विषमांगी मिश्रण हैं। इन कणों में धुआँ, जल की सूक्ष्म बूँदें, धूल के निलंबित कण तथा वायु के अणु शामिल होते हैं।

जब कोई प्रकाश किरण पुँज ऐसे महीन कणों से टकराता है, तो यह उस किरण पुँज का मार्ग दिखाई देने लगता है। इन कणों से विसरित प्रकाश परावर्तित होकर हमारे पास पहुँचता है।

कोलॉइडी कणों द्वारा प्रकाश के प्रकीर्णन की परिघटना **टिंडल प्रभाव** उत्पन्न करती है।

स्वच्छ आकाश का रंग नीला क्यों होता है?
(Why is the Colour of the Clear Sky Blue?)

जब सूर्य का प्रकाश वायुमंडल से होकर गुजरता है, वायु के सूक्ष्म कण लाल रंग की अपेक्षा नीले रंग को अधिक प्रबलता से प्रकीर्ण करते हैं, क्योंकि लाल वर्ण के प्रकाश की तरंगदैर्ध्य नीले रंग के प्रकाश की अपेक्षा लगभग 1.8 गुनी है।

प्रकीर्ण के पश्चात् नीला प्रकाश हमारे नेत्रों में प्रवेश करता है और हमें स्वच्छ आकाश का रंग नीला दिखाई देता है।

अत्यधिक ऊँचाई पर उड़ते हुए यात्रियों को आकाश काला प्रतीत होता है, क्योंकि इतनी ऊँचाई पर प्रकीर्णन स्पष्ट नहीं हो पाता है। कुहरे या धुँए से खतरे का संकेत लाल रंग से दिया जाता है, क्योंकि लाल रंग सबसे कम प्रकीर्ण होता है।

सूर्योदय तथा सूर्यास्त के समय सूर्य का रंग
(Colour of the Sun at Sunrise and Sunset)

सूर्योदय तथा सूर्यास्त के समय सूर्य का रंग रक्ताभ प्रतीत होता है, क्योंकि जब सूर्य दोपहर के समय ठीक सिर पर होता है तो कम दूरी होने के कारण नीले प्रकाश का कम प्रकीर्णन हो पाता है।

जबकि क्षितिज से आने वाला प्रकाश अधिक दूरी पर होने के कारण नीले रंग के प्रकाश का प्रकीर्णन हो जाता है और सूर्य रक्ताभ प्रतीत होता है।

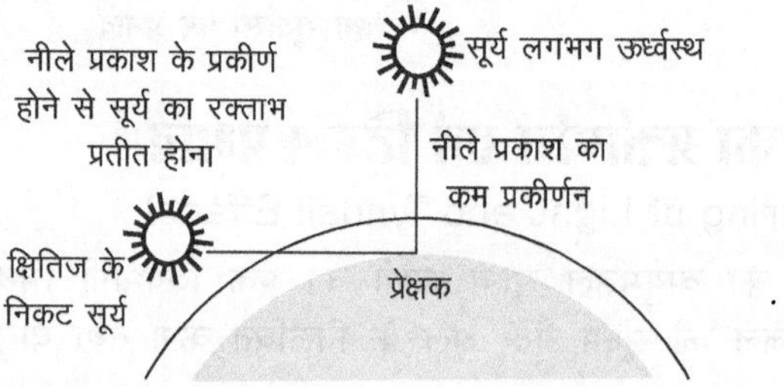

सूर्योदय तथा सूर्यास्त के समय सूर्य का रक्ताभ प्रतीत होना

प्रश्नावली

पृष्ठ 211

प्रश्न 1. नेत्र की समंजन क्षमता से क्या अभिप्राय है?

उत्तर अभिनेत्र लेंस की वह क्षमता, जिसके कारण वह अपनी फोकस दूरी को समायोजित कर लेता है, समंजन क्षमता कहलाती है।

प्रश्न 2. निकट-दृष्टिदोष का कोई व्यक्ति 1.2 मी से अधिक दूरी पर रखी वस्तुओं को सुस्पष्ट नहीं देख सकता। इस दोष को दूर करने के लिए प्रयुक्त संशोधक लेंस किस प्रकार का होना चाहिए?

उत्तर निकट-दृष्टिदोष का दूर बिंदु = 1.2 मी

$$\text{संशोधक लेंस की क्षमता} = \frac{1}{1.2} = 0.83 \text{ डाइऑप्टर}$$

क्षमता = 0.83 डाइऑप्टर

प्रकृति = अवतल लेंस

प्रश्न 3. मानव नेत्र की सामान्य दृष्टि के लिए दूर बिंदु तथा निकट बिंदु नेत्र से कितनी दूरी पर होते हैं?

उत्तर मानव नेत्र की सामान्य दृष्टि के लिए,

दूर बिंदु = अनंत तक तथा

निकट बिंदु = 25 सेमी की दूरी पर होते हैं।

प्रश्न 4. अंतिम पंक्ति में बैठे किसी विद्यार्थी को श्यामपट्ट पर लिखा हुआ पढ़ने में कठिनाई होती है। यह विद्यार्थी किस दृष्टिदोष से पीड़ित है? इसे किस प्रकार संशोधित किया जा सकता है?

उत्तर यह विद्यार्थी निकट दृष्टिदोष से पीड़ित है। इसे आवश्यक क्षमता के अवतल लेंस के प्रयोग से ठीक किया जा सकता है।

अभ्यास

प्रश्न 1. मानव नेत्र अभिनेत्र लेंस की फोकस दूरी को समायोजित करके विभिन्न दूरियों पर रखी वस्तुओं को फोकसित कर सकता है। ऐसा हो पाने का कारण है

(a) जरा-दूरहदृष्टिता (b) समंजन

(c) निकट दृष्टि (d) दीर्घ-दृष्टि

उत्तर ऐसा समंजन के कारण होता है।

प्रश्न 2. मानव नेत्र के जिस भाग पर किसी वस्तु का प्रतिबिंब बनाते हैं, वह है?

(a) कॉर्निया (b) परितारिका (c) पुतली (d) दृष्टिपटल

उत्तर वह भाग दृष्टिपटल है।

प्रश्न 3. सामान्य दृष्टि के व्यस्क के लिए सुस्पष्ट दृष्टि दर्शन की अल्पतम दूरी होती है लगभग

(a) 25 m (b) 2.5 cm (c) 25 cm (d) 2.5 cm

उत्तर लगभग 25 सेमी।

प्रश्न 4. अभिनेत्र लेंस की फोकस दूरी में परिवर्तन किया जाता है

(a) पुतली द्वारा (b) दृष्टिपटल द्वारा

(c) पक्ष्माभी द्वारा (d) परितारिका द्वारा

उत्तर पक्ष्माभी द्वारा।

प्रश्न 5. किसी व्यक्ति को अपनी दूर की दृष्टि को संशोधित करने के लिए – 5.5 डाइऑप्टर क्षमता के लेंस की आवश्यकता है। अपनी निकट की दृष्टि को संशोधित करने के लिए उसे + 1.5 डाइऑप्टर क्षमता के लेंस की आवश्यकता है। संशोधित करने के लिए आवश्यक लेंस की फोकस दूरी क्या होगी?

(i) दूर की दृष्टि के लिए, (ii) निकट की दृष्टि के लिए।

उत्तर (i) **दूर की दृष्टि के लिए,**

$$P = \frac{1}{f}$$

जहाँ, P = प्रकाश की मात्रा

f = फोकस दूरी

क्षमता = – 5.5 (अवतल लेंस)

लेंस की फोकस दूरी

$$-5.5 = \frac{1}{f}$$

$$f = \frac{1}{5.5} = 0.18 \text{ मी}$$

$$f = 0.18 \text{ मी}$$

(ii) **निकट की दृष्टि के लिए,**

$$\text{क्षमता} = +1.5 \text{ डाइऑप्टर (उत्तल लेंस)}$$

$$\text{फोकस दूरी} = \frac{1}{1.5} = 0.67 \text{ मी;}$$

$$f = 0.67 \text{ मी}$$

प्रश्न 6. किसी निकट दृष्टिदोष से पीड़ित व्यक्ति का दूर बिंदु नेत्र के सामने 80 सेमी की दूरी पर है। इस दोष को संशोधित करने के लिए आवश्यक लेंस की प्रकृति तथा क्षमता क्या होगी?

उत्तर निकट दृष्टिदोष

$$\text{दूर बिंदु} = 80 \text{ सेमी} = 0.80 \text{ मी}$$

$$\text{क्षमता} = \frac{1}{0.80} = 1.25 \text{ डाइऑप्टर}$$

प्रकृति निकट दृष्टि दोष दूर करने के लिए अवतल लेंस का प्रयोग किया जाता है। लेंस की प्रकृति व क्षमता = – 1.25 डाइऑप्टर (अवतल लेंस)

प्रश्न 7. चित्र बनाकर दर्शाया कि दीर्घ दृष्टि दोष कैसे संशोधित किया जाता है? एक दीर्घ दृष्टिदोष युक्त नेत्र का निकट बिंदु 1 मी है। इस दोष को संशोधित करने के लिए आवश्यक लेंस की क्षमता क्या होगी? यह मान लीजिए कि सामान्य नेत्र का निकट बिंदु 25 सेमी है।

उत्तर दीर्घ दृष्टिदोष दूर करना

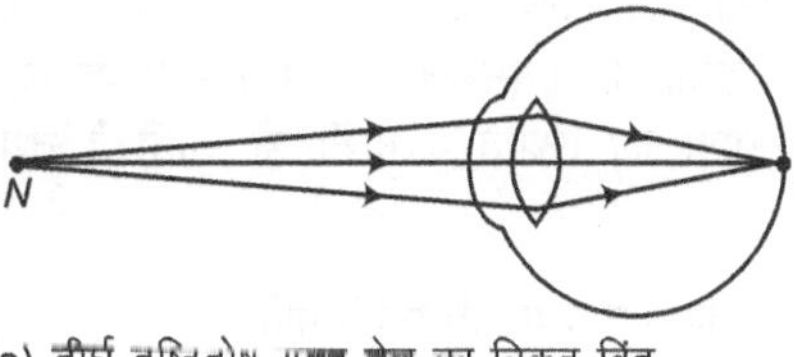

(a) दीर्घ दृष्टिदोष युक्त नेत्र का निकट बिंदु

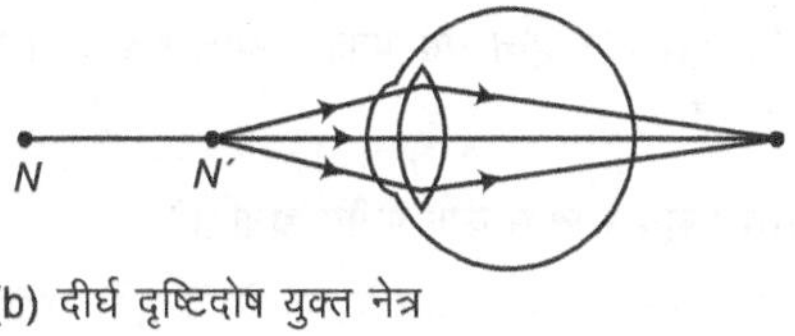

(b) दीर्घ दृष्टिदोष युक्त नेत्र

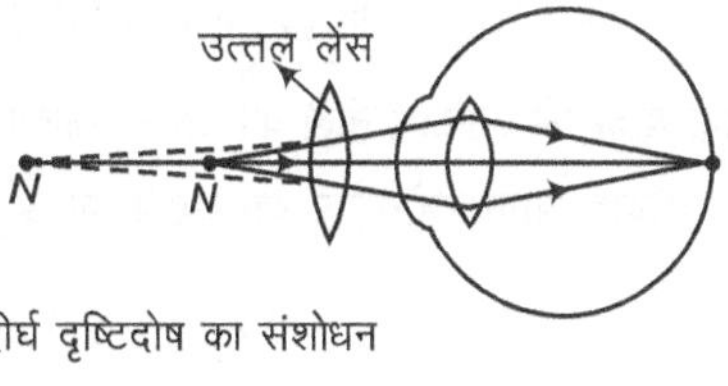

(c) दीर्घ दृष्टिदोष का संशोधन

निकट बिंदु = 1 मी

सामान्य नेत्र का निकट बिंदु = 25 सेमी = 0.25 मी

सामान्य नेत्र के लिए क्षमता $P = \frac{1}{f} = \frac{1}{0.25 \text{ मी}} = 4$ डाइऑप्टर

दीर्घ दृष्टिदोष को दूर करने के लिए

लेंस की क्षमता = 4 डाइऑप्टर −1 डाइऑप्टर = 3 डाइऑप्टर

क्षमता = + 3 डाइऑप्टर (उत्तल लेंस)

प्रश्न 8. सामान्य नेत्र 25 सेमी से निकट रखी वस्तुओं को सुस्पष्ट क्यों नहीं देख पाते?

उत्तर नेत्र का निकट बिंदु स्पष्ट देखने की अल्पतम दूरी होती है। उससे कम दूरी पर रखी वस्तुएँ स्पष्ट नहीं दिखाई देती हैं। इसलिए सामान्य नेत्र 25 सेमी से निकट रखी वस्तुओं को स्पष्ट नहीं देख पाते।

प्रश्न 9. जब हम नेत्र से किसी वस्तु की दूरी को बढ़ा देते हैं, तो नेत्र में प्रतिबिंब-दूरी का क्या होता है?

उत्तर नेत्र से किसी वस्तु की दूरी 25 सेमी से कम होने पर वस्तु धुंधली दिखाई पड़ती है। जबकि 25 सेमी से दूर अनंत तक वह स्पष्ट दिखाई दे सकती है।

प्रश्न 10. तारे क्यों टिमटिमाते हैं?

उत्तर प्रकाश के वायुमंडलीय अपवर्तन के कारण ही तारे टिमटिमाते प्रतीत होते हैं। यह अपवर्तन उसी माध्यम में होता है। वायुमंडल तारे के प्रकाश को अभिलंब की ओर झुकाता चला जाता है। जिससे तारों की स्थिति आभासी हो जाती है तथा वे टिमटिमाते प्रतीत होते हैं।

प्रश्न 11. व्याख्या कीजिए कि ग्रह क्यों नहीं टिमटिमाते?

उत्तर ग्रह तारों की अपेक्षा पृथ्वी के पास हैं तथा बिंदु आकार के स्रोतों से मिलकर एक विस्तृत स्रोत बन जाते हैं। दूरी कम होने एवं प्रकाश स्रोत बन जाने के कारण परिवर्तन का औसत मान शून्य हो जाता है।

प्रश्न 12. सूर्योदय के समय सूर्य रक्ताभ क्यों प्रतीत होता है?

उत्तर सूर्योदय के समय सूर्य क्षितिज पर होता है। पृथ्वी से दूरी अधिक होने से नीले प्रकाश का प्रकीर्णन होने के कारण सूर्य लाल रंग का (रक्ताभ) प्रतीत होता है।

प्रश्न 13. किसी अंतरिक्ष यात्री को आकाश नीले की अपेक्षा काला क्यों प्रतीत होता है?

उत्तर अंतरिक्ष यात्री को ऊँचाई अधिक होने पर वायुमंडल की अनुपस्थिति के कारण आकाश काला प्रतीत होता है।

NCERT Exemplar

पुस्तक के चुने गए प्रश्न

बहुविकल्पीय प्रश्न

प्रश्न 1. एक व्यक्ति 2 मी की दूरी पर रखी भिन्न वस्तुओं को नहीं देख सकता है। यह दोष कितनी क्षमता का लेंस प्रयोग करके ठीक किया जा सकता है?

(a) + 0.5D (b) –0.5D

(c) + 0.2D (d) –0.2D

उत्तर (*b*) एक व्यक्ति जिसकी आँखों में निकट दृष्टि दोष है, वह निकट की वस्तुओं को तो स्पष्ट देख सकता है, परंतु दूर की वस्तुओं को स्पष्ट नहीं देख सकता है। इसलिए यह व्यक्ति निकट-दृष्टि दोष से पीड़ित है। इस रोग से पीड़ित व्यक्ति का दूर बिंदु अनंत से बहुत पहले बन जाता है।

एक $F = -2$ मी फोकस दूरी का अवतल लेंस वस्तु का प्रतिबिंब रेटिना पर बनता है तथा यह दोष दूर हो जाता है। इसलिए आवश्यक लेंस की क्षमता

$$P = \frac{1}{f} = \frac{1}{-2} = -0.5D$$

प्रश्न 2. एक छात्र कक्षा में सबसे पिछली सीट पर बैठकर बोर्ड पर लिखे शब्द पढ़ सकता परंतु वह अपनी पुस्तक में लिखे अक्षर नहीं पढ़ पाता है। निम्नलिखित में से कौन-सा कथन सत्य है?

(a) उसकी आँख का निकट बिंदु पीछे हटा हुआ है

(b) उसकी आँख का निकट बिंदु पास आ गया है

(c) उसकी आँख का दूर बिंदु पास आ गया है

(d) उसकी आँख का दूर बिंदु दूर चला गया है

उत्तर (*a*) एक व्यक्ति जिसकी आखों में दूर दृष्टि दोष है वह दूर की वस्तु स्पष्ट देख सकता है, परंतु निकट की वस्तु स्पष्ट नहीं देख पाता है। व्यक्ति का निकट बिंदु सामान्य दूरी 25 सेमी से दूर हटा हुआ है।

प्रश्न 3. **एक प्रिज़्म ABC (BC आधार है) एक भिन्न अभिविन्यास में रखा है। एक प्रकाश किरण पुंज प्रिज़्म पर चित्रानुसार आपतित होता है। विक्षेपण के बाद इनमें से कौन-सी स्थिति में ऊपर से तीसरा रंग आकाश के रंग के समान है?**

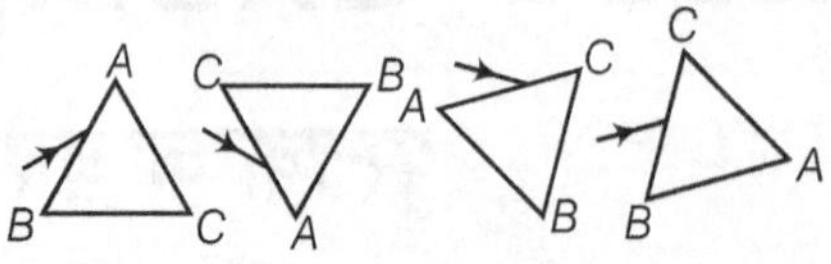

(i) (ii) (iii) (iv)

(a) (i) (b) (ii) (c) (iii) (d) (iv)

उत्तर (*b*) (ii) स्थिति में ऊपर से तीसरा रंग नीला होगा (VIBGYOR) जो आकाश के रंग के समान है।

प्रश्न 4. **दोपहर में सूर्य श्वेत दिखायी देता है, क्योंकि**

(a) प्रकाश का प्रकीर्णन कम होता है
(b) श्वेत प्रकाश के सभी रंगों का प्रकीर्णन हो जाता है
(c) नीले रंग का प्रकीर्णन बहुत अधिक होता है
(d) लाल रंग का प्रकीर्णन बहुत अधिक होता है

उत्तर (*a*) दोपहर में प्रकाश सूर्य से सीधे हमारे सर पर कम दूरी तय करके आता है तथा सूर्य श्वेत दिखायी देता है, क्योंकि नीले और बैंगनी रंग का थोड़ा-सा प्रकीर्णन होता है।

प्रश्न 5. **निम्नलिखित में से प्रकाश की कौन-सी परिघटनाएँ इंद्रधनुष के बनने में सम्मलित है?**

(a) परावर्तन, अपवर्तन तथा विक्षेपण
(b) अपवर्तन, विक्षेपण तथा पूर्ण आंतरिक परावर्तन
(c) अपवर्तन, विक्षेपण तथा आंतरिक परावर्तन
(d) विक्षेपण, प्रकीर्णन तथा पूर्ण आंतरिक परावर्तन

उत्तर (*c*) इंद्रधनुष वायुमंडल में उपस्थित जल के सूक्ष्म कणों द्वारा प्रकाश के अपवर्तन, विक्षेपण तथा आंतरिक परावर्तन के कारण तथा हमेशा सूर्य के विपरीत दिशा में बनता है। जल के सूक्ष्म कण छोटे प्रिज़्मों की तरह कार्य करते हैं। वर्षा के पश्चात् ये सूर्य के आपतित प्रकाश को अपवर्तित तथा विक्षेपित करते हैं।

प्रश्न 6. **तारों का टिमटिमाना वायुमंडल में**

(a) जल के सूक्ष्म कणों द्वारा प्रकाश का विक्षेपण
(b) अपवर्तनांकों की विभिन्न पर्तों द्वारा प्रकाश का अपवर्तन
(c) घूल के कणों द्वारा प्रकाश का प्रकीर्णन
(d) बादलों द्वारा प्रकाश का आंतरिक परावर्तन

उत्तर (*b*) तारों के प्रकाश के वायुमंडलीय अपवर्तन के कारण तारें टिमटिमाते दिखाई देते हैं। पृथ्वी के वायुमंडल में प्रवेश के पश्चात् पृथ्वी पर हम तक पहुँचने तक तारों का प्रकाश अपवर्तित होता रहता है। तारे से आने वाला प्रकाश पथ थोड़ा परिवर्तित हो जाता है इससे प्रकाश की मात्रा कम या ज्यादा होती रहती है तथा हमें तारे टिमटिमाते प्रतीत होते हैं।

प्रश्न 7. स्वच्छ आकाश नीला प्रतीत होता है, क्योंकि

(a) नीला प्रकाश वायुमंडल में अवशोषित हो जाता है

(b) पराबैंगनी विकिरण वायुमंडल में अवशोषित हो जाता है

(c) वायुमंडल द्वारा बैंगनी तथा नीला प्रकाश, दूसरे सभी रंगों के प्रकाश से ज्यादा प्रकीर्णन होता है

(d) वायुमंडल द्वारा दसरे सभी रंगों का प्रकाश, बैंगनी तथा नीले प्रकाश से ज्यादा प्रकीर्णन होता है

उत्तर (*c*) वायुमंडल में हवा के कण तथा दूसरे सूक्ष्म कणों का आकार दृश्य प्रकाश की तरंगदैर्ध्य की अपेक्षा छोटा होता है। ये बड़ी तरंगदैर्ध्य (लाल वर्ण) की अपेक्षा छोटी तरंगदैर्ध्य (नीले वर्ण) के प्रकाश को अधिक प्रबलता से प्रकीर्ण करते हैं।

जब सूर्य का प्रकाश वायुमंडल से होकर गुजरता है, तब वायु के सुक्ष्म कण लाल रंग की अपेक्षा नीले रंग को अधिक प्रबलता से प्रकीर्ण करते हैं। प्रकीर्णन के पश्चात् नीला प्रकाश हमारे नेत्रों में प्रवेश करता है और हमें स्वच्छ आकाश का रंग नीला दिखाई देता है।

प्रश्न 8. निम्नलिखित में से कौन-सा कथन वायु में श्वेत प्रकाश के विभिन्न रंगों के प्रकाश के संचरण से संबधित है?

(a) लाल प्रकाश अधिक तीव्रता से संचरित होता है

(b) नीला प्रकाश हरे प्रकाश की अपेक्षा अधिक तीव्रता से संचरित होता है

(c) श्वेत प्रकाश के सभी रंगों की चाल समान रहती है

(d) पीला प्रकाश, लाल व नीले प्रकाश की माध्य चाल से संचरित होता है

उत्तर (*c*) श्वेत प्रकाश के सभी रंगों की चाल वायु तथा निर्वात् में समान रहती है।

प्रश्न 9. ऊँचे भवनों के शीर्ष पर लगाये गए घातक सिग्नलों का रंग लाल होता है। ये एक दूरी से आसानी से देखे जा सकते है। क्योंकि सभी दूसरे रंगों में, लाल प्रकाश

(a) धुएँ और कोहरे द्वारा ज्यादा प्रकीर्णत होता है

(b) धुएँ और कोहरे द्वारा कम प्रकीर्णत होता है

(c) धुएँ और कोहरे द्वारा ज्यादा अवशोषित होता है

(d) वायु में तीव्रता से गति करता है

उत्तर (*b*) वायुमंडल में हवा के कण तथा दूसरे सूक्ष्म कणों का आकार दृश्य प्रकाश की तरंगदैर्ध्य की अपेक्षा छोटा होता है। ये बड़ी तरंगदैर्ध्य (लाल वर्ण) की अपेक्षा छोटी तरंगदैर्ध्य नीले वर्ण के प्रकाश को अधिक प्रबलता से प्रकीर्ण करते हैं। इसलिए ऊँचे भवनों पर लगाये गए घातक सिग्नलों का लाल प्रकाश एक दूरी से आसानी से देखा जा सकता है, क्योंकि सभी दूसरे रंगों में यह कम प्रकीर्णत होता है।

प्रश्न 10. **निम्नलिखित में कौन-सी परिघटना सूर्योदय तथा सूर्यास्त के समय सूर्य का रंग रक्ताभ प्रतीत कराती है?**

(a) प्रकाश का विक्षेपण
(b) प्रकाश का प्रकीर्णन
(c) प्रकाश का पूर्ण आंतरिक परावर्तन
(d) प्रकाश से प्रकाश का परावर्तन

उत्तर (*b*) सूर्योदय तथा सूर्यास्त के समय सूर्य का रंग रक्ताभ प्रतीत होता है, क्योंकि जब सूर्य दोपहर के समय ठीक सिर पर होता है तो कम दूरी होने के कारण नीले प्रकाश का कम प्रकीर्णन हो पाता है। जबकि क्षितिज से आने वाला प्रकाश अधिक दूरी पर होने के कारण नीले रंग के प्रकाश में प्रकीर्णन हो जाता है और सूर्य रक्ताभ प्रतीत होता है।

प्रश्न 11. **गहरे समुद्र में पानी का रंग नीला होने का कारण**

(a) शैवाल की उपस्थित तथा दुसरे पौधों का पाया जाना
(b) पानी में आकाश का परावर्तन
(c) प्रकाश का प्रकीर्णन
(d) समुद्र द्वारा प्रकाश का अवशोषण

उत्तर (*c*) गहरे समुद्र में पानी का रंग नीला होने का कारण प्रकाश का बहुत छोटे कणों में प्रकीर्णन पानी में मुख्यतः नीले प्रकाश में होता है।

प्रश्न 12. **जब प्रकाश किरण नेत्र में प्रवेश करती है, सबसे अधिक अपवर्तन होता है**

(a) क्रिस्टलीय लेंस
(b) कॉर्निया के बाहरी पृष्ठ पर
(c) परितारिका (iris)
(d) पुतली (pupil)

उत्तर (*b*) प्रकाश एक पतली झिल्ली से होकर नेत्र में प्रवेश करता है इस झिल्ली को कॉर्निया या मंडल कहते हैं। यह झिल्ली नेत्र गोलक के अंतः पृष्ठ पर एक पारदर्शी उभार बनाती है। प्रकाश किरण का नेत्र में प्रवेश करने पर सबसे अधिक अपवर्तन कॉर्निया के बाहरी पृष्ठ पर होता है।

प्रश्न 13. **नेत्र लेंस की फोकस दूरी बढ़ती है, जब नेत्र पेशियाँ**

(a) शिथिल तथा अभिनेत्र लेंस पतला हो जाता है
(b) सिकुड़ तथा अभिनेत्र लेंस मोटा हो जाता है
(c) शिथिल तथा अभिनेत्र लेंस मोटा हो जाता है
(d) सिकुड़ तथा अभिनेत्र लेंस पतला हो जाता है

उत्तर (*a*) नेत्र लेंस की फोकस दूरी बढ़ती है, जब नेत्र पेशियाँ सिकुड़ जाती है तथा अभिनेत्र लेंस पतला हो जाता है।

प्रश्न 14. **निम्नलिखित में से कौन-सा कथन सही है?**

(a) निकट-दृष्टिदोष वाला व्यक्ति दूर रखी वस्तुओं को स्पष्ट देख सकता है।

(b) दूर-दृष्टिदोष वाला व्यक्ति निकट रखी वस्तुओं को स्पष्ट देख सकता है।

(c) निकट-दृष्टिदोष वाला व्यक्ति निकट रखी वस्तुओं को स्पष्ट देख सकता है।

(d) दूर-दृष्टिदोष वाला व्यक्ति निकट रखी वस्तुओं को स्पष्ट देख सकता है।

उत्तर (*c*) निकट-दृष्टिदोष वाला व्यक्ति निकट रखी वस्तुओं को स्पष्ट देख सकता है।

लघु उत्तरीय प्रश्न

प्रश्न 15. **प्रत्येक को किरण आरेख द्वारा दर्शाइए**

(i) निकट-दृष्टिदोष (ii) दूर-दृष्टिदोष

उत्तर (i) *निकट-दृष्टिदोष के लिए किरण आरेख निम्न है*

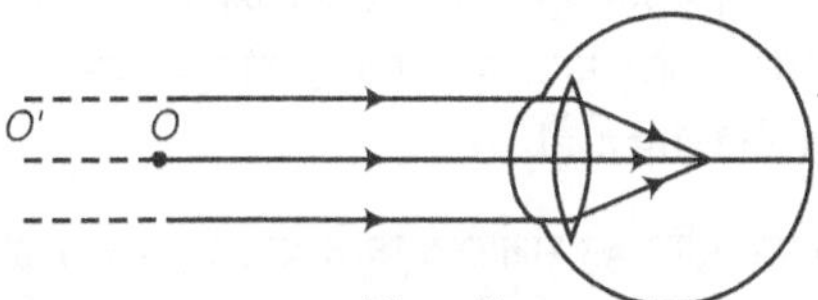

मायोपिक आँख

(ii) *दूर-दृष्टिदोष के लिए किरण आरेख निम्न है*

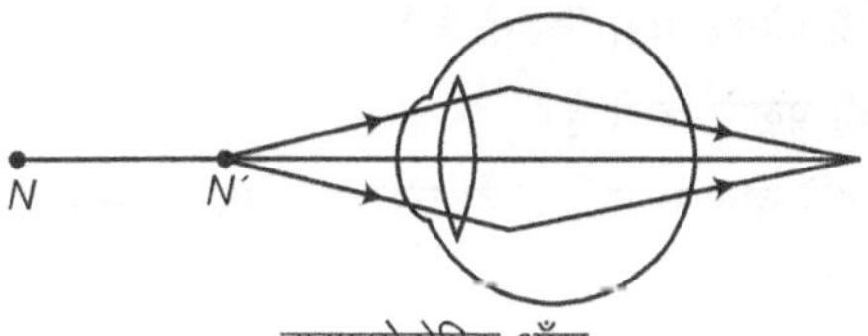

हाइपरमेट्रोपिक आँख

प्रश्न 16. **अंतिम पंक्ति में बैठे किसी विद्यार्थी को श्यामपट्ट पर लिखा हुआ पढ़ने में कठिनाई होती है। डॉक्टर उस विद्यार्थी को क्या सलाह देगा? इस दोष के निवारण के लिए किरण आरेख आरेखित कीजिए।**

उत्तर यह विद्यार्थी निकट-दृष्टिदोष से पीड़ित है। निकट-दृष्टिदोष में व्यक्ति निकट रखी वस्तुओं को स्पष्ट देख सकता है परंतु दूर रखी वस्तुओं को स्पष्ट नहीं देख पाता।

डॉक्टर ने उसे आवश्यक क्षमता के अवतल लेंस के उपयोग करने की सलाह दी जिससे वस्तु का प्रतिबंब पुनः रेटिना पर बनने लगे।

निकट दृष्टिदोष के निवारण का किरण आरेख निम्न है

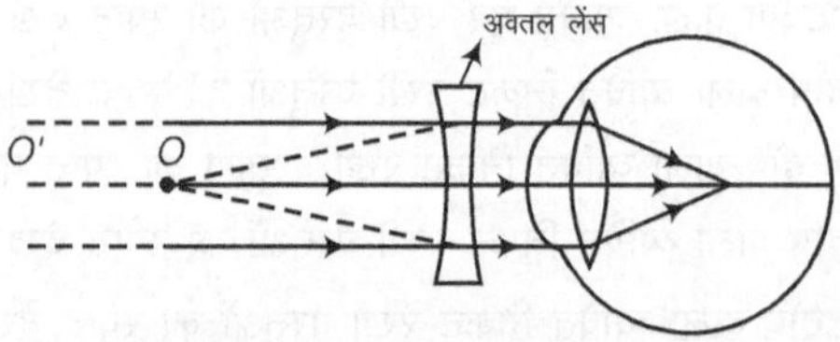

प्रश्न 17. हम निकट रखी वस्तुओं तथा दूर रखी वस्तुओं को भी स्पष्ट देखने में कैसे सक्षम हैं?

उत्तर अभिनेत्र लेंस की फोकस दूरी को सुनयोजित करने की क्षमता के कारण हम निकट रखी वस्तुओं तथा दूर रखी वस्तुओं को भी स्पष्ट देखने में सक्षम हैं, समंजन क्षमता कहते हैं।

जब अभिनेत्र लेंस की पक्ष्माभी पेशियाँ शिथिल होती हैं तो अभिनेत्र लेंस पतला हो जाता है। इसकी फोकस दूरी बढ़ जाती है और हम दूर रखी वस्तुओं को स्पष्ट देख सकते हैं। जब पेशियाँ सिकुड़ जाती हैं तो अभिनेत्र लेंस मोटा हो जाता है और फोकस दूरी घट जाती है और हम निकट की वस्तुओं को देख सकते हैं।

प्रश्न 18. किसी व्यक्ति को अपनी दृष्टि को संशोधित करने के लिए – 4.5 डाइऑप्टर क्षमता के लेंस की आवश्यकता है

(a) व्यक्ति किस प्रकार के दृष्टिदोष से पीड़ित है?

(b) संशोधित लेंस की फोकस दूरी कितनी है?

(c) संशोधित लेंस की प्रकृति कैसी है?

उत्तर (*a*) व्यक्ति निकट-दृष्टिदोष से पीड़ित है। उसे संशोधन के लिए अवतल लेंस का उपयोग करना चाहिए।

(*b*) फोकस दूरी $f = \frac{1}{P}$

$$= \frac{1}{-4.5} = -0222 \text{ मी}$$

$$= -222 \text{ सेमी}$$

संशोधित लेंस की फोकस दूरी = –22.2 सेमी।

(*c*) संशोधित लेंस अवतल और अपसारी है।

प्रश्न 19. हम किस प्रकार दो सामान्य प्रिज़्मों का उपयोग करेंगें, जिससे श्वेत प्रकाश का एक संकीर्ण पुंज एक प्रिज़्म पर आपतित होकर दूसरे प्रिज़्म से श्वेत प्रकाश के रूप में निकले। चित्र आरेखित कीजिए।

उत्तर श्वेत प्रकाश का एक संकीर्ण पुंज एक प्रिज़्म पर आपतित होकर दूसरे प्रिज़्म (जोकि व्युत्क्रम स्थिति में पहले प्रिज़्म के सापेक्ष रखा हुआ है।) से निकल जाता है। *यह निम्न चित्र में दर्शाया गया है*

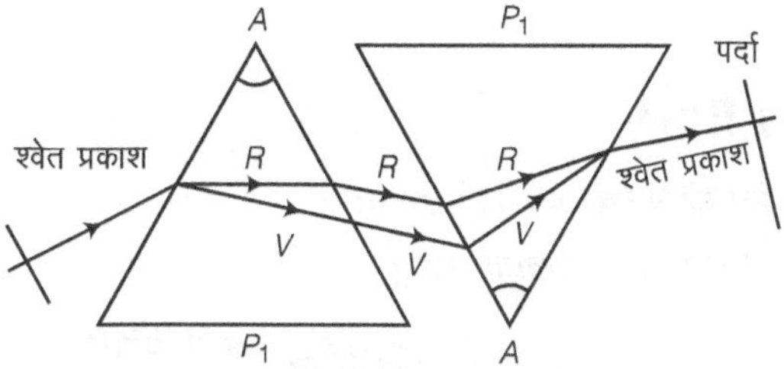

प्रश्न 20. एक किरण आरेख आरेखित कर प्रिज़्म द्वारा विक्षेपण, जब एक श्वेत प्रकाश का एक संकीर्ण पुंज इसके एक अपवर्तक पृष्ठ पर आपतित होता है, को दर्शाइए। स्पेक्ट्रम से प्राप्त रंगों के क्रम को भी दर्शाइए।

उत्तर *प्रिज्म द्वारा श्वेत प्रकाश का विक्षेपण दर्शाता किरण आरेख निम्न है*

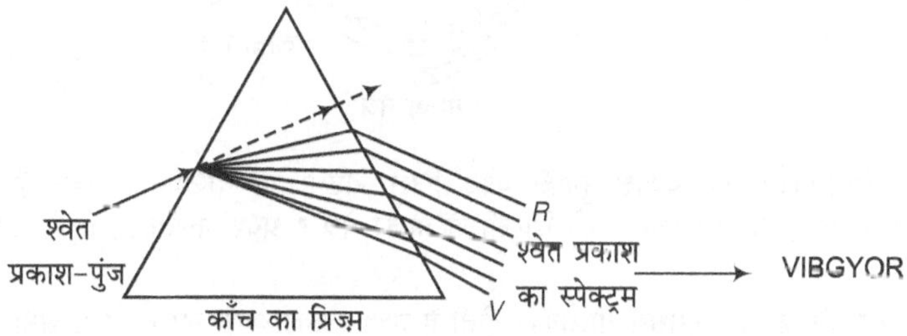

प्रश्न 21. क्या हमारे द्वारा देखी गई तारे की प्रत्यक्ष स्थिति, क्या उस तारे की सही स्थिति है?

उत्तर तारे की प्रत्यक्ष स्थिति, वायुमंडल में तारे के प्रकाश के अपवर्तन के कारण थोडी-सी अलग है। क्योंकि वायुमंडल तारे के प्रकाश को अभिलंब की ओर झुका देता है। जिससे तारे से आने वाला प्रकाश पथ थोड़ा परिवर्तित हो जाता है, *जैसाकि चित्र में दर्शाया गया है।*

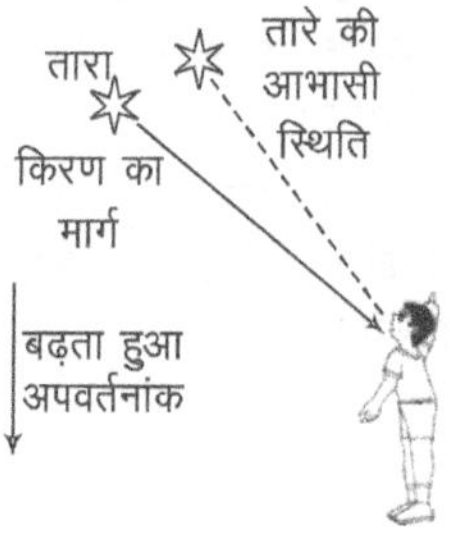

प्रश्न 22. हमें आकाश में इंद्रधनुष वर्षा के पश्चात् ही क्यों दिखाई पड़ता है?

उत्तर हमें आकाश में इंद्रधनुष वर्षा के पश्चात् वायुमंडल में उपस्थिति जल के सूक्ष्म कणों द्वारा प्रकाश के विक्षेपण के कारण दिखाई पड़ता है।

जल के सूक्ष्म कण छोटे प्रिज़्मों की तरह कार्य करते हैं। वर्षा के पश्चात् ये सूर्य के आपतित प्रकाश को अपवर्तित तथा विक्षेपित करते हैं। इसलिए प्रकाश के विक्षेपण तथा आंतरिक परावर्तन के कारण हमें विभिन्न रंग दिखाई देते हैं।

दीर्घ उत्तरीय प्रश्न

प्रश्न 23. मानव नेत्र की बनावट का कार्य समझाइए।

उत्तर *मानव नेत्र निम्न चित्र में दिखाया गया है*

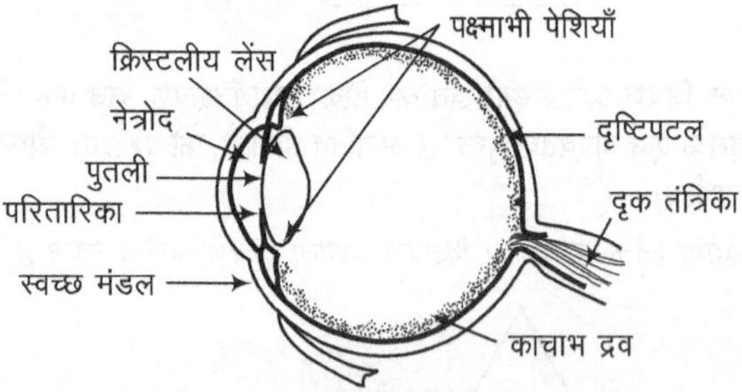

मानव नेत्र

कार्य

इसका लेंस-निकाय एक प्रकाश-सुग्राही परदे जिसे रेटिना या दृष्टिपटल कहते हैं, पर प्रतिबिंब बनाता है। प्रकाश एक पतली झिल्ली से होकर नेत्र में प्रवेश करता है, जिसे कॉर्निया कहते हैं।

नेत्र गोलक की आकृति लगभग गोलाकार होती है तथा इसका व्यास लगभग 2.3 सेमी होती है। नेत्र में प्रकाश किरणों का अधिकांश अपवर्तन कॉर्निया के बाहरी पृष्ठ पर होता है। क्रिस्टलीय लेंस केवल विभिन्न दूरियों पर रखी वस्तुओं को रेटिना पर फोकसित करने के लिए आवश्यक फोकस दूरी में सूक्ष्म समायोजन करता है। इसे लेंस की समंजन क्षमता कहते हैं। आइरिस कॉर्निया के पीछे होता है। परितारिका पुतली के आकार को नियंत्रित करता है।

अभिनेत्र लेंस वस्तु का वास्तविक व उल्टा प्रतिबिंब रेटिना पर बनाता है। तथा वस्तु का प्रतिबिंब तंत्रिकाओं द्वारा मस्तिष्क तक पहुँचता है मस्तिष्क इस प्रतिबिंब को सीधा करके दिखाता है।

प्रश्न 24. एक किरण आरेख का उपयोग करके एक त्रिभुजाकार काँच के प्रिज़्म द्वारा प्रकाश के अपवर्तन की व्याख्या कीजिए।

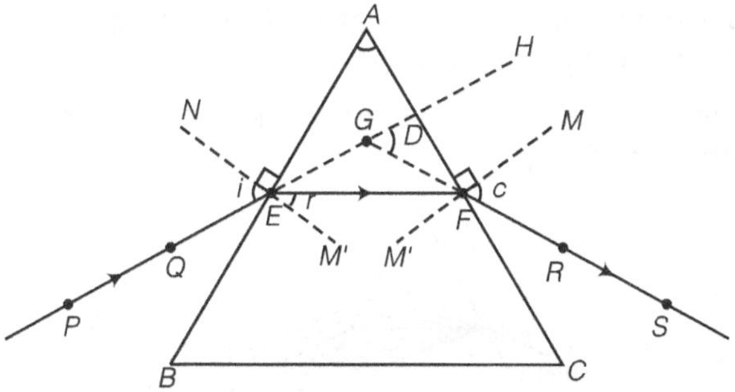

उत्तर 1. एक प्रकाश किरण *PE* वायु से काँच के पहले *AB* में प्रवेश करती है। *EF* अपवर्तन के पश्चात् यह प्रकाश की किरण अभिलंब की ओर मुड़ जाती है। प्रिज़्म के दूसरे फलक *AC* से जब प्रकाश प्रकाश किरण *FS* काँच से वायु में प्रवेश करती है, तो अभिलंब से दूर हट जाती है।

2. प्रिज्म की अजीब बनावट के कारण निर्गत करण, आपतित किरण से एक कोण *D* बनाती है, जिसे विचलन कोण कहते है।

प्रश्न 25. हम कैसे व्याख्या कर सकते हैं कि सूर्योदय तथा सूर्यास्त के समय सूर्य रक्ताभ प्रतीत होता है? यह दोपहर में लाल क्यों प्रतीत नहीं होता है?

उत्तर सूर्योदय तथा सूर्यास्त के समय सूर्य का रंग रक्ताभ प्रतीत होता है, क्योंकि जब सूर्य दोपहर के समय ठीक सिर पर होता है तो कम दूरी होने के कारण नीले प्रकाश का प्रकीर्णन कम हो पाता है, जबकि क्षितिज से आने वाला प्रकाश अधिक दूरी पर होने के कारण नीले रंग के प्रकाश का प्रकीर्णन हो जाता है और सूर्य रक्ताभ प्रतीत होता है।

यह निम्न चित्र में दर्शाया गया है

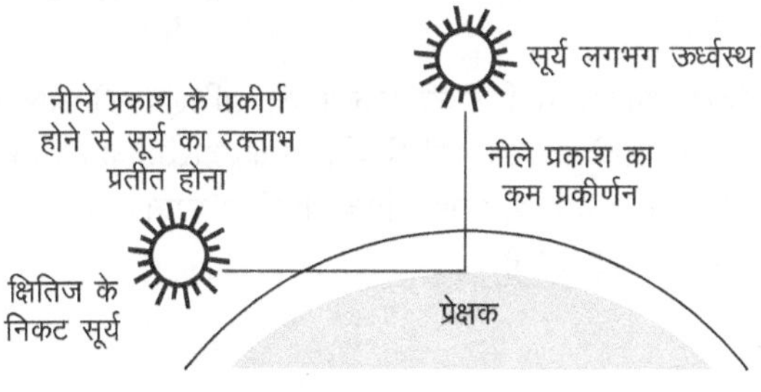

प्रश्न 26. **श्वेत प्रकाश का एक प्रिज़्म द्वारा विक्षेपण की घटना की आवश्यक किरण आरेख बनाकर व्याख्या करो?**

उत्तर (i) जब श्वेत प्रकाश प्रिज़्म से गुजरता तो वह प्रिज़्म द्वारा अपने सात अवयवी रंगों VIGBYOR में विक्षेपित हो जाता है।

विभिन्न रंग आपतित किरण के साथ अलग-अलग कोण बनाते हैं। *आवश्यक किरण आरेख निम्न है*

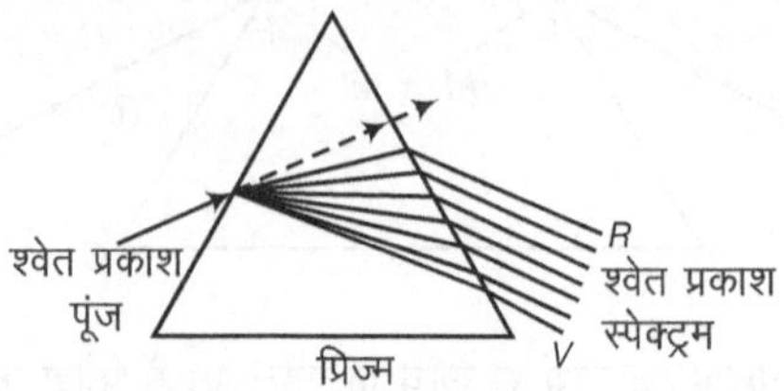

(ii) लाल रंग का कोण हरे या बैगंनी रंग द्वारा बनाया गया कोण से बड़ा होता है। अतः प्रत्येक रंग की किरण का पथ अलग-अलग होता है।

(iii) विभिन्न रंगों का आधार की ओर से बैंगनी, आसमानी, नीला, हरा, पीला, नारंगी तथा लाल है जो चित्र में दिखाया गया है। इसे ही विक्षेपण के नाम से जानते हैं।

प्रश्न 27. **वायुमंडल में अपवर्तन किस प्रकार होता है? तारे क्यों टिमटिमाते हैं लेकिन ग्रह क्यों नहीं?**

उत्तर *निम्न प्रकार से वायुमंडल में अपवर्तन होता है*

(i) पृथ्वी के वायुमंडल में प्रकाश का अपवर्तन, वायु की पर्तों के धीरे-धीरे बदलते हुए अपवर्तनांकों के कारण होता है।

अपवर्तन माध्यम (वायु) की भौतिक स्थिति हमेशा एकसमान न होने के कारण हमें गर्म वायु में वस्तु की स्थिति अस्थिर दिखाई देती है। यह संदिग्ता, एक छोटे पैमाने पर हमारे सामान्य वातावरण में वायुमंडलीय अपवर्तन का प्रभाव है।

(ii) वायुमंडल, आकाशीय पिंड के प्रकाश को अभिलंब की ओर झुका देता है, जिससे तारे आदि की आभासी स्थिति उनकी वास्तविक स्थिति से कुछ अलग होती है। इसी प्रकार आकाशीय पिंड अपनी वास्ततिक स्थिति से कुछ अधिक तथा कम दिखाई देते हैं।

(iii) *तारों के टिमटिमाने का कारण निम्न है*

तारों के प्रकश के वायुमंडलीय अपवर्तन के कारण तारे टिमटिमाते दिखाई देते हैं। पृथ्वी के वायुमंडल में प्रवेश के पश्चात् पृथ्वी सतह पर पहुँचने तक, तारे का प्रकाश अपवर्तित होता रहता है।

वायुमंडल तारे के प्रकाश को अभिलंब की ओर झुका देता है, जिससे तारे से आने वाला प्रकाश का पथ थोड़ा परिवर्तित हो जाता है। जिससे इस प्रकाश की मात्रा कम या ज्यादा होती रहती है तथा हमें तारे टिमटिमाते प्रतीत होते हैं।

(iv) *ग्रहों के न टिमटिमाने का कारण निम्न है*

ग्रह पृथ्वी के बहुत पास हैं तथा ग्रह बिंदु साइज के अनेक प्रकाश स्रोतों का एक विस्तृत स्रोत है। इसलिए इसमें प्रकाश की मात्रा में कुल परिवर्तन का औसत मान शून्य होता है। इसी कारण ग्रह नहीं टिमटिमाते दिखाई देते।

12
विद्युत

विद्युत का आधुनिक समाज में एक महत्त्वपूर्ण स्थान है। यह घरों, विद्यालयों, अस्पतालों, उद्योगों तथा ऐसे ही अन्य संस्थानों में विविध उपयोगों के लिए ऊर्जा का प्रमुख रूप हैं।

विद्युत धारा और परिपथ (Electric Current and Circuit)

किसी विद्युत धारा के सतत तथा बंद पथ को **विद्युत परिपथ** कहते है। यदि परिपथ कहीं से टूट जाए तो विद्युत धारा का प्रवाह समाप्त हो जाता हैं।

विद्युत आवेश (Electric Charge)

किसी पदार्थ (matter) का वह गुण, जिसके कारण उसमें विद्युत तथा चुंबकीय प्रभाव उत्पन्न होते हैं, **आवेश** (Q) कहलाता है। इसका मात्रक **कूलॉम** (C) है।

1 कूलॉम आवेश 1 कूलॉम आवेश, उस विद्युत आवेश के तुल्य है, जो लगभग 6×10^{18} इलेक्ट्रॉनों में उपस्थित होता है।

आवेश दो प्रकार के होते हैं; धन तथा ऋण।

विद्युत धारा (Electric Current)

विद्युत आवेश के प्रवाह की दर को **विद्युत धारा** कहते हैं। यदि Q आवेश किसी चालक से t समय में प्रवाहित होता है, तब विद्युत धारा

$$I = \frac{Q}{t}$$

विद्युत धारा का SI **मात्रक** = ऐम्पियर (A)

$$1 \text{ ऐम्पियर} = \frac{1 \text{ कूलॉम}}{1 \text{ सेकंड}}$$

विद्युत धारा के अन्य मात्रक मिलीऐम्पियर (mA) तथा माइक्रोऐम्पियर (μA) हैं। 1 मिलीऐम्पियर = 10^{-3} ऐम्पियर; 1 माइक्रोऐम्पियर = 10^{-6} ऐम्पियर

विद्युत धारा का मापन यंत्र अमीटर है, जिसे उस परिपथ के श्रेणीक्रम में जोड़ा जाता है, जिसमें विद्युत धारा मापनी होती है।

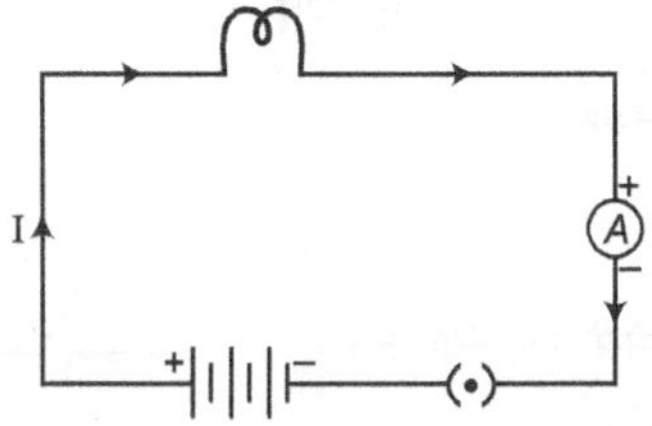

(a) **अमीटर का परिपथ में संयोजन** (श्रेणीक्रम)

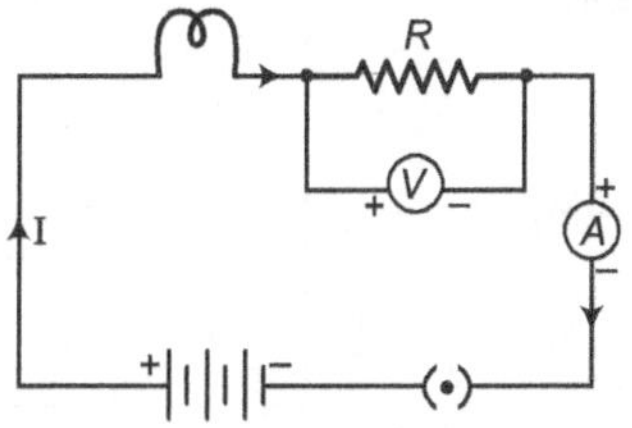

(b) **वोल्टमीटर का संयोजन** (समांतर क्रम)

विद्युत विभव (Electric Potential)

किसी विद्युत क्षेत्र में एक बिंदु पर विद्युत विभव उस कार्य के बराबर होता है, जो इकाई धनावेश को अनंत से उस बिंदु तक लाने में करना होता है। इसका मात्रक **वोल्ट** (V) है।

विद्युत विभवांतर (Potential Difference)

किसी धारावाही विद्युत परिपथ में दो बिंदुओं के बीच विद्युत विभवांतर (V) वह कार्य है, जो एकांक आवेश को एक बिंदु से दूसरे बिंदु तक लाने में किया जाता है। इसका SI मात्रक **वोल्ट** (V) है।

दो बिंदुओं के बीच विभवांतर

$$(V) = \frac{\text{किया गया कार्य } (W)}{\text{आवेश } (Q)}$$

1 वोल्ट विद्युत विभवांतर दो बिंदुओं के बीच तब उत्पन्न होता है, जब एक बिंदु से 1 कूलॉम आवेश को दूसरे बिंदु तक ले जाने में 1 जूल कार्य किया जाता है।

$$1 \text{ वोल्ट} = 1 \text{ जूल कूलॉम}^{-1}$$

विद्युत परिपथ आरेख (Circuit Diagram)

परिपथ के विभिन्न अवयवों को प्रतीकों द्वारा निरूपित कर परिपथ आरेख बनाया जाता है। *कुछ मुख्य अवयव तथा उनके प्रतीक निम्न हैं*

सारणी

क्र.सं.	अवयव	प्रतीक
1.	विद्युत सेल	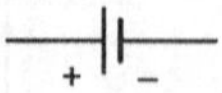
2.	बैटरी अथवा कई सेलों का संयोजन	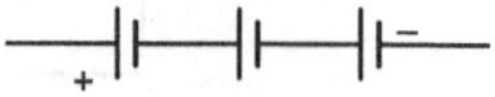
3.	खुली प्लग कुंजी (स्विच)	
4.	बंद प्लग कुंजी (स्विच)	
5.	तार संधि	
6.	तार क्रॉसिंग (बिना संधि)	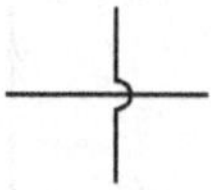
7.	संयोजी तार	
8.	विद्युत बल्ब	
9.	प्रतिरोध	
10.	धारा नियंत्रक या परिवर्ती प्रतिरोध	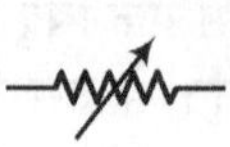 या 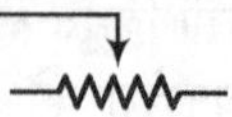
11.	अमीटर	
12.	वोल्टमीटर	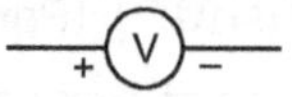

ओम का नियम (Ohm's Law)

किसी धातु के तार में प्रवाहित होने वाली विद्युत धारा, उस तार के सिरों के बीच उत्पन्न विभवांतर के अनुक्रमानुपाती होती है, जबकि तार का ताप निश्चित हो।

$$V \propto I$$

$$\frac{V}{I} = \text{नियतांक } (R) \quad \text{अथवा} \quad V = IR$$

प्रतिरोध (Resistance)

किसी चालक का वह गुण, जिसके कारण वह उसमें से प्रवाहित होने वाले आवेश के प्रवाह का विरोध करता है, उसका **प्रतिरोध** (R) कहलाता है। इसका SI मात्रक **ओम** (Ω) है।

$$R = V/I$$

इसी प्रकार, $I = V/R$

1 ओम जब किसी चालक में से 1 ऐम्पियर विद्युत धारा प्रवाहित होती है तथा चालक के दोनों सिरों के बीच उत्पन्न विभवांतर 1 वोल्ट होता है, तब उसका प्रतिरोध 1 ओम होता है।

$$1 \text{ ओम} = \frac{1 \text{ वोल्ट}}{1 \text{ ऐम्पियर}}$$

परिवर्ती प्रतिरोध

स्रोत की वोल्टता के बिना कोई परिवर्तन किए परिपथ की विद्युत धारा को नियंत्रित करने के लिए उपयोग किए जाने वाले अवयव को **परिवर्ती प्रतिरोध** कहते है।

वे कारक जिन पर किसी चालक का प्रतिरोध निर्भर करता है

(a) चालक की लंबाई(l)

$$R \propto l \qquad ...(i)$$

(b) चालक की अनुप्रस्थ-काट का क्षेत्रफल (A)

$$R \propto \frac{1}{A} \qquad ...(ii)$$

(c) चालक के पदार्थ की प्रकृति

समी (i) तथा (ii) में $R \propto \frac{l}{A}$ अथवा $R = \rho \frac{l}{A}$

जहाँ ρ (rho) पदार्थ की वैद्युत प्रतिरोधकता (resistivity) है, जोकि एक स्थिरांक (constant) है।

धारा नियंत्रक

किसी विद्युत परिपथ में परिपथ के प्रतिरोध को परिवर्तित करने के लिए प्राय: एक युक्ति का उपयोग करते है, जिसे **धारा नियंत्रक** कहते है।

प्रतिरोधकता (Resistivity)

किसी चालक के घन (1मी × 1मी × 1मी) के विपरीत फलकों के अभिलंबवत् धारा प्रवाहित होने पर, वह जितना प्रतिरोध लगाता है, वह उस चालक के पदार्थ की **प्रतिरोधकता** कहलाती है। प्रतिरोधकता $\rho = \frac{RA}{l}$ इसका SI मात्रक **ओम-मी** (Ω-m) है।

प्रतिरोधकता मान के आधार पर ठोस पदार्थों का वर्गीकरण

(Factors on Which the Resistance of a Conductor Depends)

(i) **चालक** (Conductors) धातुएँ तथा मिश्रधातुएँ जिनकी प्रतिरोधकता कम (10^{-8} ओम-मी से 10^{-6} ओम-मी) होती है, तथा इनमें मुक्त इलेक्ट्रॉनों की संख्या अधिक होती है। *उदाहरण* Cu, Al, आदि।

(ii) **विद्युतरोधी** (Insulators) इनकी प्रतिरोधकता (10^{10}-10^{17} ओम-मी) अधिक होती है। तथा इनमें मुक्त इलेक्ट्रॉनों की संख्या बहुत कम होती है। *उदाहरण* काँच, रबड़, आदि।

(iii) **अर्द्धचालक** (Semiconductors) इनकी प्रतिरोधकता चालकों से अधिक व अचालकों से कम होती है। इनके प्रतिरोधकता मान परिसर 10^{-6} से 10^{4} ओम-मी हैं। तथा अर्द्ध चालको मे मुक्त इलेक्ट्रॉनो की संख्या चालकों से कम तथा विद्युतरोधी से अधिक होती है। *उदाहरण* जर्मेनियम, सिलिकॉन, आदि।

20°C पर कुछ पदार्थों के प्रतिरोधकता मान

पदार्थ का वर्ग	पदार्थ का नाम	प्रतिरोधकता (ओम-मी)
धातुएँ (*चालक*)	सिल्वर	1.60×10^{-8}
	कॉपर	1.62×10^{-8}
	एल्युमीनियम	2.63×10^{-8}
	टंगस्टन	5.20×10^{-8}
	निकिल	6.84×10^{-8}
	आयरन	10.0×10^{-8}
	क्रोमियम	12.9×10^{-8}
	पारा (मरकरी)	94.0×10^{-8}
	मैगनीज	1.84×10^{-6}
मिश्रधातुएँ (*चालक*)	कांस्टेंटन (Cu = 60%; Ni = 40%)	49×10^{-6}
	मैगनिन (Cu = 84%; Mn = 12%; Ni = 4%)	44×10^{-6}
	निक्रोम (Ni = 60%; Cr = 12%, Mn = 2%, Fe = 26%)	100×10^{-6}
अर्द्धचालक	जर्मेनियम	0.46
	सिलिकॉन	2.300
	काँच	10^{10} - 10^{14}
विद्युतरोधी (*कुचालक*)	कठोर रबड़	10^{13} - 10^{16}
	ऐबोनाइट	10^{15} - 10^{17}
	हीरा	10^{12} - 10^{13}
	कागज (शुष्क)	10^{12}

प्रतिरोधकों के निकाय का तुल्य प्रतिरोध
(Equivalent Resistance of Combination of Resistances)

तुल्य प्रतिरोध (Equivalent Resistance)

ऐसा प्रतिरोध जो कई प्रतिरोधों के संयोजन के समान ही प्रभाव उत्पन्न करे, **तुल्य प्रतिरोध** कहलाता है।

प्रतिरोधों का संयोजन (Combination of Resistances)

यह दो प्रकार का होता है

(i) **श्रेणीक्रम संयोजन में** श्रेणीक्रम संयोजन मे प्रतिरोधो को इस प्रकार क्रमशः जोड़ा जाता है कि किसी प्रतिरोध का दूसरा सिरा, अगले प्रतिरोध के पहले सिरे से संबंधित रहे

(a) सभी प्रतिरोधों में समान धारा (I) प्रवाहित होती है।

(b) संयोजन की कुल वोल्टेज $V = V_1 + V_2 + V_3 \dots$

(c) $V_1 = I R_1; V_2 = I R_2; V_3 = I R_3 \dots$

(d) तुल्य प्रतिरोध $R_s = R_1 + R_2 + R_3 \dots$ (सभी प्रतिरोधों का योग)

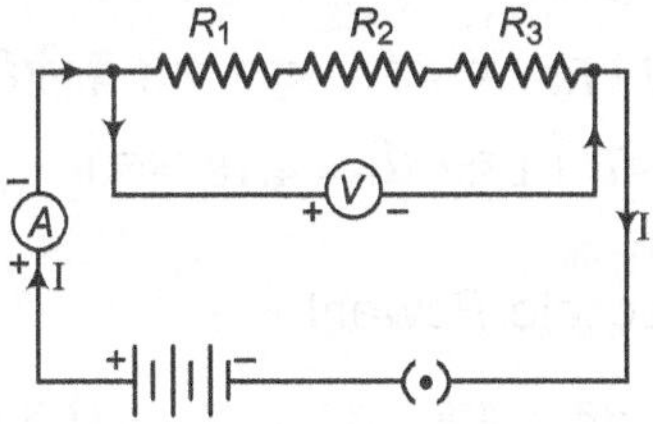

श्रेणीक्रम संयोजन

(ii) **समांतर क्रम संयोजन** (पार्श्वक्रम संयोजन) **में** समांतर क्रम मे संयोजित करने के लिए सभी प्रतिरोधों के एक सिरे को एक साथ परिपथ के बिंदु पर तथा दूसरे सिरों को एक साथ दूसरे बिंदु पर जोड़ा जाता है इस प्रकार के संयोजन में प्रत्येक प्रतिरोध दो सर्वनिष्ठ बिंदुओ के बीच जुड़ा होता है।

(a) प्रत्येक प्रतिरोध के सिरे के बीच वोल्टेज = कुल वोल्टेज

(b) कुल विद्युत धारा I = सभी प्रतिरोधों में प्रवाहित धारा ($I_1 + I_2 + I_3 \dots$)

(c) $I_1 = \frac{V}{R_1}$; $I_2 = \frac{V}{R_2}$; $I_3 = \frac{V}{R_3}$ ...

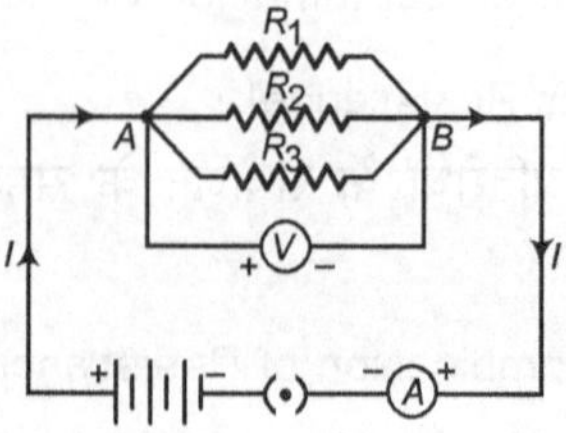

(d) तुल्य प्रतिरोध का व्युत्क्रम $\frac{1}{R_P} = \frac{1}{R_1} + \frac{1}{R_2} + \frac{1}{R_3}$ ...

(सभी प्रतिरोधों के व्युत्क्रमों का योग)

विद्युत धारा का तापीय प्रभाव (Heating Effect of Electric Current)

जूल का तापन नियम (Joule's Law of Heating)

किसी चालक में उत्पन्न ऊष्मा (H) उसमें

(i) प्रवाहित धारा के वर्ग (I^2), (ii) प्रतिरोध (R) तथा (iii) समय (t) के अनुक्रमानुपाती होती है।

$H = I^2 Rt$ (मात्रक = जूल तथा कैलोरी)

अथवा $H = VIt$ (1 कैलोरी = 4.18 जूल)

विद्युत शक्ति (Electric Power)

किसी परिपथ में उपमुक्त अथवा क्षयित विद्युत ऊर्जा की दर को **विद्युत शक्ति** *(P)* कहते हैं अथवा किसी वैद्युत उपकरण अथवा परिपथ मे वैद्युत ऊर्जा के व्यय की समय दर को **विद्युत सामर्थ्य** (V) कहते है।

$$P = VI \quad ...(i)$$

$$P = I^2R \quad ...(ii)$$

$$P = \frac{V^2}{R} \quad ...(iii)$$

विद्युत शक्ति का SI मात्रक **वाट** (watt) तथा **किलोवाट** (kilowatt, kW) है।

1 वाट = 1 वोल्ट × 1 ऐम्पियर, 1 किलोवाट = 1000 वाट

विद्युत ऊर्जा का व्यापारिक मात्रक = किलोवाट घंटा (kWh) या यूनिट

1 किलोवाट घंटा = 1000 वाट × 3600 सेकंड

$= 3.6 \times 10^6$ वाट सेकंड $= 3.6 \times 10^6$ जूल (J)

प्रश्नावली

पृष्ठ 222

प्रश्न 1. विद्युत परिपथ का क्या अर्थ है?

उत्तर किसी विद्युत धारा के सतत् तथा बंद पथ को विद्युत परिपथ कहते हैं।

प्रश्न 2. विद्युत धारा के मात्रक की परिभाषा लिखिए।

उत्तर विद्युत धारा का SI मात्रक ऐम्पियर है। 1 ऐम्पियर विद्युत धारा की प्रवाहित मात्रा है, जो 1 कूलॉम आवेश के किसी चालक से 1 सेकंड में प्रवाहित होती है।

$$1 \text{ ऐम्पियर} = 1 \text{ कूलॉम}/1 \text{सेकंड}$$

प्रश्न 3. एक कूलॉम आवेश की रचना करने वाले इलेक्ट्रॉनों की संख्या परिकलित कीजिए।

उत्तर ज्ञात है, 1.6×10^{-19} कूलॉम आवेश = 1 इलेक्ट्रॉन

अतः

$$1 \text{ कूलॉम आवेश} = \frac{1}{1.6 \times 10^{-19}} \text{ इलेक्ट्रॉन} = 6.25 \times 10^{18}$$

पृष्ठ 224

प्रश्न 1. उस युक्ति का नाम लिखिए, जो किसी चालक के सिरों पर विभवांतर बनाए रखने में सहायता करती है।

उत्तर सेल अथवा बैटरी।

प्रश्न 2. यह कहने का क्या तात्पर्य है कि दो बिंदुओं के बीच विभवांतर 1 वोल्ट है?

उत्तर 1 वोल्ट विभावांतर का अर्थ है कि एक बिंदु से दूसरे बिंदु तक 1 कूलॉम आवेश को ले जाने में 1 जूल कार्य किया जाता है।

प्रश्न 3. 6 वोल्ट बैटरी से गुजरने वाले हर एक कूलॉम आवेश को कितनी ऊर्जा दी जाती है?

उत्तर विभवांतर, $V = 6$ वोल्ट; आवेश $Q = 1$ कूलॉम ऊर्जा अथवा कार्य $W = VQ = 6 \times 1 = 6$ जूल; अतः $V = 6$ वोल्ट बैटरी से गुजरने वाले हर एक कूलॉम आवेश को 6 जूल ऊर्जा दी जाती है।

पृष्ठ 232

प्रश्न 1. किसी चालक का प्रतिरोध किन कारकों पर निर्भर करता है?

उत्तर *किसी चालक का प्रतिरोध (R) निम्न कारकों पर निर्भर करता है*

(i) चालक की लंबाई (l)
(ii) अनुप्रस्थ-काट का क्षेत्रफल (A)
(iii) चालक के पदार्थ की प्रकृति

$$R \propto \frac{l}{A} \text{ अथवा } R = \rho \frac{l}{A};$$

[जहाँ ρ चालक के पदार्थ की प्रतिरोधकता (नियतांक) है।]

प्रश्न 2. समान पदार्थ के दो तारों में यदि एक पतला तथा दूसरा मोटा हो, तो इनमें से किसमें विद्युत धारा आसानी से प्रवाहित होगी, जबकि उन्हें समान विद्युत स्रोत से संयोजित किया जाता है, क्यों?

उत्तर किसी तार का प्रतिरोध (R) उसके अनुप्रस्थ-काट के क्षेत्रफल (A) के व्युत्क्रमानुपाती होता है। जो तार मोटा है, उसका अनुप्रस्थ-काट का क्षेत्रफल A अधिक है, अतः प्रतिरोध कम है। यही कारण है कि मोटे तार में से विद्युत धारा अधिक सरलता से प्रवाहित होगी।

प्रश्न 3. मान लीजिए किसी वैद्युत अवयव के दो सिरों के बीच विभवांतर को उसके पूर्व के विभवांतर की तुलना में घटा कर आधा कर देने पर भी उसका प्रतिरोध नियत रहता है। तब उस अवयव से प्रवाहित होने वाली विद्युत धारा में क्या परिवर्तन होगा?

उत्तर प्रथम दशा में, यदि दिए गए विद्युत अवयव का प्रतिरोध $= R$ ओम तथा उसके दो सिरों के बीच विभवांतर $= V$ वोल्ट है। तब विद्युत धारा $I = \frac{V}{R}$ ऐम्पियर होगी।

दूसरी दशा में,

प्रतिरोध $= R$ ओम; $V' = \frac{V}{2}$ वोल्ट

विद्युत धारा, $I' = \frac{V}{2} \times \frac{1}{R} = \frac{V}{2R}$ ऐम्पियर

$$\frac{I'}{I} = \frac{V}{2R} \times \frac{R}{V} = \frac{1}{2} \text{ अथवा } I' = \frac{I}{2}$$

अर्थात् विभवांतर आधा करने पर विद्युत धारा भी पहले की अपेक्षा आधी हो जाएगी।

प्रश्न 4. विद्युत टोस्टरों तथा विद्युत इस्तरियों के तापन अवयव शुद्ध धातु के न बना कर किसी मिश्रधातु के क्यों बनाए जाते हैं?

उत्तर मिश्रधातुओं की प्रतिरोधकता अपनी अवयवी धातुओं की अपेक्षा अधिक होती है। इसीलिए मिश्रधातुओं का उच्च ताप पर उपचयन (दहन) नहीं होता। अतः इनका उपयोग विद्युत टोस्टरों, इस्तरियों, आदि के तापन अवयव के अवयव बनाने हेतु किया जाता है।

प्रश्न 5. निम्न प्रश्नों के हल सारणी में दिए हुए आँकड़ों के आधार पर कीजिए।

(a) आयरन (Fe) तथा मरकरी (Hg) में कौन अच्छा विद्युत चालक है?

(b) कौन-सा पदार्थ सर्वश्रेष्ठ चालक है?

उत्तर (*a*) आयरन (Fe) की विद्युत प्रतिरोधकता $= 10.0 \times 10^{-8}$ ओम-मी

मर्करी (Hg) की विद्युत प्रतिरोधकता $= 94.0 \times 10^{-8}$ ओम-मी

आयरन, मर्करी की अपेक्षा अच्छा विद्युत चालक है क्योंकि इसकी प्रतिरोधकता अपेक्षाकृत कम है।

(*b*) सिल्वर (प्रतिरोधकता $= 1.60 \times 10^{-8}$ओम-मी) सर्वश्रेष्ठ चालक है, क्योंकि इसकी प्रतिरोधकता सबसे कम है।

पृष्ठ 237

प्रश्न 1. **किसी विद्युत परिपथ का व्यवस्था आरेख खींचिए, जिसमें 2 वोल्ट के तीन सेलों की बैटरी, एक 5 Ω प्रतिरोध, 8 ओम प्रतिरोध व ओम 12 ओम प्रतिरोध तथा एक प्लग कुंजी सभी श्रेणीक्रम में संयोजित हों।**

उत्तर *विद्युत परिपथ का व्यवस्थित आरेख नीचे दिया गया है*

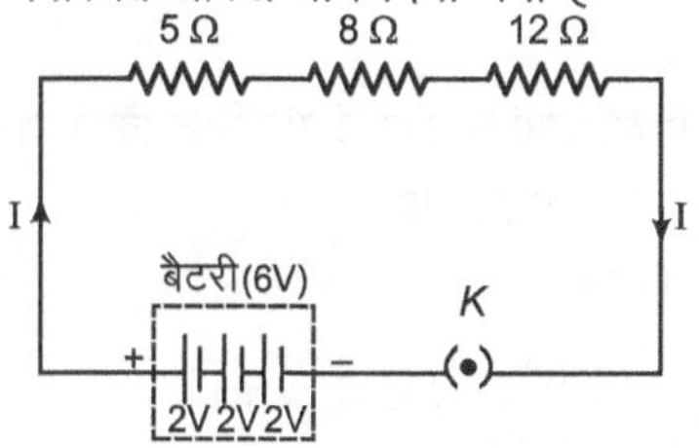

प्रश्न 2. **प्रश्न 1 का परिपथ आरेख दोबारा खींचिए तथा इसमें प्रतिरोधकों से प्रवाहित विद्युत धारा को मापने के लिए अमीटर तथा 12 ओम के प्रतिरोधक के सिरों के बीच विभवांतर मापने के लिए वोल्टमीटर लगाइए। अमीटर तथा वोल्टमीटर के क्या पाठ्यांक होंगे?**

उत्तर (*a*) *प्रश्न 1 के परिपथ का दोबारा खींचा गया आरेख निम्न है*

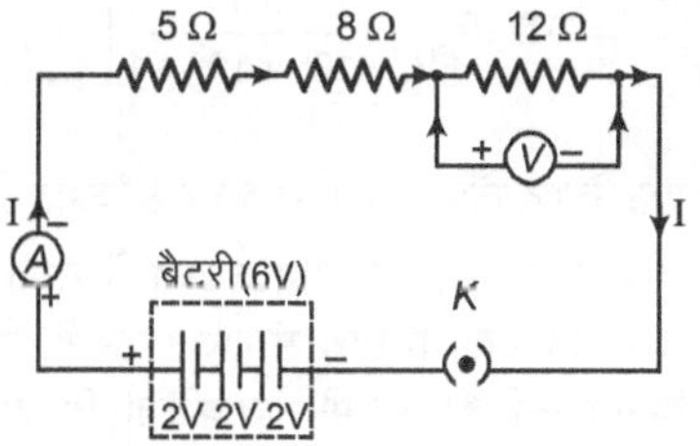

(*b*) परिपथ का तुल्य प्रतिरोध,

$$R_s = R_1 + R_2 + R_3$$

$\because R_1 R_2$ और R_3 को श्रेणाक्रम में आयोजित किया गया है?

$$= 5 + 8 + 12 = 25 \text{ ओम}$$

श्रेणीक्रम संयोजन में विद्युत धारा समान रहती है।

विद्युत धारा, $I = \frac{V}{R_s} = \frac{6 \text{ वोल्ट}}{25 \text{ ओम}}, = 0.24$ ऐम्पियर

अतः अमीटर का पाठ्यांक = 0.24 ऐम्पियर

(c) 12 ओम प्रतिरोधक के सिरों के बीच वोल्टमीटर लगाया गया है, अतः वोल्टमीटर का पाठ्यांक,

$$V = I \times R_3$$

विद्युत विभवांतर $V = 0.24 \times 12 = 2.88$ वोल्ट

पृष्ठ 240

प्रश्न 1. जब (a) 1 ओम तथा 10^6 ओम (b) 1 ओम, 10^3 ओम तथा 10^6 ओम के प्रतिरोध समांतर क्रम में संयोजित किए जाते हैं, तो इनके तुल्य प्रतिरोध के संबंध में आप क्या निर्णय करेंगे?

उत्तर जब विभिन्न प्रतिरोधों को समांतर क्रम में संयोजित किया जाता है, तब तुल्य प्रतिरोध सबसे कम प्रतिरोध से भी कम होता है, अतः

(a) तुल्य प्रतिरोध < 1 ओम

$$\because R_{eq} = \frac{R_1R_2}{R_1+R_2} = \frac{10^6}{1+10^6}, \boxed{i.e., R_{eq} < 1\Omega}$$

(b) तुल्य प्रतिरोध < 1 ओम

$$\downarrow \quad \frac{1}{R_{eq}} = \frac{1}{1} + \frac{1}{10^3} + \frac{1}{10^6} \qquad \left[\because \frac{1}{R} = \frac{1}{R_1} + \frac{1}{R_2} + \frac{1}{R_3}\right]$$

$$\frac{1}{R_{eq}} = \frac{10^6 + 10^3 + 1}{10^6} \text{ या } R_{eq} = \frac{10^6}{10^6+10^3+1} \boxed{i.e., R_{eq} < 1\Omega}$$

प्रश्न 2. 100 ओम का एक विद्युत लैंप, 50 ओम का एक विद्युत टोस्टर तथा 500 ओम का एक जल फिल्टर 220 वोल्ट के विद्युत स्रोत से समांतर क्रम में संयोजित है। उस विद्युत इस्तरी का प्रतिरोध क्या हैं जिसे यदि समान स्रोत के साथ संयोजित कर दें, तो वह भी उतनी ही विद्युत धारा लेती हैं जितनी तीनों युक्तियाँ लेती हैं। यह भी ज्ञात कीजिए कि इस विद्युत इस्तरी से कितनी विद्युत धारा प्रवाहित होती है?

उत्तर विद्युत लैम्प का प्रतिरोध $R_1 = 100$ ओम

विद्युत टोस्टर का प्रतिरोध $R_2 = 50$ ओम

जल फिल्टर का प्रतिरोध $R_3 = 500$ ओम

समान्तर क्रम में तुल्य प्रतिरोध $= R_P$

$$\frac{1}{R_P} = \frac{1}{R_1} + \frac{1}{R_2} + \frac{1}{R_3} = \frac{1}{100} + \frac{1}{50} + \frac{1}{500} = \frac{5+10+1}{500} = \frac{16}{500}$$

$$R_P = \frac{500}{16} = 31.25 \text{ ओम}$$

विद्युत इस्तरी का प्रतिरोध = R_P = 31.25 ओम होना चाहिए, यदि वह उतनी ही विद्युत धारा लेती है जितनी तीनों युक्तियाँ लेती हैं।

परिपथ में प्रवाहित विद्युत धारा, $I = \frac{V}{R} = \frac{220}{31.25} = 7.04$ ऐम्पियर

अतः विद्युत इस्तरी से प्रवाहित विद्युत धारा = 7.04 ऐम्पियर

प्रश्न 3. श्रेणीक्रम में संयोजित करने के स्थान पर वैद्युत युक्तियों को समांतर क्रम में संयोजित करने के क्या लाभ हैं?

उत्तर *वैद्युत युक्तियों को समांतर क्रम में संयोजित करने के निम्न लाभ हैं*

(i) समांतर क्रम में प्रत्येक युक्ति में पूर्ण विद्युत विभव प्राप्त होता है, जबकि धारा विभक्त हो जाती है। प्रत्येक युक्ति में धारा उसके प्रतिरोध के अनुसार जाती है।

(ii) यदि एक युक्ति को ऑन/ऑफ करते हैं, तो अन्य युक्तियाँ अपना कार्य सुचारू रूप से करती रहती हैं।

प्रश्न 4. 2 ओम, 3 ओम तथा 6 ओम के तीन प्रतिरोधों को किस प्रकार संयोजित करेंगे कि संयोजन का कुल प्रतिरोध

(a) 4 ओम (b) 1 ओम हो?

उत्तर (*a*) 3 ओम तथा 6 ओम के प्रतिरोधों को समांतर क्रम में संयोजित कर उनके साथ 2 ओम प्रतिरोध को श्रेणी क्रम में जोड़ने पर तुल्य प्रतिरोध 4 ओम प्राप्त होता है।

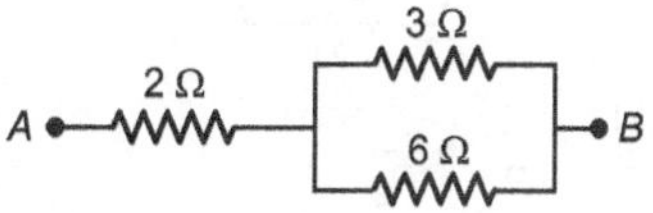

यदि R_1 = 2 ओम, R_2 = 3 ओम, R_3 = 6 ओम, तब समांतर क्रम में R_2 व R_3 को जोड़ने पर

$$\frac{1}{R_P} = \frac{1}{3} + \frac{1}{6} = \frac{2+1}{6} = \frac{3}{6} \Rightarrow R_P = 2 \text{ ओम}$$

अब R_1 को इस संयोजन के श्रेणीक्रम में जोड़ने पर

$$R_S = R_1 + R_P = 2 \text{ ओम} + 2 \text{ ओम} = 4 \text{ ओम}$$

(*b*) तुल्य प्रतिरोध का मान सबसे कम होना सम्भव है, जबकि सभी प्रतिरोधों को समांतर में संयोजित किया जाए।

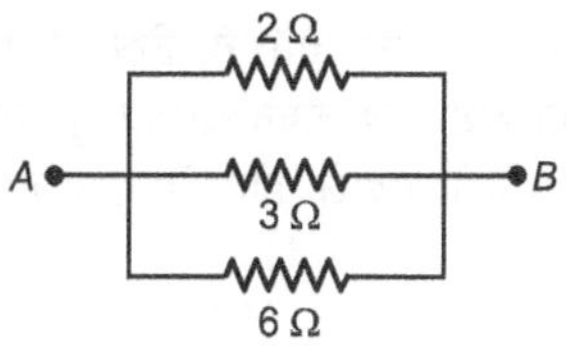

$$\frac{1}{R_P} = \frac{1}{R_1} + \frac{1}{R_2} + \frac{1}{R_3}$$

$$\frac{1}{R_P} = \frac{1}{2} + \frac{1}{3} + \frac{1}{6} = \frac{3+2+1}{6} = \frac{6}{6}$$

$R_P = 1$ ओम

प्रश्न 5. **4 ओम, 8 ओम, 12 ओम तथा 24 ओम प्रतिरोध की चार कुंडलियों को किस प्रकार संयोजित करें कि संयोजन से (a) अधिकतम (b) निम्नतम प्रतिरोध प्राप्त हो सके?**

उत्तर (*a*) अधिकतम तुल्य प्रतिरोध (R_s) प्राप्त करने हेतु सभी प्रतिरोधों को श्रेणीक्रम में जोड़ा जाता है।

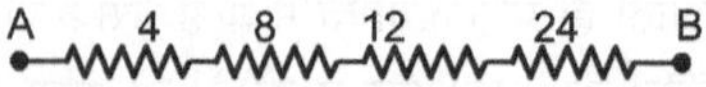

$$R_s = R_1 + R_2 + R_3 + R_4 = 4 + 8 + 12 + 24 = 48 \text{ ओम}$$

(*b*) न्यूनतम तुल्य प्रतिरोध (R_P) प्राप्त करने हेतु सभी प्रतिरोधों को समांतर क्रम में जोड़ा जाता है।

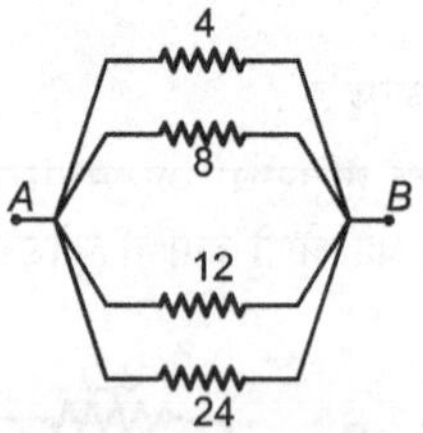

$$\frac{1}{R_P} = \frac{1}{R_1} + \frac{1}{R_2} + \frac{1}{R_3} + \frac{1}{R_4}$$

$$= \frac{1}{4} + \frac{1}{8} + \frac{1}{12} + \frac{1}{24} = \frac{6+3+2+1}{24} = \frac{12}{24}$$

$$R_P = \frac{24}{12} = 2 \text{ ओम}$$

पृष्ठ 242

प्रश्न 1. **किसी विद्युत हीटर की डोरी क्यों उत्तप्त नहीं होती, जबकि उसका तापन अवयव उत्तप्त हो जाता है?**

उत्तर तापन अवयव तथा डोरी दोनों में ही समान विद्युत धारा प्रवाहित होती है, मगर डोरी का बाह्य भाग एक कुचालक पदार्थ से बना होता है, जिसकी प्रतिरोधकता बहुत अधिक होती है तथा इसी कारण प्रतिरोध भी। हीटर का तापन अवयव सुचालक धातु (मिश्रधातु) से निर्मित अर्थात् कम प्रतिरोधकता (तथा प्रतिरोध) वाला होता है। इसलिए यह उत्तप्त हो जाता है मगर डोरी उत्तप्त नहीं होती।

प्रश्न 2. **एक घंटे में 50 वोल्ट विभवांतर से 96000 कूलॉम आवेश को स्थानांतरित करने में उत्पन्न ऊष्मा परिकलित कीजिए।**

उत्तर ज्ञात है $V = 50$ वोल्ट, $t = 1$ घंटा, $Q = 96000$ कूलॉम

$$H = VIt \quad \text{(परंतु } I = Q/t\text{)}$$

अतः $H = V \times Q$

$= 50 \times 96000 = 4800000$ जूल, $= 4800$ किलोजूल

प्रश्न 3. **20 ओम प्रतिरोध की कोई विद्युत इस्तरी 5 ऐम्पियर विद्युत धारा लेती है। 30 सेकंड में उत्पन्न ऊष्मा को परिकलित कीजिए।**

उत्तर $R = 20$ ओम, $I = 5$ ऐम्पियर; $t = 30$ सेकंड

उत्पन्न ऊष्मा $H = I^2 Rt$

$= 5 \times 5 \times 20 \times 30 = 15000$ जूल $= 15$ किलोजूल

पृष्ठ 245

प्रश्न 1. **विद्युत धारा द्वारा प्रदत्त ऊर्जा की दर का निर्धारण कैसे किया जाता है?**

उत्तर विद्युत धारा द्वारा प्रदत्त ऊर्जा की दर को विद्युत शक्ति (P) भी कहते हैं।

विद्युत शक्ति, $P = I^2 R = VI = \dfrac{V^2}{R} = \dfrac{H}{t}$

जहाँ I विद्युत धारा, R प्रतिरोध, V विभवांतर, H ऊष्मा तथा t समय है।

प्रश्न 2. **कोई विद्युत मोटर 220 वोल्ट के विद्युत स्रोत से 5.0 ऐम्पियर विद्युत धारा लेता है। मोटर की शक्ति निर्धारित कीजिए तथा 2 घंटे में मोटर द्वारा उपयुक्त ऊर्जा परिकलित कीजिए।**

उत्तर ज्ञात है $V = 220$ वोल्ट, $I = 5.0$ ऐम्पियर

$t = 2$ घंटे $= 2 \times 60 \times 60 = 7200$ सेकंड

(i) मोटर की शक्ति $P = V \times I$

$= 220 \times 5.0 = 1100.0$

$= 1100$ वाट $= 1.1$ किलोवाट

(ii) मोटर द्वारा उपमुक्त ऊर्जा, $H = P \times t$

$= 1100 \times 7200$

$= 7920,000$ जूल $= 7.92 \times 10^6$ जूल

$= 7920 = 7.9 \times 10^3$ किलोजूल

अथवा

उपमुक्त ऊर्जा, $H = P \times t$

$= 1.1$ किलोवाट $\times 2$ घंटा$= 2.2$ किलोवाट-घंटा

[**नोट** *विद्युत ऊर्जा के मात्रक जूल* (J), *किलो जूल* (kJ) *तथा किलोवाट-घंटा* (kW-h) *तीनों ही हैं।*]

अभ्यास

प्रश्न 1. प्रतिरोध R के किसी तार के टुकड़े को पाँच बराबर भागों में काटा जाता है। इन टुकड़ों को फिर समांतरक्रम में संयोजित कर देते हैं। यदि संयोजन का तुल्य प्रतिरोध R' है, तो R/R' अनुपात का मान क्या है?

(a) 1/25 (b) 1/5 (c) 5 (d) 25

उत्तर (*d*) 25

तार का प्रतिरोध = R; तार के प्रत्येक भाग का प्रतिरोध = $\frac{R}{5}$ समांतर क्रम में संयोजित करने पर तुल्य प्रतिरोध = R_P

$$\frac{1}{R'} = \frac{5}{R} + \frac{5}{R} + \frac{5}{R} + \frac{5}{R} + \frac{5}{R} = \frac{25}{R}$$

$$\frac{R}{R'} = \frac{R}{1} \times \frac{25}{R} = 25$$

प्रश्न 2. निम्नलिखित में से कौन-सा पद विद्युत परिपथ में विद्युत शक्ति को निरूपित नहीं करता?

(a) I^2R (b) IR^2 (c) VI (d) V^2/R

उत्तर (*b*) IR^2

$P = VI$ (c) [ओम के नियम से $\frac{V}{I} = R$ या $V = IR$ या $I = \frac{V}{R}$]

$= I^2R$ (a)

$= \frac{V^2}{R}$ (d)

प्रश्न 3. किसी विद्युत बल्ब का अनुमतांक 220 वोल्ट 100 वाट है। जब इसे 110 वोल्ट पर प्रचालित करते हैं, तब इसके द्वारा उपयुक्त शक्ति कितनी होती है?

(a) 100 वाट (b) 75 वाट (c) 50 वाट (d) 25 वाट

उत्तर (*d*) 25 वाट

$$R = \frac{V^2}{P} = \frac{220 \times 220}{100} = 484 \text{ ओम}$$

जब इस विद्युत बल्ब को 110 वोल्ट पर प्रचालित करते हैं, तब शक्ति

$$P' = \frac{V'^2}{R} = \frac{110 \times 110}{484} = 25 \text{ वाट}$$

प्रश्न 4. **दो चालक तार जिनके पदार्थ, लंबाई तथा व्यास समान हैं, किसी विद्युत परिपथ में पहले श्रेणीक्रम में और फिर समांतर क्रम में संयोजित किए जाते हैं। श्रेणीक्रम तथा समांतर क्रम संयोजन में उत्पन्न ऊष्माओं का अनुपात क्या होगा?**

(a) 1 : 2 (b) 2 : 1 (c) 1 : 4 (d) 4 : 1

उत्तर (*c*) 1 : 4

श्रेणीक्रम में तुल्य प्रतिरोध $R_s = R + R = 2R$

उत्पन्न ऊष्मा, $$H_s = \frac{V^2 t}{2R}$$

समांतर क्रम में तुल्य प्रतिरोध $= R_P$

$$\frac{1}{R_P} = \frac{1}{R} + \frac{1}{R} = \frac{2}{R}; R_P = \frac{R}{2}$$

उत्पन्न ऊष्मा, $$H_P = \frac{2V^2 t}{R} = 4H_s$$

$$\frac{H_s}{H_P} = \frac{1}{4} = 1:4$$

प्रश्न 5. **किसी विद्युत परिपथ में दो बिंदुओं के बीच विभवांतर मापने के लिए वोल्टमीटर को किस प्रकार संयोजित किया जाता है?**

उत्तर विद्युत परिपथ में दो बिंदुओं के बीच विभवांतर नापने के लिए वोल्टमीटर को समांतर क्रम में उन दो बिंदुओं के बीच संयोजित करते हैं, जिनके बीच विभवांतर मापना हैं।

प्रश्न 6. **किसी ताँबे के तार का व्यास 0.5 मिमी तथा प्रतिरोधकता 1.6×10^{-8} ओम-मी है। 10 ओम प्रतिरोध का प्रतिरोधक बनाने के लिए कितने लंबे तार की आवश्यकता होगी? यदि इससे दोगुने व्यास का तार लें, तो प्रतिरोध में क्या अंतर आएगा?**

उत्तर ज्ञात है $$d = 0.5 \text{ मिमी}, r = \frac{0.5}{2} \text{ मिमी} = 0.25 \text{ मिमी} = 2.5 \times 10^{-4} \text{ मी}$$

ताँबे की प्रतिरोधकता $(\rho) = 1.6 \times 10^{-8}$ ओम-मी, $R = 10$ ओम, $l = ?$

(i) $R = \rho \frac{l}{A}; l = \frac{R \times A}{\rho}$ $[\because A = \pi r^2]$

$$= \frac{10 \times \pi r^2}{1.6 \times 10^{-8}}$$

$$= \frac{10 \times 22 \times 2.5 \times 2.5 \times 10^{-4} \times 10^{-4}}{7 \times 1.6 \times 10^{-8}} = 122.77 \text{ मी}$$

(ii) यदि $d' = 2d$ तब $r' = 2r$

अतः $R' = \rho \frac{l}{\pi (2r)^2} = \frac{\rho l}{4\pi r^2}$, जबकि $R = \frac{\rho l}{\pi r^2}$

अर्थात् $\frac{R'}{R} = \frac{1}{4}$ या $R' = \frac{R}{4}$; व्यास दोगुना करने पर प्रतिरोध पहले का $\frac{1}{4}$ हो जाएगा।

प्रश्न 7. किसी प्रतिरोधक के सिरों के बीच विभवांतर V के विभिन्न मानों के लिए उससे प्रवाहित विद्युत धाराओं I के संगत मान नीचे आगे दिए गए हैं

I (ऐम्पियर)	0.5	1.0	2.0	3.0	4.0
V (वोल्ट)	1.6	3.4	6.7	10.2	13.2

V तथा I के बीच ग्राफ खींचकर इस प्रतिरोधक का प्रतिरोध ज्ञात कीजिए।

उत्तर

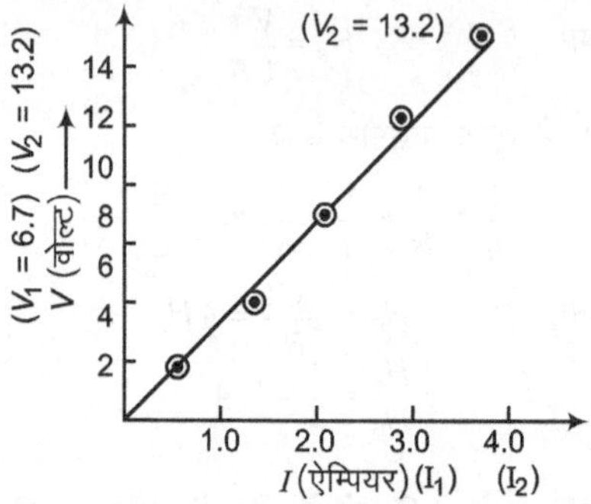

प्रतिरोध $$R = \frac{V_2 - V_1}{I_2 - I_1} = \frac{13.2 - 6.7}{4.0 - 2.0} = \frac{6.5}{2} = 3.25 \text{ ओम}$$

प्रश्न 8. किसी अज्ञात प्रतिरोध के प्रतिरोधक के सिरों से 12 वोल्ट की बैटरी को संयोजित करने पर परिपथ में 2.5 मिली ऐम्पियर विद्युत धारा प्रवाहित होती है। प्रतिरोधक का प्रतिरोध परिकलित कीजिए।

उत्तर ज्ञात है $V = 12$ वोल्ट; $I = 2.5$ मिली ऐम्पियर $= 2.5 \times 10^{-3}$ ऐम्पियर

प्रतिरोध $$R = \frac{V}{I} = \frac{12 \text{ वोल्ट}}{2.5 \times 10^{-3} \text{ ऐम्पियर}} = 4800 \text{ ओम}$$

प्रश्न 9. 9 वोल्ट की किसी बैटरी को 0.2 ओम, 0.3 ओम, 0.4 ओम, 0.5 ओम तथा 12 ओम के प्रतिरोध के साथ श्रेणीक्रम में संयोजित किया गया है। 12 ओम के प्रतिरोधक से कितनी विद्युत धारा प्रवाहित होगी?

उत्तर ज्ञात है $V = 9$ वोल्ट;

$$R_1 = 0.2 \text{ ओम}, \; R_2 = 0.3 \text{ ओम}, \; R_3 = 0.4 \text{ ओम}$$
$$R_4 = 0.5 \text{ ओम}, \; R_5 = 12 \text{ ओम}$$

श्रेणीक्रम में तुल्य प्रतिरोध,

$$R_s = R_1 + R_2 + R_3 + R_4 + R_5$$
$$= 0.2 + 0.3 + 0.4 + 0.5 + 12.0 = 13.4 \text{ ओम}$$

श्रेणीक्रम में सभी प्रतिरोधों से समान धारा प्रवाहित होती है।

$$I = \frac{V}{R_S} = \frac{9 \text{ वोल्ट}}{13.4 \text{ ओम}} = 0.67 \text{ ऐम्पियर}$$

प्रश्न 10. 176 ओम प्रतिरोध के कितने प्रतिरोधों को समांतर क्रम में संयोजित करें कि 220 V के विद्युत स्रोत से संयोजन से 5 ऐम्पियर विद्युत धारा प्रवाहित हो?

उत्तर ज्ञात है $R = 176$ वोल्ट; $n = ?$ $V = 220$ वोल्ट ; $I = 5$ ऐम्पियर

जब 176 ओम के n प्रतिरोधों को समांतरक्रम में संयोजित करते हैं तब

तुल्य प्रतिरोध $= R_P$ ओम $\frac{1}{R_P} = \frac{1}{176} + \frac{1}{176} + \ldots$ (n प्रतिरोध तक)

$$= \frac{n}{176} \quad R_P = \frac{176}{n} \text{ ओम}$$

ओम के नियम के अनुसार,

$$R_P = \frac{V}{I}, \quad \frac{176}{n} = \frac{220}{5} \Rightarrow n = \frac{176 \times 5}{220} = 4$$

अर्थात् 176 ओम के 4 प्रतिरोधों को समांतर क्रम में संयोजित करना चाहिए।

प्रश्न 11. यह दर्शाइए कि आप 6Ω प्रतिरोध के तीन प्रतिरोधों को किस प्रकार संयोजित करेंगे कि प्राप्त संयोजन का प्रतिरोध?

(i) 9 ओम (ii) 4 ओम हो?

उत्तर ज्ञात है $R_1 = R_2 = R_3 = 6$ ओम

(i) **तुल्य प्रतिरोध** 9 Ω प्राप्त करने के लिए R_1 तथा R_2 को समांतर क्रम में संयोजित करके उनके संयोजन के साथ R_3 को श्रेणीक्रम में संयोजित करते हैं।

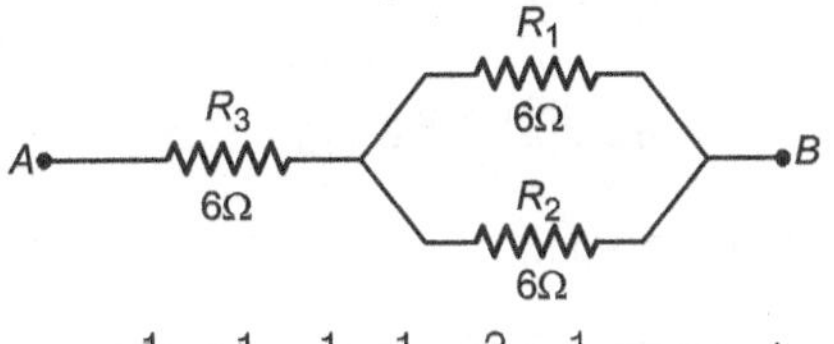

$$\frac{1}{R_P} = \frac{1}{6} + \frac{1}{6}; \frac{1}{R_P} = \frac{2}{6} = \frac{1}{3} \quad R_P = 3 \text{ ओम}$$

$$R_S = R_P + 6 = 3 + 6 = 9 \text{ ओम}$$

(ii) **तुल्य प्रतिरोध** 4 ओम प्राप्त करने के लिए पहले R_1 व R_2 को श्रेणीक्रम में, तत्पश्चात् R_3 को इस संयोजन के समांतर क्रम में संयोजित किया जाता है।

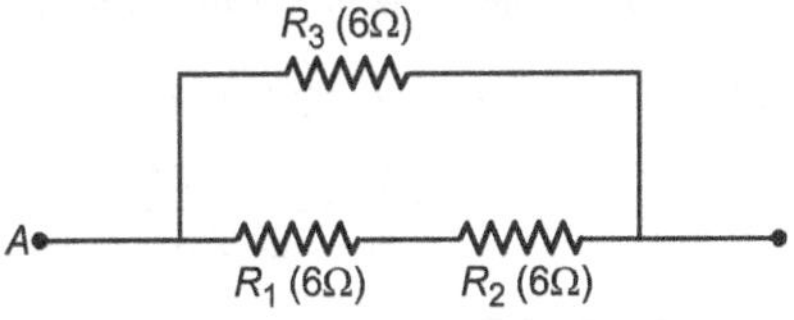

$$R_s = R_1 + R_2 = 6 + 6 = 12 \text{ ओम}$$

$$\frac{1}{R_P} = \frac{1}{R_s} + \frac{1}{R_3} = \frac{1}{12} + \frac{1}{6} = \frac{1+2}{12} = \frac{3}{12} = \frac{1}{4}$$

$$R_P = 4 \text{ ओम}$$

प्रश्न 12. 220 वोल्ट की विद्युत लाइन पर उपयोग किए जाने वाले बहुत से बल्बों का अनुमतांक 10 वाट है। यदि 220 वोल्ट लाइन से अनुमत अधिकतम विद्युत धारा 5 ऐम्पियर है तो इस लाइन के दो तारों के बीच कितने बल्ब समांतर क्रम में संयोजित किए जा सकते हैं?

उत्तर ज्ञात है $V = 200$ वोल्ट; $P = 10$ वाट;

$I = 5$ ऐम्पियर; $n = ?$

प्रत्येक बल्ब का प्रतिरोध, $R = \frac{V^2}{P} = \frac{(220)^2}{10} = \frac{220 \times 220}{10} = 4840$ ओम

माना कि बल्बों की n संख्या को एक-दूसरे के साथ समांतर क्रम में संयोजित किया जाता है, तब तुल्य प्रतिरोध $= R_P$

$$\frac{1}{R_P} = \frac{1}{4840} + \frac{1}{4840} + \ldots (n \text{ संख्या तक})$$

$$= \frac{n}{4840}$$

$$R_P = \frac{4840}{n} \text{ ओम}$$

ओम के नियम के अनुसार,

$$R_P = \frac{V}{I}$$

$$\frac{4840}{n} = \frac{220}{5}$$

$$n = \frac{4840 \times 5}{220} = 110$$

बल्बों की संख्या $= 110$

प्रश्न 13. किसी विद्युत भट्टी की तप्त प्लेट दो प्रतिरोधक कुंडलियों A तथा B की बनी हैं जिनमें प्रत्येक का प्रतिरोध 24 ओम है तथा इन्हें पृथक-पृथक, श्रेणीक्रम में अथवा समांतर क्रम में संयोजित करके उपयोग किया जा सकता है। यदि यह भट्टी 220 वोल्ट विद्युत स्रोत से संयोजित की जाती है तो तीनों प्रकरणों में प्रवाहित विद्युत धाराएँ क्या हैं?

उत्तर (i) जब कुंडलियों A तथा B को पृथक-पृथक उपयोग किया जाता है।

$$R = R_1 = R_2 = 24 \text{ ओम}, V = 220 \text{ वोल्ट}$$

विद्युत धारा $I_1 = I_2 = \frac{V}{R} = \frac{220 \text{ वोल्ट}}{24 \text{ ओम}} = 9.17$ ऐम्पियर

(ii) श्रेणीक्रम में A तथा B को जोड़ने पर,

$$R_s = R_1 + R_2 = 24 + 24 = 48 \text{ ओम}$$

विद्युत धारा $I = \frac{V}{R_s} = \frac{220}{48} = 4.58$ ऐम्पियर

(iii) समांतर क्रम में A तथा B जोड़ने पर

$$\frac{1}{R_P}=\frac{1}{R_1}+\frac{1}{R_2}=\frac{1}{24}+\frac{1}{24}=\frac{2}{24}$$

$$R_P = 12 \text{ ओम}$$

विद्युत धारा, $$I=\frac{V}{R}=\frac{220}{12}=18.33 \text{ ऐम्पियर}$$

प्रश्न 14. **निम्नलिखित परिपथों में प्रत्येक में 2 ओम प्रतिरोधक द्वारा उपयुक्त शक्तियों की तुलना कीजिए**

(i) 6 वोल्ट की बैटरी से संयोजित 1 ओम तथा 2 ओम श्रेणीक्रम संयोजन

(ii) 4 वोल्ट बैटरी से संयोजित 12 ओम तथा 2 ओम का समांतर क्रम संयोजन।

उत्तर (i)

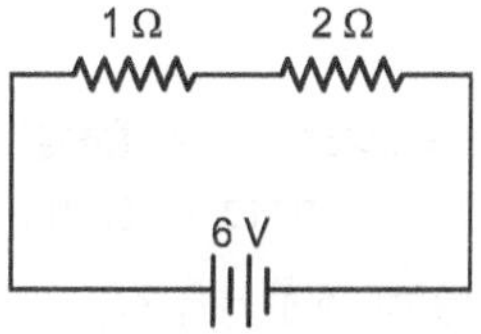

तुल्य प्रतिरोध $$R_s = 1 + 2 = 3 \text{ ओम}$$

विद्युत विभवांतर $$V = 6 \text{ वोल्ट}$$

धारा, $$I=\frac{V}{R}=\frac{6 \text{ वोल्ट}}{3 \text{ओम}}=2 \text{ ऐम्पियर}$$

2 ओम प्रतिरोध में उपमुक्त विद्युत शक्ति,

$$P_s = I^2R = 2 \times 2 \times 2 = 8 \text{ वाट}$$

(ii)

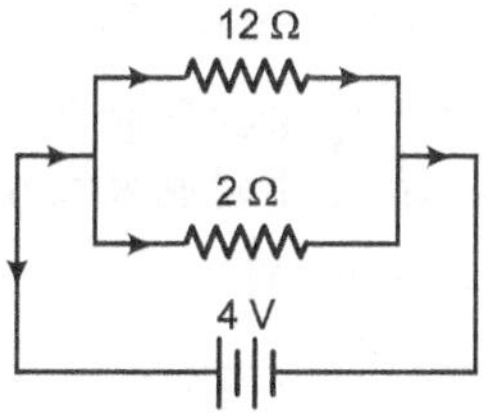

प्रतिरोध 2 ओम में उपमुक्त शक्ति

$$P=\frac{V^2}{R}=\frac{4\times 4}{2}=8 \text{ वाट}, \quad \frac{P_s}{R_P}=\frac{8}{8}=\frac{1}{1}=1:1$$

(i) तथा (ii) दोनों संयोजनों में 2 ओम प्रतिरोध द्वारा उपयुक्त शक्ति समान (8 वाट) है।

प्रश्न 15. **दो विद्युत लैम्प जिनमें से एक का अनुमतांक 100 वाट; 220 वोल्ट तथा दूसरे का 60 वाट; 220 वोल्ट है, विद्युत मेंस के साथ समांतर क्रम में संयोजित है। यदि विद्युत आपूर्ति की वोल्टता 220 वोल्ट है, तो विद्युत मेंस कितनी धारा ली जाती है?**

उत्तर परिपथ में प्रयुक्त कुल शक्ति, $P = 100$ वाट + 60 वाट

= 160 वाट

वोल्टता $V = 220$ वोल्ट

परंतु शक्ति $P = V \times I$

अतः धारा $I = \frac{P}{V} = \frac{160}{220} = 0.727$ ऐम्पियर

प्रश्न 16. **किसमें अधिक विद्युत ऊर्जा उपमुक्त होती है, 250 वाट का टीवी सेट, जो एक घंटे तक चलाया जाता है अथवा 120 वाट का विद्युत हीटर, जो 10 मिनट के लिए चलाया जाता है?**

उत्तर विद्युत ऊर्जा $= P \times t$

ज्ञात है $P_1 = 250$ वाट, $t_1 = 1$ घंटा = 3600 सेकंड

$P_2 = 120$ वाट, $t_2 = 10$ मिनट = 600 सेकंड

टीवी सेट द्वारा 1 घंटे में प्रयुक्त ऊर्जा $= P_1 \times t_1$

$= 250 \times 3600$

= 900000 जूल

= 900 किलोजूल

विद्युत हीटर द्वारा 10 मिनट में प्रयुक्त ऊर्जा $= P_2 \times t_2$

$= 120 \times 600$

= 72000 जूल

= 72 किलोजूल

अतः टीवी सेट द्वारा अधिक ऊर्जा उपमुक्त होती है।

प्रश्न 17. **8 ओम प्रतिरोध का कोई विद्युत हीटर विद्युत मेंस से 2 घंटे तक 15 ऐम्पियर विद्युत धारा लेता है। हीटर में उत्पन्न ऊष्मा की दर परिकलित कीजिए।**

उत्तर $R = 8$ ओम; $t = 2$ घंटा ; $I = 15$ ऐम्पियर

हीटर में उत्पन्न ऊष्मा की दर $\frac{Q}{t}$ = विद्युत शक्ति, P

अतः विद्युत शक्ति $P = I^2R$

$= 15 \times 15 \times 8$

= 1800 जूल/सेकंड या 1800 वाट

प्रश्न 18. निम्नलिखित को स्पष्ट कीजिए

(a) **विद्युत लैम्पों के तंतुओं के निर्माण में प्रायः एकमात्र टंगस्टन का ही उपयोग क्यों किया जाता है?**

(b) **विद्युत तापन युक्तियों जैसे ब्रेड-टोस्टर तथा विद्युत इस्तरी के चालक शुद्ध धातुओं के स्थान पर मिश्रधातुओं के क्यों बनाए जाते हैं?**

(c) **घरेलू विद्युत परिपथों में श्रेणीक्रम संयोजन का उपयोग क्यों नहीं किया जाता है?**

(d) **किसी तार का प्रतिरोध उसकी अनुप्रस्थ-काट के क्षेत्रफल में परिवर्तन के साथ किस प्रकार परिवर्तित होता है?**

(e) **विद्युत संचरण के लिए प्रायः कॉपर तथा एल्युमीनियम के तारों का उपयोग क्यों किया जाता है?**

उत्तर (*a*) विद्युत लैम्पों के तंतु टंगस्टन धातु से ही बनाए जाते हैं, क्योंकि इनकी प्रतिरोधकता तथा प्रतिरोध अन्य सुचालक धातुओं की अपेक्षा अधिक होते हैं। साथ ही टंगस्टन धातु का गलनांक भी उच्च होता है। अतः विद्युत धारा प्रवाहित करने पर यह गर्म होकर प्रकाश उत्पन्न करता है।

(*b*) (i) शुद्ध धातुओं की तुलना में उनसे बनी मिश्रधातुओं के प्रतिरोधकता मान उच्च होते हैं। अतः धारा प्रवाहित करने पर मिश्रधातुओं से बने तापन अवयव अधिक ऊष्मा उत्पन्न करते हैं।

(ii) मिश्रधातुओं के प्रतिरोधकता मान उच्च ताप पर भी नहीं बदलते। इसलिए इनसे बने ताप अवयवों का उपचयन (दहन) नहीं होता व उच्च ताप पर भी सुरक्षापूर्वक कार्य करते हैं।

(*c*) घरेलू परिपथों में श्रेणीक्रम संयोजन का उपयोग नहीं किया जाता। *इसके निम्न कारण हैं*

(i) श्रेणीक्रम में विद्युत वोल्टता सभी बल्बों में बँट जाने के कारण प्रत्येक बल्ब को जलने के लिए पर्याप्त विद्युत शक्ति की आपूर्ति नहीं मिलती।

(ii) कुल तुल्य प्रतिरोध बढ़ जाने के कारण विद्युत धारा घट जाती है व बल्ब धीमी रोशनी से जलते हैं।

(iii) यदि एक बल्ब खराब हो जाता है, तो पूरा परिपथ ही कार्य करना बंद कर देता है।

(*d*) किसी तार का प्रतिरोध (R) उसकी अनुप्रस्थ-काट के क्षेत्रफल (A) के व्युत्क्रमानुपाती होता है। $\left[R \propto \frac{1}{A}\right]$ अर्थात् क्षेत्रफल (A) बढ़ने पर प्रतिरोध R घटता है। अतः मोटे तार से विद्युत धारा (कम प्रतिरोध के कारण) अधिक सरलता से प्रवाहित होती है, जबकि पतले तार (अधिक प्रतिरोध) से विद्युत धारा कम मात्रा में प्रवाहित होती है।

(*e*) कॉपर तथा एल्युमीनियम के प्रतिरोधकता मान कम होते हैं। जब इन से बने तारों में विद्युत धारा प्रवाहित की जाती है, तब ऊष्मा के रूप में विद्युत शक्ति का अपव्यय या व्यय कम होता है।

NCERT Exemplar

पुस्तक के चुने गए प्रश्न

बहुविकल्पीय प्रश्न

प्रश्न 1. एक सेल, एक प्रतिरोध, एक कुंजी तथा एक अमीटर को चित्र में बने परिपथ आरेखों के अनुसार व्यवस्थित किया गया। अमीटर का पाठ्यांक होगा

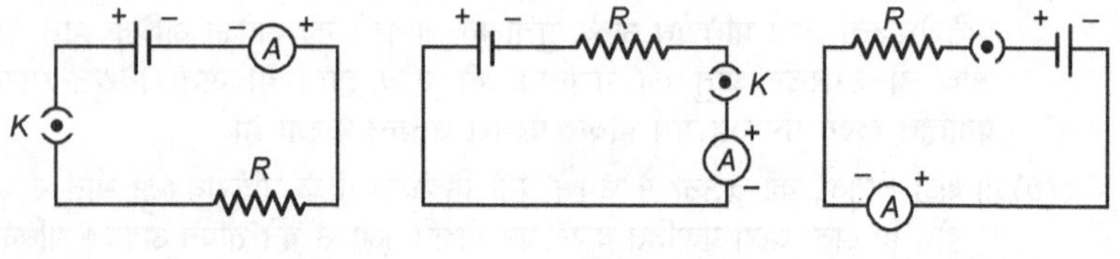

(i) (ii) (iii)

(a) (i) में अधिकतम
(b) (ii) में अधिकतम
(c) (iii) में अधिकतम
(d) सभी में समान

उत्तर (*d*) *सभी में समान*

उपरोक्त सभी परिपथों में सभी अवयव श्रेणीक्रम में संयोजित हैं।

$\because I = \frac{V}{R}$ तथा V व R के मान (i), (ii) तथा (iii) तीनों में समान हैं। अतः धारा भी तीनों परिपथों में समान होगी चाहे किसी भी क्रम में अवयवों को संयोजित किया गया हो।

प्रश्न 2. चित्र में दिए गए परिपथों में किसी प्रतिरोध अथवा विभिन्न प्रतिरोधों के संयोजन को 12 वोल्ट की बैटरी के साथ जोड़ने पर उत्पन्न ऊष्मा होगी

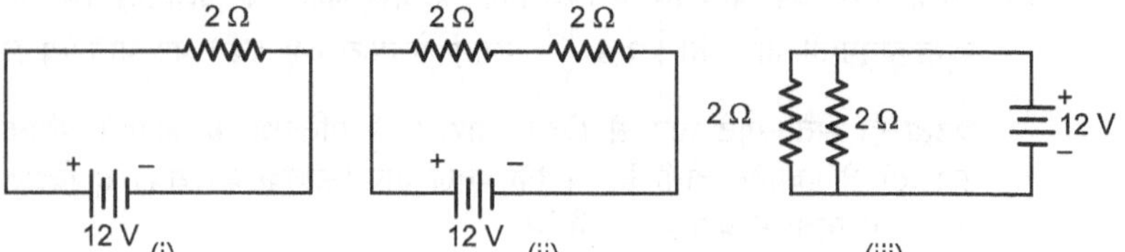

(i) (ii) (iii)

(a) सभी परिपथों में समान
(b) (i) में सबसे कम
(c) (ii) में अधिकतम
(d) (iii) में अधिकतम

उत्तर (*d*) (iii) में अधिकतम

$$P=\frac{V^2}{R} \text{ अथवा } P \propto \frac{1}{R} \text{ क्योंकि } V \text{ सभी परिपथों में समान है।}$$

(i) परिपथ में प्रभावी R का मान $=2$ ओम

(ii) परिपथ में प्रभावी R का मान $=2+2=4$ ओम

(iii) परिपथ में प्रभावी R का मान $=1$ ओम

प्रश्न 3. किसी धातु के तार की विद्युत प्रतिरोधकता निम्न पर निर्भर करती है

(a) इसकी लंबाई पर (b) इसकी मोटाई पर

(c) इसके आकार पर (d) इसके पदार्थ की प्रकृति पर

उत्तर (*d*) इसके पदार्थ की प्रकृति पर

प्रश्न 4. एक विद्युत बल्ब के तंतु द्वारा 1 ऐम्पियर की विद्युत धारा ली जाती है। 16 सेकंड में तंतु की अनुप्रस्थ-काट से होकर गुजरने वाले इलेक्ट्रानों की संख्या (लगभग) है

(a) 10^{20} (b) 10^{16}

(c) 10^{18} (d) 10^{23}

उत्तर (*a*) 10^{20}

$$\text{धारा } I=\frac{Q}{t}=\frac{ne}{t};\, n=\frac{It}{e}=\frac{1\times 16}{1.6\times 10^{-19}}=10^{20}$$

प्रश्न 5. चित्र में से किस विद्युत परिपथ में अवयवों को सही ढंग से संयोजित किया गया है?

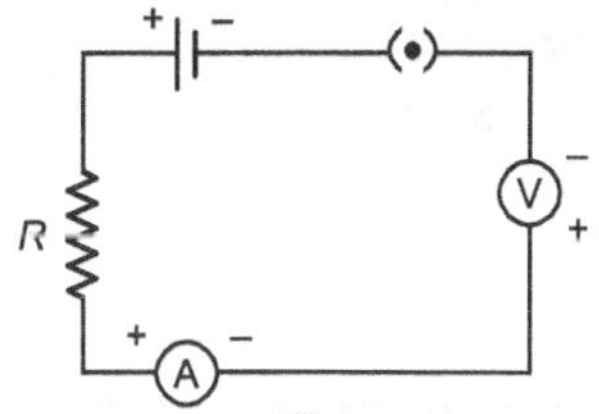

(i)

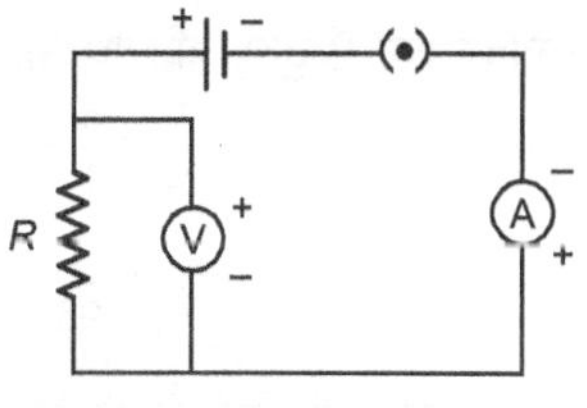

(ii)

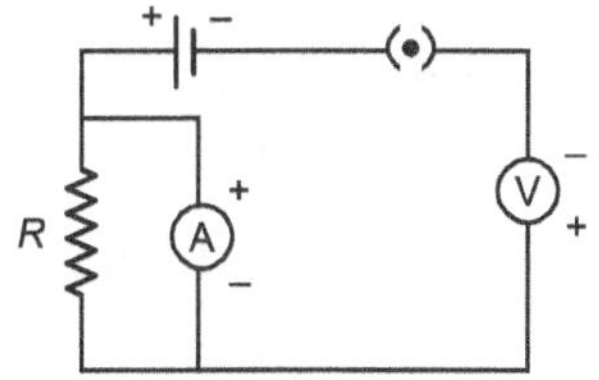

(iii)

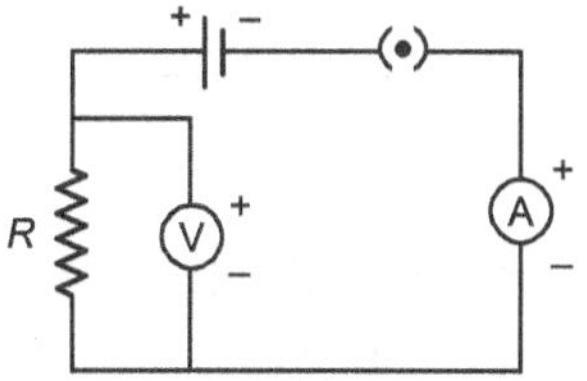

(iv)

(a) (i) (b) (ii) (c) (iii) (d) (iv)

उत्तर (*b*) परिपथ मे अमीटर को सदैव श्रेणीक्रम मे जोड़ा जाता है जबकि वोल्टमीटर को सदैव समांतर मे जोड़ा जाता है परिपाि (II) व (IV) इस प्रकार का संयोजन रखते है लेकिन परिपथ (IV) मे धनात्मक टर्मिनल को सेल के ऋणात्मक टर्मिनल से जोड़ा गया है जो गलत है इसलिए परिपथ (II) का संयोजन सही है।

प्रश्न 6. यदि पाँच प्रतिरोध जिनके मान (प्रत्येक) $\frac{1}{5}$ ओम हैं, उनके द्वारा प्राप्त हो सकने वाला अधिकतम प्रतिरोध है

(a) $\frac{1}{5}$ ओम (b) 10 ओम (c) 5 ओम (d) 1 ओम

उत्तर (*d*) 1 ओम

श्रेणीक्रम संयोजन में तुल्य प्रतिरोध

$$R_s = \frac{1}{5} + \frac{1}{5} + \frac{1}{5} + \frac{1}{5} + \frac{1}{5}$$

$$= \frac{5}{5} = 1 \text{ ओम}$$

प्रश्न 7. $\frac{1}{5}$ ओम के पाँच प्रतिरोधों द्वारा प्राप्त हो सकने वाला निम्नतम प्रतिरोध है

(a) $\frac{1}{5}$ ओम (b) $\frac{1}{25}$ ओम (c) $\frac{1}{10}$ ओम (d) 25 ओम

उत्तर (*b*) $\frac{1}{25}$ ओम

समांतर क्रम में तुल्य प्रतिरोध R_P के लिए,

$$\frac{1}{R_P} = \frac{5}{1} + \frac{5}{1} + \frac{5}{1} + \frac{5}{1} + \frac{5}{1} = \frac{25}{1}$$

$$R_P = \frac{1}{25} \text{ ओम}$$

प्रश्न 8. दिए गए चित्र में सेलों के श्रेणीक्रम संयोजन का सही निरूपण (अधिकतम विभव) निम्न है

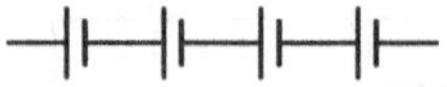

(i)

(ii)

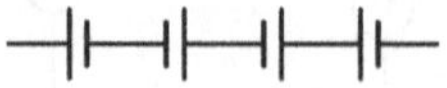

(iii)

(iv)

(a) (i) (b) (ii) (c) (iii) (d) (iv)

उत्तर (*a*) (i) एक सेल का धनात्मक टर्मिनल दूसरे के ऋणात्मक टर्मिनल से जोड़ा जाता है।

प्रश्न 9. निम्न में से वोल्टता (voltage) क्या है?

(a) $\frac{\text{किया गया कार्य}}{\text{धारा} \times \text{समय}}$ (b) किया गया कार्य × आवेश

(c) $\frac{\text{किया गया कार्य} \times \text{समय}}{\text{धारा}}$ (d) किया गया कार्य × आवेश × समय

उत्तर (*a*) वोल्टता $= \frac{\text{किया गया कार्य}}{\text{धारा} \times \text{समय}}$ [∵आवेश = धारा × समय]

प्रश्न 10. एक बेलनाकार चालक, जिसकी लंबाई l तथा समान अनुप्रस्थ-काट का क्षेत्रफल A है, प्रतिरोध R रखता है। एक अन्य चालक, जिसकी लंबाई $2l$, प्रतिरोध R है, उसी पदार्थ का बना है, की अनुप्रस्थ-काट का क्षेत्रफल है

(a) $\frac{A}{2}$ (b) $\frac{3A}{2}$ (c) $2A$ (d) $3A$

उत्तर (*c*) $2A$

$$\because \quad \rho = \frac{RA}{l} \text{ अथवा } R = \rho \frac{l}{A} \quad \ldots(i)$$

$$R = \rho \frac{l'}{A'} = \rho \frac{2l}{A'} \quad \ldots(ii)$$

प्रश्नानुसार, (i) = (ii)

$$\rho \frac{l}{A} = \rho \frac{2l}{A'}; A' = 2A$$

प्रश्न 11. एक छात्र नाइक्रोम से बने तीन तार, जिनके प्रतिरोध क्रमशः R_1, R_2 तथा R_3 हैं, के साथ प्रयोग करके प्राप्त पाठ्यांकों को V-I ग्राफ के रूप में निरूपित करता है, (चित्र) निम्न में से कौन-सा संबंध सत्य है?

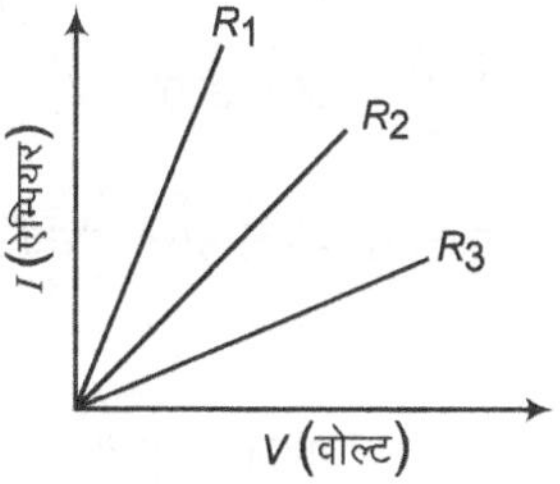

(a) $R_1 = R_2 = R_3$ (b) $R_1 > R_2 > R_3$

(c) $R_3 > R_2 > R_1$ (d) $R_2 > R_3 > R_1$

उत्तर (*c*) $R_3 > R_2 > R_1$

क्योंकि एक निश्चित वोल्टता (V) पर विद्युत धारा I प्रतिरोध R के व्युत्क्रमानुपाती होती है। $I \propto \frac{I}{R}$ एक निश्चित V पर R_1 के लिए विद्युत धारा I अधिकतम है, इसलिए R_1 निम्नतम है

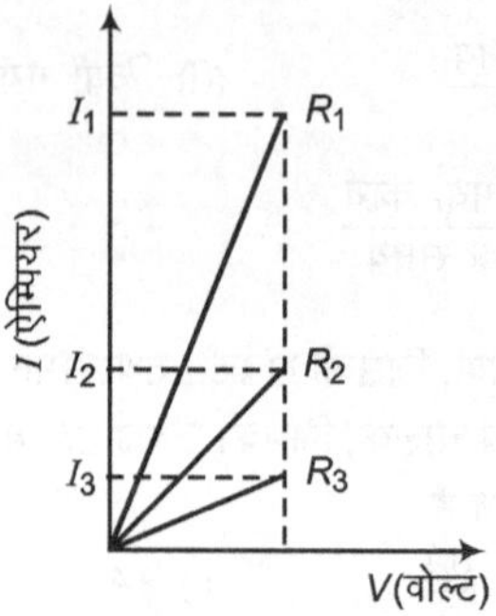

दी गई वोल्टता पर $\quad I_1 > I_2 > I_3$

अत: $\quad R_3 > R_2 > R_1$

प्रश्न 12. **यदि किसी प्रतिरोध में से प्रवाहित धारा I को 100% बढ़ा दिया जाए (ताप समान रहता है), तब उपयुक्त विद्युत शक्ति की वृद्धि होगी**

(a) 100% (b) 200%

(c) 300% (d) 400%

उत्तर (*c*) 300%

I में 100% वृद्धि से प्राप्त धारा $= I + \frac{100I}{100} = \frac{100 + 100I}{100} = \frac{2200I}{100} = 2I$

शक्ति $P = I^2R$; बढ़ी हुई शक्ति $P' = (2I)^2R = 4I^2R$

शक्ति में वृद्धि प्रतिशत $= \frac{P' - P}{P} \times 100 = \frac{(4I^2R - I^2R)}{I^2R} \times 100$

$$= \frac{3I^2R}{I^2R} \times 100 = 300\%$$

प्रश्न 13. **किसी वस्तु की प्रतिरोधकता (resistivity) परिवर्तित नहीं होती है यदि**

(a) पदार्थ बदल जाता है

(b) ताप बदल जाता है

(c) प्रतिरोधक (resistor) का आकार बदल जाता है

(d) दोनों पदार्थ तथा ताप बदल जाते हैं

उत्तर (*c*) प्रतिरोधक का आकार बदल जाता है।

आकार बदलने से प्रतिरोधकता नहीं बदलती। यह पदार्थ का गुण है, जो ताप निश्चित होने पर निश्चित रहता है।

प्रश्न 14. एक विद्युत परिपथ में तीन बल्बों A, B, C जिन पर क्रमशः 40 वाट, 60 वाट तथा 100 वाट अंकित हैं, को एक विद्युत स्रोत से समांतर क्रम में संयोजित किया जाता है बल्बों की चमक के संबंध में निम्न में से कौन-सा कथन सत्य होने की संभावना है?

(a) सभी बल्बों की चमक समान होगी

(b) बल्ब A की चमक अधिकतम होगी

(c) बल्ब B की चमक बल्ब A की अपेक्षा अधिक होगी

(d) बल्ब C की चमक बल्ब B की अपेक्षा कम होगी

उत्तर (*c*) बल्ब B की चमक बल्ब A की अपेक्षा अधिक होगी।

समांतर क्रम संयोजन में वोल्टता सभी बल्बों में समान होगी। अतः अधिक शक्ति (P) होने से अधिक चमक उत्पन्न होगी, अतः चमक का क्रम

$$C > B > A = [100 \text{ वाट} > 60 \text{वाट} > 40 \text{ वाट}]$$

प्रश्न 15. एक विद्युत परिपथ में दो प्रतिरोध क्रमशः 2 ओम तथा 4 ओम श्रेणीक्रम में एक 6 वोल्ट बैटरी के साथ संयोजित किए गए हैं। 5 सेकंड में 4 ओम प्रतिरोधक द्वारा उत्पन्न ऊष्मा होगी

(a) 5 जूल (b) 10 जूल (c) 20 जूल (d) 30 जूल

उत्तर (*c*) 20 जूल

तुल्य प्रतिरोध $R_s = R_1 + R_2 = 2 + 4 = 6$ ओम

श्रेणीक्रम में धारा I सभी प्रतिरोधों में समान बहती हैं।

अतः $$I = \frac{V}{R} = \frac{6 \text{ वोल्ट}}{6 \text{ ओम}} = 1 \text{ ऐम्पियर}$$

उत्पन्न ऊष्मा $$H = I^2Rt = (1)^2 \times 4 \times 5 = 20 \text{ जूल}$$

प्रश्न 16. एक विद्युत केतली को जब 220 वोल्ट पर उपयोग किया जाता है, तब यह 1 किलोवाट विद्युत शक्ति का उपयोग करती है। इसके लिए किस रेटिंग का फ्यूज़ तार उपयोग किया जाना चाहिए?

(a) 1 ऐम्पियर (b) 2 ऐम्पियर

(c) 4 ऐम्पियर (d) 5 ऐम्पियर

उत्तर (*d*) 5 ऐम्पियर

$$P = VI \text{ अथवा } I = \frac{P}{V} = \frac{1 \text{ किलोवाट}}{220 \text{ वोल्ट}} = \frac{1000 \text{ वाट}}{220 \text{ वोल्ट}} = 4.5 \text{ ऐम्पियर}$$

अतः 4.5 ऐम्पियर से अधिक रेटिंग का फ्यूज़ तार उपयुक्त है, जो दिए गए विकल्पों में केवल (d) 5 ऐम्पियर है।

प्रश्न 17. **2 ओम तथा 4 ओम के दो प्रतिरोधकों को, जब एक बैटरी से संयोजित किया जाता है, तब**

(a) समांतर क्रम में संयोजित करने पर उनमें से समान विद्युत धारा प्रवाहित होगी
(b) श्रेणीक्रम संयोजन में उनमें से समान धारा प्रवाहित होगी
(c) श्रेणीक्रम संयोजन में उनके बीच विभवांतर समान होगा
(d) समांतर क्रम संयोजन में उनके बीच भिन्न विभवांतर होगा

उत्तर (*b*) श्रेणीक्रम संयोजन में उनमें से समान धारा प्रवाहित होगी।

प्रश्न 18. **विद्युत शक्ति का एक मात्रक निम्न भी है**

(a) वोल्ट-ऐम्पियर (VA)
(b) किलोवाट-घंटा (kWh)
(c) वाट-सेकंड (Ws)
(d) जूल-सेकंड (Js)

उत्तर (*a*) वोल्ट ऐम्पियर

क्योंकि शक्ति $P = V \times I$

जबकि kWh, Ws ऊर्जा के मात्रक है तथा Js

प्लांक नियतांक (*h*) का मात्रक है।

लघु उत्तरीय प्रश्न

प्रश्न 19. **एक छात्र ने ओम के नियम के अध्ययन के लिए चित्र (a) के अनुसार एक चित्र बनाया। उसके अध्यापक ने बताया कि चित्र में सुधार की आवश्यकता है। चित्र का अध्ययन करके उसमें आवश्यक सुधार करते हुए पुनः बनाइए।**

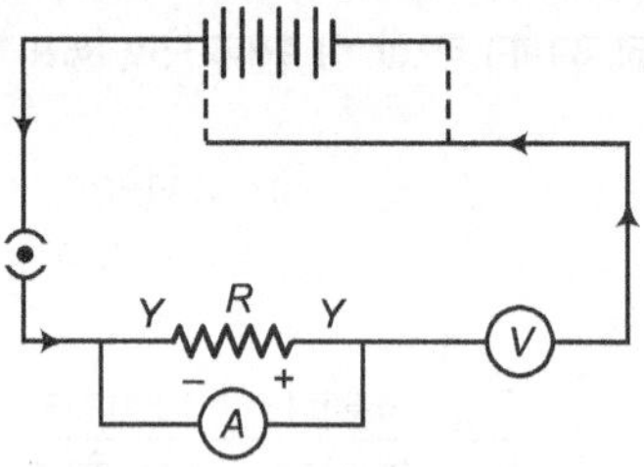

चित्र (a)

उत्तर *चित्र में किए जाने वाले सुधार निम्न हैं* [चित्र (b)]

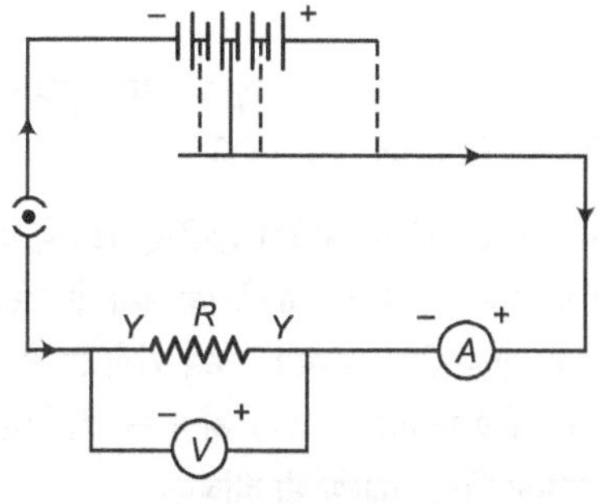

चित्र (b)

(i) अमीटर को श्रेणीक्रम में तथा वोल्टमीटर को समांतर क्रम में संयोजित करना चाहिए, क्योंकि श्रेणीक्रम में समान धारा तथा समांतर क्रम में वोल्टता समान रहती है।

(ii) धारा का प्रवाह धन से ऋण की ओर परिपथ में होना चाहिए।

(iii) बैटरी के सभी सेलों को परस्पर श्रेणीक्रम में संयोजन करना आवश्यक है।

प्रश्न 20. तीन प्रतिरोध A, B तथा C, जिनमें से प्रत्येक का मान 2 ओम है, को चित्र के अनुसार संयोजित किया गया है। इनमें से प्रत्येक ऊर्जा का उपयोग करके 18 वाट की अधिकतम शक्ति तक बिना पिघले, कार्य कर सकता है। उस अधिकतम विद्युत धारा का मान ज्ञात कीजिए, जो तीनों प्रतिरोधों से होकर प्रवाहित हो सकती है?

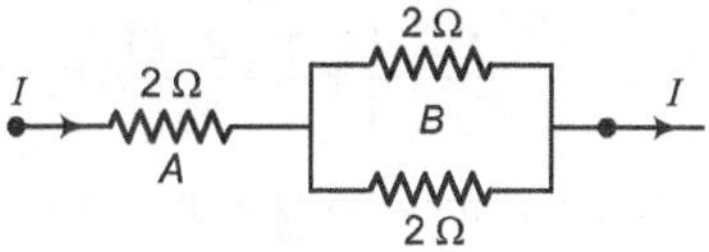

उत्तर ज्ञात है $P_{max} = 18$ वाट; $R = 2$ ओम

$$\because \qquad P = I^2R;\ I_{max} = \sqrt{\frac{P}{R}} = \sqrt{\frac{18}{2}} = \sqrt{9} = 3 \text{ ऐम्पियर}$$

अतः 2 ओम प्रतिरोध से प्रवाहित हो सकने वाली अधिकतम विद्युत धारा 3 ऐम्पियर है।

परन्तु B तथा C के समांतर संयोजन में धारा बँट जाती है, परंतु वोल्टता समान रहती है। क्योंकि B तथा C दोनों के मान 2 ओम ही है। अतः इनमें विद्युत धारा का विभाजन समान रूप से होगा $\left[I \propto \frac{1}{R}\right]$ अर्थात् B या C से होकर प्रवाहित धारा $= \frac{I_{max} \times 1}{2} = \frac{3 \times 1}{2} = 1.5$ ऐम्पियर

जबकि प्रतिरोध A से 3 ऐम्पियर विद्युत धारा प्रवाहित होगी।

प्रश्न 21. **एक अमीटर का प्रतिरोध कम होना चाहिए अथवा अधिक? अपने हल का कारण भी दीजिए।**

उत्तर अमीटर का प्रतिरोध कम से कम (लगभग शून्य) होना चाहिए अन्यथा अधिक होने पर यह परिपथ में प्रवाहित धारा की मात्रा को कम करेगा।

प्रश्न 22. **एक विद्युत परिपथ का परिपथ आरेख खींचिए, जिसमें एक सेल, एक कुँजी एक अमीटर, श्रेणीक्रम में संयोजित एक 2 ओम का प्रतिरोधक तथा दो प्रतिरोधक (प्रत्येक 4 ओम) समांतर क्रम में संयोजित एक वोल्टमीटर समांतर क्रम संयोजन के साथ संयोजित है। क्या 2 ओम प्रतिरोधक के सिरों के बीच विभवांतर, 4-4 ओम के प्रतिरोधों के समांतर संयोजन के सिरों के बीच विभवांतर के समान होगा? कारण भी दीजिए।**

उत्तर

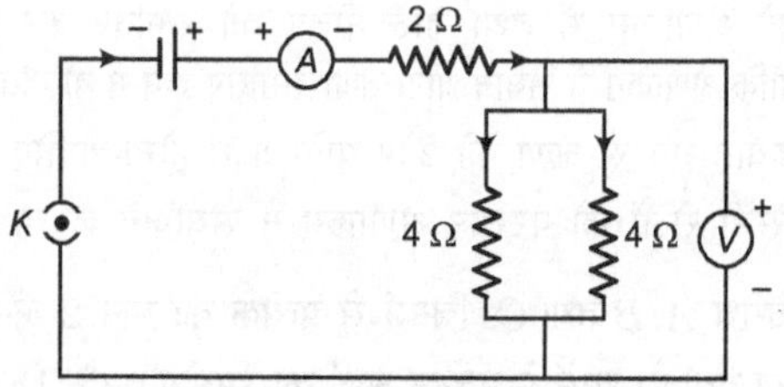

ज्ञात है $R_1 = 2$ ओम; $R_2 = 4$ ओम; $R_3 = 4$ ओम

प्रतिरोधों R_2 व R_3 के समांतर संयोजन का तुल्य प्रतिरोध $= R_p$

$$\frac{1}{R_p} = \frac{1}{4} + \frac{1}{4} = \frac{2}{4} = \frac{1}{2} \; ; R_p = 2 \text{ ओम}$$

अब R_1 तथा R_p के श्रेणीक्रम संयोजन का कुल प्रतिरोध $R_s = 2 + 2 = 4$ ओम

श्रेणीक्रम संयोजन, अर्थात् R_1 तथा (R_2 व R_3 के समांतर क्रम संयोजन) R_p से समान धारा बहती है।

क्योंकि ओम के नियम $V = IR$ के अनुसार,

2 ओम (R_1) तथा समांतर संयोजन (R_2 तथा R_3) के लिए I तथा R के मान समान हैं। अतः 2 ओम प्रतिरोध तथा समांतर संयोजन के लिए विभवांतर V का मान भी समान होगा।

प्रश्न 23. **एक फ्यूज़ तार किसी विद्युत उपकरण की सुरक्षा किस प्रकार करता है?**

उत्तर यदि परिपथ से होकर प्रवाहित विद्युत धारा का मान एक निश्चित मान से अधिक हो जाता है, तब फ्यूज़ तार का तापमान उसके गलनांक से अधिक हो जाता है। इसलिए फ्यूज़ तार पिघल जाता है तथा परिपथ टूट जाता है। इस प्रकार विद्युत उपकरण क्षतिग्रस्त होने से बच जाता है।

प्रश्न 24. **विद्युत प्रतिरोधकता क्या है? एक श्रेणीक्रम विद्युत परिपथ में एक धातु के तार का बना प्रतिरोध तथा एक अमीटर है, जिसका पाठ्यांक 5 ऐम्पियर है। यदि धातु के तार की लंबाई पहले से दोगुनी कर दी जाती है, तो अमीटर का पाठ्यांक आधा रह जाता है, क्यों?**

उत्तर **विद्युत प्रतिरोधकता** (Resistivity) किसी चालकीय घन (1 मी × 1 मी × 1 मी) के विपरीत फलकों के अभिलंबवत् धारा प्रवाहित होने पर, वह जितना प्रतिरोध लगाता है, वह उस चालक के पदार्थ की प्रतिरोधकता कहलाती है।

प्रतिरोधकता, $\rho = \frac{RA}{l}$ [मात्रक = ओम-मीटर], एक नियतांक है।

यदि चालक की अनुप्रस्थ-काट का क्षेत्रफल A निश्चित रहता है

तब, $\frac{\rho}{A}$ = नियत (नहीं बदलता)

$R = \frac{\rho \times l}{A}$; अतः $R \propto l$

यदि चालक की लंबाई दोगुनी $2l$ कर दी जाती है, तब प्रतिरोध भी $2R$ हो जाता है।

परन्तु विद्युत धारा $I \propto \frac{1}{R}$ ओम का नियम। अतः विद्युत धारा पहले की अपेक्षा आधी रह जाती है।

प्रश्न 25. **विद्युत ऊर्जा का व्यापारिक मात्रक क्या है? इसे जूल में परिवर्तित कीजिए।**

उत्तर विद्युत ऊर्जा का व्यापारिक मात्रक किलोवाट घण्टा (kWh) है। इसे 1 यूनिट भी कहते हैं।

1 किलोवाट-घंटा = 1000 वाट × 60 × 60 सेकंड

= 3.6×10^6 जूल (अथवा वाट-सेकंड)

प्रश्न 26. (i) **एक श्रेणीक्रम परिपथ, जिसमें एक विद्युत लैम्प तथा एक 5 ओम का चालक है, को 10 वोल्ट बैटरी से संयोजित करने पर उसमें 1 ऐम्पियर की धारा प्रवाहित होती है। विद्युत लैम्प का प्रतिरोध ज्ञात कीजिए।**

(ii) **अब यदि श्रेणीक्रम संयोजन के समांतर क्रम में एक 10 ओम का प्रतिरोध जोड़ दिया जाए, तब 5 ओम चालक में बहने वाली धारा तथा लैम्प के सिरों के बीच विभवांतर में क्या परिवर्तन होगा? कारण भी लिखिए।**

उत्तर (i) दिए गए परिपथ में,

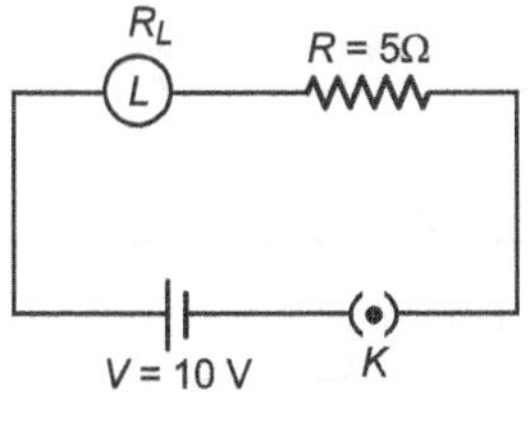

चालक का प्रतिरोध $R = 5$ ओम, विभवांतर $V = 10$ वोल्ट

धारा $I = 1$ ऐम्पियर

माना की लैम्प का प्रतिरोध $= R_L$

तब परिपथ का कुल प्रतिरोध, $R_s = R_L + 5$ ओम

ओम के नियम के अनुसार, $V = IR$

$$10 = 1 \times (R_L + 5) \quad R_L + 5 = 10$$

$$R_L = 10 - 5 = 5 \text{ ओम}$$

अतः लैम्प का प्रतिरोध = 5 ओम

(ii) माना A तथा B सिरों के बीच तुल्य प्रतिरोध R' है। इस संयोजन में लैम्प तथा चालक श्रेणीक्रम में (कुल प्रतिरोध = 5 + 5 = 10 ओम) एक अन्य प्रतिरोध (10 ओम) के साथ समांतर क्रम में संयोजित किए गए हैं। परन्तु समांतर क्रम में वोल्टता निश्चित रहती है, अर्थात्

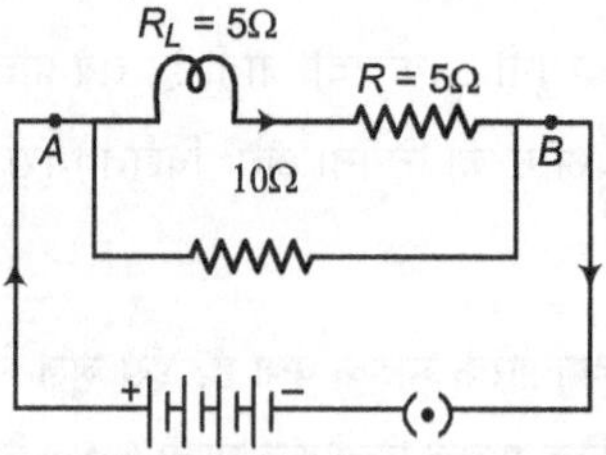

लैम्प तथा चालक का श्रेणीक्रम संयोजन में विभवांतर = समांतर क्रम में 10 ओम प्रतिरोध में विभवांतर = 10 ओम

लैम्प तथा चालक का कुल प्रतिरोध $= R_L + 5 = 5 + 5 = 10$ ओम

अतः लैम्प व चालक के श्रेणी क्रम संयोजन में धारा $I = \frac{V}{R} = \frac{10}{10} = 1$ ऐम्पियर

अतः धारा, जो लैम्प व चालक से होकर बह रही थी परिवर्तित नहीं होती।

प्रश्न 27. तीन समान बल्ब B_1, B_2 तथा B_3 को चित्र के अनुसार संयोजित किया गया है। जब तीनों बल्ब जलते हैं, तो अमीटर A के द्वारा 3 ऐम्पियर की विद्युत धारा मापी जाती है।

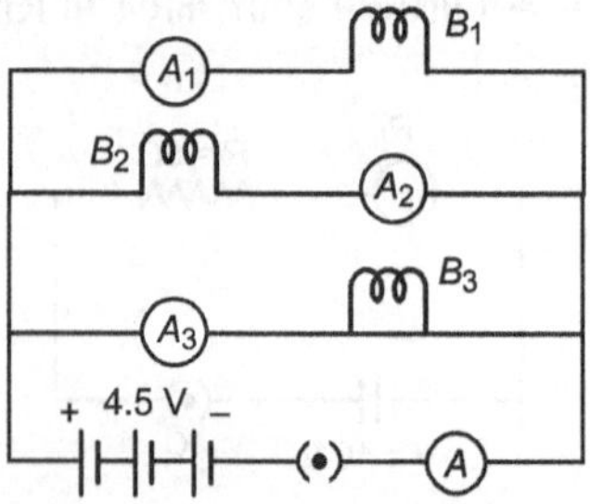

(i) यदि बल्ब B_1 फ्यूज़ हो जाता है, तब अन्य बल्बों की चमक किस प्रकार प्रभावित होगी?

(ii) जब बल्ब B_2 फ्यूज़ हो जाता है, तब अमीटर A_1, A_2, A_3 तथा A के पाठ्यांक किस प्रकार परिवर्तित होंगे?

(iii) जब तीनों बल्ब एक साथ जलते हैं, तब परिपथ में उपयुक्त विद्युत शक्ति की मात्रा कितनी है?

उत्तर दिए गए विद्युत परिपथ में तीनों बल्ब B_1, B_2 व B_2 समांतर क्रम में संयोजित हैं, अतः इन सभी के सिरों के बीच समान विभवांतर (4.5 वोल्ट) है।

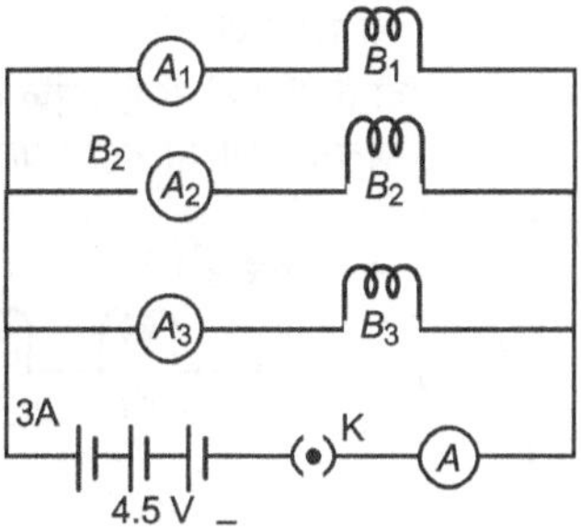

(i) जब बल्ब B_1 फ्यूज होता है, तब बल्ब B_2 व B_3 के सिरों के मध्य विभवांतर नहीं बदलता अर्थात् 4.5 वोल्ट ही रहता है। इसी कारण उनकी चमक भी अप्रभावित रहती है।

(ii) जब बल्ब B_2 फ्यूज होता है, तब इसमें से कोई धारा नहीं बहती, इसलिए अमीटर A_2 का पाठ्यांक शून्य रहता है।

माना कि सभी बल्बों में से प्रत्येक का प्रतिरोध R ओम है। समांतर क्रम में तुल्य प्रतिरोध R_p ज्ञात करने के लिए

$$\frac{1}{R_p} = \frac{1}{R} + \frac{1}{R} + \frac{1}{R} = \frac{3}{R}, \quad R_p = \frac{R}{3} \text{ ओम}$$

ज्ञात है $V = 4.5$ वोल्ट; $I = 3$ ऐम्पियर

ओम के नियम के अनुसार, $V = IR$, $\left[R_p = \frac{R}{3} \text{ ओम}\right]$

$$4.5 = 3 \times \frac{R}{3}$$

अतः प्रत्येक बल्ब का प्रतिरोध $R = 4.5$ ओम

अब बल्ब B_1 के लिए,

$$V = 4.5 \text{ वोल्ट}, \ R = 4.5 \text{ ओम}, \ I_1 = \frac{V}{R} = \frac{4.5}{4.5} = 1 \text{ ऐम्पियर}$$

अब बल्ब B_3 के लिए भी V व R के मान B_1 के समान ही हैं, अतः I_3 भी I_1 के समान होगी $I_3 = I_1 = 1$ ऐम्पियर

अमीटर A_1 तथा A_3 के पाठ्यांक 1 ऐम्पियर (प्रत्येक) होंगे। अमीटर A_2 का पाठ्यांक शून्य होगा तथा अमीटर A का पाठ्यांक [$I = I_1 + I_2 + I_3 = 1 + 0 + 1 = 2$ ऐम्पियर] 2 ऐम्पियर होगा।

(iii) जब तीनों बल्ब एक साथ जलते हैं, तब परिपथ में विभवांतर $V = 4.5$ वोल्ट; धारा $I = 3$ ऐम्पियर

उपयुक्त शक्ति $P = VI = 4.5 \times 3 = 13.5$ वाट

दीर्घ उत्तरीय प्रश्न

प्रश्न 28. तीन विद्युत बल्बों, प्रत्येक 100 वाट, को एक विद्युत परिपथ में श्रेणीक्रम में संयोजित किया जाता है। दूसरे विद्युत परिपथ में समान शक्ति के तीन बल्बों को समान स्रोत के साथ समांतर क्रम में संयोजित किया जाता है।

(a) क्या दोनों परिपथों में बल्ब समान दीप्ति के साथ जलेंगे? अपने उत्तर का कारण भी लिखिए।

(b) दोनों परिपथों में एक-एक बल्ब फ्यूज हो जाता है, तब प्रत्येक परिपथ में अन्य बल्ब जलते रहेंगे या नहीं? कारण भी लिखिए।

उत्तर

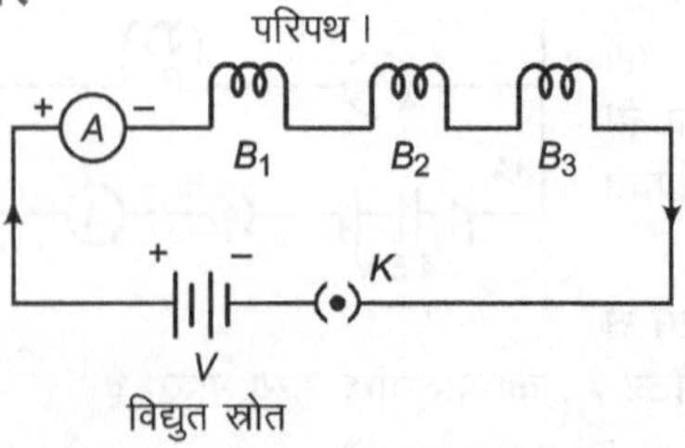

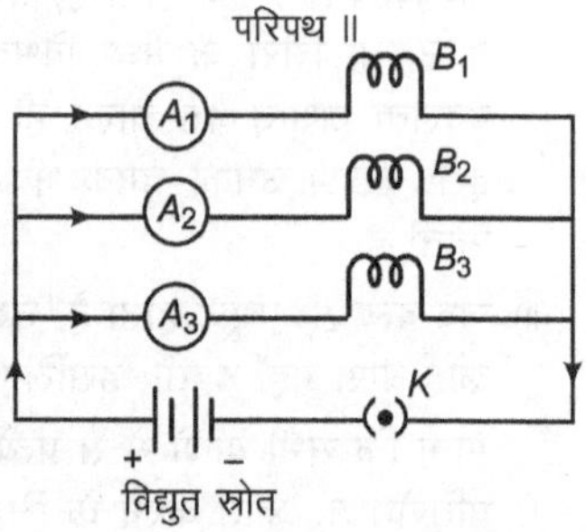

(*a*) ***परिपथ*** I (श्रेणीक्रम) में तुल्य प्रतिरोध [यदि प्रत्येक बल्ब का प्रतिरोध = R]

$R_s = R + R + R = 3R$; विभवांतर = V

यदि श्रेणीक्रम के प्रत्येक बल्ब में विद्युत धारा I_1 है, तो

$$V = I \times R_s = I_1 \times 3R; I_1 = \frac{V}{3R}$$

श्रेणीक्रम के प्रत्येक बल्ब द्वारा उपमुक्त शक्ति $P_1 = I_1^2\,(3R)$

$$= \left[\frac{V}{3R}\right]^2 \times 3R = \frac{V^2}{9R^2} \times 3R = \frac{V^2}{3R}; P_1 = \frac{V^2}{3R} \quad \text{...(i)}$$

परिपथ II (समांतर क्रम संयोजन) में

प्रत्येक बल्ब का प्रतिरोध = R; विभवांतर = V

समांतर क्रम में प्रत्येक बल्ब द्वारा उपमुक्त शक्ति

$$P_2 = \frac{V^2}{R} \quad \text{...(ii)}$$

समी (i) तथा (ii) से

$$\frac{P_2}{P_1} = \frac{V^2}{R} \times \frac{3R}{V^2} = 3$$

$$P_2 = 3P_1$$

अतः समांतर क्रम संयोजन में प्रत्येक बल्ब श्रेणीक्रम संयोजन के प्रत्येक बल्ब की अपेक्षा 3 गुना अधिक तीव्रता से जलेगा अर्थात् अधिक चमक उत्पन्न करेगा।

(*b*) जब प्रत्येक परिपथ का एक बल्ब फ्यूज हो जाता है, तब

श्रेणीक्रम संयोजन में परिपथ (I) टूट जाने के कारण धारा का प्रवाह रुक जाएगा तथा अन्य बल्ब भी नहीं जलेंगे।

समांतर क्रम संयोजन में परिपथ (II) में विभवांतर वही बना रहेगा तथा अन्य बल्ब अपनी पहले जितनी दीप्ति या चमक के साथ जलते रहेंगे।

प्रश्न 29. ओम का नियम क्या है? इसे प्रयोगात्मक रूप से किस प्रकार सिद्ध किया जा सकता है? क्या यह सभी दशाओं में समान रूप से लागू रहता है? समझाइए।

उत्तर ओम के नियम के अनुसार, किसी चालक से प्रवाहित विद्युत धारा, उसके सिरों के बीच उत्पन्न विभवांतर के अनुक्रमानुपाती होती है, यदि ताप समान रहता है।

$$I \propto V \quad \text{अथवा} \quad V \propto I,$$

$$\frac{V}{I} = R \text{ (नियतांक)}$$

V = विभवांतर,

I = विद्युत धारा

R = प्रतिरोध

यह निम्न प्रयोग से सिद्ध किया गया है

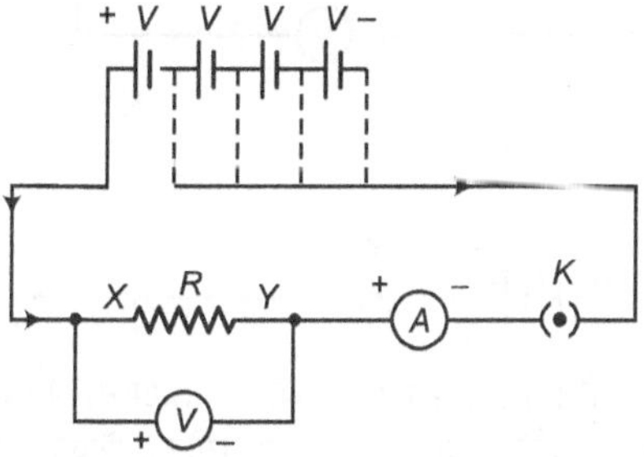

उपरोक्त चित्र के अनुसार परिपथ तैयार करते हैं। इसके लिए 1.5 वोल्ट के चार सेल (जिन्हें पहले 1, 2, 3 तथा 4 के क्रम में क्रमशः जोड़ा जाता है), नाइक्रोम का तार (*XY*), एक अमीटर, एक वोल्टमीटर लेकर उन्हें चित्रानुसार जोड़ते हैं।

अब एक सेल जोड़कर, *XY* तार में प्रवाहित धारा *I* के लिए अमीटर *A* का पाठ्यांक तथा तार के सिरों के बीच विभवांतर के लिए वोल्टमीटर का पाठ्यांक *V* नोट करते हैं। फिर इसी विधि से क्रमशः दो, तीन व चार सेल जोड़कर *I* तथा *V* के पाठ्यांक क्रमशः अमीटर व वोल्टमीटर से सारणी में नोट कर लेते हैं।

विभवांतर V तथा विद्युत धारा I के प्रत्येक युगल के लिए अनुपात V/I परिकलित करते हैं। V तथा I के बीच ग्राफ खींचकर ग्राफ का अध्ययन करते हैं। ग्राफ एक सीधी रेखा है, जो ओम के नियम को सिद्ध करता है।

$$V \propto I \quad \text{अथवा} \quad \frac{V}{I} = \text{नियतांक } (R)$$

क्र.सं.	परिपथ में जुड़े सेलों की संख्या	निक्रोम तार से प्रवाहित धारा I (A)	निक्रोम तार के सिरों पर विभवांतर V (V)	V/I (वोल्ट/ऐम्पियर)
1.	1			
2.	2			
3.	3			
4.	4			

[**नोट** *ग्राफ के लिए अभ्यास का प्रश्न व हल 7 देखें*]

प्रश्न 30. यदि किसी परिपथ में तीन प्रतिरोध श्रेणीक्रम में बैटरी से जुड़े हैं, तो आप एक प्रयोग द्वारा कैसे सिद्ध करेंगे कि परिपथ के प्रत्येक भाग से समान धारा प्रवाहित होती है?

उत्तर *यह निम्न प्रयोग से सिद्ध किया गया है*

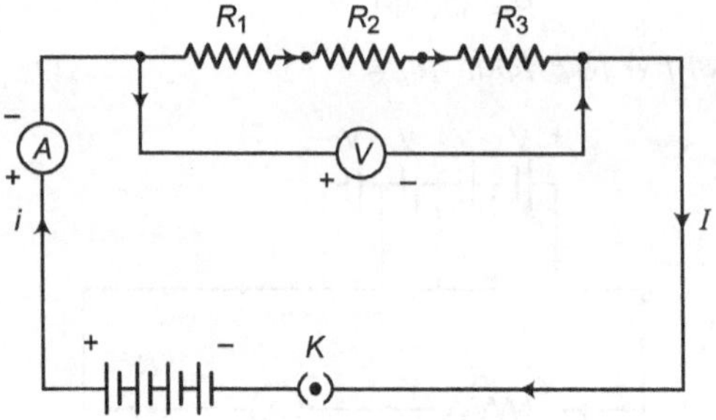

तीन प्रतिरोध R_1 (1 ओम), R_2 (2 ओम) तथा R_3 (3 ओम) लेकर उन्हें श्रेणीक्रम में एक 6 वोल्ट बैटरी के साथ संयोजित करते हैं। एक अमीटर कुँजी तथा वोल्टमीटर को भी चित्रानुसार व्यवस्थित करते हैं। कुँजी K को बंद करके अमीटर का पाठ्यांक लिया जाता है। परिपथ में अमीटर को (श्रेणीक्रम में) भिन्न-भिन्न स्थानों पर संयोजित कर अमीटर के पाठ्यांक नोट करते हैं। प्रत्येक पाठ्यांक समान होने पर यह सिद्ध हो जाता है कि श्रेणीक्रम में परिपथ के सभी भागों में समान विद्युत धारा प्रवाहित होती है।

प्रश्न 31. आप यह किस प्रकार सिद्ध कर सकते हैं कि एक बैटरी के साथ, समांतर क्रम में संयोजित विभिन्न प्रतिरोधकों के सिरों के बीच विभवांतर समान रहता है?

उत्तर प्रयोग तीन प्रतिरोधों R_1, R_2 तथा R_3 को समांतर क्रम में संयोजित कर एक बैटरी, कुँजी *K*, वोल्टमीटर (*V*) तथा अमीटर (*A*) के साथ चित्रानुसार व्यवस्थित करते हैं। कुंजी *K* को बंद करने पर वोल्टमीटर तथा अमीटर के पाठ्यांक प्राप्त होते हैं।

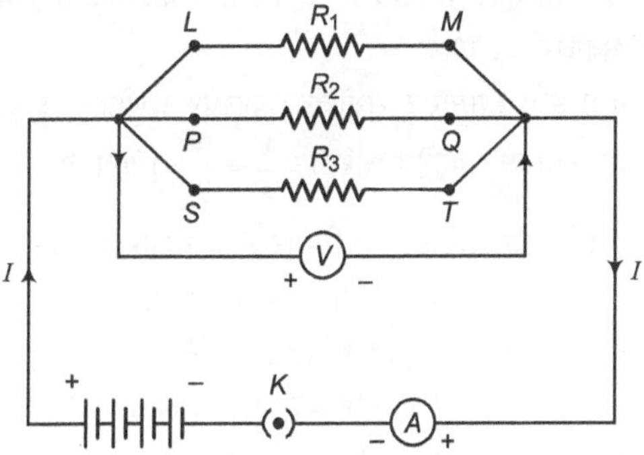

अब कुँजी को खोल कर वोल्टमीटर को समांतर क्रम संयोजन के समांतर क्रम से हटा कर R_1 प्रतिरोध के समांतर क्रम में लगाते हैं तथा पाठ्यांक नोट करते हैं। तत्पश्चात् R_2 व R_3 के साथ भी वोल्टमीटर को अलग-अलग जोड़कर पाठ्यांक नोट करते हैं। प्रेक्षणों की समानता यह सिद्ध करती है कि समांतर क्रम के सभी प्रतिरोधों के सिरों के बीच विभवांतर समान होता है।

प्रश्न 32. निम्न चित्र में दर्शाए गए परिपथ में निम्न को ज्ञात कीजिए।

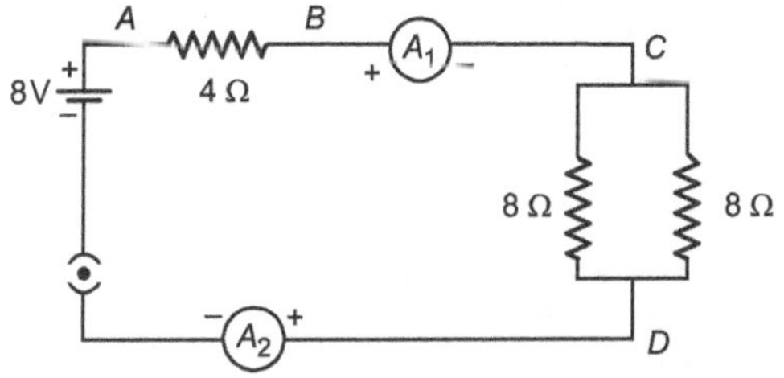

(a) दो प्रतिरोधों (प्रत्येक 8 ओम) के संयोजन का तुल्य प्रतिरोध

(b) 4 ओम प्रतिरोध से प्रवाहित धारा

(c) 4 ओम प्रतिरोध के सिरों के बीच विभवांतर

(d) 4 ओम प्रतिरोध द्वारा उपमुक्त शक्ति

(e) अमीटरों के पाठ्यांकों में (यदि कोई है), तो अंतर।

उत्तर (*a*) $\frac{1}{R_P} = \frac{1}{8} + \frac{1}{8} = \frac{2}{8} = \frac{1}{4}$

$\rightarrow R_P = 4$ ओम

8 ओम (के प्रत्येक) के दो प्रतिरोधों को समांतर क्रम में जोड़ा गया है, अतः उनका तुल्य प्रतिरोध $R_P = 4$ ओम

(*b*) पूर्ण परिपथ का कुल प्रतिरोध $R_s = 4$ ओम + 4 ओम = 8 ओम

कुल विभवांतर = 8 वोल्ट

4 ओम व 8 ओम (समांतर संयोजन) परस्पर श्रेणीक्रम में हैं, अतः

4 ओम प्रतिरोध से प्रवाहित धारा $I = \frac{V}{R} = \frac{8}{8} = 1$ ऐम्पियर

(*c*) 4 ओम प्रतिरोध के लिए $I = 1$ एम्पियर, $R = 4$ ओम, $V = IR$

$$V = I \times R = 1 \times 4 = 4 \text{ ओम}$$

(*d*) 4 ओम प्रतिरोध द्वारा उपमुक्त शक्ति $P = I^2R$

$$I = 1 \text{ ऐम्पियर}, \quad R = 4 \text{ ओम}$$

$$P = (1)^2 \times 4 = 4 \text{ वाट}$$

(*e*) श्रेणीक्रम संयोजन में परिपथ में समान धारा प्रवाहित होती है। अतः A_1 तथा A_2 अमीटरों के पाठ्यांक समान होंगे। उनमें कोई अंतर नहीं होगा।

13

विद्युत धारा के चुंबकीय प्रभाव

चुंबक वास्तव में लोहे के मैगनेटाइट नाम का ऑक्साइड (Fe_2O_3) है जो पृथ्वी पर प्रत्येक स्थान पर पाये जाते हैं। चुंबक के आकर्षण का गुण एवं दैशिक गुण को चुंबकत्व कहते हैं। जब किसी चालक में वैधुत धारा प्रवाहित की जाती है तो उसके चारों ओर चुंबकीय क्षेत्र उत्पन्न होता है।

चुंबकीय क्षेत्र तथा क्षेत्र रेखाएँ

(Magnetic Field and Field Lines)

जिन पदार्थों में लोहे के छोटे टुकड़ों को आकर्षित करने का गुण होता है, उन्हें **चुंबक** तथा उनके इस गुण को **चुंबकत्व** कहते हैं। प्रत्येक चुंबक के दो ध्रुव होते हैं; *जैसे*—उत्तरी ध्रुव व दक्षिणी ध्रुव।

चुंबकों के प्रकार छड़ चुंबक (bar magnet), नाल चुंबक (horse-shoe magnet), दिकसूचक की सुईं (compass needle), विद्युत चुंबक (electromagnet), आदि।

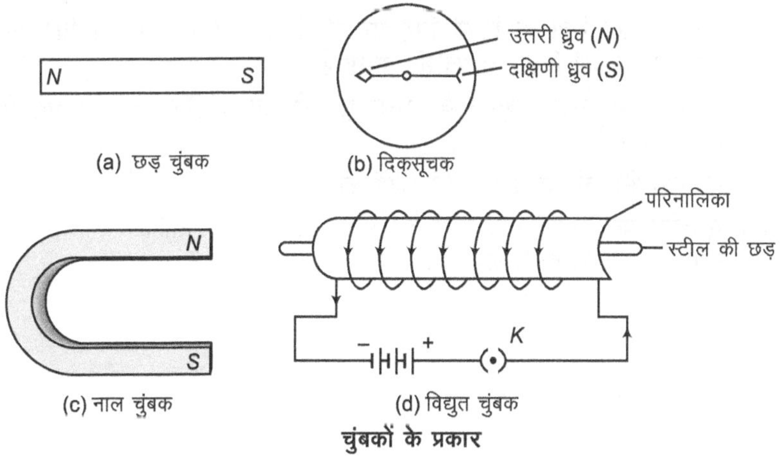

चुंबकों के प्रकार

चुंबकीय क्षेत्र (Magnetic Field)

किसी चुंबक के चारों ओर का वह क्षेत्र, जिसमें कोई दिक्सूचक अपने ऊपर एक बल का अनुभव करें, उस चुंबक का **चुंबकीय क्षेत्र** कहलाता है। इसमें परिमाण व दिशा दोनों होती हैं। यह सदिश राशि है। इसका मात्रक

$$\frac{\text{न्यूटन}}{\text{ऐम्पियर - मीटर}} \text{ या } \frac{\text{वेबर}}{\text{मीटर}^2} \text{ होता है}$$

चुंबकीय बल रेखाएँ या चुंबकीय क्षेत्र रेखाएँ

चुंबकीय बल रेखाएँ किसी चुंबकीय क्षेत्र में वे काल्पनिक वक्र है जिनके किसी बिंदु पर खींची गयी स्पर्श रेखा उस बिंदु पर चुंबकीय क्षेत्र की तीव्रता की दिशा को निरूपित करती है। वह रेखाएँ, जिनके अनुदिश लौह-चूर्ण स्वयं संरेखित होता है, चुंबकीय क्षेत्र रेखाओं का निरूपण करती हैं।

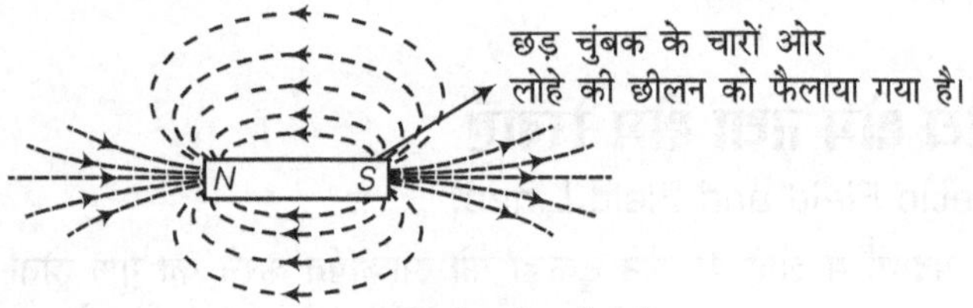

चुंबकीय क्षेत्र रेखाएँ

चुंबकीय रेखाओं के गुण
(Characteristics of Magnetic Field Lines)

चुंबकीय रेखाओं के गुण निम्न हैं

(i) चुंबकीय बल रेखा के किसी बिंदु पर खींची गयी स्पर्श रेखा उस बिंदु पर चुंबकीय क्षेत्र की दिशा को प्रदर्शित करती है

(ii) चुंबकीय क्षेत्र रेखाएँ चुंबक के उत्तरी ध्रुव से उत्पन्न होकर दक्षिणी ध्रुव में प्रवेश करती हैं।

(iii) चुंबकीय क्षेत्र की प्रबलता क्षेत्र रेखाओं की निकटता से स्पष्ट होती है।

(iv) चुंबकीय बल रेखाएँ एक दूसरे को कभी नहीं काटती क्योंकि एक बिंदु पर चुंबकीय क्षेत्र की दो दिशायें संभव नहीं हैं।

किसी विद्युत धारावाही चालक के कारण चुंबकीय क्षेत्र

(Magnetic Field due to a Current-Carrying Conductor)

जब किसी चालक में विद्युत धारा प्रवाहित की जाती है, तब उसके चारों ओर एक चुंबकीय क्षेत्र उत्पन्न हो जाता है। चित्र (a) व (b) देखें।

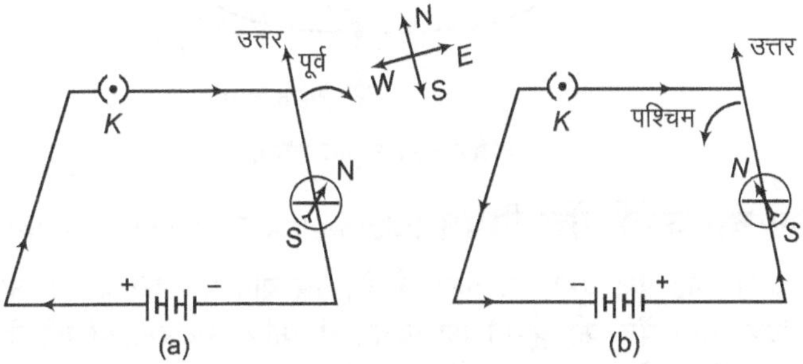

सीधे चालक से विद्युत धारा प्रवाहित होने के कारण चुंबकीय क्षेत्र

(Magnetic Field due to a Current through a Straight Conductor)

सीधे चालक से विद्युत धारा प्रवाहित करने पर उत्पन्न हो जाता है (चित्र देखें)। यह चालक तार के चारों ओर (कार्डबोर्ड पर) लौह-चूर्ण के वृत्ताकार पैटर्न से ज्ञात होता है।

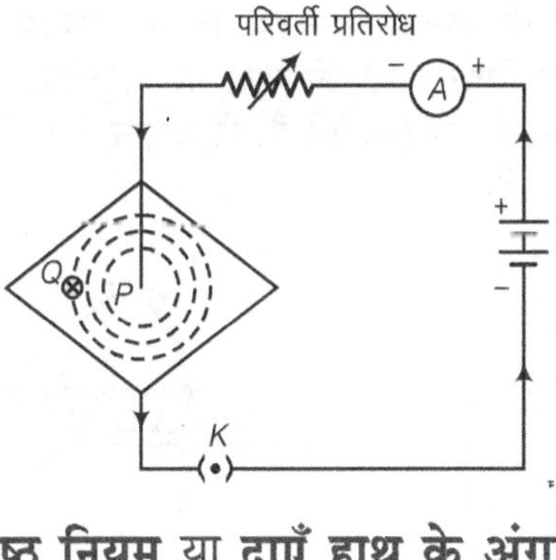

दक्षिण-हस्त अंगुष्ठ नियम या दाएँ हाथ के अंगूठे का नियम

(Right-Hand Thumb Rule)

यदि आप अपने दाहिने हाथ में विद्युत धारावाही चालक को इस प्रकार पकड़ते हैं कि आपका अँगूठा विद्युत धारा की दिशा दर्शाता है, तब आपकी अँगुलियों की दिशा

चालक के चारों ओर चुंबकीय क्षेत्र की चुंबकीय क्षेत्र रेखाओं की दिशा को इंगित करती है, यही 'दक्षिण-हस्त अंगुष्ठ का नियम है।

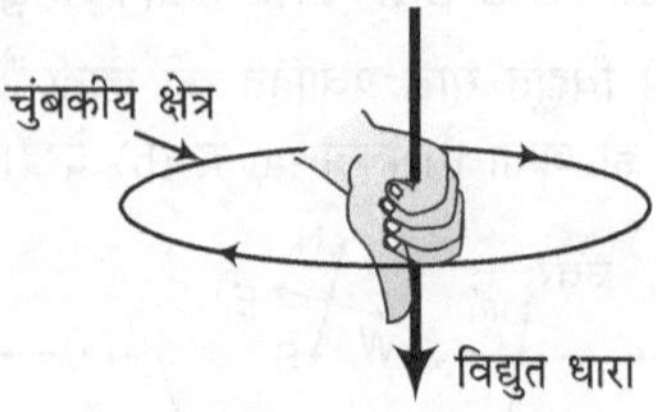

दक्षिण-हस्त अंगुष्ठ नियम

मैक्सवेल का कार्क पेंच नियम (Maxwell's Corkscrew Rule)

यदि आप कोई पेंच घुमा कर कस रहे हैं, तब यदि पेंच को कसने की दिशा, धारा की दिशा तथा पेंच को घुमाने की दिशा, चुंबकीय क्षेत्र रेखाओं की दिशा को दर्शाती है। यह **मैक्सवेल का कार्क पेंच का नियम** है।

विद्युत धारावाही वृत्ताकार पाश के कारण उत्पन्न चुंबकीय क्षेत्र

(Magnetic Field due to a Current through a Circular Loop)

किसी विद्युत धारावाही चालक के कारण उत्पन्न चुंबकीय क्षेत्र (i) उससे दूरी के व्युत्क्रम पर (ii) प्रवाहित विद्युत धारा की मात्रा पर अनुलोमत: निर्भर करता है। यदि किसी तार से बनी कुंडली में कईं (n) फेरे हैं, तो उत्पन्न क्षेत्र भी 1 फेरे वाले पाश की अपेक्षा n गुना बढ़ जाता है।

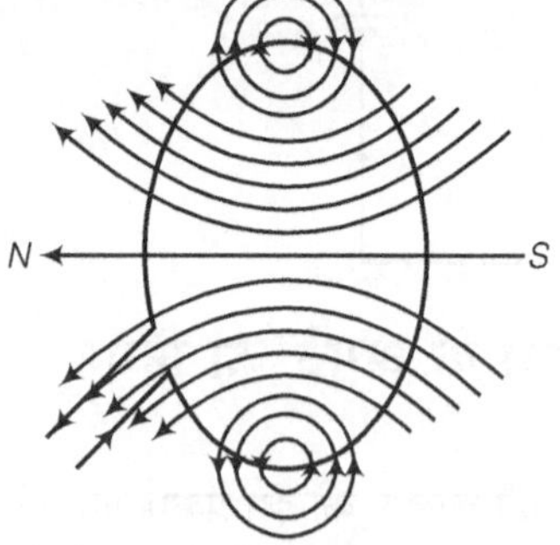

(a) **विद्युत धारावाही पाश के कारण उत्पन्न चुंबकीय क्षेत्र रेखाएँ**

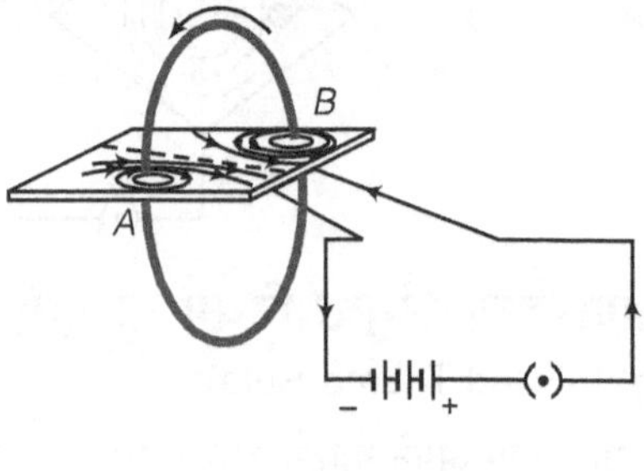

(b) **कई फेरों वाली वृत्ताकार पाश**

परिनालिका में प्रवाहित विद्युत धारा के कारण चुंबकीय क्षेत्र (Magnetic Field due to a current in a Solenoid)

चालक तार की बनी हुई वृत्ताकार कुंडली होती है, जिसकी त्रिज्या उसकी लंबाई की तुलना में कम होती है, यह कार्ड बोर्ड अथवा चीनी मिट्टी की नलिका के ऊपर ताँबे के वैद्युत रोधी तार के परस्पर सटे हुए बहुत से फेरे लपेट कर बनाई जाती है।

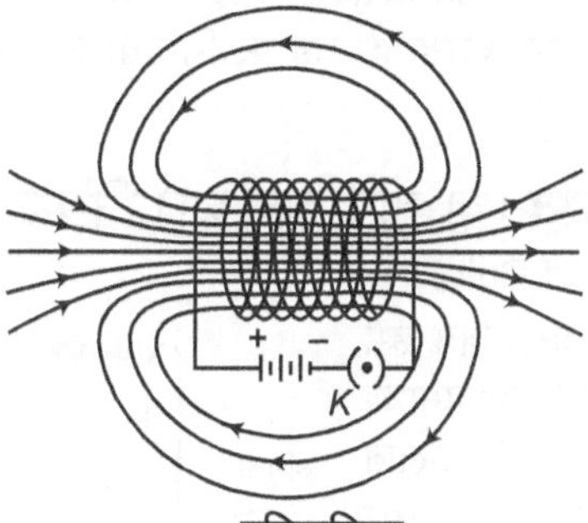

परिनालिका

विद्युत धारा प्रवाहित करने पर परिनालिका के चारों ओर उत्पन्न क्षेत्र, धारा I, फेरों की संख्या n तथा परिनालिका के पदार्थ की प्रकृति पर भी निर्भर करता है।

बायो–सेवर्ट का नियम (Biot-Savart's Law)

बायो एवं सेवर्ट ने प्रयोगों द्वारा धारावाही चालक से उत्पन्न चुंबकीय क्षेत्र की तीव्रता का सूत्र प्राप्त किया, इसके अनुसार, धारावाही चालक के किसी छोटे खंड के द्वारा किसी बिंदु पर उत्पन्न चुंबकीय क्षेत्र की तीव्रता,

(a) चालक खंड की लंबाई के अनुक्रमानुपाती,
(b) चालक में बहने वाली धारा के अनुक्रमानुपाती,
(c) चालक खंड से बिंदु तक की दूरी के वर्ग के व्युत्क्रमानुपाती एवं
(d) धारा की दिशा एवं चालक खंड को बिंदु से मिलाने वाली रेखा के बीच में बनने वाले कोण की ज्या ($\sin\theta$) के अनुक्रमानुपाती होती है।

$$\Delta B \propto \frac{i\Delta l \sin\theta}{r^2}$$

या

$$\Delta B = \frac{\mu_0}{4\pi}\frac{i\Delta l \sin\theta}{r^2}$$

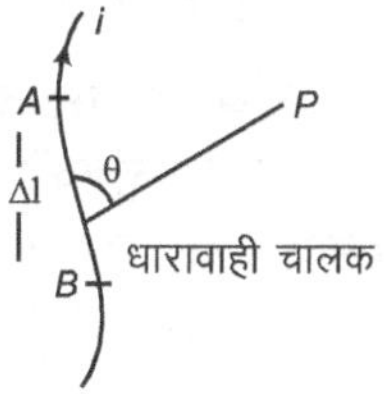

μ_0 एक नियतांक है, जिसे निर्वात या वायु की **चुंबकशीलता** कहते हैं। इसका मान $4\pi^2 \times 10^{-7}$ **न्यूटन/ऐम्पियर²** होता है।

चुंबकीय क्षेत्र में किसी विद्युत धारावाही चालक पर बल

(Force on a Current- Carrying Conductor in Magnetic Field)

जब किसी विद्युत धारावाही चालक को एक चुंबकीय क्षेत्र में रखा जाता है, तब चालक पर क्षेत्र के कारण एक बल लगता है, जो चालक को विस्थापित करता है।

चालक पर आरोपित बल की दिशा (i) विद्युत धारा की दिशा तथा (ii) चुंबकीय क्षेत्र की दिशा दोनों पर निर्भर करती है। यह फ्लेमिंग के वामहस्त नियम द्वारा ज्ञात की जा सकती है।

फ्लेमिंग का वामहस्त (या बायें हाथ का) नियम

(Fleming's Left-hand Rule)

इस नियम के अनुसार, 'जब हम अपने बाएँ हाथ की तर्जनी, मध्यमा व अँगूठे को इस प्रकार (चित्र) फैलाते हैं कि ये तीनों एक-दूसरे के परस्पर लंबवत् हों; तब यदि तर्जनी चुंबकीय क्षेत्र की दिशा, मध्यमा चालक में प्रवाहित विद्युत धारा की दिशा को प्रदर्शित करती है, तो अँगूठा चालक पर आरोपित बल की दिशा (या चालक की गति की दिशा) को प्रदर्शित करेगा।

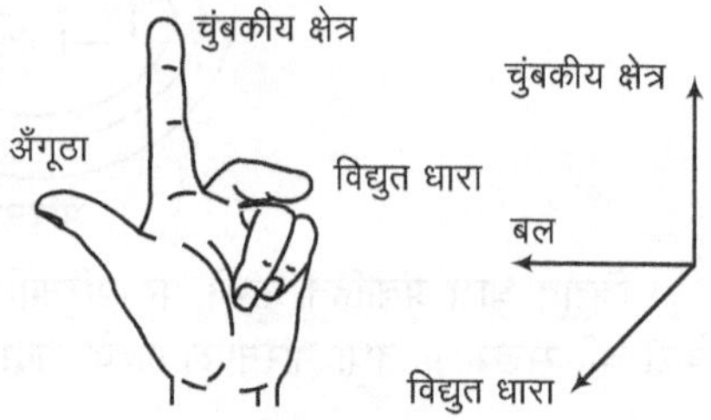

फ्लेमिंग का वामहस्त नियम

चुंबकीय क्षेत्र तथा विद्युत धारावाही चालक के अनुप्रयोग

(Applications of Magnetic field and Straight Conductor)

चुंबकीय क्षेत्र तथा विद्युत मोटर, विद्युत जनित्र (generator), ध्वनि विस्तारक यंत्र, माइक्रोफ़ोन, विद्युत मापक यंत्र, आदि।

विद्युत मोटर (Electric Motor)

ऐसी घूर्णन युक्ति है, जो विद्युत ऊर्जा को यांत्रिक ऊर्जा में रूपांतरित कर देती है।

चुंबकीस फ्लक्स किसी चुंबकीय क्षेत्र में स्थित किसी तल के लंबवत गुजरने वाली संपूर्ण चुंबकीय बल रेखाओं की संख्या को **चुंबकीय फ्लक्स** कहते हैं। इसे ϕ (फाई) से प्रदर्शित करते है M.K.S पद्धति में चुंबकीय फ्लक्स का मात्रक वेबर अथवा $\frac{\text{न्यूटन / मीटर}}{\text{ऐम्पियर}}$ होता है।

विद्युत चुंबकीय प्रेरण (Electromagnetic Induction)

जब किसी बंद विद्युत परिपथ से संबंधित चुंबकीय फलक्स में परिवर्तन होता है, तो उस परिपथ में एक प्रेरित विद्युत वाहक बल उत्पन्न होता है और परिपथ में इसी विद्युत वाहक बल के कारण धारा बहने लगती है, जिसे **प्रेरित धारा** कहते है। यह धारा केवल तभी तक बहती है जब तक कि चुंबकीय फ्लक्स मे परिवर्तन होता रहता है। इस घटना को **विद्युत चुंबकीय प्रेरण** कहते है।

प्रेरित धारा की दिशा ज्ञात करना/फ्लेमिंग का दक्षिण-हस्त नियम (Fleming's Right-hand Rule)

इस नियम द्वारा प्रेरित धारा की दिशा जानने के लिए 'अपने दाहिने हाथ की तर्जनी, मध्यमा तथा अँगूठे को इस प्रकार फैलाते हैं कि ये तीनों परस्पर एक-दूसरे के लंबवत् हों। तब यदि तर्जनी चुंबकीय क्षेत्र की दिशा तथा अँगूठा चालक की गति की दिशा की ओर संकेत करती है, तो मध्यमा चालक में प्रेरित विद्युत धारा की दिशा दर्शाती है।' यह फ्लेमिंग का दक्षिण-हस्त नियम है *(जैसा कि चित्र में दर्शाया गया है)*।

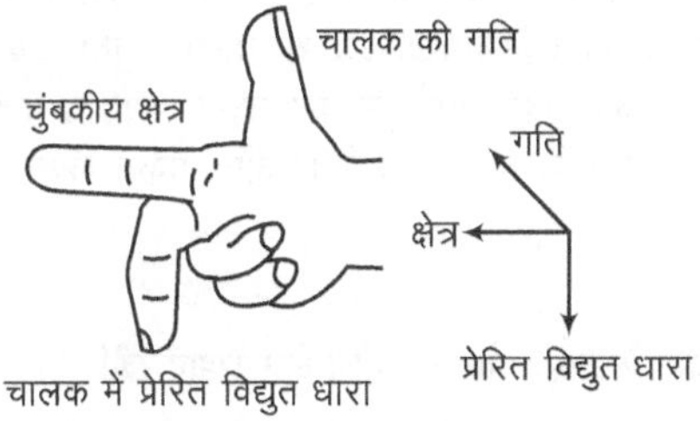

फ्लेमिंग का दक्षिण-हस्त नियम

विद्युत जनित्र (Electric Generator)

यह एक ऐसी युक्ति है, जो यांत्रिक ऊर्जा को विद्युत ऊर्जा में रूपांतरित करती है। यह वैद्युत चुंबकीय प्रेरण के आधार पर कार्य करता है।

घरेलू विद्युत परिपथ (Domestic Electric Circuit)

हमारे घरों में विद्युत शक्ति की आपूर्ति 220 वोल्ट पर प्रत्यावर्ती विद्युत शक्ति के रूप में होती है, जिसकी आवृत्ति 50 हर्ट्ज़ है। आपूर्ति में तीन तार होते हैं (i) विद्युत्मय तार (लाल विद्युतरोधन युक्त) (ii) उदासीन (काला विद्युतरोधन युक्त) तार तथा (iii) भूसंपर्क (हरा विद्युतरोधन युक्त) तार।

भूसंपर्कन (Earthing)

यह एक ऐसा सुरक्षा उपाय है, जो संधारित्र के धात्विक आवरण में कोई विद्युत धारा का क्षरण होने पर भी यह सुनिश्चित करता है कि उस संधारित्र का उपयोग करने वाले व्यक्ति को गंभीर झटका न लगे।

फ्यूज़ (Fuse)

यह सुरक्षा की सबसे महत्वपूर्ण युक्ति है, जो विद्युत परिपथों में लघुपथन (short circuiting) या अतिभारण (overloading) के कारण हो सकने वाली हानि को रोकती है।

प्रश्नावली

पृष्ठ 250

प्रश्न 1. चुंबक के निकट लाने पर दिक्सूचक की सुईं विक्षेपित क्यों हो जाती है?

उत्तर दिक्सूचक की सुईं एक छोटा छड़ चुंबक ही होती है। इसका एक उत्तरोमुखी ध्रुव या उत्तरी ध्रुव होता है तथा दूसरा दक्षिणोमुखी ध्रुव या दक्षिणी ध्रुव। जब दिक्सूचक को किसी स्थान पर रखते हैं, तो इसका उत्तरी ध्रुव घूम कर उत्तर दिशा व दक्षिणी ध्रुव दक्षिण दिशा की ओर जाकर स्थिर हो जाता है। इन दिशाओं की ओर संकेत करने हेतु सूईं विक्षेपित होती है।

पृष्ठ 255

प्रश्न 1. किसी छड़ चुंबक के चारों ओर चुंबकीय क्षेत्र रेखाएँ खींचिए।

उत्तर *किसी छड़ चुंबक के चारों ओर खींची गई चुंबकीय रेखाएँ निम्न है*

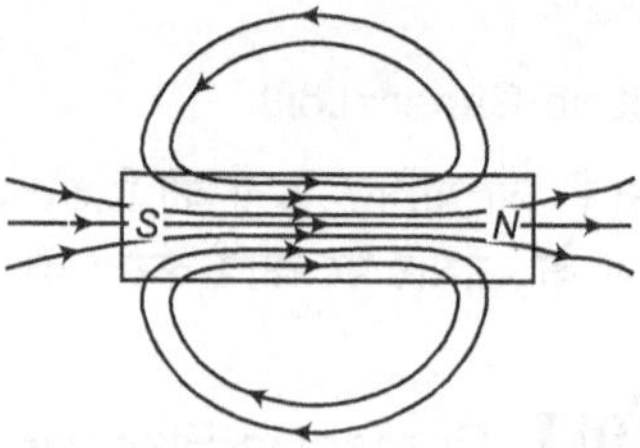

प्रश्न 2. चुंबकीय क्षेत्र रेखाओं के गुणों की सूची बनाइए।

उत्तर *चुंबकीय क्षेत्र रेखाओं के गुणों की सूची निम्न है*

(i) चुंबकीय क्षेत्र रेखाएँ चुंबक के उत्तर ध्रुव से प्रकट होती हैं तथा दक्षिण ध्रुव पर विलीन हो जाती हैं।

चुंबक के भीतर क्षेत्र रेखाओं की दिशा उसके दक्षिण ध्रुव से उत्तर ध्रुव की ओर होती है। अतः चुंबकीय क्षेत्र रेखाएँ एक बंद वक्र होती हैं।

(ii) जहाँ पर चुंबकीय क्षेत्र रेखाएँ अपेक्षाकृत अधिक निकट होती हैं, वहाँ चुंबकीय क्षेत्र अधिक प्रबल होता है।

(iii) दो क्षेत्र रेखाएँ कहीं भी एक-दूसरे को प्रतिच्छेद नहीं करती।

(iv) चुंबकीय क्षेत्र रेखाओं की दिशा, दिक्सूचक की सुईं उस स्थान पर जिस दिशा को उत्तर बताएगी, उस दिशा की ओर संकेत करती है।

प्रश्न 3. दो चुंबकीय क्षेत्र रेखाएँ एक-दूसरे को प्रतिच्छेद क्यों नहीं करती?

उत्तर चुंबकीय क्षेत्र रेखाओं की दिशा उस दिशा की ओर संकेत करती हैं, जिसकी ओर दिक्सूचक की सुईं का उत्तर ध्रुव संकेत करेगा।

यदि दो चुंबकीय क्षेत्र रेखाएँ एक-दूसरे को प्रतिच्छेद करेंगी, तो इसका अर्थ यह होगा कि प्रतिच्छेद बिंदु पर दिक्सूची को रखने पर उसकी सुईं दो दिशाओं की ओर संकेत करेगी जो असंभव है। अतः क्षेत्र रेखाएँ एक-दूसरे को प्रतिच्छेद नहीं करती।

पृष्ठ 256-257

प्रश्न 1. मेज के तल में पड़े तार के वृत्ताकार पाश पर विचार कीजिए। मान लीजिए इस पाश में दक्षिणावर्त विद्युत धारा प्रवाहित हो रही है। दक्षिण हस्त अंगुष्ठ नियम को लागू करके पाश के भीतर तथा बाहर चुंबकीय क्षेत्र की दिशा ज्ञात कीजिए।

उत्तर *विद्युत धारावाही पाश के कारण उत्पन्न चुंबकीय क्षेत्र रेखाएँ निम्न हैं*

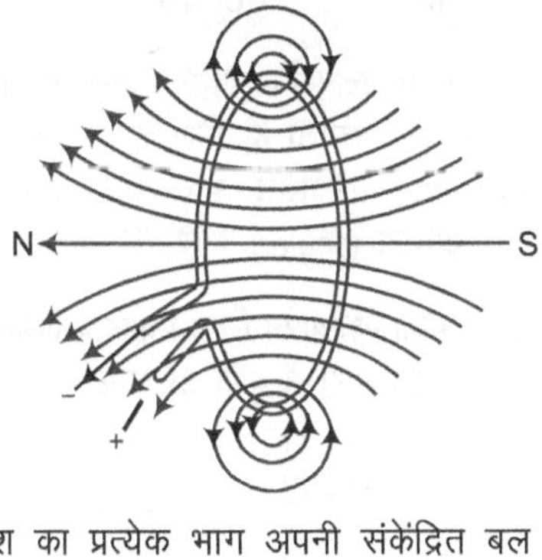

चित्रानुसार वृत्ताकार पाश का प्रत्येक भाग अपनी संकेंद्रित बल रेखाएँ निर्मित करता है। दक्षिण अंगुष्ठ नियम के अनुसार वृत्ताकार पाश के भीतर की ओर चुंबकीय क्षेत्र की दिशा मेज के तल के नीचे की ओर अभिलंबवत् होती है, जबकि पाश के बाहरी भाग में क्षेत्र की दिशा मेज के तल के ऊपर की ओर अभिलंबवत् होती है।

प्रश्न 2. किसी दिए गए क्षेत्र में चुंबकीय क्षेत्र एकसमान है। इसे निरूपित करने के लिए आरेख खींचिए।

उत्तर निम्न आरेख द्वारा एकसमान चुंबकीय क्षेत्र को निरूपित किया जा सकता है। समांतर रेखाएँ क्षेत्र की दिशा की ओर संकेत करती हैं।

प्रश्न 3. सही विकल्प चुनिए।
किसी विद्युत धारावाही सीधी लंबी परिनालिका के भीतर चुंबकीय क्षेत्र

(a) शून्य होता है।
(b) इसके सिरे की ओर जाने पर घटता है।
(c) इसके सिरे की ओर जाने पर बढ़ता है।
(d) सभी बिंदुओं पर समान होता है।

उत्तर (*d*) सभी बिंदुओं पर समान होता है।

पृष्ठ 259

प्रश्न 1. किसी प्रोटॉन का निम्नलिखित में से कौन-सा गुण किसी चुंबकीय क्षेत्र में मुक्त गति करते समय परिवर्तित हो जाता है? (यहाँ एक से अधिक सही उत्तर हो सकते हैं।)

(a) द्रव्यमान (b) चाल (c) वेग (d) संवेग

उत्तर (*d*) वेग तथा (*d*) संवेग सही उत्तर हैं। चुंबकीय क्षेत्र, प्रोटॉन की गति की दिशा के अभिलंबवत् दिशा में बल लगाता है, जिसके कारण सदिश राशियाँ (vectors) वेग (v) तथा संवेग (mv) परिवर्तित होते हैं। द्रव्यमान (m) अपरिवर्तनशील है तथा चाल (s) एक अदिश (scalar) राशि है। अतः ये परिवर्तित नहीं होते।

प्रश्न 2. हमारे विचार से छड़ *AB* का विस्थापन किस प्रकार प्रभावित होगा यदि

(i) छड़ *AB* में प्रवाहित विद्युत धारा में वृद्धि हो जाए

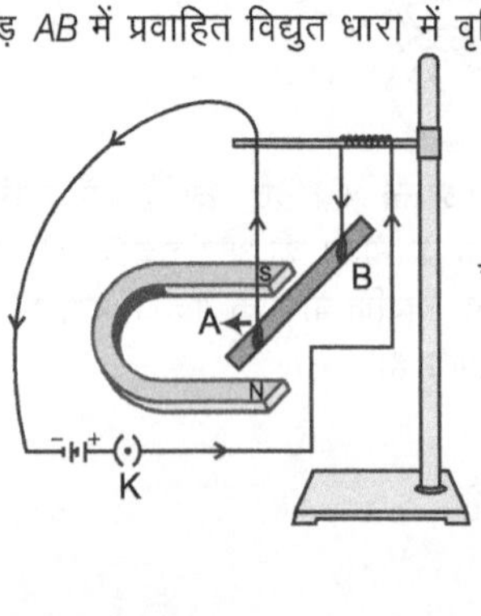

विद्युत धारावाही छड़ ***AB*** अपनी लंबाई तथा चुंबकीय क्षेत्र के लंबवत् एक बल का अनुभव करती है।

(ii) अधिक प्रबल नाल चुंबक प्रयोग किया जाए और

(iii) छड़ AB की लंबाई में वृद्धि कर दी जाए?

उत्तर (i) छड़ *AB* में प्रवाहित विद्युत धारा में वृद्धि करने पर चालक पर आरोपित बल में भी वृद्धि हो जाती है, अतः विस्थापन पहले की अपेक्षा अधिक होगा।

(ii) अधिक प्रबल नाल चुंबक का प्रयोग करने पर, चुंबकीय क्षेत्र अधिक प्रबल होगा। इसके कारण चालक पर अधिक मात्रा में बल आरोपित होगा व विस्थापन भी अधिक होगा।

(iii) चालक का विस्थापन इसकी लंबाई के अनुक्रमानुपाती होता है। अतः छड़ *AB* की लंबाई में वृद्धि करने पर इसके विस्थापन में भी वृद्धि होगी।

प्रश्न 3. पश्चिम की ओर प्रक्षेपित कोई धनावेशित कण (α-कण) किसी चुंबकीय क्षेत्र द्वारा उत्तर की ओर विक्षेपित हो जाता है। चुंबकीय क्षेत्र की दिशा क्या है?

(a) दक्षिण की ओर

(b) पूर्व की ओर

(c) अधोमुखी

(d) उपरिमुखी

उत्तर (*d*) उपरिमुखी (फ्लेमिंग के वामहस्त नियम के अनुसार)

पृष्ठ 261

प्रश्न 1. फ्लेमिंग का वामहस्त नियम लिखिए।

उत्तर **फ्लेमिंग का वामहस्त नियम** हम अपने बाएँ हाथ की तर्जनी, मध्यमा अँगुली और अँगूठे को इस प्रकार फैलाते हैं कि ये तीनों एक-दूसरे के अभिलंबवत् होती हैं। तब यदि तर्जनी अँगुली चुंबकीय क्षेत्र की दिशा तथा मध्यमा चालक में प्रवाहित विद्युत धारा की दिशा को इंगित करती है, तो अँगूठा चालक पर आरोपित बल (या उसकी गति) की दिशा की ओर संकेत करेगा।

प्रश्न 2. विद्युत मोटर का सिद्धांत क्या है?

उत्तर जब एक विद्युत धारावाही कुंडली को एक चुंबकीय क्षेत्र (जिसकी दिशा कुछ-कुछ समय के बाद बदलती है) में रखा जाता है, तब एक बल आरोपित होता है, जिसके कारण कुंडली घूर्णन करती है।

प्रश्न 3. विद्युत मोटर में विभक्त वलय की क्या भूमिका है?

उत्तर विद्युत मोटर में विभक्त वलय दिक्परिवर्तक का कार्य करता है अर्थात् यह कुंडली में प्रवाहित विद्युत धारा को उत्क्रमित कर देता है।

पृष्ठ 264

प्रश्न 1. किसी कुंडली में विद्युत धारा प्रेरित करने के विभिन्न ढंग स्पष्ट कीजिए।

उत्तर *किसी कुंडली में विद्युत धारा को निम्न विधियों द्वारा प्रेरित किया जा सकता है*

(i) एक चुंबक को कुंडली की ओर या उससे दूर ले जाकर अथवा कुंडली को चुंबक की ओर या उससे दूर ले जाकर (चुंबक तथा कुंडली में आपेक्षिक गति द्वारा)

(ii) कुंडली के पास रखी एक अन्य कुंडली में प्रवाहित विद्युत धारा की मात्रा में परिवर्तन करके।

पृष्ठ 265

प्रश्न 1. विद्युत जनित्र का सिद्धांत लिखिए।

उत्तर विद्युत जनित्र विद्युत चुंबकीय प्रेरण के सिद्धांत पर कार्य करता है। विद्युत जनित्र में यांत्रिक ऊर्जा का उपयोग चुंबकीय क्षेत्र में रखे चालक को घूर्णी गति प्रदान करने में किया जाता है, जिसके फलस्वरूप प्रेरित विद्युत धारा उत्पन्न होती है।

प्रश्न 2. दिष्ट धारा के कुछ स्रोतों के नाम लिखिए।

उत्तर *दिष्ट धारा के कुछ स्त्रोत हैं-* शुष्क सेल, बटन सेल, लैड-एसिड बैटरी, आदि।

प्रश्न 3. प्रत्यावर्ती विद्युत धारा उत्पन्न करने वाले स्रोतों के नाम लिखिए।

उत्तर कुछ प्रत्यावर्ती विधुत धारा उत्पन्न करने वाले स्त्रोतों के नाम हैं– तापीय विद्युत संयंत्र, जल विद्युत संयंत्र, नाभिकीय ऊर्जा संयंत्र, आदि।

प्रश्न 4. सही विकल्प का चयन कीजिए
ताँबे के तार की एक आयताकार कुंडली किसी चुंबकीय क्षेत्र में घूर्णी गति कर रही है। इस कुंडली में प्रेरित विद्युत धारा की दिशा में कितने परिभ्रमण के पश्चात परिवर्तन होता है?

(a) दो (b) एक
(c) आधे (d) चौथाई

उत्तर (*c*) आधे

पृष्ठ 267

प्रश्न 1. विद्युत परिपथों तथा संधारित्रों में सामान्यतः उपयोग होने वाले दो सुरक्षा उपायों के नाम लिखिए।

उत्तर *सामान्यतः विद्युत परिपथों तथा संधारित्रों में होने वाले दो सुरक्षा उपाय निम्न है*

(i) भूसंपर्कन (earthing) या भूसंपर्क तार (ii) फ्यूज़ तार (fuse wire)

प्रश्न 2. 2 किलोवाट शक्ति अनुमतांक का एक विद्युत तंदूर किसी घरेलू विद्युत परिपथ (220 वोल्ट) में प्रचालित किया जाता है, जिसका विद्युत धारा अनुमतांक 5 ऐम्पियर है, इससे आप किस परिणाम की अपेक्षा करते हैं? स्पष्ट कीजिए।

उत्तर विद्युत तंदूर द्वारा प्रयुक्त धारा $I = \frac{P}{V} = \frac{2\text{ kW}}{220\text{ V}} = \frac{2000\text{ W}}{220\text{ V}} = 9.09$ ऐम्पियर

अर्थात् तंदूर 9.09 ऐम्पियर की विद्युत धारा प्रयुक्त करता है, जबकि परिपथ का धारा अनुमतांक 5 ऐम्पियर है। इस कारण परिपथ पर अतिभारण हो जाता है। धारा की अधिक मात्रा के कारण फ्यूज़ तार पिघल जाता है तथा परिपथ टूट जाता है।

प्रश्न 3. घरेलू विद्युत परिपथों में अतिभारण से बचाव के लिए क्या सावधानी बरतनी चाहिए?

उत्तर *अतिभारण की समस्या से बचने के लिए निम्न सुरक्षा उपाय अपनाने चाहिए*

(i) एक ही सॉकेट में एक से अधिक संधारित्रों को संयोजित नहीं करना चाहिए।

(ii) परिपथ को कई भागों में विभक्त करके प्रत्येक भाग में सुरक्षा फ्यूज लगाना चाहिए।

(iii) ऐसे विद्युत उपकरणों, जिनमें अधिक विद्युत शक्ति का उपयोग होता है, का प्रयोग एक ही समय पर एक ही परिपथ में नहीं करना चाहिए।

(iv) परिपथ में विद्युत तारें उत्तम क्वालिटी के विद्युतरोधक पदार्थ द्वारा ढकी होनी चाहिए। *उदाहरण* PVC, आदि।

अभ्यास

प्रश्न 1. निम्नलिखित में से कौन किसी लंबे विद्युत धारावाही तार के निकट चुंबकीय क्षेत्र का सही वर्णन करता है?

(a) चुंबकीय क्षेत्र की क्षेत्र रेखाएँ तार के लबवत् होती हैं।

(b) चुंबकीय क्षेत्र की क्षेत्र रेखाएँ तार के समांतर होती हैं।

(c) चुंबकीय क्षेत्र की क्षेत्र रेखाएँ अरीय होती हैं, जिनका उद्‌भव तार से होता हैं।

(d) चुंबकीय क्षेत्र की संकेंद्री क्षेत्र रेखाओं का केंद्र तार होता हैं।

उत्तर (*d*) चुंबकीय क्षेत्र की संकेंद्री क्षेत्र रेखाओं का केंद्र तार होता हैं।

प्रश्न 2. वैद्युत चुंबकीय प्रेरण की परिघटना

(a) किसी वस्तु को आवेशित करने की प्रक्रिया है।

(b) किसी कुंडली में विद्युत धारा प्रवाहित होने के कारण चुंबकीय क्षेत्र उत्पन्न करने की प्रक्रिया है।

(c) कुंडली तथा चुंबक के बीच आपेक्षिक गति के कारण कुंडली में प्रेरित विद्युत धारा उत्पन्न करना है।

(d) किसी विद्युत मोटर की कुंडली को घूर्णन कराने की प्रक्रिया है।

उत्तर (*c*) कुंडली तथा चुंबक के बीच आपेक्षिक गति के कारण कुंडली में प्रेरित विद्युत धारा उत्पन्न करना है।

प्रश्न 3. विद्युत धारा उत्पन्न करने की युक्ति को कहते हैं

(a) जनित्र (b) गैल्वेनोमीटर
(c) अमीटर (d) मोटर

उत्तर (*a*) जनित्र

प्रश्न 4. किसी AC जनित्र तथा DC जनित्र में एक मूलभूत अंतर यह है कि

(a) AC जनित्र में विद्युत चुंबक होता है जबकि DC मोटर में स्थायी चुंबक होता है
(b) DC जनित्र उच्च वोल्टता का जनन करता है
(c) AC जनित्र उच्च वोल्टता का जनन करता है
(d) AC जनित्र में सर्पी वलय होते हैं जबकि DC जनित्र में दिक्परिवर्तक होता है

उत्तर (*d*) AC जनित्र में सर्पी वलय होते हैं, जबकि DC जनित्र में दिक्परिवर्तक होता है।

प्रश्न 5. लघुपथन के समय परिपथ में विद्युत धारा का मान

(a) बहुत कम हो जाता है।
(b) परिवर्तित नहीं होता।
(c) बहुत अधिक बढ़ जाता है।
(d) निरंतर परिवर्तित होता है।

उत्तर (*c*) बहुत अधिक बढ़ जाता है।

प्रश्न 6. निम्नलिखित प्रकथनों में कौन-सा सही है तथा कौन-सा गलत है? इसे प्रकथन के सामने अंकित कीजिए।

(a) विद्युत मोटर यांत्रिक ऊर्जा को विद्युत ऊर्जा में रूपांतरित करता है।
(b) विद्युत जनित्र वैद्युत चुंबकीय प्रेरण के सिद्धांत पर कार्य करता है।
(c) किसी लंबी वृत्ताकार विद्युत धारावाही कुंडली के केंद्र पर चुंबकीय क्षेत्र समांतर सीधी क्षेत्र रेखाएँ होती हैं।
(d) हरे विद्युतरोधन वाला तार प्रायः विद्युत्मय तार होता है।

उत्तर (*a*) गलत (*b*) सही (*c*) सही (*d*) गलत

प्रश्न 7. चुंबकीय क्षेत्र के तीन स्रोतों की सूची बनाइए।

उत्तर *चुंबकीय क्षेत्र उत्पन्न करने की तीन विधियाँ निम्न हैं*

(i) किसी धारावाही चालक में विद्युत धारा प्रवाहित करके।
(ii) एक वृत्ताकार पाश में विद्युत धारा प्रवाहित करके।
(iii) एक परिनालिका में विद्युत धारा प्रवाहित करके।

प्रश्न 8. परिनालिका चुंबक की भाँति कैसे व्यवहार करती है? क्या आप किसी छड़ चुंबक की सहायता से किसी विद्युत धारावाही परिनालिका के उत्तर ध्रुव तथा दक्षिण ध्रुव का निर्धारण कर सकते हैं?

उत्तर जब एक परिनालिका में विद्युत धारा प्रवाहित की जाती है, तब यह विद्युत चुंबक की भाँति व्यवहार करती है। इस स्थिति में परिनालिका का एक सिरा उत्तर ध्रुव तथा दूसरा सिरा दक्षिण ध्रुव की भाँति कार्य करता है।

जब हम परिनालिका के एक सिरे के पास छड़ चुंबक का उत्तर ध्रुव लाते हैं, तो उसका व्यवहार उसके ध्रुवों का निर्धारण करता है। परिनालिका का जो सिरा छड़ चुंबक के उत्तर ध्रुव को आकर्षित करता है वह दक्षिणी ध्रुव है तथा उससे दूसरी ओर का सिरा उत्तरी ध्रुव।

[**नोट** *चुंबकों के समान ध्रुव एक-दूसरे को प्रतिकर्षित करते हैं, जबकि असमान ध्रुव आकर्षित करते हैं।*]

प्रश्न 9. किसी चुंबकीय क्षेत्र में स्थित विद्युत धारावाही चालक पर आरोपित बल कब अधिकतम होता है?

उत्तर जब चालक को चुंबकीय क्षेत्र के अभिलंबवत् दिशा में रखा जाता है, तब चालक पर आरोपित बल अधिकतम होता है, क्योंकि

चालक पर आरोपित बल, $F = BIL \sin \theta$

अतः $\sin \theta$ का मान अधिकतम होने पर F का मान भी अधिकतम होगा। $\sin \theta$ का अधिकतम मान (1) होने के लिए $\theta = 90^\circ$ होना चाहिए। अर्थात् चालक को चुंबकीय क्षेत्र की दिशा के अभिलंबवत् दिशा में रखा जाना आवश्यक है।

प्रश्न 10. मान लीजिए आप किसी चैम्बर में अपनी पीठ को किसी दीवार से लगा कर बैठे हैं। कोई इलेक्ट्रॉन पुंज आपके पीछे की दीवार से सामने वाली दीवार की ओर क्षैतिजतः गमन करते हुए किसी प्रबल चुंबकीय क्षेत्र द्वारा आपके दाईं ओर विक्षेपित हो जाता है। चुंबकीय क्षेत्र की दिशा क्या है?

उत्तर फ्लेमिंग के वामहस्त नियम के अनुसार, चुंबकीय क्षेत्र की दिशा नीचे की ओर अभिलंबवत् होगी।

[**नोट** *विद्युत धारा की दिशा इलेक्ट्रॉन पुंज की दिशा से विपरीत होती है।*]

प्रश्न 11. **विद्युत मोटर का नामांकित आरेख खींचिए। इसका सिद्धांत तथा कार्य विधि स्पष्ट कीजिए। विद्युत मोटर में विभक्त वलय का क्या महत्व है?**

उत्तर *विद्युत मोटर का नामांकित आरेख निम्न है*

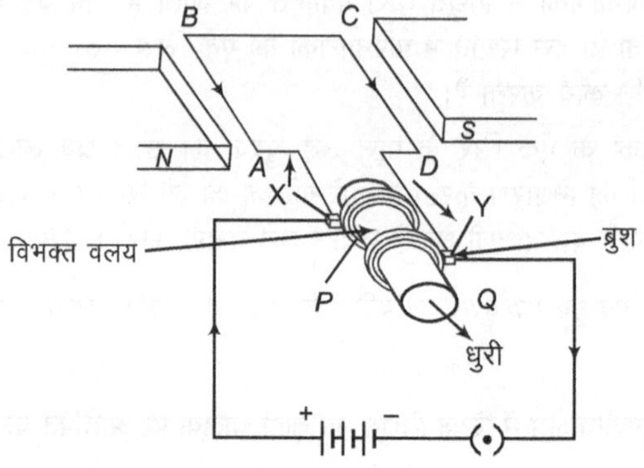

[जहाँ *X* तथा *Y* ब्रश हैं तथा *P* तथा *Q* विभक्त वलय हैं। *ABCD* एक आयताकार कुंडली है, जो चुंबकीय क्षेत्र में रखी है।]

विद्युत मोटर का सिद्धांत जब एक विद्युत धारावाही चालक को एक चुंबकीय क्षेत्र में रखा जाता है, तब इस पर एक बल कार्य करता है। जब इस चालक (कुंडली) पर दो समान परिमाण के बल एक-दूसरे के समांतर विपरीत दिशा में (जिनकी क्रिया-रेखा भिन्न होती हैं) कार्य करते हैं, तो यह घूर्णन करता है।

कार्य विधि जब आयताकार कुंडली *ABCD* को दो स्थिर चालक ब्रुशों *X* तथा *Y* के माध्यम से बैटरी से जोड़ा जाता है, तो विद्युत धारा ब्रुश *X* से *ABCD* में जाकर *Y* के माध्यम से दूसरे टर्मिनल पर वापिस आ जाती है। फ्लेमिंग के वामहस्त नियम के अनुसार, इस प्रकार प्रवाहित धारा से भुजा *AB* पर नीचे की ओर तथा भुजा *CD* पर ऊपर की ओर बल कार्य करता है। इस प्रकार किसी अक्ष पर घूमने के लिए स्वतंत्र कुंडली तथा धुरी वामावर्त घूर्णन करते हैं। आधे घूर्णन में *Q* का सम्पर्क ब्रुश *X* से होता है तथा *P* का संपर्क ब्रुश *Y* से होता है। अतः कुंडली में विद्युत धारा उत्क्रमित होकर पथ *DCBA* के अनुदिश प्रवाहित होती है।

उत्क्रमित करने का कार्य दिक्परिवर्तक (विभक्त वलय) करता है। विद्युत धारा की दिशा बदलने से भुजा *AB* तथा *CD* पर आरोपित बल की दिशा भी बदल जाती है। अतः कुंडली तथा धुरी उसी दिशा में अब आधा घूर्णन और पूरा कर लेती है। प्रत्येक आधे घूर्णन के पश्चात् विद्युत धारा की दिशा बदलती रहती है और कुंडली व धुरी का निरंतर घूर्णन होता रहता है।

विद्युत मोटर में विभक्त वलय का महत्व विद्युत मोटर में विभक्त वलय दिक्परिवर्तक अर्थात् विद्युत धारा के प्रवाह की दिशा को उत्क्रमित करने का कार्य करता है।

प्रश्न 12. ऐसी कुछ युक्तियों के नाम लिखिए, जिनमें विद्युत मोटर उपयोग किए जाते हैं।

उत्तर विद्युत पंखा, रेफ्रिजरेटर, विद्युत मिश्रक, वाशिंग मशीन, कम्प्यूटर, MP3 प्लेयर, आदि।

प्रश्न 13. कोई विद्युतरोधी ताँबे के तार की कुंडली किसी गैल्वेनोमीटर से संयोजित है। क्या होगा यदि कोई छड़ चुंबक

(i) कुंडली में धकेला जाता है?

(ii) कुंडली के भीतर से बाहर खींचा जाता है?

(iii) कुंडली के भीतर स्थिर रखा जाता है?

उत्तर (i) गैल्वेनोमीटर में विक्षेपण होता है। इसका अर्थ है कि कुंडली में प्रेरित विद्युत धारा प्रवाहित होती है, क्योंकि कुंडली तथा चुंबक में आपेक्षिक गति होती है।

(ii) गैल्वेनोमीटर में (i) से विपरीत दिशा में विक्षेपण होता है अर्थात् प्रेरित विद्युत धारा पहले से विपरीत दिशा में प्रवाहित होती है। कारण है कुंडली तथा चुंबक की आपेक्षिक गति की दिशा में परिवर्तन।

(iii) गैल्वेनोमीटर में कोई विक्षेपण नहीं होता, क्योंकि कुंडली तथा चुंबक के बीच आपेक्षिक गति नहीं होने के कारण प्रेरित विद्युत धारा उत्पन्न नहीं होती।

प्रश्न 14. दो वृत्ताकार कुंडली A तथा B एक-दूसरे के निकट स्थित हैं। यदि कुंडली A में विद्युत धारा में कोई परिवर्तन करें, तो क्या कुंडली B में कोई विद्युत धारा प्रेरित होगी? कारण लिखिए।

उत्तर हाँ, कुंडली B में विद्युत धारा प्रेरित होगी। जब कुंडली A में विद्युत धारा में परिवर्तन किया जाता है, तब इसके चारों ओर चुंबकीय क्षेत्र भी परिवर्तित हो जाता है। अतः कुंडली B के चारों ओर होने वाले चुंबकीय क्षेत्र रेखाओं में परिवर्तन के कारण कुंडली B में विद्युत धारा प्रेरित होती है।

प्रश्न 15. निम्नलिखित की दिशा को निर्धारित करने वाला नियम लिखिए।

(i) किसी विद्युत धारावाही सीधे चालक के चारों ओर उत्पन्न चुंबकीय क्षेत्र,

(ii) किसी चुंबकीय क्षेत्र में, क्षेत्र के लंबवत् स्थित, विद्युत धारावाही सीधे चालक पर आरोपित बल तथा

(iii) किसी चुंबकीय क्षेत्र में किसी कुंडली के घूर्णन करने पर उस कुंडली में उत्पन्न प्रेरित विद्युत धारा।

उत्तर (i) **दक्षिण-हस्त अंगुष्ठ नियम** जब हम अपने दाहिने हाथ में विद्युत धारावाही चालक को इस प्रकार पकड़ते हैं कि हमारा अँगूठा विद्युत धारा की दिशा की ओर संकेत करता है, तो हमारी अँगुलियों के मुड़ने की दिशा चुंबकीय क्षेत्र की दिशा की ओर संकेत करती है।

(ii) **फ्लेमिंग का वामहस्त नियम** जब हम अपने बाँयें हाथ की तर्जनी, मध्यमा व अँगूठे को इस प्रकार फैलाते हैं कि ये तीनों एक-दूसरे के परस्पर लंबवत् हो, तब यदि तर्जनी चुंबकीय क्षेत्र की दिशा मध्यम चालक में प्रवाहित विद्युत धारा की दिशा को प्रदर्शित करती है, तो अँगूठा, चालक पर आरोपित बल की दिशा को प्रदर्शित करेगा।

(iii) **फ्लेमिंग का दक्षिण-हस्त नियम** जब हम अपने दाहिने हाथ की तर्जनी, मध्यमा तथा अँगूठे को इस प्रकार फैलाते हैं कि ये तीनों एक-दूसरे के परस्पर लंबवत् हों। तब यदि तर्जनी अँगुली चुंबकीय क्षेत्र की दिशा की ओर संकेत करती है तथा अँगूठा चालक की गति की दिशा की ओर संकेत करता है, तो मध्यमा चालक में प्रेरित विद्युत धारा की दिशा दर्शाती है।

प्रश्न 16. नामांकित आरेख खींचकर किसी विद्युत जनित्र का मूल सिद्धांत तथा कार्य विधि स्पष्ट कीजिए। इसमें ब्रुशों का क्या कार्य है?

उत्तर *विद्युत जनित्र का नामांकित आरेख निम्न है*

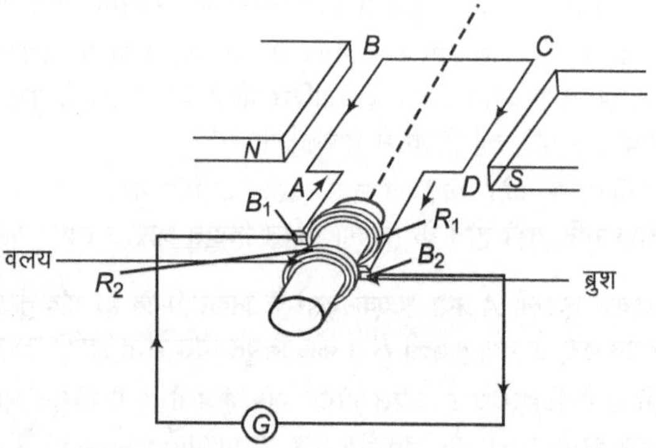

R_1 तथा R_2 वलय हैं। B_1 तथा B_2 स्थिर चालक ब्रुश हैं।

सिद्धांत विद्युत जनित्र में यांत्रिक ऊर्जा का उपयोग चुंबकीय क्षेत्र में रखे किसी चालक को घूर्णी गति प्रदान करने में किया जाता है, जिसके फलस्वरूप विद्युत धारा उत्पन्न होती है।

कार्यविधि विद्युत जनित्र में एक घूर्णी आयताकार कुंडली *ABCD* होती है। इसे एक स्थायी चुंबक के दो ध्रुवों के बीच रखा जाता है। चित्रानुसार ब्रुशों तथा वलयों को कुंडली से जोड़ा जाता है। जब दोनों वलयों से जुड़ी धुरी को इस प्रकार घुमाया जाता है कि कुंडली की भुजा *AB* ऊपर की ओर (तथा भुजा *CD* नीचे की ओर), स्थायी चुंबक द्वारा उत्पन्न चुंबकीय क्षेत्र में गति करती है, तो कुंडली चुंबकीय क्षेत्र रेखाओं को काटती है।

फ्लेमिंग के दक्षिण-हस्त नियम के अनुसार कुंडली में *ABCD* दिशा में प्रेरित विद्युत धारा प्रवाहित होने लगती है। यदि कुंडली में फेरों की संख्या अत्यधिक है, तो प्रत्येक फेरे में उत्पन्न प्रेरित विद्युत धारा परस्पर संकलित होकर कुंडली में एक शक्तिशाली विद्युत धारा का निर्माण करती है। बाह्य परिपथ में B_2 तथा B_1 की दिशा में विद्युत धारा प्रवाहित होती है।

अर्द्धघूर्णन के पश्चात् भुजा *CD* ऊपर की ओर तथा भुजा *AB* नीचे की ओर जाने लगती है। फलस्वरूप इन दोनों भुजाओं में प्रेरित विद्युत धारा की दिशा परिवर्तित हो जाती है और *DCBA* के अनुदिश नेट प्रेरित विद्युत धारा प्रवाहित होती है। इस प्रकार, अब बाह्य परिपथ में B_1 से B_2 की दिशा में विद्युत धारा प्रवाहित होती है। प्रत्येक आधे घूर्णन के पश्चात् क्रमिक रूप से इन भुजाओं में विद्युत धारा की ध्रुवता परिवर्तित होती रहती है। अतः जनित्र से प्रत्यावर्ती विद्युत धारा या AC धारा प्राप्त होती है। यह जनित्र AC जनित्र कहलाता है।

दोनों ब्रुशों के बाह्य सिरे, बाह्य परिपथ में विद्युत धारा के प्रवाह को दर्शाने के लिए गैल्वेनोमीटर से संयोजित होते हैं तथा दूसरी ओर ये कुंडली से जुड़े होते हैं।

प्रश्न 17. किसी विद्युत परिपथ में लघुपथन कब होता है?

उत्तर जब विद्युत्मय तार तथा उदासीन तार दोनों सीधे संपर्क में आते हैं, तो अतिभारण हो सकता है। यह तारों के विद्युतरोधन के क्षतिग्रस्त होने या संधारित्र में उत्पन्न किसी दोष के कारण हो सकता है। ऐसी परिस्थितियों में, किसी परिपथ में विद्युत धारा अकस्मात् बहुत अधिक हो जाती है अर्थात् लघुपथन की समस्या उत्पन्न हो जाती है।

प्रश्न 18. भूसंपर्क तार का क्या कार्य है? धातु के आवरण वाले विद्युत संधारित्रों को भूसंपर्कित करना क्यों आवश्यक है?

उत्तर भूसंपर्क तार, भूमि में गहराई पर दबी धातु की प्लेट से संयोजित होता है। भूसंपर्कन एक सुरक्षा उपाय है, जो यह सुनिश्चित करता है कि संधारित्र के धात्विक आवरण में यदि विद्युत धारा का कोई भी क्षरण होता है, तो उस संधारित्र का उपयोग करने वाले व्यक्ति को गंभीर झटका न लगे।

NCERT Exemplar

पुस्तक के चुने गए प्रश्न

बहुविकल्पीय प्रश्न

प्रश्न 1. निम्न कथनों में से चुंबकीय क्षेत्र रेखाओं के संबंध में कौन-सा कथन असत्य है?

(a) किसी बिंदु पर चुंबकीय क्षेत्र की दिशा वह मानी जाती है, जिस दिशा में चुंबकीय दिक्सूचक की सुईं का उत्तर ध्रुव संकेत करता है।

(b) चुंबकीय क्षेत्र रेखाएँ बन्द वक्र होती हैं।

(c) यदि चुंबकीय क्षेत्र रेखाएँ एक-दूसरे के समानांतर तथा समान दूरी पर होती हैं, तब वे चुंबकीय क्षेत्र की शून्य प्रबलता को दर्शाती हैं।

(d) चुंबकीय क्षेत्र की आपेक्षिक प्रबलता क्षेत्र रेखाओं की निकटता द्वारा प्रदर्शित होती है।

उत्तर (*c*) यदि चुंबकीय क्षेत्र रेखाएँ एक-दूसरे के समानांतर तथा समान दूरी पर होती हैं, तब वे चुंबकीय क्षेत्र की शून्य प्रबलता को दर्शाती हैं।

यह कथन असत्य है, अन्य सभी कथन सत्य हैं।

प्रश्न 2. यदि चित्र में दिखाए गए आरेख में कुंजी को निकाल कर परिपथ को खोल (या तोड़) दिया जाता है तथा चुंबकीय क्षेत्र रेखाओं को क्षैतिज तल $ABCD$ पर खींचा जाता है, तब वे रेखाएँ होती हैं

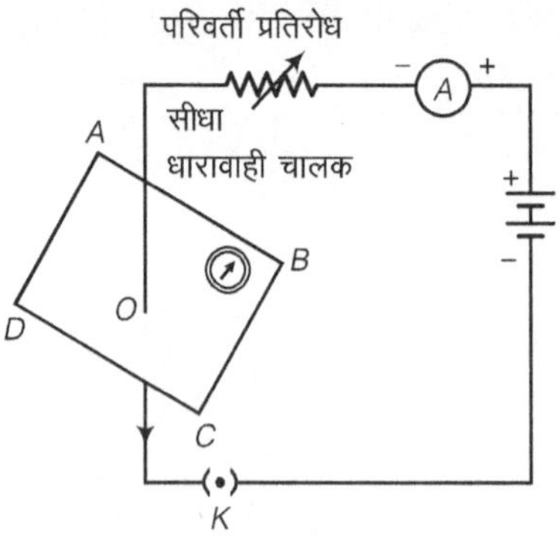

(a) संकेंद्रित वृत्त

(b) आकार में दीर्घवृत्ताकार (elliptical)

(c) एक-दूसरे के समानांतर सीधी रेखाएँ

(d) बिंदु *O* के निकट संकेंद्रित वृत्त परंतु इससे दूर जाने पर दीर्घ वृत्ताकार रेखाएँ

उत्तर (*c*) एक-दूसरे के समानांतर सीधी रेखाएँ, क्योंकि एक खुले परिपथ में, चालक से होकर कोई विद्युत धारा प्रवाहित नहीं होती। चुंबकीय क्षेत्र केवल पृथ्वी के कारण होता है।

प्रश्न 3. एक वृत्ताकार पाश में, जो कागज के तल के अभिलंबवत् तल में रखा हुआ है, कुंजी को ऑन करने पर विद्युत धारा प्रवाहित होती है। चित्र में बिंदुओं A तथा B (कागज के तल में तथा कुंडली की अक्ष पर) से देखने पर विद्युत धारा क्रमशः वामावर्त (anti-clockwise) तथा दक्षिणावर्त (clockwise) बहती है। चुंबकीय क्षेत्र रेखाएँ B से A की ओर इसकी दिशा की ओर संकेत करती है। इस प्रकार निर्मित चुंबक का उत्तरी ध्रुव निम्न के नजदीकी सतह पर है

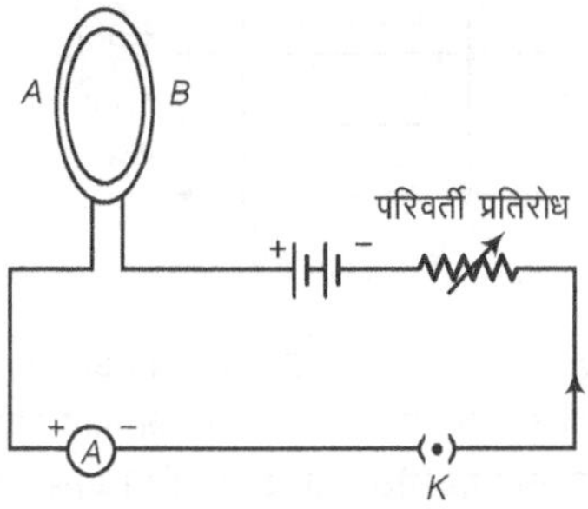

(a) *A*
(b) *B*
(c) यदि विद्युत धारा कम है, तो *A* तथा यदि विद्युत धारा अधिक है, तो *B*
(d) यदि विद्युत धारा कम है, तो *B* तथा यदि विद्युत धारा अधिक है, तो *A*

उत्तर (*a*) चुंबकीय क्षेत्र रेखाएँ *B* से वृत्ताकार पाश में प्रवेश करती हैं तथा *A* से बाहर आती हैं। किसी भी चुंबकीय क्षेत्र में रेखाएँ चुंबक के उत्तरी ध्रुव से बाहर आती हैं। अतः उत्तरी ध्रुव *A* के नजदीक होगा।

प्रश्न 4. एक लंबी व सीधी परिनालिका में प्रवाहित धारा के कारण दो सिरों पर उत्तर तथा दक्षिण ध्रुव बन गए हैं। निम्न कथनों में से कौन-सा कथन असत्य है?

(a) परिनालिका के भीतर क्षेत्र रेखाएँ सीधी रेखाओं के रूप में होती हैं, जो यह प्रदर्शित करती हैं कि चुंबकीय क्षेत्र सभी स्थानों पर एकसमान है।

(b) परिनालिका के भीतर उत्पन्न प्रबल चुंबकीय क्षेत्र का उपयोग, नर्म लोहे के टुकड़े या अन्य किसी चुंबकीय पदार्थ को (परिनालिका के भीतर रख कर) चुंबकित करने के लिए किया जा सकता है।

(c) परिनालिका से संबधित चुंबकीय क्षेत्र रेखाओं का पैटर्न छड़ चुंबक के चारों ओर चुंबकीय क्षेत्र रेखाओं के पैटर्न से भिन्न होता है।

(d) जब परिनालिका से प्रवाहित विद्युत धारा की दिशा को उत्क्रमित कर दिया जाता है तब उसके उत्तरी तथा दक्षिणी ध्रुव परस्पर बदल जाते हैं।

उत्तर (*c*) परिनालिका से संबधित चुंबकीय क्षेत्र रेखाओं का पैटर्न छड़ चुंबक के चारों ओर चुंबकीय क्षेत्र रेखाओं के पैटर्न से भिन्न होता है।
यह कथन सत्य नहीं है, वरन् चुंबकीय रेखाओं का पैटर्न परिनालिका व छड़ चुंबक के चारों ओर एक ही प्रकार का होता है।

प्रश्न 5. चित्र के अनुसार कागज के तल में एकसमान चुंबकीय क्षेत्र कार्य करता है। इस क्षेत्र में एक इलेक्ट्रॉन तथा एक प्रोटॉन चित्रानुसार गति करते हैं। इलेक्ट्रॉन तथा प्रोटॉन पर लगता है (लगते हैं)

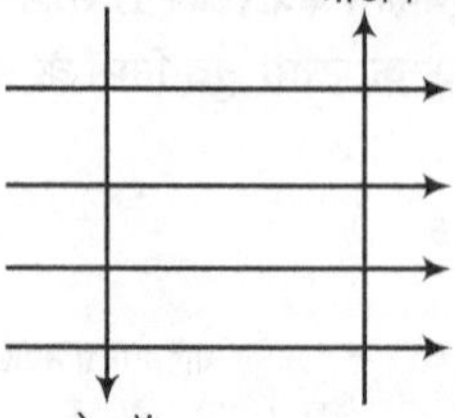

(a) बल, जो दोनों ही कागज के तल के भीतर की ओर संकेत करते हैं
(b) बल, जो दोनों ही कागज के तल से बाहर की ओर संकेत करते हैं
(c) क्रमशः कागज के तल के भीतर की ओर लगने वाला बल तथा कागज के तल से बाहर की ओर लगने वाला बल
(d) क्रमशः समान चुंबकीय क्षेत्र की विपरीत दिशा में लगने वाला बल तथा चुंबकीय क्षेत्र की दिशा में लगने वाला बल

उत्तर (*a*) बल, जो दोनों ही कागज के तल के भीतर की ओर संकेत करते हैं।
∵ विद्युत धारा की दिशा इलेक्ट्रॉन की गति के विपरीत तथा प्रोटॉन की गति की ही दिशा में होती है। अतः दोनों कणों की गति के कारण विद्युत धारा के प्रवाह की दिशा एक ही है। फ्लेमिंग के बाएँ हाथ (वामहस्त) के नियम को लागू करने पर क्षेत्र के कारण बल की दिशा कागज के तल के भीतर की ओर प्राप्त होती है।

प्रश्न 6. व्यावसायिक विद्युत मोटरें उपयोग नहीं करती है
(a) आर्मेचर के घूर्णन हेतु एक विद्युत चुंबक
(b) विद्युत धारावाही कुंडली में चालक तार के बहुत अधिक संख्या में फेरे
(c) आर्मेचर के घूर्णन हेतु एक स्थायी चुंबक
(d) एक नर्म लौह-क्रोड, जिस पर कुंडली को लपेटा जाता है

उत्तर (*c*) आर्मेचर के घूर्णन हेतु एक स्थायी चुंबक; स्थायी चुंबक का उपयोग नहीं किया जाता है, क्योंकि यह प्रबल चुंबकीय क्षेत्र उत्पन्न नहीं करती है। इसके स्थान पर विद्युत चुंबक का प्रयोग किया जाता है।

प्रश्न 7. चित्र में दर्शायी गई व्यवस्था में एक कुचालक बेलनाकार छड़ के चारों ओर दो कुंडलियों को लपेटा गया है। प्रारंभ में कुंजी को नहीं जोड़ा गया है। यदि कुंजी को जोड़कर बाद में हटा दिया जाता है, तब

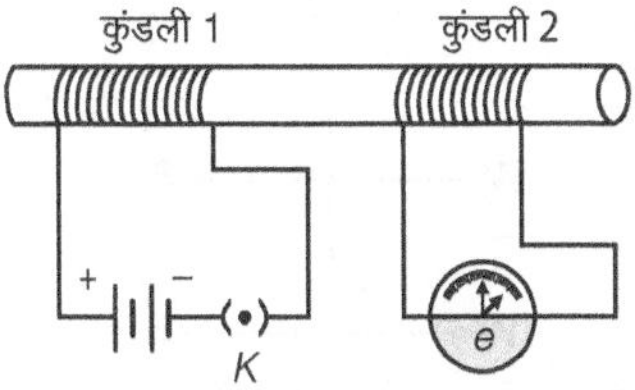

(a) पूरे समय गैल्वेनोमीटर में विक्षेपण शून्य रहता है
(b) गैल्वेनोमीटर में क्षणिक विक्षेप होता है, जो कुछ ही समय में रुक जाता है तथा कुंजी हटाने पर कोई प्रभाव नहीं होता
(c) गैल्वेनोमीटर में क्षणिक विक्षेप प्राप्त होते हैं, जो कुछ ही समय में रुक जाते हैं; विक्षेप एक ही दिशा में होते हैं
(d) गैल्वेनोमीटर में क्षणिक विक्षेप होते हैं जो कुछ ही समय में रुक जाते हैं, विक्षेप विपरीत दिशाओं में होते हैं

उत्तर (*d*) गैल्वेनोमीटर में क्षणिक विक्षेप होते हैं, जो कुछ ही समय में रुक जाते हैं, विक्षेप विपरीत दिशाओं में होते हैं, क्योंकि कुंजी को जोड़कर हटाने से पास वाली दूसरी कुंडली में चुंबकीय क्षेत्र पहले बढ़ता है फिर घटता है। इसलिए दोनों बार धारा की दिशा परस्पर विपरीत होती है।

प्रश्न 8. गलत/असत्य कथन को छाँटिए

(a) फ्लेमिंग का दक्षिण-हस्त नियम प्रेरित धारा की दिशा ज्ञात करने का एक सरल नियम है।
(b) दक्षिण-हस्त अंगुष्ठ नियम का उपयोग एक विद्युत धारावाही चालक के कारण उत्पन्न चुंबकीय क्षेत्र की दिशा बताने हेतु किया जाता है।
(c) दिष्ट धारा (DC) तथा प्रत्यावर्ती धारा (AC) में यह अंतर है कि दिष्ट धारा सदैव एक ही दिशा में बहती है, जबकि प्रत्यावर्ती धारा की दिशा एक निश्चित अंतराल के बाद उत्क्रमित हो जाती है।
(d) भारत में प्रत्यावर्ती धारा (AC) की दिशा प्रत्येक $\frac{1}{50}$ सेकंड के पश्चात् उत्क्रमित हो जाती है।

उत्तर (*d*) भारत में प्रत्यावर्ती धारा (AC) की दिशा प्रत्येक $\frac{1}{50}$ सेकंड के पश्चात उत्क्रमित हो जाती है। यह कथन असत्य है। इसका कारण यह है कि भारत में प्रत्यावर्ती धारा की आवृत्ति (*f*) 50 प्रति सेकंड है। प्रत्यावर्ती धारा प्रत्येक घूर्णन में दो बार अपनी दिशा उत्क्रमित करती है। अतः प्रत्येक $\frac{1}{100}$ सेकंड के पश्चात इसकी दिशा उत्क्रमित हो जाती है।

प्रश्न 9. **चित्र में दर्शाए गए एक क्षैतिज तार में पूर्व से पश्चिम दिशा की ओर एक निश्चित व निरंतर विद्युत धारा प्रवाहित होती है (तार कागज के तल में है) किसी बिंदु पर चुंबकीय क्षेत्र की दिशा उत्तर से दक्षिण होगी**

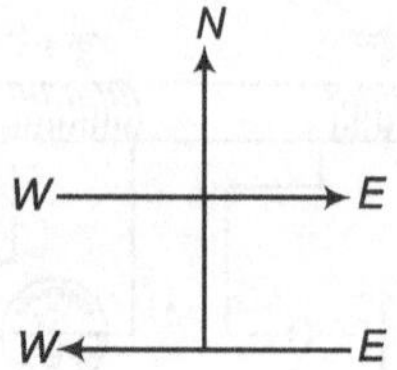

(a) सीधे तार के ऊपर
(b) सीधे तार के नीचे
(c) कागज के तल में स्थित एक बिंदु पर, तार के उत्तर दिशा की ओर
(d) कागज के तल में स्थित एक बिंदु पर, तार के दक्षिण दिशा की ओर

उत्तर (*b*) सीधे तार के नीचे; दक्षिण हस्त अंगुष्ठ नियम के अनुसार, यदि विद्युत धारा की दिशा कागज के तल में पूर्व से पश्चिम की ओर है, तब चुंबकीय क्षेत्र की दिशा उत्तर से दक्षिण की ओर, तार के नीचे स्थित बिंदु पर होगी।

प्रश्न 10. **एक लंबी विद्युत धारावाही सीधी परिनालिका के भीतर चुंबकीय क्षेत्र की प्रबलता होती है**

(a) केंद्र की अपेक्षा सिरों पर अधिक
(b) मध्य में निम्नतम
(c) सभी बिंदुओं पर समान
(d) एक सिरे से दूसरे तक बढ़ती हुई पाई जाती है

उत्तर (*c*) सभी बिंदुओं पर समान; परिनालिका के भीतर चुंबकीय क्षेत्र रेखाएँ एक-दूसरे से समान दूरी पर तथा एक-दूसरे के समानांतर होती हैं जो यह दर्शाता है कि परिनालिका के भीतर सभी स्थानों पर चुंबकीय क्षेत्र की प्रबलता समान होती है।

प्रश्न 11. **एक AC जनित्र को DC जनित्र में परिवर्तित करने के लिए**

(a) विभक्त वलय दिक्परिवर्तक का प्रयोग आवश्यक है
(b) विभक्त वलयों तथा ब्रुशों का प्रयोग आवश्यक है
(c) एक अधिक प्रबल चुंबकीय क्षेत्र का होना आवश्यक है
(d) एक आयताकार पाश (तार से बने) का प्रयोग आवश्यक है

उत्तर (*a*) विभक्त वलय दिक्परिवर्तक का प्रयोग आवश्यक है; विभक्त वलय दिक्परिवर्तक के प्रयोग से बाह्य परिपथ में प्रेरित विद्युत धारा सदैव (आर्मेचर कुंडली के पूर्ण घूर्णन के दौरान) एक ही दिशा में प्रवाहित होती है।

प्रश्न 12. घरेलू परिपथों को लघुपथन या अतिभारण की समस्या से बचाने हेतु एक महत्वपूर्ण सुरक्षा युक्ति है

(a) भूसंपर्कन (b) फ्यूज का उपयोग

(c) स्टेबराइजरों का उपयोग (d) विद्युत मीटरों का उपयोग

उत्तर (*b*) फ्यूज का उपयोग; विद्युत फ्यूज़ तार को श्रेणी क्रम में जोड़ने से, परिपथ में अतिरिक्त धारा के बहने पर यह फ्यूज तार तुरंत पिघल जाता है तथा परिपथ टूट जाने से विद्युत संधारित्र खराब होने से बच जाते हैं।

लघु उत्तरीय प्रश्न

प्रश्न 13. एक चुंबकीय दिक्सूचक की सूईं को कागज के तल में चित्र के अनुसार बिंदु *A* के पास रखा गया है। एक सीधे धारावाही चालक को किस तल में रखा जाए, जिससे यह *A* से होकर गुजरे तथा दिक्सूचक की सुईं के विक्षेप में कोई अंतर न आए? किस दिशा में विक्षेप अधिकतम होगा तथा क्यों?

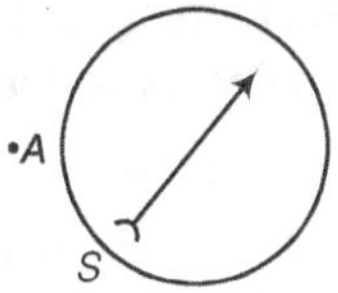

उत्तर (i) सीधे धारावाही चालक को कागज के तल में ही रखा जाना चाहिए। इसके द्वारा उत्पन्न चुंबकीय क्षेत्र कागज के तल के अभिलंबवत् तल में होगा। दिक्सूचक की सुईं में विक्षेप नहीं होता, क्योंकि दिक्सूचक तथा चालक दोनों की अक्ष ऊर्ध्वाधर दिशा में है तथा दिक्सूचक की सुईं केवल क्षैतिज दिशा में घूमने के लिए ही स्वतंत्र है।

(ii) जब चालक को *A* से गुजरते हुए कागज के तल के अभिलंबवत् दिशा में रखा जाता है, तब ही दिक्सूचक की सुई में अधिकतम विक्षेप होगा, क्योंकि सीधे धारावाही चालक के कारण उत्पन्न चुंबकीय क्षेत्र कागज के तल में अधिकतम होगा।

प्रश्न 14. किन दशाओं में एक स्थायी विद्युत चुंबक प्राप्त होगा यदि विद्युत धारावाही परिनालिका का उपयोग किया जाता है? अपने उत्तर को नामांकित परिपथ आरेख की सहायता से समझाइए।

उत्तर *निम्न दशाओं में एक स्थायी विद्युत चुंबक प्राप्त होगा यदि विद्युत धारावाही परिनालिका का उपयोग किया जाए*

(i) परिनालिका से प्रवाहित धारा का दिष्ट धारा (DC) होना आवश्यक है।

(ii) परिनालिका के भीतर रखी छड़ किसी चुंबकीय गुणयुक्त पदार्थ (जैसे-स्टील) द्वारा निर्मित होना आवश्यक है।

दिए गये उत्तर का नामांकित परिपथ आरेख निम्न है

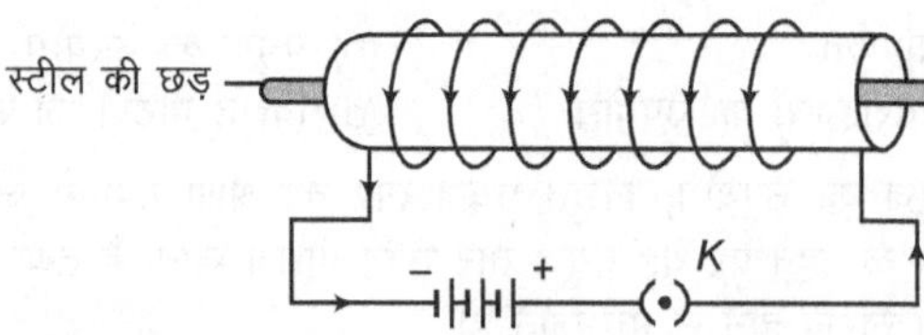

प्रश्न 15. चित्र में दर्शाए गए एक सीधे धारावाही चालक AB को कागज के तल में रखा गया है। इसके द्वारा उत्पन्न बिंदु P तथा Q पर चुंबकीय क्षेत्र की दिशाएँ क्या है? दिया है: $r_1 > r_2$, चुंबकीय क्षेत्र की प्रबलता कहाँ सबसे अधिक होगी?

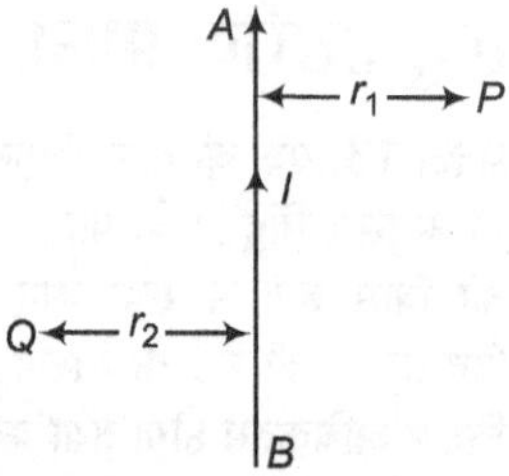

उत्तर बिंदु ***P*** पर चुंबकीय क्षेत्र की दिशा कागज के तल के भीतर की ओर; **बिंदु** ***Q*** पर चुंबकीय क्षेत्र की दिशा कागज के तल के बाहर की ओर होगी। चुंबकीय क्षेत्र की प्रबलता, चालक AB के निकट $(r_2 < r_1)$ अर्थात् बिंदु Q पर अधिकतम होगी। चुंबकीय क्षेत्र की प्रबलता $B \propto \frac{1}{r}$ जहाँ r चालक से किसी बिंदु की दूरी है।

प्रश्न 16. एक चुंबकीय दिक्सूचक को एक विद्युत धारावाही चालक के पास रखने पर उसकी सुई विक्षेपित होती है। यदि चालक में विद्युत धारा की मात्रा बढ़ाई जाती है, तब दिक्सूचक की सुई का विक्षेपण किस प्रकार प्रभावित होता है? अपने उत्तर की पुष्टि कारण सहित कीजिए।

उत्तर किसी चुंबकीय क्षेत्र की प्रबलता, चालक में प्रवाहित विद्युत धारा की मात्रा के अनुक्रमानुपाती होती है।

$[B \propto I]$ अतः विद्युत धारा की मात्रा बढ़ाने पर चुंबकीय क्षेत्र की प्रबलता भी बढ़ जाती है तथा सुईं भी अधिक विक्षेपित होती है।

प्रश्न 17. यह ज्ञात है कि एक धात्विक चालक से विद्युत धारा प्रवाहित करने पर इसके चारों ओर एक चुंबकीय क्षेत्र उत्पन्न हो जाता है, क्यों?

(i) अल्फा कणों के

(ii) न्यूट्रॉनों के, एक पतले पुँज के चारों ओर भी ऐसा ही एक चुंबकीय क्षेत्र उत्पन्न होता है। अपने उत्तर की पुष्टि कीजिए।

उत्तर (i) **अल्फा कण** (α-कण) धनावेशित होने के कारण अपनी गति की दिशा में ही विद्युत धारा उत्पन्न करते हैं। अतः इनके चारों ओर चुंबकीय क्षेत्र उत्पन्न होता है।

(ii) **न्यूट्रॉन** (n) अनावेशित (शून्य आवेश) कण हैं अतः इनके पुँज की गति से विद्युत धारा उत्पन्न होती है। अतः चुंबकीय क्षेत्र भी उत्पन्न नहीं होता।

प्रश्न 18. **किसी विद्युत धारावाही सीधी परिनालिका से सिरों के पास चुंबकीय क्षेत्र रेखाओं का फैलाव या अपसरण (divergence) क्या दर्शाता है?**

उत्तर क्षेत्र रेखाओं का फैलाव परिनालिका के सिरों के पास चुंबकीय क्षेत्र की प्रबलता में कमी को दर्शाता है।

[**नोट** *जितनी क्षेत्र रेखाएँ, एक-दूसरे के निकट होती हैं, उस स्थान पर चुंबकीय क्षेत्र अधिक प्रबल होता है, जहाँ क्षेत्र रेखाएँ एक-दूसरे से दूर होती हैं, वहाँ क्षेत्र की प्रबलता कम होती जाती है।*]

प्रश्न 19. **चार विद्युत संधारित्रों के नाम लिखिए, जिनमें मुख्यतः एक घूर्णन युक्ति, विद्युत मोटर का उपयोग किया जाता है, जो विद्युत ऊर्जा को यांत्रिक ऊर्जा में परिवर्तित करती है। विद्युत मोटरें विद्युत जेनेरेटरों (जनित्रों) से किस प्रकार भिन्न हैं?**

उत्तर विद्युत पंखे, रेफ्रिजरेटरों, विद्युत मिश्रकों, वाशिंग मशीनों, कम्प्यूटरों, MP3 प्लेयरों आदि में विद्युत मोटर का उपयोग एक मुख्य अवयव के रूप में किया जाता है।

विद्युत मोटर विद्युत ऊर्जा को यांत्रिक ऊर्जा में परिवर्तित करता है, जबकि विद्युत जनित्र यांत्रिक ऊर्जा को विद्युत ऊर्जा में परिवर्तित करता है।

प्रश्न 20. **एक साधारण विद्युत मोटर में दो स्थिर चालक ब्रुशों का क्या कार्य है?**

उत्तर दो स्थिर चालक ब्रुशों का संबंध बैटरी से होता है तथा ये दो विभक्त वलयों के अर्द्ध भागों के बाहरी भागों को स्पर्श करते हैं, जिनके भीतरी भाग विद्युतरोधी होते हैं व धुरी से जुड़े होते हैं।

प्रश्न 21. **दिष्ट धारा तथा प्रत्यावर्ती धारा में क्या अंतर है? भारत में प्रयुक्त प्रत्यावर्ती धारा (AC) एक सेकंड में कितनी बार दिशा उत्क्रमित करती है?**

उत्तर **दिष्ट धारा** (DC) एक ही दिशा में प्रवाहित होती है, जबकि **प्रत्यावर्ती धारा** (AC) निश्चित समयांतराल पर दिशा उत्क्रमित करती है।

भारत में AC की आवृत्ति हर्ट्ज है तथा यह प्रत्येक घूर्णन में दो बार दिशा उत्क्रमित करती है। अतः AC प्रत्येक सेकंड में $2 \times 50 = 100$ बार दिशा उत्क्रमित करती है।

प्रश्न 22. **किसी विद्युत संधारित्र के श्रेणी क्रम में जोड़े गए फ्यूज़ का क्या कार्य है? एक निश्चित अनुमतांक (रेटिंग) वाले फ्यूज़ को अधिक अनुमतांक वाले फ्यूज़ के साथ क्यों नहीं प्रतिस्थापित करना चाहिए?**

उत्तर फ्यूज़ का कार्य विद्युत संधारित्रों को लघुपथन या अतिभारण की समस्या से बचाना है। फ्यूज़ का अनुमतांक उसके द्वारा प्रवाहित की जा सकने वाली विद्युत धारा की अधिकतम मात्रा को दर्शाता है। अतः उस (रेटिंग) से अधिक धारा प्रवाहित करने पर फ्यूज़ तार पिघल जाता है।

यदि कम रेटिंग वाले फ्यूज़ को अधिक रेटिंग वाले फ्यूज़ से प्रतिस्थापित करते हैं, तो फ्यूज़ विद्युत संधारित्र के अनुकूल धारा से अधिक होने पर भी नहीं पिघलता तथा संधारित्र को क्षति पहुँच सकती है।

दीर्घ उत्तरीय प्रश्न

प्रश्न 23. एक नामांकित परिपथ आरेख की सहायता से, एक सीधे लंबे विद्युत धारावाही चालक के चारों ओर चुंबकीय क्षेत्र रेखाओं के पैटर्न को समझाइए। किसी धारावाही चालक से संबंधित चुंबकीय क्षेत्र की दिशा जानने के लिए दक्षिण-हस्त अंगुष्ठ नियम किस प्रकार उपयोगी है?

उत्तर जब चित्र में दर्शाए गए आरेख के अनुसार परिपथ तैयार करते हैं तथा धारावाही चालक X के क्षैतिज एक कार्डबोर्ड पर लोहे की छीलन फैलाकर कार्डबोर्ड को हिलाते हैं, तो वे चालक के चारों ओर संकेंद्रित वृत्तों के रूप में व्यवस्थित हो जाती हैं। ये संकेंद्रित वृत्त चालक से दूर होने पर एक-दूसरे से दूर होते जाते हैं, जो चालक से दूरी बढ़ने पर चुंबकीय क्षेत्र की प्रबलता में कमी दर्शाते हैं।

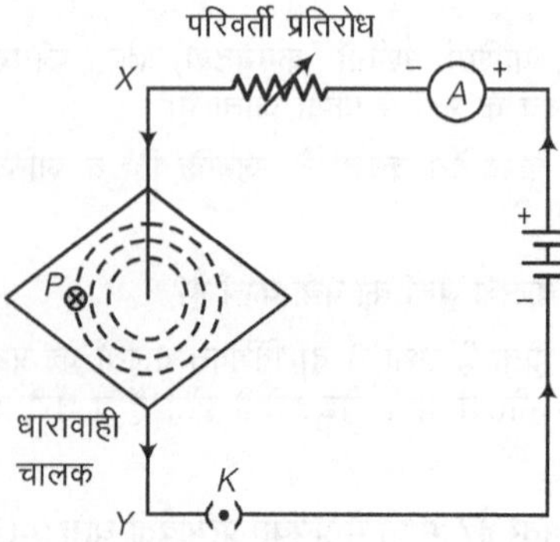

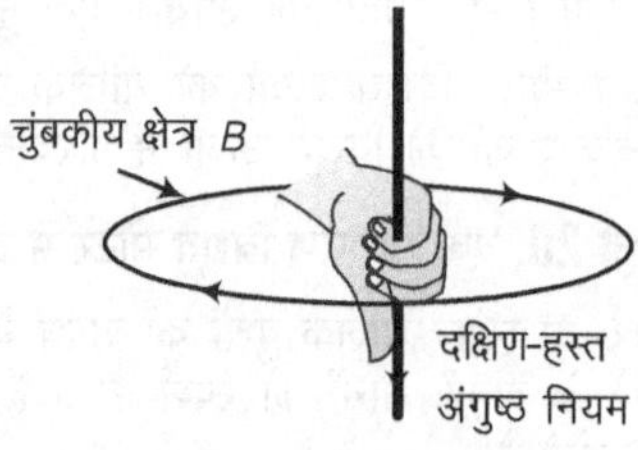

दक्षिण हस्त नियम के अनुसार, दक्षिण या दाहिने हाथ की मुट्ठी में यदि चालक में प्रवाहित धारा की दिशा अँगूठे द्वारा दर्शाई जाती हो, तब अँगुलियों के घूमने की दिशा उसके द्वारा उत्पन्न चुंबकीय क्षेत्र की रेखाओं की दिशा को दर्शाते हैं।

प्रश्न 24. एक नामांकित चित्र की सहायता से एक वृत्ताकार पाश में प्रवाहित विद्युत धारा के कारण उत्पन्न चुंबकीय क्षेत्र के वितरण को समझाइए। यदि एक विद्युत धारावाही कुंडली में फेरों की संख्या n होती है, तब उसके द्वारा किसी बिंदु पर उत्पन्न चुंबकीय क्षेत्र, एकल फेरे द्वारा उत्पन्न क्षेत्र की अपेक्षा n गुना अधिक प्रबल क्यों होता है?

उत्तर *किसी वृत्ताकार पाश में विद्युत धारा प्रवाहित करने पर प्राप्त चुंबकीय रेखाओं का पैटर्न नीचे दिए गए चित्र में दर्शाया गया है*

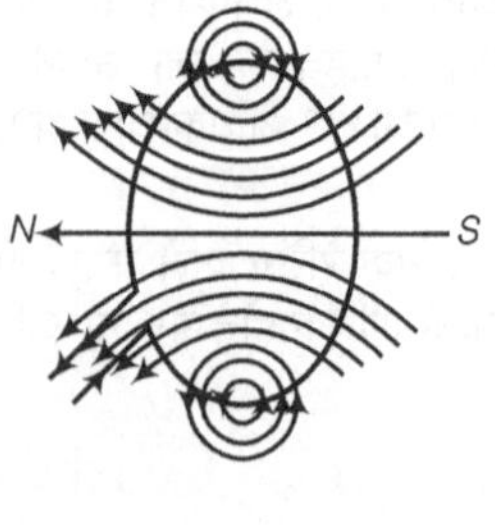

एक वृत्ताकार पाश में प्रवाहित विधुत धारा के कारण उत्पन्न चुंबकीय क्षेत्र का वितरण निम्न बिंदुओं में समझाया गया है

(i) विद्युत धारावाही वृत्ताकार पाश के प्रत्येक बिंदु पर उसके चारों ओर उत्पन्न चुंबकीय क्षेत्र को निरूपित करने वाले संकेंद्री वृत्तों का साइज तार से दूर जाने पर निरंतर बड़ा होता जाता है।

(ii) वृत्ताकार पाश के केंद्र पर पहुँचते-पहुँचते, इन वृहत् वृत्तों के चाप सरल रेखाओं जैसे प्रतीत होने लगते हैं।

(iii) विद्युत धारावाही तार के प्रत्येक बिंदु से उत्पन्न चुंबकीय क्षेत्र रेखाएँ पाश के केंद्र पर सरल रेखा जैसी प्रतीत होने लगती हैं।

यदि हमारे पास n फेरों की कोई कुंडली हो, तो उत्पन्न चुंबकीय क्षेत्र परिमाण में एकल फेरे द्वारा उत्पन्न चुंबकीय क्षेत्र की तुलना में n गुना अधिक प्रबल होगा। इसका कारण यह है कि प्रत्येक फेरे में विद्युत धारा के प्रवाह की दिशा समान है, अतः सभी फेरों के व्यक्तिगत चुंबकीय क्षेत्र संयोजित हो जाते हैं।

प्रश्न 25. विद्युत चुंबकीय प्रेरण की परिघटना को समझाइए।
एक प्रयोग द्वारा सिद्ध कीजिए की जब एक बंद कुंडली में से गुजरने वाले चुंबकीय क्षेत्र को परिवर्तित किया (बढ़ाया/घटाया) जाता है, तब कुंडली में एक विद्युत धारा प्रेरित होती है।

उत्तर विद्युत चुंबकीय प्रेरण वह प्रक्रम, जिसके द्वारा किसी चालक के परिवर्ती चुंबकीय क्षेत्र के कारण अन्य चालक में विद्युत धारा प्रेरित होती है, विद्युत चंबकीय प्रेरण कहलाता है।

प्रयोग दो कुंडलियाँ क्रमशः I तथा II, जो ताँबे के तार की बनी हैं, लेते हैं। इन कुंडलियों में फेरों की संख्या काफी अधिक हो, तो प्रयोग अधिक सफल होगा। इन कुंडलियों को चित्रानुसार एक परिपथ में जोड़ते हैं। कुंडली I, जिसमें फेरों की संख्या अधिक है, को बैटरी व कुंजी से जोड़ते हैं तथा कम फेरों वाली कुंडली II को गैल्वेनोमीटर को साथ संयोजित करते हैं।

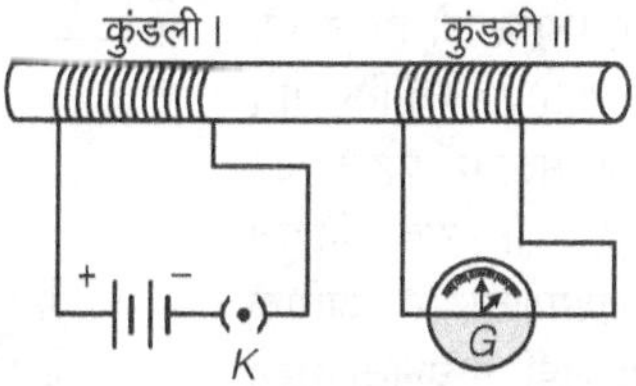

जब कुंजी K को प्लग में लगाते हैं, तब गैल्वेनोमीटर की सुईं तुरंत ही एक दिशा में तीव्र गति से विक्षेपित होकर उसी गति से शीघ्र वापिस शून्य पर आ जाती है। यह विक्षेप कुंडली II के चारों ओर बाह्य चुंबकीय क्षेत्र में हुई वृद्धि के कारण होता है, जिसके कारण कुंडली II में एक प्रेरित विद्युत धारा उत्पन्न होती है।

जब कुंजी K को प्लग से वियोजित करते हैं, तब कुंडली I बैटरी से अलग हो जाती है, अर्थात् परिपथ टूट जाता है। इस समय भी कुंडली II में एक क्षणिक विद्युत धारा प्रवाहित होती है, अर्थात् गैल्वेनोमीटर की सुईं में क्षणिक विक्षेप होता है, मगर पहले से विपरीत दिशा में। इसका अर्थ है कि कुंडली II में पहले से विपरीत दिशा में प्रेरित विद्युत धारा प्रवाहित होती

है। इस बार यह कुंडली II के चारों ओर बाह्य चुंबकीय क्षेत्र की हुई कमी के कारण होता है। उपरोक्त प्रयोग द्वारा यह सिद्ध होता है कि जब एक बंद कुंडली में से गुजरने वाले चुंबकीय क्षेत्र में परिवर्तन (वृद्धि या कमी) किया जाता है, तब कुंडली में एक विद्युत धारा प्रेरित होती है।

प्रश्न 26. (i) **सामान्य घरेलू परिपथ को दर्शाते हुए एक उपयुक्त रेखाचित्र बनाइए।**
(ii) **फ्यूज़ के महत्व को समझाइए।**
(iii) **जब कोई फ्यूज़ खराब हो जाता है, तो उसके स्थान पर उसके समान अनुमतांक वाला नया फ्यूज़ ही लगाना क्यों आवश्यक बताया जाता है?**

उत्तर (i) *सामान्य घरेलू परिपथ का रेखाचित्र निम्न है*

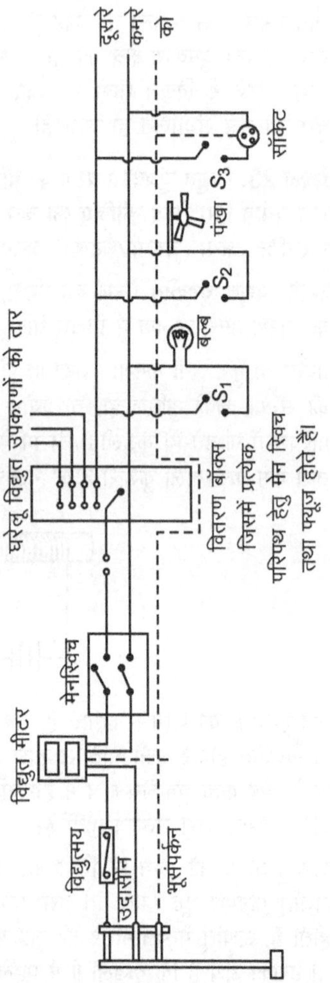

(ii) **फ्यूज़ का महत्व** फ्यूज़ तार को किसी विद्युत परिपथ के प्रारंभ में श्रेणी क्रम में जोड़ा जाता है। फ्यूज तार के बाद श्रेणी क्रम में अन्य संधारित्रों को जोड़ा जाता है।

फ्यूज तार परिपथ में अचानक होने वाली विद्युत धारा में वृद्धि से हो सकने वाली किसी क्षति से बचाव की एक सुरक्षा युक्ति है, क्योंकि इस स्थिति में फ्यूज़ तार पिघल जाता है तथा परिपथ टूट जाता है।

(iii) फ्यूज़ के खराब होने पर उसके समान अनुमतांक वाले नए फ्यूज को ही उसके स्थान पर लगाना चाहिए, क्योंकि यदि नए फ्यूज़ का अनुमतांक पहले की अपेक्षा अधिक है, तो यह विद्युत संधारित्र की आवश्यकता से अधिक धारा होने पर भी नहीं पिघलता तथा संधारित्र क्षतिग्रस्त हो सकता है।

यदि नए फ्यूज़ का अनुमतांक कम है, तो यह आवश्यकतानुसार धारा की मात्रा के संधारित्र तक पहुँचने से पहले ही पिघल जाता है तथा संधारित्र अपना कार्य ठीक से नहीं कर पाता।

14
ऊर्जा के स्रोत

ऊर्जा संरक्षण का नियम (Law of Conservation of Energy)

इस नियम के अनुसार, किसी भौतिक या रासायनिक प्रक्रम में कुल ऊर्जा संरक्षित रहती है।

इसके बावजूद भी ऊर्जा के संसाधनों की चिंता निरंतर बनी रहती है। इसका कारण है कि कार्य करने के लिए, जिस ऊर्जा स्रोत का उपयोग किया जाता है, वह उपमुक्त हो जाती है और उसका पुन: उपयोग नहीं किया जा सकता।

ऊर्जा का स्रोत (Source of Energy)

वह तंत्र जो कार्य करने के लिए उपयोगी ऊर्जा को सुलभ कराता है, ऊर्जा का स्रोत कहलाता है। ऊर्जा के स्रोत अपनी क्षमता, प्रदूषणहीनता, आदि गुणों में एक-दूसरे से भिन्न होते हैं।

ऊर्जा का उत्तम स्रोत (Good Source of Energy)

ऊर्जा का उत्तम स्रोत वह है, *जिसमें निम्न विशेषताएँ होती हैं*

(i) उच्च कैलोरीमान अर्थात् वह अधिक मात्रा में ऊर्जा उत्पन्न करता हो।

(ii) उपलब्धता सरल हो।

(iii) भंडारण व परिवहन सरल हो।

(iv) सस्ता हो।

(v) जलने (उपयोग) के पश्चात् हानिकारक अवशेष न उत्पन्न करता हो।

ऊर्जा के स्रोतों का वर्गीकरण

(Classification of Sources of Energy)

(a) *उपलब्धता की सरलता व पुनः चक्रण के आधार पर सभी ऊर्जा स्रोतों को दो मुख्य भागों में वर्गीकृत किया जा सकता है*

(i) **अनवीकरणीय या समाप्य स्रोत** वे ऊर्जा स्रोत, जिनका उत्पादन प्रकृति में बहुत लंबे समय अंतराल में धीमी गति से होता है तथा एक बार उपयोग के पश्चात् उनका पुनः उत्पादन शीघ्र संभव नहीं होता, अनवीकरणीय स्रोत कहलाते हैं। इन स्रोतों का पुनः चक्रण संभव नहीं है, अतः ये एक दिन समाप्त हो जाएँगें, ऐसी संभावना है।

उदाहरण जीवाश्मी ईंधन–कोयला, पेट्रोलियम, प्राकृतिक गैस, आदि।

(ii) **नवीकरणीय स्रोत** वे ऊर्जा स्रोत जिनका उत्पादन प्रकृति में नियमित रूप से होता रहता है तथा जिनका पुनः चक्रण भी संभव है, नवीकरणीय स्रोत कहलाते हैं। इन स्रोतों के प्रकृति में समाप्त होने की संभावना निकट भविष्य में नहीं है।

उदाहरण जल विद्युत, पवन विद्युत, जैव ऊर्जा, सौर ऊर्जा, तरंग ऊर्जा, आदि।

(b) *परंपरागत उपयोग के आधार पर भी ऊर्जा स्रोतों को दो भागों में विभाजित किया जा सकता है*

(i) **पारंपरिक स्रोत** जिन ऊर्जा स्रोतों का उपयोग प्राचीन काल से मानव करता रहा है, पारंपरिक स्रोत कहलाते हैं।

उदाहरण जीवाश्मी ईंधन (कोयला, पेट्रोलियम, लकड़ी)। कुछ अन्य उदाहरण हैं; तापीय विद्युत, जल विद्युत, जैव मात्रा, पवन ऊर्जा, आदि।

(ii) **गैर पारंपरिक स्रोत अथवा वैकल्पिक स्रोत** ऊर्जा की बढ़ती माँग को ध्यान में रखते हुए ज्ञात ऊर्जा स्रोतों के अधिक दक्ष उपयोग के हेतु नई तकनीक द्वारा कुछ नवीन स्रोतों का उत्पादन किया गया है, जिन्हें वैकल्पिक स्रोत कहते हैं।

उदाहरण सौर ऊर्जा, समुद्रों से (ज्वारीय, तरंग, महासागरीय तापीय) ऊर्जा, भूतापीय ऊर्जा, नाभिकीय ऊर्जा, आदि।

ऊर्जा के पारंपरिक स्रोत

जीवाश्मी ईंधन (Fossil Fuels)

वे ईंधन जो पादप तथा जंतु के अवशेषों से प्राप्त होते हैं, जीवाश्मी ईंधन कहलाते हैं। प्रकृति में इनके निर्माण में करोड़ों वर्षों का समय लगता है, अतः इनका संरक्षण आवश्यक है। कोयला, पेट्रोलियम, प्राकृतिक गैस, आदि मुख्य जीवाश्मी ईंधन हैं।

जीवाश्मी ईंधनों के लाभ (Advantages of Burning Fossil Fuels)

ये सरलता से उपलब्ध हैं, अत: इनका उपयोग मानव द्वारा अधिक मात्रा में किया जाता है।

जीवाश्मी ईंधनों से हानियाँ (Disadvantages of Burning Fossil Fuels)

इनका दहन कुछ हानिकारक उत्पाद (S तथा N के ऑक्साइड) उत्पन्न करता है, जो पर्यावरण के संतुलन को बिगाड़ते हैं। ये वायु प्रदूषण व अम्लीय वर्षा करते हैं, जो जल व मृदा प्रदूषण भी उत्पन्न करती है।

जीवाश्मी ईंधनों की दक्षता में वृद्धि (Increase in Efficiency of Fossil Fuels)

जीवाश्मी ईधनों के दहन के बजाय यदि इनसे विद्युत उत्पन्न की जाती है, *तो इससे दो लाभ होते हैं।*

(i) प्रदूषण में कमी
(ii) अधिक मात्रा में ऊर्जा की प्राप्ति। तापीय विद्युत संयंत्र द्वारा जीवाश्मी ईंधनों द्वारा विद्युत प्राप्त की जा सकती है।

विद्युत उत्पन्न करने का मुख्य सिद्धांत
(Main Principle for Producing Electricity)

धातु की पंखुड़ियों व एक अक्ष की सहायता से एक टरबाइन बनाया जाता है। टरबाइन में रोटर की पंखुड़ियों को एक गति देनी होती है, जिससे वह यांत्रिक ऊर्जा को विद्युत ऊर्जा में रूपांतरित करने हेतु डायनेमो के शॉफ्ट को घुमा देता है। डायनेमो के शॉफ्ट को घुमाने के लिए भिन्न-भिन्न संयंत्रों में भिन्न-भिन्न ऊर्जा स्रोतों का उपयोग किया जाता है। *इनमें से कुछ निम्न हैं*

(i) **तापीय विद्युत संयंत्र** (Thermal Power Plants) इन संयंत्रों में जीवाश्मी ईंधन के दहन द्वारा ऊष्मीय ऊर्जा उत्पन्न की जाती है, जिसके द्वारा टरबाइनों को घुमा कर विद्युत ऊर्जा उत्पन्न की जाती है।

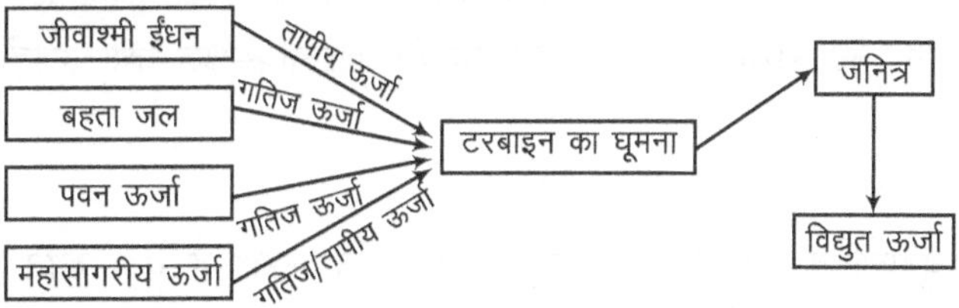

विद्युत स्रोतों द्वारा विद्युत ऊर्जा उत्पन्न करना दर्शाता मॉडल

(ii) **जल विद्युत संयंत्र** (Hydro Power Plants) इन संयंत्रों में ऊँचाई पर स्थित जल की स्थितिज ऊर्जा को ऊँचाई से गिराकर गतिज ऊर्जा में परिवर्तित किया जाता है व इसके द्वारा टरबाइन घुमा कर विद्युत ऊर्जा का उत्पादन किया जाता है। इस उद्देश्य की पूर्ति हेतु जल विद्युत संयंत्रों को बाँधों से सम्बद्ध किया जाता है।

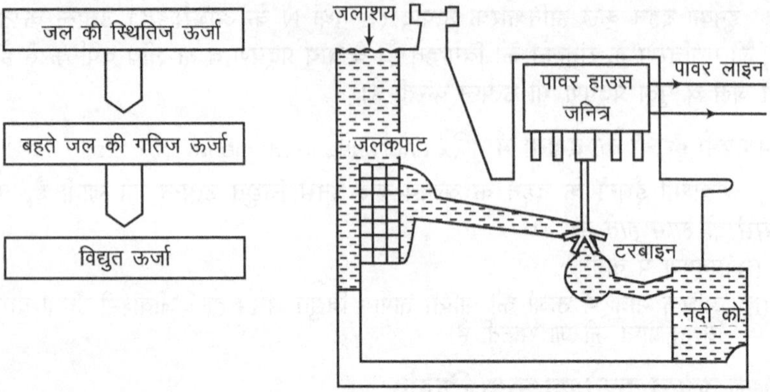

(a) सिद्धान्त (b) संरचना

जल विद्युत संयंत्र का मॉडल

ऊर्जा के पारंपरिक स्त्रोतों के उपयोग हेतु विकसित तकनीकी
(Improvements in the Technology for Using Conventional Sources of Energy)

(i) जैव गैस (Bio-mass)

जैव मात्रा (पादप व जंतु के अपशिष्ट या अवशेष) के अपघटन द्वारा उत्पन्न गैस को बायो गैस या जैव गैस कहते हैं। इसे जैव गैस संयंत्र में निर्मित किया जाता है।

जैव गैस का संघटन यह मेथेन, कार्बन डाइऑक्साइड तथा हाइड्रोजन का मिश्रण है।

जैव गैस के लाभ (Advantages of Bio-mass)

यह धुँआरहित ईंधन है। यह प्रदूषण को कम करता है तथा कृषि के लिए उपयोगी खाद (शेष बची स्लरी) भी उत्पन्न करता है।

(ii) **पवन ऊर्जा** (Wind Energy)

पवनों के प्रवाह अर्थात् पवनों की गतिज ऊर्जा का उपयोग यांत्रिक कार्यों (पवन चक्कियों आदि) को करने में किया जाता है। पवन चक्की की पंखुड़ियों की घूर्णी गति का उपयोग विद्युत उत्पन्न करने (टरबाइन को घुमाकर) में भी किया जाता है। यह भी प्रदूषण रहित व दक्ष ऊर्जा स्रोत है।

पवन चक्की

वैकल्पिक अथवा गैर परंपरागत ऊर्जा स्रोत

(Alternative or Non-conventional Sources of Energy)

1. सौर ऊर्जा (Solar Energy)

सूर्य के विकिरण द्वारा प्राप्त ऊर्जा को सौर ऊर्जा कहते हैं। सौर ऊर्जा का उपयोग करके विभिन्न युक्तियों, जैसे–सौर कुकरों, सौर जल तापकों, सौर सेलों व सौर पैनलों में किया जाता है। सौर पैनल, सौर सेलों का संयोजन है, जो सौर ऊर्जा को विद्युत ऊर्जा में रूपांतरित करता है। उपयोग मानव निर्मित उपग्रहों, अंतरिक्ष अन्वेषक युक्तियों, रेडियो, टी.वी., ट्रैफिक सिग्नलों व खिलौनों आदि में सौर सेल (या पैनलों) का उपयोग किया जाता है।

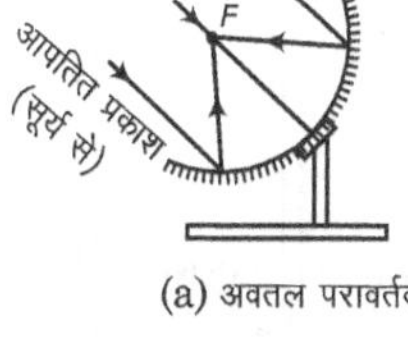

(a) अवतल परावर्तक

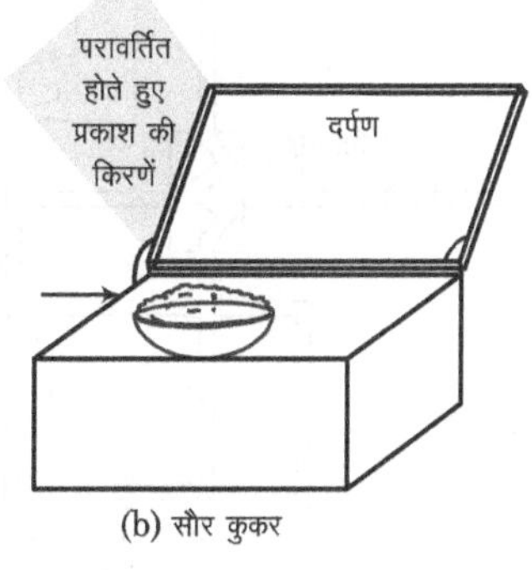

(b) सौर कुकर

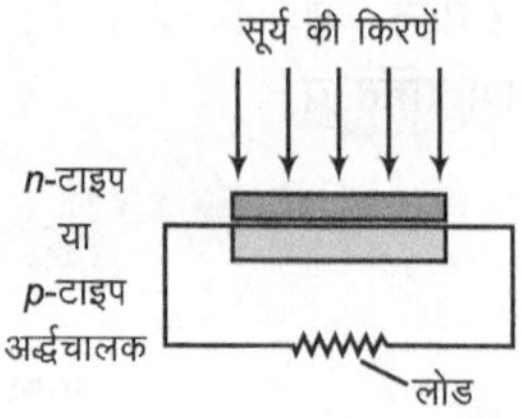

(a) सौर सेल

(b) सौर पैनल

2. समुद्रों से ऊर्जा (Energy from the Sea)

समुद्रों में समुद्री जल की विभिन्न प्रकार की गतियों के कारण ऊर्जा प्राप्त करके, उससे टरबाइन को घुमाकर विद्युत ऊर्जा प्राप्त की जाती है।

यह विभिन्न प्रकार की होती हैं

(i) ज्वारीय ऊर्जा (Tidal Energy) (ज्वार भाटे के जल-स्तर के परिवर्तन से प्राप्त)।

(ii) तरंग ऊर्जा (Wave Energy) (तरंगों की गतिज ऊर्जा से प्राप्त)।

(iii) महासागरीय तापीय ऊर्जा (Ocean Thermal Energy)
(महासागर के पृष्ठ जल के सौर-तापन द्वारा उत्पन्न ऊर्जा से प्राप्त)।

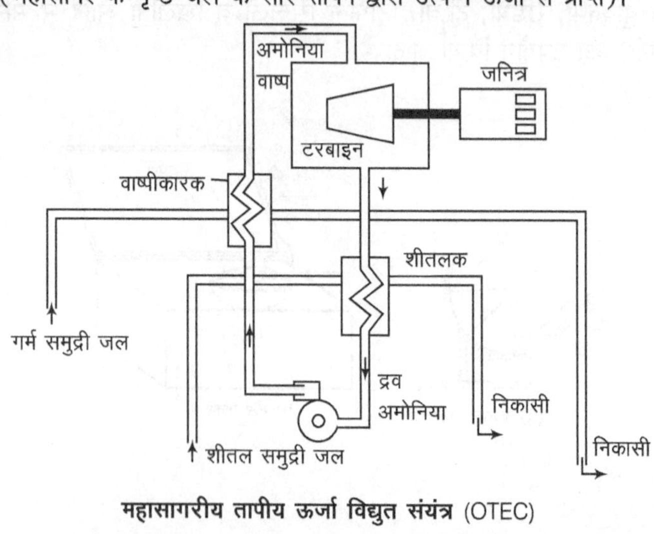

महासागरीय तापीय ऊर्जा विद्युत संयंत्र (OTEC)

3. भूतापीय ऊर्जा (Geothermal Energy)

भूपर्पटी में तप्त स्थलों पर उपस्थित भूमिगत जल के उच्च दाब पर निकली भाप का उपयोग करके, जो विद्युत उत्पन्न की जाती है, उसे भूतापीय ऊर्जा कहते हैं। इस प्रकार के संयंत्र न्यूजीलैंड तथा संयुक्त राज्य अमेरिका में कार्यरत हैं।

4. नाभिकीय ऊर्जा (Nuclear Energy)

जो ऊर्जा नाभिकीय अभिक्रियाओं (मुख्यत: विखंडन) द्वारा उत्पन्न होती है, उसे नाभिकीय ऊर्जा कहते हैं। नाभिकीय संयंत्रों में नाभिकीय ईंधन (जैसे यूरेनियम) की स्वपोषी विखंडन शृंखला अभिक्रिया के एक भाग द्वारा नियंत्रित दर पर ऊर्जा उत्पन्न होती है, जिसका उपयोग विद्युत उत्पादन हेतु किया जा सकता है।

नाभिकीय अभिक्रियाओं द्वारा उत्पन्न ऊर्जा द्वारा पर्यावरणीय प्रदूषण का खतरा होने के कारण इसका उपयोग सीमित है।

नाभिकीय ऊर्जा का उपयोग (Uses of Nuclear Energy)

इसका उपयोग नाभिकीय अस्त्रों के निर्माण में भी किया जाता है, जिनका उपयोग महाविनाशकारी है।

नाभिकीय अभिक्रियाएँ दो प्रकार की होती है

(i) नाभिकीय संलयन (Nuclear Fusion)

(ii) नाभिकीय विखंडन (Nuclear Fission)

ऊर्जा स्रोत का चयन तथा पर्यावरण की सुरक्षा
(Selection of Energy Source and Safety of Environment)

एक उत्तम ऊर्जा स्रोत में सभी गुण होने के साथ-साथ एक ऊर्जा स्रोत का चयन करने के लिए यह ध्यान रखना भी आवश्यक है कि वह पर्यावरण के लिए हानिरहित हो। उदाहरण CNG (संपीडित प्राकृतिक गैस), सौर ऊर्जा, आदि।

प्रश्नावली

पृष्ठ 273

प्रश्न 1. ऊर्जा का उत्तम स्रोत किसे कहते हैं?

उत्तर ऊर्जा का उत्तम स्रोत वह है, *जिसमें निम्न विशेषताएँ होती हैं*

(i) यह प्रति एकांक द्रव्यमान/आयतन बहुत अधिक मात्रा में कार्य करता है।

(ii) यह सरलता से उपलब्ध होता है।

(iii) इसका परिवहन व भंडारण सरल होता है।

(iv) यह हानिकारक अवशेष उत्पन्न नहीं करता अर्थात् पर्यावरण की दृष्टि से इसका उपयोग सुरक्षित है।

(v) इसकी कीमत या लागत मूल्य कम होता है।

प्रश्न 2. उत्तम ईंधन किसे कहते हैं?

उत्तर उत्तम ईंधन वह है, *जिसका/जो*

(i) कैलोरी मान उच्च होता है, अर्थात् यह प्रतिग्राम अधिक ऊर्जा का उत्पादन करता है।

(ii) ज्वलन ताप सामान्य (न बहुत अधिक, न बहुत कम) होता है।

(iii) सरलता से उपलब्ध होता है।

(iv) हानिकारक अवशेष को उत्पन्न नहीं (या कम) करता है।

(v) परिवहन व भंडारण सरल होता है।

प्रश्न 3. यदि आप अपने भोजन को गरम करने के लिए किसी भी ऊर्जा-स्रोत का उपयोग कर सकते हैं, तो आप किसका उपयोग करेंगे और क्यों?

उत्तर हम जैव गैस या बायो गैस का उपयोग करेंगे।
इसके कारण निम्न हैं

(i) यह कम मात्रा में जलाने से अधिक ऊर्जा उत्पन्न करती है।

(ii) यह स्वच्छ ईंधन है अर्थात् धुँआ नहीं उत्पन्न करती।

(iii) यह नवीकरणीय स्रोत है, अतः अनवीकरणीय स्रोतों का संरक्षण भी करती है।

(iv) यह पर्यावरण को भी स्वच्छ करने में सहायक है, क्योंकि पादप व जंतु अपशिष्टों से इसका निर्माण होता है।

(v) इसका उपयोग सुरक्षित है।

पृष्ठ 279

प्रश्न 1. जीवाश्मी ईंधन की क्या हानियाँ हैं?

उत्तर *जीवाश्मी ईंधन की हानियाँ निम्न हैं*

(i) जीवाश्मी ईंधन जैसे कोयला में सल्फर व नाइट्रोजन होते हैं, जो जलने के उपरांत अम्लीय ऑक्साइड उत्पन्न करते हैं। ये वायु प्रदूषण तथा अम्लीय वर्षा उत्पन्न करते हैं।

(ii) अम्लीय वर्षा से मृदा तथा जल स्रोत भी प्रदूषित होते हैं तथा भवनों को क्षति पहुँचती है।

(iii) कार्बन डाइऑक्साइड ग्लोबल वार्मिंग उत्पन्न करती है।

(iv) जीवाश्मी ईंधन समाप्य तथा अनवीकरणीय संसाधन हैं, जिनके निर्माण में करोड़ों वर्षों का समय लगता है।

प्रश्न 2. हम ऊर्जा के वैकल्पिक स्रोतों की ओर क्यों ध्यान दे रहे हैं?

उत्तर हम ऊर्जा के वैकल्पिक स्रोतों की ओर ध्यान दे रहे हैं, जो असमाप्य व नवीकरणीय हों। इसका कारण है कि प्रौद्योगिकी तथा तकनीकी उन्नति के साथ मानव की जीवन शैली भी आधुनिक तथा मशीनों पर अधिक निर्भर हो गई है, जिससे ऊर्जा की खपत भी बढ़ गई है।

जीवाश्मी ईंधनों के प्रकृति में सीमित भंडार हैं तथा इनके निर्माण में लगने वाला समय बहुत अधिक होने के कारण ये अनवीकरणीय व समाप्त हो जाने वाले संसाधन हैं। अतः इनके संरक्षण हेतु ऊर्जा के वैकल्पिक स्रोत का उपयोग आवश्यक हो गया है।

प्रश्न 3. हमारी सुविधा के लिए पवनों तथा जल ऊर्जा के पारंपरिक उपयोग में किस प्रकार के सुधार किए गए हैं?

उत्तर पवन ऊर्जा का उपयोग प्राचीन काल से पवन चक्कियों द्वारा यांत्रिक कार्यों को करने में होता रहा है। अब इसका उपयोग विद्युत उत्पादन में भी किया जाने लगा है। क्योंकि एक पवन चक्की से विद्युत का उत्पादन बहुत ही कम होता है, इसलिए कईं पवन चक्कियों के युग्मन से पवन ऊर्जा फार्मों का निर्माण करके बड़े स्तर पर विद्युत उत्पादन किया जाता है।

जल स्रोतों में बाढ़ आदि से प्राचीन काल में जन-धन की बहुत क्षति हो जाती थी। बाढ़ को रोकने के लिए जल स्रोतों पर बाँधों का निर्माण किया जाता है, जहाँ जल की स्थितिज ऊर्जा को ऊँचाई से गिरा कर विद्युत ऊर्जा में रूपांतरित किया जाता है।

पृष्ठ 285

प्रश्न 1. सौर कुकर के लिए कौन–सा दर्पण अवतल, उत्तल अथवा समतल, सर्वाधिक उपयुक्त होता है? क्यों?

उत्तर सौर कुकर के लिए सर्वाधिक उपयुक्त अवतल दर्पण (concave mirror) होता है, क्योंकि यह अभिसारी दर्पण (converging mirror) है। अतः यह सूर्य की अधिक-से-अधिक किरणों को फोकस कर उच्च तापमान उत्पन्न करता है।

प्रश्न 2. महासागरों से प्राप्त हो सकने वाली ऊर्जाओं की क्या सीमाएँ हैं?

उत्तर *महासागरीय ऊर्जा की सीमाएँ निम्न हैं*

(i) ऐसे स्थान सीमित हैं, जहाँ ज्वारीय ऊर्जा (tidal energy) प्राप्त करने के लिए बाँध बनाए जा सकते हैं।

(ii) तरंग ऊर्जा (wave energy) केवल तभी प्राप्त की जा सकती है जब तरंगें बहुत प्रबल होती हैं।

(iii) महासागरीय तापीय ऊर्जा रूपांतरण विद्युत संयंत्र (OTEC) केवल तभी प्रचालित होते हैं जब पृष्ठ जल तथा 2 किमी की गहराई पर जल के ताप में 20°C का अंतर होता है।

(iv) महासागरों के किनारे बनाए गए विद्युत संयंत्रों की लागत व रखरखाव का खर्च काफी अधिक है व इसकी तुलना में दक्षता कम है। साथ ही संक्षारण आदि की संभावना अधिक रहती है।

प्रश्न 3. भूतापीय ऊर्जा क्या होती है?

उत्तर भूपर्पटी में उपस्थित तप्त स्थलों से भूतापीय ऊर्जा प्राप्त होती है। तप्त स्थलों के संपर्क में आने वाला भूमिगत जल भाप में परिवर्तित हो जाता है। जब यह भाप चट्टानों में फंस जाती है, तो इसका दाब बढ़ जाता है, जिसे पाइपों द्वारा निकाल लिया जाता है। उच्च दाब पर निकली इस भाप की शक्ति से विद्युत जनित्र के टरबाइन को घुमा कर विद्युत उत्पादन किया जाता है, यही भूतापीय ऊर्जा कहलाती है।

प्रश्न 4. नाभिकीय ऊर्जा का क्या महत्त्व है?

उत्तर नाभिकीय अभिक्रियाओं द्वारा उत्पन्न ऊर्जा की मात्रा बहुत अधिक होती है। *उदाहरण* यूरेनियम के एक परमाणु के विखंडन में जो ऊर्जा मुक्त होती है। वह कोयले के किसी एक कार्बन परमाणु के दहन से उत्पन्न ऊर्जा की तुलना में 1 करोड़ गुना अधिक होती है। इस प्रकार यदि नाभिकीय संयंत्रों को सुरक्षित विधि से चलाया जाए तो संसार की ऊर्जा आवश्यकताओं के एक बड़े भाग की आपूर्ति नाभिकीय ऊर्जा द्वारा की जा सकती है।

प्रश्न 5. क्या कोई ऊर्जा स्रोत प्रदूषण मुक्त हो सकता है? क्यों अथवा क्यों नहीं?

उत्तर किसी ऊर्जा स्रोत को प्रदूषण मुक्त केवल तभी माना जा सकता है, जब न तो इसके लिए आवश्यक युक्तियों के संयोजन और न ही क्रियान्वयन के समय यह कोई प्रदूषण करता हो। परंतु किसी भी ऊर्जा स्रोत का पूर्णतया ऐसा होना असंभव है। *उदाहरण* सौर सेल में सौर ऊर्जा पूर्णतया प्रदूषण मुक्त है, परंतु सौर सेल युक्ति के निर्माण में किसी-न-किसी स्तर का प्रदूषण अवश्य होता है।

प्रश्न 6. रॉकेट ईंधन के रूप में हाइड्रोजन का उपयोग किया जाता रहा है। क्या आप इसे CNG की तुलना में अधिक स्वच्छ मानते हैं? क्यों अथवा क्यों नहीं?

उत्तर हाँ, हाइड्रोजन को CNG की तुलना में अधिक स्वच्छ ईंधन माना जाना उचित है, क्योंकि हाइड्रोजन के दहन के पश्चात् केवल जल उत्पन्न होता है, जो प्रदूषणरहित है। जबकि CNG के दहन से कार्बन डाइऑक्साइड भी उत्पन्न होती है, जो अधिक मात्रा में होने पर ग्लोबल वार्मिंग का कारण बनती है।

पृष्ठ 286

प्रश्न 1. ऐसे दो ऊर्जा स्रोतों के नाम लिखिए, जिन्हें आप नवीकरणीय मानते हैं। अपने चयन के लिए तर्क दीजिए।

उत्तर (i) **पवन ऊर्जा** जब तक पृथ्वी को सूर्य के विकिरण से ऊष्मा प्राप्त होती रहेगी, तब तक पवनें चलती रहेंगी, इसलिए यह नवीकरणीय ऊर्जा स्रोत है।

(ii) **सौर ऊर्जा** जब तक सौर मंडल है, तब तक सौर ऊर्जा पृथ्वी पर निरंतर उपलब्ध होती रहेगी, अतः यह भी नवीकरणीय ऊर्जा स्रोत है।

प्रश्न 2. ऐसे दो ऊर्जा स्रोतों के नाम लिखिए, जिन्हें आप समाप्य मानते हैं। अपने चयन के लिए तर्क दीजिए।

उत्तर (i) **जीवाश्मी ईंधन** कोयला तथा पेट्रोलियम का अधिक उपयोग, इनके निर्माण में लगने वाला करोड़ों वर्षों का समय तथा इनकी उपलब्ध सीमित मात्रा के कारण ये ईंधन समाप्य तथा अनवीकरणीय कहे जा सकते हैं।

(ii) **नाभिकीय ईंधन** यूरेनियम, थोरियम, प्लूटोनियम, आदि नाभिकीय ईंधन प्रकृति में सीमित मात्रा में उपलब्ध हैं अतः अनवीकरणीय तथा समाप्य ऊर्जा स्रोत हैं।

अभ्यास

प्रश्न 1. गर्म जल प्राप्त करने के लिए हम सौर जल तापक का उपयोग किस दिन नहीं कर सकते?

(a) धूप वाले दिन (b) बादलों वाले दिन

(c) गर्म दिन (d) पवनों (वायु) वाले दिन

उत्तर (*b*) बादलों वाले दिन; क्योंकि बादलों वाले दिन सौर विकिरण की उपलब्धता सीमित (निम्नतम) होगी तथा सौर जल तापक कार्य नहीं करेगा।

प्रश्न 2. निम्नलिखित में से कौन जैव मात्रा ऊर्जा स्रोत का उदाहरण नहीं है?

(a) लकड़ी (b) गोबर गैस

(c) नाभिकीय ऊर्जा (d) कोयला

उत्तर (*c*) नाभिकीय ऊर्जा; इसके अतिरिक्त (a), (b) व (d) जैव मात्रा से प्राप्त ईंधन हैं।

प्रश्न 3. जितने ऊर्जा स्रोत हम उपयोग में लाते हैं, उनमें से अधिकांश सौर ऊर्जा को निरूपित करते हैं। निम्नलिखित में से कौन-सा स्रोत अंततः सौर ऊर्जा से व्युत्पन्न नहीं है?

(a) भूतापीय ऊर्जा

(b) पवन ऊर्जा

(c) नाभिकीय ऊर्जा

(d) जैव मात्रा

उत्तर (*c*) नाभिकीय ऊर्जा; केवल यह ही सौर ऊर्जा का उपयोग नहीं करती है, बल्कि नाभिकीय अभिक्रियाओं के फलस्वरूप नाभिकीय ऊर्जा का उत्पादन होता है।

प्रश्न 4. ऊर्जा स्रोत के रूप में जीवाश्मी ईंधनों तथा सूर्य की तुलना कीजिए और उनमें अंतर लिखिए।

उत्तर *जीवाश्मी ईंधनों तथा सूर्य की तुलना या अंतर निम्न हैं*

क्र. सं.	जीवाश्मी ईंधन	सूर्य
(i)	यह अनवीकरणीय ऊर्जा स्रोत है तथा समाप्य भी।	यह नवीकरणीय तथा असमाप्य ऊर्जा स्रोत है।
(ii)	इनके दहन से पर्यावरण का प्रदूषण होता है।	यह प्रदूषण रहित ऊर्जा स्रोत है। केवल युक्तियों के संयोजन में कम-से-कम प्रदूषण हो सकता है।
(iii)	यह महंगा परंतु सामान्यतया उपयोग किया जाने वाला स्रोत है।	यह निशुल्क उपलब्ध स्रोत है, मगर इसकी ऊर्जा को उपयोग कर सकने वाली युक्तियों का संयोजन काफी खर्चीला है।

प्रश्न 5. **जैव मात्रा तथा ऊर्जा स्रोत के रूप में जल वैद्युत की तुलना कीजिए और अंतर लिखिए।**

उत्तर *जैव मात्रा तथा ऊर्जा स्त्रोत के स्वरूप में जल वैद्युत की तुलना या अंतर निम्न हैं*

क्र. सं.	जैव मात्रा	जल वैद्युत
(i)	यह नवीकरणीय स्रोत है।	यह भी नवीकरणीय स्रोत है।
(ii)	जैव मात्रा में बायो गैस संयंत्र में जैव गैस बनाई जाती है।	जल वैद्युत का उत्पादन नदियों पर बने बाँधों में किया जाता है।
(iii)	इसके उत्पादन के समय बची हुई स्लरी कृषि के लिए एक उपयोगी खाद है।	बाँधों के निर्माण से विद्युत उत्पादन के साथ-साथ बाढ़ से भी सुरक्षा होती है।
(iv)	बायो गैस संयंत्र के निर्माण में आया खर्च भी कम है तथा अन्य खर्च भी कम है।	यह भी कम खर्चीला स्रोत है। खर्च का मुख्य भाग बाँध के निर्माण तथा सप्लाई की व्यवस्था में होता है।
(v)	बायो गैस उत्पादन में जैव मात्रा के उपयोग हो जाने से प्रदूषण नियंत्रण में सहायता मिलती है। साथ ही इसके दहन से हानिकारक अवशेष (CO_2 के अतिरिक्त) उत्पन्न नहीं होते।	जल वैद्युत के उपयोग से कोई हानिकारक अवशेष उत्पन्न नहीं होता।

प्रश्न 6. **निम्नलिखित से ऊर्जा निष्कर्षित करने की सीमाएँ लिखिए।**

(a) पवनें (b) तरंगें (c) ज्वार-भाटा

उत्तर (*a*) **पवन ऊर्जा की सीमाएँ**

(i) पवन की गति 15 किमी/घंटा से भी अधिक होनी आवश्यक है।

(ii) एक विशाल भूखंड पर ही पवन फार्म स्थापित किए जा सकते हैं। जैसे 1 मेगावाट के जनित्र के लिए लगभग 2 हेक्टेयर भूमि चाहिए।

(iii) उच्च स्तर के रख रखाव के लिए फार्म की स्थापना के आरंभ में खर्च होने वाला लागत मूल्य बहुत अधिक है।

(*b*) **तरंग ऊर्जा की सीमाएँ**

तरंग ऊर्जा का व्यावहारिक उपयोग करने के लिए तरंगों का प्रबल होना अत्यंत आवश्यक है।

(*c*) **ज्वारीय ऊर्जा की सीमाएँ**

ज्वारीय ऊर्जा का दहन करने के लिए सागर के किसी संकीर्ण क्षेत्र पर बाँध निर्माण करना आवश्यक है। मगर ऐसे उपयुक्त स्थान सीमित हैं, जहाँ बाँध का निर्माण किया जा सके।

प्रश्न 7. ऊर्जा स्रोतों का वर्गीकरण निम्नलिखित वर्गों में किस आधार पर करेंगे?

(a) नवीकरणीय तथा अनवीकरणीय

(b) समाप्य तथा अक्षय

क्या (a) तथा (b) के विकल्प समान हैं?

उत्तर (*a*) नवीकरणीय संसाधनों की पुनः पूर्ति कुछ ही समय पश्चात् पुनः चक्रण द्वारा हो जाती है, जबकि अनवीकरणीय संसाधनों का एक बार उपयोग होने के बाद उनका पुनः चक्रण नहीं होता। फिर से निर्माण में लगने वाला समय बहुत अधिक होने के कारण इनकी पुनः पूर्ति संभव नहीं है।

(*b*) वे ऊर्जा स्रोत, जिनकी उपलब्धता प्रकृति में सीमित है तथा एक दिन ये समाप्त हो जाएँगे, ऐसी संभावना है, समाप्य स्रोत कहलाते हैं, परंतु जो स्रोत प्रकृति में प्रचुर मात्रा में उपलब्ध हैं और वे कभी समाप्त नहीं होंगे, ऐसी संभावना है, अक्षय स्रोत कहलाते हैं।

(a) तथा (b) के विकल्प समान हैं, अर्थात् नवीकरणीय स्रोत ही अक्षय हैं। इसी प्रकार अनवीकरणीय स्रोत ही समाप्य हैं।

प्रश्न 8. ऊर्जा के आदर्श स्रोत में क्या गुण होते हैं?

उत्तर *ऊर्जा के आदर्श स्रोत के गुण निम्न हैं*

(i) उच्च कैलोरी मान।

(ii) सरलता से उपलब्धता।

(iii) सरल परिवहन तथा भंडारण।

(iv) कम मूल्य।

(v) पर्यावरण के प्रति सुरक्षित।

(vi) नवीकरणीय।

(vii) हानिकारक अवशेषों की अनुपस्थिति।

(viii) सरल व सुरक्षित उपयोग।

प्रश्न 9. सौर कुकर का उपयोग करने के क्या लाभ तथा हानियाँ हैं? क्या ऐसे भी क्षेत्र हैं जहाँ सौर कुकरों की सीमित उपयोगिता है?

उत्तर *सौर कुकर के उपयोग के लाभ निम्न हैं*

(i) ईंधन की लागत मूल्य कोई नहीं है।

(ii) यह पाक कला की प्रदूषण रहित विधि है।

(iii) यह विधि भोजन के पोषक तत्वों को सुरक्षित रखती है।

(iv) एक समय पर कई खाद्य पदार्थों को पकाना संभव है।

सौर कुकर के उपयोग की हानियाँ निम्न हैं

(i) भोजन को पकाने में अधिक समय लगता है।

(ii) बादलों वाले दिन यह कुकर कार्य नहीं करता है। इसके लिए तेज धूप का होना आवश्यक है।

(iii) कुछ खाद्य पदार्थ; जैसे रोटी आदि को इसके द्वारा पकाना असंभव है।

(iv) सौर कुकर का उपयोग केवल उन स्थानों पर ही संभव है, जहाँ तेज धूप की उपलब्धता हो।

प्रश्न 10. ऊर्जा की बढ़ती माँग के पर्यावरणीय परिणाम क्या हैं? ऊर्जा की खपत को कम करने के उपाय लिखिए।

उत्तर ऊर्जा की बढ़ती माँग का पर्यावरण पर विपरीत प्रभाव हो रहा है, *जो इस प्रकार है*

(i) प्रकृति से संसाधनों के अधिक मात्रा में दोहन से कईं प्राकृतिक चक्रों में व्यवधान आ जाता है।

(ii) अधिक मात्रा में ऊर्जा स्रोतों के उपयोग तथा अवशेषों के द्वारा प्राकृतिक संसाधन; जैसे-वायु, जल, मृदा आदि प्रदूषित होते हैं।

(iii) ग्रीन हाउस गैसों की बढ़ती मात्रा ग्लोबल वार्मिंग उत्पन्न करती है।

(iv) पवन फार्म, बाँध, नाभिकीय संयंत्र आदि के लिए भूमि तैयार करने के लिए वनों व खेतों को नष्ट करना पड़ता है, जिससे प्रदूषण नियंत्रण में भी कठिनाई होती है। साथ ही लोगों के रोजगार तथा वन्य जीवों के आवास नष्ट हो जाते हैं, अतः प्रकृति संतुलन बिगड़ता है।

ऊर्जा की खपत कम करने के लिए निम्न उपाय करने चाहिए

(i) व्यक्तिगत वाहनों का कम उपयोग तथा जन वाहनों (बस आदि) का अधिक उपयोग।

(ii) ऊर्जा के वैकल्पिक स्रोतों (जैसे सौर ऊर्जा) का उपयोग।

(iii) भोजन पकाने के लिए प्रेशर कुकर आदि जैसी युक्तियों का उपयोग।

(iv) घरों में सभी व्यक्ति निश्चित समय पर साथ बैठ कर भोजन करें।

(v) कम दूरी पर जाने के लिए पैदल जाना या साइकिल आदि का उपयोग करें। ईंधन उपयोग करने वाले वाहनों का उपयोग कम करें।

(vi) अच्छी दक्षता वाली युक्तियाँ (स्टोव आदि) व अच्छी क्वालिटी का ईंधन उपयोग करें।

NCERT Exemplar

पुस्तक के चुने गए प्रश्न

बहुविकल्पीय प्रश्न

प्रश्न 1. निम्न में से कौन ऊर्जा का अनवीकरणीय स्रोत है?

(a) लकड़ी (b) सूर्य

(c) जीवाश्मी ईंधन (d) पवन

उत्तर (*c*) जीवाश्मी ईंधन; लकड़ी नवीकरणीय ऊर्जा स्रोत है, क्योंकि पौधों का योजनाबद्ध निरंतर रोपण प्राप्त होता रहेगा। सूर्य एक निरंतर उपलब्ध ऊर्जा स्रोत है तथा पवन भी सूर्य के होने तक निरंतर उपलब्ध ऊर्जा स्रोत है। केवल जीवाश्मी ईंधन ही ऐसा स्रोत है, जिसका निर्माण बहुत अधिक समय में भूपर्पटी के भीतर होता है, अतः यह ही अनवीकरणीय है।

प्रश्न 2. अम्लीय वर्षा का कारण निम्न है

(a) सूर्य वायुमंडल की ऊपरी पर्तों को गरम कर देता है

(b) जीवाश्मी ईंधनों के जलने से बने कार्बन, नाइट्रोजन तथा सल्फर के ऑक्साइड वायुमंडल में पहुँच जाते हैं

(c) बादलों के घर्षण के कारण उनमें विद्युत आवेश उत्पन्न होते हैं

(d) पृथ्वी के वायुमंडल में अम्ल उपस्थित होते हैं

उत्तर (*b*) जीवाश्मी ईंधनों के जलने से बने कार्बन, नाइट्रोजन तथा सल्फर के ऑक्साइड वायुमंडल में पहुँच जाते हैं। ये ऑक्साइड अम्लीय प्रकृति के होते हैं तथा वर्षा के जल में घुल कर अम्लीय वर्षा उत्पन्न करते हैं।

प्रश्न 3. तापीय विद्युत संयंत्र में प्रयुक्त ईंधन है

(a) जल (b) यूरेनियम

(c) जैव मात्रा (d) जीवाश्मी ईंधन

उत्तर (*d*) जीवाश्मी ईंधन; जीवाश्मी ईंधनों (कोयला, पेट्रोलियम आदि) की बहुत बड़ी मात्रा को प्रतिदिन तापीय विद्युत संयंत्रों में जल को उबालने के लिए उपयोग किया जाता है, जिससे उत्पन्न भाप द्वारा टरबाइन को घुमाकर विद्युत का उत्पादन किया जाता है। क्योंकि कोयले तथा पेट्रोलियम के परिवहन की अपेक्षा विद्युत का संचरण अपेक्षाकृत अधिक सरल है। अतः अधिकांश तापीय विद्युत संयंत्रों को कोयले तथा पेट्रोलियम के स्रोतों के निकट ही स्थापित किया जाता है।

प्रश्न 4. एक जल विद्युत संयंत्र में

(a) एकत्रित जल की स्थितिज ऊर्जा को विद्युत में परिवर्तित किया जाता है

(b) एकत्रित जल की गतिज ऊर्जा को स्थितिज ऊर्जा में परिवर्तित किया जाता है

(c) जल से विद्युत का निष्कर्षण किया जाता है

(d) जल को विद्युत में बदलने के लिए भाप में बदला जाता है

उत्तर (*a*) एकत्रित जल की स्थितिज ऊर्जा को विद्युत में परिवर्तित किया जाता है; एकत्रित जल में स्थितिज ऊर्जा होती है। जल को जल विद्युत संयंत्रों में ऊँचाई से टरबाइन पर गिराया जाता है, जिससे टरबाइन घूमता है तथा विद्युत का उत्पादन होता है।

प्रश्न 5. ऊर्जा का मुख्य स्रोत कौन-सा है?

(a) जल (b) सूर्य

(c) यूरेनियम (d) जीवाश्मी ईंधन

उत्तर (*b*) सूर्य; सूर्य ही मुख्य ऊर्जा स्रोत है। अधिकांश ऊर्जा स्रोत अपनी ऊर्जा प्राप्त करने में किसी-न-किसी प्रकार से सौर ऊर्जा का उपयोग करते हैं।

प्रश्न 6. निम्न में से ऊर्जा का कौन-सा रूप प्राप्ति तथा उपयोग के प्रक्रम में निम्नतम प्रदूषण उत्पन्न करता है?

(a) नाभिकीय ऊर्जा

(b) तापीय ऊर्जा

(c) सौर ऊर्जा

(d) भूतापीय ऊर्जा

उत्तर (*c*) सौर ऊर्जा; सौर ऊर्जा प्रदूषण रहित स्रोत है। अन्य सभी स्रोतों की अपेक्षा इसकी युक्तियों के संयोजन तथा उपयोग में निम्नतम प्रदूषण उत्पन्न होता है।

प्रश्न 7. महासागरीय तापीय ऊर्जा निम्न के कारण हैं

(a) महासागर में तरंगों द्वारा एकत्रित ऊर्जा

(b) महासागर में भिन्न स्तरों पर तापमान में भिन्नता

(c) महासागर में भिन्न स्तरों पर दाब में भिन्नता

(d) महासागर में उठने वाले ज्वार भाटे

उत्तर (*b*) महासागर में भिन्न स्तरों पर तापमान में भिन्नता; महासागर की सबसे ऊपरी सतह का जल सूर्य के विकिरण द्वारा ऊष्मा पाकर गर्म हो जाता है, जबकि निम्न स्तरों पर जल का ताप अपेक्षाकृत कम होता है। इस ताप में अंतर का उपयोग महासागरीय तापीय ऊर्जा संयंत्रों द्वारा विद्युत ऊर्जा प्राप्त करने के लिए किया जाता है।

प्रश्न 8. **नाभिकीय ऊर्जा उत्पादन में सबसे मुख्य समस्या है कि किस प्रकार**

(a) नाभिक का विखंडन किया जाए
(b) अभिक्रिया की निरंतरता को बनाया जाए
(c) अपशिष्ट ईंधन का सुरक्षापूर्ण निपटारा किया जाए
(d) नाभिकीय ऊर्जा को विद्युत ऊर्जा में परिवर्तित किया जाए

उत्तर (*c*) अपशिष्ट ईंधन का सुरक्षापूर्ण निपटारा किया जाए; नाभिकीय ऊर्जा उत्पादन में सबसे प्रमुख समस्या है; प्रयुक्त अथवा अपशिष्ट ईंधन का सुरक्षापूर्ण विधि से निपटारा। यदि इसके लिए असुरक्षित विधियाँ अपनाई जाती हैं ,तो पर्यावरण प्रदूषण का खतरा तो बढ़ता ही है, साथ ही साथ किसी भी संभावित दुर्घटना द्वारा उत्पन्न नाभिकीय विकिरण से होने वाली अपार क्षति की संभावना भी रहती है। इसके अतिरिक्त नाभिकीय ईंधन की उपलब्धता भी कम है।

प्रश्न 9. **सोलर (सौर) कुकर का कौन-सा भाग हरित गृह प्रभाव के लिए उत्तरदायी है?**

(a) बक्से के भीतर काले रंग की पर्त
(b) दर्पण
(c) काँच की शीट
(d) सौर कुकर का बाह्य आवरण

उत्तर (*c*) काँच की शीट; क्योंकि यह बक्से में सूर्य के विकिरण द्वारा उत्पन्न ऊष्मा को बक्से से बाहर नहीं जाने देती तथा हरित गृह प्रभाव उत्पन्न करती है।

प्रश्न 10. **बायो गैस का मुख्य अवयव है**

(a) मेथेन
(b) कार्बन डाइऑक्साइड
(c) हाइड्रोजन
(d) हाइड्रोजन सल्फाइड

उत्तर (*a*) मेथेन; उपरोक्त सभी गैसें जैव गैस (bio gas) के संघटक (अवयव) हैं, मगर सबसे अधिक प्रतिशत मात्रा में मेथेन होता है, अतः मेथेन बायो गैस का मुख्य अवयव है।

प्रश्न 11. **पवन चक्की द्वारा उत्पन्न विद्युत ऊर्जा**

(a) वर्षा ऋतु में अधिक होती है, क्योंकि नम वायु का अर्थ है, अधिक वायु की मात्रा का ब्लेडों से टकराना है
(b) टॉवर की ऊँचाई पर निर्भर करती है
(c) पवन के वेग पर निर्भर करती है
(d) को टॉवर के निकट ऊँचे वृक्षों को लगाकर बढ़ाया जा सकता है

उत्तर (*c*) पवन के वेग पर निर्भर करती है; पवन का वेग यदि 15 किमी/घंटा से अधिक होता है, तब ही यह पवन ऊर्जा को विद्युत ऊर्जा में रूपांतरित कर सकने के लिए उपयुक्त होता है। अतः पवन ऊर्जा फार्मों को केवल उन्हीं स्थानों पर लगाया जाता है जहाँ पूरे वर्ष भर पवनें तीव्र वेग से बहती हैं।

प्रश्न 12. निम्न में से सही/सत्य कथन को छाँटिए।

(a) सूर्य को ऊर्जा का असमाप्य स्रोत माना जा सकता है

(b) पृथ्वी के भीतर जीवाश्मी ईंधन के असीमित भंडार हैं

(c) जल एवं पवन विद्युत संयंत्र ऊर्जा के प्रदूषण रहित स्रोत हैं

(d) नाभिकीय विद्युत संयंत्रों में उत्पन्न अपशिष्टों का निपटारा सरल है

उत्तर (*a*) सूर्य को ऊर्जा का असमाप्य स्रोत माना जा सकता है। सूर्य लगभग 5 करोड़ वर्षों से ऊर्जा के बहुत अधिक विकिरण निरंतरता से पृथ्वी तक पहुँचाता रहा है तथा इतने ही वर्षों तक इसी गति से विकिरण प्रदान करता रहेगा, ऐसा वैज्ञानिकों का मत है। इसी कारण से सूर्य को ऊर्जा का असमाप्य स्रोत माना जाता है।

प्रश्न 13. एक जल विद्युत संयंत्र में विद्युत ऊर्जा का अधिक उत्पादन होता है, यदि जल को अधिक ऊँचाई से गिराया जाए, तो

(a) इसका तापमान अधिक हो जाता है

(b) स्थितिज ऊर्जा की अधिक मात्रा को गतिज ऊर्जा में बदला जा सकता है

(c) जल में उपस्थित विद्युत की मात्रा ऊँचाई बढ़ने के साथ-साथ बढ़ती है

(d) अधिक जल के अणु आयनों में आयनीकृत हो जाते हैं

उत्तर (*b*) स्थितिज ऊर्जा की अधिक मात्रा को गतिज ऊर्जा में बदला जा सकता है। जल विद्युत संयंत्र जल की स्थितिज ऊर्जा को गतिज ऊर्जा में बदल कर उससे विद्युत उत्पन्न करते हैं।

प्रश्न 14. निम्न में से गलत कथन को छाँटिए।

(a) हमें वृक्षारोपण के लिए प्रोत्साहन दिया जाता है, जिससे पर्यावरण शुद्ध हो तथा जैव मात्रा ईंधन की उपलब्धता भी होती रहे

(b) जब फसलें, सब्जियों के अपशिष्ट आदि वायु की अनुपस्थिति में अपघटित होते हैं, तब गोबरगैस उत्पन्न होती है

(c) एथेन, बायो गैस का मुख्य संघटक है तथा यह बहुत अधिक मात्रा में धुँआ तथा अवशेष के रूप में राख भी उत्पन्न करता है

(d) बायोमास (biomass) या जैव मात्रा ऊर्जा का एक नवीकरणीय स्रोत है

उत्तर (*c*) एथेन, बायो गैस का एक मुख्य संघटक है तथा यह बहुत अधिक मात्रा में धुँआ तथा अवशेष के रूप में राख भी उत्पन्न करता है।

यह कथन गलत है, क्योंकि बायो गैस का मुख्य संघटक एथेन नहीं, अपितु मेथेन है। साथ ही बायो गैस एक धुँआ रहित ईंधन है जो अवशेष के रूप में राख उत्पन्न नहीं करता है।

शेष तीनों कथन (a), (b) तथा (d) सही हैं।

लघु उत्तरीय प्रश्न

प्रश्न 15. ऊर्जा के गैर-परंपरागत स्रोतों के उत्पादन की आवश्यकता क्यों हैं? मुख्य दो कारण लिखिए।

उत्तर ऊर्जा के गैर-परंपरागत स्रोतों के उत्पादन की आवश्यकता दिनों-दिन बढ़ रही है। *इसके मुख्य कारण निम्न हैं*

(i) औद्योगिकीकरण से उन्नत जीवन स्तर में मशीनों का अधिकाधिक उपयोग तथा

(ii) प्रकृति में जीवाश्मी ईंधनों (कोयला, पेट्रोलियम तथा प्राकृतिक गैस आदि) के सीमित भंडारों का होना।

प्रश्न 16. महासागर से ऊर्जा उत्पादन की दो प्रमुख विधियाँ कौन-सी हैं?

उत्तर *महासागर से ऊर्जा दो रूपों में प्राप्त की जा सकती है*

(i) **ज्वारीय ऊर्जा** घूर्णन गति करती पृथ्वी पर मुख्य रूप से चंद्रमा के गुरुत्वीय खिंचाव के कारण सागरों में जल का स्तर चढ़ता व गिरता रहता है। इस परिघटना को ज्वार-भाटा कहते हैं। ज्वार भाटे में जल के स्तर के चढ़ने तथा गिरने से हमें ज्वारीय ऊर्जा प्राप्त होती है।

ज्वारीय ऊर्जा का दोहन सागर के किसी संकीर्ण क्षेत्र पर बाँध का निर्माण करके किया जाता है। बाँध के द्वार पर स्थापित टरबाइन द्वारा ज्वारीय ऊर्जा को विद्युत ऊर्जा में रूपांतरित कर दिया जाता है।

(ii) **महासागरीय तापीय ऊर्जा** समुद्रों अथवा महासागरों के पृष्ठ का जल सूर्य द्वारा तप्त हो जाता है, जबकि इनके गहराई वाले भाग का जल अपेक्षाकृत ठंडा होता है। जब सागर के पृष्ठ जल तथा 2 किमी की गहराई पर जल के ताप में कम से कम 20°C का अंतर होता है, तब तापीय ऊर्जा रूपांतरण (OTEC) विद्युत संयंत्र द्वारा इस अंतर का उपयोग करके विद्युत ऊर्जा प्राप्त की जाती है।

पृष्ठ के तप्त जल का उपयोग अमोनिया जैसे वाष्पशील द्रवों को उबालने में किया जाता है। इस प्रकार बनी द्रवों की वाष्प फिर जनित्र के टरबाइन को घुमाती है। महासागर की गहराइयों से ठंडे जल को पंपों से खींच कर वाष्प को ठंडा करके फिर से द्रव में संघनित किया जाता है।

प्रश्न 17. आप जीवाश्मी ईंधन के जलने से उत्पन्न होने वाले पर्यावरणीय प्रदूषण को कम करने के लिए क्या-क्या उपाय करेंगे?

उत्तर *पर्यावरणीय प्रदूषण को कम करने के उपाय निम्न हैं*

(i) जीवाश्मी ईंधन को जलाने के लिए उच्च दक्षता वाली युक्तियों का उपयोग।

(ii) जीवाश्मी ईंधन को प्रत्यक्ष रूप से न जला कर उन्हें अधिक दक्ष ईंधन में परिवर्तित करना।

उदाहरण कोयला से कोयला गैस, पेट्रोलियम से LPG, प्राकृतिक गैस से संपीडित प्राकृतिक गैस (CNG), आदि।

(iii) फैक्ट्रियों में धुँए के निष्कासन के लिए ऊँची चिमनियों का उपयोग।

(iv) वाहनों में अच्छी गुणवत्ता वाले ईंधन का उपयोग।

प्रश्न 18. एक सौर कुकर में समतल दर्पण तथा काँच की शीट का क्या कार्य है?

उत्तर समतल दर्पण का कार्य सूर्य की किरणों को फोकस करना है, जिससे उच्च तापमान प्राप्त किया जा सके।

काँच की शीट एक अच्छा ऊष्मारोधी है। अतः यह सूर्य के विकिरण द्वारा उत्पन्न ऊष्मा को बाहर वापिस जाने से रोकता है। दूसरे शब्दों में, यह हरित गृह प्रभाव उत्पन्न करता है।

प्रश्न 19. सौर सेल के तीन लाभ लिखिए।

उत्तर *सौर सेल के लाभ निम्न हैं*

(i) इसमें कोई गतिमान पुरजा नहीं होता।

(ii) इनका रखरखाव सस्ता है तथा ये बिना किसी फोकस युक्ति के काफी संतोषजनक कार्य करते हैं।

(iii) इन्हें सुदूर तथा अगम्य स्थानों में स्थापित किया जा सकता है। इन्हें उन छितरे बसे हुए क्षेत्रों में भी स्थापित किया जा सकता है। जहाँ शक्ति संचरण के लिए केबल बिछाना बहुत अधिक खर्चीला तथा अव्यावहारिक भी है।

प्रश्न 20. जैव मात्रा क्या है? जैव-मात्रा से जैव ऊर्जा प्राप्त करने के लिए क्या किया जा सकता है?

उत्तर जैव मात्रा (Bio mass) पादप तथा जंतुओं से प्राप्त उत्पाद, जिन्हें ऊर्जा प्राप्ति के लिए उपयोग किया जा सकता है, जैव-मात्रा कहलाते हैं। ये पादपों के भाग तथा जंतुओं के अपशिष्ट व फलों-सब्जियों के छिलके आदि हो सकते हैं।

जैव मात्रा से जैव ऊर्जा प्राप्त करने की विधियाँ निम्न हैं

(i) लकड़ी के भंजक आसवन (वायु की अनुपस्थिति में गर्म करना) द्वारा चारकोल उत्पन्न किया जाता है, चारकोल लकड़ी की अपेक्षा अधिक दक्ष ईंधन है। यह कम धुँआ उत्पन्न करता है तथा बिना ज्वाला के जलता है।

(ii) गोबर, फसलों के कटने के पश्चात् बचे अवशिष्ट सब्जियों व फलों के अपशिष्ट जैसे विविध पादप तथा वाहित मल को बायो गैस संयंत्र में वायु की अनुपस्थिति में अपघटित करके बायो गैस उत्पन्न की जाती है।

बायो गैस एक स्वच्छ, धुँआरहित व दक्ष ईंधन है, जिसके निर्माण की प्रक्रिया पर्यावरणीय प्रदूषण को भी कम करती है तथा शेष स्लरी कृषि हेतु एक उत्तम खाद होती है।

प्रश्न 21. पवन द्वारा ऊर्जा प्राप्त करने की क्या सीमाएँ हैं?

उत्तर *पवन द्वारा ऊर्जा प्राप्त करने की निम्न सीमाएँ हैं*

(i) पवन ऊर्जा फार्म केवल उन्हीं क्षेत्रों में स्थापित किए जा सकते हैं जहाँ वर्ष के अधिकांश दिनों में तीव्र पवन चलती हो।

(ii) पवन की चाल भी 15 किमी/घंटा से अधिक होनी चाहिए।

(iii) इसके साथ ही संचायक सेलों जैसी कोई पूर्तिकर सुविधा भी होनी चाहिए, जिसका उपयोग आवश्यकताओं की पूर्ति के लिए उस समय किया जा सके जब पवन नहीं चलती हो।

(iv) ऊर्जा फार्म स्थापित करने के लिए एक विशाल भूखंड (1 मेगावाट जनित्र के लिए लगभग 2 हेक्टेयर) की आवश्यकता होती है।

(v) पवन ऊर्जा फार्म स्थापित करने की आरंभिक लागत काफी अधिक है। साथ ही उच्च स्तर के रखरखाव की भी आवश्यकता है।

दीर्घ उत्तरीय प्रश्न

प्रश्न 22. नाभिकीय ऊर्जा उत्पादन के लिए इन दिनों कौन-सा प्रक्रम अपनाया जाता है? संक्षेप में समझाइए।

उत्तर इन दिनों नाभिकीय ऊर्जा उत्पादन के लिए जिस अभिक्रिया का उपयोग किया जाता है, उसे **नाभिकीय विखंडन** कहते हैं। इस अभिक्रिया में किसी भारी रेडियोएक्टिव तत्व के परमाणु (जैसे यूरेनियम, प्लूटोनियम, थोरियम आदि) के नाभिक को निम्न ऊर्जा के न्यूट्रॉनो से बमबारी कराकर हल्के नाभिकों में तोड़ा जा सकता है। इस प्रक्रिया में विशाल मात्रा में ऊर्जा मुक्त होती है।

विघुत उत्पादन के लिए डिजाइन किए गए नाभिकीय संयंत्रों में इस प्रकार के नाभिकीय ईंधन स्वपोषी विखंडन शृंखला अभिक्रिया का एक भाग होता हैं जिनमें नियंत्रित दर पर ऊर्जा मुक्त होती है। इस मुक्त ऊर्जा का उपयोग भाप बना कर विद्युत उत्पन्न करने में किया जा सकता है।

नाभिकीय विद्युत शक्ति संयंत्रों के प्रमुख संकट निम्न हैं

(i) पूर्णतः उपयोग होने के पश्चात् शेष बचे नाभिकीय ईंधन का भंडारण तथा निपटारा करना। यदि ऐसा न किया जाए, तो हानिकारक विकिरण को बहुत अधिक क्षति पहुँचती है।

(ii) नाभिकीय विकिरणों के आकस्मिक रिसाव का खतरा।

(iii) नाभिकीय विद्युत शक्ति संयंत्रों के प्रतिष्ठापन की अत्यधिक लागत।

(iv) यूरेनियम की सीमित उपलब्धता।

प्रश्न 23. **सौर ऊर्जा का उत्पादन किस प्रकार किया जा सकता है? सौर ऊर्जा के उपयोग की दो मुख्य सीमाएँ क्या हैं? इन सीमाओं का निराकरण कैसे किया जा सकता है?**

उत्तर *सौर ऊर्जा के उत्पादन के लिए प्रयुक्त मुख्य युक्तियाँ निम्न हैं*

(i) **सौर कुकर तथा सौर जल तापक** इनमें सूर्य की किरणों को फोकसित करने के लिए दर्पणों का उपयोग किया जाता है, जिससे उच्च ताप उत्पन्न होता है। बक्से का काला पृष्ठ अधिक ऊष्मा अवशोषित करता है तथा काँच की शीट ऊष्मा को वापिस बाह्य वातावरण में जाने से रोकती है। इस प्रकार सौर कुकर भोजन के पौष्टिक तत्वों को बनाए रखते हुए पकाने में तथा सौर जल तापक जल को उबालने में प्रयोग किए जाते हैं।

(ii) **सौर सेल** सौर सेल सौर ऊर्जा को विद्युत ऊर्जा में रूपांतरित करती है। धूप में रखे जाने पर किसी प्रारूपी सौर सेल से 0.5-1.0 वोल्ट तक वोल्टता तथा लगभग 0.7 वाट विद्युत उत्पन्न की जा सकती है। कई सौर सेलों को एक साथ संयोजित करने की व्यवस्था को सौर पैनल कहते हैं, जिसके द्वारा अधिक विद्युत ऊर्जा उत्पन्न की जाती है।

सौर ऊर्जा के उपयोग की सीमाएँ निम्न हैं

(i) केवल दिन के समय तथा धूप वाले दिनों में ही सौर ऊर्जा का उपयोग किया जा सकता है।

(ii) सौर सेलों के उत्पादन की समस्त प्रक्रिया अभी महँगी है।

इन सीमाओं का निराकरण करने के लिए

(a) ऐसे सौर सेलों का निर्माण व उपयोग किया जाना चाहिए जो सौर ऊर्जा को विद्युत ऊर्जा में रूपांतरित करते हों।

(b) सौर सेल पैनलों को विशिष्ट रूप से डिजाइन की गई आनत छतों पर स्थापित किया जाना चाहिए, जहाँ अधिक-से-अधिक सौर विकिरण आपतित हो।

प्रश्न 24. **ऊर्जा के गैर परंपरागत स्रोतों के निर्माण की आवश्यकता क्यों महसूस की जा रही है? महासागर से ऊर्जा के दोहन की विभिन्न विधियाँ कौन-कौन सी हैं?**

उत्तर *ऊर्जा के गैर परम्परागत स्रोतों के निर्माण की आवश्यकता के प्रमुख कारण निम्न हैं*

(i) औद्योगिकीकरण से उन्नत जीवन स्तर में मशीनों का अधिकाधिक उपयोग तथा

(ii) प्रकृति में जीवाश्मी ईंधनों (कोयला, पेट्रोलियम तथा प्राकृतिक गैस आदि) के सीमित भंडारों का होना।

महासागर से ऊर्जा के दोहन की प्रमुख विधियाँ निम्न हैं

(i) **ज्वारीय ऊर्जा** घूर्णन गति करती पृथ्वी पर मुख्य रूप से चंद्रमा के गुरुत्वीय खिंचाव के कारण सागरों में जल का स्तर चढ़ता-गिरता रहता है (ज्वार-भाटा)। ज्वारा-भाटे में जल के चढ़ने-गिरने से जो ऊर्जा प्राप्त होती है, उसे ज्वारीय

ऊर्जा कहते हैं। ज्वारीय ऊर्जा का दोहन सागर के किसी संकीर्ण क्षेत्र पर बाँध का निर्माण करके किया जाता है। बाँध के द्वार पर स्थापित टरबाइन द्वारा ज्वारीय ऊर्जा को विद्युत ऊर्जा में रूपांतरित किया जाता है।

(ii) **तरंग ऊर्जा** समुद्र में उठने वाली प्रबल तरंगों से भी गतिज ऊर्जा प्राप्त कर उसे विद्युत ऊर्जा में रूपांतरित किया जाता हैं। विभिन्न विकसित युक्तियों द्वारा इन तरंगों की सहायता से टरबाइन घुमाकर विद्युत उत्पन्न की जाती है।

(iii) **महासागरीय तापीय ऊर्जा** समुद्रों अथवा महासागरों के पृष्ठ का जल सूर्य द्वारा तप्त हो जाता है, जबकि इनके गहराई वाले भाग का जल अपेक्षाकृत ठंडा होता है।

जब सागर के पृष्ठ जल तथा 2 किमी की गहराई पर जल के ताप में कम से कम 20°C का अंतर होता है, तब तापीय ऊर्जा रूपांतरण (OTEC) विद्युत संयंत्र द्वारा इस अंतर का उपयोग करते हुए विद्युत ऊर्जा प्राप्त की जाती है।

पृष्ठ के तप्त जल का उपयोग अमोनिया जैसी वाष्पशील द्रवों को उबालने में किया जाता है। इस प्रकार बनी द्रवों की वाष्प फिर जनित्र के टरबाइन को घुमाती है। महासागर की गहराइयों से ठंडे जल को पंपों से खींचकर वाष्प को ठंडा करके फिर से द्रव में संघनित किया जाता है।

प्रश्न 25. जीवाश्मी ईंधनों को जलाने के पर्यावरणीय प्रभाव क्या हैं? ऊर्जा के विभिन्न स्रोतों (गैर-परंपरागत स्रोतों सहित) द्वारा उत्पन्न पर्यावरणीय प्रदूषण को कम करने के उपाय लिखिए।

उत्तर *जीवाश्मी ईंधनों के जलाने से पर्यावरण पर होने वाले विपरीत प्रभाव निम्न हैं*

(i) कोयला तथा पेट्रोलियम आदि, दहन के उपरांत वायु प्रदूषण (धुआँ) उत्पन्न करते हैं।

(ii) कोयले में उपस्थित कार्बन, सल्फर तथा नाइट्रोजन दहन के उपरांत जो ऑक्साइड (CO_2, SO_2 व NO_2) उत्पन्न करते हैं, वे अम्लीय प्रकृति के होते हैं। ये अम्लीय ऑक्साइड वर्षा के जल में घुल कर अम्लीय वर्षा उत्पन्न करते हैं, जो सजीवों व पर्यावरण तथा भवनों आदि को क्षति पहुँचाती है।

(iii) जीवाश्मी ईंधन के दहन से CO_2 गैस उत्पन्न होती है, जिससे इसकी मात्रा वायुमंडल में सामान्य (0.03%) से अधिक हो जाने के कारण यह हरित गृह प्रभाव तथा ग्लोबल वार्मिंग उत्पन्न करती है।

पर्यावरणीय प्रदूषण को कम करने के उपाय निम्न हैं

(i) दहन प्रक्रम की दक्षता में वृद्धि करना; जैसे-लकड़ी से चारकोल, कोयला से कोयला गैस तथा कोक तथा गोबर से उपलों के बजाय गोबर गैस बनाना।

(ii) जीवाश्मी ईंधन को गैस स्टोवों (चूल्हों) तथा वाहनों में प्रत्यक्ष रूप से उपयोग होने के अतिरिक्त विद्युत उत्पन्न करना।

(iii) LPG व CNG का घरेलू ईंधन तथा वाहनों में योजनाबद्ध तथा सुनियोजित उपयोग।

(iv) योजनाबद्ध वृक्षारोपण।

(v) ऊर्जा के अपव्यय (किसी भी रूप) पर पूर्ण प्रतिबंध।

(vi) ऊर्जा संरक्षण के संबंध में शिक्षा का प्रचार-प्रसार व नई तकनीकों की खोज। *जैसे*– आवश्यकता न होने पर लिफ्ट के स्थान पर पैदल-सीढ़ियों का उपयोग, स्कूटर के स्थान पर साइकिल व पैदल जाना अथवा पब्लिक ट्रांसपोर्ट जैसे बस आदि का उपयोग।

(vii) मशीनों पर निर्भरता कम कर स्वास्थ्य को उत्तम बनाकर पेशीय ऊर्जा का अधिक उपयोग।

प्रश्न 26. विभिन्न स्रोतों द्वारा प्राप्त ऊर्जा प्रत्यक्ष या अप्रत्यक्ष रूप से सूर्य से ही आती है। क्या आप इस कथन से सहमत हैं? अपने उत्तर की पुष्टि कीजिए।

उत्तर हाँ, यह कथन सही है। विभिन्न स्रोतों द्वारा प्राप्त ऊर्जा प्रत्यक्ष या अप्रत्यक्ष रूप से सूर्य से ही आती है।

उदाहरण जीवाश्मी ईंधन, जैव मात्रा, पवन ऊर्जा, सौर ऊर्जा, समुद्रों से प्राप्त ज्वारीय ऊर्जा, तरंग ऊर्जा, महासागरीय तापीय ऊर्जा तथा भूतापीय ऊर्जा।

इसको अधिक स्पष्ट करने के लिए निम्न आरेख निर्मित है

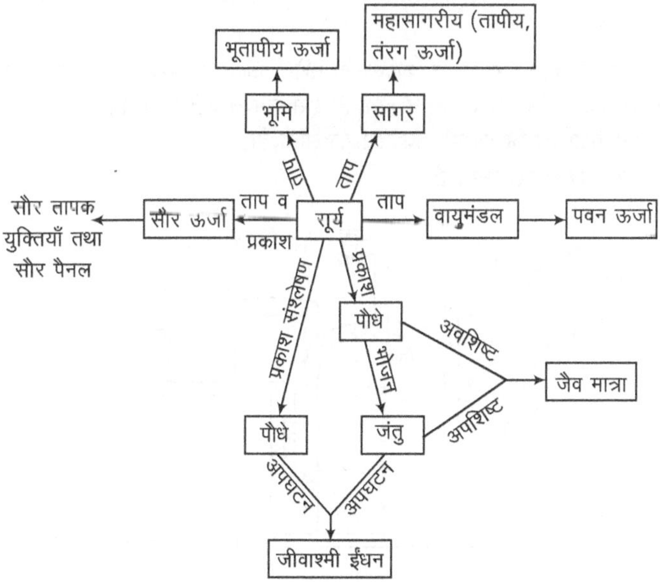

तत्पश्चात् इन सभी ऊर्जाओं का प्रयोग भिन्न-भिन्न संयंत्रों में विद्युत उत्पादन हेतु किया जाता है। उपरोक्त प्रमाणों द्वारा स्पष्ट है कि अधिकांश ऊर्जा स्रोत किसी-न-किसी रूप में सौर ऊर्जा का ही उपयोग करते हैं, अतः सौर ऊर्जा के व्युत्पन्न कहे जा सकते हैं।

[**नोट** *अधिक व्याख्या के लिए संबंधित ऊर्जा स्रोत का विवरण देखें।*]

प्रश्न 27. जैव मात्रा क्या है? बायो गैस (या जैव गैस) संयंत्र का सिद्धांत तथा क्रिया विधि को नामांकित चित्र की सहायता से समझाइए।

उत्तर जैव मात्रा (Biomass) जैव मात्रा उस ईंधन को कहते हैं, जो पादप तथा जंतु उत्पादों से उपलब्ध होता है।

उदाहरण लकड़ी, गोबर, फसलों को काटने के पश्चात् बचे अवशिष्ट, सब्जियों व फलों के अवशिष्ट जंतु अपशिष्ट आदि।

क्योंकि जैव मात्रा से बहुत अधिक मात्रा में (प्रत्यक्ष) ऊर्जा उत्पन्न नहीं होती है, साथ ही उत्पन्न धुएँ की मात्रा भी बहुत अधिक होती है, इसलिए जैव मात्रा का प्रत्यक्ष उपयोग न कर इससे बायो गैस का निर्माण किया जाता है। बायो गैस एक स्वच्छ, दक्ष व धुँआरहित ईंधन है।

जैव गैस संयंत्र का सिद्धांत अवायवीय सूक्ष्म जीव, जिन्हें जीवित रहने के लिए ऑक्सीजन की आवश्यकता नहीं होती, गोबर की स्लरी के जटिल यौगिकों का अपघटन कर देते हैं।

अपघटन प्रक्रम पूरा होने तथा इसके फलस्वरूप मेथेन, कार्बन डाइऑक्साइड, हाइड्रोजन तथा हाइड्रोजन सल्फाइड जैसी गैसें उत्पन्न होती हैं। इस समस्त प्रक्रिया में 50-60 दिन का समय लगता है, इन गैसों का मिश्रण ही जैव गैस कहलाता है।

जैव गैस संयंत्र का मॉडल निम्न है

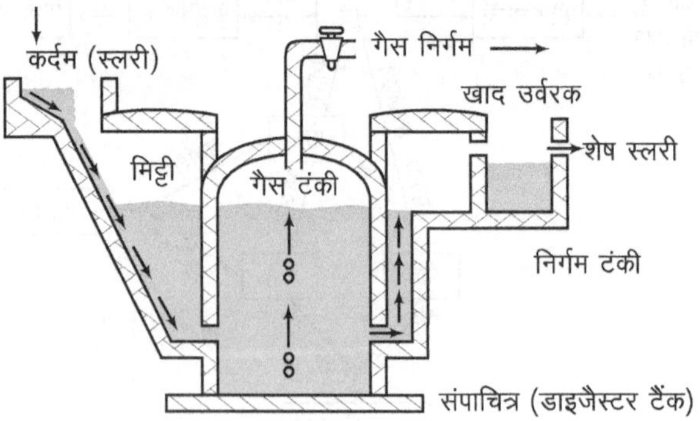

जैव गैस संयंत्र की क्रियाविधि

इस संयंत्र में ईंटों से बनी गुंबद जैसी संरचना होती है। गोबर तथा जल का एक गाढ़ा घोल (स्लरी) बनाकर इसे संपाचित्र (डाइजैस्टर) टैंक में डाल देते हैं। संपाचित्र चारों ओर से बंद एक कक्ष होता है, जिसमें ऑक्सीजन नहीं होती।

अवायवीय सूक्ष्म जीव गोबर की स्लरी में उपस्थित जटिल यौगिकों को सरल पदार्थों (H_2, CH_4, CO_2 तथा H_2S) में बदल देते हैं। यह प्रक्रिया एक बार शुरू होकर गैस बनना प्रारंभ होने तक में 50-60 दिन का समय लेती है। जैव गैस (उपरोक्त गैसों का मिश्रण) संपाचित्र के ऊपर बनी गैस टंकी में संचित होती रहती है, जिसे उपयोग हेतु गैस निर्गम पाइप से बाहर निकाल लिया जाता है।

शेष स्लरी कृषि के लिए उत्तम खाद है, जिसे समय-समय पर निकाल लिया जाता है व दूसरी ओर से ताजा स्लरी को टैंक में समय-समय पर डाला जाता है। एक बार जैव गैस संयंत्र चालू होने पर गैस निर्माण प्रक्रिया निरंतर चलती रहती है।

15
हमारा पर्यावरण

पर्यावरण से तात्पर्य, जीव के चारों ओर के परिवेश से है, जिसका जीवों की विभिन्न क्रियाओं पर प्रत्यक्ष अथवा परोक्ष प्रभाव पड़ता है। अतः जीवों एवं उनके वातावरण में एक प्रकार का पारस्परिक संबंध होता है।

क्या होता है, जब हम अपने अपशिष्ट पर्यावरण में डालते हैं? (What Happens, When we Add our Waste to the Environment?)

दैनिक कार्यों में हम बहुत से ऐसे पदार्थ उत्पादित करते हैं, जिन्हें फेंकना पड़ता है। इनमें से कुछ अपशिष्ट पदार्थ होते हैं। मनुष्य में भोजन का पाचन विभिन्न विशिष्ट एंजाइमों द्वारा होता है। दूसरे शब्दों में एक विशेष प्रकार के पदार्थ का पाचन अपघटन एक विशिष्ट एंजाइम द्वारा ही संभव है। इसी कारण बहुत से मानव-निर्मित पदार्थ; *जैसे*—प्लास्टिक का अपघटन, जीवाणु अथवा दूसरे मृतजीवियों द्वारा नहीं हो सकता।

वे पदार्थ, जो सूक्ष्मजीवों के द्वारा अपघटित हो जाते हैं **जैव-निम्नीकरणीय** कहलाते हैं। वे पदार्थ, जो इस प्रक्रम में अपघटित नहीं होते **अजैव-निम्नीकरणीय** कहलाते हैं। यह पदार्थ सामान्यत: अक्रिय हैं तथा लंबे समय तक पर्यावरण में उपस्थित रहते हैं और पर्यावरण के अन्य सदस्यों को हानि पहुँचाते हैं।

पारितंत्र-इसके संघटक क्या हैं?
(Ecosystem–What are its Components?)

सभी जीव, *जैसे* पौधे, जंतु, सूक्ष्मजीव, मानव (जैव कारक) तथा भौतिक कारक जैसे सौर विकिरण जल, वायु मृदा में परस्पर अन्योन्य क्रिया होती रहती हैं तथा प्रकृति में संतुलन बना रहता हैं। किसी क्षेत्र के सभी जीव तथा वातावरण के अजैव

कारक संयुक्त रूप से **पारितंत्र** बनाते हैं। ताप, वर्षा, वायु, मृदा एवं खनिज आदि पारितंत्र के अजैव घटक हैं।

उदाहरण बगीचा एक पारितंत्र है, जिसमें विभिन्न पौधे; *जैसे*—घास, गुलाब, चमेली, सूरजमुखी, आदि तथा मेंढक, कीट, पक्षी, आदि जंतु होते हैं। यह सभी सजीव परस्पर अन्योन्य क्रिया करते हैं। इनकी वृद्धि, जनन एवं अन्य क्रियाकलाप पारितंत्र के अजैव घटकों द्वारा प्रभावित होते हैं।

वन, तालाब तथा झील **प्राकृतिक पारितंत्र** हैं, जबकि बगीचा तथा खेत **मानव-निर्मित (कृत्रिम) पारितंत्र** हैं।

जीवन निर्वाह के आधार पर जीवों को तीन वर्गों में बाँटा गया है

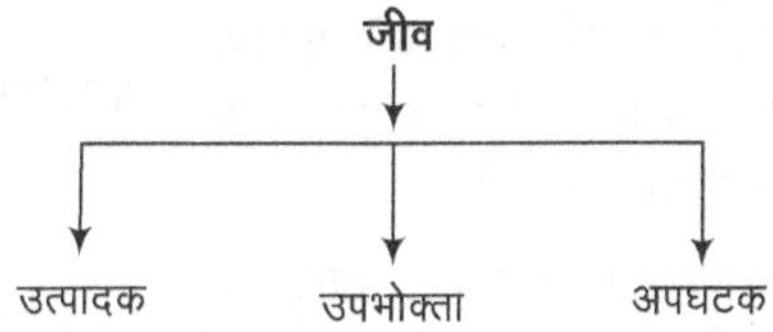

1. **उत्पादक** हरे पौधे एवं नील-हरित शैवाल, आदि जिनमें प्रकाश-संश्लेषण की क्षमता होती है, **उत्पादक** कहलाते हैं।
2. **उपभोक्ता** जो जीव उत्पादक द्वारा उत्पादित भोजन पर प्रत्यक्ष या परोक्ष रूप से निर्भर रहते हैं, **उपभोक्ता** कहलाते हैं।
   आहार के आधार पर उपभोक्ता को चार वर्गों में बाँटा गया है

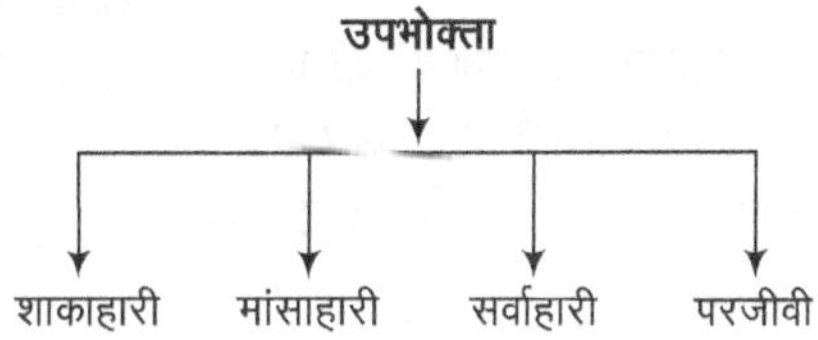

3. **अपघटक** जीवाणु और कवक; *जैसे*—सूक्ष्मजीव, मृतजीव अवशेषों का अपमार्जन करते हैं। ये सूक्ष्मजीव अपमार्जक हैं, जो जटिल कार्बनिक पदार्थों को सरल अकार्बनिक पदार्थों में बदल देते हैं, जो मिट्टी में चले जाते हैं तथा पौधों द्वारा पुनः उपयोग में लाए जाते हैं।

आहार श्रृंखला एवं जाल (Food Chains and Webs)

जीवों की एक श्रृंखला होती है, जिसमें जीव एक-दूसरे का आहार (खाते) करते हैं। चिभिन्न जैविक स्तरों पर भाग लेने वाले जीवों की इस श्रृंखला को खाघया **आहार श्रृंखला** कहते हैं।

आहार शृंखला का प्रत्येक चरण या कड़ी एक पोषी स्तर बनाते हैं। प्रथम पोषी स्तर में स्वपोषी या उत्पादक हैं तथा सौर ऊर्जा का स्थिरीकरण करके उसे विषमपोषियों या उपभोक्ताओं के लिए उपलब्ध कराते हैं।

शाकाहारी या प्राथमिक उपभोक्ता द्वितीय पोषी स्तर, छोटे मांसाहारी अथवा द्वितीयक उपभोक्ता तीसरे पोषी स्तर तथा बड़े मांसाहारी या तृतीयक उपभोक्ता चौथे पोषी स्तर का निर्माण करते हैं।

प्रकृति में आहार शृंखला (a) **वन में**

एक स्थलीय पारितंत्र में हरे पौधे की पत्तियों द्वारा प्राप्त होने वाली सौर ऊर्जा का लगभग 1% भाग खाद्य ऊर्जा में परिवर्तित किया जाता है।

जब हरे पौधे प्राथमिक उपभोक्ता द्वारा खाए जाते हैं, तो खाए हुए भोजन की मात्रा का लगभग 10% ही जैव ऊर्जा में बदल पाता है तथा अगले स्तर के उपभोक्ता को उपलब्ध हो पाता है।

उपभोक्ता के अगले स्तर के लिए ऊर्जा की बहुत कम मात्रा उपलब्ध हो पाती है अत: आहार शृंखला सामान्यत: तीन अथवा चार चरण की होती है।

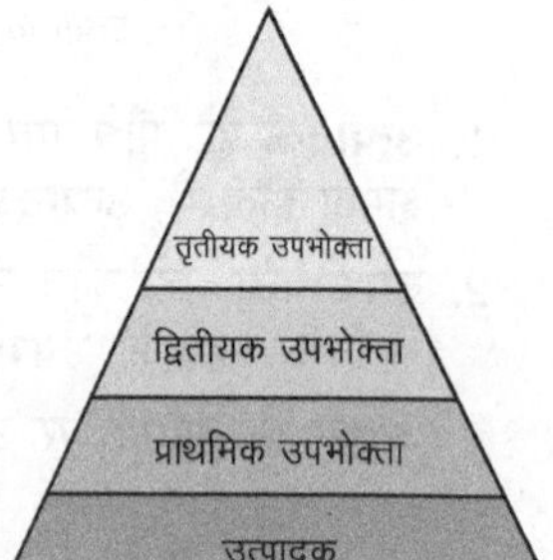

पोषी स्तर

एक सीधी आहार शृखंला के बजाए जीवों के मध्य आहार संबंध शाखांवित होते हैं तथा शाखांवित शृंखलाओं का एक जाल बनाते हैं, जिसे **खाद्य** या **आहार जाल** कहते हैं।

अनेक आहार शृंखलाओं से बना आहार जाल

ऊर्जा-प्रवाह से दो निष्कर्ष निकलते हैं

(i) ऊर्जा प्रवाह एकदिशीय अर्थात एक ही दिशा में होता है।

(ii) स्वपोषी जीवों द्वारा ग्रहण की गई ऊर्जा पुन: सौर ऊर्जा में परिवर्तित नहीं होती तथा ऊर्जा पहले स्तर के लिए उपलब्ध नहीं होती।

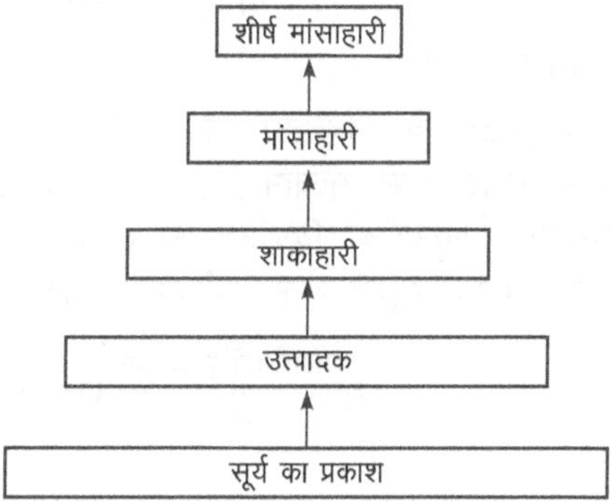

एक पारितंत्र में ऊर्जा के प्रवाह का आरेख चित्र

आहार श्रृंखला का दूसरा पहलू यह भी है कि कुछ हानिकारक रासायनिक पदार्थ आहार श्रृंखला से होते हुए हमारे शरीर में प्रवेश कर जाते हैं। जल प्रदूषण का एक कारण विभिन्न फसलों को रोग एवं पीड़कों से बचाने के लिए पीड़कनाशक एवं रसायनों का अत्यधिक प्रयोग करना है। ये रसायन बहकर मिट्टी में या जल स्रोत में चले जाते हैं।

मिट्टी से इन पदार्थों का पौधे द्वारा जल एवं खनिजों के साथ-साथ अवशोषण हो जाता है तथा जलाशयों से ये जलीय पौधों एवं जंतुओं में प्रवेश करते हैं। इस तरीके से वे आहार श्रृंखला में प्रवेश करते हैं। आहार श्रृंखला में मनुष्य शीर्षस्थ है अत: हमारे शरीर में यह रसायन सर्वाधिक मात्रा में संचित हो जाते हैं इस प्रक्रिया को जैव-आवर्धन कहते हैं।

हमारे क्रियाकलाप पर्यावरण को किस प्रकार प्रभावित करते हैं? (How do our Activities Affect the Environment?)

हम सब पर्यावरण का समेकित भाग हैं। पर्यावरण में परिवर्तन हमें प्रभावित करते हैं तथा हमारे क्रियाकलाप/गतिविधियाँ हमारे चारों ओर के पर्यावरण को प्रभावित करती हैं।

पर्यावरण संबंधी दो समस्याएँ हैं

1. ओजोन परत का अपक्षय 2. अपशिष्ट निपटान।

ओजोन परत तथा यह किस प्रकार अपक्षयित होती है?
(Ozone Layer and How it is Getting Depleted ?)

ओजोन के अणु ऑक्सीजन के तीन परमाणुओं से बनते हैं। जहाँ ऑक्सीजन सभी प्रकार के वायवीय जीवों के लिए आवश्यक है वहीं ओजोन एक घातक विष है, ओजोन सूर्य से आने वाली पराबैंगनी विकिरणें से पृथ्वी को सुरक्षा प्रदान करती है। यह पराबैंगनी विकिरणें मानव में त्वचा का कैंसर उत्पन्न करती है।

वायुमंडल के उच्चतम स्तर पर पराबैंगनी (UV) विकिरण के प्रभाव से ऑक्सीजन (O_2) से ओजोन (O_3) बनती है। उच्च ऊर्जा वाले पराबैंगनी विकिरण ऑक्सीजन अणुओं को विघटित कर स्वतंत्र ऑक्सीजन परमाणु बनाते हैं, O_2 के ये स्वतंत्र परमाणु संयुक्त होकर **ओजोन** बनाते हैं।

$$O_2 \xrightarrow[\text{(UV)}]{\text{पराबैंगनी विकिरण}} O + O \qquad O + O_2 \longrightarrow \underset{\text{(ओजोन)}}{O_3}$$

मानव द्वारा संश्लेषित रसायनों, *जैसे*—क्लोरोफ्लोरोकार्बन्स (CFCs) के कारण, 1980 से वायुमंडल में ओजोन की मात्रा में तीव्रता से गिरावट आ रही है। इनका उपयोग रेफ्रीजरेटर एवं अग्निशमन के लिए किया जाता है। 1987 में संयुक्त राष्ट्र पर्यावरण क्रार्यकम (UNEP) में सर्वानुमति बनी कि CFCs के उत्पादन को 1986 के स्तर पर ही सीमित रखा जाए।

कचरा प्रबंधन (Managing Garbage)

किसी भी नगर एवं कस्बे में जाने पर चारों ओर कचरे के ढेर दिखाई देते हैं। हमारी जीवन शैली में सुधार के साथ उत्पादित कचरे की मात्रा भी बहुत अधिक बढ़ गई है। हम निवर्तनीय वस्तुओं का प्रयोग करने लगे हैं। पैकेजिंग के तरीकों में बदलाव से अजैव-निम्नीकरणीय वस्तु के कचरे में पर्याप्त वृद्धि हुई है।

क्या आप जानते हैं?
रेलगाड़ियों में प्रयोज्य (निवर्तनीय) कप
(Disposable Cups in Trains)

डिस्पोजेबल कप एवं गिलास के उपयोग को इस आधार पर बढ़ावा मिला कि वे स्वच्छ एवं स्वास्थ्यकर हैं। प्रतिदिन लाखों की संख्या में उपयोग किए जाने वाले इन कपों का बहुत समाघात होता है। फिर कुल्हड़ के कप का इस्तेमाल हुआ, परंतु इतनी बड़ी संख्या में कुल्हड़ बनाने से उर्वरक मिट्टी का उपयोग अधिक होता है। वर्तमान समय में कागज के डिस्पोजेबल कप का इस्तेमाल हो रहा है।

प्रश्नावली

पृष्ठ 294

प्रश्न 1. पोषी स्तर क्या है? एक आहार शृंखला का उदाहरण दीजिए तथा इसमें विभिन्न पोषी स्तर बताइए।

उत्तर पोषी स्तर आहार शृंखला का प्रत्येक चरण या कड़ी एक पोषी स्तर बनाता है। *आहार शृंखला निम्न पोषी स्तरों से मिलकर बनी होती हैं*

(i) **प्रथम पोषी स्तर** इसमें स्वपोषी या उत्पादक आते हैं, जो सौर ऊर्जा का स्थिरीकरण करके उसे विषमपोषियों या उपभोक्ताओं के लिए उपलब्ध कराते हैं; *जैसे*—हरे पेड़-पौधे, आदि।

(ii) **द्वितीय पोषी स्तर** इसके अंतर्गत समस्त शाकाहारी या प्राथमिक उपभोक्ता आते हैं; *जैसे*—खरगोश, हिरन, चूहा, आदि।

(iii) **तृतीय पोषी स्तर** इसके अंर्तगत छोटे मांसाहारी या द्वितीयक उपभोक्ता आते हैं; *जैसे*—मेंढक, मछली, आदि।

(iv) **चौथे पोषी स्तर** इसके अंतर्गत बड़े मांसाहारी या तृतीयक उपभोक्ता आते हैं; *जैसे*—शेर, चीता, बाज, आदि।

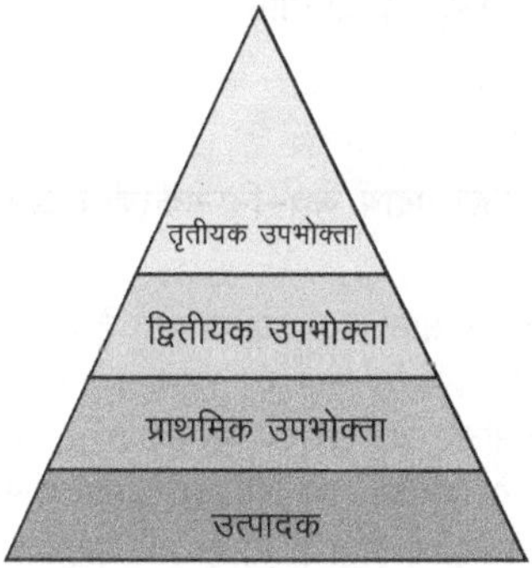

तालाब आहार शृंखला के अनुसार निम्न पोषी स्तर हैं

(i) **प्रथम पोषी स्तर** इसमें स्वपोषी या उत्पादक आते हैं, जो सौर ऊर्जा का स्थिरीकरण करके उसे विषमपोषियों या उपभोक्ताओं के लिए उपलब्ध कराते हैं; *जैसे*—हरे पेड़-पौधे इसके अंतर्गत आते हैं।

(ii) **द्वितीय पोषी स्तर** इसके अंतर्गत प्राथमिक उपभोक्ता; *जैसे*—जैव प्लवक आदि आते हैं, जो स्वपोषी से अपना भोजन प्राप्त करते हैं।

(iii) **तृतीय पोषी स्तर** इसके अंतर्गत छोटे मांसाहारी या द्वितीयक उपभोक्ता; *जैसे*—मछली आदि आते हैं।

(iv) **चौथे पोषी स्तर** इसके अंतर्गत बड़े मांसाहारी या तृतीयक उपभोक्ता; *जैसे*–बत्तख, सारस, आदि आते हैं, जो जल में या तालाब में रहने वाली मछलियों को खा जाते हैं।

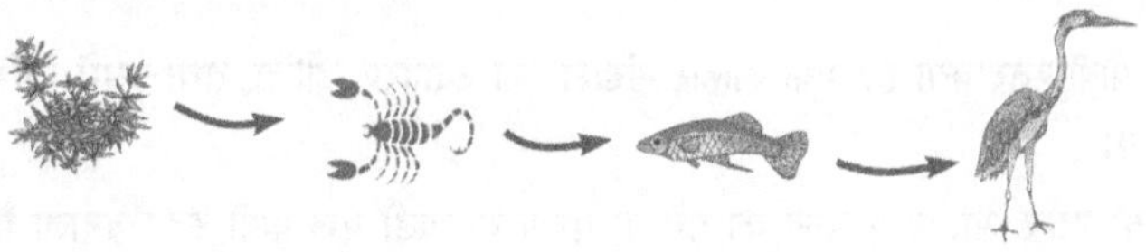

(a) (b) (c) (d)

प्रश्न 2. पारितंत्र में अपमार्जकों की क्या भूमिका है?

उत्तर पारितंत्र में मृतजीवी कवक व जीवाणु आदि सूक्ष्मजीव उपस्थित होते हैं, जो मृतजीव अवशेषों का अपमार्जन करते हैं। ये सूक्ष्मजीव ही **अपमार्जक** कहलाते हैं। इनका मुख्य कार्य जटिल कार्बनिक पदार्थों को सरल अकार्बनिक पदार्थों में बदलना है, जिसके फलस्वरूप ये मिट्टी (मृदा) में चले जाते हैं और पौधों द्वारा पुनः उपयोग में लाए जाते हैं।

इस प्रकार यदि पारितंत्र में अपमार्जक या सूक्ष्मजीव नहीं रहेंगे तो, उत्पादकों द्वारा उपभोग के लिए अकार्बनिक पदार्थों की कमी रहेगी, जिस कारण पूरे पारितंत्र पर इसका प्रभाव पड़ेगा, क्योंकि उत्पादक जिन पर पूरा पारितंत्र निर्भर करता है, यदि वह ही अपना भोजन नहीं बना पाऐंगे, तो पूरा पारितंत्र अस्त व्यस्त हो जाएगा।

पृष्ठ 295

प्रश्न 1. क्या कारण है कि कुछ पदार्थ जैव-निम्नीकरणीय और कुछ अजैव-निम्नीकरणीय होते हैं?

उत्तर अजैव-निम्नीकरणीय पदार्थ सामान्यतः अक्रिय होते हैं तथा लंबे समय तक पर्यावरण में बने रहते हैं और पर्यावरण के अन्य सदस्यों को हानि पहुँचाते हैं, यह पदार्थ जैविक प्रक्रम द्वारा अपघटित नहीं होते, इसलिए ये **'अजैव–निम्नीकरणीय'** कहलाते हैं, जैसे प्लास्टिक, पीड़कनाशी, आदि। जबकि वे पदार्थ, जो जैविक प्रक्रम द्वारा अपघटित हो जाते हैं, **'जैव–निम्नीकरणीय'** कहलाते हैं। ये पदार्थ सामान्यतः अक्रिय नहीं होते हैं। जैसे कागज घरेलू अपशिष्ट, आदि।

प्रश्न 2. ऐसे दो तरीके बताइए, जिनमें जैव-निम्नीकरणीय पदार्थ पर्यावरण को प्रभावित करते हैं।

उत्तर *दो तरीके जिनमें जैव-निम्नीकरणीय पदार्थ पर्यावरण को प्रभावित करते हैं, निम्न हैं*

(i) जैव-निम्नीकरणीय पदार्थ; *जैसे*–घास, फलों के छिलके, आदि से पर्यावरण दूषित होता है। यदि फलों के छिलके जगह-जगह पड़े रहेंगे, तो वह उसी स्थान पर पड़े-पड़े सड़ जाऐंगे, जिससे वहाँ का वातावरण **दूषित** हो जाएगा।

(ii) कुल्हड़, कागज, सूती कपड़ा, आदि के प्रयोग से मुहल्ले, सड़कों के आस-पास की नालियों का पानी रुक या एकत्रित हो जाता है, जिस कारण मक्खी, मच्छर उत्पन्न हो जाते हैं तथा अनेक बीमारी फैलने का डर रहता है।

प्रश्न 3. ऐसे दो तरीके बताइए, जिनमें अजैव-निम्नीकरणीय पदार्थ पर्यावरण को प्रभावित करते हैं।

उत्तर *दो तरीके जिनमें अजैव-निम्नीकरणीय पदार्थ पर्यावरण को प्रभावित करते हैं, निम्न हैं*

(i) ये पर्यावरण को लंबे समय तक विषैला तथा जीवित रहने के लिए अनुपयोगी बनाते हैं।

(ii) ये पारितंत्र में खनिज और ऊर्जा के स्थानांतरण को रोकते हैं।

पृष्ठ 296

प्रश्न 1. ओजोन क्या है तथा यह किसी पारितंत्र को किस प्रकार प्रभावित करती है?

उत्तर ओजोन (O_3) के अणु ऑक्सीजन के तीन परमाणुओं से बनते हैं, वायुमंडल के उच्चतर स्तर पर पराबैंगनी (UV) विकिरण के प्रभाव से ऑक्सीजन (O_2) से ओजोन (O_3) बनती है। उच्च ऊर्जा वाले पराबैंगनी विकिरण ऑक्सीजन अणुओं को विघटित कर स्वतंत्र ऑक्सीजन (O) परमाणु बनाते हैं। O_2 के ये स्वतंत्र परमाणु संयुक्त होकर ओजोन बनाते हैं।

$$O_2 \xrightarrow[\text{(UV)}]{\text{पराबैंगनी विकिरण}} O + O$$

$$O + O_2 \longrightarrow \underset{\text{ओजोन}}{O_3}$$

ओजोन एक घातक विष है, परंतु यह सूर्य से आने वाली पराबैंगनी किरणों से पृथ्वी को सुरक्षा प्रदान करती है।

ओजोन का पारितंत्र पर प्रभाव वायुमंडल के उच्चतर स्तर पर ओजोन की एक पर्त पाई जाती है, परंतु कुछ रसायनों जैसे क्लोरोफ्लोरोकार्बन्स (CFCs) ने ओजोन पर्त को नुकसान पहुँचाया है। इन हानिकारक गैसों या रसायनों के कारण ओजोन पर्त में छिद्र हो गया है, जिस कारण सूर्य से आने वाली पराबैंगनी किरणें (UV) अब सीधी पृथ्वी पर आती हैं।

ओजोन पर्त सूर्य से आने वाली इन पराबैंगनी किरणों से सुरक्षा प्रदान करती हैं। परंतु इस पर्त के अपक्षय होने के कारण मनुष्य, पेड़-पौधों तथा पूरे पर्यावरण को भी नुकसान होता है।

मनुष्य में इन किरणों के कारण त्वचा संबंधी रोग या त्वचा का कैंसर, आदि बीमारियाँ होने लगी हैं। इसी तरह पेड़-पौधे तथा पूरे पारितंत्र में रहने वाले अन्य जीव-जंतुओं पर ओजोन की परत के अपक्षय होने के अनेक हानिकारक प्रभाव पड़ते हैं।

प्रश्न 2. आप कचरा निपटाने की समस्या कम करने में क्या योगदान कर सकते हैं? किन्हीं दो तरीकों का वर्णन कीजिए।

उत्तर कचरे के उचित निस्तारण या निपटान के लिए वर्तमान में 3R (Rdduce, Reuse and Recycling) अर्थात् कचरे के उत्पादन में कमी लाना, पुरानी वस्तुओं को पुनः उपयोग करना तथा पुनः चक्रण तकनीक के उपयोग को बढ़ावा दिया जा रहा है।

कचरे के निस्तारण हेतु प्रयुक्त प्रमुख विधियाँ निम्न हैं

(i) **पुनःचक्रण** (Recycling) इसके अंतर्गत पुनः उपयोग में आ सकने वाले कचरे का अन्य पदाथों के कच्चे माल के लिए उपयोग किया जाता है। उदाहरण– लकड़ी, लोहा एवं अन्य धातुएँ, कागज, रबर, आदि।

(ii) कम्पोस्टिंग (Composting) इसके अंतर्गत असंक्रामक जैवनिम्नीकृत कचरे; जैसे-घरेलू कचरा, चमड़ा, पादप अपशिष्ट, आदि का उपयोग भूमि में दबाकर खाद निर्माण में किया जाता है।

अभ्यास

प्रश्न 1. निम्नलिखित में से कौन-से समूहों में केवल जैव-निम्नीकरणीय पदार्थ हैं?

(a) घास, पुष्प एवं चमड़ा
(b) घास, लकड़ी एवं प्लास्टिक
(c) फलों के छिलके, केक एवं नींबू का रस
(d) केक, लकड़ी एवं घास

उत्तर (*a*), (*b*), (*d*)

प्रश्न 2. निम्नलिखित में से कौन आहार श्रृंखला का निर्माण करते हैं?

(a) घास, गेहूँ तथा आम
(b) घास, बकरी तथा मानव
(c) बकरी, गाय तथा हाथी
(d) घास, मछली तथा बकरी

उत्तर (*b*) घास, बकरी तथा मानव

प्रश्न 3. निम्नलिखित में से कौन पर्यावरण-मित्र व्यवहार कहलाते हैं?

(a) बाजार जाते समय सामान के लिए कपड़े का थैला ले जाना
(b) कार्य समाप्त हो जाने पर लाइट (बल्ब) तथा पंखे का स्विच बंद करना
(c) माँ द्वारा स्कूटर से विद्यालय छोड़ने के बजाय तुम्हारे विद्यालय तक पैदल जाना
(d) उपरोक्त सभी

उत्तर (*d*) उपरोक्त सभी

प्रश्न 4. क्या होगा यदि हम एक पोषी स्तर के सभी जीवों को समाप्त कर दें (मार डालें)?

उत्तर यदि हम एक पोषी स्तर के सभी जीवों को समाप्त कर दें या मार डालें, तो इससे पूरी आहार श्रृंखला अव्यवस्थित हो जाएगी, क्योंकि कोई भी आहार श्रृंखला तीन या चार पोषी स्तरों की बनी होती है, जिसमें प्रथम पोषी स्तर के जीव, द्वितीयक पोषी स्तर के जीवों के

लिए आहार का कार्य करते हैं यदि किसी भी पोषी स्तर के जीवों को पूर्ण रूप से समाप्त कर दिया जाएगा, तो अगले पोषी स्तर के जीव अपना आहार नहीं प्राप्त कर पाऐंगे, जिस कारण आहार शृंखला टूट जाएगी, जिसका पेड़-पौधों, जीव-जंतुओं और मनुष्यों पर गहरा प्रभाव पड़ेगा।

प्रश्न 5. क्या किसी पोषी स्तर के सभी सदस्यों को हटाने का प्रभाव भिन्न-भिन्न पोषी स्तरों के लिए अलग-अलग होगा? क्या किसी पोषी स्तर के जीवों को पारितंत्र को प्रभावित किए बिना हटाना संभव है?

उत्तर हाँ, किसी पोषी स्तर के सभी सदस्यों को हटाने का प्रभाव भिन्न-भिन्न पोषी स्तरों के लिए अलग-अलग होगा, क्योंकि किसी भी पोषी स्तर के सदस्य अपने आहार के लिए अपने से निचले पोषक स्तर पर निर्भर करते हैं, *जैसे*–प्रथम पोषी स्तर में स्वपोषी या उत्पादक आते हैं, जो सौर ऊर्जा का स्थिरीकरण करके, उसे विषमपोषियों या उपभोक्ताओं के लिए उपलब्ध कराते हैं, परंतु यदि हम इस स्तर के सभी पौधों को समाप्त कर देंगे, तो प्राथमिक उपभोक्ता या द्वितीय पोषी स्तर अपने आहार के रूप में किस पर निर्भर रहेंगे, जिस कारण आहार शृखंला आगे नहीं बढ़ पाएगी। परंतु यदि हम प्रथम पोषक स्तर के जीवों को समाप्त कर देंगे, तो पौधों की संख्या बढ़ जाएगी परंतु ऊपर के पोषक स्तरों पर विपरीत प्रभाव पड़ेगा।

नहीं, किसी पोषी स्तर के जीवों को पारितंत्र को प्रभावित किए बिना हटाना संभव नहीं है क्योंकि कोई भी पारितंत्र उसमें रहने वाले जीवों पर निर्भर करता है।

प्रश्न 6. जैविक आवर्धन क्या है? क्या पारितंत्र के विभिन्न स्तरों पर जैविक आवर्धन का प्रभाव भी भिन्न-भिन्न होगा?

उत्तर जैविक आवर्धन कुछ हानिकारक रासायनिक पदार्थ की मात्रात्मक सांद्रता खाद्य शृंखला के उत्तरोत्तर पोषक स्तरो पर बढ़ते क्रम से होते हुए हमारे शरीर में प्रविष्ट हो जाते हैं और ये रसायन पदार्थों का शरीर अंतिम पोषक स्तर में सर्वाधिक मात्रा में संचित हो जाते है, यह प्रक्रम जैविक आवर्धन कहलाता है।

पारितंत्र के विभिन्न स्तरों पर जैविक आवर्धन का प्रभाव भिन्न-भिन्न होगा। क्योंकि विभिन्न फसलों को रोग एवं पीड़कों से बचाने के लिए इन रसायन पदार्थों को इन फसलों पर प्रयोग किया जाता है जिसके कारण यह बहकर वापस मिट्टी में चले जाते हैं और जिस भी पोषी स्तर द्वारा ग्रहण किए जाते हैं उससे आगे के पोषी स्तर पर एक-दूसरे के द्वारा पहुँच जाते हैं अत: जिसके कारण पूरे पारितंत्र में विभिन्न पोषक स्तरों पर इसका प्रभाव असमान होता है।

प्रश्न 7. हमारे द्वारा उत्पादित अजैव–निम्नीकरणीय कचरे से कौन-सी समस्याएँ उत्पन्न होती हैं?

उत्तर *अजैव-निम्नीकरणीय कचरे से निम्नलिखित समस्याएँ उत्पन्न होती हैं*

(i) अजैव–निम्नीकरणीय कचरा; *जैसे*–प्लास्टिक थैलियाँ, डिस्पोजेबल कप आदि से जल का प्रवाह रुक जाता है, जिससे वहाँ का जल-प्रदूषित हो जाता है।

(ii) कचरे के एकत्रीकरण के कारण अनेक मच्छर, मक्खियाँ आदि उत्पन्न हो जाते हैं, जिससे बीमारियाँ फैलने का डर होता है।

(iii) अजैव-निम्नीकरणीय पदार्थ; *जैसे*—पीड़कनाशी व रसायन आदि की सांद्रता उत्तरोत्तर पोषक स्तरों पर बढ़ती जाती है, जो स्वास्थ्य पर विपरीत प्रभाव डालती है।

(iv) अजैव-निम्नीकरणीय कचरे; *जैसे*—प्लास्टिक थैलियाँ आदि जीव-जंतुओं द्वारा खाए जाने से बीमारी होने का डर होता है।

(v) अजैव-निम्नीकरणीय कचरा, जो हम उत्पन्न करते हैं किसी स्थान पर सड़ने से उसमें दुर्गंध आदि उत्पन्न हो जाती है, जिससे आस-पास का वातावरण दूषित हो जाता है।

प्रश्न 8. यदि हमारे द्वारा उत्पादित सारा कचरा जैव–निम्नीकरणीय हो, तो क्या इसका हमारे पर्यावरण पर कोई प्रभाव नहीं पड़ेगा?

उत्तर यदि हमारे द्वारा उत्पादित सारा कचरा जैव–निम्नीकरणीय होगा, तो इसका हमारे पर्यावरण पर कम हानिकारक प्रभाव पड़ेगा, क्योंकि जैव-निम्नीकरणीय कचरा; *जैसे*—कागज आदि को हम पुनः अपघटित करके प्रयोग में ला सकते हैं, ये जैव अपघटित पदार्थ जल्दी वायुमंडलीय चक्रीकरण में उपयोग हो जाऐंगे।

प्रश्न 9. ओजोन परत की क्षति हमारे लिए चिंता का विषय क्यों है? इस क्षति को सीमित करने के लिए क्या-क्या कदम उठाए गए हैं।

उत्तर वायुमंडल के उच्चतम स्तर से आने वाली पराबैंगनी किरणों (UV) को ओजोन की परत द्वारा रोक लिया जाता है लेकिन अब ओजोन परत की क्षति के कारण वायुमंडल से आने वाली पराबैंगनी किरणें (UV) सीधे पृथ्वी तक पहुँचने लगी हैं, जिस कारण सभी जीव-जंतु, पेड़-पौधों और मनुष्यों पर इसका हानिकारक प्रभाव होने लगा है। मनुष्यों में इसके कारण त्वचा संबंधी रोग या त्वचा का कैंसर भी हो जाता है, इसके कारण वायुमंडल के तापक्रम पर भी गहरा असर पड़ा है, जिस कारण कहीं-कहीं पर अत्यधिक वर्षा हो जाती है और कहीं-कहीं पर अत्यधिक सर्दी या गर्मी पड़ने लगी है।

ओजोन परत की क्षति को रोकने के उपाय

सन् 1987 में संयुक्त राष्ट्र पर्यावरण कार्यक्रम (UNEP) में अनुमति दी गई कि क्लोरोफ्लोरो-कार्बन्स (CFCs) जो एक मानव संश्लेषित रसायन है। इसके उत्पादन को सीमित रखा जाए, क्योंकि सन् 1980 से पाया गया कि वायुमंडल में ओजोन की मात्रा में तीव्रता से गिरावट आ रही है, जिसका मुख्य कारण क्लोरोफ्लोरोकार्बन्स है। अतः ओजोन-परत की क्षति को रोकने के लिए हमें सबसे पहले इस रसायन का कम-से-कम प्रयोग करना चाहिए। इसका उपयोग मुख्यतः रेफ्रीजरेटर, ए.सी. एवं अग्निशमन यंत्रों के लिए किया जाता है।

NCERT Exemplar

पुस्तक के चुने गए प्रश्न

बहुविकल्पीय प्रश्न

प्रश्न 1. निम्न में से कौन–सा कृत्रिम पारितंत्र है?

(a) तालाब (b) कृषि स्थल (c) झील (d) वन

उत्तर (*b*) कृषि स्थल, कृषि का मैदान होता है, जो मनुष्य द्वारा बनाया जाता है।

प्रश्न 2. आहार शृंखला में, तृतीय पोषी स्तर हमेशा पाया जाता है

(a) मांसाहारी (b) शाकाहारी (c) अपघटक (d) उत्पादक

उत्तर (*a*) मांसाहारी, शाकाहारी (द्वितीय पोषी स्तर) को खाते हैं, इसलिए ये आहार शृंखला में तृतीय पोषी स्तर में पाए जाते हैं।

प्रश्न 3. दी हुई आहार शृंखला में, माना चौथे पोषी स्तर पर ऊर्जा की मात्रा 5 किलोजूल है, तो उत्पादक स्तर पर ऊर्जा क्या होगी?

घास $\rightarrow$ टिड्डा $\rightarrow$ मेंढक $\rightarrow$ साँप $\rightarrow$ बाज

(a) 5 किलोजूल (b) 50 किलोजूल (c) 500 किलोजूल (d) 5000 किलोजूल

उत्तर (*d*) 10% नियम के अनुसार, जीवों में एक पोषी स्तर से अगले उच्च पोषी स्तर में केवल 10% ऊर्जा स्थानांतरित होती है, इस आहार शृंखला में, चौथे पोषी स्तर पर (साँप के लिए) केवल 5 किलो जूल ऊर्जा होती है। इसलिए उत्पादक स्तर पर 5000 किलोजूल ऊर्जा होगी।

घास 5000 किलोजूल (प्रथम पोषी स्तर) —5000 किलोजूल का 10%→ टिड्डा 500 किलोजूल (द्वितीय पोषी स्तर) —50 किलोजूल का 10%→ मेंढक 50 किलोजूल (तृतीय पोषी स्तर) —50 किलोजूल का 10%→ साँप 5 किलोजूल (चौथा पोषी स्तर) —5 किलोजूल का 10%→ बाज 0.5 किलोजूल (पाँचवा पोषी स्तर)

प्रश्न 4. **पारितंत्र में होते हैं**

(a) सभी सजीव जीव
(b) निर्जीव जीव
(c) दोनों (a) व (b)
(d) कभी-कभी सजीव और निर्जीव जीव

उत्तर (*c*) पारितंत्र में (कार्य करने के लिए) सजीव और निर्जीव दोनों घटकों की आवश्यकता होती है।

प्रश्न 5. **अजैव-निम्नीकरणीय पीड़कनाशी का संचय आहार श्रृंखला में अधिक मात्रा में उच्च पोषी स्तर पर कहलाता है**

(a) सुपोषण (b) प्रदूषण
(c) जैव-आवर्धन (d) संचय

उत्तर (*c*) हानिकारक रासायनिक पदार्थ; *जैसे*–पीड़कनाशी की अधिक सांद्रता सजीव जीव के शरीर में आहार श्रृंखला में पोषी स्तर पर जैव-आवर्धन कहलाता है।

प्रश्न 6. **ओजोन का अपक्षय किसके कारण होता है?**

(a) क्लोरोफ्लोरोकार्बन के
(b) कार्बन मोनोऑक्साइड के
(c) मीथेन के
(d) पीड़कनाशी के

उत्तर (*a*) ओजोन परत में ओजोन गैस वायु से क्रिया करके क्लोरोफ्लोरोकार्बन मुक्त करती है और इसे नष्ट कर देती है।

प्रश्न 7. **जो जीव विकिरण ऊर्जा का उपयोग करके अकार्बनिक पदार्थों से कार्बोहाइड्रेट्स का संश्लेषण करते हैं, कहलाते हैं**

(a) अपघटक (b) उत्पादक
(c) शाकाहारी (d) मांसाहारी

उत्तर (*b*) उत्पादक या हरे पौधे, सौर ऊर्जा का उपयोग करके अकार्बनिक पदार्थों से कार्बोहाइड्रेट्स का संश्लेषण करते हैं। इस प्रक्रिया को प्रकाश-संश्लेषण कहते हैं।

प्रश्न 8. **पारितंत्र में, 10% ऊर्जा के लिए ऊर्जा एक पोषी स्तर से दूसरे पोषी स्तर में किस रूप में जाती है?**

(a) ऊष्मीय ऊर्जा (b) प्रकाशीय ऊर्जा
(c) रासायनिक ऊजा (d) यांत्रिक ऊर्जा

उत्तर (*c*) ऊर्जा एक पोषी स्तर से दूसरे पोषी स्तर में रासायनिक ऊर्जा के रूप में जाती है।

प्रश्न 9. **उच्च पोषी स्तर के जीव, जो निम्न पोषी स्तर के जीव को खाते हैं, वह बनाते हैं**

(a) खाद्य जाल (b) पारिस्थितिक पिरामिड

(c) पारितंत्र (d) आहार शृंखला

उत्तर *(a)* उच्च पोषी स्तर के जीव, जो निम्न पोषी स्तर के जीव को खाते हैं वह पारितंत्र में खाद्य जाल बनाते हैं।

प्रश्न 10. **पारिस्थितिक तंत्र में ऊर्जा का प्रवाह सदैव होता है**

(a) एकदिशीय (b) द्विदिशीय

(c) बहुदिशीय (d) इनमें से कोई में नहीं

उत्तर *(a)* यह एकदिशीय होती है, क्योंकि ऊर्जा पौधों से आहार शृंखला में प्रवेश करती है और आहार शृंखला के दूसरे जीवों में जाती है, प्रकाश-संश्लेषण में यह ऊर्जा पौधों द्वारा दोबारा उपयोग में नहीं आ सकती।

प्रश्न 11. **UV-किरणों से मनुष्य पर क्या प्रभाव पड़ेगा?**

(i) प्रतिरक्षा तंत्र नष्ट होगा (ii) फुप्फुस नष्ट होंगे

(iii) त्वचा का कैंसर होगा (iv) पेप्टिक अल्सर

(a) (i) और (ii) (b) (ii) और (iv)

(c) (i) और (iii) (d) (iii) और (iv)

उत्तर *(c)* त्वचा का कैंसर तथा प्रतिरक्षा तंत्र का नष्ट होना UV-किरणों के द्वारा होता है।

प्रश्न 12. **निम्न पदार्थों के समूहों में, किस समूह में केवल अजैव-निम्नीकरणीय वस्तुएँ रखी गई हैं?**

(i) लकड़ी, कागज, चमड़ा (ii) पॉलिथीन, डिटर्जेंट, PVC

(iii) प्लास्टिक, डिटर्जेंट, घास (iv) प्लास्टिक, बेकैलाइट, DDT

(a) केवल (iii) (b) केवल (iv)

(c) (i) और (iii) (d) (ii) और (iv)

उत्तर *(d)* प्रकृति में वह पदार्थ, जो बिना किसी हानि के टूट नहीं सकते, अजैव-निम्नीकरणीय कहलाते हैं। पॉलिथीन, डिटर्जेंट, PVC, प्लास्टिक बेकैलाइट और DDT सभी अजैव-निम्नीकरणीय हैं।

प्रश्न 13. **निम्न में से किसमें आहार शृंखला में पोषी स्तरों की संख्या सीमित होती है?**

(a) उच्च पोषी स्तरों पर ऊर्जा घटती है

(b) खाद्य सामग्री में कमी

(c) दूषित वायु

(d) जल

उत्तर *(a)* आहार शृंखला में, अगले स्तरों के उपभोक्ता के लिए बहुत कम ऊर्जा की आवश्यकता है, इसलिए यह केवल तीन या चार क्रमों में होते हैं।

प्रश्न 14. निम्न में से कौन-सा कथन गलत है?

(a) सभी हरे पौधे और नीले-हरे शैवाल उत्पादक हैं

(b) हरे पौधे अपना भोजन कार्बनिक पदार्थों से प्राप्त करते हैं

(c) उत्पादक अपना भोजन अकार्बनिक पदार्थों से प्राप्त करते हैं

(d) पौधे सौर ऊर्जा को रासायनिक ऊर्जा में परिवर्तित कर देते हैं

उत्तर (*b*) हरे पौधें अपना भोजन बनाने के लिए पर्यावरण से अकार्बनिक पदार्थों का उपयोग करते हैं।

प्रश्न 15. निम्न में से कौन-से समूह के जीव आहार शृंखला नहीं बनाते हैं?

(i) घास, शेर, खरगोश, भेड़िया

(ii) प्लवक, मनुष्य, मछली, टिड्डा

(iii) भेड़िया, घास, साँप, चीता

(iv) मेंढक, साँप, बाज, घास, टिड्डा

(a) (i) और (iii) (b) (iii) और (iv)

(c) (ii) और (iii) (d) (i) और (iv)

उत्तर (*c*) आहार शृंखला (ii) टिड्डा जलीय आहार शृंखला में भाग नहीं लेता है। आहार शृंखला (iii) में, भेड़िया, साँप और चीता मांसाहारी हैं, इनमें से कोई शाकाहारी नहीं है, जो घास खाते हैं।

प्रश्न 16. प्रकाश-संश्लेषण की प्रक्रिया के लिए हरे पौधों द्वारा अवशोषित सौर विकिरण की प्रतिशत की मात्रा लगभग होनी चाहिए।

(a) 1% (b) 5% (c) 8% (d) 10%

उत्तर (*a*) प्रकाश-संश्लेषण द्वारा पौधे केवल 1% ऊष्मीय ऊर्जा को रासायनिक ऊर्जा में परिवर्तित करते हैं।

प्रश्न 17. दिए गए चित्र में, पिरामिड में भिन्न प्रकार के पोषी स्तर दर्शाए हैं। किस पोषी स्तर पर अधिक ऊर्जा होगी?

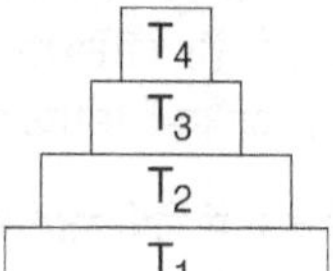

(a) T_4 (b) T_2 (c) T_1 (d) T_3

उत्तर (*c*) उत्पादक स्तर से उच्च पोषी स्तर पर जाने वाली ऊर्जा की मात्रा कम होती जाती है, क्योंकि प्रत्येक पोषी स्तर पर ऊर्जा का एक बड़ा हिस्सा जीवों के रख-रखाव के लिए उपयोग किया जाता है और ऊष्मा के रूप में ह्रास होता है।

प्रश्न 18. **क्या होगा अगर नीचे दी गई आहार शृंखला में हिरण की कमी हो जाए?**

घास → हिरण → बाघ

(a) बाघ की जनसंख्या बढ़ जाती है
(b) घास की जनसंख्या घट जाती है
(c) बाघ घास खाना शुरू कर देगा
(d) बाघ की जनसंख्या घट जाती है और घास की जनसंख्या बढ़ जाती है

उत्तर (*d*) अगर सभी हिरण शृंखला से लुप्त हो जाऐंगें तो बाघ को पर्याप्त भोजन न मिल पाने के कारण वे भुखमरी से मर सकते हैं।

प्रश्न 19. **पारिस्थितिकी तंत्र में अपघटक**

(a) अकार्बनिक पदार्थ से सरल रूप में परिवर्तित होते हैं
(b) कार्बनिक पदार्थ से अकार्बनिक रूप में परिवर्तित होते हैं
(c) अकार्बनिक पदार्थ से कार्बनिक यौगिकों में परिवर्तित होते हैं
(d) कार्बनिक यौगिकों में नहीं टूटते हैं

उत्तर (*a*) अपघटकों द्वारा पौधों और जंतुओं के मृत शरीर में पाए जाने वाले कार्बनिक पदार्थ अकार्बनिक रूप में टूट जाते हैं।

प्रश्न 20. **अगर एक टिड्डा एक मेंढक द्वारा खाया जाता है, तो ऊर्जा स्थानांतरण होगा**

(a) उत्पादक से अपघटक
(b) उत्पादक से प्रथम उपभोक्ता
(c) प्रथम उपभोक्ता से द्वितीय उपभोक्ता
(d) द्वितीय उपभोक्ता से प्रथम उपभोक्ता

उत्तर (*c*) आहार शृंखला में, प्राथमिक उपभोक्ता के स्तर पर टिड्डा पाया जाता है, ये उत्पादकों को खाते हैं।

प्रश्न 21. **डिस्पोजेबल (प्लास्टिक) की प्लेटें उपयोग नहीं करनी चाहिए, क्योंकि ये**

(a) हल्के वजन के पदार्थों से बनी होती हैं
(b) जहरीले पदार्थों से बनी होती हैं
(c) जैव-निम्नीकरणीय पदार्थों से बनी होती हैं
(d) अजैव-निम्नीकरणीय पदार्थों से बनी होती हैं

उत्तर (*d*) प्लास्टिक की प्लेटें अजैव–निम्नीकरणीय पदार्थों से बनी होती हैं। इसलिए इन्हें प्रकृति द्वारा विघटित नहीं कर सकते हैं।

प्रश्न 22. निम्नलिखित कथनों/परिभाषाओं में से प्रत्येक के लिए एक शब्द लिखें।

(a) भौतिक और जैविक संसार है, जहाँ हम रहते हैं।

(b) आहार श्रृंखला का प्रत्येक स्तर, जहाँ ऊर्जा का स्थानांतरण भाग लेते हैं।

(c) पारितंत्र के भौतिक कारक है *जैसे* —तापमान, वर्षा, वायु और मिट्टी होते हैं।

(d) वो जीव, जो उत्पादकों पर भोजन के लिए प्रत्यक्ष या अप्रत्यक्ष रूप से निर्भर करते हैं।

उत्तर (*a*) पर्यावरण (*b*) पोषी स्तर (*c*) अजैव कारक (*d*) उपभोक्ता

लघु उत्तरीय प्रश्न

प्रश्न 23. पर्यावरण में अपघटकों की भूमिका की व्याख्या कीजिए।

उत्तर अपघटक विशेष प्रकार के उपभोक्ता हैं। ये मृत पौधों और जंतुओं में उपस्थित कार्बनिक पदार्थों को सरल पदार्थों में विघटित करते हैं और अमोनिया, कार्बन डाइऑक्साइड, आदि को मुक्त करते हैं वे इन पदार्थों को अवशोषित कर, पुनः उपयोग करने के लिए मिट्टी, जल और वायु मुक्त करते हैं, इस प्रकार, ये पर्यावरण में पोषक तत्वों की पुनः चक्रण में सहायता करते हैं।

प्रश्न 24. हम तालाबों या झीलों को साफ नहीं करते हैं, लेकिन एक मछलीघर को साफ किया जाना चाहिए। क्यों?

उत्तर तालाब और झील प्राकृतिक पारितंत्र हैं, जिसमें सभी जीवों के लिए आहार श्रृंखला उपलब्ध है। प्राकृतिक परितंत्र की साफ सफाई प्राकृतिक तरीके से होती रहती है। *जैसे* - अगर किसी जीव की मृत्यु होती है तो अपघटकों द्वारा उनका शरीर सरल पदार्थों में विघटित कर दिया जाता है। कृत्रिम पारितंत्र *जैसे*—मछलीघर में जैव-घटकों की अनुपस्थिति के कारण अपघटक नहीं होते हैं । अगर एक मछली की मृत्यु हो जाए, तो उसका शरीर सड़ जाता है, इससे मछलीघर का जल प्रदूषित हो जाता है। इस प्रकार एक मछलीघर को नियमित रूप से सफाई की आवश्यकता है।

दीर्घ उत्तरीय प्रश्न

प्रश्न 25. पारितंत्र में ऊर्जा के प्रवाह को दर्शाया है। यह एकदिशीय क्यों होता है? कारण बताइए।

उत्तर पौधों में ऊर्जा का प्रवेश (सूर्य से) भोजन के निर्माण के दौरान प्रकाश-संश्लेषण के माध्यम से होता है। यह ऊर्जा आहार श्रृंखला में एक जीव से दूसरे जीव में स्थानांतरित होती है। जीव द्वारा ऊर्जा के स्थानांतरण में पर्यावरण में ऊर्जा की कुछ मात्रा का ह्रास हो जाता है, जो पौधों द्वारा पुनः उपयोग में नहीं आती है। यह पारितंत्र में ऊर्जा के प्रवाह को एकदिशीय बनाता है।

इस प्रकार हम कह सकते हैं कि पारितंत्र में ऊर्जा का प्रवाह एकदिशीय होता है। क्योंकि आहार श्रृंखला में सजीव जीवों द्वारा जो ऊर्जा का ह्रास होता है वह प्रकाश-संश्लेषण में पौधों

द्वारा पुनः उपयोग नहीं की जा सकती इस प्रकार हम कह सकते हैं कि पारितंत्र में ऊर्जा का प्रवाह एकदिशीय होता है।

प्रश्न 26. उर्वरक उद्योगों के सह–उत्पाद क्या है? पर्यावरण पर इनका कैसा प्रभाव पड़ेगा?

उत्तर उर्वरक उद्योगों, के सह-उत्पाद पीड़कनाशी और कुछ रासायनिक उर्वरक हैं। यह अजैव–निम्नीकरणीय होते हैं, इसलिए, ये प्रत्येक पोषी स्तर में जमा हो जाते हैं। ये मिट्टी और जल के साथ मिल जाते हैं। इससे, यह पीड़कनाशक बढ़ते हुए पौधों द्वारा पानी और खनिजों के साथ अवशोषित कर लिए जाते हैं।

जब शाकाहारी इन पौधों को खाते हैं। तो ये जहरीले रसायन आहार शृंखला के माध्यम से उनके शरीर में प्रवेश कर जाते हैं। जब मांसाहारी शाकाहारी को खाते हैं, तो ये पीड़कनाशक उनके शरीर में प्रवेश करते हैं। मनुष्य सर्वाहारी होता है, जो पौधों और शाकाहारी दोनों को खाता है।

इस प्रकार से, उत्पादक स्तर पर पीड़कनाशक आहार शृंखला में प्रवेश करते हैं और आहार शृंखला द्वारा भोजन के स्थानांतरण की प्रक्रिया में ये हानिकारक रसायन प्रत्येक पोषक स्तर पर नियत रहता है। यह जैव-आवर्धन कहलाता है।

प्रश्न 27. आहार शृंखला और आहार जाल में दो अंतर दीजिए।

उत्तर *आहार शृंखला और आहार जाल में अंतर निम्न हैं*

क्र.स.	आहार शृंखला	आहार जाल
(i)	आहार शृंखला सीधी रेखा में होती है।	आहार जाल शाखाओं के क्रम में होती है।
(ii)	प्रत्येक जीव उच्च पोषी स्तर के जीवों द्वारा खाया जाता है।	प्रत्येक जीव दो या अधिक प्रकार के जीवों द्वारा खाया जाता है, जो स्वयं अनेक प्रकार के जीवों का आहार बनते हैं।

16

प्राकृतिक संसाधनों का संपोषित प्रबंधन

प्राकृतिक संसाधन: जैसे—मृदा, वायु एवं जल प्रकृति से उत्पन्न होते हैं तथा मनुष्य के क्रियाकलापों, जैसे अनावश्यक दोहन, अनुचित उपयोग से इन संसाधनों का प्रदूषण एव ह्रास होता है। इन संसाधनों का हम अपने जीवन में बेहतर तरीके स उपयोग कर सकते हैं। ताकि इन प्राकृतिक संसाधनो का संपोषण हो सके कुछ अन्य प्राकृतिक संसाधन भी हैं; जैसे—वन, वन्य-जीवन, कोयला तथा पेट्रोलियम।

प्राकृतिक संसाधनों का प्रबंधन एंव बचाव

(Management and Conservation of Natural Resources)

संसाधनों का अविवेकपूर्ण उपयोग पर्यावरण को प्रदूषित करता है। इनके लिए अनेक अंतर्राष्ट्रीय कानून एवं विनियमन हैं तथा हमारे देश में भी पर्यावरण संरक्षण हेतु अनेक कानून है। इसके अतिरिक्त अनेक राष्ट्रीय व अंतर्राष्ट्रीय कानून, संगठन एंव योजनाएँ भी पर्यावरण संरक्षण में महत्वपूर्ण योगदान कर रहे हैं।

जैसे—गंगा सफाई योजना, आदि। इस योजना के शुरू होने पर जब गंगा की सफाई की गई, तो उसमें कोलिफॉर्म पाया गया (*जैसाकि चित्र में दर्शाया गया है*) जो जीवाणु का एक वर्ग है और यह जीवाणु मनुष्य की आँत्र में पाया जाता है। जल में उपस्थित इस रोगजन्य सूक्ष्म जीवाणु द्वारा जल दूषित हो रहा था।

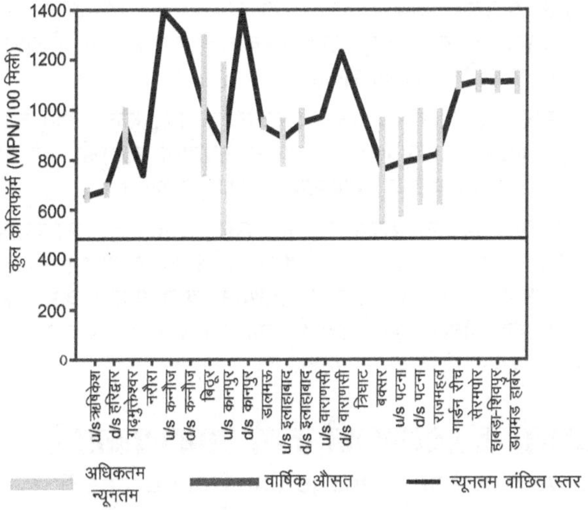

MPN (Most Probable Number) :सार्वप्रायिक संख्या; u/s (upstream) ऊर्ध्वप्रवाह;
mL मिली d/s (downstream) अधोप्रवाह

गंगा जल में कोलिफॉर्म का संपूर्ण गणना स्तर (1993-94)

अत: कुछ कारकों के मापन द्वारा प्रयुक्त जल की गुणवत्ता का निर्धारण या प्रदूषण मापन किया जाता है; *जैसे*—जल का pH सरलता से सार्व सूचक की सहायता से मापा जाता है।

> **क्या आप जानते हैं?**
>
> गंगा हिमालय में स्थित अपने उद्गम गंगोत्री से बंगाल की खाड़ी तक 2500 किमी तक बहती है। इसके किनारे उत्तर प्रदेश, बिहार तथा बंगाल के 100 से भी अधिक शहर स्थित हैं। इन शहरों द्वारा उत्सर्जित कचरा एवं मल गंगा में प्रवाहित किया जाता है। उद्योगों द्वारा उत्पादित रासायनिक उत्सर्जन ने गंगा का प्रदूषण स्तर बढ़ा दिया है। जिसके कारण गंगा जल में रहने वाली मछलियाँ व अन्य जीवों के जीवन को खतरा हो गया है।

पर्यावरण को बचाने के तीन R
(Three R's to Save Environment)

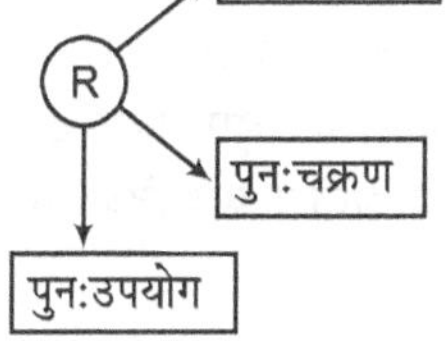

पर्यावरण को बचाने के लिए तीन प्रकार के R का प्रयोग किया जा सकता है

जैसे—कम उपयोग (Reduce), पुन:चक्रण (Recycle) और पुन:उपयोग (Reuse)

(i) **कम उपयोग** इसका अर्थ है कि आपको कम-से-कम वस्तुओं का उपयोग अर्थात् सीमित उपयोग करना चाहिए; *जैसे—आवश्यकता न होने पर* बिजली के उपकरण बंद करके बिजली बचाई जा सकती है।

(ii) **पुनःचक्रण** इसका अर्थ है कि प्लास्टिक, कागज, काँच, धातु की वस्तुएँ तथा ऐसे ही पदार्थों का पुन:चक्रण करके उपयोगी वस्तुओं को तैयार करना। *जैसे*—अखबार का कागज, प्लास्टिक के कप, इत्यादि।

(iii) **पुनःउपयोग** यह पुन:चक्रण से भी अच्छा तरीका है, क्योंकि पुन:चक्रण में कुछ ऊर्जा व्यय होती है। पुन:उपयोग के तरीके में किसी भी वस्तु का बार-बार उपयोग किया जा सकता है। जैसे—विभिन्न खाद्य पदार्थों की पैकिंग में प्रयुक्त प्लास्टिक की बोतलें, *ड़ब्बे* इत्यादि का पुन:उपयोग, रसोईघर में अन्य खाद्य पदार्थों को रखने में किया जा सकता है।

हमें संसाधनों के प्रबंधन की क्यों आवश्यकता है
(Why do we Need to Manage our Resources?)

सड़कें एवं इमारतें ही नहीं अपितु वे सारी वस्तुएँ, जिनका हम उपयोग करते हैं; *जैसे*—भोजन, कपड़े, पुस्तकें, खिलौने, फर्नीचर, औजार तथा वाहन प्राकृतिक संसाधनों से प्राप्त होते हैं। ऊर्जा पृथ्वी से नहीं सूर्य से प्राप्त होती है। परंतु यह ऊर्जा भी पृथ्वी पर उपस्थित जीवों के द्वारा प्रक्रमों से तथा विभिन्न भौतिक व रासायनिक प्रक्रमों द्वारा ही प्राप्त होती है। हमें संसाधनों का सावधानीपूर्वक उपयोग करना चाहिए, क्योंकि ये संसाधन सीमित हैं। संसाधनों का अर्थ उनका दोहन अथवा शोषण नहीं है। इनका वितरण सभी वर्गों में समान रूप से होना चाहिए। इन संसाधनों का अनावश्यक दोहन करने से पर्यावरण को गहरी क्षति पहुँचती है।

उदाहरणार्थ; खनन से प्रदूषण होता है, क्योंकि धातु के निष्कर्षण के साथ-साथ बड़ी मात्रा में धातुमल भी निकलता है।

वन एवं वन्य जीवन (Forests and Wildlife)

वन जैव-विविधता के विशिष्ट स्थल हैं। जैव-विविधता का एक आधार उस क्षेत्र में पाई जाने वाली विभिन्न स्पीशीज़ की संख्या है तथा जीवों के विभिन्न स्वरूप (सूक्ष्मजीव से विशालकाय जटिल जीव *जैसे* जीवाणु, कवक, फर्न, पुष्पी पादप, कीट, पक्षी, सरीसृप, इत्यादि) भी महत्त्वपूर्ण हैं। वंशागत जैव-विविधता को संरक्षित करने का प्रयास प्राकृतिक संरक्षण के मुख्य उद्देश्यों में से एक है।

स्टेकहोल्डर (दावेदार) [Stakeholders]

हम सभी विभिन्न वन उत्पादों का उपयोग करते हैं। परंतु वन संसाधनों पर हमारी निर्भरता में अंतर हैं।

वन उत्पादों के दावेदार निम्नलिखित हैं

(i) वन के अंदर एवं इसके निकट रहने वाले लोग अपनी अनेक आवश्यकताओं के लिए वन पर निर्भर रहते हैं।

(ii) वन्य जीवन एवं प्रकृति प्रेमी, जो प्रकृति का संरक्षण इसकी आद्य (आदिम) अवस्था में करना चाहते हैं।

(iii) विभिन्न उद्योगपति एवं सरकार का वन विभाग।

वनों से लाभ (Advantages of Forests)

वनों से निम्नलिखित लाभ हैं

(i) स्थानीय लोगों को ईंधन के लिए छोटी लकड़ियाँ एवं छानन वन से मिलते हैं।

(ii) बाँस का उपयोग झोपड़ी बनाने आदि के लिए होता है।

(iii) खेती के औजार, मछली पकड़ने एवं शिकार के औजार मुख्यत: लकड़ी के बने होते हैं, जो वनों से मिलती हैं।

(iv) विभिन्न फल, नट्स तथा औषधियाँ एकत्र करने के साथ-साथ पशु आदि भी वन में चरते हैं।

अमृता देवी विश्नोई राष्ट्रीय पुरस्कार (Amrita Devi Bishnoi Award)

संरक्षण का प्रारंभ बड़े जंतुओं; *जैसे*—शेर, चीता, हाथी एवं गैडा से हुआ था पर अब संपूर्ण जैव-विविधता को पूर्ण रूप से संरक्षित किया जाता है। स्थानीय निवासी परंपरानुसार वनों के संरक्षण का प्रयास कर रहे हैं *जैसे*—राजस्थान के विश्नोई समुदाय के लिए वन एवं वन्य प्राणी संरक्षण उनके धार्मिक अनुष्ठान का भाग बन गया है। भारत सरकार ने जीव संरक्षण हेतु अमृता देवी विश्नोई राष्ट्रीय पुरस्कार की व्यवस्था की है। यह पुरस्कार 'अमृता देवी विश्नाई' की स्मृति में दिया जाता है, जिन्होंने 1731 में राजस्थान के जोधपुर के पास खेजराली गाँव में 'खेजरी वृक्षों' को बचाने हेतु 363 लोगों के साथ अपने आपको बलिदान कर दिया था।

संपोषित प्रबंधन (Sustainable Management)

सभी दावेदारों के लक्ष्य वन प्रबंधन के सदंर्भ में समान नहीं हैं। 'चिपको आंदोलन' स्थानीय निवासियों को वनों से अलग करने की नीति का ही परिणाम है। यह आंदोलन हिमालय की ऊँची पर्वत शृंखला में गढ़वाल के **'रेनी'** नामक गाँव में 1970 में हुआ था।

इसके अंतर्गत, जब वनों को काटने के लिए सरकार के कई लोग आए, तो उन्हें रोकने के लिए वहाँ की महिलाएँ तुरंत पेड़ों से चिपक गईं और उन्हें वनों को काटने से रोक दिया। इस घटना ने सरकार को यह सोचने पर मजबूर कर दिया कि वन किसके हैं तथा वन संसाधनों के समुचित उपयोग के लिए प्राथमिकता तय करने के लिए पुनर्विचार पर मजबूर कर दिया। वनों के विनाश से केवल वन की उपलब्धता ही नहीं वरन् मिट्टी की गुणवत्ता एवं जल स्रोत भी प्रभावित होते हैं।

वन प्रबंधन में लोगों की भागीदारी का एक उदाहरण

(An Example of People's Participation in the Management of Forests)

1972 में पश्चिम बंगाल वन विभाग द्वारा प्रदेश के दक्षिण पश्चिम जिलों में नष्ट हुए साल के वनों को पुनः पूर्ण करने की योजना असफल हुई। जिसके कारण वन कर्मचारियों और ग्रामवासियों के बीच हिंसक आंदोलन होने लगे।

अतः वन विभाग ने अपनी नीति में बदलाव के लिए मजबूर होना पड़ा तथा मिदनापुर के आरबाड़ी वन क्षेत्र में एक योजना प्रारंभ की। वन विभाग के एक दूरदर्शी अधिकारी ए. के. बनर्जी ने ग्रामीणों की सहायता से बुरी तरह क्षतिग्रस्त साल के वन की 1272 हेक्टेयर क्षेत्र का संरक्षण किया। इसके बदले स्थानीय निवासियों को रोजगार मिला साथ ही उन्हें वहाँ से उपज की 25% के उपयोग का अधिकार भी मिला और बहुत कम मूल्य पर जलाने के लिए लकड़ी और पशुओं को चराने की अनुमति भी दी गई।

सभी के लिए जल (Water for All)

पृथ्वी पर रहने वाले सभी जीवों की मूल आवश्यकता जल है। देश के विभिन्न क्षेत्रों में जल की उपलब्धता वर्षा पर निर्भर करती है। वर्षा मुख्यतः मानसून पर निर्भर करती है। इसका अर्थ है कि वर्षा की अवधि वर्ष के कुछ महीनों तक ही सीमित रहती है। क्षेत्रों के वनस्पति आच्छादन कम होने के कारण भूजल स्तर की उपलब्धता में काफी कमी आई है। फसलों के लिए जल की अधिक मात्रा की जरूरत, उद्योगों से प्रवाहित प्रदूषक एवं नगरों के कूड़े-कचरे ने जल को प्रदूषित कर उसकी उपलब्धता की समस्या को और अधिक जटिल बना दिया है। बाँध, जलाशयों एवं नहरों का उपयोग भारत के विभिन्न क्षेत्रों में सिंचाई के लिए किया जाता रहा है।

हिमाचल प्रदेश में कुल्ह (Kulhs in Himachal Pradesh)

लगभग 400 वर्ष पूर्व हिमाचल प्रदेश के कुछ क्षेत्रों में नहर सिंचाई की स्थानीय प्रणाली का विकास हुआ। जिन्हें **कुल्ह** कहा जाता है। इसके अंर्तगत झरनों से बहने वाले जल को मानव-निर्मित छोटी-छोटी नालियों द्वारा पहाड़ी पर स्थित निचले गाँवों तक ले जाया जाता है। कुल्ह की देख-रेख के लिए गाँव वाले अपने स्रोत से वेतन पर दो अथवा तीन लोगों को रखते थे। परंतु सरकार द्वारा अधिकांश का अब अधिग्रहण कर लिया गया है।

बाँध (Dams)

बड़े बाँध में जल संग्रहण अधिक मात्रा में किया जा सकता है, जिसका उपयोग केवल सिंचाई के लिए ही नहीं वरन् विद्युत उत्पादन के लिए भी किया जाता है। इनसे निकलने वाली नहरें जल की बड़ी मात्रा को दूरस्थ स्थानों तक ले जाती हैं। *उदाहरण* इंदिरा गाँधी नहर से राजस्थान के काफी बड़े क्षेत्र में हरियाली आ गई है।

नर्मदा नदी पर बनने वाले बाँध की ऊँचाई का विरोध हो रहा है, जिसे '**नर्मदा बचाओ आंदोलन**' कहा गया है।

बड़े बाँध के विरोध में मुख्यत: तीन समस्याएँ हैं

(i) **सामाजिक समस्याएँ** क्योंकि इससे बड़ी संख्या में किसान और आदिवासी विस्थापित होते हैं और इन्हें उचित मुआवजा भी नहीं मिलता।

(ii) **आर्थिक समस्याएँ** क्योंकि इनमें जनता का बहुत अधिक धन लगता है और उस अनुपात में लाभ अपेक्षित नहीं है।

(iii) **पर्यावरणीय समस्याएँ** क्योंकि इससे बड़े स्तर पर वनों का विनाश होता है तथा जैव-विविधता की क्षति होती है।

जल-संग्रहण (Water Harvesting)

जल संभर प्रबंधन में मिट्टी एवं जल संरक्षण पर जोर दिया गया है, जिससे कि 'जैव-मात्रा' उत्पादन में वृद्धि हो सके। इसका मुख्य उद्देश्य भूमि एवं जल के प्राथमिक स्रोतों का विकास, द्वितीयक संसाधन पौधों एवं जंतुओं का उत्पादन करना है, जिससे पारिस्थितिक असंतुलन पैदा न हो।

जल संभर प्रबंधन, जल संभर समुदाय का उत्पादन एवं आय बढ़ाता है और सूखे एवं बाढ़ को भी शांत करता है।

जल संग्रहण की पारंपरिक व्यवस्था-खादिन पद्धति का आदर्श व्यवस्थापन का चित्र निम्न हैं

जल संग्रहण भारत में बहुत पुरानी संकल्पना है। राजस्थान में खादिन, बड़े पात्र एवं नाड़ी, महाराष्ट्र के बंधारस एवं ताल, मध्य प्रदेश एवं उत्तर प्रदेश में बंधिस, बिहार में अहार तथा पाइन हिमाचल प्रदेश में कुल्ह, जम्मू के काँदी क्षेत्र में तालाब तमिलनाडु में एरिस, केरल में सुरंगम, कर्नाटक में कट्टा आदि जल-संग्रहण तथा जल परिवहन संरचनाएँ आज भी उपयोग में हैं।

बड़े समतल भू-भाग में जल संग्रहण स्थल मुख्यत: अर्धचंद्राकार मिट्टी के गड्ढ़े या निचले स्थान, वर्षा ऋतु में पूरी तरह भर जाने वाली नालियों पर बनाए गए **चेक डैम** जो कंक्रीट या छोटे कंकड़ पत्थरों द्वारा बनाए जाते हैं। जिसका मुख्य उद्देश्य जल-भौम स्तर मे सुधार करना हैं।

कोयला एवं पेट्रोलियम (Coal and Petroleum)

अन्य महत्त्वपूर्ण संसाधन जीवाश्म ईंधन, कोयला एवं पेट्रोलियम हैं, जो ऊर्जा के प्रमुख स्रोत हैं। इस ऊर्जा का प्रयोग हम दैनिक ऊर्जा आवश्यकता की पूर्ति तथा जीवनोपयोगी पदार्थों के उत्पादन हेतु कर रहे हैं। पेट्रोलियम एवं कोयला लाखों वर्ष पूर्व उपस्थित जीवों की जैव-मात्रा के अपघटन से प्राप्त होते हैं। अत: चाहे हम जितनी भी सावधानी से इनका उपयोग करें फिर भी यह स्रोत भविष्य में समाप्त हो जाएँगे।

कोयला एवं पेट्रोलियम जैव-मात्रा से बनते हैं, जिनमें कार्बन के अतिरिक्त हाइड्रोजन, नाइट्रोजन व सल्फर भी होते हैं। जब इन्हें जलाया जाता है, तो कार्बन डाइऑक्साइड, नाइट्रोजन, सल्फर व जल के ऑक्साइड बनते हैं। ऑक्सीजन के जलाने पर कार्बन डाइऑक्साइड के स्थान पर कार्बन मोनोऑक्साइड बनती है। नाइट्रोजन एवं सल्फर के ऑक्साइड तथा कार्बन मोनोऑक्साइड विषैली गैसें हैं तथा कार्बन डाइऑक्साइड एक **ग्रीनहाउस गैस** है।

आनुपातिक लाभ-हानि एवं पर्यानुकुलन के कुछ सरल विकल्पों से हमारे ऊर्जा की खपत में अंतर किया जा सकता है। *जैसे*

(i) अपने घरों में बल्ब के स्थान पर फ्लोरोसेंट ट्यूब का प्रयोग करना।
(ii) बस में यात्रा, अपना वाहन प्रयोग में लाने के स्थान पर पैदल, साइकिल से जाना।
(iii) लिफ्ट का प्रयोग करने के स्थान पर सीढ़ियों का उपयोग करना।
(iv) हीटर या सिगड़ी का प्रयोग करने के स्थान पर सर्दी में एक अतिरिक्त स्वेटर पहनना।

प्राकृतिक संसाधन प्रबंधन का दृश्यावलोकन
(An Overview of Natural Resource Management)

प्राकृतिक संसाधनों का संपोषित प्रबंधन एक कठिन कार्य है। कुछ व्यक्तियों के निहित स्वार्थ बहुसंख्यकों के दुःख का कारण बन सकते हैं तथा इससे हमारे पर्यावरण का पूर्ण विनाश भी संभव है।

कानून, नियम एवं विनिमय से आगे हमें अपनी व्यक्तिगत और सामूहिक आवश्यकताओं को सीमित करना होगा। प्राकृतिक संसाधनों का प्रबंधन दीर्घकालिक दृष्टिकोण को ध्यान में रखकर किया जाना चाहिए। जिससे कि विकास का लाभ वर्तमान एवं सभी भावी पीढ़ियों को उपलब्ध हो सके।

प्रश्नावली

पृष्ठ 302

प्रश्न 1. **पर्यावरण मित्र बनने के लिए आप अपनी आदतों में कौन-कौन से परिवर्तन ला सकते हैं?**
उत्तर *पर्यावरण मित्र बनने के लिए हम अपनी आदतों में निम्नलिखित परिवर्तन ला सकते हैं*

(i) बाजार जाते समय सामान के लिए प्लास्टिक की थैली की जगह कपड़े का थैला ले जाना चाहिए।
(ii) हमें कूड़े को जगह-जगह नहीं डालना चाहिए, बल्कि उसको एक निश्चित एवं स्थाई जगह पर ही डालना चाहिए।
(iii) हमें वृक्षों को कटने से रोकना चाहिए, आदि।

प्रश्न 2. **संसाधनों के दोहन के लिए कम अवधि के उद्देश्य के परियोजना के क्या लाभ हो सकते हैं?**

उत्तर कम अवधि के उद्देश्य की परियोजना से कम खर्च, कम समय व कम प्रयास से अधिक प्रत्यक्ष लाभ दिखाई देंगे। इनमें से एक गंगा सफाई योजना है। इसके अंतर्गत जब गंगा की सफाई कराई गई, तो उसमें कोलिफॉर्म पाया गया, जो जीवाणु का एक वर्ग है और यह जीवाणु मनुष्य की आँत्र में पाया जाता है, जो जल में उपस्थित रहता है।

अतः यह जल के द्वारा मनुष्य की आँत्र में जाता है। अतः इस तरह की परियोजना से इस तरह के जीवाणु को दूर करके मनुष्य को रोगमुक्त किया जाता है।

प्रश्न 3. यह लाभ, लंबी अवधि को ध्यान में रखकर बनाई गई परियोजना के लाभ से किस प्रकार भिन्न हैं?

उत्तर *कम उद्देश्य वाली परियोजना के लाभ लंबी अवधि की परियोजना से निम्न प्रकार से भिन्न हैं*

क्र.स.	कम अवधि उद्देश्य वाली परियोजना	लंबी अवधि वाली परियोजना
(i)	कम अवधि उद्देश्य वाली परियोजना के लिए बजट व व्यय कम होता है।	लंबी अवधि वाली परियोजना के लिए व्यय अधिक होता है तथा बजट ज्यादा होता है।
(ii)	कम अवधि उद्देश्य वाली परियोजना को हम शीघ्रता से या कम समय में पूरा कर सकते हैं।	इस तरह की परियोजना में एक, दो या अधिक वर्ष लग सकते हैं।
(iii)	इस तरह की परियोजना से दीर्घकालीन लाभ नहीं हो सकते।	इस तरह की परियोजना से दीर्घकालीन लाभ होते हैं।

प्रश्न 4. क्या आपके विचार में संसाधनों का समान वितरण होना चाहिए। संसाधनों के समान वितरण के विरुद्ध कौन-कौन-सी ताकतें कार्य कर सकती हैं?

उत्तर हाँ, संसाधनों का समान वितरण होना चाहिए, क्योंकि अगर हम संसाधनों का समान वितरण नहीं करेंगे, तो कुछ वर्ग के लोग जो शक्तिशाली होंगे वह अपने से नीचे वर्ग को संसाधन ठीक तरह से उपलब्ध नहीं कराएँगे; विभिन्न प्रकार के संसाधन *जैसे*—जल, पेट्रोल, बिजली आदि को अगर हम ठीक तरह से प्रयोग नहीं करेंगे, तो यह अगली पीढ़ी को मिलना मुश्किल होगा।

संसाधनों के समान वितरण के विरुद्ध धनी लोग, शक्तिशाली लोग व राजनीतिक ताकतें कार्य करती हैं।

पृष्ठ 308

प्रश्न 1. हमें वन एवं वन्य-जीवन का संरक्षण क्यों करना चाहिए?

उत्तर हमें वन एवं वन्य-जीवन का संरक्षण इसलिए करना चाहिए, क्योंकि वन देश की बहुमूल्य संपदा है तथा ये प्रकृति के नवीनीकरणीय स्रोत हैं।

ये निम्न प्रकार से मनुष्य के लिए आवश्यक भी हैं

(i) **इमारती लकड़ी** वनों से मकानों के लिए इमारती लकड़ी प्राप्त होती है, जो फर्नीचर, खिड़कियाँ आदि बनाने के काम आती है।

(ii) **ईंधन** विकासशील देशों में 150 करोड़ से भी अधिक व्यक्तियों को खाना पकाने के लिए ईंधन की आवश्यकता होती है, जो उन्हें लकड़ी से प्राप्त होता है।

(iii) **कागज** लकड़ी व बाँस से अखबारी व उच्चकोटि के कागज को बनाने के लिए प्रयोग किया जाता है।

(iv) **भोजन** आदिवासी लोग वनों से प्राप्त पत्तियों तथा फलों के लिए वनों पर निर्भर रहते हैं।

(v) **अन्य वन उत्पाद** वनों से तेल, कपूर, गोद, औषधियाँ, विष, शिकाकाई, मोम, आदि भी प्राप्त होते हैं।

प्रश्न 2. संरक्षण के लिए कुछ उपाय सुझाइए।

उत्तर *वनों के संरक्षण के लिए निम्नलिखित उपाय सुझाए गए हैं*

(i) वनों पर ईंधन के लिए लकड़ी की माँग के दबाव को कम करने के लिए बायोगैस के प्रयोग को प्रोत्साहन देना चाहिए।

(ii) एक स्थान से जितने वृक्ष काटे जाते हैं, अधिक या कम से कम उतने ही पौधे उसके स्थान पर लगा दिए जाने चाहिए।

(iii) वृक्षों के लिए पर्याप्त मात्रा में खाद, उर्वरकों, सिंचाई-प्रबंध व अच्छी किस्म के वृक्षों के लिए ऊतक संवर्धन तकनीकी का प्रयोग करना चाहिए।

(iv) नगरों में सड़कों के किनारे पर, सार्वजनिक पार्क व घरों में सजावटी व फल वाले वृक्ष लगाने चाहिए।

(v) विनाशकारी प्रभाव डालने वाले पर्यावरणीय कारकों का निवारण करना चाहिए। *जैसे*–तूफान, बाढ़, आदि।

पृष्ठ 311

प्रश्न 1. अपने निवास क्षेत्र के आस–पास जल संग्रहण की परंपरागत पद्धति का पता लगाईये।

उत्तर जल संग्रहण भारत की प्राचीन परंपरागत पद्धति है। उत्तर प्रदेश मध्य प्रदेश में तालाब, बंधिस, हिमाचल प्रदेश मे कुल्हू, जम्मू के कॉदी क्षेत्र में तालाब, राजस्थान में खादिन, महाराष्ट्र के बंधाररस एवं ताल, बिहार मे अहार, आदि प्राचीन पारंपरिक जल संग्रहण पद्धतियाँ आज भी प्रचलित हैं। इनके अतिरिक्त दक्षिण भारतीय राज्य जैसे तमिलनाडु में एरिस, कर्नाटक में कटट्ा, केरल में सुरंगम, इत्यादि जल संग्रहण के पारंपरिक तरीके आज भी उपयोग में हैं।

प्रश्न 2. इस पद्धति के पेयजल व्यवस्था (पवर्तीय क्षेत्रों में, मैदानी क्षेत्रों में अथवा पठार क्षेत्र) से तुलना कीजिए।

उत्तर हिगाचल प्रदेश में जल संग्रहण की 400 वर्ष पुरानी परंपरागत पद्धति 'कुल्ह' आज भी प्रचलित है। इस पद्धति के अंतर्गत झरनों से बहने वाले जल को छोटी-छोटी नालियों के द्वारा

पर्वतीय क्षेत्र के निचले गाँवों में संग्रहण किया जाता था। जिसका उपयोग सर्वप्रथम कृषि कार्य हेतु तथा इसके उपरांत ग्रामवासी उस जल का उपयोग करते थे।

राजस्थान की पारंपरिक जल संग्रहण पद्धति खादिन है इस पद्धति के अंर्तगत जल का परंपरागत रूप से संग्रहण करके फसलों तथा भूमि का जल स्तर बढ़ाने में प्रयोग किया जाता था।

राजस्थान में वर्षा जल का संग्रहण विशेष घर, मकानों व्यवसायिक इमारतों मे बने गड्ढ़ों में किया जाता है जिसका उपयोग रोजमर्रा की जल आवश्यकताओं को पूर्ण करने में किया जाता है।

प्रश्न 3. अपने क्षेत्र में जल के स्रोत का पता लगाईये। क्या इस स्रोत से प्राप्त जल उस क्षेत्र के सभी निवासियों को उपलब्ध है?

उत्तर हमारे क्षेत्र में जल के स्रोत, कुएँ, स्वच्छ जीवनदायनी नदियाँ *जैसे* गंगा तथा गंगा, यमुना से निकली नहरें, एवं भूमिगत जल है। तालाब, कुओं से फसलों की सिंचाई की जाती है। जहाँ पर नहर तंत्र फैला हुआ है वहाँ सिंचाई अधिकतर, रजवाहे, नहरों से की जाती है। नहर और भूमिगत जल से पेयजल की व्यवस्था की जाती है।

उपरोक्त सभी स्रोतों का जल हमारे क्षेत्र के सभी निवासियों को समान रूप से उपलब्ध होता है।

अभ्यास

प्रश्न 1. अपने घर को पर्यावरण मित्र बनाने के लिए आप उसमें कौन-कौन से परिवर्तन सुझा सकते हैं?

उत्तर *अपने घर को पर्यावरण मित्र बनाने के लिए हम निम्न परिवर्तन ला सकते हैं*

(i) अपने घर में फूल वाले पौधे लगाने चाहिए।

(ii) कूड़े को जगह-जगह न डालकर कूड़ेदान की व्यवस्था करनी चाहिए।

(iii) प्लास्टिक की थैली की जगह कपड़े के थैले को सामान लाने के लिए प्रयोग करना चाहिए।

(iv) घर की नालियों को खुला नहीं रखना चाहिए, जिससे वहाँ मक्खी, मच्छर उत्पन्न न हों।

प्रश्न 2. क्या आप अपने विद्यालय में कुछ परिवर्तन सुझा सकते हैं, जिनसे इसे पर्यानुकूलित बनाया जा सके।

उत्तर *हाँ, विद्यालय को पर्यानुकूलित बनाने के लिए निम्नलिखित उपाय हो सकते हैं*

(i) विद्यालय की चारदीवारी या स्कूल के चारों तरफ क्यारियों का प्रबंध करना चाहिए तथा उसमें रंग-बिरंगें पुष्पों के वृक्षों को लगवाना चाहिए।

(ii) विद्यालय में पर्यावरण दिवस मनाना चाहिए तथा इसके अंतर्गत बच्चों से एक-एक पौधा लगवाना चाहिए।

(iii) विद्यालय की सफाई का पूरा ध्यान रखना चाहिए तथा खाने की वस्तुओं को इधर-उधर नहीं डालना चाहिए।

प्रश्न 3. इस अध्याय में हमने देखा कि जब हम वन एवं वन्य जंतुओं की बात करते हैं, तो चार मुख्य दावेदार सामने आते हैं इनमें से किसे उत्पाद प्रबंधन हेतु निर्णय लेने के अधिकार दिए जा सकते हैं? आप ऐसा क्यों सोचते हैं?

उत्तर वन एवं वन्य जंतुओं के लिए मुख्य दावेदार वहाँ के मूल निवासी उद्योगपति, वन्य जीवन एवं प्रकृति प्रेमी तथा राजकीय संस्था हैं।

राजकीय संस्था को वन उत्पाद प्रबंधन हेतु निर्णय लेने के अधिकार दिए जा सकते हैं। क्योंकि राजकीय संस्था के द्वारा निष्पक्ष रूप से वहाँ के मूल निवासियों को रोजगार आदि भी दिया जा सकता है।

जैसे–पानी का छिड़काव, वनों की सफाई, आदि।

प्रश्न 4. अकेले व्यक्ति के रूप में आप निम्न के प्रबंधन में क्या योगदान दे सकते हैं।

(a) वन एवं वन्य जंतु (b) जल संसाधन (c) कोयला एवं पेट्रोलियम

उत्तर (a) *अकेले व्यक्ति के रूप में हम वन एवं वन्य जंतु के प्रबंधन में योगदान निम्न प्रकार से दे सकते हैं*

(i) वनों की सफाई करकें एवं कटाई को रोककर।

(ii) कुछ वन्य जंतुओं को रखकर उनके खाने-पीने की व्यवस्था करके।

(b) *जल संसाधन के लिए हम अकेले निम्न प्रयास कर सकते हैं*

(i) जल का अनुचित प्रयोग रोकना।

(ii) वर्षा जल संग्रहण।

(iii) अवशिष्टों को साफ जल में डालने से रोककर।

(c) *कोयला एवं पेट्रोलियम के संरक्षण के लिए हम अकेले निम्न उपाय कर सकते हैं*

(i) कोयला एवं पेट्रोलियम चलित वाहनों की जगह साइकिल का उपयोग।

(ii) ऊर्जा के लिए कोयला एवं पेट्रोलियम की जगह अवशिष्ट वन पदार्थों का उपयोग।

प्रश्न 5. अकेले व्यक्ति के रूप में आप विभिन्न प्राकृतिक उत्पादों की खपत कम करने के लिए क्या कर सकते हैं?

उत्तर *अकेले व्यक्ति के रूप में हम विभिन्न प्राकृतिक उत्पादों की खपत कम करने के लिए निम्नलिखित उपाय कर सकते हैं*

(i) हमें विद्युत को संरक्षित करने के लिए, अनावश्यक पंखे, बल्ब, फ्लोरोसेंट ट्यूब के स्विच को बंद करना चाहिए।

(ii) जल को संरक्षित करने के लिए, दैनिक शैली में कम मात्रा में उपयोग करना चाहिए।

(iii) बस में यात्रा तथा अपने वाहन का उपयोग कम करने से एवं साइकिल के उपयोग द्वारा प्राकृतिक उत्पाद (पेट्रोलियम) का संरक्षण कर सकते हैं।

प्रश्न 6. निम्नलिखित से संबंधित ऐसे पाँच कार्य लिखिए, जो आपने किए हैं

(a) अपने प्राकृतिक संसाधनों का संरक्षण।

(b) अपने प्राकृतिक संसाधनों पर दबाव को और बढ़ाया है।

उत्तर (a) **अपने प्राकृतिक संसाधनों का संरक्षण**

प्राकृतिक संसाधनों के संरक्षण के लिए निम्नलिखित कार्य किए हैं

(i) पर्यावरण को सुरक्षित करने के लिए, कूड़ा-करकट एक सुनिश्चित स्थान पर एकत्रित किया है।

(ii) जल संरक्षण के लिए, जल के अनावश्यक उपयोग को रोका है। *जैसे*–अपने दैनिक कार्य के पश्चात् जल की टोंटीं को बंद करना तथा एकत्रित जल को पौधों में डालना।

(iii) विद्युत को बचाने के लिए, आस-पास के स्थानों के पंखे, बल्ब, स्विच को बंद करना, जो उपयोग में नहीं आ रहे थे।

(iv) पेट्रोलियम एवं कोयला संसाधन को संरक्षित करने के लिए, पैदल अथवा साइकिल से चलना तथा अपना वाहन कम-से-कम उपयोग करना।

(v) सर्दियों में अतिरिक्त स्वेटर पहनना, जिससे हीटर या सिंगड़ी का प्रयोग कम हो।

(b) **अपने प्राकृतिक संसाधनों पर दबाव को और बढ़ाया है**

प्राकृतिक संसाधनों पर दबाब को निम्न कार्य से बढ़ाया है

(i) लिफ्ट का प्रयोग किया, जिससे विद्युत की अधिक खपत हुई है।

(ii) अधिकतर कार्यों के लिए आधुनिक मशीनों का उपयोग किया, जिससे कोयला एवं पेट्रोलियम संसाधन पर दबाव बढ़ा है।

(iii) प्लास्टिक की थैली के उपयोग से पर्यावरण प्रदूषित हो जाता है और हम अपनी जीवन-शैली में इसका उपयोग करते हैं।

(iv) कागज, काँच, धातु की वस्तुओं का फेंक देना, जबकि इनको सुनिश्चित तरीके से पुनःचक्रण के बाद उपयोग में लाया जा सकता है।

(v) कम उपयोग में लाने वाली लकड़ी को फेंक देना, जो कि ईंधन के रूप में प्रयोग लाई जा सकती है।

प्रश्न 7. इस अध्याय में उठाई गई समस्याओं के आधार पर आप अपनी जीवन-शैली में क्या परिवर्तन लाना चाहेंगे, जिससे हमारे संसाधनों के संपोषण को प्रोत्साहन मिल सके।

उत्तर *हमारे संसाधनों के संपोषण को प्रोत्साहन मिल सके इसलिए हम अपनी जीवन-शैली में निम्नलिखित परिवर्तन लाना चाहेंगे*

(i) हम बिजली संसाधन को बचाने के लिए अपने आस-पास की वस्तुओं को अनावश्यक उपयोग में नहीं लाएँगे; *जैसे—कमरे में पंखे या बल्ब को बंद कर देना चाहिए यदि उनका उपयोग नहीं हो रहा है।*

(ii) हमें जल संसाधन को भी सुनिश्चित करेंगे, जिससे यह आने वाली पीढ़ियों के लिए पर्याप्त हो; *जैसे—अनावश्यक जल प्रवाह को रोकना। जल को एक स्थान पर एकत्रित करना होगा।*

(iii) हम पर्यावरण को स्वच्छ एवं स्वास्थ्यपूर्वक रखेंगे। *उदाहरण* के लिए, कूड़ा-करकट को एक सुनिश्चित स्थान पर फेकेंगें और स्वच्छ वायु के लिए अपने आस-पास के स्थानों पर पौधे लगाएँगे जिससे हमारा पर्यावरण प्रदूषित न हो।

(iv) हम स्वयं जनता को वृक्षारोपण के लिए जागरूक करेंगे एवं स्वयं भी वृक्ष लगाएँगे एवं उनका संरक्षण करेंगे।

(v) हम सीमित ऊर्जा संसाधनों के स्थान पर जैव आधारित ऊर्जा संसाधनों का प्रयोग करेंगे।

NCERT Exemplar

पुस्तक के चुने गए प्रश्न

बहुविकल्पीय प्रश्न

प्रश्न 1. निम्नलिखित में से कौन-सा प्राकृतिक संसाधन नही है।

(a) मृदा (b) जल

(c) बिजली (d) वायु

उत्तर (*c*) बिजली मानव निर्मित संसाधन है।

प्रश्न 2. संसार में बहुत जल्दी सूखने वाला प्राकृतिक संसाधन है

(a) जल (b) वन

(c) वायु (d) सूर्य का प्रकाश

उत्तर (*b*) वन, संसार में बहुत जल्दी सूखने वाला प्राकृतिक संसाधन है। ये बहुत से प्राकृतिक उत्पाद का स्रोत है।

प्रश्न 3. प्राकृतिक संसाधन की अधिक उचित परिभाषा है कि यह एक वस्तु/द्रव्य है, जो

(a) केवल भूमि पर उपस्थित है

(b) प्रकृति का उपहार है, जो मानव के लिए बहुत लाभदायक है

(c) प्रकृति में पाए जाने वाला मानव निर्मित तत्व है

(d) केवल वन में उपस्थित होता है

उत्तर (*b*) प्राकृतिक संसाधन वायु, जल और मृदा आदि हो सकते हैं। ये सभी वायुमंडल में उपस्थित होते हैं। ये प्रकृति का उपहार हैं, जो मानव के लिए बहुत लाभदायक है।

प्रश्न 4. नदी गंगा में कोलिफॉर्म जीवाणु के प्रचुर मात्रा में पाए जाने का कारण है

(a) बिना जले शवों को जल में फेंकना

(b) विद्युतीय उद्योगों से बहने वाले अवशिष्ट पदार्थ

(c) कपड़ों को धोना

(d) राख का बहाना

उत्तर (a) कोलिफॉर्म, बैक्टीरिया का एक संघ है जो मानव आँत्र में पाया जाता है। बिना जले हुए शव को फेंकना गंगा नदी के पानी को अपवित्र करता है और इससे जीवाणु को जल में मुक्त करता है।

प्रश्न 5. **नदी से जल के नमूने का pH एकत्रित किया गया जो 3.4–4.5 की मात्रा में अम्लीय था। नदी के किनारे बहुत से उद्योग पाए गए, जिनसे प्रचुर मात्रा में अवशिष्ट पदार्थ निकले। निम्नलिखित में से एक उद्योग नदी के जल के pH को कम करने का कारण है?**

(a) साबुन और डिटरजेंट उद्योग
(b) लेड बैटरी बनाने वाला उद्योग
(c) प्लास्टिक कप बनाने वाला उद्योग
(d) ऐल्कोहॉल निर्जलीकरण

उत्तर (*b*) लेड-अम्लीय बैटरी का मुख्य तत्व लेड है। जो मुख्यतः कार बैटरी में प्रयोग किया जाता है। लेड बैटरी से निकलने वाला अवशिष्ट पदार्थ के जल के pH को कम करता है और अम्लीय बनाता है।

प्रश्न 6. **स्वच्छ जलीय पौधों और जीव को जीवित रहने के लिए pH की मात्रा होती है।**

(a) 6.5 – 7.5 (b) 2.0 – 3.5
(c) 3.5 – 5.0 (d) 9.0 – 10.5

उत्तर (*a*) स्वच्छ जलीय पौधों और जीव को जीवित रहने के लिए 6.5 – 7.5 pH की मात्रा आवश्यक होती है। इससे कम या ज्यादा pH की मात्रा जलीय पौधों और जीवों के लिए हानिकारक है।

प्रश्न 7. **तीन R, जो प्राकृतिक संसाधन संरक्षण में हमारी सहायता करेंगे**

(a) पुनःचक्रण, पुनःबनना, पुनःउपयोग
(b) कम उपयोग, पुनःबनना, पुनःउपयोग
(c) कम उपयोग, पुनःउपयोग, पुनःबाँटना
(d) कम उपयोग, पुनःचक्रण, पुनःउपयोग

उत्तर (*c*) प्राकृतिक संसाधनों का कम उपयोग, पुनः उपयोग, पुनः चक्रण इनके संरक्षण में सहायता करता है।

प्रश्न 8. **नीचे कुछ कथन जैव–विविधता से संबंधित दिए गए हैं। इनमें से कौन–सा कथन जैव विविधता के तथ्य को अच्छे से बताता है।**

(i) जैव-विविधता किसी स्थान में वनस्पति जगत और जंतु जगत की विभिन्न जातियों से संबंधित है।
(ii) जैव-विविधता किसी दिए गए स्थान के केवल वनस्पति जगत से संबंधित है।
(iii) जैव-विविधता वन में सबसे ज्यादा है।
(iv) जैव-विविधता किसी एक विशेष प्रजाति को जिसमें वह रहते हैं तथा उसमें रहने वाले प्रत्येक जीव की संख्या से संबंधित होती है।

(a) (i) और (ii) (b) (ii) और (iv)
(c) (i) और (iii) (d) (ii) और (iii)

उत्तर (*c*) जैव-विविधता किसी स्थान मे वनस्पति जगत और जंतु जगत की विभिन्न जातियों से संबंधित है। जैव-विविधता वन में सबसे ज्यादा पाई जाती है।

प्रश्न 9. **नीचे कुछ कथन दिए गए हैं। उनमें से, जो जीवन धारण करने के विकास को समझाते हैं चुनिए।**

(i) पर्यावरण के लिए कम-से-कम नुकसान के साथ सुनियोजित विकास।

(ii) वृद्धि के कम या ज्यादा से पर्यावरण नष्ट हो जाता है।

(iii) सभी विकास कार्य रुक जाए, तो पर्यावरण सुरक्षित किया जा सकता है।

(iv) सभी स्टेकहोल्डर के लिए वृद्धि स्वीकारी है।

(a) (i) और (iv) (b) (ii) और (iii) (c) (ii) और (iv) (d) केवल (iii)

उत्तर (*a*) सुनियोजित विकास का अर्थ पर्यावरण के प्रयोग के साथ कम-से-कम नष्ट होने से है। पर्यावरण की वृद्धि, सभी स्टेकहोल्डर के लिए लाभदायक है।

प्रश्न 10. **हमारे देश में, वनों का विशाल प्रदेश साफ है और पौधों की एक प्रजाति एकत्रित की जाती है। यह कहलाती है**

(a) स्थान में जैव-विविधता

(b) स्थान मे एकल कृषि

(c) प्राकृतिक वन की वृद्धि

(d) स्थान मे प्राकृतिक पारितंत्र को सुरक्षित करना

उत्तर (*b*) जब वन में केवल एक प्रजाति एकत्रित की जाती है, तो यह स्थान की एकल कृषि कहलाती है। यह वनों की जैव-विविधता को नष्ट करती है।

प्रश्न 11. **एक सफल वन संरक्षण व्यूह रचना में सम्मिलित होने चाहिए**

(a) उच्च पोषी स्तर पर जीवों का बचाव

(b) केवल उपभोक्ताओं का बचाव

(c) केवल उत्पादकों का बचाव

(d) भौतिक और जैविक सभी तत्वों को विस्तृत रूप से समझने के लिए कोई प्रोग्राम

उत्तर (*b*) वन-संरक्षण में वनों की भौतिक और जैविक दोनों तत्वों का बचाव सम्मिलित होता है।

प्रश्न 12. **'चिपको आंदोलन' के द्वारा कौन–सा संदेश आगे जाता है**

(a) समुदाय में वन-संरक्षण को सम्मिलित करना चाहिए

(b) समुदाय में वन-संरक्षण को सम्मिलित करने का प्रयत्न खत्म करना चाहिए

(c) विकासीय क्रियाओं के लिए वनीय पेड़ों को काट देना

(d) सरकारी कंपनी वनों में पेड़ों के बनने के लिए बिना प्रश्न करने वाले नियम रखती है।

उत्तर (*a*) चिपको आंदोलन, समुदाय में वन-संरक्षण को सम्मिलित करने से संबंधित है।

प्रश्न 13. **हमारे देश मे, यहाँ विभिन्न बाँधो जैसे–टिहरी, नर्मदा आदि की ऊँचाई का विरोध हो रहा है। निम्नलिखित में से सही कथनों को, जो बाँध की ऊँचाई को उठाने का कार्य करते हैं, चुनिए।**

(i) स्थान, का स्थलीय वनस्पति जगत और जंतु जगत का पूरी तरह से नष्ट होना।

(ii) स्थान में, रहने वाले जंगली जानवरों और लोगों का विस्थापन।
(iii) उपयोगी कृषि भूमि हमेशा के लिए खत्म हो सकती है।
(iv) यहाँ हमेशा लोगों के लिए रोजगार उत्पन्न होगा।

(a) (i) और (ii) (b) (i),(ii) और (iii)
(c) (ii) और (iv) (d) (ii),(iii) और (iv)

उत्तर (*b*) बाँधों की ऊँचाई उठने के कारण, वनस्पति जगत और जंतु जगत पूरी तरह से नष्ट हो रहे हैं। स्थान में रहने वाले जंगली जानवरों और लोगों का विस्थापन, तथा उपयोगी कृषि भूमि हमेशा के लिए खत्म हो सकती है।

प्रश्न 14. GAP का पूरा नाम बताओं
(a) गवर्मेंट एजेंसी फॉर पॉल्यूशन कंट्रोल
(b) ग्रॉस एसिमिलेशन बाई फोटोसिंथेसिस
(c) गंगा एक्सन प्लान
(d) गवर्मेंटल एजेंसी फॉर एनीमल प्रोटेक्शन

उत्तर (*c*) GAP का अर्थ गंगा एक्सन प्लान है। यह एक उपाय है, जो नदी के प्रदूषण को कम करने के लिए सरकार द्वारा चलाया गया है।

प्रश्न 15. गलत कथनों को चुनिए
(a) आर्थिक विकास, पर्यावरण संरक्षण से संबंधित है।
(b) सुनियोजित विकास, वर्तमान पीढ़ी को बढ़ावा देता है और भावी पीढ़ी के लिए संसाधनों को सुरक्षित करता हैं।
(c) सुनियोजित विकास, सिद्धांतवादियों के कुछ बिंदुओ को नहीं मानता है।
(d) सुनियोजित विकास, एक लंबा और दृढ़ तरीका है।

उत्तर (*c*) सुनियोजित विकास, सिद्धांतवादियों के कुछ बिंदुओं को मानता हैं

प्रश्न 16. निम्नलिखित में से कौन–सा प्राकृतिक संसाधन नही है,
(a) आम का वृक्ष (b) साँप (c) वायु (d) लकड़ी का घर

उत्तर (*d*) लकड़ी का घर मानव-निर्मित हैं, अतः यह प्राकृतिक संसाधन नही है।

प्रश्न 17. गलत कथन को चुनिए
(a) वन उत्पादों की विभिन्नताएँ देते हैं। (b) वन अधिक जैव-विविधता रखते हैं।
(c) वन मृदा का संरक्षण नही करते हैं। (d) वन जल को संरक्षित करते हैं।

उत्तर (*c*) वन, मृदा के संरक्षण का मुख्य भाग है। वनों की जड़ें मृदा के कणों को बाँधकर रखती हैं, जिससे यह बहती नहीं है, वनों की मृदा मे ह्यूमस ज्यादा होती है।

प्रश्न 18. बंगाल के अराबरी वन प्रसिद्ध हैं
(a) टीक के लिए (h) साल के लिए (c) बाँस के लिए (d) मैन्ग्रोव के लिए

उत्तर (*b*) पश्चिम बंगाल के अराबरी वन साल वृक्षों के लिए प्रसिद्ध हैं।

प्रश्न 19. भूमिगत जल नष्ट नही होगा

(a) वन्यकरण से

(b) ऊष्मीय ऊर्जा वाले पौधों से

(c) वनों का नष्ट होना और वर्षा का अधिक होने से

(d) अधिक जल की माँग वाली फसलों के बोने से

उत्तर (*a*) निर्वनीकरण क्षेत्र में पौधों का लगाना भूमिगत जल के दोबारा उपयोग में सहायता करता है।

प्रश्न 20. बड़े बाँधों के निर्माण का विरोध होता है

(a) सामाजिक कारणों से
(b) आर्थिक कारणों से
(c) पर्यावरणीय कारणों से
(d) ये सभी

उत्तर (*d*) साधारण लोगों द्वारा बड़े बाँधों के निर्माण का विरोध सामाजिक, आर्थिक व पर्यावरणीय कारणों के कारण होता है।

प्रश्न 21. खादिन, बंधिस, अहार और कट्टा पुरानी संरचनाओं के उदाहरण हैं।

(a) दानों का एकत्रित करना
(b) लकड़ी का एकत्रित करना
(c) जल संग्रहण
(d) मृदा संरक्षण

उत्तर (*c*) ये हमारे देश की पुरानी जल संग्रहण संरचना है।

प्रश्न 22. शब्दों के सही मिलान को चुनें, जो जीवाश्म ईंधन नहीं रखते।

(a) वायु, सागर और कोयला

(b) पेट्रोलियम, वायु और ज्वार भाटा

(c) वायु, लकड़ी, सूर्य

(d) पेट्रोलियम, लकड़ी, सूर्य

उत्तर (*c*) वायु, लकड़ी, सूर्य, जीवाश्म ईंधन नहीं रखते, जबकि कोयला और पेट्रोलियम जीवाश्म-ईंधन हैं।

प्रश्न 23. निम्नलिखित मे से आर्थिक मित्रीय क्रियाओं को लिखिए

(a) निर्वासन के लिए कार का उपयोग

(b) खरीदारी के लिए प्लास्टिक बैग का उपयोग

(c) कपड़ो को रंग करने के लिए रंगों का उपयोग

(d) खेती के लिए ऊर्जा उत्पन्न करने के लिए वायु मिलों का उपयोग

उत्तर (*d*) वायु से चलने वाली मिलों, ऊर्जा के नवीन स्रोत हैं। ये खेती के लिए ऊर्जा उत्पन्न करने के लिए प्रयोग किए जाते हैं। अतः यह आर्थिक मित्रीय क्रियाएँ करते हैं।

प्रश्न 24. बाढ़ के किनारे छोटे चेक बाँध बनाने आवश्यक हैं, क्योंकि ये

(i) खेती के लिए पानी रखते हैं।

(ii) पानी रोकते है और मृदा अपरदन से बचाते हैं।

(iii) थलीय जल का संग्रहण करते हैं।

(iv) हमारे लिए पानी रोकते हैं।

(a) (i) और (iv) (b) (ii) और (iii)

(c) (iii) और (iv) (d) (ii) और (iv)

उत्तर (*d*) 'चेक डैम' का अर्थ है, बाढ़ के किनारे बनाई गई छोटी नालियाँ, जो स्थलीय जल का संग्रहण करती हैं। समुद्रीय जलवर्धी के लिए नमी देते हैं। जो मृदा अपरदन को रोकता है।

लघु उत्तरीय प्रश्न

प्रश्न 25. सामुदायिक स्तर पर जल-संरक्षण से संबंधित दो लाभों की सूची बनाइए।

उत्तर *सामुदायिक स्तर पर, जल-संरक्षण से संबंधित दो लाभ निम्न हैं*

(i) जल का अप्रबंधन

(ii) इस स्रोत (जल) का आवश्यकता से अधिक प्रयोग।

प्रश्न 26. हालाँकि कोयला और पेट्रोलियम जैव-संहति के अपघटन से उत्पन्न होते हैं, फिर भी हमें उनके संरक्षण करने की आवश्यकता है। क्यों?

उत्तर कोयला और पेट्रोलियम जैव-संहति के अपघटन से उत्पन्न होते हैं। हजारों साल पहले ये स्रोत अधिक मात्रा में पाए जाते थे, परंतु भविष्य में सावधानीपूर्वक प्रयोग न करने के कारण इनका उपलब्ध होना असंभव है। हम जानते हैं कि पेट्रोलियम पिछले लगभग 40 सालों और कोयला लगभग 200 सालो तक उपयोग में ला सकते है।

प्रश्न 27. कर्नाटक के एक गाँव के लोगों ने एक ऐसी झील के चारों तरफ खेती करना आरंभ किया, जो हमेशा ही पानी से भरी रहती थी। अपनी उपज बढ़ाने के लिए उन्होनें अपने खेतों में उर्वरक का उपयोग किया। शीघ्र ही उन्होनें देखा कि वह झील तैरते हुए हरे पौधों से ढक गई, और फिर झील में पौधे और मछलियाँ बड़ी संख्या में मरने लगे।
इस स्थिति का विश्लेषण कीजिए और पौधों की अत्यधिक वृद्धि का और झील की मछलियों का बढ़ी संख्या में मरने के कारण बताइए।

उत्तर खेतों में मिलाया गया उर्वरक वर्षा के पानी के साथ बहकर झील में पहुँच गया। इस उर्वरक के पानी में पहुँचने से हरे-भरे पौधों की संख्या में वृद्धि होने लगी, जिससे वह जल की सतह के ऊपर तक आ गए। ये छोटे पौधे, जल में घुलनशील ऑक्सीजन की मात्रा को कम कर देते है। घुलनशील ऑक्सीजन की कमी के कारण मछलियाँ बड़ी संख्या में मरने लगी। और झील के जलीय जीवन पर ज्यादा बुरा प्रभाव पड़ने लगा।

दीर्घ उत्तरीय प्रश्न

प्रश्न 28. **प्राकृतिक संसाधनों के संरक्षण के संबंध में, कम उपयोग करना, पुनःचक्रण और पुनःउपयोग शब्दों की व्याख्या कीजिए। अपने दैनिक जीवन में प्रयोग करने वाले पदार्थों में से प्रत्येक श्रेणी के दो-दो पदार्थों की पहचान कीजिए।**

उत्तर (i) **कम उपयोग** का अर्थ है कि आपको कम-से-कम वस्तुओं का उपयोग करना चाहिए, जिससे उस वस्तु की बरबादी न हो। *जैसे*–बिजली के पंखे बंद करके बिजली बचा सकते हैं।

(ii) **पुनःचक्रण** का अर्थ है कि हमें कुछ ऐसे पदार्थों का प्रयोग करना चाहिए। *जैसे*–कागज, काँच, प्लास्टिक, धातु की वस्तुएँ, आदि। जिन पदार्थों का पुनःचक्रण करके उपयोगी वस्तुओं को तैयार किया जा सके। *जैसे*–अखबार का कागज, प्लास्टिक के कप, आदि।

(iii) **पुनःउपयोग** का अर्थ है, किसी भी वस्तु का बार-बार उपयोग किया जा सके। *जैसे*–विभिन्न खाद्य पदार्थों की पैकिंग में आई प्लास्टिक की बोतलों तथा डिब्बों आदि का उपयोग हम रसोईघर में वस्तुओं को रखने में करते हैं।

प्रश्न 29. **बंगाल के अराबाड़ी वनों को संरक्षित वन का एक उत्तम उदाहरण क्यों माना जाता है?**

उत्तर 1972 में पश्चिम बंगाल वन विभाग द्वारा प्रदेश के दक्षिण पश्चिम जिलों में नष्ट हुए साल के वनों को पुनः पूर्ण करने की योजना असफल हुई। जिसके कारण हिंसक आंदोलन भी वन कर्मचारियों और ग्रामवासियों के बीच होने लगे।

अतः वन विभाग ने अपनी नीति में बदलाव लाने के लिए मिदनापुर के अराबाड़ी वन क्षेत्र में एक योजना प्रारंभ की। वन-विभाग के एक दूरदर्शी अधिकारी ए.के. बनर्जी ने ग्रामीणों की सहायता से बुरी तरह क्षतिग्रस्त साल के वन की 1272 हेक्टेयर क्षेत्र का संरक्षण किया। इसके बदले निवासियों को रोजगार मिला साथ ही उन्हें वहाँ से उपज की 25% के उपयोग का अधिकार भी मिला और बहुत कम मूल्य पर जलाने के लिए लकड़ी और पशुओं को चराने की अनुमति भी दी गई। अतः अराबाड़ी वन, संरक्षित वन का एक अच्छा उदाहरण है।